Deutsche Siedlungsgebiete in Böhmen und Mähren-Schlesien

Rudolf Hemmerle

SUDETENLAND
LEXIKON

... für alle, die das Sudetenland lieben

Rudolf Hemmerle

SUDETENLAND
LEXIKON

... für alle, die das Sudetenland lieben

Mit 656 Abbildungen

FLECHSIG

Umwelthinweis:
Dieses Buch und der Umschlag wurden auf chlorfrei gebleichtem Papier gedruckt.
Die Einschrumpffolie – zum Schutz vor Verschmutzung – ist aus umweltverträglichem und recyclingfähigem PE-Material.

Umschlag: Rudolfsquelle und Ferdinandsbrunnen, Marienbad

Sonderausgabe für Flechsig-Buchvertrieb

Originalausgabe: Kraft Verlag GmbH, Würzburg
Gesamtherstellung: AGORA United Graphic Services, b.v, Netherlands

ISBN 3-88189-395-4

EUROPAS UNBEKANNTE MITTE

Gedankenlos spricht man von „böhmischen Dörfern“, um auszudrücken, man verstehe nichts von einer Sache. Und doch war dieses Land der böhmischen Dörfer wiederholt Residenz deutscher Kaiser und Mittelpunkt des Heiligen Römischen Reiches Deutscher Nation. In den Ländern der Böhmischen Krone, das sind Böhmen, Mähren und Sudetenschlesien, lebten jahrhundertelang zwei Völker: die Tschechen als das westlichste slawische Volk, die Deutschen als Teil der germanischen Völkerwelt.
Die Sudetendeutschen – im Gegensatz zu den Alpendeutschen – bevölkerten hauptsächlich die Randgebiete der „Sudetenländer“, welche der Gebirgszug der Sudeten, vom Isergebirge bis zum Gesenke, durchzieht oder berührt. Kein eigener Stamm sind sie zwar, doch eine Volksgruppe, ein Deutschland im kleinen, mit einem langen, gemeinsamen staatlichen Schicksal. Bis in unsere Tage haben sie ihre von den Ahnen, überwiegend Bayern, Franken, Obersachsen und Schlesier, überkommene Art und Sprache bewahrt.
Ob sie hier in einem geschlossenen deutschsprachigen Gebiet, dort als von fremdem Volkstum umspülte Sprachinseln, in manchen Gebieten als Mehrheit, in anderen als Minderheit oder als verstreute Einsprengsel lebten, dieses *Sudetenland-Lexikon* soll ohne Rücksicht auf sichtbare oder unsichtbare Grenzen *das* Buch der deutschen Bevölkerung in den Sudetenländern, ihrer angestammten Heimat, sein.
Ein Lexikon herauszubringen bedeutet stets, eine Auswahl zu treffen. Das gilt erst recht für ein handliches Werk, das sich an breite Leserschichten richtet. Es soll also beispielhaft wiedergeben, was die Eigenart des vielfältigen Landes und seiner Menschen ausmachte. Lebende Persönlichkeiten wurden grundsätzlich nicht in die Biographien aufgenommen.
Acht Jahrhunderte des Zusammenlebens zwischen Deutschen und Tschechen sind überwiegend friedlich und in guter Nachbarschaft verlaufen; doch es gab auch kurze Epochen, erfüllt von Gegensätzlichkeit und Feindschaft, die sich auf lange Zeit hin auswirkten. Wo immer das Wort „die Tschechen“ fällt, handelt es sich im allgemeinen weder um einzelne Angehörige noch um das tschechische Volk in seiner Gesamtheit, sondern um die seinerzeit herrschende Schicht, deren mangelnder Verständigungswille Zug um Zug Katastrophen heraufbeschwor, die erheblich zu der Vertreibung der Sudetendeutschen und der Unfreiheit der Tschechen beitrugen.
„Deutsch sein heißt: Nichts voneinander wissen!“ beklagte einst ein Dichter. Mit diesem volkstümlichen Lexikon können die Sudetendeutschen ihre Volksgruppe und die übrigen Deutschen einen ihrer fruchtbaren Zweige kennenlernen. Wer sich selbst und sein Volk kennt, wird auch das Wesen fremder Völker besser verstehen.
Um die Lexikon-Reihe einheitlich zu gestalten, hat der Verlag die Schreibweise der Ortsnamen im allgemeinen dem *Sudetendeutschen Ortsnamensverzeichnis* (bearbeitet vom Sudetendeutschen Archiv und Institut für Landeskunde, mit Unterstützung des Collegium Carolinum) angepaßt. Herr Josef Erhard Knobloch hat sich um die Illustration verdient gemacht. Danken möchte ich meiner Familie, die es mir ermöglichte, dieses Werk zu schaffen.

Was man nicht aufgibt/
hat man nicht verloren

FRIEDRICH v. SCHILLER

GESCHICHTLICHER ÜBERBLICK

400 v. Chr.	*Die keltischen Bojer siedeln im böhmischen Raum. Sie geben Böhmen den Namen Bojohemum.*
um 60 v. Chr.	*Die Bojer werden verdrängt, in Böhmen durch die Markomannen, in Mähren durch die Quaden. Marbod errichtet das Markomannenreich.*
166 – 180 n. Chr.	*Markomannenkriege.*
500 – 550 n. Chr.	*Im Zuge der Völkerwanderung wandern die germanischen Markomannen und Quaden aus. In den Randgebieten sollen Reste dieser Völker und Stämme zurückgeblieben sein (siehe Kolonisationstheorie).*
550 – 600	*Slawen wandern ein. Über die Inbesitznahme des Landes durch sie wird in den Quellen nichts berichtet.*
568	*Die Awaren aus Zentralasien unterwerfen die Slawen und bilden ein eigenes Reich.*
626	*Die Slawen erheben sich unter ihrem ersten König Samo, einem fränkischen Kaufmann, gegen die Awaren.*
658	*Mit dem Tode Samos zerfällt das Slawenreich.*
um 830	*Das Großmährische Reich entsteht und existiert bis 906.*
845	*Vierzehn böhmische Große lassen sich in Regensburg taufen.*
850 – 1306	*Die Przemysliden an der Spitze Böhmens und Mährens.*
895	*Spytignew, der Sohn Bořiwojs und Herzog eines Teilstammes der Tschechen, erscheint mit anderen Großen der böhmischen Stämme in Regensburg am Hofe vor König Arnulf; sie begeben sich unter die Hoheit des Reiches.*
935	*Ermordung des Herzogs Wenzel, der den Anschluß Böhmens an das Reich vorangetrieben und die Christianisierung intensiviert hatte. Er wurde ein Opfer der heidnischen und nationalen Reaktion. Dieser erste tschechische Heilige wurde einer der Landespatrone.*

935 – 950	*Kämpfe zwischen dem Fürsten Boleslaw I., dem Bruder Wenzels und Mitbeteiligten an dessen Ermordung, und Kaiser Otto I. um die Unabhängigkeit des böhmischen Staates. Boleslaw muß sich unterwerfen.*
973	*Auf dem Reichstag zu Quedlinburg wird das Bistum Prag gegründet. Der erste Bischof ist der Sachse Thietmar. Nach ihm werden noch viele andere Deutsche in Prag und Olmütz Bischöfe.*
997	*Martertod des zweiten Prager Bischofs, des aus slawischem Fürstengeschlecht stammenden Adalbert, der durch seine Mutter aber mit dem sächsischen Königshaus verwandt war. Er starb bei der Missionierung der Pruzzen.*
1004	*Böhmen wird Reichsfürstentum.*
1029	*Mähren kommt an Böhmen.*
um 1030	*Gunther, aus thüringischem Fürstengeschlecht und Benediktiner von Niederaltaich, lebt im Böhmerwald als Einsiedler. Er vermittelt zwischen Böhmen und den deutschen Königen. Der Friedensstifter und Wegbauer stirbt 1045 und wird in Břevnov begraben.*
12. und 13. Jh.	*Von den böhmischen Herrschern gerufen, kommen viele Deutsche über die Randgebirge Böhmens ins Land: Bergleute, Bauern und Gewerbetreibende. Sie werden vielfach privilegiert und gründen Städte nach deutschem Recht, ebenso zahlreiche Klöster.* *Die deutschen Bergleute ermöglichen durch die von ihnen eingeführte Kunst des Tiefbaues eine bessere Ausbeute der Bergwerke und legen so den Grund für die nun folgende Blüte des Bergbaues, die dem Land Reichtum brachte.*
1198	*Ottokar I. erhält die erbliche Königswürde mit der Lehenshoheit über die Markgrafschaft Mähren. Die Bischöfe von Prag und Olmütz, das seit 1063 Bistum ist, gelten als Reichsfürsten.*
1253	*Ottokar II. wird König von Böhmen. Unter ihm erlebt Böhmen als Staat seine größte Machtentfaltung; er erwirbt Steiermark, Kärnten und Krain, fördert die deutsche Siedlung und gründet viele deutsche Städte. Von Rudolf von Habsburg wurde Ottokar gezwungen, die annektierten Gebiete wieder herauszugeben. 1278 fiel er in der Schlacht auf dem Marchfeld bei Dürnkrut.*
1255	*König Ottokar II. gründet anläßlich eines Kreuzzuges gegen die Pruzzen eine Siedlung, die ihm zu Ehren Königsberg genannt wird.*

1290 *Zawisch von Falkenstein, ein Rosenberger, ein Parteigänger Ottokars II. und mit dessen Witwe vermählt, wird, da er nach der böhmischen Krone trachtete, in Frauenberg enthauptet. Im Hohenfurther Stiftsschatz wurde das angeblich von ihm stammende wertvolle Zawisch-Kreuz aufbewahrt.*

1300 *Wenzel II., Sohn Ottokars II. und Schwiegersohn Rudolfs von Habsburg, erwirbt vorübergehend auch die polnische Krone. Er fördert die Einwanderung von Deutschen, holt Dichter an seinen Hof, den er zu einem deutschen Kulturzentrum macht. Wenzel selbst verfaßt Minnelieder in Deutsch. Er stirbt 1305.*
Wenzel II. erläßt das Kuttenberger Bergrecht, das zum Muster für das übrige europäische Bergrecht wird. Beginn der Prägung der Prager Groschen, einer hochwertigen Münzeinheit.

1306 *Wenzel III., Sohn Wenzels II., wird während der Vorbereitungen zu einem Kampf gegen Polen in Olmütz ermordet. Mit ihm stirbt die männliche Linie der Przemysliden aus. König Albrecht I. zieht Böhmen als Reichsgut ein. Sein Sohn Rudolf wird von den böhmischen Ständen zum König gewählt, stirbt aber schon 1307 ohne Nachkommen.*

1310 – 1437 *Die Luxemburger regieren in Böhmen.*

1322 *Unter König Johann von Luxemburg, der 1346 in der Schlacht bei Crécy gegen die Engländer fällt, wird das Egerland für 20000 Silbermark an die Krone Böhmens verpfändet und nicht mehr eingelöst.*

1326 *Schlesische Teilfürstentümer kommen unter böhmische Lehenshoheit. 1335 kommt ganz Schlesien an Böhmen.*

1344 *Gründung des Erzbistums Prag.*

1346 – 1378 *Karl IV., seit 1347 römisch-deutscher Kaiser. Während seiner Regierungszeit, die man das Goldene Zeitalter Böhmens nennt, führt er viele Reformen durch, ließ zahlreiche Bauten errichten und fördert Kunst und Wissenschaft. Sein Kanzler Johann von Neumarkt hat an der Prager Hofkanzlei wesentlichen Anteil an der Entwicklung der neuhochdeutschen Sprache.*

1348 *Karl gründet die Prager Universität und die Prager Neustadt.*

1356 *Karl erläßt die Goldene Bulle, das wichtigste Grundgesetz des Reiches. Sie kodifiziert das Recht der Königswahl und die Kurfürstenverfassung.*

1365	*Die seit 1348 im Bau befindliche Burg Karlstein bei Prag wird fertiggestellt; sie dient der Aufbewahrung der Reichskleinodien (heute in der Wiener Hofburg) und des böhmischen Kronschatzes (heute im St.-Veits-Dom in Prag). Die Kreuzkapelle der Burg ist mit zahlreichen wertvollen Gemälden und Halbedelsteinen geschmückt.*
1378 – 1419	*Wenzel IV. Er wird 1400 von den Kurfürsten als deutscher König wegen Unfähigkeit abgesetzt.*
1393	*Wenzel läßt Johannes von Nepomuk, den Generalvikar des Erzbischofs von Prag, foltern und in der Moldau ertränken.*
1409	*Unter dem Einfluß der Anhänger des Johannes Hus, der zum Haupt einer Reformbewegung geworden ist, erläßt Wenzel das sogenannte Kuttenberger Dekret, durch das die Tschechen die Oberhand an der Prager Universität erhalten. Daraufhin ziehen die deutschen Professoren und Studenten aus Prag weg; es kommt zur Gründung der Leipziger Universität und anderer Hoher Schulen.*
1415	*Hus wird in Konstanz als Ketzer verbrannt.*
1419	*Der erste der drei Prager Fensterstürze löst die Hussitenkriege aus, die bis zur Niederlage des taboritischen Heeres bei Lipan (1434) und bis zur Annahme der Basler Kompaktaten (1436) dauern. Sie hatten nicht nur einen religiösen Hintergrund, sondern richteten sich auch gegen das Deutschtum. Erlitten die Deutschen auch sehr schwere Verluste – viele Städte wurden erobert, niedergebrannt und deren deutsche Bewohner grausam ermordet –, so gelang doch nicht ihre vollständige Ausrottung. Doch der Deutschenhaß blieb bestehen.*
1452	*Georg von Podiebrad wird zum Landesverweser in Böhmen gewählt. Er führt die Regierung für den noch unmündigen Ladislaus Postumus. Nach dessen Tod wird Georg König (1457–1471).*
1464	*König Georg verspricht auf dem Olmützer Landrecht den mährischen Ständen auf ihr Ansuchen hin, daß Mähren unter keinen Umständen jemals von Böhmen losgetrennt werden dürfe. Doch bereits 1478 trat König Wladislaw II. die Markgrafschaft Mähren auf Lebensdauer an den ungarischen König Matthias Corvinus ab; die Wiedervereinigung erfolgte mit dem Tode des Corvinus (1490).*
1471 – 1526	*Herrschaft der Jagellonen über Böhmen und Mähren.*

1526	*Ferdinand von Österreich aus dem Hause Habsburg regiert von 1526–1564. Die böhmischen Länder bleiben bis 1918 mit Österreich und Ungarn verbunden.*
1564–1576	*Maximilian II.*
1576–1612	*Unter Rudolf II. wird Prag wieder Hauptstadt des Reiches und erlebt eine kurze zweite Blüte. Als Regent ist Rudolf schwach. Der menschenscheue Sonderling umgibt sich auf dem Hradschin mit Astronomen, Künstlern, Musikern, Literaten, aber auch Alchimisten. Die Regierungsgeschäfte führen Hofbeamte.*
1608	*Der Zwist zwischen Rudolf und seinem Bruder Matthias (vgl. Grillparzers „Ein Bruderzwist in Habsburg") wird durch den Vertrag von Lieben beendet. Matthias, mit den Ständen verbunden, übernimmt die Regentschaft in Ungarn, Österreich und Mähren.*
1609	*Die böhmischen Stände nötigen Rudolf II. den Majestätsbrief ab: Die Evangelischen erhalten Religionsfreiheit und das Recht, auf königlichem Besitz Kirchen zu bauen. Daraus ergibt sich der Anlaß zum Ausbruch des Dreißigjährigen Krieges.*
1612–1619	*Matthias wird 1612 zum Kaiser gewählt. Er versucht vergebens, zwischen Katholiken und Evangelischen zu vermitteln.*
1617	*Ferdinand wird König von Böhmen. Als Kaiser regiert er von 1619–1637. Er ist der Hauptführer der Gegenreformation.*
1618	*Zweiter Prager Fenstersturz bei dem Aufstand, der auf die Verletzung des Majestätsbriefs hin ausbrach. Streit um die protestantischen Kirchen in Klostergrab, die der Prager Erzbischof zerstören ließ, und in Braunau, die Abt Selender sperren ließ.*
1618–1648	*Dreißigjähriger Krieg.*
1620	*Schlacht am Weißen Berg. Der Gegenkönig Friedrich von der Pfalz flieht. Des „Winterkönigs" Regierungszeit betrug nur 14 Monate.*
1621	*Prager Blutgericht. 27 Führer der Aufständischen werden hingerichtet. Die evangelischen Pfarrer müssen das Land verlassen. An die 150000 Protestanten wandern aus.*

1627/1628	*Die „Verneuerten Landesordnungen" treten in Kraft, 1627 für Böhmen und 1628 für Mähren. Dadurch wird die ständische Macht beseitigt und die Vorherrschaft der tschechischen Sprache gebrochen.*
1624	*Wallenstein wird zum Herzog von Friedland erhoben. 1625 erhält er den Oberbefehl über das kaiserliche Heer. Ausweitung des Krieges nach Norden. Wallensteins Gegner setzen 1630 seine Absetzung durch. Nach seiner Wiederberufung 1632 Niederlage bei Lützen, wo Gustav Adolf fällt.*
1634	*Wallenstein wird abgesetzt und in Eger ermordet.*
1637 – 1657	*Ferdinand III. Kaiser. Seit 1627 König von Böhmen, übernimmt Ferdinand nach Wallensteins Tod nominell den Oberbefehl über das kaiserliche Heer. Er fördert Kunst und Wissenschaft.*
1648	*Westfälischer Friede.*
1655	*Errichtung des Bistums Leitmeritz.*
1658 – 1705	*Während der Regierungszeit Kaiser Leopolds I. entfaltete sich die Kunst des Barock zu höchster Blüte.*
1660	*Errichtung des Bistums Königgrätz.*
1680	*In Ostböhmen erheben sich die Bauern gegen die Grundherren. Ein Robotpatent des Kaisers zeitigt keine Folgen.*
1689	*Von der Pfalz her fallen französische Horden ohne politischen Grund in Böhmen ein. Die Soldateska verwüstet Klattau, Trautenau, Braunau und Prag.*
1705 – 1711	*Joseph I.*
1711 – 1740	*Karl VI.*
1724	*Gründung einer Ingenieur-Akademie in Brünn, die der Universität Olmütz angegliedert wird. Feierliche Verkündigung der Pragmatischen Sanktion, bereits 1713 erlassen und 1722 von Böhmen angenommen. Sie bestimmte die Unteilbarkeit des Habsburger Reiches und das Recht der weiblichen Thronfolge.*
1740 – 1780	*Maria Theresia wird 1743 in Prag gekrönt.*

1740 – 1742	*Der erste der drei Schlesischen Kriege, die zwischen Friedrich II. von Preußen und Maria Theresia um den Besitz Schlesiens geführt werden. Friedrich siegt unter großen Verlusten in mehreren Schlachten auf böhmischem Boden.*
1744 – 1745	*Zweiter Schlesischer Krieg. Friedrich besetzt vorübergehend Prag, Tabor, Budweis und Frauenberg.*
1756 – 1763	*Dritter Schlesischer (Siebenjähriger) Krieg. Die Niederlage Friedrichs 1757 bei Kolin zwingt ihn, die Belagerung Prags abzubrechen. 1758 belagert Friedrich vergeblich die Festung Olmütz.*
1741 – 1748	*Im Zusammenhang mit den drei Schlesischen Kriegen steht der Österreichische Erbfolgekrieg zwischen Maria Theresia und dem bayerischen Kurfürsten Karl Albrecht um die Thronfolge in den habsburgischen Ländern; der Kurfürst wird 1741 in Prag zum König von Böhmen ausgerufen, muß aber im nächsten Jahr das Land wieder verlassen.*
1763	*Hubertusburger Frieden. Den größten Teil Schlesiens muß Maria Theresia abtreten („Den Garten habt ihr mir genommen, nur den Zaun habt ihr mir gelassen“).*
1780 – 1790	*Joseph II. Beginn vieler Reformen, so Abschaffung von Leibeigenschaft und Folter, Religionsfreiheit, Aufhebung von Klöstern, Einwanderungserlaubnis auch für Nichtkatholiken nach Österreich, Lockerung des strengen Hofzeremoniells.*
1783	*Eröffnung des böhmischen Ständetheaters, das der Erbauer, Graf Nostitz-Rieneck, als deutsches Nationaltheater errichten ließ, mit Lessings „Emilia Galotti“. 1787 findet hier die Uraufführung von Mozarts „Don Giovanni“ statt.* *Österreich erläßt ein Auswanderungsverbot.*
1786	*Einführung der älteren Fassung des Bürgerlichen Gesetzbuches, das in seiner endgültigen Form 1812 in Kraft trat.*
um 1790	*In Böhmen gibt es 29 000 Baumwoll-, 51 000 Schafwoll- und 234 000 Flachsgarnspinner, über 3 000 Baumwoll-, 25 000 Schafwoll- und 72 000 Leinweber.*
1790 – 1792	*Leopold II.*
1792 – 1835	*Kaiser Franz II., bis 1806 deutscher Kaiser, ab 1804 als Franz I. österreichischer Kaiser.*

1806	*Errichtung eines polytechnischen Instituts in Prag, der ersten technischen Hochschule.*
seit 1808	*Böhmen und Mähren, besonders Prag, Brünn und die böhmischen Bäder, sind Aufenthaltsort von Persönlichkeiten, die sich gegen Napoleon stellen.*
1813	*Bei Kulm und Nollendorf werden die Franzosen geschlagen. Die entscheidende Niederlage erleidet Napoleon in der Völkerschlacht bei Leipzig vom 16. – 19. Oktober.*
1815 – 1866	*Die böhmischen Länder gehören dem Deutschen Bund an.*
1817	*„Fund" der Königinhofer Handschrift, die sich später als geschickte Fälschung Hankas erwies, 1818 der zweiten Fälschung, der Grünberger Handschrift. In seiner Geschichte Böhmens benützte Palacký diese Fälschungen als Quelle.*
1818	*Gründung des Vaterländischen (National-)Museums in Prag, an der auch Deutsche Anteil hatten. Beginn des „Erwachens" der Tschechen.*
1825	*Bau der Pferdeeisenbahn von Budweis bis Gmünd.*
1833	*Die Gesellschaft zur Förderung der Industrie in Böhmen wird gegründet. Die Leitung geht nach der Statutenänderung von 1842 von Adeligen auf Bürgerliche über.*
1845	*Ankunft des ersten Eisenbahnzuges in Prag.*
1848	*Nach dem Slawenkongreß in Prag werden an die Wiener Regierung Forderungen gestellt; es kommt zum Pfingstaufstand in Prag, der niedergeworfen wird. Im September wird auf Antrag Hans Kudlichs die Aufhebung der bäuerlichen Robotlasten und des Untertänigkeitsverhältnisses gegenüber den Grundbesitzern im Wiener Reichstag beschlossen. Bis März 1849 tagt der Reichstag in Kremsier.*
1849	*Die Ingenieur-Akademie in Brünn wird zur Deutschen Technischen Hochschule erhoben.*
1848 – 1916	*Kaiser Franz Joseph I.*
1860	*Beginn der Verfassungskämpfe in Österreich.*
1861	*Der Böhmische Landtag richtet an den Kaiser eine Adresse mit der Bitte, sich*

zum König von Böhmen krönen zu lassen. Es war die letzte gemeinsame politische Aktion von Tschechen und Deutschen.

1862 *Der Verein für Geschichte der Deutschen in Böhmen wird gegründet.*

1863 *Die Tschechen Fügner und Tyrš, beide deutscher Abstammung, gründen nach dem Vorbild der deutschen Turner die paramilitärisch ausgerichtete Vereinigung Sokol. 1938: 800 000 Mitglieder.*

1866 *Im Deutschen Krieg zwischen Preußen und Österreich um die Vorherrschaft in Deutschland kommt es am 3. Juli zur Entscheidungsschlacht bei Königgrätz, in der Österreich geschlagen wird. Nach dem Vorfrieden von Nikolsburg kommt es zum Frieden von Prag am 23. August. Auflösung des Deutschen Bundes.*

1867 *Durch den Ausgleich mit Ungarn wird das Habsburgerreich staatsrechtlich in die Österreichisch-Ungarische Doppelmonarchie umgebildet.*
Graf Taaffe, der sich auf die österreichischen, tschechischen und polnischen Konservativen stützt, versucht als Ministerpräsident und Innenminister die nationalen Gegensätze auszugleichen.

1869 *Teilung der Technischen Hochschule in Prag in eine deutsche und eine tschechische.*

1871 *Die in den sogenannten Fundamentalartikeln formulierten Forderungen der Tschechen nach einem „böhmischen Ausgleich“ werden nicht erfüllt.*

1882 *Die Prager Universität wird in eine deutsche und eine tschechische geteilt.*

1883 *Bei den Landtagswahlen erringen die Tschechen die Mehrheit.*

1884 *Josef Taschek gründet den Deutschen Böhmerwaldbund.*

1886 *Die deutschen Abgeordneten versuchen, um der Tschechisierung vorzubeugen, die Teilung der Landesverwaltung in tschechische und deutsche Bezirke durchzusetzen; als ihr Antrag scheitert, treten sie aus dem Landtag aus.*
Gründung des Bundes der Deutschen Nordmährens in Olmütz. Es folgen 1894 der Bund der Deutschen in Böhmen, der Bund Nordmark in Schlesien und der Bund der Deutschen in Ostböhmen, 1899 der Bund der Deutschen Südmährens.

1889 *Gründung der österreichischen Sozialdemokratie durch Viktor Adler auf dem*

Parteitag zu Hainfeld, an dem auch Delegierte aus Reichenberg und Brünn teilnehmen.

1890 *Die Ausgleichsverhandlungen zwischen Deutschen und Tschechen in Wien („Böhmischer Ausgleich“) scheitern am Widerstand der Jungtschechen. Diese erlangten 1895 unter Führung von Kramář die Mehrheit über die Alttschechen (Palacký, Rieger, Clam-Martinic), die an einen böhmischen Staat im Verband der Monarchie dachten. Die Jungtschechen streben die Zerstörung der Monarchie und eine Verbrüderung mit Russen, Serben und Franzosen an.*

1896 *T. G. Masaryk schreibt den Aufsatz „Zur deutsch-böhmischen Ausgleichsfrage“; darin tritt er für die Trennung der Deutschen und Tschechen auf der Grundlage einer territorialen Autonomie ein.*

1897 *Von den Jungtschechen gedrängt, erläßt Ministerpräsident Badeni eine Sprachenverordnung, die in Böhmen und Mähren die Amtsführung in zwei Sprachen (auch in einsprachigen Gebieten) vorsieht. Die dadurch entstehenden Nationalitätenkämpfe zwingen Badeni zum Rücktritt.*

1899 *Die Sozialdemokraten legen mit ihrem Brünner Programm einen Vorschlag zur Lösung der nationalen Frage vor (Karl Renner und Josef Seliger). Aufhebung der Sprachenverordnung durch das Ministerium Clary-Aldringen. Es folgen blutige Unruhen, von Tschechen in allen größeren Städten ausgelöst.*

1901 *Die Deutsche Technische Hochschule in Brünn erhält das Recht der Promotion zum Doktor der technischen Wissenschaft.*

1903 *Der Deutsche Volksrat für Böhmen wird von Dr. Josef Titta in Trebnitz bei Lobositz gegründet. Er soll die politischen und kulturellen Kräfte der Deutschen zusammenfassen.*

1905 *Der seit 1898 vorbereitete Mährische Ausgleich wird angenommen. Diese Verständigung zwischen Deutschen und Tschechen kommt in Mähren, leider nicht in Böhmen zustande.*

1906 *Bei der Einführung des allgemeinen Wahlrechts für die Reichstagswahlen wird vereinbart, daß Böhmen durch 75 tschechische und 55 deutsche Abgeordnete vertreten sein soll.*

1907 *Erste allgemeine Wahlen in den böhmischen Ländern.*

1913	*Im Vergleich zur Gesamtmonarchie beträgt die Produktion der böhmischen Länder in der Eisen- und Stahlerzeugung 60 v. H., in der Chemie-Industrie 75 v. H., in der Textil-Industrie etwa 80 v. H. und in der Zuckerindustrie 75 v. H. Gegenüber 1880 erreicht die Steinkohlenförderung das Dreifache (14 Mio. t), die Braunkohlenförderung das Vierfache (23 Mio. t).* *Karel Kramář erklärt im österreichischen Reichstag, daß die Tschechen den Tag herbeisehnten, an dem sie vom Böhmerwald bis Wladiwostok in einem Reich werden leben dürfen.*
1914	*Der österreichische Thronfolger Franz Ferdinand wird am 28. 6. in Sarajewo ermordet. Ausbruch des Ersten Weltkriegs. Auch die Tschechen halten sich an ihren Soldateneid; erst später laufen viele zum Feind über.* *Masaryk geht in die Emigration. 1915 folgt ihm Beneš. In einem tschechischen Komitee in Paris planen sie die Beseitigung der Habsburger und die Gründung eines eigenen Staates (1915).*
1915	*Tschechische Politiker, darunter Kramář, werden des Hochverrats angeklagt und eingekerkert, 1917 aber amnestiert.*
1916	*Der tschechische Nationalrat in Paris wird von England und Frankreich völkerrechtlich als Vertretung der Tschechen anerkannt.* *Kaiser Franz Joseph I. stirbt am 21. November. Karl I. besteigt den Kaiserthron.*
1917	*Die Versuche Kaiser Karls zur Verfassungsreform scheitern. Erste Erwähnung des Wortes „Tschechoslowakei" durch alliierte Politiker.* *In der Schrift „Unser Staat und der Weltfriede" von H. Kuffner (angeblich E. Beneš) und in der beigegebenen Karte werden für den tschechischen Staat Teile von Österreich, Bayern, Brandenburg, Sachsen und Schlesien bis zur Oder gefordert.* *Bis Ende 1917 entfallen an Blutopfern des Krieges auf 1000 Menschen: In den rein deutschen Gebieten Böhmens 34,5 Tote, Mährens 44,4 Tote, Schlesiens 29 Tote, in den rein tschechischen Gebieten Böhmens 22,5 Tote, Mährens 26,7 Tote, in den polnischen Gebieten Schlesiens 16,2 Tote. Im Durchschnitt bei den Deutschen 36 Tote, bei den Slawen 22 Tote.*
1917/1918	*Friedensaktion der Meinlgruppe. Verhandlungsversuche der Gruppe mit dem Sudetendeutschen Julius Meinl an der Spitze, mit Billigung Kaiser Karls bei den Alliierten unternommen, scheitern.*
1918	*Verhandlungen von Vertretern amerikanischer, tschechischer und slowakischer Organisationen in Pittsburgh über die Struktur eines künftigen tsche-*

chischen Staates. Fast alle Teilnehmer waren amerikanische Staatsbürger. Masaryk und Vertreter der Slowaken in den USA sichern sich im Vertrag von Pittsburgh die slowakische Autonomie innerhalb des tschechischen Staates zu. Im Sommer Anerkennung der Selbständigkeit der Tschechoslowakei durch Frankreich, Italien, England und USA.
26. 9. In Paris Bildung einer provisorischen Regierung (Masaryk ist Präsident, Beneš Außenminister).
13. 10. Bund der Deutschen in Böhmen: „Die deutschen Gebiete in Böhmen dürfen nie und nimmer einem tschechoslowakischen Staat einverleibt werden."
16. 10. Deutscher Volksrat für Böhmen: „Der Deutsche Volksrat betrachtet jedweden Versuch, der auch nur die Möglichkeit einer Einverleibung Deutschböhmens in den tschechischen Staat zur Folge haben könnte, als Preisgabe unseres Volkstums, dessen politischer und wirtschaftlicher Zukunft."
28. 10. Proklamation der Tschechoslowakischen Republik.
29. 10. In Wien werden die Provinzen Deutschböhmen und Sudetenland gebildet, deren Schutz die Deutschösterreichische Republik übernimmt. An der Spitze der Landesregierungen stehen Rafael Pacher bzw. ab 6. 11. Rudolf Lodgman von Auen für Deutschböhmen und Robert Freißler für Mähren und Schlesien.
13. 11. Anschlußerklärung der Deutschen in Böhmen und Mähren an das am Vortag gegründete Deutsch-Österreich.
29. 11. Bewaffnete Tschechen, die Mährisch Trübau besetzt hatten, schießen in die demonstrierende, unbewaffnete deutsche Menge und töten 3 Frauen, eine Schülerin und einen Schüler.

1918/1919 — *Die militärische Besetzung der sudetendeutschen Gebiete durch Tschechen ist eine Verletzung des Selbstbestimmungsrechtes der Deutschen. Die neugebildete Regierung von Deutschböhmen und Deutschmähren wird vertrieben.*

1919 — *4. 3. Während friedlicher Demonstrationen für das Selbstbestimmungsrecht werden 54 Sudetendeutsche von Tschechen (Militär und Polizei) erschossen.*
16. 4. Erstes Gesetz zur Durchführung der Bodenreform (Enteignung des Großgrundbesitzes).
10. 9. Friedenschluß der Alliierten mit Österreich in Saint Germain. Die Tschechen erhalten von Deutschland das Hultschiner Ländchen, von Österreich Gebiete bei Gmünd und um Feldsberg, von Ungarn die ganze Slowakei und Karpatenrußland. Das Gebiet von Teschen wird 1920 zwischen der ČSR und Polen aufgeteilt.
Der Minderheitenschutzvertrag verpflichtet den neuen tschechischen Staat, nach dem Muster der Schweiz „allen Einwohnern ohne Unterschied der

Geburt, Staatsangehörigkeit, Sprache, Rasse oder Religion vollen und ganzen Schutz von Leben und Freiheit zu gewähren". In Wirklichkeit betrachten sich die Tschechen als alleiniges Staatsvolk.
24. 9. Die Deutschböhmische Landesregierung in Wien löst sich auf. Die Vertreter der Sudetendeutschen, die noch einmal ihre Forderungen nach dem Selbstbestimmungsrecht verkünden, verabschieden sich von Österreich und verlassen den Staatsverband.
15. 10. Das tschechoslowakische Bodenamt führt die Enteignung eines großen Teiles deutschen Grundbesitzes durch. 840000 ha bäuerlicher Grund und Boden (das sind 30 v.H. der Fläche des Sudetenlandes) kommen fast zur Gänze (das sind 94 v.H.) an Tschechen.

1919 *Parteigründungen: Bund der Landwirte (Interessenwahrnehmung der sudetendeutschen Bauern in der ČSR. Löst sich 1938 auf und überführt seine Mitglieder in die SdP).*
Deutsche Christlich-Soziale Volkspartei (Organisation der deutschen katholischen Mittelschicht in der ČSR, die die Gleichberechtigung für die Deutschen durch konstruktive Mitarbeit im Staat erreichen will. Löst sich 1938 zugunsten der SdP auf).

1920 *Deutsche Gemeinden in der westlichen Hälfte der ČSR: 3120 Gemeinden mit 80–100 v.H. deutscher Bevölkerung (darunter 987 rein deutsche Gemeinden), 277 Gemeinden mit 50–80 v.H. Deutschen, zusammen 3397 deutsche Gemeinden. Dazu kommen noch deutsche Minderheiten von 10–50 v.H. in 148 Gemeinden und die deutschen Gemeinden in der Slowakei.*
Die Kaiser-Joseph-Denkmäler werden von den Tschechen zerstört.
4. 2. Das Hultschiner Ländchen, durch den Versailler Vertrag am 28. 6. 1919 dem neuen Staat zugesprochen, wird durch tschechische Truppen besetzt. Am 4. 5. 1920 wird in Hultschin der Ausnahmezustand ausgerufen. Bei der Volksabstimmung am 11. 6. 1922 stimmen die Bewohner des Ländchens fast einmütig für die Rückgliederung an Deutschland.
17. 2. Die Gemeinden werden durch Gesetz zur Führung einer Chronik verpflichtet.
19. 2. Änderung des Universitätsgesetzes von 1882, nach dem die Deutsche und die Tschechische Universität die rechtmäßigen Nachfolgerinnen der 1348 gegründeten Universität waren und das Vermögen gemeinsam besaßen. Nachfolgerin dieser ersten Universität ist jetzt nur noch die tschechische Institution.
19. 2. Die Regierung beschließt das Sprachengesetz, nach dem die Staatsbeamten die tschechische Sprache beherrschen müssen. Als Folge davon verlieren bis 1930 31,51 v.H. der deutschen Beamten ihre Stellung.
29. 2. Die tschechoslowakische Verfassung wird von einer selbsternannten

„Nationalversammlung" ohne Beteiligung der Minderheiten endgültig beschlossen.
18. 4. Bei den Parlamentswahlen wird die Deutsche Sozialdemokratische Arbeiterpartei mit 43 v.H. aller deutschen Stimmen stärkste Partei.
16. 11. Schwere Ausschreitungen der Tschechen gegen deutsche Einrichtungen in Prag, vor allem gegen das Deutsche Haus, das Deutsche Landestheater und die Redaktion der Zeitung „Prager Tagblatt".
5. 12. Das Deutsche Landestheather in Prag wird durch eine Bestimmung des Landesverwaltungsausschusses den Deutschen genommen und dem tschechischen Nationaltheater angeschlossen.

1921 *15. 2. Volkszählung. Dabei kommt es zu Manipulationen, um die Zahl der Deutschen möglichst niedrig zu halten. Eine parlamentarische Eingabe von deutscher Seite mit der Bitte um Klärung dieser Angelegenheit wurde nicht beantwortet.*
Bei der Volkszählung werden in den Sudetenländern (Böhmen, Mähren und Schlesien) gezählt: 6727408 Tschechen, 2973208 Deutsche, 73020 Polen, 30267 Nationaljuden, 15630 Slowaken, 6104 Magyaren, 3321 Russen, 2671 andere.
12.–15. 3. Auf dem Parteitag in Paulsdorf bei Reichenberg wird die Deutsche Sektion der Kommunistischen Partei der Tschechoslowakei gegründet.

1922 *14. 6. Auflösung deutscher Schulen: 61 in Böhmen, 111 in Mähren, 21 in Schlesien, insgesamt 193 Schulen mit 1288 Klassen. Dafür werden viele tschechische Minderheitsschulen errichtet, oft nur für wenige tschechische Kinder. Häufig werden deutsche Staatsbedienstete genötigt, ihre Kinder in diese Schulen zu schicken. Seit Staatsgründung schuf man künstliche tschechische Minderheiten im deutschen Gebiet. Diese planmäßige tschechische Ansiedlung erreicht bis 1938 die Zahl von 400000 Personen.*
Im Sommer überreichen sudetendeutsche Abgeordnete dem Völkerbund in Genf eine Denkschrift, in der die Verletzungen des Vertrages von St. Germain vom 10. 9. 1919 durch die Gesetzgebung und die Regierung der ČSR nachgewiesen werden. 1923 wird noch eine Ergänzung über die Lage der Deutschen in der ČSR nachgereicht.

1924 *25. 1. Frankreich und die ČSR schließen einen Bündnisvertrag.*

1925 *6. 7. Hus-Gedenkfeier in Prag. Der Tag des Hus war neben den Festen der Heiligen Cyrill und Method und des hl. Johannes von Nepomuk zum Staatsfeiertag erhoben worden. Da Hus für die katholische Kirche ein Ketzer und Häretiker ist, wurden die diplomatischen Beziehungen zwischen ČSR und Vatikan abgebrochen. Januar 1928 kam es zu einem Modus vivendi.*

5.–16. 10. Beneš nimmt an der Konferenz von Locarno teil. Es wird ein Schiedsvertrag zwischen Deutschland und der ČSR abgeschlossen. Die Unverletzlichkeit der Grenzen wird garantiert. Deutschland erkennt die Defensivverträge zwischen Frankreich und der ČSR an.
15. 11. Bei den 2. Parlamentswahlen erhalten die Tschechen und Slowaken 182 Sitze, die Deutschen 71. Die deutschen Sozialdemokraten haben nur noch 17 Sitze (1920 = 31), stärkste Partei wird der Bund der Landwirte mit 24 Sitzen; die Christlich-Sozialen folgen mit 13.

1926

12. 10. Die Christlich-Sozialen und der Bund der Landwirte treten in die Regierung ein. Im Kabinett Švehla (seit 14. 10.) werden die deutschen Professoren Mayr-Harting und Spina Minister. Mit diesem Aktivismus ändert sich für die Sudetendeutschen kaum etwas, obwohl diese ihre Bereitschaft zur Loyalität gegenüber dem Staat und zur Mitarbeit in der Regierung bekundet hatten.
24. 11. Die seit 1919 bestehende Deutschpolitische Arbeitsstelle wird zum Deutschpolitischen Arbeitsamt umgestaltet. In dieser neutralen Zentralstelle der deutschen Parteien sind vertreten: Bund der Landwirte, Deutsche Nationalpartei, Deutsche Nationalsozialistische Arbeiterpartei, Deutsche Gewerbepartei, Deutsche Christlich-Soziale Partei und die nicht im Parlament vertretene Deutschdemokratische Freiheitspartei.

1927

27. 5. T.G. Masaryk, seit 1918 Staatspräsident, wird wieder in dieses Amt gewählt.
14. 7. Die mit dem Gesetz vom 29. 2. 1920 eingeführte Gaueinteilung (21 Gaue im gesamten Staat, aber nur in der Slowakei vollzogen) wird wieder aufgehoben. Mit Gesetz Nr. 125/1927 werden Mähren und Schlesien zu einem Land vereinigt. Das Staatsgebiet besteht nun aus den Ländern Böhmen, Mähren-Schlesien, Slowakei und Karpatoukraine.

1928

16. 5. Die deutschen Minister Spina und Mayr-Harting erklären, daß die Teilnahme deutscher Parteien an der Regierung noch nicht die Lösung der Minderheitenfrage bedeute. Minderheitenschutzverträge und Verbesserungen des Verfahrens in der Minderheitenfrage durch den Völkerbund seien daher nicht überflüssig geworden.
Juli. Beschwerde der Hultschiner Deutschen bei Masaryk wegen der Verweigerung deutscher Schulen.
5. 8. Gründung der Arbeits- und Wirtschaftsgemeinschaft.

1929–1933

Von der Weltwirtschaftskrise sind hauptsächlich die sudetendeutschen Gebiete betroffen. Im Staat gibt es 800000 Arbeitslose, davon sind etwa 500000 Sudetendeutsche.

1929	*27. 10. Parlamentswahlen. Tschechen und Slowaken erhalten 191 Sitze, die Deutschen 66 (das sind 22 v. H.), davon entfallen auf die Sozialdemokraten 21, den Bund der Landwirte 16, die Christlich-Sozialen 14, die Deutsche Nationalpartei 7 und die Deutsche Nationalsozialistische Arbeiterpartei 8.* *7. 12. Die Sozialdemokraten treten mit Ludwig Czech als Minister für Soziale Fürsorge in die Regierung ein. Die Christlich-Sozialen scheiden aus. Die sogenannte Czech-Karte, eine Unterstützung für die Arbeitslosen (20 Kč wöchentlich für Verheiratete, 10 Kč für Ledige) kann nur die allergrößte Not lindern.*
1930	*1. 12. Volkszählung. Von den 14729536 Einwohnern sind 51 v. H. Tschechen, 16 v. H. Slowaken, 23 v. H. Sudeten- und Karpatendeutsche, 5 v. H. Magyaren, 3 v. H. Ruthenen und 1,3 v. H. Juden. Die geschlossenen sudetendeutschen Gebiete zählen 50 politische Bezirke (120 Gerichtsbezirke) mit 3338 Gemeinden, dazu kommen noch 59 sudetendeutsche Sprachinselgemeinden und 313666 als Diaspora-Sudetendeutsche im tschechischen Sprachgebiet.*
1931	*Die Kommunistische Partei der Tschechoslowakei fordert bei ihrem Parteitag in Prag das Selbstbestimmungsrecht der Nationen bis zur Loslösung vom Staat.*
1932	*29. 10. Im Kabinett Malypetr sind Ludwig Czech Minister für Soziale Fürsorge und Franz Spina Minister für das Gesundheitswesen.*
1933	*29. 5. Verbot des Empfangs ausländischer Rundfunksendungen.* *1. 10. Gründung der Sudetendeutschen Heimatfront durch Konrad Henlein zum Zweck der Sammlung aller Sudetendeutschen.* *4. 10. Selbstauflösung der Deutschen Nationalsozialistischen Arbeiterpartei, um dem Verbot der Regierung (21. 10.) zuvorzukommen.*
1933–1938	*Die ČSR ist Zufluchtsland für viele Emigranten. In Prag arbeitet der Exilvorstand der SPD bis Anfang 1938. Die österreichische Sozialdemokratie hat 1934–1939 ihr Auslandsbüro in Brünn, wo auch die „Arbeiterzeitung" erscheint. Die sudetendeutschen Sozialdemokraten bringen für die Emigranten große Beträge auf.*
1934	*24. 5. Wiederwahl Masaryks zum Staatspräsidenten.* *9. 6. ČSR und UdSSR nehmen diplomatische Beziehungen auf.* *24.–26. 11. Der Rektor der Deutschen Universität in Prag wird gezwungen, die Insignien an die Tschechische Universität auszuliefern. Vorausgegangen waren heftige Auseinandersetzungen zwischen Deutschen und Tschechen.*

1935 *29. 4. Der Name „Sudetendeutsche Heimatfront" wird verboten; daraufhin erfolgt die Namensänderung in „Sudetendeutsche Partei".*
16. 5. Militärbündnis zwischen ČSR und Sowjetunion.
19. 5. Parlamentswahlen. Von den deutschen Stimmen mit insgesamt 22,5 v.H. entfielen auf die Sudetendeutsche (und Karpatendeutsche) Partei 15,2 v.H., die Deutsche Sozialdemokratische Arbeiterpartei 3,6 v.H., die Deutsche Christlich-Soziale Volkspartei 2 v.H. und den Bund der Landwirte 1,7 v.H.
19. 12. Beneš wird Staatspräsident, nachdem Masaryk am 14. 12. zurückgetreten war. Beneš bleibt gegenüber den sudetendeutschen Forderungen unnachgiebig.

1936 *Die Jungaktivisten mit Wenzel Jaksch (DSAP), Hans Schütz (Christlich-Soziale) und Gustav Hacker (BdL) an der Spitze versuchen, zwischen Sudetendeutschen und Tschechen zu vermitteln; ihre Bemühungen bleiben gegenüber dem tschechischen Nationalismus erfolglos.*
30. 4. Annahme des Staatsverteidigungsgesetzes (zentralistische Polizeigewalt) gegen die deutschen Stimmen.
7. 6. Verbot des Turnerabzeichens „Frisch-Fromm-Fröhlich-Frei".
August. Henlein fordert für die Sudetendeutschen Selbstverwaltung.
11. 11. Ministerpräsident Hodža lehnt Autonomie und Gleichberechtigung der Sudetendeutschen ab. Auch Beneš lehnt wiederholt jede Autonomie ab.

1937 *17. 2. Die tschechoslowakische Regierung und die drei an ihr beteiligten deutschen Parteien (Sozialdemokraten, Christlich-Soziale, Bund der Landwirte) verhandeln über die Proportionalität bei der Aufnahme in den Staatsdienst. Die Sudetendeutsche Partei, stärkste Partei der Sudetendeutschen, wird nicht beteiligt. Im Dezember gibt Ministerpräsident Hodža zu, daß seine Zusagen nicht eingehalten wurden.*
27. 4. Gesetzesanträge der Sudetendeutschen Partei zur Lösung der nationalen Frage.
Oktober. Henlein besucht England und trifft mit Politikern, auch mit Churchill, zusammen.

1938 *März. Die bürgerlichen Parteien stellen ihre Tätigkeit ein. Anschluß ihrer Mitglieder an die Sudetendeutsche Partei.*
22. 3. Henlein trifft zum erstenmal mit Hitler zusammen.
24. 4. Im sogenannten Karlsbader Programm fordert Henlein u.a. die Gleichberechtigung der Sudetendeutschen, deutsche Selbstverwaltung und das Recht auf freies Bekenntnis zum deutschen Volkstum.
21. 5. Die ČSR mobilisiert einen Teil der Armee.
18. 8. Henlein und der britische Vermittler Lord Runciman kommen auf

Schloß Rothenhaus bei Görkau zusammen. In seinem Bericht erkennt Runciman die Beschwerden der Sudetendeutschen im wesentlichen als gerechtfertigt an. „Gerade in den letzten Tagen vor meiner Abreise habe ich von seiten der tschechoslowakischen Regierung keinerlei Bereitschaft gesehen, diese Übelstände einigermaßen zu beheben."

13. 9. Verhängung des Standrechts über die von Sudetendeutschen bewohnten Gebiete.

15. 9. Chamberlain und Hitler treffen sich in Berchtesgaden.

16. 9. Verbot der Sudetendeutschen Partei. Henlein wird steckbrieflich gesucht.

19.9. Note der englischen und französischen Regierung an die ČSR über Abtretung des sudetendeutschen Gebietes.

23. 9. Mobilisierung der tschechoslowakischen Armee.

25. 9. Ablehnung des vom britischen Premier Chamberlain weitergeleiteten Memorandums des Deutschen Reiches durch die tschechoslowakische Regierung.

29. 9. Unterzeichnung des Münchener Abkommens durch Chamberlain, Daladier, Mussolini und Hitler über die Abtretung des sudetendeutschen Gebietes an Deutschland.

30. 9. Die tschechoslowakische Regierung stimmt auf nachhaltige Vorstellungen Großbritanniens und Frankreichs der Abtretung der sudetendeutschen Gebiete zu.

September. Die Deutsche Sozialdemokratische Partei in der Tschechoslowakei zählte 80000 Mitglieder; nur 5000 konnten emigrieren. 20000 wurden nach dem deutschen Einmarsch verhaftet. Aber auch Mitglieder anderer Parteien, ferner Personen aus kirchlichen und bürgerlichen Kreisen kommen in Gefängnisse und Konzentrationslager.

1. 10.–10. 10. Besetzung des Sudetenlandes durch die deutsche Wehrmacht.

2. 10. Polen annektiert Teschen. Das Hultschiner Ländchen kommt zum Landkreis Ratibor.

5. 10. Staatspräsident Beneš tritt zurück.

21. 11. Die sudetendeutschen Gebiete kommen unter deutsche Staatshoheit.

1939 *15. 3. Besetzung der Rest-Tschechoslowakei durch das Deutsche Reich. Errichtung des Protektorats Böhmen und Mähren. Reichsprotektor für Böhmen und Mähren wird (bis 1941) Konstantin von Neurath.*

15. 4. Der Reichsgau Sudetenland mit den Regierungsbezirken Eger, Aussig und Troppau wird gebildet. Einige Teile des sudetendeutschen Gebietes fallen an Niederbayern und an die Oberpfalz, ferner an die 1938 gebildeten Reichsgaue Ober- und Niederdonau. Der Sudetengau umfaßt 3167 Gemeinden, an Bayern kommen 124, an die Ostmark 318 und an Preußen 38 Gemeinden.

1940 *9. 6. Die britische Regierung erkennt der tschechoslowakischen Exilregierung mit Beneš an der Spitze provisorischen, ein Jahr darauf endgültigen Charakter zu.*

1941 *18. 7. Militärbündnis zwischen der tschechoslowakischen Exilregierung und der UdSSR.*
31. 7. Anerkennung der tschechoslowakischen Exilregierung durch die USA.
27. 9. SS-Obergruppenführer Heydrich wird stellvertretender Reichsprotektor von Böhmen und Mähren.

1942 *26. 5. Attentat auf Heydrich in Prag. Als Vergeltung wird das Dorf Lidice zerstört, die Männer über 16 Jahren werden erschossen.*
22. 6. Wenzel Jaksch, Vorsitzender der sudetendeutschen Sozialdemokraten, löst wegen der Pläne Benešs, die Sudetendeutschen aus ihrer Heimat zu vertreiben, seine Verbindung mit der tschechoslowakischen Exilregierung in London.
29. 9. Die sudetendeutschen Sozialdemokraten werden bei der britischen Regierung vorstellig, um die Vertreibungspläne Benešs zu verhindern. Ihre Proteste bleiben ohne Erfolg.

1943 *12. 5. Beneš erhält von Roosevelt die Zustimmung zu seinen Austreibungsplänen, nachdem er ihn getäuscht und von einer angeblich bereits gegebenen Zustimmung der Sowjetunion unterrichtet hatte. Diese Zustimmung erfolgte jedoch erst am 6. 6. 1943.*
21. 12. Beneš beschließt in Moskau die totale Enteignung der Sudetendeutschen und ihre Vertreibung aus der Heimat.

1945 *Mai. Die Amerikaner besetzen Teile Westböhmens, bleiben aber infolge der Abmachungen mit der UdSSR stehen und ziehen sich wieder über die Grenze zurück.*
9. 5. Die Rote Armee besetzt Prag. Hier und im ganzen Land bricht blutiger Terror gegen die Deutschen aus. Die Austreibung beginnt in den unmenschlichsten Formen.
31. 5. Am Fronleichnamstag wurden rund 25 000 Brünner, die man ohne jedes Gepäck zu einem mehrere Kilometer langen Zug zusammengetrieben hatte, aus ihrer Heimat hinaus und nach Österreich getrieben. Das Bewachungspersonal verübte unbeschreibliche Grausamkeiten. Rund 1500 Menschen bleiben am Straßenrand liegen. Sie werden in Massengräbern beerdigt.
3. 6. Beneš hält in Tabor eine Rede, in der er sagt: „Was wir im Jahre 1918 vorhatten, wird heute durchgeführt. Damals wollten wir alle Deutschen abschieben... Kein Deutscher darf auch nur einen Quadratmeter Boden unter seinen Füßen haben, kein deutscher Gewerbetreibender und Geschäftsmann sein Geschäft weiterführen. Wir wollten dies alles auf eine feinere Art

durchführen, das Jahr 1938 kam uns jedoch dazwischen."
19. 6. Beneš ordnet die Einführung der sogenannten Volksgerichte zur Verurteilung der von Deutschen in der ČSR begangenen Verbrechen an. Die Gerichte „urteilen" mit größter Willkür.
31. 7. Massaker gegen die deutsche Bevölkerung der Stadt Aussig. Über 2000 Männer, Frauen und Kinder werden in 4½ Stunden ermordet. Erst das am Abend verhängte Standrecht beendete das Wüten des tschechischen Mobs und diesen entsetzlichen Bluttag. Dieses und andere Verbrechen wurden durch ein Gesetz der ČSR vom 8. 5. 1946 amnestiert.
2. 8. Die Sudetendeutschen verlieren durch Dekret die tschechoslowakische Staatsangehörigkeit.
25. 10. Der gesamte Besitz der Deutschen wird ohne jede Entschädigung vom tschechoslowakischen Staat beschlagnahmt.
Während bereits seit Kriegsende die wilden Deutschenaustreibungen in unmenschlicher Weise durchgeführt wurden, bestimmt das Potsdamer Protokoll vom 2. 8. 1945, daß die Abschiebung der Deutschen in „ordnungsgemäßer und humaner Weise" vor sich zu gehen habe; nach den Abmachungen sollten 1, 75 Millionen Menschen in das Gebiet der US-Besatzungszone und 750000 in die sowjetisch besetzte Zone abgeschoben werden. Wie die humane Aussiedlung durchgeführt wurde, zeigen die zahlreichen Berichte von Betroffenen, die in der Dokumentation der Vertreibung publiziert wurden.
20. 11. Bestimmung des Alliierten Kontrollrates über die Ausweisung in die vier Besatzungszonen Deutschlands. Jeder Ausgewiesene soll danach 1000 RM und 75 kg Gepäck mitnehmen dürfen. Diese Bestimmung wurde von den Tschechen in den seltensten Fällen eingehalten. Rund 241000 Sudetendeutsche verloren bei diesen unmenschlichen Vorgängen ihr Leben.
Die Zahl der Deutschen aus der ČSR in der Bundesrepublik Deutschland, in der DDR, in Österreich und anderen Ländern betrug Ende 1950 rund 3000400. In der Zeit von 1950 bis 1973 kamen 84057 Personen aus der ČSR in die Bundesrepublik Deutschland, die DDR und nach Österreich. Zurückgehalten wurden Deutsche, die man als Facharbeiter oder als Spezialisten für die Industrie benötigte. Viele Sudetendeutsche, auch solche, die von den sogenannten Volksgerichten verurteilt waren, kamen in Konzentrationslager, wurden zur Zwangsarbeit eingesetzt, auch in den Urangruben von St. Joachimsthal, wo viele starben oder sich unheilbare Leiden zuzogen, da sie ohne die notwendigen Arbeitsschutzmaßnahmen arbeiten mußten.

1946 *In München wird die Ackermann-Gemeinde gegründet. Ihre Mitglieder sind Vertriebene, die in der Heimat in der katholischen Jugend-,Volks- und Arbeiterbewegung tätig waren.*

1947 *Gründung der Seliger-Gemeinde. Aufgabe: Wahrung und Mehrung des*

Vermächtnisses der sudetendeutschen Arbeiterbewegung.
Gründung des Witiko-Bundes. Aufgabe: Dienst an der sudetendeutschen Volksgruppe, am ganzen deutschen Volk und an allen Bestrebungen in allen Völkern, die das Göttliche, Edle und Schöne, das Wahre und das Gerechte wollen. Im Oktober 1960 verkündet der Witiko-Bund seine Leitsätze zum Selbstbestimmungsrecht.
März. Die sudetendeutschen Sozialdemokraten treten in einer Eingabe an die Unterzeichnerstaaten von Potsdam für das Recht der Sudetendeutschen auf ihre Heimat ein.
25. 10. Gründung des Adalbert-Stifter-Vereins. Aufgabe: Betreuung der Kulturberufe und Wahrung der kulturellen Güter der Sudetendeutschen.
29./30. 11. Gründung des Arbeitsausschusses zur Wahrung sudetendeutscher Interessen als zentrale außenpolitische Institution des Sudetendeutschtums.

1948 *25. 2. Staatsstreich der Kommunisten in Prag. Beneš tritt als Präsident zurück (7. 6.). Er stirbt am 3. 9.*

1949 *30. 11. Eichstätter Erklärung. 17 sudetendeutsche Männer des öffentlichen Lebens erklären die Grundsätze einer sudetendeutschen Europa-Politik. Es wird auch die Herstellung eines tragbaren Verhältnisses zwischen Deutschland und seinen westslawischen Nachbarn gefordert.*

1950 *23. 1. Nach einer Anordnung des Bundesinnenministeriums in Bonn ist für die sudetendeutschen Gebiete die Bezeichnung Sudetenland zu gebrauchen.*
24./25. 1. Gründung der Sudetendeutschen Landsmannschaft, nachdem bereits seit dem 29. 8. 1947 ein bayerischer Landesverband bestanden hatte, an dessen Spitze Dr. Rudolf Lodgman von Auen stand. Als Sprecher der SL wirkt Lodgmann bis 1959. Von 1952–1954 leitete er auch den Verband der ostdeutschen Landsmannschaften. In der Detmolder Erklärung der SL wurde 1950 das Grundgesetz der SL verkündet.
14. 7. Der Deutsche Bundestag nimmt Stellung zum Prager Abkommen zwischen der ČSR und der DDR. In diesem Zusammenhang wird auch von den „in die Obhut der Deutschen Bundesrepublik gegebenen Deutschen aus der Tschechoslowakei" gesprochen (Obhutserklärung).
4. 8. Wiesbadener Abkommen zwischen dem Tschechischen Nationalausschuß (General Lev Prchala) und der Arbeitsgemeinschaft zur Wahrung sudetendeutscher Interessen (Lodgman von Auen). Auf diesem Abkommen beruht die Gründung des Sudetendeutsch-Tschechischen Föderativausschusses am 15. 12. 1951.
5. 8. Charta der deutschen Heimatvertriebenen. Sie erklärt den Verzicht auf Rache und Vergeltung, fordert das Selbstbestimmungsrecht als eines der Grundrechte der Menschheit und bekundet den Willen zur friedlichen

Errichtung eines freien und geeinten Europa.
Oktober. Behandlung der Sudetendeutschen Frage auf der Weltkonferenz für moralische Aufrüstung in Caux.
4. 11. Unterzeichnung der Europäischen Konvention zum Schutze der Menschenrechte und Grundfreiheiten.
Konstituierung der Historischen Kommission der Sudetenländer und des Collegium Carolinum.

1951 *24. 1. In Malmö wird von den in Schweden lebenden Sudetendeutschen ein Sudetendeutscher Arbeitsausschuß gebildet.*
24. 10. Die Arbeitsgemeinschaft zur Wahrung sudetendeutscher Interessen übergibt der Öffentlichkeit die „Dokumente zur Austreibung der Sudetendeutschen", das „Sudetendeutsche Weißbuch".
10. 11. Regensburg wird Patenstadt der Sudetendeutschen.

1952 *Die „Dokumente zur Austreibung der Sudetendeutschen" werden an die Kommission für Menschenrechte bei der UNO übersandt.*

1953 *Gründung der Sudetendeutschen Landsmannschaft in Österreich.*

1954 *28. 1. Die Arbeitsgemeinschaft zur Wahrung sudetendeutscher Interessen stellt fest: Bei der Austreibung der Sudetendeutschen sind über 300000 Personen umgekommen. Es leben noch etwa 3 Millionen Sudetendeutsche, davon 1,9 Millionen in der Bundesrepublik Deutschland.*
5. 6. Bayern übernimmt die Schirmherrschaft über die sudetendeutsche Volksgruppe. Die Sudetendeutschen werden als der Vierte Stamm Bayerns bezeichnet.

1955 *Gründung des Sudetendeutschen Archivs in München.*

1956 *Das „Administrativní lexikon obcí Republiky Československé" (Verwaltungslexikon) verzeichnet 348 Ortschaften der früheren ČSR als nicht mehr existierend, darunter auch größere Gemeinden, deren deutsche Bewohner vertrieben wurden.*

1957 *8. 7. In der Stuttgarter Entschließung sudetendeutscher Parlamentarier unter Vorsitz von Richard Reitzner (SPD) wird gefordert: Wiederherstellung des Heimatrechts der Vertriebenen und Verwirklichung ihres Selbstbestimmungsrechts; Wiederherstellung der Menschenrechte hinter dem Eisernen Vorhang und damit die Befreiung der Völker Ostmitteleuropas von der sowjetischen Zwangsherrschaft.*

1958 *Die Sudetendeutsche Landsmannschaft stiftet den Europäischen Karlspreis.*

1959 *19. 9. Hans-Christoph Seebohm wird als Nachfolger von Dr. Lodgman von Auen zum Sprecher der Sudetendeutschen Landsmannschaft gewählt.*

1960 *Dr. Erich von Hoffmann trägt auf einer Tagung des Führungskreises der Ackermann-Gemeinde in Augsburg den Entwurf einer Stellungnahme zur Sudetendeutschen Frage in 20 Punkten vor. Der Entwurf wird vom Sudetendeutschen Rat, der früheren Arbeitsgemeinschaft zur Wahrung sudetendeutscher Interessen, am 15. 1. 1961 und von der Sudetendeutschen Landsmannschaft am 7. 5. 1961 angenommen.*

1961 *23. 1. In der Bergneustädter Erklärung der SPD zur Sudetenfrage wird festgestellt: Die Vertreibung war widerrechtlich; es ist Wiedergutmachung zu leisten. Das Recht auf die Heimat und der Grundsatz des Selbstbestimmungsrechts der Völker müssen verwirklicht werden. Die Entnationalisierung der heute noch in der ČSSR zurückgehaltenen Deutschen widerspricht den Grundsätzen eines Volksgruppenrechts.*

1966 *2. 7. In Wien stirbt Father Emanuel Reichenberger, in der Heimat eine der führenden Persönlichkeiten der katholischen Volksbundbewegung, in den Vereinigten Staaten einer der ersten und leidenschaftlichsten Kämpfer gegen das Verbrechen der Vertreibung.*

1967 *Dr. Walter Becher wird Sprecher der Sudetendeutschen Landsmannschaft.*

1970 *27. 7. Mit Gesetz des Freistaates Bayern wird die Sudetendeutsche Stiftung als Stiftung des öffentlichen Rechts errichtet. Vorsitzender ist der bayerische Ministerpräsident Dr. Strauß, sein Stellvertreter ist Staatsminister Dr. Pirkl, Vorsitzender des Vorstands ist Dr. Wittmann, MdB. Zweck der Stiftung: Pflege des sudetendeutschen Kulturgutes, Unterstützung der bayerischen Staatsregierung bei der Ausübung der Schirmherrschaft über die sudetendeutsche Volksgruppe, die zur Verfügung stehenden Vermögensgegenstände zu nutzen und zu verwalten, Einrichtungen mit Beziehung zur sudetendeutschen Volksgruppe zu betreuen.*

1973 *14. 7. Rechtsverwahrung des Sudetendeutschen Rates zum paraphierten Vertrag über die gegenseitigen Beziehungen zwischen der Bundesrepublik Deutschland und der Tschechoslowakischen Sozialistischen Republik.*

1974 *24. 3. Beschluß der bayerischen Staatsregierung über die Errichtung eines Sudetendeutschen Zentrums durch die Sudetendeutsche Stiftung. Es soll für die Sudetendeutschen, die Gemeinschaft des Vierten bayerischen Stammes, ein Stück Heimat sein und dazu beitragen, die Identität der Sudetendeutschen auch für künftige Generationen zu erhalten.*

1979 *Die Sudetendeutsche Akademie der Wissenschaften und Künste tritt in Regensburg an die Öffentlichkeit.*

1981 *Einschließlich der seit 1945 geborenen Kinder leben drei Millionen Sudetendeutsche außerhalb ihrer angestammten Heimat. Nach einer Berechnung Jörg Kudlichs leben etwa 2,3 Mio. in der Bundesrepublik Deutschland (davon 1 Mio. in Bayern, 400000 in Hessen, 350000 in Baden-Württemberg), etwa 700000 in Mitteldeutschland und Berlin-Ost, 120000 in Österreich, 8000 in anderen europäischen Staaten, 20000 in überseeischen Aufnahmegebieten und 100000 in der ČSSR.*

1982 *Als Nachfolger Dr. Walter Bechers werden gewählt: Franz Neubauer als Sprecher und Jörg Kudlich als Bundesvorsitzender der Sudetendeutschen Landsmannschaft.*

Abertham (*Abertamy*), Bezirk Neudek. Bergstadt am Fuße des Pleßberges (1027 m). Gründung 1529. Silber- und Zinnbergbau, später Eisen- und Textilindustrie, Schwerpunkt Erzeugung von Handschuhen und Lederwaren. Kirche 1534 erbaut, 1736 barockisiert. Wappen: Hammer und Schlägel. Sommerfrische. 1930: 3512 Einw. (3 Tschechen).

Abstinenzbewegung. Neben den Guttemplern, die in vielen Logen (Ortsgruppen) besonders in Mähren und Schlesien arbeiteten, waren tätig die von dem Dominikaner P. Schlössinger gegründete Vereinigung Weißes Kreuz, Sitz Olmütz, die Deutsche Gemeinschaft alkoholfreier Kultur (Witkowitz), die Deutsche Vereinigung deutscher Eisenbahner (Brünn), der Arbeiter-Abstinentenbund (Teplitz) und der Bund deutscher Tabakgegner (Trautenau). Auch die Mitglieder der Jugendorganisationen Jungschar, Staffelstein, Quickborn und Pfadfinderkorps St. Georg hatten sich der Abstinenz von Alkohol und Nikotin verschrieben.

Ackermann-Chor. 1946 hatte Fritz Kernich einen Singkreis der katholischen Jugend gegründet; aus diesem ging 1955 der Ackermann-Chor hervor. Nach seinem Wirkungsort nennt er sich auch Chorsingschule Rosenheim. Er pflegt das wertvolle Liedgut der sudetendeutschen Heimat, das er durch den Rundfunk, durch Schallplatten und durch Mitwirkung bei Feierstunden, Akademien und Veranstaltungen der Ackermann-Gemeinde verbreitet. Der im Geiste Walther Hensels wirkende Chor genießt internationales Ansehen.

Abertham

Des Wanderers Labetrunk

Ackermann-Gemeinde. Eine der sudetendeutschen Gesinnungsgemeinschaften, die 1946 in München aus einem Kreis deutscher Katholiken entstand, der seine Herkunft aus Böhmen und Mähren-Schlesien als Verpflichtung für sein Wirken in Kirche, Volk, Staat und Gesellschaft empfand. Ihren Namen entlehnte sie der ersten neuhochdeutschen Dichtung, dem „Ackermann aus Böhmen" des Johannes von Saaz. Die Gemeinschaft, hauptsächlich durch Paulus Sladek und Hans Schütz initiiert, erhielt an der Wende 1947/1948 ihre Organisationsform und 1948 ihr Grundgesetz. Im November 1949 kam die Eichstätter Erklärung zustande, in der sich verschiedene Gruppen der Sudetendeutschen über ein politisches Programm verständigten.
Die Ackermann-Gemeinde ist Rechtsträger für Aktion West-Ost im BDKJ – Arbeitsgemeinschaft für europäische Friedensfragen, Junge Aktion, Hochschulring der AG, Internationales Katholisches Jugendwerk für Ost- und Mitteleuropa, Institutum Bohemicum, Katholisches Büro für ostmitteleuropäische Fragen der AG in Rom, Sudetendeutsches Landvolk u. a. Schwesterorganisation in Österreich ist die Klemens-Gemeinde.

Adalbert von Prag, Domtür zu Gnesen

Publikationen: Der Neue Ackermann, Mitteilungsblatt der Ackermann-Gemeinde, Junge Aktion, Schriftenreihe der Ackermann-Gemeinde 1949 ff. und Einzelveröffentlichungen.

Adalbert von Prag, † 997 im Samland. Er hieß ursprünglich Vojtěch und entstammte dem böhmischen Fürstenhaus der Slawnikinger. Bald nach seiner Wahl zum Bischof von Prag zog er sich in das Benediktinerkloster vom hl. Alexius in Rom zurück, wurde jedoch zurückgeholt und versah bis 994 sein Bischofsamt in Prag, wo er auch das Benediktinerkloster Břewnow gegründet hatte.
996 brach er zur Missionierung der Heiden im Nordosten auf, erlitt aber schon das Jahr darauf den Märtyrertod. Im Dom zu Gnesen beigesetzt und bereits 999 kanonisiert. An der Domtür zu Gnesen ist sein Martyrium dargestellt. Seine Gebeine kamen 1039 nach Prag und ruhen seit 1880 im Veitsdom. Hauptpatron der Erzdiözese Prag.

Adalbert-Stifter-Verein. Das Kulturwerk der Sudetendeutschen wurde 1948 in München gegründet. Ziel des Vereins ist es, die schöpferischen Kräfte der Deutschen aus den Sudetenländern zu sammeln und die deutsche wissenschaftliche und künstlerische Tradition im Bereich der gesamtdeutschen und europäischen Kultur weiterzutragen. Vorsitzende des Vereins waren u. a. Fürst zu Thun und Hohenstein, Graf Kinsky und Altgraf Salm-Reifferscheidt. Die vielseitigen Initiativen und Veranstaltungen des Vereins liegen seit den Anfangsjahren in den Händen von Johanna Baronin von Herzogenberg als Geschäftsführerin.

Adametz, Leopold, ∗ 1861 in Brünn, † 1941 in Wien. Professor an der Hochschule für Bodenkultur in Wien. Neben Kronacher Begründer der modernen Tierzuchtwissenschaft. „Lehrbuch der allgemeinen Tierzucht" (1926).

Adel. Adelsgeschichte ist zugleich Landesgeschichte. In den Sudetenländern gab es zunächst nur tschechischen Adel; dieser nahm allmählich nach dem Vorbild des Prager Hofes deutsche Kultur an; viele Adelige legten sich auch deutsche Namen zu, ebenso ihren Burgen. In der konfessionellen Frage spielten die Adeligen bereits in den Hussitenkriegen eine entscheidende Rolle, beim böhmischen Aufstand wiederum.
Nach der Schlacht am Weißen Berg (1620) mußten viele das Land verlassen, ihre Güter wurden konfisziert. Neuer Adel strömte ins Land, auch aus Italien, Belgien und Spanien. Die Geschlechter erhielten das böhmische Inkolat und eingezogene Güter. Nach E. Franzel ist der böhmische und mährische Barock eine künstlerische Ausdrucksform des Selbstbewußtseins und der Machtstellung des neuen böhmisch-mährischen

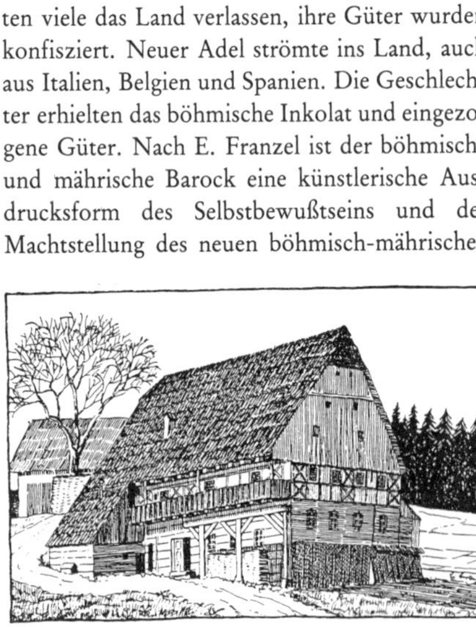

Adersbach, Umlaufhof

Felsenstadt Adersbach, Schweidnitzer Turm

Adels. Viele Adelige bekannten sich zum tschechischen Volkstum, das sie sehr förderten, gerade auch in der Form des Landespatriotismus.
Die Tschechoslowakei untersagte die Führung von Adelsbezeichnungen (Gesetz Nr. 61 vom 10.12.1918). Einen Überblick über „Böhmische Adelsfamilien" gab Roman von Prochazka in „Österreichisches Familienarchiv" (Bd. 3/1969), der auch ein „Genealogisches Handbuch erloschener böhmischer Herrenstandsfamilien" (1973) herausgab. In Siebmachers „Großem Wappenbuch" sind die Wappen des böhmischen, mährischen und schlesischen Adels dargestellt. Heute zeugen noch zahlreiche Schlösser, Burgen und Ruinen von der einstigen großen Zahl von Adelsgeschlechtern in den Sudetenländern.

Adersbacher Felsenlabyrinth, zum Braunauer Ländchen gehörend, wurde erst um 1700 entdeckt. Das aus Quadersandstein bestehende Felsenmassiv (4x2 km) wurde im Laufe der Zeit ausgewaschen; so entstanden Schluchten und bizarre Felsgebilde, die für ihre Form bezeichnende Namen erhielten wie der Galgen, der betende Mönch, das zahnlose Weib usw. An Goethes Besuch 1790 erinnert eine Büste. Ähnlichen Charakter hat auch das Wekelsdorfer Felsenlabyrinth in unmittelbarer Nähe.

Adler (Wilde und Stille Adler – *Orlice*). Aus der Hohen Mense bzw. aus dem Grulicher Ländchen kommend, mündet dieser linke Nebenfluß der Elbe nach 82 km bei Königgrätz. Die Wilde Adler bildet die Grenze zwischen dem Habelschwerdter und dem Adlergebirge.

Adler, Bernhard Vinzenz, ∗ 1753 in Eger,

Adlergebirge

† 1810 in Eger. Stadtphysikus in Eger. Er sicherte die nahen Heilquellen und erhielt 1793 die Genehmigung zur Errichtung eines Bades, des Kaiser-Franzens-Dorfes, des späteren Franzensbad. Hier wurde Adler 1795 Erster landesherrlicher Brunnenarzt. Der Begründer des Badeortes verfaßte zwei medizinische Schriften über dessen Heilwirkung.

Adler, Friedrich, ∗ 1857 Amschelberg bei Seltschan in Böhmen, † 1938 in Prag. Er war Rechtsanwalt, Lyriker, Dramatiker und Übersetzer. Neben drei Gedichtbänden veröffentlichte er das Lustspiel „Zwei Eisen im Feuer“, die Schauspiele „Sport“ und „Der gläserne Magister“ und Übersetzungen aus dem Tschechischen, u. a. von dem mit ihm befreundeten Vrchlický. Er bearbeitete auch Stücke der Spanier Tirso de Molina und Calderón. Mehrere Jahre (seit 1921) wirkte Adler auch als Dolmetscher des tschechoslowakischen Abgeordnetenhauses.

Adler, Guido, ∗ 1855 Eibenschütz, † 1941 Wien. Er hatte die Rechte und Philosophie studiert, ebenso das Wiener Konservatorium besucht, wo Anton Bruckner sein Lehrer war. 1885 erhielt er die Professur für Musikwissenschaft an der Deutschen Universität Prag, 1896 an der Universität Wien als Nachfolger Hanslicks. Adler, Begründer der Wiener Schule der Musikwissenschaft, war Herausgeber der „Denkmäler der Tonkunst in Österreich“, der „Studien zur Musikwissenschaft“ und des „Handbuch der Musikgeschichte“. Neben einer „Methode der Musikgeschichte“ verfaßte er noch andere grundlegende Werke, ebenso Biographien Wagners und Mahlers.

Adler, Paul, ∗ 1878 Prag, † 1946 Königsaal bei Prag. Seine Richterlaufbahn gab er auf, weil er es nicht ertragen konnte, Unrecht zu sprechen. Er lebte als Schriftsteller in Hellerau, war Mitarbeiter der Aktion, schrieb expressionistische Gedichte, veröffentlichte Romane und Erzählungen („Elohim“, „Nämlich“, „Zauberflöte“), ferner ein „Sachwörterbuch zur japanischen Literatur“ und übersetzte aus dem Französischen, Englischen, Italienischen, Spanischen, Russischen und Schwedischen. 1933 kehrte er nach Prag zurück, wo er nach 1939 von Freunden versteckt gehalten wurde.

Adler, Viktor, ∗ 1852 Prag, † 1918 Wien. Von der deutschnationalen Bewegung kommend, wurde der Armenarzt in Wien Begründer der österreichischen Sozialdemokratie. Er rief die Wochenzeitschrift „Gleichheit“ und die „Arbeiter-Zeitung“ ins Leben; diese betreute er von 1889 bis 1918 als Hauptschriftleiter. Seit 1905 Abgeordneter, war er im Weltkrieg ein Befürworter des Verteidigungskrieges, ebenso 1918 des Anschlusses Deutschösterreichs und des Sudetenlandes an Deutschland. Kurz vor seinem Tode wurde er noch zum Staatssekretär des Äußeren der Republik Österreich ernannt. Seine „Aufsätze, Reden und Briefe“ erschienen in 10 Bänden, ebenso sein „Briefwechsel mit August Bebel und Karl Kautsky“.

Sein Sohn, *Friedrich Adler,* 1879–1960, hatte in der Schweiz Kontakte mit russischen Revolutionären und wurde nach der Rückkehr nach Österreich (1911) Vertreter der sozialistischen Linken und Schriftleiter der Zeitschrift „Der Kampf“. 1916 erschoß er den Ministerpräsidenten Stürgkh, wurde zum Tode verurteilt, aber 1918 von Kaiser Karl begnadigt. Er war darauf Sekretär der Internationalen Sozialistischen Arbeiterparteien. Adler veröffentlichte Memoiren und politische Schriften.

Adlergebirge (*Orlické hory*) in den Ostsudeten besteht aus Gneis und Glimmerschiefer und erreicht in der Deschneyer Großkoppe (Kuppe) 1114 m. Geringe landwirtschaftliche Bodenerträge, Hausindustrie (Holzarbeiten und Weberei). Die alten Landessteige durch das Gebirge führten von West nach Ost und hießen daher auch Polensteige. In Wachttürmen oder auch in Burgen saßen die Grenzwächter. Das durch große Naturschönheiten ausgezeichnete Gebirge hatte wegen seiner Randlage nur geringfügigen Fremdenverkehr.

Aehrenthal, Aloys Graf Lexa von (seit 1909), * 1854 Groß Skal, † 1912 Wien. Zunächst Diplomat in St. Petersburg und Bukarest (Gesandter 1895–1899), danach Botschafter in St. Petersburg (1899–1906). In die Zeit seiner Tätigkeit als österreichischer Außenminister (1906–1912) fiel die Annexion Bosniens und der Herzegowina, was Spannungen mit Rußland auslöste. Seine Friedenspolitik führte zu scharfen Gegensätzen mit dem Generalstabschef Conrad von Hötzendorf und zu dessen Entlassung. Auch mit Franz Ferdinand kam es zu Auseinandersetzungen. 1912 trat Aehrenthal zurück. Sein Nachfolger wurde Graf Berchtold.

Agnes von Böhmen, * 1205/1211, † 1282. Die Tochter Ottokars I. und der Herzogin Anna von Schlesien gründete 1233 in Prag ein Spital, an dem der Orden der Kreuzherren mit dem roten Stern entstand, und das erste Klarissenkloster nördlich der Alpen, in das sie 1234 selbst eintrat. Hier lebte Agnes, die auch mit der hl. Klara im Briefwechsel stand, ein Leben tätiger Nächstenliebe und der Zurückgezogenheit, griff aber wiederholt in politische Angelegenheiten ihres Landes ein. Sie bemühte sich, deutsche Mönche und Ritter in das Land zu bringen. 1874 erfolgte auf Betreiben des Kardinals Schwarzenberg von Prag ihre Seligsprechung. Ihr Fest wird am 2. März begangen.

Agricola (eigentlich Bauer), **Georg,** * 1494 Glauchau, † 1555 Chemnitz. Als er 1527 als Stadtarzt nach St. Joachimsthal kam, lernte er hier Bergbau und Hüttenwesen kennen und trieb hi-

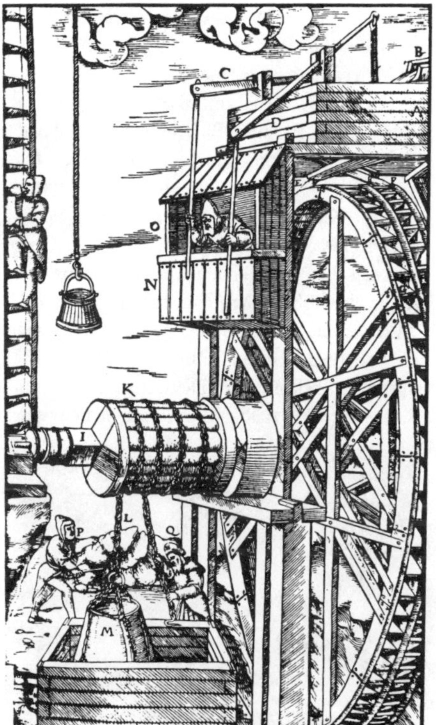

Ansicht eines Bergwerks (1557)

storische und paläontologische Studien. Aus diesem Grundlagenstudium entstanden seine Bücher („Bermannus", „De ortu et causis subterraneorum", „De re metallica" u. a.), die Agricola als den Begründer der Mineralogie und Metallurgie ausweisen, ebenso der Geologie und Petrographie. Auch als Schöpfer eines deutschen rationellen Bergbaus erlangte er Berühmtheit.
Obwohl er noch den Anschauungen der Antike zugetan war, gewannen doch seine Naturbeobachtungen und die Erfahrungen des Bergmanns die Oberhand. 1533 ging Agricola als Stadtarzt nach Chemnitz, wo er auch Bürgermeister und Landeshistoriograph war.

Aichel, Johann Santin (eigentlich Giovanni Santini), ∗ 1667 Prag, † 1723 Prag. Der Architekt und Maler entstammte einer Steinmetzfamilie aus Oberitalien. Starken Einfluß auf ihn hatten die spätbarocken Formen Borrominis, die Aichel teilweise in bizarrer Verformung anwendet. Der Begründer der „österreichischen Barockgotik" schuf die Klosterkirchen Sedletz, Saar, Kladrau, Raigern und Selau, Schloß Karlskrone in Chlumetz u. a. Er nimmt eine unverwechselbare Stellung in der böhmischen Kunstgeschichte ein.

Aktivisten. Seit 1926 beteiligten sich Parteien der Sudetendeutschen (Bund der Landwirte, Christlich-Soziale Partei, Deutsche Gewerbepartei, Deutsche Sozialdemokratische Arbeiterpartei) an der tschechoslowakischen Regierung. Sie erstrebten (nach F. Wertheimer) eine Verbesserung der Lage des Deutschtums durch Errichtung der kulturellen Autonomie, womöglich auch einer Verwaltungsautonomie innerhalb des nun einmal bestehenden tschechoslowakischen Staates.
Ihren Mandatszuwachs konnten die Aktivisten der Erkenntnis des Bürgertums zuschreiben, mit der Weiterverfolgung der negativistischen Politik seien bei der gegebenen Lage doch keine greifbaren Erfolge zu erreichen gewesen und daß, bis ein solcher Erfolg erreicht sei, die Deutschen in der Privatwirtschaft und in der Volkswirtschaft entwurzelt und somit kraftlos gemacht sein würden. Die sogenannten Jungaktivisten waren Wenzel Jaksch, Hans Schütz und Gustav Hacker.
Der von den Aktivisten erwartete Kurswechsel der verantwortlichen tschechischen Politiker blieb aus. Das Organ der Aktivisten war die Zeitung „Neuer Morgen. Das freie Monatsblatt" (Prag, Jg. 1 ff. 1927), das von Karl Strauß redigiert wurde. Das Lager der Gegenpartei bildeten die Negativisten.

Berggeist im Altvatergebirge

Alberti, Karl, ∗ 1856 Asch, † 1953 Bayreuth. Neben seiner Tätigkeit als Bürgerschuldirektor in Asch war er als Heimatforscher tätig. Wertvoll sind seine „Beiträge zur Geschichte der Stadt Asch und des Ascher Bezirkes", ebenso seine volkskundlichen Arbeiten. Alberti war Mitarbeiter der „Bayreuther Blätter" und der „Ascher Zeitung". Sein Vater war der kunstsinnige Theologe Traugott Alberti (1824–1914), Superintendent in Asch und Ehrendoktor der Wiener Universität.

Altkatholische Kirche, s. Kirchengeschichte.

Alt Kinsberg (*Starý Kynšperk*) im Bezirk Eger wird von der Burg Kinsberg überragt, in der 1217 der Ritter Hroznata, Stifter der Klöster Tepl und Chotieschau, den Hungertod starb. Raubritter, die er bekämpft hatte, hatten ihn gefangengenommen. Seit dem 17. Jh. ist der Wallfahrtsort Maria Loreto das Ziel vieler Pilger gewesen. 1939: 1196 Einw.

Altrichter, Anton, * 1882 Smilau, † 1954 Meitzendorf/DDR. Er war als Pädagoge Professor in Iglau und Gymnasialdirektor in Nikolsburg und Brünn, ferner Leiter des gesamten mährischen Schulwesens; als Historiker und Volkskundler einer unserer rührigsten Heimatforscher, der die Vergangenheit der Iglauer Sprachinsel erforschte und in Büchern der Nachwelt vermittelte. Seine Iglauer Heimat ehrte ihn zum 60. Geburtstag mit einer Festschrift. Der Hilfsausschuß Bruna richtete ihm zum Gedenken einen Dr.-Altrichter-Studienfonds ein, der bedürftigen Studierenden eine Studienhilfe gewährt. 1981 erschienen die Memoiren Altrichters mit dem Titel: „Was ich im Kopfe hatte, konnten sie mir nicht nehmen."

Altvatergebirge (*Jeseníky*), auch Hohes Gesenke, ist der südöstliche Teil des Sudeten. Der Kamm erreicht eine mittlere Höhe von 1300 m. Höchster Berg ist der Altvater (1492 m). In früherer Zeit wurden Gold und Silber gewonnen, später Eisenerz. Graphitbergbau zwischen Mährisch Altstadt und Goldenstein; auch zahlreiche Marmor- und Schieferbrüche. Stein-, Holz-, Glas- und Textilindustrie. Bekannte Heilbäder und Kurorte sind Karlsbrunn, Gräfenberg (Prießnitz), Nieder Lindewiese (Schroth) und Bad Groß Ullersdorf. Die in die Hänge eingeschnittenen Täler wurden früh für die Landwirtschaft genutzt, die Höhen bildeten eine ergiebige Weide für die reichen Viehbestände. Für die Wanderer wurden Schutz- und Berghäuser errichtet. Der mächtige Altvaterturm, 1931–1934 neu gestaltet und 1934 eingeweiht, stürzte 1958 ein. An Stelle der Ruine errichteten die Tschechen einen Betonturm, der der Ausstrahlung von Fernsehprogrammen und der Nachrichtenübermittlung dient. Im Erdgeschoß neuerdings eine Gaststätte.

Altwasser (*Stará Voda*) im Bezirk Bärn war ein

Altvaterturm

Wallfahrtsort mit einer von G. P. Tencala erbauten Barockkirche. Hier wirkten Piaristen, Redemptoristen, Benediktiner und zuletzt Oblaten. Heute steht nur noch die der hl. Anna geweihte Kirche; das Kloster und andere Gebäude sind Ruinen. 1939: 343 Einw.

Ambros, August Wilhelm, * 1816 Mauth/Böhmen, † 1876 Wien. Der Staatsanwalt Ambros in Prag war gleichzeitig als Komponist und Musikkritiker tätig. 1869 wurde er Musikprofessor an der Universität in Prag, 1872 am Konservatorium in Wien. Seine bis heute geschätzte „Geschichte der Musik", die bis etwa 1600 reicht, wurde von anderen Wissenschaftlern nach seinem Tode neu herausgegeben und ergänzt. Der Musikwissenschaftler A. Orel schreibt, seine Musikgeschichte sei in der Darstellung des Spätmittelalters und der Neuzeit unübertroffen und seine intuitiven Erkenntnisse seien durch spätere Forschungen bestätigt worden.
Der Freund Robert Schumanns war seinerzeit ein geschätzter Tondichter; von ihm stammen u. a. ein Stabat mater, Lieder nach Texten Goethes und Eichendorffs, ferner ein Monodrama „Prags Gründung".

Anna von Schweidnitz, * um 1339, † 1362, Tochter Heinrichs II., Herzogs von Schweidnitz und Jauer, und Erbin dieser Fürstentümer. Als dritte Gemahlin Kaiser Karls IV. brachte sie diesem Jauer und Schweidnitz ein. 1361 schenkte sie ihm den ersehnten Thronerben, den späteren Wenzel IV. Doch sie starb bereits das Jahr darauf bei der Geburt ihres dritten Kindes. Sie wurde im Veitsdom zu Prag begraben.
In dessen Triforiums-Galerie befindet sich ihre Büste, um 1380 entstanden; sie ist ein Werk der Parler-Werkstätte. Ein Freskobild in der Katharinenkapelle auf Burg Karlstein zeigt sie mit Kaiser Karl beim Gebet vor dem Kreuze. Anna war eine gebildete Frau und stand mit Petrarca in Briefwechsel.

Aprent, Johannes, * 1813 Olmütz, † 1893 Linz. Realschullehrer und Bezirksschulinspektor in Linz, gab er mit seinem Freund Adalbert Stifter das „Lesebuch zur Förderung humaner Bildung" heraus (1854). Als Betreuer von Stifters Nachlaß veröffentlichte er dessen „Erzählungen aus dem Nachlaß", die „Briefe" und „Vermischte Schriften". Stifter nannte den Freund einen „ausgezeichneten und durch und durch genialen Menschen".

Arbeiter-Turn- und Sportverband (ATUS). 1889 Gründung des ersten Arbeiter-Turnvereins in Eichwald, es folgten 1890 Wien und Brünn.

Altwasser

1895 in Brünn Gründung eines Österreichischen Turnkreises, der dem Arbeiter-Turn- und Sportverband in Leipzig angeschlossen war. 1910 in Prag Gründung des Österreichischen Arbeiter-Turnbundes, der (1914) 16 000 Mitglieder zählte. Im März 1919 entstand in Aussig der später in sieben Kreise unterteilte Arbeiter-Turn- und Sportverband. Er hatte sich das Ziel gestreckt, die körperliche und geistige Ausbildung seiner Mitglieder zu fördern, Samariterabteilungen zu schaffen und bei allen Gelegenheiten Hilfe zu leisten.
Große Arbeiter-Turnfeste fanden 1924 in Karlsbad, 1930 in Aussig, 1933 in Teplitz-Schönau und 1936 in Komotau statt. Der ATUS war Herausgeber der „Arbeiter-Turn-Zeitung", ferner von „Freier Sport", „Der Vorturner", „Der Helfer" und des für Kinder bestimmten „Ringelreihen". Nach dem Anschluß von 1938 wurde der ATUS, der 1919 der Internationale beigetreten war und zuletzt 88 000 Mitglieder in 1 100 Vereinen zählte, gewaltsam aufgelöst.

Arbeitsgemeinschaft sudetendeutscher Erzieher. Sie ist 1952 in Herrsching am Ammersee entstanden und seit 1958 ein eingetragener Verein. Ziel der überparteilichen und überkonfessionellen Arbeitsgemeinschaft: das kulturelle Erbe des Sudetenlandes, besonders das Schul- und Erziehungserbe im deutschen Gesamtvolk fruchtbar werden zu lassen. Organ: „Sudetendeutscher Erzieherbrief" (1954 ff). Die seit 1964 bestehende Sing- und Spielschar der sudetendeutschen Erzieher erhielt 1970 den Volkstumspreis der SL.

Arbesau (*Varvažov*), Bezirk Aussig, durch eine Straßenbahn mit der Bezirksstadt Aussig verbunden, liegt am Fuße des Erzgebirges. Porzellanfabrik, zwei Braunkohlenschächte. 1813 Schlacht zwischen den Verbündeten und Napoleon; daran erinnern das Preußische Monument, noch im Jahre der Schlacht nach Plänen von Friedrich Schinkel errichtet, und seit 1825 ein

Denkmal der Österreicher mit einem Ossarium. 1930: 1104 Einw. (150 Tschechen).

Archive gab es in zahlreichen Städten (73), auf Schlössern und in Klöstern. Wertvolle Bestände waren wichtige Zeugen für die Geschichte der Deutschen, so auch in den Städten Eger, Aussig, Brüx, Leitmeritz, Karlsbad und Iglau. In Jauernig-Johannesberg war das Archiv der Breslauer Erzbistums-Herrschaften untergebracht, im Schloß Freudenthal das Deutsch-Ordens-Archiv. Am 26. Juli 1927 kam es zur Gründung einer Abteilung für Archivwesen in Prag. Seitdem wurden die Tätigkeitsberichte in den „Mitteilungen des Vereins für Geschichte der Deutschen in Böhmen" abgedruckt. 1938 wurde in Reichenberg und in Troppau je ein Reichsarchiv errichtet, 1939 eine Archivberatungsstelle. Bekannte Archivare: Heinrich Gradl, Karl Siegl und Heribert Sturm in Eger, Kurt Oberdorffer in Brüx und Franz Wünsch in Aussig.
Nach der Vertreibung entstanden wieder Archive, die meist mit Heimatstuben und Museen zusammengelegt wurden. 1955 entstand in München das *Sudetendeutsche Archiv* mit dem Zweck, heimatkundliche, kulturelle und wissenschaftliche Sammlungen, ein Archiv und eine wissenschaftliche Bibliothek zu unterhalten, Forschungsvorhaben sowie wissenschaftliche und kulturelle Veranstaltungen und Ausstellungen durchzuführen oder zu fördern. Leiter dieser über die Grenzen Deutschlands hinaus bekannten Institution, die schon viele Publikationen herausgegeben hat, ist seit der Gründung Heinrich Kuhn.

Arcimboldi, Giuseppe, ∗ um 1527 Mailand, † 1593 Mailand. Der italienische Maler ist einer der bedeutendsten Künstler des Manierismus. 1562 kam er nach Prag und stand in Diensten Ferdinands I., Maximilians II. und Rudolfs II. Vorzüglich arbeitete er für diesen und schuf groteske Köpfe, die aus Pflanzen und Früchten, Tieren und Gegenständen zusammengesetzt sind.

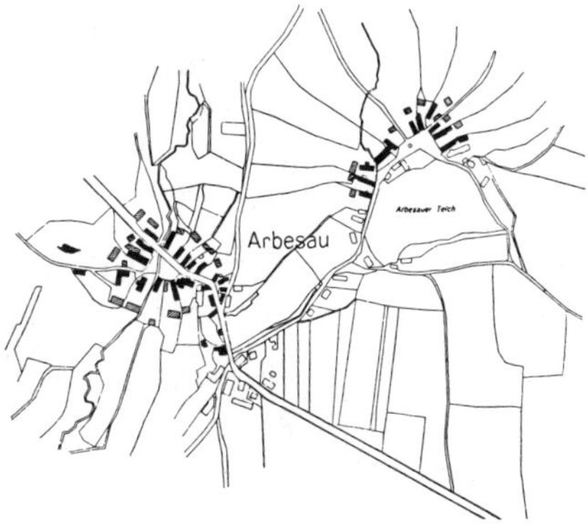

Altes Runddorf

Am bekanntesten sind die Porträts Rudolfs II., aus Früchten zusammengesetzt, und das des Bibliothekars, aus Büchern komponiert. Dieser Ahnherr des Surrealismus war für Rudolf II. Fest-Arrangeur, Berater und künstlerischer Agent. 1587 kehrte er aus Prag nach Mailand zurück.

Arlt, Ferdinand von, ∗ 1812 Obergraupen bei Teplitz, † 1887 Wien. Der aus ärmlichen Verhältnissen kommende Arlt war Professor der Augenheilkunde in Prag und ab 1856 in Wien. Er galt als hervorragender Operateur, der neue Techniken erfand, und als begabter akademischer Lehrer, aus dessen Schule viele namhafte Augenärzte hervorgingen. Ihm gelang der Nachweis, daß die Kurzsichtigkeit in der Regel auf der Verlängerung des Augapfels beruht. Arlt, der in der Medizingeschichte als einer der Schöpfer der modernen Ophthalmologie gilt, widmete seiner Heimatgemeinde eine neue Schule und schuf eine Stiftung für arme Studenten in Leitmeritz.

Arnau (*Hostinné*) am Fuße des Riesengebirges im Bezirk Hohenelbe gelegen. Die tschechische Zuwanderung wurde aus politischen Gründen gefördert, aber auch durch die im deutschen Gebiet blühende Wirtschaft ausgelöst. Die Stadt, eine der ältesten Böhmens (Gründung angeblich

1139), mit Ringplatz und Laubenhäusern an seinen vier Seiten, hat ein Renaissance-Rathaus (16. Jh.) mit zwei das Stadtwappen bewachenden steinernen Riesen neben dem Portal, die mit einer Sage zusammenhängen; nach ihnen nennt man Arnau auch das „Riesenstädtchen".
Vor dem Rathaus Mariensäule (1681). Die Dreifaltigkeitskirche stammt aus dem 13. Jh., Umbau im 16. Jh.; Franziskanerkloster aus der 2. Hälfte des 17. Jh. Bei der friedlichen Demonstration der Sudetendeutschen für das Selbstbestimmungsrecht am 4. März 1919 wurden zwei Frauen von tschechischen Legionären niedergeschossen. Das daran erinnernde Denkmal aus dem Jahre 1939 wurde 1945 beseitigt. Bedeutende Papierwarenerzeugung im ehem. Schloß. In der Nähe die kleinen Bäder Forstbad und Mastigbad.
1930: 4502 Einw. (602 Tschechen).

Arnstein, Karl, * 1887 Prag, † 1974 Akron/Ohio. Zunächst Dozent an der Deutschen Technischen Hochschule in Prag, beteiligte er sich an der Rekonstruktion der Fundamente des Straßburger Münsters, bevor er als Chefkonstrukteur zum Luftschiffbau Zeppelin in Friedrichshafen

Rathaus zu Arnau

Leopold von Dittel

ging. Sein Werk war der „Z III", der den Atlantik überquerte (1924). Noch in diesem Jahr ging er als technischer Direktor für Luftschiffbau zu Goodyear Tire and Rubber Company in Akron/Ohio und leistete Wesentliches für den amerikanischen Luftschiffbau. Die Technische Hochschule Aachen verlieh ihm das Ehrendoktorat.

Ärzte von Weltruf. Aus der großen Zahl berühmter Ärzte können nur einige aufgeführt werden. Wir nennen: *Eduard Albert* aus Senftenberg, 1841–1900, Tuberkuloseforscher; *Ferdinand von Arlt* aus Obergraupen, 1812–1887, Begründer der modernen Augenheilkunde; *Heinrich von Bamberger* aus Prag, 1822–1888, Herz- und Nierenspezialist; *David Becher* aus Karlsbad, 1725–1795, Begründer der Karlsbader Badekur; *Rudolf Chrobak* aus Troppau, 1843–1910, bedeutender Gynäkologe und Chirurg; *Vinzenz Czerny* aus Trautenau, 1842–1916, Krebsforscher; *Leopold von Dittel* aus Fulnek, 1815–1898, Erfinder urologischer Instrumente; *Sigmund Freud* aus Freiberg/Mähren, 1856–1939, Begründer der Tiefenpsychologie; *Ferdinand von Hebra* aus Brünn, 1816–1880, Gründer der Wiener Schule der Dermatologie;

Asch

Hermann Knaus, 1892–1970, Professor in Prag, wo er die nach ihm benannte Methode der Empfängnisverhütung entwickelte; *Adolf Lorenz* aus Weidenau, 1854–1946, „Vater der deutschen Orthopädie",; *Johann von Oppolzer* aus Gratzen, 1808–1871, hervorragender Diagnostiker; *August von Reuß* aus Bilin, 1841–1924, Augenarzt; *Carl von Rokitansky* aus Königgrätz, 1804–1878, Begründer der experimentellen Pathologie, Haupt der Wiener medizinischen Schule; *Joseph von Skoda* aus Pilsen, 1805–1881, verdient um die klinische Diagnostik, mit Rokitansky Haupt der Wiener medizinischen Schule; *Eduard Zirm,* 1863–1944, Augenarzt in Olmütz, Begründer der sog. Augenbanken, der auch die erste Hornhaut übertrug.

Asam, Cosmas Damian, ∗ 1686 Benediktbeuern, † 1739 München. Der Künstler arbeitete von 1726–1728 und 1735–1736 in Böhmen. Im Auftrag des Braunauer Abtes schuf er im Kloster Břewnow das Deckenbild im Festsaal, die Wände und das Kuppelbild in Kladrau, ferner die Fresken der Kirche auf dem Weißen Berg bei Prag, Hier und in Břewnow war auch sein Bruder Egid Quirin beteiligt. Die Asamkirche in München ist Johann von Nepomuk geweiht.

Asch (*Aš*), die bedeutende Industriestadt im äußersten Nordwesten Böhmens, ist Mittelpunkt des Ascher Ländchens, das geographisch zur Rumpfscholle des Fichtelgebirges gehört. Das Stadtbild wird vom Hainberg (757 m) mit dem Bismarckturm bestimmt. Asch, das 1647 Markt und 1872 Stadt wurde, war eine evangelische Bastion und besaß das einzige Martin-Luther-Denkmal der ehemaligen Monarchie.

Dahinter stand die barocke Kirche, die 1747–1749 errichtet wurde und 1961 niederbrannte. 1974 wurde die Ruine gesprengt. Die Kirche zeichnete sich durch eine bemerkenswerte Holzarchitektur aus, Altar und Taufstein stammten vom Holzschnitzer Johann Simon Zeitler. Sitz einer evangelischen Superintendentur.

Am 22. August 1897 fand der Ascher Volkstag statt: 20.000 Menschen demonstrierten gegen die Sprachenverordnungen Badenis. 1920 rissen tschechische Legionäre die Statue Josephs II. vom Sockel; beim Wiederaufrichten des Denkmals schossen die Tschechen auf die unbewaffneten Deutschen; es gab drei Tote und 30 Verletzte. Ein anderes Denkmal erinnerte an den Mäzen Gustav Geipel (1853–1934). Der seit 1849 bestehende

Bismarckturm in Asch

Glockenhaus zu Groß Aupa

Turnverein stellte 1909 Turnvater Jahn ein Denkmal auf. Weit bekannt waren die Ascher Turnhalle und Turnschule. An ihr wirkte seit 1925 Konrad Henlein.
An den mehrmaligen Besuch Goethes erinnerte das Denkmal von Johannes Watzal (1932). Auch Friedrich Nietzsche und Robert Schumann weilten in der Stadt. An Bildungseinrichtungen gab es ein Gymnasium und eine Fachschule für Textilgewerbe. Das 1905 begründete Heimatmuseum besaß eine vorgeschichtliche Sammlung. Eine Besonderheit: Ascher Pfeffernüssel, mit einem speziellen Gewürz hergestellt, das nach der Vertreibung wieder aus München bezogen werden konnte.
Während Kaiser Joseph noch den Satz „Asch ist ein schlecht Städtchen" in sein Tagebuch geschrieben hatte, entwickelte es sich bald zu einem bedeutenden Gemeinwesen mit anspruchsvoller Kultur und emsigem Wirtschaftsleben. Sehr bedeutend war die Textilindustrie in all ihren Sparten, ferner gab es Unternehmungen zur Erzeugung von Handschuhen, Schuhen, Nahrungsmitteln, Porzellan, Zementwaren; auch Metall- und Holzindustrie. Die klimatisch günstige Lage machte Asch zur Sommerfrische.
Geschichtlich nahmen Asch und das Ascher Ländchen als reichsunmittelbares Lehen eine Sonderstellung ein. Zuerst gehörte es mit dem Egerland zum staufischen Herrschaftsbereich. Später gehörte es den Vögten von Plauen und Weiden, schließlich den Grafen Zedtwitz. In der Vertreibung fanden sich die Ascher wieder in einem Heimatverband zusammen. Dem Zusammenhalt dient die Monatsschrift „Ascher Rundbrief". Zeugnisse der Textilindustrie aus dem Ascher Ländchen birgt die Ascher Heimatstube in Rehau/Oberfranken, die 1972 anläßlich der Patenschaftsübernahme der Stadt und des Landkreises Rehau über die Heimatvertriebenen aus Stadt und Landkreis Asch gegründet wurde.
1930: 19525 Einw. (113 Tschechen): 11930 Einw. waren evangelisch.

Aubin, Gustav, ∗ 1881 Reichenberg, † 1938 Kiefersfelden. Von einer französischen Emigrantenfamilie abstammend, gehörte er einer bekannten Industriellenfamilie an. In Halle und Göttingen lehrte er als Professor der Wirtschaftsgeschichte, Staatswissenschaften und Volkswirtschaftslehre, behandelte Wirtschaftsfragen Mittel- und Ostdeutschlands, aber auch Probleme der Textilindustrie und der Hohlglasperlenerzeugung in Nordböhmen. Er schrieb über die „Bedeutung des Protestantismus in der Entwicklung des deutschen Wirtschaftslebens".

Aubin, Hermann, ∗ 1885 Reichenberg, † 1969 Freiburg/Br. Der Historiker, Bruder von Gustav Aubin, war bis zum Ende des Zweiten Weltkrieges Ordinarius an der Universität Breslau; danach lehrte er in Hamburg und Freiburg/Br. Seine Spezialgebiete waren die politische und die Wirtschaftsgeschichte des frühen Mittelalters, ferner die historische Entwicklung des deutschen Ostens. Anerkennung erwarb er sich als Präsident des Verbandes deutscher Historiker und als Begründer und Präsident des Herder-Forschungsrates in Marburg/L. Auch für den Raum Westfalen hat er in der Kulturraumforschung Wesentliches geleistet. Mit W. Zorn gab er das „Handbuch der deutschen Wirtschafts- und Sozialgeschichte" heraus.

Augustinus Olomucensis (Käsenbrot), ∗ um

1470, † 1513 Olmütz. Nach juristischen Studien in Padua und Dienst in der Kanzlei König Wladislaws von Ungarn wurde er Domherr in Brünn und Dompropst in Olmütz, wo er dem Humanistenkreis des Bischofs Stanislaus Thurzo angehörte. Celtis, mit dem er korrespondierte, gewann ihn 1497 für die gelehrte Gesellschaft Sodalitas litteraria Danubiana. Augustinus hinterließ lateinische Dichtungen, astronomische Schriften und ein Schreiben gegen die Waldenser.

Auliczek, Dominik, ∗ 1734 Politschka, † 1804 München. Nach seiner Ausbildung in Wien, Paris, London und Rom kam er nach München, wo er 1764 bei der Nymphenburger Porzellanmanufaktur Nachfolger des berühmten Modelleurs Bustelli wurde; 1772 Ernennung zum Hofbildhauer. Dieser große Plastiker schuf neben Modellen für die Manufaktur Tiergestalten zu mythologischen Themen, Gartenschmuck für den Nymphenburger Park und Figuren für die Münchener Residenz.

Aupa (*Úpa*), aus der Großen und Kleinen Aupa entstandener linker Nebenfluß der Elbe, der in den Aupawiesen (Hochmoor) des Riesengebirges entspringt, den Riesengrund durchfließt, Trautenau berührt und nach 82 km bei Jaroměř (Jermer) mündet. Im Aupatal liegen viele Dörfer mit reger Industrie. Das Gebiet ist bei Sommerfrischlern und Wintersportlern beliebt.

Aurogallus (Goldhahn), **Matthäus,** ∗ um 1490 Komotau, † 1543 Wittenberg. Seine ersten Kenntnisse im Hebräischen hatte er sich bei Juden in Eidlitz erworben. Seit 1519 in Wittenberg, wurde er hier auf Empfehlung Luthers und Melanchthons Professor des Hebräischen, ebenso des Lateinischen und Griechischen. Seit 1523 ging er Luther bei der Übersetzung des Alten Testamentes zur Hand, ebenso bei der Korrektur. 1542 wurde er Rektor der Universität. Wiederholt kam Aurogallus in seine Heimat, von wo er Bücher, auch aus der Hassensteinschen Bibliothek, für Luther und Melanchthon vermittelte. Seine Bücher haben hebraistische und alttestamentliche Themen zum Inhalt. Die Herausgabe der Werke des Bohuslaus von Lobkowitz auf Hassenstein konnte er nicht mehr bewirken.

Auschaer Bürgerhäuser

Hinterglasbilder

Auscha (*Úštěk*) im Bezirk Leitmeritz wird im 11. Jh. genannt. Im 13. Jh. Markt, im 14. Jh. Stadterhebung und Verleihung des Wappens, in dem das Familienwappen der Berka von Dauba enthalten ist. An die Vergangenheit erinnern einige Reste der Stadtmauern. Die Burg wurde in eine Brauerei umgewandelt. Im Stadtarchiv das 1514 begonnene Stadtbuch, Stadtprivilegien seit 1525 und alte Archivalien. 1893 wurde ein Museum gegründet. Die Pfarrkirche Peter und Paul, 1765–1769 von Jesuiten erbaut, besitzt ein Altarbild von Karl Skreta.

Die Stadt mit den alten Laubenhäusern ist Zentrum eines bedeutenden Hopfengebietes, in dem der weltbekannte Rothopfen gedeiht. Industrie und Handel sind landwirtschaftlich ausgerichtet. Die Sommerfrische Auscha ist Ausgangspunkt für Touren in die Daubaer Schweiz, zum Geltschberg, zur Ruine Helfenburg, zum Neuländer Kapellenberg und Eichberg mit Basalt-Pfeilergruppe. Das gesamte Gebiet um Auscha, bestimmt von Obstgärten und Hopfenanlagen, gehörte zu den landschaftlich reizvollen Gegenden des Sudetenlandes.

1930: 2061 Einw. (165 Tschechen).

Auschowitz (*Úšovice*) bei Marienbad wird 1273 als eines der 33 Stiftsdörfer des Prämonstratenserklosters Tepl erwähnt. 1427 wurden die „Auschowitzer Quellen“ (spätere Marienbader Quellen) in der „Geschichte des Hussitenkrieges“ des Zacharias Theobald erwähnt. Kaiser Ferdinand I. läßt sich Auschowitzer Wasser in Flaschen an seinen Hof nach Prag senden. 1931 faßte man noch die Quelle des Antoniusbrunnens. Bis zum Dreißigjährigen Krieg hatte der hier betriebene Silbererzbau Bedeutung. 1939: 4213 Einw.

Auspitz (*Hustopeče*), südöstlich von Brünn. Das Weinbaustädtchen am Rande des Steinitzer Waldes war in der ersten Hälfte des 16. Jh. ein Sammelpunkt der mährischen Wiedertäufer. Auch böhmische Brüder hatten sich hier ausgebreitet. Auspitz, im 13. Jh. von Deutschen besiedelt und 1572 zur Stadt erhoben, hatte eine spätgotische Wenzelskirche, die später umgebaut wurde und im Jahre 1961 eingestürzt ist.

Neben alten Bürgerhäusern (Renaissancestil), einem Pfarrhaus (einer der Schauplätze von Franz Werfels so erfolgreich verfilmtem Stück „Der veruntreute Himmel“) und Barockstatuen ist das Gebäude der ehemaligen deutschen Piaristen-Realschule, die auch T. G. Masaryk besuchte, erwähnenswert. Auspitz, bekannt als Handelsplatz für landwirtschaftliche Erzeugnisse und Ort großer Pferdemärkte, kam 1938 zum Gau Niederdonau.

Aussig mit Schreckenstein

Aussig in alter Zeit (1840)

1930: 3719 Einw. (1715 Tschechen).

Außergefild (*Kvilda*), Gemeinde bei Winterberg, liegt an jener romantischen Stelle des Böhmerwaldes, wo sich am Fuße des Diebsteins (1166 m) der Schwarzbach und der Seebach zur Moldau verbinden. Die 1765 errichtete Holzkirche brannte 1890 ab. Während hier früher Eisen gewonnen wurde, betrieb man später in einer von der Moldau angetriebenen Säge die Erzeugung von Resonanzholz, auch von Schindeln. Die hier hergestellten Hinterglasbilder waren für den Export bestimmt. Bedingt durch die klimatische Lage, war Außergefild eine beliebte Sommerfrische; daneben Wintersport. Im Zuge der Vertreibung ging am 15. Mai 1946 ein erster Transport nach Bayern. 1930: 1128 Einw.

Aussig (*Ústí nad Labem*), „das böhmische Hamburg", war die größte Stadt Deutschböhmens. Älteste Besiedlung wird bezeugt durch Gräberfelder der Lausitzer Kultur. Im 10. Jh. lag hier eine Zollstätte am rechten Ufer der Elbe, im 13. Jh. wird Aussig unter Ottokar II. königliche Stadt, die Magdeburger Recht und andere Privilegien erhält. Bereits vor den Hussitenkriegen erlebte Aussig eine Blütezeit. 1426 wird es nach einer Niederlage des Meißner Heeres bei Predlitz und auf der Bihana zerstört. Nachdem sich in der ersten Hälfte des 16. Jh. das Luthertum festgesetzt hatte, folgte nach 1620 die Rekatholisierung. Im Dreißigjährigen Krieg erobern die Schweden 1639 die Stadt.

Die „allzeit getreue Stadt" erhält 1747 Sitz und Stimme in den Landtagen. 1813 besetzen vorübergehend die Franzosen Aussig, das 1848 einer der Hauptorte der böhmischen Nationalbewegung werden sollte.

Im 19. Jh. begann, bedingt durch die verkehrsgünstige Lage und im Bereich der Brüxer Braunkohlenreviere, die Entwicklung zu einer der ersten Industriestätten des österreichischen Kaiserstaates. Die Tschechen, die am 11. Dezember 1918 die deutsche Stadt besetzen, töteten bei einer Kundgebung für das Selbstbestimmungsrecht der Sudetendeutschen am 4. März 1919 zwei Personen. Dem blutigen Massaker gegen die deutsche Bevölkerung am 31. Juli 1945 in Aussig fielen 2700 Menschen zum Opfer.

Aussig, wo bereits zu Ende des 13. Jh. eine Kommende und ein Spital der Kreuzherren mit dem roten Stern bestand, hat eine gotische Erzdekanalkirche, eine barocke (St. Adalbert-)Kirche und ein Dominikanerkloster (jetzt Kreisdenkmalamt). In der Elbestadt kam der spätere spanische Hofmaler Raphael Mengs (1728–1779) zur Welt.

Aussig mit seinem reichen kulturellen Leben besaß viele deutsche Schulen und Bildungseinrichtungen, eine große öffentliche Volksbücherei mit einem vorbildlichen Vortragssaal, Stadtmuseum und Stadtarchiv. Das Museum mit vorgeschichtlicher Sammlung im Türmitzer Schloß umfaßte auch einen Gedenkraum, der Erinnerungsstücke der Goethefreundin Ulrike von Levetzow enthielt. Der Dichter hatte sie 1821–1823 in Marienbad getroffen, ihr einen Heiratsantrag gemacht und nach der Abweisung seiner Wehmut in der „Marienbader Elegie“ Ausdruck gegeben. Ulrike ist 1899 im Alter von 95 Jahren auf Gut Triblitz nahe Aussig gestorben.

Das Aussiger Theater, 1910 im Sezessionsstil erbaut, hatte als erste Direktorin die berühmte

Kaiser Franz und Napoleon nach Austerlitz

Gretchen-Darstellerin Maria Pospischil, die auch die „Erläuterungen zu Goethes Faust“ verfaßte. Die Aussiger Bühne war für viele später berühmte Schauspieler die erste Station ihrer Laufbahn.
An der Mündung der Biela in die Elbe und in romantischer und fruchtbarer Gegend beim malerischen Durchbruch der Elbe durch das Mittelgebirge gelegen, besitzt die Stadt den größten Hafen des Staates, in dem ehedem mehr verfrachtet wurde als in Triest. In einer Schiffswerft wurden Boote und Dampfer gebaut. Weltberühmt waren die chemischen Werke, die seit 1856 viele Menschen beschäftigten, ebenso wie die Schicht-Werke (seit 1882) in Aussig-Schreckenstein. Porzellan- und Glaswaren, Textilien, Möbel, Metallwaren und zahlreiche andere Produkte wurden erzeugt. In der industriereichsten Stadt der ehemaligen Monarchie bestand auch ein Verein für chemische und metallurgische Produktion.
Am Rande der Stadt, an den Abhängen des Marienberges, lag der vom Kaufmann Heinrich Lumpe (später Dr. h. c. der Universität Leipzig) 1908 errichtete Lumpepark, bekannt als Vogelschutzpark.
Die Patenstadt Aussigs ist seit 1952 die Landeshauptstadt München, wo ein Gedenktstein errichtet wurde; dort erscheint auch der „Aussiger Bote“.
1930: 43793 Einw. (8735 Tschechen)

Stadtwappen Aussig

„Humane Aussiedlung“

Austerlitz (*Slavkov*) bei Brünn war bis zu den Hussitenkriegen eine Kommende des Deutschen Ordens. Seit dem 13. Jh. bestand eine große jüdische Gemeinde. Auch Mährische Brüder und Wiedertäufer ließen sich hier nieder; sie stellten Keramikwaren her. Kunstgeschichtlich bedeutsam ist das Schloß der Familie Kaunitz. Der spätbarocke Bau stammt von Domenico Martinelli, die Deckenmalereien schuf Andrea Lanzani. Neben dem Schloß, Mitte des 18. Jh. erweitert, entstand eine Kirche.
Austerlitz ging durch die sogenannte Dreikaiserschlacht in die Weltgeschichte ein. Hier siegten am 2. Dezember 1805 die Franzosen unter Napoleon I. über die verbündeten Russen unter Alexander I. und Österreicher unter Franz II. Gleich nach der Schlacht wurde im Schloß, wo Napoleon

Okresní správní komise v Kraslicích.

Upozornění.

Byty, opuštěné osobami odcházejícími do sběrného střediska, musí býti zanechány v pořádku a čistotě.

Na jednu osobu přípustno zavazadlo do váhy 60 kg a ruční zavazadlo nejvýše do 10 kg.

Ostatní věci budtež zanechány na místě v bytě jako záclony, koberce, stolní lampy, nástěnná zrcadla, mycí mísy, součástky nábytku, na stole ubrusy, potom 2 ručníky, v postelích slamníky, prostěradla a alespoň po jednom polštáři a přikrývce, vše čistě povlečené.

Zavazadlo nesmí být baleno do koberců a povlaků.

Bude-li prohlídkou zjištěno, že nebylo dbáno tohoto upozornění, nebude dotyčná osoba přijata do odsunu, nýbrž poslána do vnitrozemí na práci.

Übersetzung.

Personen, welche für den Abtransport bestimmt sind, haben ihre Wohnung in vollster Ordnung zu verlassen.

Gepäck wird für eine Person zugelassen: 1 Gepäckstück von 60 kg und Handgepäck von höchstens 10 kg.

Die übrigen Sachen sind in der Wohnung an Ort und Stelle zu lassen z.B. Vorhänge, Teppiche, Tischlampen, Wandspiegel, Waschschüsseln, Teile der Einrichtung, Tischdecken, 2 Handtücher, in Betten Matratzen, Bettlaken und mindestens je ein Kopfkissen und Zudeckbett alles frisch bezogen.

Das Gepäck darf nicht in Teppiche oder Ueberzüge gepackt werden.

Wird bei der Kontrolle festgestellt, dass dies nicht beachtet wurde, wird die betreffende Person nicht in den Transport aufgenommen, sondern ins Inland auf Arbeit geschickt.

Okresní správní komise, Kraslice.

796-46 Braun, Kraslice.

Verbriefte Unmenschlichkeit: Heimatraub

sein Hauptquartier aufgeschlagen hatte, der Vorfriede geschlossen, der zum Frieden von Preßburg führte. In der Umgebung von Austerlitz gibt es mehrere Gedenkstätten an die Schlacht, in der zahlreiche Franzosen, Österreicher und Russen gefallen waren. Auf der am meisten umkämpften Höhe wurde 1910/1911 ein weithin sichtbares Ehrenmal mit einer Gedenkkapelle und einem Ossarium errichtet; 1959 kam eine Gedenkstätte hinzu, die den Anteil der Russen an dieser Schlacht dokumentiert.

Austreibung der Sudetendeutschen. Es waren nicht die Untaten von Lidice oder die Behandlung der Tschechen im Protektorat, die, wie manche Geschichtsunkundige meinen, zur Vertreibung der Sudetendeutschen aus ihrer Heimat führten. Es war ein bei bestimmten tschechischen Fanatikern schon lange vorhandener Haß gegen alles Deutsche. In diese Reihe gehören Hanuš Kuffner und Beneš. Zur Ehrenrettung der Tschechen kann behauptet werden, daß der größte Teil des Volkes dieses Verbrechen nicht wollte, ja, es verabscheute.

Seit Oktober 1942 waren die Pläne für die Austreibung im tschechischen Exil fertig, es folgten bald die Zustimmung Sowjetrußlands und der Westmächte. Gleich nach Kriegsende begann die sogenannte wilde Austreibung. Zwar legte die Prager Regierung am 22. Juli 1945 Pläne für die „geordnete Aussiedlung der Deutschen und Magyaren" den Großmächten vor, zwar sollte es „ordnungsgemäß und human" zugehen, doch hielten sich die östlichen Länder in den meisten Fällen nicht daran.

Mindestens eine Million Sudetendeutscher landete in Internierungs- und Konzentrationslagern, andere kamen zur Zwangsarbeit in das Landesinnere. Sie alle wurden teilweise erst viel später ausgewiesen. Nach Bohmann wurden bei den Volkszählungen 1950 in den Ländern, die Vertriebene aufnahmen, 3000400 Sudeten- und Karpatendeutsche gezählt; auch waren damals noch rund 160000 Deutsche in der ČSR, außerdem noch 75000 Personen, die als Tschechen gezählt wurden, 1939 aber sich noch als Deutsche bekannt hatten. Die Zahl der Ermordeten und Vermißten im Zuge der Vertreibung gibt die Statistik von Bohmann mit 241000 Menschen an.

Was bei der Vertreibung deutscher Menschen aus ihrer Heimat, die sie zu einer Kulturlandschaft gemacht und in der sie Jahrhunderte gelebt hatten, geschah, gehört zum Grausamsten, was Menschen ihren Mitmenschen antun können. Das Martyrium zahlreicher Unschuldiger ist in den Bänden „Dokumente zur Austreibung der Sudetendeutschen" (1951) und „Dokumentation der Vertreibung der Deutschen aus Ost-Mitteleuropa" (Bd. IV, 1–3, 1958), ferner in anderen Veröffentlichungen mit Augenzeugenberichten festgehalten. Am Beispiel des Stadt- und Landkreises Aussig hat Alfred Bohmann in seinem Buche „Die Ausweisung der Sudetendeutschen" (1955) das grauenhafte Geschehen festgehalten.

Ein beredtes Zeugnis über Tod und Verbrechen jener Tage gibt für einen Einzelfall die Traueranzeige für Maria Kriegelstein aus Weitentrebitsch bei Saaz wieder: „Sie folgte ihrem lieben Manne Franz Michael Kriegelstein, ermordet 1945, wahrscheinlich in Postelberg, ihren lieben Söhnen Franz, gefallen in Rußland, Karl, gefallen in

Hanuš Kuffners Groß-Tschechei (1917)

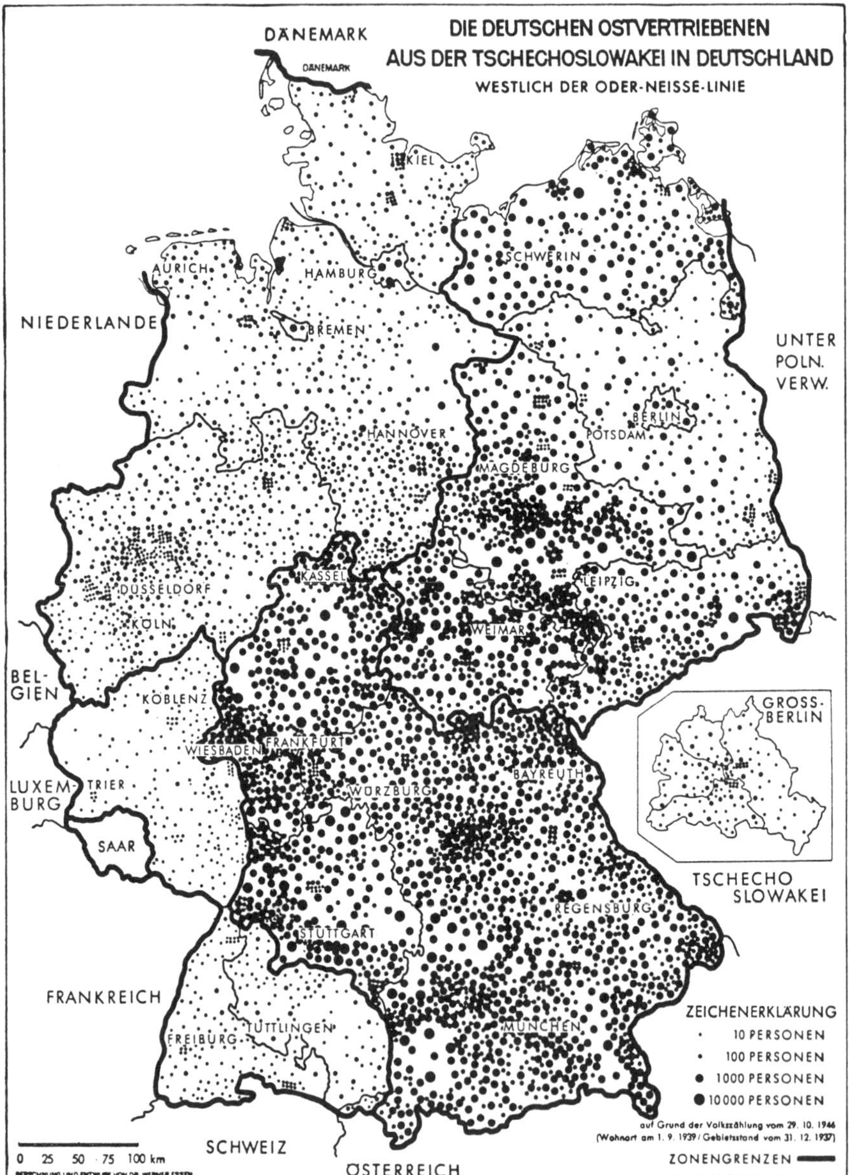
DIE DEUTSCHEN OSTVERTRIEBENEN
AUS DER TSCHECHOSLOWAKEI IN DEUTSCHLAND
WESTLICH DER ODER-NEISSE-LINIE
DÄNEMARK
DÄNEMARK
KIEL
SCHWERIN
AURICH
HAMBURG
NIEDERLANDE
BREMEN
UNTER
POLN.
VERW.
BERLIN
HANNOVER
POTSDAM
MAGDEBURG
KASSEL
LEIPZIG
DÜSSELDORF
KÖLN
WEIMAR
BEL-
GIEN
KOBLENZ
GROSS-
BERLIN
WIESBADEN
FRANKFURT
BAYREUTH
LUXEM-
BURG
TRIER
WÜRZBURG
SAAR
TSCHECHO
SLOWAKEI
REGENSBURG
STUTTGART
FRANKREICH
ZEICHENERKLÄRUNG
10 PERSONEN
100 PERSONEN
1000 PERSONEN
10 000 PERSONEN
FREIBURG
TUTTLINGEN
MÜNCHEN
auf Grund der Volkszählung vom 29. 10. 1946
(Wohnort am 1. 9. 1939 / Gebietsstand vom 31. 12. 1937)
0 25 50 75 100 km
SCHWEIZ
ÖSTERREICH
ZONENGRENZEN
LÄNDERGRENZEN
BERECHNUNG UND ENTWURF VON DR. WERNER ESSEN
ZEICHNUNG VON HANS-JÖRG SCHARFSTÄDT

Rußland, Josef, ermordet in Theresienstadt, dessen Ehefrau Maria, ermordet bei Brüx, deren Kinder Helmut, ermordet bei Brüx, Erika, ermordet bei Brüx, sowie ihrer Tochter Anna, gefallen 1945 in Berlin, und deren Tochter Edeltraud, gefallen 1945 in Berlin." (Brüx und Theresienstadt nach 1945 Straflager für Deutsche).

Auswanderung In den Jahren 1875–1884 wanderten aus Böhmen 43 871 Menschen aus, die größte Zahl in einem Teilgebiet der Monarchie; sie gingen zumeist über Hamburg und Bremen nach Nordamerika. Für 1867 wurden 15000 bis 20000 Auswanderer geschätzt. Ihre Beweggründe waren nicht politischer Art, sondern ergaben sich aus der wirtschaftlichen Situation, besonders im Textilgewerbe. Die Behörden wollten die zur Auswanderung Entschlossenen, zumeist Handwerker und Arbeiter, weniger Bauern, in andere Teile der Monarchie bringen, doch mißlangen solche Versuche zumeist.
Auch in der ersten Tschechoslowakischen Republik verließen viele ihre Heimat; von 1924–1933 gingen 25000 Deutsche und 108000 Tschechen und Slowaken ins Ausland. Eine Schätzung nimmt für die Zeit 1922–1938 über 40000 sudeten- und karpatendeutsche Auswanderer an.
Auch nach 1945 zogen viele Sudetendeutsche in fremde Länder, u. a. nach Schweden, Nord- und Südamerika.
In vielen Ländern findet man Spuren Sudetendeutscher, gerade auch in Ost- und Südosteuropa. Viele verloren dort im und nach dem letzten Krieg ihre Heimat. Von Interesse ist der Umstand, daß ein Drittel der deutschen Siedler im Buchenland der Herkunft nach Sudetendeutsche waren.

Axmann, Josef, ∗ 1793 Brünn, † 1873 Wien. Als Kupfer- und Stahlstecher arbeitete Axmann in Wien für die Nationalbank und die Staatsdruckerei. Er schuf viele Porträts, Vignetten und Buchillustrationen (Schiller, Stifters „Studien" u. a.). Die Wiener Nationalbibliothek verwahrt eine

Bad Liebwerda

vollständige Sammlung seiner Illustrationen, 300 seiner Blätter kamen in das Brünner Stadtmuseum. Axmann ist der Erfinder der nach Fotografien hergestellten Klischees.

Bacher, Karl, ∗ 1884 Waltrowitz bei Znaim, † 1954 Steyr. Als Gymnasiallehrer wirkte er in Wien und Znaim. Er gehört zu den bedeutendsten Mundartdichtern des bayerisch-österreichischen Sprachraumes. Seine formschönen Gedichte erschienen in mehreren Bänden („Südmährische Gedichte", „Zeitige Ährn", „Les'weinbeer", „Ausklabte Aepfln"). Sein dramatisches Schaffen besteht aus Bauernspielen, Tragödien, Komödien und Bauerndramen („Mutter", „Meier Helmbrecht"), teils in Mundart, teils hochdeutsch. Sie wurden viel gespielt. In Zellerndorf bei Hollabrunn bildete sich sogar eine „Karl-Bacher-Bühne". Die Freunde seiner Kunst erlebten das Glück, daß 20 Jahre nach seinem Tod aus seinem Nachlaß „Dos Liad vo der Thaya", ein Epos in südmährischer Mundart, gedruckt erscheinen konnte.

Bachmann, Adolf, ∗ 1849 Kulsam bei Eger, † 1914 Prag. Der Schüler Constantin Höflers in Prag habilitierte sich für österreichische Geschichte, war zuerst Gymnasiallehrer, bevor er Professor an der Deutschen Universität in Prag wurde. 1902 bekleidete er das Amt des Rektors. Er war nicht nur ein überragender Wissenschaft-

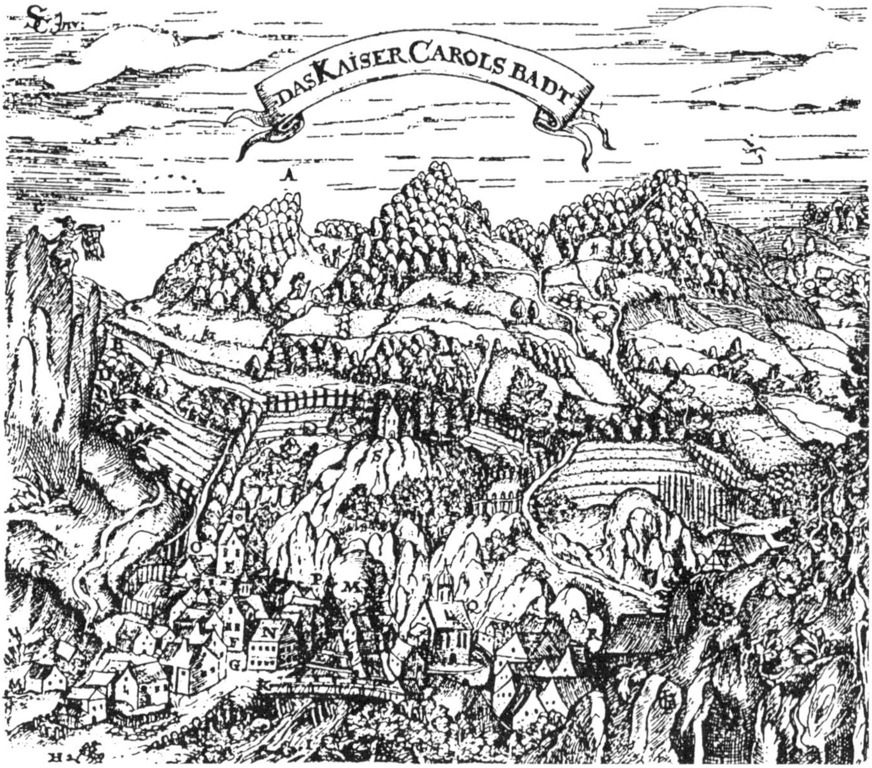

Karlsbad (1625)

ler, sondern auch ein hoch angesehener Politiker als Abgeordneter des böhmischen Landtags (für den Wahlkreis Trautenau) und des Reichsrats (Wahlbezirk Marienbad). 1911 wurde er Obmann der Deutschen Fortschrittspartei in Böhmen. Bei den deutsch-tschechischen Ausgleichsverhandlungen führend tätig. Zu seinen bedeutendsten Werken gehören: „Österreichische Reichsgeschichte“, „Deutsche Reichsgeschichte“, „Geschichte Böhmens“, „Georg von Podiebrads Wahl“ und „Böhmen und seine Nachbarländer“.

Bäder. Unter diesen haben einige Weltgeltung. Ihre Entstehung verdanken sie zum Teil der tertiären tektonischen und vulkanischen Tätigkeit. Das bedeutendste tertiäre Einbruchsbecken hatte sich am Südabfall des Erzgebirges gebildet. Die dabei entstandenen mineralischen und heißen Quellen bildeten die Grundlage eines gut entwickelten Bäderwesens, das neben der medizinischen Versorgung kranker Menschen auch ein bedeutsamer wirtschaftlicher Faktor war. Die meisten der Kurgäste aus aller Welt kamen in das sogenannte westböhmische Bäderdreieck (Karlsbad, Marienbad und Franzensbad).

In der Nähe, im Erzgebirge, liegt das Radiumbad St. Joachimsthal. Im Graben vor dem östlichen Erzgebirge findet man Teplitz-Schönau und Bilin. Aus der Vielzahl der Bäder seien für Böhmen noch genannt: Bad Liebwerda, Bad Königswart, Eichwald, Gießhübl Sauerbrunn, Klösterle Sauerbrunn, Johannisbad im Riesengebirge, Konstantinsbad, Krondorf Sauerbrunn und St. Margarethen. Für Mähren: Groß Ullersdorf im Altvatergebirge, Lichtenbrunn in Nordmähren, Stramberg bei Neutitschein, Voitelsbrunn in Südmähren. Für Schlesien: Gräfenberg-Freiwaldau, Nieder Lindewiese, Johannisbrunn bei Troppau, Darkau/Ostschlesien, Karlsbrunn im Altvatergebirge.

Das erste Druckwerk, das in Mähren in deutscher Sprache hergestellt wurde, ist die Schrift „Von den heißen Bädern" des Clement von Graz. Dieses 1495 in Brünn gedruckte Büchlein „von allen paden dy von natur hayss sint" ist ein Nachdruck des Bäderbüchleins von Hans Folz in Nürnberg.

Bad Liebwerda (*Lázně Libverda*). Der Badeort im Bezirk Friedland und am Fuße der Tafelfichte (1122 m), einer Gneiskuppe am Nordwestrand des Hohen Iserkammes, war schon im 16. Jh. durch seine heilenden Quellen bekannt. Viele Menschen suchten Gesundung; so wurde das Bad im 18. und zu Anfang des 19. Jh. zu einer Art Modebad. Viele große Persönlichkeiten verzeichnen die Kurlisten, darunter Carl Maria von Weber, der hier an seinem „Freischütz" arbeitete, Joseph von Führich, der hier die Bilder „Mariens Gang über das Gebirge" und „Vision des hl. Franz von Assisi" schuf. Die alkalisch-erdigen und arseneisenhaltigen Quellen werden zu Trink- und Badekuren bei Frauen-, Herz- und Stoffwechselkrankheiten angewendet. Der Sauerbrunn wird auch versandt.

1930: 719 Einw. (15 Tschechen).

Baernreither, Joseph Maria, ∗ 1845 Prag, † 1925 Teplitz-Schönau. Der Jurist war seit 1878 Abgeordneter im böhmischen Landtag und seit 1885 im Reichsrat. Bereits 1898 im Kabinett Thun Handelsminister, wurde er 1916/1917 im Kabinett Clam-Martinic Minister ohne Portefeuille. 1918 Bevollmächtigter der Österreichischen Republik in den Niederlanden. Baernreither war Schöpfer des Industrierates und wandte sich mit Vorliebe der Jugendfürsorge und der Arbeiterfrage zu. Von historischem Interesse sind seine Memoiren, die O. Mitis herausgab („Verfall des Habsburgerreiches und die Deutschen. Fragmente eines politischen Tagebuches 1897–1917").

Bahr, Hermann, ∗ 1863 Linz, † 1934 München. Bahr stammt von sudetendeutschen Eltern ab, der Vater war Brünner, die Mutter stammt aus der Gegend von Zuckmantel. Er war Mitarbeiter der „Freien Bühne" in Berlin, Regisseur bei Reinhardt, Dramaturg am Wiener Burgtheater, dazu ein vielseitiger Dichter, Essayist und Kritiker. An allen literarischen Strömungen seiner Zeit war er mit großem Engagement beteiligt; deswegen charakterisierte man ihn als eine der wandlungsfähigsten Gestalten der österreichischen Literatur, dessen Universalität und kulturhistorischer Scharfblick unübertroffen waren.

Bahrs Frau war die Kammersängerin und das Ehrenmitglied der Wiener Hofoper Anna Bahr-

Barbarazweige

Mildenburg. 1963 wurde eine Hermann-Bahr-Gesellschaft gegründet. Die Villa Bahrs in Wien 13 aus dem Jahre 1900 ist ein Werk des berühmten Architekten Joseph Maria Olbrich aus Troppau.

Balling, Karl Joseph Napoleon, ∗ 1805 Gabrielahütten bei Görkau, † 1868 Prag. Dem Professor an der Technischen Hochschule zu Prag verdankt die Gärungschemie ihre wissenschaftlichen Grundlagen. Durch die Einführung des von ihm erfundenen Saccharometers, mit dem man die Konzentration von Zuckerlösungen bestimmen kann, förderte er die Zuckerindustrie; von ihm stammt eine rationelle Methode der Spirituserzeugung aus Melasse. Außer der Darstellung der „Gärungschemie", die vierbändig in mehreren Auflagen erschien, verfaßte er die Schriften „Über einige der wichtigsten Gegenstände des Eisenhüttenwesens" und „Eisenerzeugung in Böhmen", Themen, die ihn seit seiner Jugend interessierten, da sein Vater Hüttenkontrolleur am Eisenwerk des Grafen Rottenhan in Gabrielahütten war.

Balzer. Eine Familie, aus der mehrere Kupferstecher von Rang hervorgingen. *Johann Heinrich* Balzer, ∗ 1734 Gradlitz, † 1799 Prag, hatte den bedeutenden Barockkünstler Michael H. Rentz zum Lehrmeister. Mit diesem arbeitete er für den Grafen Sporck in Kukus. In Prag begründete er eine Werkstatt und einen Verlag, an denen er seine Brüder und Söhne beteiligte. Es waren dies *Matthias* (1747–1791), ebenfalls ein Schüler von Rentz, *Gregor* (1754–1824), der durch die Stiche von Werken Norbert Grunds bekannt wurde, ferner die Söhne *Anton* (1771–1807), der zahlreiche Illustrationen aus den Alpenländern und aus dem Riesengebirge schuf, und *Johann Karl* (1768–1805).

Bamberger Symphoniker. Die Prager Deutschen Philharmoniker waren eine angesehene Orchestervereinigung, die in ihrer Tradition bis auf die Tage zurückreicht, da Mozart seinen „Don Giovanni" in Prag dirigierte. 1945 wurden die Orchestermitglieder vertrieben. Sie fanden sich wieder zusammen, führten sich als Bamberger Tonkünstler-Orchester am 15. 3. 1946 mit einem Beethoven-Abend in Bamberg ein und nannten sich kurz darauf Bamberger Symphoniker. Seit 1949 stand *Joseph Keilberth*, ihr letzter Prager Chefdirigent, wieder an ihrer Spitze. Das Orchester mit Weltruf erhielt 1962 den Kulturpreis der Sudetendeutschen Landsmannschaft.

Banhans, Anton von (seit 1880), ∗ 1825 Michelob bei Saaz, † 1902 Wien. Zunächst Verwalter der Waldsteinschen Güter, kam er 1867 in den Landtag und später in den Reichsrat. 1870 war er Ackerbauminister, 1871 Handelsminister. Verdienste erwarb er sich durch Förderung des Eisenbahnwesens (Ausbau des Schienennetzes und Verwaltungsorganisation) und durch die Einführung des metrischen Maßsystems. 1890 wurde er Präsident der Donau-Dampfschiffahrts-Gesellschaft.

Bergleute im Schutz der hl. Barbara

Prager Universitätssängerschaft Barden

Barbara, hl. Tag: 4. Dezember. Die Heilige gehört zu den Vierzehn Nothelfern und ist die Patronin der Artilleristen und Bergleute, die ihren Tag stets festlich begingen. In den Sudetenländern wird die Heilige schon im Mittelalter verehrt. Ihr wurden in den Bergbaugebieten viele Kirchen und Kapellen geweiht, voran die kunstreiche Barbarakirche in Kuttenberg, wo deutsche Bergleute nach Silber und anderen Erzen gruben. Auch Balthasar Neumann, der Erbauer der Kirche Vierzehnheiligen, war ein großer Verehrer der Heiligen. Weit verbreitet war der Brauch der Barbarazweige; die Kirschenzweige wurden am Festtag der Heiligen abgeschnitten, kamen ins Wasser und blühten zu Weihnachten.

Barden. Name der Prager Universitätssängerschaft, die 1869 als Liedertafel der deutschen Studenten ins Leben gerufen wurde. Chormeister waren Johannowsky (seit 1870), Hans Schneider (seit 1875), Hilmer (seit 1920), Professor Nowakowski (seit 1924) und Dr. Nowak. 1950 in Regensburg wiederbegründet, konnten die Barden dort ihr 90jähriges Stiftungsfest begehen.

Bärn (*Moravský Beroun*), Bezirksstadt im Niederen Gesenke, ist eine Gründung deutscher Bergleute, die Eisenerz schürften. Seit 1339 Stadt, ging es später zeitweise seiner Privilegien verlustig, weil die Bewohner den evangelischen Glauben angenommen hatten. Der Bergbau ging im 19. Jh. zu Ende, nachdem er schon seit dem Dreißigjährigen Krieg stark zurückgegangen war. Bärn hatte mechanische Webereien, Schafwollfabriken, außerdem wurde mit Flachs und Garn gehandelt. In der Nähe befindet sich der Andersdorfer Säuerling mit einer Kuranstalt. Bei Bärn schlug im Jahre 1758 Laudon die Preußen und rettete damit die Stadt Olmütz vor der Belagerung. Die Olmützer Bürger ließen 1858 zur Erinnerung auf dem Schlachtfeld ein Denkmal setzen. 1930: 2761 Einw. (99 Tschechen).

Bärringen (*Pernink*) bei Neudek im Erzgebirge hatte reiche Silber- und Zinnvorkommen. Die Grafen Schlick erwirkten im Jahre 1559 die Stadterhebung. In unserer Zeit erinnern nur noch eingestürzte Stollen und viele Halden an den Bergbaubetrieb. Der Aberthamer Adalbert Meinl war 1810 der Begründer der Stickereiindustrie, die später auch maschinell betrieben wurde. Daneben schufen Spitzenerzeugung, Seidenstickerei, Erzeugung von Handschuhen und Konfektionswaren Verdienstmöglichkeiten für die Bevölkerung.
Die Pfarrkirche zur Hl. Dreifaltigkeit stammt aus dem Jahre 1714. Auf dem Markt stand der Siegfriedsbrunnen, vor dem Schulhaus die Bronzebüste des Domkapitulars Alois Renner, eines

Bärn

Bärringen

Wohltäters der Stadt. Der Bahnhof Bärringen-Abertham war der höchstgelegene Böhmens (902 m). 1930: 3023 Einw. mit Irrgang und Fischbach (51 Tschechen).

Bartl, Ernst, ∗ 1899 Preßnitz, † 1972 bei Bad Berneck. Der ehemalige stellvertretende Bürgermeister von Eger war Gründer (1950) und Bundesvorsteher des Bundes der Egerländer Gmoin, Gründer der Zeitschrift „Der Egerländer" und des Egerland-Verlages. Er initiierte das Egerland-Kulturhaus in Marktredwitz, das 1973 eingeweiht wurde. Auch war er Mitbegründer des Egerer Landtags und des Oberpfälzer Kulturbundes. Auszeichnungen: Bundesverdienstkreuz und Bayerischer Verdienstorden.

Bartl, Franz Konrad, ∗ 1750 Weipert, † 1813 Olmütz. Nach dem Studium der Mathematik, Philosophie und der Rechte lehrte er an der Normalschule, darauf an den Universitäten Prag und Olmütz Mathematik. Neben seiner wissenschaftlichen Tätigkeit, wovon zahlreiche mathematische Schriften Zeugnis geben, blieb er als Musikliebhaber und -forscher in Erinnerung. Er gilt als der Erfinder der Tastenharmonika (1797), der Harmonika mit Klaviatur, aus der sich das Akkordeon entwickelte.

Barwig, Franz, ∗ 1868 Schönau bei Neutitschein, † 1931 Wien. Barwig, der mit Metzner und Hanak zu den größten Bildhauern des Sudetenlandes zählt, war Professor an der Wiener Kunstgewerbeschule und Leiter der Spezialklasse für Holzbildhauerei. Er schuf den Bauernbrunnen am Marktplatz in Neutitschein, von dem ein Bronze-Abguß seit 1968 in Ludwigsburg, der Patenstadt der Kuhländler, steht, ferner Tiere, Madonnen, die Tullner Holzkrippe. Die Moderne Galerie in Prag besitzt eine Auswahl seiner Werke. Barwig war Mitglied der Wiener Sezession.

Bauer, Leopold, ∗ 1872 Jägerndorf, † 1938 Wien. Der Architekt Bauer arbeitete in Wien mit Josef Hoffmann und Joseph Olbrich zusammen. Aus dieser Verbindung entstand die Wiener Sezession. Anhänger sachlicher Baugestaltung und Professor an der Wiener Akademie für bildende Kunst, baute er das Sanatorium in Gräfenberg, die Handels- und Gewerbekammer und die Krieger-Gedächtniskirche in Troppau, das Schützenhaus in Jägerndorf, das Wohnhaus Haupt in Brünn, die Österreichische Nationalbank in

Franz Barwig

Wien, die Pfarrkirche in Bielitz; außerdem restaurierte er Schlösser in Mähren.

Bauer, Otto, * 1881 Wien, † 1938 Paris. Der aus einer Brünner Industriellenfamilie stammende sozialdemokratische Politiker, Theoretiker und Wortführer des Austromarxismus war 1918/1919 Staatssekretär des Äußeren, trat für den Anschluß Österreichs an Deutschland ein und war wesentlich an der Ausarbeitung der österreichischen Verfassung beteiligt. Der große Redner, Journalist und Parlamentarier verfaßte das Linzer Parteiprogramm und mußte 1934 in die Tschechoslowakei flüchten. Mit Julius Deutsch gab er in Brünn die „Arbeiterzeitung" heraus und richtete hier das Auslandsbüro der österreichischen Sozialisten ein. 1938 mußte Bauer nach Paris emigrieren. Er verfaßte richtungweisende Werke („Der Aufstand der österreichischen Arbeiter", „Die Nationalitätenfrage und die Sozialdemokratie"), die vor kurzem in 7 Bänden neu aufgelegt wurden.

Bauernbefreiung. Wiederholt hatten sich die Bauern erhoben, besonders im 15. und 16. Jh., um die Last der Leibeigenschaft abzuschütteln. Milderungen der Robot versuchten Patente Leopolds I. (1680) und Karls VI. (1717 und 1738). Eine „gemäßigte Untertänigkeit" wurde erst durch das Untertanenpatent Josephs II. von 1781 erreicht. Dieses betraf nur die persönliche Freiheit, die wirtschaftliche Unfreiheit bestand weiter. Erst durch den Antrag *Hans Kudlichs* im Revolutionsjahr 1848 konnte die Aufhebung des Untertänigkeitsverhältnisses und der damit verbundenen Lasten erreicht werden. Die Grundherren erhielten eine Entschädigung von zwei Dritteln; ein Drittel davon war von den Bauern im Zeitraum von 20 Jahren zu tilgen, ein Drittel übernahm das Land. Mit dieser Tat Kudlichs, die den Bauern zum Herrn seines Bodens machte, begann die Entwicklung des modernen Bauernstandes.

Kaiser-Joseph-Pflug

Bautsch

Baukunst s. Künstler.

Baum, Oskar, * 1883 Pilsen, † 1941 Prag. Der seit 1894 Erblindete war Musikkritiker, ferner Lehrer für Orgel und Klavier in Prag. Autobiographische Züge hat sein Roman „Das Leben im Dunkeln", ebenso die Novelle „Uferdasein. Aus dem Blindenleben". Ferner schrieb er „Die Tür ins Unmögliche", „Die Schrift, die nicht log", „Die Memoiren der Frau Rollberg" und „Zwei Deutsche".

Baumgartner, Andreas (seit 1851) **von,** * 1793 Friedberg/Böhmerwald, † 1865 Wien. Er lehrte zunächst in Olmütz und Wien Physik, bevor er die Leitung der staatlichen Porzellanmanufaktur in Wien übernahm (1833), außerdem 1842 die Direktion der österreichischen Tabakfabriken. Ihm oblag die Einrichtung des Telegra-

phenwesens in Österreich (1846), ebenso die Leitung des Eisenbahnwesens. 1848 holte man ihn als Minister für öffentliche Arbeiten in die Regierung, von 1851 bis 1855 nochmals als Handels- und Finanzminister. Der hochgeachtete Gelehrte und Politiker wurde auch ins Herrenhaus berufen und zum Präsidenten der Akademie der Wissenschaften in Wien gewählt.
Stifter, dem er Lehrer und Gönner war, verewigte Baumgartner als Risach im „Nachsommer“. Testamentarisch hat Baumgartner einen Preis für naturwissenschaftlich-mathematische Arbeiten ausgesetzt. Die Olmützer Oberrealschule erhielt seine physikalischen Apparate und seine Bücherei.

Bäuml, Albert, ∗ 1855 Theusing, † 1929 München. Der als Kaufmann ausgebildete Bäuml arbeitete in der Textilindustrie, kam nach München, wo er sich 1887 um die Leitung der Königlichen Porzellanmanufaktur in Nymphenburg bewarb. Er brachte das darniederliegende Unternehmen künstlerisch und wirtschaftlich zu erneuter Blüte. Neben der Anwendung alter Rezepturen und der Wiederentdeckung des Modelleurs Bustelli bewirkten neuere Künstler und moderne Techniken den Aufstieg. Er gilt als Neubegründer und Erneuerer der Manufaktur in Nymphenburg,

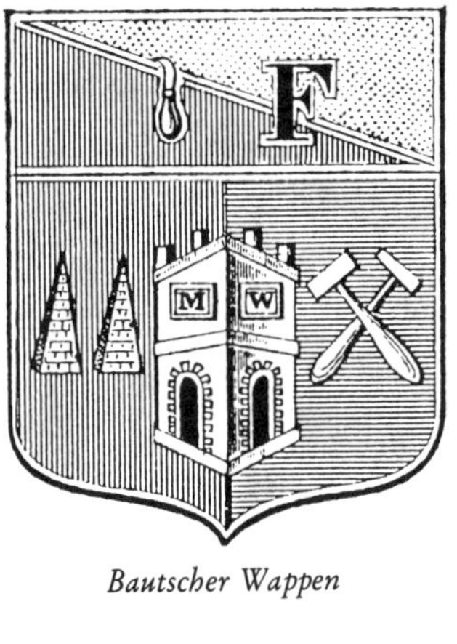

Bautscher Wappen

wo eine Straße noch heute an ihn erinnert. Seine Söhne setzten sein Werk fort.

Bautsch (*Budišov nad Budišovkou*) bei Bärn im Niederen Gesenke wurde erstmals um 1126 erwähnt. Das Wappen mit Eisen und Schlägel weist auf den Bergbau auf Silber und Blei hin. 1613 fügte Kardinal Dietrichstein die zwei Messer seines Wappens hinzu. Die große Kirche Mariae Himmelfahrt ist ein vom Fulneker Baumeister Nikolaus Thalherr errichteter Barockbau; der Auftraggeber war der Olmützer Fürstbischof von Troyer. Im Bautscher Stadtarchiv wurden Privilegien von 1537 und 1538 verwahrt; sie betrafen die Schenkung der städtischen Waldungen und Verleihung des Stadtwappens durch Bischof Stanislaus Thurzo von Olmütz.
Bautsch hatte Tuchfabrikation, Schafwollwaren- und Teppicherzeugung, ferner eine staatliche Tabakfabrik.
1930: 4274 Einw. (139 Tschechen).

Bayer (Payer, Baier), **Wenzel,** ∗ um 1488 Elbogen, † 1537 vermutlich in Elbogen. Nach dem Medizinstudium in Leipzig und der Promotion in Bologna ließ er sich in dem soeben gegründeten St. Joachimsthal nieder, wo er auch den Grafen Schlick als Leibarzt betreute. Dieser muß ihn sehr geschätzt haben, denn er ließ ihm zu Ehren eine silberne Münze prägen. Später finden wir Bayer wieder in seiner Geburtsstadt und bei erneuten Studien in Leipzig. Seine Untersuchungen der Karlsbader Heilquellen waren Grundlage einer Schrift, die als erste Veröffentlichung über Karlsbad und über die Trinkkur gilt. Im Jahre 1523 gab er auch eine Beschreibung der Joachimsthaler Bergmannskrankheit heraus.

Becher, David, ∗ 1725 Karlsbad, † 1792 Karlsbad. Der Brunnenarzt Becher in Karlsbad hat sich um seine Vaterstadt auf medizinischem und auf kulturellem Gebiet große Verdienste erworben; u. a. ließ er ein Theater errichten. Er nahm Analysen des Sprudels vor und ließ Sprudelsalz zubereiten. Auch das Sprudelsteinschleifen führte er ein.

Die Karlsbader Ärzte setzten ihm 1856 ein Denkmal, ein Werk Fernkorns. Bechers wissenschaftliche Veröffentlichungen betreffen Karlsbad und seine Quellen.

Beck von Managetta und Lerchenau, Günther, ∗ 1856 Preßburg, † 1931 Prag. Zuerst Kustos und Leiter der botanischen Abteilung des Naturhistorischen Museums in Wien, gleichzeitig Professor an der Universität, kam er 1899 an die Deutsche Universität Prag, wo er systematische Botanik lehrte und als Direktor das Botanische Institut und den Botanischen Garten betreute. Er veröffentlichte viele Fachschriften und gründete mit Wilhelm Lauche, dem berühmten Pomologen und Liechtensteinschen Hofgartendirektor, 1895 die Höhere Gartenbauschule in Eisgrub. Beck war korrespondierendes Mitglied der Akademie der Wissenschaften in Wien und Generalsekretär der Wiener Gartenbaugesellschaft.

Becke, Friedrich, ∗ 1855 Prag, † 1931 Wien, einer der angesehensten Mineralogen seiner Zeit, lehrte in Czernowitz, Prag und Wien. Neben seinen Verdiensten um den Ausbau der Mineraloptik wies er der Petrographie überhaupt neue Bahnen, erforschte das Eruptivgestein und seine Metamorphosen und schuf Nomenklatur und Systematik der 32 Symmetrieklassen der Kristalle. An Becke, Generalsekretär der Akademie der Wissenschaften in Wien, erinnert in den Arkaden der Wiener Universität ein Denkmal; in Wien ist ein Wohnblock nach ihm benannt.

Becker, Tobias Johannes, ∗ 1649 Grulich, † 1710 Königgrätz. Dechant in Arnau und Kanonikus in Prag, wurde er 1702 Bischof in Königgrätz. Becker gilt als der Begründer des Wallfahrtsortes Grulich. Durch seine Bemühungen konnte auf einem Berg nahe seinem Geburtsort eine Wallfahrtskirche errichtet werden, zu der von Jahr zu Jahr mehr fromme Pilger kamen. In diesem Gotteshaus erinnert ein Denkmal an den Erbauer der „Marienburg" auf dem Muttergottesberg.

Karlsbader Becherbitter

Beer, Adolf, ∗ 1831 Proßnitz, † 1902 Wien. Er lehrte österreichische Geschichte in Großwardein, kam nach Wien an die Handelsakademie und Technische Hochschule und wurde Hofrat im Unterrichtsministerium. Er beteiligte sich an der Schulreform und verfaßte den Entwurf zum Reichsvolksschulgesetz. Für die Verfassungspartei war er seit 1873 Mitglied des Abgeordnetenhauses des Reichsrats. Die Wiener Akademie und die Leidener Akademie ernannten ihn zum Mitglied. Neben einer „Geschichte des Welthandels" schrieb er Bücher geschichtlichen und pädagogischen Inhalts.

Beethoven, Ludwig van. Des Komponisten Beziehungen zu Böhmen und Schlesien waren eng. Fünfmal besuchte er Prag, zum erstenmal 1796. Außerdem weilte er zur Kur in den böhmischen Bädern; in Teplitz traf er mit Goethe zusammen, und mit ihm besuchte er 1812 auch Bilin. Denkwürdig blieb sein Besuch beim Fürsten Lichnowsky im Schloß Grätz. Hatte ihm schon ein Graf Waldstein in Bonn ein Empfehlungsschreiben für Wien gegeben, so förderten ihn auch andere böhmische Adelige, auch Erzherzog Rudolf, der Olmützer Erzbischof, Beethovens Schüler und Gönner. Zu zahlreichen Musikern bestanden Beziehungen. Erste vollständige Aufführung der Missa solemnis am 29. Juni 1830 in Warnsdorf.

Benatzky, Ralph, ∗ 1889 Mährisch Budwitz, † 1957 Zürich. Der Sohn eines Lehrers wurde Offizier, besuchte das Konservatorium, konzertierte als Pianist, studierte in München und Wien und erlangte den Doktorgrad. Er schrieb Erzählungen und Romane. Berühmt wurde er durch seine Operetten, nachdem er mit zwei Opern keinen Erfolg gehabt hatte. Der Begründer eines neuartigen Chanson-Lustspiels lebte in Berlin, Thun, seit 1938 in New York und Hollywood, nach 1948 in Zürich. Neben seinen Werken „Die drei Musketiere“, „Meine Schwester und ich“, „Tanzende Maske“, „Die unbedeutende Frau“ und „Liebe im Schnee“ schrieb er zahlreiche oft aufgeführte Operetten; viele seiner Melodien wurden zu Schlagern. Benatzky schrieb auch Bühnen- und Filmmusiken. Sein Leben beschreibt er in dem Buch „In Dur und Moll“.

Benda, Franz, ∗ 1709 Altbenatek, † 1786 Potsdam. Sein musikalisches Wanderleben brachte den berühmten Geiger bis an die Höfe von Warschau und Potsdam; hier begleitete er Friedrich II. beim Flötenspiel. Seit 1771 war Benda königlicher Konzertmeister. Von seinen zahlreichen melodiösen Kompositionen wurden nur 12 gedruckt. Sein Bruder ist der Komponist Georg Benda.

Ludwig van Beethoven

Aus Benisch kommt nur Qualität mit auserlesenem Geschmack.

Benisch Schlesien

TRADE MARKE

Webereien

Beck Josef	Zimmermann Franz	Melzer Franz Nachf.
Herber Franz	Heinzel Anton	Ludwig Wilhelm
Kohlmeyer Josef	Habel Franz	Philipp Ferd. Söhne
Krommer Joh. & Co.	Hofmann Johann	Tiller Karl
Philipp Adolf		Habel Ludwig

Dampfbleiche, Färberei und Zwirnfabrik Glammer Adolf

Dampffärbereien Beyer Konrad - Schmidt Rudolf

Weberstadt Benisch

Benda, Georg, ∗ 1722 Altbenatek, † 1795 Köstritz. Der Bruder des Violinisten Franz Benda war von 1750–1778 Hofkapellmeister in Gotha. Als Komponist gilt er als Schöpfer des deutschen Melodramas („Ariadne auf Naxos“, „Medea“, „Almansor und Nadina“). Ferner komponierte er Sonaten, Kantaten, Symphonien und anderes.

Bendl, aus Deutschland oder aus der Schweiz stammender Bildhauer der Barockzeit. Der Vater *Georg* (∗ um 1570, † um 1650 Prag) arbeitete in Krummau an einem Grabdenkmal für Wilhelm von Rosenberg und in Neuhaus am Ausbau des Schlosses, bevor er nach Prag ging und u. a. 4 Holzreliefs für den Veitsdom schuf. Sein Sohn *Ignaz Johann*, beeinflußt von seinem Lehrer Bernhard Fischer von Erlach, wirkte an der Gestaltung der Pestsäule am Graben in Wien mit, behandelte mythologische Themen in Elfenbeinarbeiten und stellte 1693–1699 für Brünn den Brunnen der vier Elemente zu Ehren der Vermählung Josephs I. her. Der zweite Sohn, *Johann Georg*, ∗ um 1630, † 1680 Prag, begründete in Prag die Zunft der Bildhauer und Bildschnitzer. In Prag stammen von ihm: der Herkulesbrunnen

Schloß der Salhausen in Bensen

auf der Burg, das Reiterstandbild des hl. Wenzel, Statuen in der Salvatorkirche und die Mariensäule auf dem Altstädter Ring, die 1918 gestürzt wurde.

Bennisch, auch Benisch (*Horní Benešov*), Bezirk Freudenthal im Niederen Gesenke, entstand durch Siedler aus Thüringen, Bayern, Schwaben und Oberfranken. Die ergiebigen Silberbergwerke waren Anlaß zur Verleihung des Stadtrechts (1253) und des Iglauer Bergrechts (1271). Der Glanz der „Perle Schlesiens“ erlosch im Dreißigjährigen Krieg. Die Markgrafen von Ansbach-Brandenburg hatten hier den neuen Glauben eingeführt. Später wurde die Gegend Eigentum der Fürsten Liechtenstein.
Am 24. Juni 1848 hielt Hans Kudlich in Bennisch seine bekannte Wahlrede, von hier aus wurde er in das Wiener Parlament entsandt. In Bennisch bestand eine Fachschule für Weberei. Es gab Baumwoll- und Leinenwebereien, Färberei- und Appreturbetriebe. Bennisch, in dessen Nähe das Lichtener Tal, Bad Erbersdorf und Groß Herrlitz mit Schloß und Park liegen, war auch Sommerfrische. Der Maler Johann Franz Geipel (1720–1798) erblickte hier das Licht der Welt. 1930: 3409 Einw.

Bensen (*Benešov*), Bezirk Tetschen, am Zusammenfluß des Absbaches mit dem Polzen. Bereits 1392 erhielt es unter den Wartenbergern Stadtrechte. Obwohl stark befestigt, wurde die Stadt von den Taboriten eingenommen. Im 16. Jh. stand Bensen unter dem Geschlechte der Salhausen in hoher Blüte. Die Salhausen vollendeten 1554 den Bau der Marienkirche aus dem 14. Jh., die bereits 1483 umgebaut worden war. Wahrzeichen der Stadt sind zwei Schlösser, das

Thunsche (obere Schloß), auf den Mauern der Burg von 1524 erbaut, und das untere Schloß, ein Renaissancebau, den zuletzt die Kinsky, Clary-Aldringen und die Großindustriellen Grohmann besaßen.
Die gotische Stadtkirche enthält kunstvolle Grabdenkmäler der Salhausen. Neben Textilindustrie gab es auch Strickereien und Zementwarenerzeugung. Die Papierfabrik ging schon auf das Jahr 1569 zurück. Das hier erzeugte Papier bezeichnete der gelehrte Jesuit Balbin als das beste der Zeit. Umgeben von bewaldeten Bergen und Obstgärten, war Bensen eine reizvolle Sommerfrische. 1930: 4150 Einw. (167 Tschechen).

Beraun (*Berounka*). Linker Nebenfluß der Moldau. Länge 135 km. Quellflüsse sind die Mies, Angel, Radbusa und Uslawa. Sie mündet unterhalb von Königsaal, wo das berühmte Kloster einst Grablege mehrerer böhmischer Herrscher war. An der Beraun, in deren Tal viel Industrie angesiedelt ist, liegt die gleichnamige Stadt Beraun, im 13. Jh. hauptsächlich von deutschen Bürgern besiedelt. Sie wurde lateinisch Verona und deutsch Bern genannt. In der Nähe liegt die mächtige Burg Karlstein, 1348–1365 von Kaiser Karl IV. errichtet. Dieses einzigartige Bauwerk mit zahlreichen Kunstschätzen war vom Kaiser zur Aufnahme der böhmischen St. Wen-

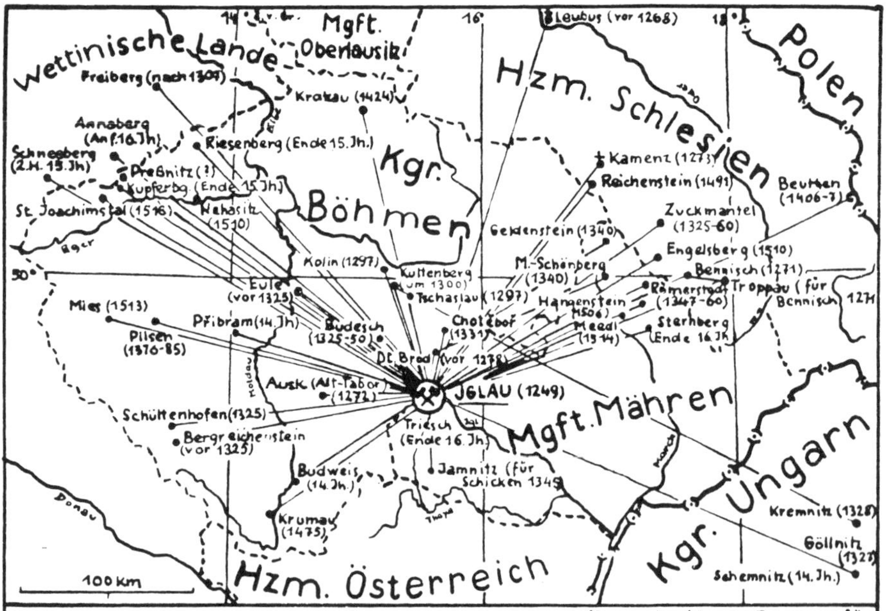

Verbreitung des Iglauer Bergrechts

zelskrone, der Krone des Hl. Römischen Reiches und der Krönungskleinodien bestimmt.

Bergbau s. a. Erze. Kohle.

Bergbauschulen. Georg Agricola (1494–1555), der Begründer der Wissenschaft von der Mineralogie, Petrographie und Geologie, hatte in St. Joachimsthal gewirkt und seine hier gesammelten Erfahrungen im Bergbauwesen als Grundlagenwissen in mehreren Büchern aufgezeichnet, die zur bergwerkskundlichen Ausbildung dienten. In St. Joachimsthal entstand 1733 die erste Bergschule Europas; 1762 nach Prag verlegt, wo an der Universität eine Lehrkanzel für Bergbaukunde eingerichtet wurde. Die Gründung der Montanhochschule in Przibram erfolgte 1849; sie wurde nach der Errichtung des neuen Staates 1918 tschechisch, ohne daß ein Ersatz für deutsche Studierende geschaffen worden wäre. Diese mußten nun zum Studium ins Ausland (z. B. Leoben). 1869 war in Karbitz eine Bergschule eröffnet worden; sie kam 1872 nach Dux, wo sie bis 1945 bestand.

Berger-Bergner, Paul, ∗ 1904 Prag, † 1978 Mannheim. Der Schüler von Walther Klemm in Weimar und Emil Orlik in Berlin ging an die Akademie in Dresden, wo er bis 1945 lehrte. Dann wurde er Leiter der Freien Akademie in Mannheim. Der Maler Berger-Bergner, der durch Akte und Symbolisches bekannt wurde, stellte im Haus der Kunst in München und in Mannheim aus. Diese Stadt zeichnete ihn 1964 für hervorragende Verdienste um das kulturelle Leben der Stadt mit der Schiller-Plakette aus.

Bergmann, Hilda, ∗ 1878 Prachatitz, † 1947 Astorp/Schweden. Ihre Ahnen waren nordböhmische Bauern. Sie war Lehrerin in Wien. Mit ihrem Mann, dem Juwelier Alfred Kohner, ging sie 1938 ins Exil nach Schweden, wo sie, von Heimweh gequält, bis zu ihrem Tode lebte. Obwohl als Dichterin wenig beachtet, gilt sie als eine unserer besten Lyrikerinnen. Ihre Themen sind Natur, Gott und Heimat. Neben drei Gedichtbänden („Die heiligen Reiher“, „Die stummen Dinge„ und „Zünd' Lichter an“) schrieb sie auch Märchenbücher.

Bergreichenstein

Bergrecht. Das Bergrecht war deutschen Ursprungs. Die älteste vollständige Aufzeichnung besitzen wir im Iglauer Bergrecht. Das Iglauer Bergamt war schon von Ottokar I. als oberstes Gericht in Bergsachen anerkannt worden, ein Privileg, das auch spätere Herrscher bestätigten. Für alle Bergstädte in den böhmischen Ländern blieb Iglau Oberhof; sogar in Ungarn, Sachsen und Franken galt Iglauer Recht.
Zu den frühen Bergregalen gehörte auch die Kuttenberger Bergordnung. Von den Bergbüchern haben sich mehrere aus dem 16. Jh. erhalten, so von Schlaggenwald (1511), Iglau (1515), St. Joachimsthal (1520), Bleistadt (1523), Przibram (1527), Graupen (1530) und Graslitz (1590). Aus dem Bereich des Erzgebirges verdienen das Waldzinnenrecht von Neudek und das Bergrecht von Sebastiansberg Erwähnung. Auf moderne Grundlage gestellt wurde das Bergrecht durch das Österreichische Allgemeine Berggesetz vom 23. 5. 1854, auf dem das Bergrecht der Tschechoslowakei nach 1918 beruhte.

Bergreichenstein (*Kašperské Hory*), Stadt im

Böhmerwald, verdankte ihre Bedeutung der Lage am Goldenen Steig und den reichen Goldfunden. Kaiser Karl IV. war ein Förderer Bergreichensteins. Er schenkte 1356 einem Bürger Land mit der Auflage, für den Bau und die Ausbesserung der Straße nach Passau Sorge zu tragen. 1366 wurden die Privilegien des Salzhandels und des Stapelrechtes verliehen. Den wohlhabenden Ort erhob Rudolf II. zur freien und königlichen Bergstadt. 1846 wurde der Bergbau eingestellt. Im Stadtarchiv werden 44 Stadtprivilegien aufbewahrt, ebenso die Stadtbücher seit 1541.
Sehenswürdigkeiten sind das Rathaus, ein Renaissancebau, der später eine barocke Form erhielt, die ebenfalls barock gestaltete Pfarrkirche aus der 2. Hälfte des 14. Jh. und die gotische Friedhofskirche (um 1330) mit Malereien aus der Gründungs- und der Barockzeit.
Der Holzindustrie diente eine 1926 aufgehobene Fachschule für Holzbearbeitung. Außerdem gab es optische Werke und in der Nähe die Glasfabriken Klostermühl (farbige Gläser) und Annathal (Kristallglas). Bergreichenstein war Wintersportort und Sommerfrische. Die Gäste besuchten gerne die Ruine der 1361 errichteten Karlsburg,

Rabenstein im Gesenke

Bergstadt Platten

um die sich viele Sagen ranken, die Ruine Ödschlössel und die Rindlauer Höhe.
1930: 2289 Einw. (186 Tschechen).

Bergstadt (*Horní Město*) im Bezirk Römerstadt ist in eine romantische Landschaft eingebettet. In der Nähe liegen die Reste der Burg Hangenstein, die Ruine Rabenstein, das Wüste Schloß, der Haidstein und das Forsthaus im Stralecker Grund. Pingen, Schächte und Stollen erinnern daran, daß in Bergstadt und in Hangenstein seit dem 14. Jh. nach Gold, Silber und Eisen gegraben wurde. Die Stadt erhielt Bergordnung und Privilegien. Im 18. Jh. wurde der Silberbergbau eingestellt, da der Ertrag nicht ergiebig genug war. Eisenerzförderung bis 1870. Der Boden bietet für die Landwirtschaft keine guten Voraussetzungen, lediglich der Leinanbau war von einiger Bedeutung. Es wurde auch Seidenweberei betrieben.
Die 1611 und 1612 erbaute Kirche im Renaissancestil brannte 1659 nieder und wurde als Barockbau wieder erneuert. Sie birgt als besonderen Schmuck Bilder des mährischen Malers J. Ch. Handke aus der Zeit von 1730–1740.
1930: 1296 Einw. (17 Tschechen).

Bergstadt Platten (*Horní Blatná*), Bezirk Neudek. Die auf reiche Zinnvorkommen zurückgehende Bergstadt, im 16. Jh. von Schneeberger Bergleuten gegründet, liegt am Erzgebirgskamm zu Füßen des Plattenberges (1040 m). Zeitweise gehörte Platten, das 1534 eine Bergordnung und

1555 die Bergfreiheit erhalten hatte, zur Herrschaft Schwarzenberg in Sachsen. 1556 kam es wieder zu Böhmen. Einige Jahre darauf wurden die lutherisch gewordenen Plattener wieder katholisch, ein Teil wanderte nach Sachsen aus. Die Kirche (St. Laurentius) wurde 1592 von den Protestanten errichtet; später barockisiert. Auf dem Turm wohnte früher ein Türmer, der jede Stunde zu schlagen hatte. Industrie: Braunstein-Bergbau, Löffelfabrik, Handschuherzeugung. Sommerfrische, Wintersportplatz. In der Nähe die Eis- und Wolfspinge (Überrest eines Bergwerkes). 1930: 2341 Einw. (29 Tschechen).

Bernt, Alois, ∗ 1871 Willomitz, † 1945 Kaaden. Der Gymnasiallehrer Bernt war ein großer Literaturhistoriker, der besonders die altdeutsche Literatur und den deutschen Humanismus erforschte. Größte Verdienste hat er sich durch Forschungen zum „Ackermann aus Böhmen“ und eine Ausgabe erworben, ferner durch das „Handbuch der deutschen Literaturgeschichte“ und durch seine Mitarbeit an dem Werk „Vom Mittelalter zur Reformation“. Wir verdanken ihm auch eine Ausgabe des Heinrich von Freiberg.

Bernt, Walther, ∗ 1900 Krummau, † 1980 München. Sohn von Alois Bernt. Der Kunsthistoriker wurde von Museen, Auktionshäusern und Sammlern als Sachverständiger herangezogen, besonders auf seinem ureigensten Gebiet, der niederländischen Malerei, über die er ein großartiges Standardwerk in 5 Bänden (4. Auflage 1979/1980) schrieb, ohne das niemand auskommt, der über das 17. Jh. arbeitet. Außerdem veröffentlichte er Arbeiten über das Kunsthandwerk.

Bernth, Karl (genannt Heinrich der Wepper), ∗ 1802 Morawes bei Brüx, † 1879 Brüx. Der im Justizdienst stehende Bernth ließ 1863 seine „Sämtlichen Gedichte“ erscheinen. Sie fanden ob ihrer Komik solchen Anklang, daß sie 1907 in 5. Auflage herauskamen. Er wurde „Klassiker des dichterlichen Dilettantismus“ und „der schlechteste deutsche Dichter“ genannt, der bar jeder Selbstkritik und von maßloser Eitelkeit gewesen sein soll; trotzdem fand er Eingang in bedeutende Literatur-Nachschlagewerke.

Der Ackermann und der Tod (1480)

Berufliche Gliederung. Von den Erwerbstätigen waren im Jahre 1930 ungefähr 25 v. H. Sudetendeutsche in der Landwirtschaft tätig, in Industrie und Gewerbe waren es 45 v. H., in Handel und Verkehr 13 v. H., im öffentlichen Dienst 5 v. H. und in sonstigen Berufen bzw. in solchen ohne nähere Angaben 12 v. H.

Die sozialen Veränderungen im Sudetendeutschtum von 1910 zu 1930 sind deutlich aus der Berufsstatistik erkennbar; sie sind auf die politischen Veränderungen (Staatsgründung und Wirtschaftspolitik der Regierung), vor allem auf die Folgen der Bodenreform, durch die deutscher Besitz enteignet und dem tschechischen Volk zugeschlagen wurde, zurückzuführen. In diesem Zeitraum ging die Zahl der in der Landwirtschaft Tätigen auffallend zurück; gleichzeitig ist ein Anwachsen der in Industrie und Gewerbe, in

Übersicht 40. Berufstätige Staatsangestellte in den Sudetenländern (ohne Schulwesen), 1921 und 1930.

		1921	1930	Differenz absolut	Differenz in %
Post	Deutsche	9.817	5.772	— 4.045	— 41.2
	Tschechen	23.468	31.704	8.236	+ 35.1
Eisenbahn. . . .	Deutsche	35.290	18.184	— 17.106	— 48.5
	Tschechen	93.683	104.388	10.705	+ 11.4
Staat, Land u. ä.	Deutsche	15.035	7.673	— 7.362	— 49.0
	Tschechen	51.819	53.943	2.124	+ 4.1
Militär	Deutsche	2 529	749	— 1.780	— 70.4
	Tschechen	14.192	13.414	— 778	— 5.5
Insgesamt. . . .	Deutsche	62.671	32.378	— 30.293	— 48.3
	Tschechen	183.162	203.449	+ 20.287	+ 11.1

Tschechoslowakische Statistik, Band 20, Seite 340—347.
" " " 21, " 218—225, 238—249.
" " " 116, " 2— 7, 14— 21.

Aus: A. Oberschall: „Berufliche Gliederung und soziale Schichtung der Deutschen in der Tschechoslowakei". Teplitz-Schönau 1936. Seite 31.

Handel und Verkehr Tätigen zu registrieren. Eine gravierende Veränderung im Berufsgefüge der Sudetenländer war bei den Staatsangestellten festzustellen. Eine Statistik der beim Staat Beschäftigten (ohne Schulwesen) ergibt für die Jahre 1921 und 1930 nach dem Statistiker Erwin Winkler folgendes Bild:

Beskiden (*Beskydy*). Zu den Westkarpaten gehörender Gebirgszug. Die Westbeskiden reichen vom Marchtal bis zum Popradtal, das die West- von den Ostbeskiden trennt. Mehrere Pässe überqueren die Westbeskiden (Jablunkapaß), die die Wasserscheide zwischen March, Oder, Weichsel und den Flüssen Ungarns bilden. Die höchsten Erhebungen sind Lissa (1325 m), Smrk (1282 m), Radhoscht (1130 m), Einsiedelei (1018 m) und Weißes Kreuz (850 m). Die Eisenerzlager in den Westbeskiden und die Kohle aus dem Gebiet von Mährisch Ostrau bildeten die Voraussetzungen für die Eisenindustrie Mährens.

Das Bergland des tschechoslowakischen Teiles von Ostschlesien war das Arbeitsgebiet des Beskidenvereins (1893 gegründet). Die Mitglieder legten Straßen, Wege und Brücken an, markierten Wege und bauten Schutz-(Unterkunfts-)Häuser.

Bevölkerung. Die Zahl der Deutschen in der Tschechoslowakei übertraf die Einwohnerzahlen von Norwegen, Litauen, Lettland oder des Irischen Freistaates. Von den 227 Gerichtsbezirken Böhmens hatten 90 eine deutsche Mehrheit, von den 106 Gerichtsbezirken in Mähren-Schlesien 30.

Böhmen hatte 8471 Gemeinden, davon 2651 mit über 50 v. H. Deutschen, Mähren-Schlesien hatte 3325 Gemeinden, davon waren 746 mit über 50 v. H. Deutschen.

Das geschlossene deutsche Siedelgebiet in Böhmen und Mähren-Schlesien umfaßte etwa 26000 qkm, was fast der Größe Belgiens entspricht. Gemäß den Potsdamer Beschlüssen wur-

Zahl und Anteil der Sudetendeutschen an der Bevölkerung in den Sudetenländern nach den Volkszählungen von 1880 bis 1930

Tag der Volkszählung	Sudetendeutsche in							
	Böhmen		Mähren		Österr.-Schlesien		den Sudetenländern zus.	
	Zahl	vH der Gesamt-bevöl-kerung	Zahl	vH der Gesamt-bevöl-kerung	Zahl	vH der Gesamt-bevöl-kerung	Zahl	vH der Gesamt-bevöl-kerung
31. 12. 1880	2 054 660	*37,12*	631 999	*29,43*	241 025[10])	*54,78*	2 927 684	*36,04*
31. 12. 1890	2 164 577	*37,24*	666 802	*29,38*	255 814[11])	*49,65*	3 087 193	*35,90*
31. 12. 1900	2 344 177	*37,32*	679 456	*27,96*	265 990[11])	*45,77*	3 289 623	*35,39*
31. 12. 1910	2 477 930	*36,84*	724 882	*27,72*	289 550	*44,51*	3 492 362	*34,95*
15. 2. 1921	2 173 239	*33,04*	547 602	*20,93*	252 575	*40,32*	2 973 416	*30,28*
1. 12. 1930	2 270 943	*32,38*	544 123	*19,51*	255 872	*35,93*	3 070 938	*29,19*

den 3 038 000 Deutsche von den Tschechen „entfernt“. Zur Aufrechterhaltung der Industrie wurden 150 000 deutsche Facharbeiter zurückgehalten. Die Neubesiedlung erfolgte durch Tschechen aus anderen Landesteilen und aus dem Ausland, durch Slowaken und Zigeuner. Teilweise blieben diese Versuche erfolglos. Weite Landstriche verödeten, zahlreiche Dörfer verschwanden, wurden dem Erdboden gleichgemacht oder vom vordringenden Wald überdeckt.

Bevölkerungsdichte. Böhmen und Mähren-Schlesien gehörten zu den am dichtesten besiedelten Gebieten Europas. 1930 hatten Böhmen 136, Mähren-Schlesien 133 Einwohner je qkm. „Die große Mannigfaltigkeit in der natürlichen Ausstattung und die verschiedenartige Wirtschaftsnutzung und -intensität der einzelnen Landschaften kommen in der unterschiedlichen Bevölkerungsdichte zum Ausdruck“ (A. Hammerschmidt im Sudt. Atlas). Die am dichtesten besiedelten Regionen sind neben den großen Städten die deutschen Industriegebiete (einschließlich der

Die Bevölkerung der Sudetenländer nach der Volkszugehörigkeit 1910, 1921 und 1930

Volkszugehörige	1910[4])	1921	1930
Tschechen	6 332 690	6 727 408	7 264 848
Deutsche	3 489 711	2 973 208	3 070 938
Polen	158 392	73 020	80 645
Slowaken	.	15 630	44 052
Nationaljuden	—	30 267	30 002
Russen	1 717	3 321	11 174
Magyaren	101	6 104	10 463
Andere	1 659	2 671	4 125
Staatsfremde	87 162[5])	.	158 139[6])

Vgl.: Winkler, Wilhelm: Statistisches Handbuch der europäischen Nationalitäten, Wien 1931; Tschechoslowakische Statistik, Prag 1934; Statistisches Jahrbuch der Tschechoslowakischen Republik 1935.

[4]) Nach der Umgangssprache.

[5]) Nicht österreichisch-ungarische Staatsangehörige!

[6]) Darunter 78882 fremde Staatsangehörige deutscher Volkszugehörigkeit. Österreichische Staatsbürger wurden i. J. 1920: 58705, 1930: 45688 gezählt, reichsdeutsche Staatsbürger 39668 (1920), bzw. 40174 (1930).

Gebirgslandschaften). Weniger dicht besiedelt sind die fruchtbaren Niederungen (in den Bekkenlandschaften) an den Flüssen, wo vornehmlich Tschechen wohnen.

Biber, Heinrich Ignaz Franz von, ∗ 1644 Wartenberg, † 1704 Salzburg. Der exzellente Geigenvirtuose („Paganini des 17. Jahrhunderts") kam als Kapellmeister an den fürsterzbischöflichen Hof in Salzburg, wo er als Künstler höchste Anerkennung fand, 1690 sogar von Kaiser Leopold mit dem Prädikat „von Bibern" in den Adelsstand erhoben wurde. Biber, der eine Oper, Violinsonaten, Schuldramen, die verschollen sind, und viele Kirchenmusiken schrieb, übte großen Einfluß auf Haydn aus. Die „Denkmäler der Tonkunst in Österreich" enthalten in 5 Bänden Kompositionen von Biber.

Bibliotheken s. a. Bücherei der Deutschen. Gemeindebüchereien. Der deutsche Anteil am Bibliothekswesen des Staates war beträchtlich. Ohne die Gemeindebüchereien (s. dort) belief sich die Zahl ihrer Bände auf rund 2,5 Millionen. In den deutschen Hochschulen und ihren Instituten

Ottendorfers Volksbücherei in Zwittau

Die Zeitschrift Staffelstein

standen über 200000 Bände. Die wissenschaftlichen Vereinigungen hatten über eine halbe Million, die Kloster- und anderen kirchlichen Bibliotheken über 370000 und Privatbibliotheken (Dr. E. Langer in Braunau und die Grafen Nostitz in Prag) über 50000. Dazu kamen noch zahlreiche Fachbibliotheken höherer Schulen, von Handelskammern und Verbänden.

Biela (*Bělá*). Linker Nebenfluß der Elbe, der im Erzgebirge entspringt, das Braunkohlenbekken von Brüx durchfließt und nach 75 km bei Aussig mündet.

Biela, Wilhelm von, ∗ 1782 Rossla/Harz, † 1856 Venedig. Der aus altem böhmischem Adel stammende Offizier erlitt in der Schlacht bei Leipzig eine Verwundung und studierte dann in Prag bei Alois David Astronomie. 1826 entdeckte er während eines Aufenthaltes in Josefstadt einen Kometen, der nach ihm benannt wurde. Im Zusammenhang mit dem Kometen, der sich später teilte und nicht mehr zu sehen ist, stehen starke Sternschnuppenfälle jeweils im November, die Bieliden. Später war Biela wieder Offizier; schließlich widmete er sich der Kunstwissenschaft. Ihm gelang es, einen unbekannten Raffael zu entdecken.

Bilin mit Borschen

Biemann, Dominik, ∗ 1800 Neuwelt/Riesengebirge, † 1857 Eger, einer der besten Glasschneider überhaupt. Er hatte an der Prager Kunstakademie studiert und sich in Prag und später in Franzensbad als Glasgraveur niedergelassen. Er schnitt Porträts in Glas, so Goethe, Beethoven, Mitglieder des Kaiserhauses, des deutschen und österreichischen Hochadels wie Kaspar Graf Sternberg. Seine Werke, denen man Lebendigkeit und Feinheit nachrühmt, befinden sich verstreut in den Museen Europas. Nach einem Selbstmordversuch und nach einer längeren Krankheit starb der Künstler vergessen in einem Krankenhaus.

Bildhauerei s. Künstler.

Bildungs- und Wanderbund Staffelstein, Gründung 1921, Sitz Prag. Der Bund mit den Zweigvereinen Jugendbund, Mädelbund, Hochschulring und Älterenschaft hatte sich auf der Grundlage der katholischen Weltanschauung die geistige und körperliche Ertüchtigung der sudetendeutschen Jugend zum Ziel gesetzt. Geistige Ausrichtung gab Prof. Eduard Winter. Veröffentlichungen waren „Staffelstein", „Sankt Georg", „Stimmen der Jugend" und deren Fortsetzung „Volk und Glaube".

Bilin (*Bílina*). Stadt am Fuße des Borschen. Als Zentrum des Biliner Gaues war es bereits im Mittelalter ein politisches und kirchliches Zentrum, das seit Wenzel II. Stadtrechte besaß. An Stelle der alten Fürstenburg entstand ein Schloß auf einem Hügel inmitten der Stadt, die seit 1502 den Fürsten Lobkowitz gehörte. Der Neubau des Schlosses unter den Baumeistern della Porta und Tencalla erfolgte in den Jahren 1675–1682. Seit 1970 dient es als Archäologisches Museum für Nordböhmen, das die zahlreichen vorgeschichtlichen Funde der Umgebung aufgenommen hat. Am Marktplatz steht die ursprünglich gotische Kirche mit Taufbecken und Epitaph aus der Zeit um 1600, ferner Häuser mit Lauben. Die barocke Pestsäule von P. Toscana stammt aus der Zeit um 1660.

Reste der Stadtbefestigungen erinnern an die reiche geschichtliche Vergangenheit der Stadt, die, wie viele andere deutsche Städte Böhmens, im Jahre 1421 von den Hussiten eingenommen wurde; in die Hände fiel ihnen auch der Biliner Burggraf Ramphold Gorenz, der vor Brüx im Angesicht seines Bruders und der anderen Belagerten den Heldentod starb.

Um die Entwicklung des Kurortes Bilin hatte sich der Badearzt Franz Ambros Reuß (1761–1830), an den gegenüber dem Kurhaus ein Denkmal erinnert, große Verdienste erworben. Der alkalische Sauerbrunnen, mit hohem Gehalt an doppelkohlensaurem Natron und Lithiumkarbonat, zeigt seine Heilwirkung bei Krankheiten der Atmungs- und Verdauungsorgane und bei Nierenleiden. Das Wasser wurde auch in Flaschen versandt (jährlich fünf Millionen). Die Biliner

Der Gesundbrunnen

Ernst Birke: Marktplatz in Starkstadt

Pastillen gewann man durch Verdampfen des Heilwassers.
Goethe weilte bei seinen Badeaufenthalten in Böhmen mehrmals in Bilin, bestieg und zeichnete den geologisch interessanten Borschen, den „Biliner Stein“, und bewunderte die Granate des Fürsten Lobkowitz, die im nahen Meronitz unter Aufsicht des Dr. Reuß verarbeitet wurden. „Die sogenannten böhmischen Granate finden sich nur in einem kleinen Bezirk an der Rückseite des Mittelgebirges gegen die Eger zu. Sie liegen in einem aufgeschwemmten Boden. Niemand begreift, wie sie entstanden sein können“ (Goethe).
An Unternehmungen sind Glas- und Teppichindustrie zu nennen. In der Umgebung befinden sich Braunkohlenbergwerke. Im Jahre 1978 befand sich bei der Stadt Bilin der größte Tagebau der Tschechoslowakei.
1930: 10688 Einw. (4168 Tschechen).

Birke, Ernst, ∗ 1905 Braunau, † 1972 Stuttgart. Nach dem Studium an den Akademien in Prag und Dresden lehrte er als Kunsterzieher an Gymnasien. Der Maler und Grafiker war Mitglied des Kunstringes von Mährisch Ostrau und des Metznerbundes und stellte in den großen Ausstellungen sudetendeutscher Künstler in Berlin und Stuttgart aus, wie auch in der Prager Sezession. Nach dem Kriege war er nach 1952 wieder als Kunsterzieher in Stuttgart tätig. Der Maler „der wiedergefundenen Mitte“ erhielt 1965 einen Anerkennungspreis aus dem Sudetendeutschen Kulturpreis.

Birken (Betulius), **Sigmund von,** ∗ 1626 Wildstein bei Eger, † 1681 Nürnberg. Der Enkel des Kantors und Dramatikers Daniel Betulius kam nach Studien in Jena als Prinzenerzieher nach Wolfenbüttel; hier wurde er zum Dichter gekrönt. Nach ausgedehnten Reisen lebte er in Nürnberg und war Mitglied des literarischen Pegnitz-Ordens. 1650 erhielt er den Auftrag, die Feiern anläßlich des Westfälischen Friedens zu organisieren. Für das von ihm verfaßte Festspiel wurde er vom Kaiser geadelt. Seine zahlreichen Dichtungen zeigen eindrucksvollste Formen des Manierismus des deutschen Literaturbarock. Sie wurden zu seiner Zeit sehr gelobt und nachgeahmt. Birken, der auch andere Dichter förderte, so die Österreicherin Catharina Regina von Greiffenberg, erlangte Weltruhm; heute nur noch Literaturspezialisten bekannt.

Birnsunnta. Unter den Festen, die die Egerländer begingen, nahm der Birnsunnta eine besondere Stellung ein. Er entstand aus einer Prozession durch die Stadt Eger am letzten Sonntag des Monats August mit den Reliquien des hl. Vinzenz, die am Ende des 17. Jh. hierher überführt worden waren. Aus dieser Feier entwickelte sich der Birnsunnta (Birnensonntag), der gleichzeitig Erntedankfest war. Das Egerer Stadtfest wird von den Egerländern auch in der Vertreibung begangen, u. a. in Schirnding und Wendlingen / Neckar.

Bischofteinitz (*Horšovský Týn*), Stadt an der Radbusa, am Rande des Böhmerwaldes gelegen. Als Eigentum der Prager Bischöfe wurde es durch Ernst von Pardubitz befestigt. Die Versuche der

Hussiten, Bischofteinitz einzunehmen, schlugen fehl. 1539 kam es an Johann Popel von Lobkowitz, Oberstburggrafen von Böhmen. Wilhelm aus dessen Familie beteiligte sich am böhmischen Aufstand (1618), seine Güter wurden eingezogen; nun kauften die Trautmannsdorff Stadt und Besitz. Die frühgotische Burg (1270–1280) wurde Mitte des 16. Jh. im Renaissancestil umgebaut zu einem vierflügeligen Schloß, das heute als Museum benützt wird und Gemälde des 17. Jh. und ostasiatisches Porzellan enthält.
Die Kirchen St. Apollinaris und Peter und Paul stammen beide aus dem 13. Jh. Die auf einer Anhöhe gelegene Kirche St. Anna, spätgotisch und vor 1740 barockisiert, war das Ziel von Wallfahrern. In ihr befand sich auch die Gruft der Familie Trautmannsdorff.
Bischofteinitz war Mittelpunkt bedeutender Landwirtschaft (Getreide, Viehzucht und Viehmärkte). Seit 1935 bestand hier eine Fachschule für Frauenberufe. Geburtsort des Astronomen Joseph J. Littrow. Im nahen Schüttwa erblickte *Johannes von Saaz*, dem wir den „Ackermann aus Böhmen“ (um 1400) verdanken, das Licht der Welt. 1930: 2663 Einw. (484 Tschechen).

Blankenstein. Burgruine auf einem Basaltkegel (545 m) nordöstlich von Aussig. 1401 erstmals erwähnt, war die Burg im Besitz der Wartenberg, der Bünau und seit 1630 der Thun-Hohenstein. Mitte des 17. Jh. zerstört und nicht wieder aufgebaut.

Bischofteinitz

Alte Schenke in Blankenstein

Blau, Josef, ∗ 1872 Neuern, † 1960 Straubing. Neben seinem Beruf als Lehrer wurde er zum Pionier der sudetendeutschen Heimatforschung, der nicht nur den Böhmer- und Bayerwald durchforschte, über Hausindustrie, Wirtschaft, Geschichte und Volkskunde schrieb, sondern auch Handbücher verfaßte wie „Landes- und Volkskunde der Tschechoslowakischen Republik“, „Der Heimatforscher“ und „Der Lehrer als Heimatforscher“. Mit Emil Lehmann betreute er die Zeitschrift „Heimatbildung“. Blau, der auch das Werk „Baiern in Brasilien“ erarbeitet hatte, erhielt Anerkennung durch den Landesverband für Heimatpflege und Volkskunde in Bayern, der ihn zum Ehrenvorsitzenden ernannte. Mitglied des Collegium Carolinum.

Bleistadt (*Olovi*) im Bezirk Falkenau liegt im Zwodautal am Fuße des Erzgebirges. Die Stadt, eine Gründung der Grafen Schlick (1523) und seit 1558 kgl. freie Bergstadt, war wohlhabend, solange der Bergbau auf Blei blühte. Nach der Mitte des 19. Jh. wurde er eingestellt und das Bergamt aufgelöst. Neben Holzbearbeitung, Weberei, Spitzenklöppelei und anderer Heimarbeit fanden viele Menschen Arbeit in der großen Tafelglasfabrik. Bleistadt war Sommerfrische und ein beliebter Wintersportplatz. Zur nahen Dreifaltigkeitskapelle zogen in der Pfingstzeit Wallfahrten. 1930: 1752 Einw. (60 Tschechen).

Blumentritt, Ferdinand, ∗ 1853 Prag, † 1913 Leitmeritz. Der Gymnasiallehrer in Leitmeritz gehörte zu den bekanntesten Philippinenforschern, obwohl er den Malaischen Archipel nie betreten hatte. Zwei Städte ernannten ihn zum Ehrenbürger, die Spanisch-Philippinische Gesellschaft und andere gelehrte Gesellschaften wählten ihn zum Mitglied; einmal war er sogar als Schiedsrichter in einem Streit zwischen den Philippinen und den Vereinigten Staaten vorgesehen.

Bodenbach (*Podmokly*) liegt 130 m ü. M. bei der Mündung des Eulaubaches in die Elbe gegenüber der Stadt Tetschen; mit dieser seit 1943 verwaltungsmäßig zusammengeschlossen. Die Umgebung ist geprägt durch das böhmische Mittelgebirge und das Elbesandsteingebirge. Die prähistorischen Funde der sog. „Bodenbacher Kultur“ wurden im Stadtmuseum deponiert. Bodenbach wurde 1851 durch den Zusammenschluß von neun Ortschaften selbständige Gemeinde und nahm eine rasche wirtschaftliche Entwicklung. 1901 Stadterhebung.
Katholische Pfarrkirche war bis 1934 die spätbarocke Kirche St. Wenzel im Ortsteil Rosawitz mit romanischem Taufstein. Seit 1934 ist die neuromanische Kirche zum hl. Franz Seraphim auf dem Bodenbacher Stadtplatz Pfarrkirche. In der neu-

Tetschner Kettenbrücke der Zöptauer Eisenwerke

gotischen Johanniskirche (Ortsteil Kröglitz) befindet sich die Thun'sche Familiengruft. Außerdem evangelische Christuskirche und Synagoge. Bedingt durch die nahe Grenze wurde Bodenbach ein wichtiger Verkehrspunkt (Eisenbahn und Schiffahrt). Großer Umschlagplatz und neben Aussig der wichtigste Ausfuhrhafen der Elbe für Kohle nach Deutschland. Viele Geldanstalten und vielseitige Industrie: Maschinen, Kabel, elektrische Geräte, Werkzeuge, Eisen- und Stahlwaren, Möbel, Farben, Lacke, Tusche, Tinte, Chemikalien, Baumaterialien, Holzverarbeitung. Die Nahrungsmittelindustrie produzierte u.a. Schokolade, Konserven, Bier und Waffeln.
Bodenbach war beliebt als Ausflugsziel mit Dampferverbindung nach Leitmeritz und Dresden sowie Ausgangspunkt für Wanderungen ins Elbesandsteingebirge mit seinen pittoresken Felsgebilden und romantischen Klammen. Die Stadt ist mit Tetschen durch eine Brücke verbunden; die alte Kettenbrücke von 1855 (damals Kaiserin-Elisabeth-Brücke benannt) wurde 1934 durch eine Stahlträgerbrücke ersetzt. Zwei andere Brükken dienen dem Eisenbahnverkehr.

1930: 16988 Einw. (3344 Tschechen).

Bodenreform. Dem Gesetz Nr. 215 vom 16. 4. 1919 über die Enteignung des Großgrundbesitzes folgten noch die Gesetze vom 28. 5. 1919 und 20.1.1920. Durch diese Enteignung deutschen

Bodenbach, Schafbrücke (17. Jh.)

Bodenstadt

Landbesitzes – dabei wurden 31 v.H. deutschen Gebietes beschlagnahmt – ging deutsches Eigentum in tschechische Hände über, es wurden künstliche tschechische Minderheiten geschaffen und tschechische Minderheitenschulen vermehrt. Der tschechische Historiker Josef Pekař schrieb: „Ich bin ein gläubiger und ehrlicher Nationalist, aber ich gehöre gleichzeitig zu denen, die überzeugt sind, daß Gewalt und Unrecht die ungeeignetsten Waffen im nationalen Ringen sind, namentlich heute, nach dem großen Kriege, in dem wir die Selbständigkeit erlangt haben."

Bodenstadt (*Potštát*) im Bezirk Mährisch Weißkirchen wurde 1399 durch Markgraf Prokop mit Olmützer Recht begabt; 12 umliegende Dörfer wurden dem Stadtgericht unterstellt. Die Herrschaft kam 1408 an Thas von Prussinowitz und 1663 an Johann von Walderode. Das Schloß mit Sammlungen und Archiv war im Besitze der Grafen Desfours-Walderode. Der große Stadtplatz hat drei Standbilder. Die Mariensäule wurde 1713 zum Dank für die Errettung von der Pest errichtet. Die Kirche stammt aus dem 17. Jh. und enthält schöne Fresken. Die alten Häuser haben teilweise noch mittelalterliche Lauben. Es wird

Sudetenraum unter den Germanen

Seidenweberei und Zementwarenerzeugung betrieben. In der Nähe liegen die Trümmer des „Wüsten Schlosses", einer durch Matthias Corvinus zerstörten Burg.
1930: 1246 Einw.

Böhm-Bawerk, Eugen von, ∗ 1851 Brünn, † 1914 Wien. Der Mitbegründer der Grenznutzenschule (Österreichische Schule) war Professor der Volkswirtschaftslehre an der Universität Wien, Präsident der Akademie der Wissenschaften in Wien und mehrmals Finanzminister. Auch zum Senatspräsidenten am Verwaltungsgerichtshof wurde er berufen.

Böhm, Franz, ∗ 1908 Leitmeritz, † 1975 Erlangen. Der Jurist war Mitarbeiter der Sudetendeutschen Partei, kam nach dem Anschluß an das Gaugericht. Nach Kriegsdienst und Vertreibung gründete er in Bayern ein Unternehmen für Vertriebene, arbeitete bei einer Versicherung und stand uneingeschränkt der Sudetendeutschen Landsmannschaft zur Verfügung als Vorsitzender des Bundesvorstandes, als Mitglied der Bundesversammlung, als Landesobmann in Bayern, als Heimatkreisbetreuer von Komotau. Er erhielt den Bayerischen Verdienstorden und andere hohe Auszeichnungen.

Böhm, Karl, ∗ 1894 Graz, † 1981 Salzburg. Der durch Interpretationen der Werke Mozarts, Richard Strauß', Richard Wagners und anderer Komponisten bekannte Dirigent von Weltruf entstammte väterlicherseits einer Familie in Eger. Nach Jahren als Direktor der Dresdner und der Wiener Staatsoper war er begehrter und gefeierter Gastdirigent. In seinen Memoiren „Ich erinnere mich genau" (1968) erwähnt er seine Herkunft aus Böhmen.

Böhmen (*Čechy*), das Land in der Mitte Europas (52766 qkm), hat die Form eines Vierecks. Es ist von waldreichen Gebirgen umgeben; im Nordwesten vom Fichtel- und Erzgebirge, im Norden vom Erzgebirge und Elbesandsteingebirge, im Nordosten von den Sudeten, im Südosten von der Böhmisch-Mährischen Höhe und im Südwesten vom Böhmerwald. In der Mitte des Landes fließt von Süden nach Norden die Moldau; sie mündet in die aus dem Riesengebirge kommende Elbe, die fast das gesamte Land entwässert.
Die Bewohner waren Tschechen und Deutsche.

Einwanderung der tschechischen Stämme

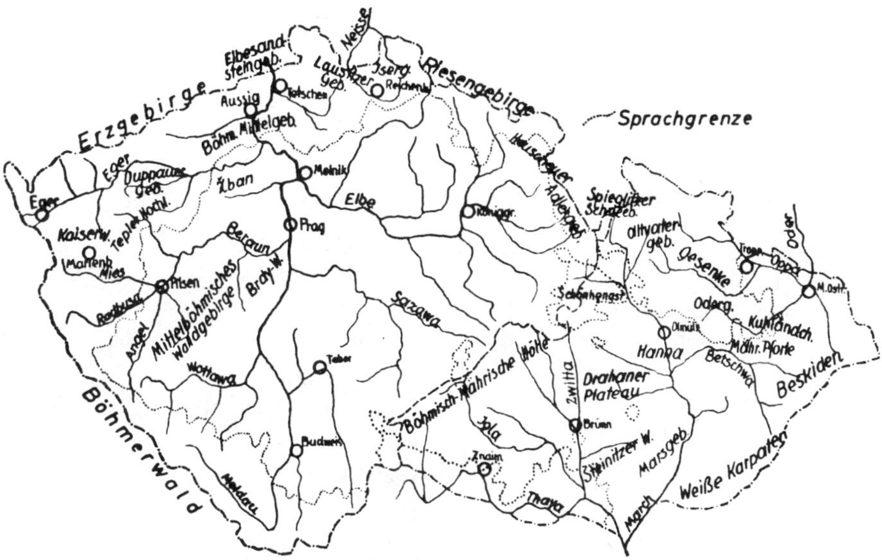

Berg- und Flußkarte der Sudetenländer

Diese bewohnten die gebirgigen Randgebiete des Landes, jene lebten geschlossen im fruchtbaren Landesinnern. Die Zahl der Deutschen ging seit 1910 stetig zurück. Dieser Bevölkerungsschwund hatte u. a. folgende Gründe: hohe Kriegsverluste der Deutschen, Abwanderung nach 1918, Verlust der Staatsbürgerschaft, unkorrekte Nationalitätenzählung, Ansiedlung von Tschechen und Bildung von Minderheiteninseln im deutschen Gebiet und Tschechisierung durch die sogenannte Bodenreform, durch die deutscher Großgrundbesitz an Tschechen verteilt wurde.

Landschaftlich und klimatisch begünstigt, konnte sich die Landwirtschaft auf eine hohe Stufe entwickeln. Weltruhm genießen die für Brauereien in aller Welt exportierte Gerste und der um Saaz und Auscha angebaute Hopfen. Im Elbe- und Egerbecken gedeihen Zuckerrüben, in den Randgebirgen Flachs. Die Viehzucht wird intensiv betrieben, ebenso die Fischzucht; diese vorzugsweise in den zahlreichen südböhmischen Teichen um Wittingau. Die Bettfedern böhmischer Gänse waren ein wichtiger Exportartikel.

Der Bergbau, in früheren Jahrhunderten auf Edelmetallen begründet, fördert Eisen in Mittel- und Westböhmen, Blei und Zink in Westböhmen und etwas Zinn im Erzgebirge. Die Radiumgewinnung in St. Joachimsthal, nach 1945 von der Sowjetunion mit Deutschen und politischen Gefangenen ohne Schutzvorrichtungen betrieben, hat keine Bedeutung mehr. Steinkohle wird im Revier Schlan – Kladno – Rakonitz und im nordostböhmischen Schatzlar gewonnen, Braunkohle in den beiden nordwestböhmischen Revieren Eger – Falkenau – Karlsbad und Komotau – Brüx – Dux – Teplitz-Schönau – Aussig. Außerdem werden Kaolin für die Porzellanerzeugung in Westböhmen und Graphit im Böhmerwald gefördert.

Die Industrie stützt sich zum großen Teil auf die

heimischen Rohstoffe. Aus dem Bestand der Monarchie hatte die Tschechoslowakei die meisten Textilunternehmungen übernommen, ebenso Dreiviertel der Glasindustrie. Dabei wirkte sich für den neuen Staat der Verlust der für diese Industrien notwendigen Absatzgebiete verheerend aus. Wie schon beim Erlöschen des Bergbaues die deutsche Bevölkerung der Randgebiete plötzlich verarmte und nach Ersatzindustrien in Form von Hausindustrie (Klöppelspitzen, Musikinstrumente, Handschuhe, Flecht- und Kartonagenwaren, Posamenten, Knopferzeugung und Spielwaren) suchen mußte, so auch jetzt.

Schwerindustrie hatte ihre Standorte hauptsächlich in der Nähe der Kohlengruben, während sich die chemische Industrie schwerpunktmäßig an der Elbe entwickelte. Bedeutung hatte die mit der Landwirtschaft zusammenhängende Industrie (Brauereien, Mälzereien, Spiritusbrennereien, Zuckerfabriken) und die Landmaschinenherstellung.

Von West- bis Nordwestböhmen zieht sich eine Industrielandschaft hin, in der neben der eigentlichen Eisenindustrie (Kladno) eisenverarbeitende Fabriken angesiedelt sind. Nordböhmen, mit Reichenberg an der Spitze, ist das Zentrum der Textilindustrie, während Glas vorwiegend um Gablonz, in Nordböhmen und dem Böhmerwald, Porzellan um Karlsbad erzeugt wird.

Einen wichtigen wirtschaftlichen Faktor bilden die Heilbäder im westlichen (Karlsbad, Marienbad, Franzensbad) und im nördlichen Böhmen.

Alfred Albrecht errechnete nach dem Stand vom 1. Dezember 1930 die Zahl der römischen Katholiken Böhmens; danach waren 3196300 oder 60,12 v.H. Angehörige der tschechoslowakischen Nationalität, dagegen 2107781 oder 39,65 v.H. deutscher Volkszugehörigkeit. Unter der tschechischen Bevölkerung des Landes sind 67,46 v.H. römische Katholiken, während die Deutschen Böhmens zu 90,61 v.H. römische Katholiken sind.

Schwarzer See im Böhmerwald

Von den insgesamt 2326090 Deutschen in Böhmen (1930) gehörten zu den anderen Konfessionen: 99209 evangelisch, 76533 konfessionslos, 23662 israelitisch, 16644 altkatholisch, 459 tschechoslowakische Kirche, 116 griechisch-uniert, 95 griechisch-orthodox und 1591 sonstige.

Böhmerlandbewegung. Die nach dem Ersten

Verlagssignet Böhmerland-Verlag

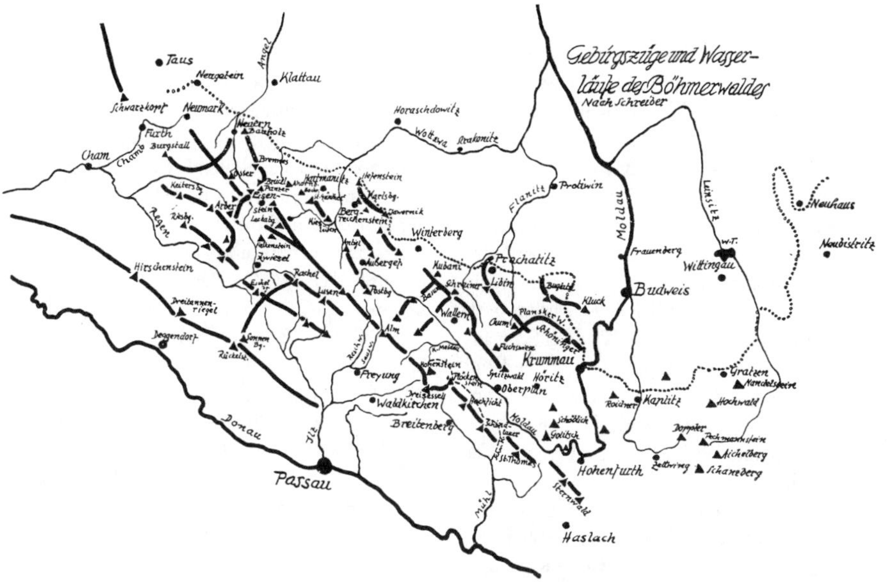

Gebirgszüge und Wasserläufe des Böhmerwaldes

Weltkrieg aus der Jugendbewegung hervorgegangene Idee war getragen vom Geist der Erneuerung der Sitten und geistigen Kräfte für das Volkstum. Sie war bestrebt, die geistigen Kräfte der Sudetendeutschen zu wahren und zu stärken. Weite Ausstrahlung hatten die bis zur Auflösung der Vereinigung (1926) durchgeführten Böhmerlandwochen.
In seinem Böhmerland-Verlag, 1919 gegründet und nach der Entziehung der Konzession (1923) seit 1924 in Augsburg und seit 1927 in Kassel-Wilhelmshöhe angesiedelt, gab Johannes Stauda die Zeitschrift „Böhmerland“, fünf Jahrgänge „Böhmerlandjahrbuch“ und 40 Böhmerlandflugschriften (Gesamtauflage 500000 Exemplare) heraus.

Böhmerwald *(Český les* und *Šumava).* Das aus Granit, Gneis und Glimmerschiefer bestehende Gebirge ist gegliedert in den Hohen Böhmerwald mit mächtigen Gebirgsrücken, in deren Bruchlinien Flüsse Täler geschaffen haben, und in den nördlichen Niederen Böhmerwald (auch Oberpfälzer Wald). Die Trennung bildet die breite Verkehrsfurche von Taus – Furth im Wald (450 m). Auf dem Hohen Böhmerwald verläuft die Wasserscheide zwischen Moldau und Donau. Berge: Plöckenstein (1378 m) mit dem Adalbert-Stifter-Denkmal, Rachel (1452 m), Lusen (1370 m), Kubani (1362 m) mit Urwald, Dreisesselberg (1312 m) und der auf bayerischem Gebiet liegende Große Arber (mit 1458 m die höchste Erhebung). Die Natur hat den Böhmerwald mit vielen Schönheiten ausgestattet. Am bekanntesten sind die schon von Stifter beschriebenen stillen Waldseen, deren größter der Schwarze See (18 ha, 90 m tief) ist. Aus den Wasserreservoiren, es sind die Hochmoore und versumpften Wiesen, bilden sich Flüsse wie Moldau, Wotawa und Angel. Die

Moldau wurde durch den Schwarzenbergschen Schwemmkanal (1789 angelegt, 1821 verbessert) mit der Donau verbunden; er diente dem Holztransport.

Entsprechend der geringen Bevölkerungsdichte nur sehr weitmaschiges Verkehrsnetz. Die Eisenbahn verläuft über den Kerschbaumer Sattel (Linie Linz – Budweis; Pferdebahn für den Salztransport bereits 1832 eröffnet), über Haidmühle nach Passau, über den Paß von Eisenstein nach Deggendorf und über Furth i. W. nach Schwandorf; diese war die wichtigste, denn sie verband das Pilsner Industriegebiet mit Süddeutschland. Eine Längsbahn verläuft entlang der jungen Moldau und verbindet Wallern, Winterberg und das Wolinkatal.

Siedlungen: Rosenberg an der Moldau mit Stammschloß des Geschlechtes der Rosenberge, Hohenfurt mit Zisterzienserstift, Krummau (Schwarzenbergschloß), Höritz (Passionsspiele), Oberplan (Geburtsort A. Stifters), Wallern (Holzhäuser in alpenländischer Bauform), Prachatitz (alte Stadtmauern, sehenswertes Rathaus, ehemalige Literatenschule), Winterberg (Verlag und große Druckerei Steinbrener), Bergreichenstein (einst Goldbergbau), Schüttenhofen (eine der größten Zündholzfabriken Europas), Neuern (Bettfedernhandel) und Taus (Landestor nach Bayern, das die Choden seit alter Zeit bewachten).

Der Niedere Böhmerwald oder Oberpfälzer Wald, er erreicht mit der Schwarzkoppe 1 039 m, schließt auch einen Quarzgang, den Böhmischen Pfahl, mit ein. Der Niedere Böhmerwald ist gegen das Innere Böhmens hin flach abgedacht. Die bedeutendsten Siedlungen sind Tachau, Pfraumberg und Bischofteinitz. Im Norden endet der Böhmerwald mit dem Tillenberg bei Marienbad. Ackerbau wird nur in den niedrigen Regionen betrieben, die Viehzucht war verbreitet. Holzver-

Blick gegen den Arber (um 1860)

arbeitung und Papierfabrikation (Krummau und Kienberg) beruhten auf dem Waldreichtum. Holz und Quarz waren auch die Rohstoffe für die Glaserzeugung, die in einzelnen Hütten auch künstlerisch bedeutsame Produkte hervorbrachte. Grundlage für die Bleistifterzeugung der Firma Hardtmuth in Budweis waren die Graphitgruben von Schwarzbach, Stuben, Mugrau und Krummau. Die Goldgewinnung ist längst erloschen; auf den damit verbundenen früheren Reichtum weist noch der Name der Stadt Bergreichenstein hin. Einen gewissen Wirtschaftsfaktor des Böhmerwaldes bildete der Fremdenverkehr; das gesunde Klima zog viele Heilung- und Erholungsuchende an.

Den Böhmerwäldler charakterisierte man als naturverbunden, gutmütig und gastfrei, dem eine etwas derbe und urwüchsige Art eigen sein kann. Er liebt Tanz und Gesang, bleibt den überkommenen Sitten und Bräuchen treu und hält das Vermächtnis seiner Ahnen in Ehren. Wie alle Deutschen der Sudetenländer waren auch die Böhmerwäldler kein Stamm aus einem Ursprung. Sie mußten hart arbeiten, bis aus dem von ihnen besiedelten Gebiet eine Kulturlandschaft geworden war. Der ersten Siedlungsperiode vom 10. bis 12. Jh. folgte eine zweite im 14. Jh., diesmal ausgerichtet auf den Bergbau, auf Holz- und Glasindustrie. Die böhmischen Könige haben während der Landeserschließung an wichtigen Grenzabschnitten Grenzhüter angesiedelt, die sie mit Vorrechten (z. B. eigenem Gerichtsstand) ausstatteten. Neben den sogenannten Freibauern der tschechischen Choden um Taus verdienen die deutschen Künischen im Böhmerwald Erwähnung. Ihr Name bedeutet Königliche. Im Angeltal saßen sie auf ansehnlichen Höfen.

Böhmisch und **tschechisch.** Böhmisch bedeutet alles, was mit dem Land Böhmen in Zusammenhang steht, während tschechisch lediglich die Sprache und Nation der Tschechen bezeichnet. Böhmisch bzw. Böhmen ist abgeleitet von Bojer-

Böhmisch Aicha, Helenenhof und alte Büttelei

heim, d. h. Heim der keltischen Bojer; daraus wurde Böheim und Böhmen. Die Tschechen haben für beide Begriffe nur einen Namen: *Čechy* = Böhmen; *Češi* = tschechisches Volk; *český* = tschechisch und auch böhmisch. Durch unwissentliches oder absichtliches Verwechseln der beiden Ausdrücke böhmisch und tschechisch entstanden Vorurteile, Geschichtsfälschungen und politische Übervorteilungen.

Böhmisch Aicha (*Český Dub*), Bezirk Turnau. Gründung im 13. Jh. durch deutsche Siedler bei einem Johanniterkloster. Stadt seit dem 14. Jh., wurde es unter Georg von Podiebrad niedergebrannt; gehörte später zum Herrschaftsbereich Wallensteins, seit 1838 den Rohans. Das ehemalige Kloster wurde zu einem Schloß umgebaut, die Stadtbefestigung ist noch in Fragmenten sichtbar. Das Rathaus ist ein Renaissancebau (um 1560). Die gotische Kirche brannte 1421 aus; Neu- und Umbauten im Renaissance- und Barockstil. Die Friedhofskapelle ist frühbarock und stammt aus dem Jahre 1681. Die Beschäftigung in einer Wollwarenfabrik und einer Ziegelei ernährte viele Be-

Böhmisches Mittelgebirge

wohner. Die Stadt am Jeschkenbach und am Südfuß des Jeschken hatte 1910: 2486 Einw. (1199 Deutsche), 1930: 3175 Einw. (778 Deutsche).

Böhmische Dörfer. Da tschechische Orts- und Eigennamen für die dieser Sprache Unkundigen fremd und unverständlich klingen, bezeichnet man auch unbekannte und unverständliche Dinge oft mit diesem Ausdruck.

Böhmische Schweiz s. Elbesandsteingebirge.

Böhmischer Kamm.

1. Der Südseite des Riesengebirges vorgelagerter Bergzug; höchste Erhebungen: Brunnberg mit 1555 m und Kesselkoppe mit 1434 m. Östlich der Elbe heißt der Böhmische Kamm auch Ziegenrücken.
2. Adler- oder Erlitzgebirge. Höchste Erhebung: Deschneyer Koppe mit 1114 m.

Böhmischer Pfahl. Ein Quarzgang, der das Becken von Tachau durchzieht und von Furth im Walde bis Tachau reicht. Länge etwa 65 km. Der Böhmische Pfahl verläuft entlang dem Niederen Böhmerwald, der mit der Schwarzkoppe die Tausendmetergrenze überschreitet.

Böhmisches Mittelgebirge (*České středohoří*). Reizvolle Landschaft, die sich von Leitmeritz aus an beiden Seiten der Elbe erstreckt, gegen das Erzgebirge zu durch die Biela und gegen das Lausitzer Gebirge durch den Polzenfluß abgegrenzt. Das jungvulkanische Gebirge mit einer Vielzahl kegelförmiger Berge hat seine höchste Erhebung im Milleschauer (auch Donnersberg) mit 835 m. Geologisch besteht es aus Basalt, Phonolith und Trachyt. Fundort böhmischer Granate, die als Schmucksteine Verwendung finden. Die warmen Quellen Teplitz-Schönaus und die Mineralquellen von Bilin und Saidschitz stehen in engem Zusammenhang mit den Vulkanen der Urzeit. Das Böhmische Mittelgebirge war ein Anziehungspunkt für Touristen und für Maler. Caspar David Friedrich und Ludwig Richter fanden hier unvergleichliche Motive.

Böhmisches Niederland. Der Name Niederland beruht nach Proschwitzer auf einem Mißverständnis, das „nizki kraj" (niederes Land) für das gleichlautende „Nisski kraj" (Neiße-Land) setzte. Es gibt noch andere Erklärungen des Namens. Der aus dem nördlichsten Böhmen nach Sachsen vorspringende Landesteil, der ein Stück der südlichen Lausitz zwischen Elbe und Spree bildet, ist ein Bergland aus Granitgestein ohne Bodenschätze. Die Landwirtschaft ist wenig ertragreich. Es entstanden früh sogenannte Industriedörfer mit kleinen Betrieben (Textil- und Bekleidungsindustrie, holzverarbeitende und Baustoffindustrie). Die wichtigsten Industriezentren sind die Städte Warnsdorf, Rumburg, Georgswalde, Schönlinde, Schluckenau, Nixdorf und Hainspach. Das Niederland mit seinen kilometerlangen Waldhufendörfern hatte eine sehr große Bevölkerungsdichte. Es brachte viele bedeutende Männer der Kirche, Künstler und Industrielle hervor.

Böhmische Schweiz bei Dittersbach

Böhmisches Paradies (*Český ráj*). Eine in Nordostböhmen dem Riesengebirge vorgelagerte Gegend von anmutiger Schönheit. Sie zeichnet sich aus durch zerklüftete Felsen (Felsenstädte), tiefe Schluchten, Gewässer, Gipfel mit Burgruinen (z. B. Trosky und Kost), Schlösser und malerisch gelegene Dörfer. In dem von Touristen viel besuchten Gebiet liegen Städte wie Turnau, Münchengrätz, Semil, Starkenbach und Jitschin.

Böhmisch Kamnitz (*Česká Kamenice*) im Bezirk Tetschen im Elbesandsteingebirge war schon unter Wenzel I. Stadt. Das Stadtbuch von 1380 gilt als das drittälteste Böhmens und ist ausschließlich in Deutsch geführt. Zu Anfang des 15. Jh. kommen die Berka von Dauba in den Besitz der Stadt, in der Folge geht sie an die Wartenberger und die Kinsky. Die Kirche St. Jakob ist ein spätgotischer Hallenbau; in ihr sieht man beim Altar die Wappen früherer Besitzer und das Marmorepitaph für Christian von Wartenberg (16. Jh.). Die Marienkapelle, ein Barockbau und 1739

Böhmisch Kamnitz

Leipaer Stadtwappen

geweiht, war das Ziel vieler Wallfahrer. 1929 wurde die evangelische Christuskirche errichtet. Im Salhausenschlößchen war das Stadtmuseum untergebracht. Den Marktplatz ziert eine barocke Mariensäule.

In Böhmisch Kamnitz wurde neben der Papier- und Textilindustrie Glasindustrie (Glasschleiferei und -malerei) betrieben.

In seiner Jugend verbrachte der Komponist Christoph Willibald Gluck einige Jahre in der Stadt; sein Vater war hier Forstmeister des Grafen Kinsky. In der Stadt sind die Maler Emanuel und Joseph Hegenbarth geboren.

1930: 4538 Einw. (252 Tschechen).

Böhmisch Leipa (*Česká Lípa*), Bezirksstadt am Polzenfluß, zwischen den vulkanischen Kuppen des Böhmischen Mittelgebirges und den Kreidesandsteinbergen des Iserplateaus. Der Gerichtsbezirk Böhmisch Leipa hatte 35 deutsche Gemeinden. Die Stadt selbst hatte (1910) 9916 Einw. (davon 495 Tschechen, einschließlich des kasernierten Militärs), 1930 waren es 13714 Einw. (davon 3081 Tschechen) und 1970, nach Eingemeindungen, 17000 Einw. Die Stadt liegt an den

Bahnen Prag – Georgswalde, Bodenbach – Böhmisch Leipa, Teplitz-Schönau – Reichenberg und Böhmisch Leipa – Steinschönau.

Im Jahre 1244 erhielt die deutsche Ansiedlung Stadtrecht. Große Opfer kostete die Einnahme durch die Hussiten. Nach der Schlacht am Weißen Berg wird Wallenstein ihr Besitzer; er errichtet 1626 das Augustinerkloster mit einer berühmten Lateinschule. Schweden und Sachsen suchen die Stadt während des Dreißigjährigen Krieges heim. Eine Feuersbrunst im Jahre 1820 vernichtet 519 Wohngebäude.

Die älteste Kirche ist der Büßerin Maria Magdalena geweiht; sie wurde um 1200 von den Zisterziensern des Stiftes Plass errichtet. Die Kreuzkirche aus dem Jahre 1381 wurde wiederholt umgebaut, hat aber noch ihr gotisches Portal. Die zum Augustinerkloster gehörende Allerheiligenkirche enthält wertvolle Gemälde von Johann Georg Heintsch und anderen Künstlern. Das Rote Haus, eine Renaissancebau aus dem Jahre 1583, war Jagdschloß der Berka von Dauba und Leipa; es wurde schließlich Zunftmuseum. Das Rathaus besteht seit 1823. Im Stadtarchiv wurden 34 wertvolle Privilegien aus der Zeit zwischen 1381 und 1796 aufbewahrt.

Einige Häuser zeigen noch seltene Renaissanceportale. Denkmäler erinnerten an den deutschen Politiker Dr. Schmeykal und den großen Heimat-

Böhmisch Leipa, Klosterkirche

Böhmisch Leipa, Rotes Haus

forscher P. Amand Paudler OSA. Auch Georg Handsch von Limus, der berühmte Humanist, war ein Sohn der Stadt.

Die Augustiner des Klosters teilten das Vertreibungslos der Sudetendeutschen. P. Paulus Sladek und P. Bernhard Tonko haben in Deutschland und Österreich wieder wichtige Aufgaben übernommen, leisteten den Vertriebenen wertvolle Dienste und haben innerhalb der Ackermann-Gemeinde und Klemens-Gemeinde, aber auch in der Kirche und in ihrem Orden bahnbrechende Arbeiten vollbracht.

In jüngster Zeit las man von Uranpechblende-Funden in der Gegend von Böhmisch Leipa und dem Ausbau einiger dadurch bedingter Bergbauunternehmungen. Früher Seiden-, Schuh-, Klavier- und Zuckerindustrie, Kattundruckerei, ferner Brauerei, Müllerei und Getreidehandel.

Böhmisch-Mährische Höhe (*Českomoravská vrchovina*). Der Landrücken am Südostrand der böhmischen Gebirgsumrandung bildet die Grenze zwischen Böhmen und Mähren. Er ist bis 840 m (Bergland von Saar) und 835 m (Bergland von Teltsch und Quellgebiet der Thaya) hoch und besteht aus Granit, Gneis und kristallinen Schiefern, ist gegen Nordwesten allmählich abgedacht, gegen Südosten von den Tälern einiger Flüsse durchschnitten und bildet die Wasserscheide zwischen Elbe (Nordsee) und March bzw. Donau

Bernard von Bolzano

(Schwarzes Meer). Die Übergänge bei Zwittau, Saar und Iglau sind bequem überschreitbar und bieten günstige Verkehrsbedingungen. Haupterwerbszweig der Bevölkerung ist die Landwirtschaft. Der blühende Bergbau von einst (Silber bei Iglau, auch Gold, Kupfer und Eisen) ist erloschen. An der Böhmisch-Mährischen Höhe liegt die Iglauer Sprachinsel, 390 qkm groß, mit dem Hauptort Iglau, der altberühmten Berg- und Tuchmacherstadt.

Böhmisch Wiesenthal (*Český Wiesenthal*). 920 m ü. M. Das Bergstädtchen im Bezirk St. Joachimsthal liegt am Fuße des Keilbergs. Gegründet 1526, wurde Böhmisch Wiesenthal durch Kaiser Ferdinand I. zur Stadt und 1601 durch Kaiser Rudolf II. zur königlich freien Bergstadt erhoben. Diese Privilegien wurden 1612, 1663 und 1783 erneuert. Nach der Erschöpfung der einst reichen Bergschätze betrieb man Eisen- und Hausindustrie, auch Handschuherzeugung. Bekannt war Böhmisch Wiesenthal, dem auf sächsischer Seite Ober Wiesenthal gegenüberlag, als idealer Wintersportort. 1930: 1355 Einw. (19 Tschechen, als Beamte dorthin versetzt).

Bolzano, Bernard, * 1781 Prag, † 1848 Prag. Seit 1805 Professor der philosophischen Religionslehre an der Prager Universität, wurde er angeklagt und gemaßregelt; 1820 mußte er seinen Lehrstuhl verlassen. Er war ein großer Philosoph und Mathematiker, außerdem der größte Logiker seines Jahrhunderts. Bedeutende Männer waren Schüler dieses Prager Priesters, so Charles Sealsfield. Seine Werke werden in der Gegenwart wieder nachgedruckt. Bolzano, auf den Leibniz großen Einfluß ausübte, gilt als geistiger Begründer der Phänomenologie.

Borschen (*Bořen*). Der kahle Phonolithfels, von dessen Gipfel man einen weiten Fernblick genießt, erhebt sich zwei Kilometer südlich des Badeortes Bilin. Von Norden gesehen, erinnert der Anblick an die Gestalt eines liegenden Löwen. Der Borschen hat subalpine Flora (Alpenastern, graublaue Nelken, Iris) und bemerkenswerte Höhlen, u. a. die Michaelshöhle mit einer vorgelagerten Phonolithsäule von 19 Metern Länge. Goethe war von diesem 539 m hohen Berg begeistert, bestieg ihn aber nicht bis zum Gipfel. Seine Zeichnungen des Borschen befinden sich in Weimar. Auch Alexander von Humboldt bewunderte den „Biliner Stein".

Borschen bei Bilin

Burg Bösig bei Hirschberg am See

Bösig (*Bezděz*). 605 m hoher Berg aus Klingstein mit zwei nebeneinander liegenden Kegeln. Die Burgruine ist der Rest einer frühgotischen Burg, von Ottokar II. im 13. Jh. errichtet. Kunstgeschichtlich wertvoll ist die gotische Burgkapelle, der hl. Katharina geweiht; 1920 restauriert. Wallenstein ließ auf dem Bösig ein Augustinerkloster errichten. Es entstand bald ein Benediktiner-Priorat, das zu Emaus in Prag gehörte und von 1666 bis 1785 bestand. Damals war der Bösig ein gern besuchter Wallfahrtsort. Das Klosteraufhebungsdekret Josephs II. bedeutete das Ende des Priorats und auch der Wallfahrt.

Böttger, Rudolf, * 1887 Tachau, † 1973 Regensburg. Der Schüler Franz Rumplers an der Wiener Akademie und von Marr an der Münchener Akademie war Mitglied des Wiener Künstlerhauses. Seine Porträts, Landschaftsbilder, Gobelin-Entwürfe, Sgraffitos und Fresken erregten Aufmerksamkeit. Er erhielt den Preis der Stadt Wien, die Große Ehrenmedaille des Künstlerhauses, den österreichischen Staatspreis, den Goldenen Lorbeer und den Professorentitel. Nach dem Krieg lebte der Künstler, dessen Werke in großen Kunstsammlungen hängen, in Deggendorf, Metten und Regensburg.

Brandau (*Brandov*) im Erzgebirge gehörte zum politischen Bezirk Brüx und zum Gerichtsbezirk Katharinaberg. Der Steinkohlenbergbau, der im vorigen Jh. begann, als man Anthrazit entdeckte, wurde 1925 eingestellt. Die Bevölkerung fand Beschäftigung in einem Walzwerk mit Drahtzieherei, ferner durch Holzbearbeitung, besonders Spielwarenerzeugung. Barmherzige Schwestern vom hl. Borromäus unterhielten eine Arbeitsschule. Daß man Brandau als Sommerfrische besuchte, verdankte es seinem gesunden Klima und seiner Höhenlage.
1930: 2473 Einw. (42 Tschechen).

Brandl, Peter Johann, * 1668 Prag, † 1735 Kuttenberg. Der große Barockmaler schuf religiöse und antik-mythologische Bilder neben zahlreichen Porträts. Werke hängen in mehreren Prager Kirchen, in Wahlstatt/Schlesien, Grüssau/Schlesien, Doxan, Kuttenberg, Kolin, Sedletz, Oberleutensdorf, Manetin, in böhmischen Schlössern, auch in Kukus. Die Prager Nationalgalerie hat eine gute Auswahl seines Werkes in ihrem Besitz.

Brass, Wilhelm, * 1819 Geneiken, † 1897 Hohenstadt. Durch die Gründung einer Rotgarnfärberei 1856 in Hohenstadt legte er den Grund zu mehreren Textilunternehmen im In- und Aus-

Hermann Brass

land. Die Hohenstädter wählten ihn zu ihrem Bürgermeister (1874–1891). Seine Söhne und Enkel betätigten sich im öffentlichen Leben, in der Schutzarbeit, im wissenschaftlichen oder wirtschaftlichen Leben. *Hermann* Brass (1855–1938) wurde 1897 Chef der Firma. Er gründete und leitete den Bund der Deutschen Nordmährens, arbeitete im Deutschen Volksrat, wurde Mitglied des Reichsrats und des Mährischen Landtags. Er war einer der führenden Männer bei den Vorbereitungen des Mährischen Ausgleichs.
Dessen Sohn *Otto* (1878–1928), Vorsitzender des Bezirksverbandes des Normährerbundes und Obmann des Deutschen Turnvereins, war Angehöriger der Reichsparteileitung der Deutschen Nationalpartei. Sein Sohn *Kurt* (1880–1964) lehrte Chemie an der Deutschen Technischen Hochschule in Prag, war 1938/1939 Rektor und vertrat als Senator die Sudetendeutsche Partei 1935–1938.

Brauchtum im Jahres- und Lebensablauf. Neben Bräuchen, die denen im übrigen deutschen Sprachraum entsprechen, gab es im Sudetenland einige besondere, die auch mit den soziologischen und wirtschaftlichen Verhältnissen in Zusammenhang standen (z. B. Hopfen-, Obst-, Wein-, Flachsbau, Bergbauwesen). Deutlich erkennbar ist der Bergbau in der Gestaltung von Weihnachts- und Jahreskrippen. Einfluß auf das Brauchtum hatten wirtschaftliche und landwirtschaftliche Bedingungen einiger Regionen, die Musikalität und Religiosität einzelner Landschaften, ebenso die Situation der Deutchen in sprachlichem Mischgebiet oder an der Sprachgrenze.

Nikolausabend

Ratschenbuam am Karfreitag

Jede Zeit des Jahres hatte ihre besonderen Bräuche: Die Advents- und Weihnachtszeit (Barbarazweige, Nikolaus beschert die Kinder, Weihnachtskrippen, Zwölf Nächte), Fasching (Maskenumzüge), Oster- und Frühjahrszeit (die Glocken fliegen nach Rom, Palmzweige, Ostereier und -gebäck, Judasverbrennen, Saatreiten, Kreuzelstecken), erster April (Aprilnarren), Pfingsten (Pfingstlümmel), Maibaum, Johannisfeuer, Erntedankfest, Kirchweih. Dazu kommt das Brauchtum der Handwerker, der Schützen u. a., ebenso im Rahmen größerer Gemeinschaften, teils in Erinnerung an historische Ereignisse: Maria-Schnee-Fest in Brüx, Wachsstockfest in Mährisch Neustadt, Polakenfest in Reichenberg, Fahnenschwingen der Egerer Fleischerzunft, Berghäuerzug in Iglau.
Das Leben des Menschen wird von der Geburt bis

Kloster Braunau

zum Tode von brauchtümlichen Weisen begleitet. Es waren ungeschriebene alte Gesetze, die es bei Taufe, Hochzeit und Tod zu beachten galt. Ein vielfältiger bunter Brauchtumskranz rankte sich um diese Festpunkte im Leben. Besonders eindrucksvolle und auffallende Zeichen des Totenbrauches waren die Totenbretter im Böhmerwald, auf dic man die Toten legte und die nach dem Begräbnis aufgestellt wurden oder in früherer Zeit einer besonderen Verwendung zugeführt wurden, z. B. für das Ausbessern einer Brücke.

Braun, Matthias Bernhard, * 1684 Ötz/Tirol, † 1738 Prag. Von Graf Sporck beauftragt, für seine Besitzungen Kukus, Gradlitz und Lissa Bildhauerarbeiten auszuführen, hat Braun auch in Prag gearbeitet (Statuen der hl. Ludmilla und Luitgard auf der Karlsbrücke, Figuren im Wrtba-Garten, am Clam-Gallas-Palais, Grab des Grafen Schlick im Veitsdom), in Teplitz (Dreifaltigkeitssäule), in Jungbunzlau, Konopischt (Plastiken am Schloßtor) und in Herschmanitz. Braun gehörte zu den größten Künstlern des Barock.

Braunau (*Broumov*) und das Braunauer Ländchen in Nordostböhmen nahe der schlesischen Grenze haben eine reiche Geschichte. Das im frühen 14. Jh. gegründete Benediktinerkloster hatte vielfältige kulturelle und geistliche Ausstrahlungen, die ganz Böhmen befruchteten: durch große Kirchenmänner, Wissenschaftler und Seelsorger und nicht zuletzt durch Persönlichkeiten, die im Stiftsgymnasium ihre Bildung und geistige Ausrichtung erhalten hatten. In die Geschichte ging Braunau ein durch jenes Ereignis, das 1618 mit der Sperrung der Wenzelskirche zusammenhing und mit dem dadurch ausgelösten Aufstand der böhmischen Protestanten ein Anlaß zum Ausbruch des Dreißigjährigen Krieges wurde.

Die heutige barocke Gestalt des Klosters bestimmen vorwiegend die Barockbauten des Kilian Ignaz Dientzenhofer (1728–1738). Die alte gotische Klosterkirche zum hl. Adalbert war schon vorher (1684–1694) von Martin Allio umgebaut und in ein Schmuckstück des Barock verwandelt worden, wozu auch der herrliche Stuck von A. und T. Soldati, die wertvolle Einrichtung und die Fresken von Johann Jakob Steinfels viel beitragen. Das Unheil der Klosteraufhebung durch Kaiser Joseph II. konnte zum Glück für die Kirche Böhmens und für das gesamte Land durch den Abt Franz Stephan Rautenstrauch, der auch als Schulreformator einen Namen hat, verhindert werden.

Als Goethe 1790 die Wekelsdorfer und Adersbacher Felsenstadt besuchte, führte ihn sein Weg nach Braunau. In Erinnerung daran hat man ein Goethe-Bildnis in ein Deckengemälde des Festsaales im Stiftsgymnasium eingearbeitet. Unter dem Abt Dominik Prokop kam es zur Vertreibung des Konvents. Dieser Abt und sein Nachfolger Virgil Kinzel konnten im bayerischen Rohr ein klösterliches Gemeinwesen aufbauen, das weiterhin zum Segen für Kirche und Land wirken kann. In Rohr haben auch die vertriebenen Deutschen aus dem gesamten Braunauer Ländchen und darüber hinaus die Mitglieder der sudetendeutschen Ackermann-Gemeinde eine neue geistige Heimat gefunden. Das Kloster in Braunau diente nach der Vertreibung der Internierung von Ordensleuten. 1950 wurden in der ČSSR alle Klöster aufgehoben.

In der Stadt Braunau findet man noch die gotische Pfarrkirche und die von Dientzenhofer erbaute Wenzelskirche (1729), ferner die Friedhofskirche, die älteste und schönste Holzkirche im Lande. Johann Brokoff schuf die Mariensäule auf dem Marktplatz (1706), wo das Rathaus und schöne alte Häuser den Blick des Besuchers auf sich ziehen. Ein großes Kunstwerk ist die Marienkapelle Stern auf einer Anhöhe, die Kilian Ignaz Dientzenhofer schuf.

Neben der großen Klosterbibliothek gab es eine wertvolle private Büchersammlung: die vom Großindustriellen Dr. Eduard Langer († 1914) begründete Langersche Bibliothek; in ihr befanden sich 500 Inkunabeln, 27000 Bücher, 800 Einblattdrucke, 800 Handschriften vom 8. Jh. an und Archivalien zur Geschichte Ostböhmens.

Wirtschaftliche Bedeutung für Braunau hatten Baumwollindustrie, Bleicherei, Färberei, Uhrenerzeugung, Holz-, Glas- und Steinbearbeitung. Das vom Stift während der Siedlungszeit urbar gemachte Braunauer Ländchen ist teils sehr fruchtbar und für die Landwirtschaft geeignet, teils nur Wiesen- und Waldland; hier ist die Hausweberei zu Hause.

Im Jahre 1875 gründeten Siedler aus Braunau und Umgebung in Chile die kleine Ortschaft Nueva Braunau. Die Nachkommen dieser Siedler stehen noch in engem Kontakt mit dem Benediktinerkonvent Braunau in Rohr/Niederbayern.

1930: 7356 Einw.

Braunseifen (*Brunzejf;* jetzt *Ryžoviště*) im Gesenke am Fuße des Altvatergebirges gehörte zum Bezirk Römerstadt. Der Name weist auf das Vorkommen von Gold und Eisen und auf die durch Bischof Bruno von Olmütz durchgeführte deutsche Besiedlung des Landes hin. Nach dem fast vollständigen Niedergang wurde der mit Marktgerechtigkeit (1492) ausgestattete Ort zwischen 1536 und 1561 wieder aufgebaut. Die Kirche Johannes des Täufers stammt in ihrer jetzigen Form aus dem Jahre 1758. Der Kirche benachbart ist das Vogteigebäude; es diente als Amtshaus des Deutschen Ordens.

Die Bevölkerung lebte größtenteils vom Ackerbau und von der Leinenweberei. In der Nähe gab es große Waldungen des Fürsten Liechtenstein und des Deutschen Ordens, der in Braunseifen auch ein Spital unterhielt. Im Ort erinnern Gedenktafeln an zwei Persönlichkeiten. 1758 wurde

Gotische Holzkirche in Braunau

Josef Schmid-Braunfels

hier der aus Olmütz entwichene französische General Lafayette gefangengenommen und nach Olmütz zurückgebracht. In Braunseifen wurde der Dichter und Tierarzt Josef Schmid-Braunfels (1871–1911) geboren.
1930: 1604 Einw. (4 Tschechen).

Brehm, Bruno, ∗ 1892 Laibach, † 1974 Alt Aussee. Der Vater war Egerländer, die Mutter kam aus dem Erzgebirge. Der Offizier des Ersten Weltkrieges studierte Kunstgeschichte (1922 Dr. phil.) und lebte als freier Schriftsteller in Wien, nach 1950 in Alt Aussee. In seinen Romanen und Erzählungen schildert er die Welt des alten Österreich („Apis und Este", „Das war das Ende", „Weder Kaiser noch König", „Am Ende stand Königgrätz", „Zu früh und zu spät"), schreibt aber auch Besinnliches und auf die Heimat der Ahnen Bezogenes („Das gelbe Ahornblatt", „Heimat ist Arbeit", „Die sanfte Gewalt", „Heimat in Böhmen", „Ein Graf spielt Theater"). Seine nationale Einstellung machte man ihm nach dem Zweiten Weltkrieg zum Vorwurf und versuchte, ihn totzuschweigen. Brehm erhielt den Sudetendeutschen Kulturpreis, den Peter-Rosegger-Preis des Landes Steiermark, den Professorentitel, die Ehrenbürgerschaft von Alt Aussee und die Prinz-Eugen-Medaille der Stadt Wien.

Bretholz, Bertold, ∗ 1862 Freiberg/Mähren, † 1936 Brünn. Der Landeshistoriograph, Landesarchivdirektor und Reorganisator des gesamten Archivwesens in Mähren war auch Professor der österreichischen Geschichte an der Deutschen Technischen Hochschule in Brünn. Er löste als Vertreter der Theorie von der ununterbrochenen Fortdauer der deutschen Besiedlung von Teilen der Sudetenländer seit der Germanenzeit (Kontinuitätstheorie) eine heftige Diskussion zwischen seinen Anhängern und denen der Kolonisationstheorie aus. Bretholz schrieb die „Geschichte Böhmens und Mährens bis zum Aussterben der Przemysliden", eine vierbändige „Geschichte Böhmens und Mährens", andere Bücher zur Geschichte Mährens und Brünns, gab ein „Lese- und Quellenbuch zur böhmisch-mährischen Geschichte" und die Chronik von Böhmen des Cosmas von Prag heraus.

Brixi, Franz Xaver, ∗ 1732 Prag, † 1771 Prag. Dieser Meister des Kontrapunkts, der komposi-

Bruno Brehm

torischen Form und Erfindung war Organist und Kapellmeister an Kirchen Prags, auch am Veitsdom, wo 1763 eine neue Orgel aufgestellt wurde. Von ihm stammen 52 Messen, 24 kleinere Messen, Psalmen, Requien, Oratorien und auch Opern. Eine Parodie auf den Musiklehrer seiner Zeit ist seine Operette buffa „Der Schulmeister". Seine Musik wurde wieder entdeckt und in neuen Aufführungen dargeboten.

Brod, Max, * 1884 Prag, † 1968 Tel Aviv. Seine vielseitige Tätigkeit als Schriftsteller, Kritiker, Redakteur, Dramaturg, Retter und Herausgeber von Kafkas Werk, Vermittler tschechischer Musik gipfelt in seiner Tätigkeit als Überlieferer jenes fruchtbaren literarischen Lebens, das als Prager Kreis in die Literaturgeschichte eingegangen ist. Seine autobiographischen Bücher („Streitbares Leben") u.a., ferner „Der Prager Kreis" sind von hohem Interesse und als Dokumentation einer ausgelöschten Kultur wertvoll.

Broggio, Giulio, † 1718 Leitmeritz. Der Baumeister italienischer Herkunft hatte seit 1673 das Bürgerrecht in Leitmeritz und wurde 1674 Zunftältester. Er baute die Residenz des Bischofs in Leitmeritz, arbeitete an der Domkirche mit und

Max Brod

Johannes von Nepomuk auf der Karlsbrücke

schuf mehrere Kirchen im Bistum Leitmeritz, auch die Wallfahrtskirchen in Mariaschein und Oberpolitz.

Broggio, Ottavio, * 1668 Wellemin, † 1742 Leitmeritz. Wie sein Vater Giulio war er Stadt- und Diözesanbaumeister in Leitmeritz. Seine Werke gehören zu den besten Barockschöpfungen Böhmens, es sind die Wenzelskapelle und die Jesuitenkirche in Leitmeritz, die Adalbertskirche in Aussig und die Kirche in Wellemin. Restaurationen und Umbauten führte er durch in Ossegg (Stiftskirche), Leitmeritz (Stadtkirche) und Raudnitz. Für das Schloß Ploschkowitz fertigte er die Entwürfe.

Brokoff, Ferdinand Maximilian, * 1688 auf Schloß Rothenhaus bei Görkau, † 1731 Prag. Der Sohn *Johann* Brokoffs arbeitete zunächst mit diesem und seinem Bruder *Michael Josef Johann* zusammen, später unterhielt er in Prag eine eigene Bildhauerwerkstatt. Von ihm stammen Figuren auf der Prager Karlsbrücke (hl. Barbara, Elisabeth, Margarete), am Czernin-Palais, die Mariensäule auf dem Hradschin, der Hochaltar der Wiener Karlskirche und andere Werke, die in der

Nachfolge Berninis gesehen werden können.

Brokoff, Johann, ∗ 1652 Georgenberg/Zips, † 1718 Prag. Er arbeitete als Bildhauer in Ronsperg, Manetin, Klösterle und auf Rothenhaus, bevor er 1693 das Prager Bürgerrecht erhielt. In Zusammenarbeit mit seinen Söhnen *Ferdinand M.* und *Michael J.J.* schuf er mehrere Statuen für die Prager Karlsbrücke, so das Modell für die Hauptfigur der Brücke, den hl. Johannes von Nepomuk, das Matthias von Wunschwitz in Ronsperg, wo Brokoff früher im Dienst stand, in Auftrag gegeben hatte.

Brömse, August, ∗ 1873 Franzensbad, † 1925 Prag. Der Maler und Grafiker lehrte seit 1910 an der Prager Akademie und leitete die grafische Spezialschule. In seiner Ausdruckskraft gehörte er dem Expressionismus an und war nach Rudolf Hönigschmid eine der stärksten und eigenartigsten Begabungen unserer heimischen Kunst. Brömse, der viele religiöse Themen behandelte, hat das künstlerische Schaffen mehrerer Prager Generationen entscheidend geprägt. Der „Pilgerkreis" kam 1919 durch seine Bemühungen zustande. Viele Werke Brömses, der Mitglied der Deutschen Gesellschaft der Wissenschaften und Künste in der Tschechoslowakischen Republik war, befinden sich in der Ostdeutschen Galerie in Regensburg. Seine Frau, Prof. Else Brömse-Schünemann (1881–1975), war eine berühmte Konzertsängerin und Musikpädagogin. Der Sohn Peter wurde Musikpädagoge und Komponist.

Krautmarkt in Brünn

Brosch, Albert L., ∗ 1886 Oberplan, † 1970 Bad Windsheim. Der Uhrmacher aus Eger kam durch die Vertreibung nach Bad Windsheim. Seine vorher mühsam zusammengetragene Sammlung von Volksliedern blieb zurück. Mit der ihm eigenen Begeisterung und Ausdauer begann er wiederum zu sammeln und brachte es auf tausende Aufzeichnungen von Liedern und Melodien. Der von allen Kennern anerkannte Volksliedforscher erhielt hohe Auszeichnungen, auch den Sudetendeutschen Volkstumspreis. Einen Teil seines Nachlasses verwahrt das Volkskundearchiv in Freiburg/Br.

Bruder, Anton, ∗1898 Aussig, †1983 Glinde bei Hamburg. An den Kunstakademien in Prag und Dresden ausgebildet, wurde Bruder Mitglied der Pilgergruppe, der Gruppe Junge Kunst und der Prager Sezession. Als Kunsterzieher lehrte er in Aussig, Brünn, Mährisch Ostrau und Znaim. Als Maler war er an vielen Ausstellungen beteiligt. Bereits 1922 vermerkte Franz Kafka in seinem Tagebuch ein äußerst positives Urteil über ein Bild Bruders in einer Ausstellung im Prager Rudolfinum. Der Maler, dessen Werk in zwei Monographien vorgestellt wurde, erhielt den Anerkennungspreis der Sudetendeutschen Landsmannschaft.

Brüll, Ignaz, ∗1846 Proßnitz, †1907 Wien. Er war Konzertpianist, Musikpädagoge und künstlerischer Leiter der Horakschen Klavierschule in Wien. Johannes Brahms schätzte den Freund außerordentlich und ließ seine neuen Werke zuerst von Brüll spielen. Von Brülls kompositorischem Schaffen kam nur die Oper „Das goldene Kreuz" auf die Gegenwart.

Brünn (*Brno*). In fruchtbarer Gegend liegt am Zusammenfluß der Schwarza und Zwitta die Stadt Brünn. Die Landeshauptstadt Mährens ist ein politisches, kulturelles und wirtschaftliches Zen-

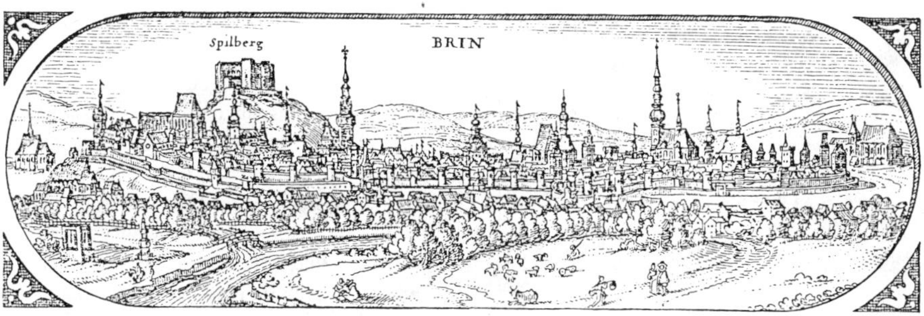

Brünn (um 1664)

trum. Es war gleichzeitig Mittelpunkt einer deutschen Sprachinsel, wenn auch die Stadt zuletzt bereits eine tschechische Mehrheit hatte. Ursprünglich vorwiegend deutsch, hatte Brünn 1896 nur noch 60 v. H. Deutsche; nach 1919 wurden die Deutschen zur Minderheit. Im Jahre 1930 waren von den 246 925 Einwohnern Groß Brünns nur noch 52 165 Deutsche.

Das Wahrzeichen der Stadt ist der Spielberg, der schon im 11. Jahrhundert auf seinem Gipfel eine Burg trug. Hier lag der Sitz eines der vier mährischen Fürstentümer. Der Burgflecken erlangte durch die Besiedlung mit Deutschen und Wallonen bald Bedeutung. Das 1243 verliehene deutsche Stadtrecht wurde durch Ottokar II. und Wenzel II. noch erweitert. Von 1349 bis 1411 war der Spielberg Sitz der Markgrafen von Mähren. In der Hussitenzeit blieb Brünn König Sigmund treu; es wurde zwar 1428 von den Taboriten belagert, aber nicht eingenommen. Auch der Ansturm der Schweden im Jahre 1645 konnte siegreich abgewehrt werden; allerdings wurden die Vorstädte vernichtet. Für ihren Heldenmut erhielten die Brünner von Kaiser Ferdinand III. ein neues Wappen mit dem kaiserlichen Doppeladler.

Nachdem Brünn schon 1641 Sitz der politischen Landesverwaltung geworden war, wurde 1777 hier auch noch ein Bistum errichtet. Mit dem Beginn des 19. Jh. erstarkte die tschechische nationale Bewegung. Es begann die wirtschaftliche Aufwärtsentwicklung, die Brünn zu einer Industriemetropole machte. Die Nähe Wiens (125 km) vermittelte starke wirtschaftliche und kulturelle Impulse. In den Befreiungskriegen hatte Brünn zweimal französische Besatzungen zu ertragen. Nach der Schlacht im nahen Austerlitz hielt sich auch Napoleon in der Stadt auf. 1850 bekam Brünn ein eigenes Gemeindestatut. Zehn Jahre darauf wurden die Befestigungen durch die breite Ringstraße und durch Parkanlagen ersetzt. Das Jahr 1866 brachte das preußische Hauptquartier hierher. Der sozialdemokratische Parteitag von 1899 gipfelte im „Brünner Nationalitätenprogramm", das hier ausgearbeitet worden war.

Nach Gründung des neuen Staates entstand durch Eingemeindungen Groß Brünn, das nun unter tschechischer Verwaltung stand. Die vollständige Beseitigung des Deutschtums gelang aber erst nach dem Zweiten Weltkrieg. Beim „Brünner Todesmarsch" wurden ungefähr 25 000 unschuldige deutsche Menschen auf brutalste Weise von Tschechen aus der Stadt hinaus und zur österreichischen Grenze getrieben, wobei etwa 1 500 dieser Opfer umkamen.

Brünn bietet viele Sehenswürdigkeiten, vor allem Kirchen. Die schönste spätgotische Hallenkirche des Landes ist die St. Jakobskirche. Der Dom St. Peter und Paul, von den Schweden zerstört,

Mendels Garten im Alt Brünner Kloster

wurde barock und in unserem Jahrhundert neugotisch umgebaut. Neben Kirchen der Dominikaner, Minoriten und Kapuziner ist die aus dem 14. Jh. stammende Augustinerkirche (1740 neu erbaut) zu erwähnen; zu ihr gehörte das Augustinerkloster, in dem der spätere Abt Gregor Mendel seine weltberühmten Versuche (Kreuzungen an Erbsen und Bohnen) machte, die zur Entdekkung der Vererbungsgesetze führten. Im ehemaligen Kloster ist das Mendel-Museum untergebracht.

Das gotische Rathaus mit dem Portal von Meister Pilgram (1511) und einer Renaissance-Loggia im Hof offenbart ehemaligen deutschen Bürgerstolz. Mit dem hier gezeigten Rad und dem „Brünner Drachen“, einem Krokodil, das 1608 eine türkische Gesandtschaft der Stadt schenkte, sind mehrere Sagen verbunden. Der Spielberg war Burg, Staatsgefängnis, Kaserne und Museum. Von den politischen Gefangenen, die hier eingekerkert waren, seien nur Silvio Pellico, Dichter und Anführer des italienischen Geheimbundes der Carbonari, und der Pandurenoberst Trenck genannt.

Brünn hat viele formschöne Gebäude, die von bedeutenden Architekten, alten und modernen wie Ferstel, Hansen und Loos, errichtet wurden, darunter mehrere Palais und das Theater.

Am Brünner Theater, an dem Johann E. Schikaneder Theaterdirektor, Clemens Krauss Opernchef war und große Schauspieler auftraten, wurde erstmals in Europa elektrische Beleuchtung angewendet. Das Stadttheater trägt heute den Namen des Komponisten Leoš Janáček.

Reiche naturwissenschaftliche, archäologische und volkskundliche Sammlungen birgt das ehemalige Franzensmuseum (Mährisches Landesmuseum), gegründet 1816. Das Städtische Museum besaß die Gomperzsche Gemäldesammlung österreichischer Maler des 19. Jh. Noch viele andere Kultureinrichtungen beherbergte die Stadt, deutsche und tschechische Bildungsanstalten, auch je eine Technische Hochschule. Ferner war Brünn Sitz vieler Vereinigungen, darunter der Bund der Deutschen Mährens, Bund der Deutschen Südmährens, die Gesellschaft für Wissenschaft und Kunst, der Deutsche Nationalrat für Süd- und Mittelmähren, der Brünner Vororteverein. 1851–1897 bestand die Historisch-Statistische Sektion der mährisch-schlesischen Gesellschaft zur Förderung der Landwirtschaft, die viele wertvolle Schriften von kultureller Bedeutung publizierte; ihr Nachfolger wurde der Deutsche Verein für Geschichte Mährens und Schlesiens, der von 1898 an bestand.

Brünn beherbergte mehrere deutsche Verlage (Rohrer, Irrgang), ferner eine vielfältige Presse („Brünner Montagsblatt“, „Tagesbote“, „Morgenpost“, „Freiheit“, „Tagespost für Mähren und Schlesien“); auch einige Zeitschriften erschienen.

Von den großen Persönlichkeiten, die in Brünn geboren wurden oder mit der Stadt in Verbindung stehen, seien genannt die Architekten Lindenthal und Loos, die Naturwissenschaftler Ernst Mach, Viktor Kaplan und Hans Molisch, die Künstler Anton Pilgram und Anton Hanak, der Musiker Korngold, die Dichter Schaukal, Elisabeth Soffé und Robert Musil.

Die bedeutendsten wirtschaftlichen Unternehmungen waren bis in unsere Zeit noch in deutscher Hand. Brünner Tuch, das aus dem „österreichischen Manchester“ kam, genoß Weltruf. Es gab große Leinen- und Baumwollwebereien,

Wirkwarenfabriken, Spinnereien, Maschinenfabriken, chemische Industrie, Papier- und Holzwarenerzeugung. Dazu kam noch der Handel mit Holz, Kohle, Obst, Gemüse und Getreide.

Bruno von Schaumburg-Holstein, *um 1205 Burg Schauenburg im Wesertal, †1281 Olmütz. Seit 1247 Bischof von Olmütz, hatte er als bedeutender Staatsmann großen Einfluß auf König Ottokar II., dessen Kanzler er seit 1253 war. Er verbesserte den Zustand seines Bistums und holte im Auftrag des Königs über Lokatoren deutsche Siedler ins Land. So entstanden über 200 Ortschaften nach deutschem Recht. Er förderte die Landwirtschaft und den Bergbau und machte Mähren zu einer blühenden Kulturlandschaft. Sein Plan, sein Bistum in ein Erzbistum umzuwandeln und dessen Jurisdiktionsbereich weit auszudehnen, ließ sich damals nicht verwirklichen. Bruno ist in der von ihm errichteten St. Mauritzkirche in Kremsier begraben.

Bischof Bruno von Schaumburg

Brüsau

Brüsau (*Březová*), Bezirk Mährisch Trübau. Die Stadt im Schönhengstgau, für die zwischen 1295 und 1318 Bischof Dietrich die Grundlagen schuf, erhielt 1495 die ersten Privilegien; dieser ging sie aber 1624 verlustig, da sie sich, allerdings unfreiwillig, dem böhmischen Aufstand angeschlossen hatte. Unter Kaiser Joseph II. wird Brüsau Stadt. Weberei, Wirkerei, Feinledergerberei, Schuh- und Gummiwarenfabrik. 1930: 1506 Einw. (444 Tschechen).

Bruschius, Kaspar, *1518 Schlaggenwald, ermordet 1559 bei Rothenburg. Ein Humanist, der ohne bürgerlichen Beruf von Bibliothek zu Bibliothek zog und alles Material sammelte. Seinen Archivstudien verdanken wir wertvolle Bücher topographischer und kirchengeschichtlicher Art, auch Beschreibungen des Flusses Eger, des Fichtelgebirges, des Schlaggenwalder Zinnbergwerks, schließlich ein Lobgedicht auf Karlsbad in 251 Hexametern. Seine „Geschichte der Klöster in Deutschland“ (1551) ist heute eine wertvolle Quelle. 1541 hatte Karl V. in Regensburg den Dichter zum Poeta laureatus gekrönt.

Brüx (*Most*), 240 m ü. M., am Fuße des Erzgebirges und an einem wichtigen Übergang über das Gebirge nach Sachsen, entstand im Schutze einer Burg, der Landeswarte, die schon im 11. Jh. existierte. Als die Hussiten 1421 angriffen, wurden sie von den Brüxern und Meißnern geschlagen. In Erinnerung daran begehen die Brüxer, auch noch in der Vertreibung, jährlich am 5.

August das Maria-Schnee-Fest. Die Burg, seit dem 16. Jh. Eigentum der Stadt, wurde, da sie immer wieder feindliche Truppen angezogen hatte, 1651 zerstört. Als Ersatz baute man ein burgähnliches Gebäude, allerdings ohne militärischen Charakter. Es wurde zu einem beliebten Ausflugsziel. Am 27. November 1918 besetzte tschechisches Militär die Stadt und vereinnahmte sie für den neuen Staat.

Der reichen Geschichte entsprach auch das äußere Bild. Das ehrwürdigste Gebäude ist die Kirche Mariae Himmelfahrt, in reiner Spätgotik durch Jakob von Schweinfurt ab 1517 errichtet. Bei der Beseitigung und Demolierung der alten Stadt, durchgeführt wegen der darunter liegenden reichen Kohlevorkommen, wurde die Kirche mit Hilfe eines Spezialverfahrens an einen neuen Standort transportiert. Die Pfarrkirche St. Wenzel aus dem 16. Jh. gehörte zur Kommandantur der Kreuzherren. Ein Hospital und die Hl.-Geist-Kirche werden bereits 1351 erwähnt. Außerdem gab es noch Minoriten, Kapuziner und Piaristen mit Klöstern und Kirchen. Die auf das

Brüxer Stadtkirche

Brüx

14. Jh. zurückgehende jüdische Gemeinde hatte seit 1873 eine Synagoge (1938 zerstört). Die ehemalige katholische St. Annakirche diente den Protestanten als Gotteshaus. Brüx hatte mehrere höhere Schulen, eine Bergmännische Fortbildungsschule und ein Theater (1911 erbaut).

Die Stadt ist Zentrum des großen nordwestböhmischen Braunkohlenreviers, das über 60 km lang und 10 km breit ist. Die Ausbeutung der reichen tertiären Braunkohlenlager im Grabenbruch des Erzgebirges erfolgt zumeist im Tagebau. „Ringsum Kohlegruben, rauchende Halden, durch Pingeneinbrüche zerstörte Ackerfluren und darüber der braune Rauchton der stechend-brenzligen Luft“ (Banse). Wenn 1923 im Brüxer Revier in 45 Unternehmen mit 20000 Arbeitern jährlich 12 Millionen Tonnen Kohle gewonnen werden konnten, so sind diese Zahlen heute weitaus höher. 1895 versanken bei einem Schwemmsandeinbruch mehrere Häuser im unterwühlten Boden.

Grundlage der wirtschaftlichen Entwicklung sind die Kohle und die damit zusammenhängende Verkehrssituation; Brüx ist Kreuzungspunkt der

Am Ring in Buchau

Bahnen Brüx – Prag, Brüx – Pilsen, Brüx – Moldau und Aussig – Komotau. Die Industrie war bestimmt durch Eisengießerei, Maschinenerzeugung, Porzellan-, Glas-, Emaillierwerke, Erzeugung von Spiritus, Zuckerwaren, Holzindustrie und Stahlwarenherstellung. Durch die Straßenbahn war Brüx auch mit Oberleutensdorf verbunden. Die Wasserversorgung erfolgte durch eine Talsperre (Fassungsraum 1,6 Millionen cbm) im Hammergrund bei Johnsdorf, erbaut 1911–1914.

Seit 1888 bestand in Brüx ein Stadtmuseum, das im ehemaligen Piaristengymnasium untergebracht war und reiche heimatkundliche Sammlungen zu Vorgeschichte, Geologie, Kulturgeschichte, Volkskunde, Kunst und Kunstgewerbe enthielt. Zum Bestand gehörten auch gotische Tafelgemälde aus der Dekanalkirche, gotische und barocke Plastiken. Gefördert wurde das Museum durch den Verein der Museumsfreunde, der seit 1894 bestand.

Brüx war die Heimat großer Männer, u. a. von Jakob und G. B. Pontanus. Gelehrte und Dichter, F. L. Gaßmann und A. Hammerschmid, Komponisten, Hans Dernschwam, Humanist und Entdecker des Monumentum Ancyranum, Karl Huß, letzter Scharfrichter in Eger, Vertrauter Goethes und Kustos der Sammlungen Fürst Metternichs in Königswart, und Emil Rößler, Parlamentarier und Rechtshistoriker.

1910: 25577 Einw. (3965 Tschechen); 1930: 28212 Einw. (9740 Tschechen).

Buberl, Kaspar, ∗1832 Königsberg bei Falkenau, †1899 New York. Nach seiner Auswanderung war er erst Steinmetz in Nordamerika, bevor er sich zum angesehenen Bildhauer entwickelte. Seit 1879 unterrichtete er an einer Kunstschule in New York. Er erhielt große Aufträge, so für das Denkmal des Präsidenten J. A. Garfield in Cleveland (28 m lang und 3 m hoch), des Herzogs von Buckingham in New York, für eine Darstellung der Columbia vor dem Nationalmuseum, für Ponce de Leon, den Entdecker Venezuelas.

Buchau (*Bochov*), Stadt im Bezirk Luditz. Im 13. Jh. erwähnt, wird Buchau 1366 mit dem Luditzer und 1375 mit dem Egerer Stadtrecht begabt. 1410 kommt es an die Herren von Plauen, die die Burg Hartenstein errichten. Hussiten und Georg von Podiebrad zerstören das Städtchen, das später an die Colonna-Fels und an die Czernin kommt. Die Pfarrkirche St. Michael aus dem 14. Jh. wird später erneuert. Schuhfabrik, Porzellanfabrik, Holzverarbeitung, bekannte Viehmärkte. 1930: 1782 Einw. (84 Tschechen).

Buchdruck. Der erste Druckort Böhmens ist Pilsen (1468). 1470 geht Johann Sensenschmid aus Eger nach Nürnberg, dessen Geschichte als Buch-

Druckerzeichen des K. Baumgarten (1501)

Burg Buchlau

stadt mit Sensenschmids erstem Druck (1472) beginnt; dieser geht um 1480 nach Bamberg. 1470–1480 arbeitet ein Zweig der Buchdrucker- und Buchhändlerfamilie Koberger in Eger.

Nach Pilsen waren die ältesten Druckereien in Prag (1478), Winterberg (1484), Brünn (1486), Kuttenberg (1488), Olmütz (1499), Leitomischl (1503), Leitmeritz (1526), Eibenschitz (1565), Kralitz (1578), Proßnitz (1543). Die mährischen Druckereien in der 2. Hälfte des 16. Jh. waren Unternehmen der Böhmischen Brüder. 1512 wurde die erste hebräische Druckerei Mitteleuropas, die der Gersoniden, in Prag gegründet.

Das erste deutschsprachige Druckwerk Mährens erschien 1495 in Brünn, ein Bäderführer „Von den heißen Bädern" des Clement von Graz, eigentlich ein Nachdruck des Bäderbüchleins von Hans Folz aus Nürnberg. In unserem Jahrhundert gab es zahlreiche Buchdruckereien, auch solche, die weit über die Landesgrenzen hinaus bekannt waren, z. B. Prochaska in Teschen, Steinbrener in Winterberg. Eine Schätzung Bohmanns ergab 15000 deutsche Bände, die von den Druckereien in den Sudetenländern von 1918–1938 hergestellt wurden.

Bücherei der Deutschen in Reichenberg. Die „Nationalbibliothek der Sudetendeutschen", gegründet 1923, erstreckte ihre Wirksamkeit über alle deutschen Gebiete des Staates und sammelte Literatur zu allen Zweigen der Wissenschaft, der Kunst, der Wirtschaft, der schöngeistigen Literatur usw. Die hier erarbeitete „Deutsche Bibliographie in den Sudetenländern" gab der Verlag Kraus in Reichenberg heraus. 1939 wurde der Name in „Bücherei des Reichsgaues Sudetenland" geändert. Damals hatte sie über 400000 Bände, die sich zum großen Teil aus den Pflichtexemplaren von allen bei den sudetendeutschen Verlagen erscheinenden Büchern zusammensetzten. 1925 war die Anstalt für sudetendeutsche Heimatforschung an die Bücherei angegliedert worden.

Buchlau bei Buchlowitz in Südostmähren ist eine umgebaute Burg, eine der besterhaltenen und größten des Landes, auf dem Buchlauer Schloßberg (520 m) im Marsgebirge. Im hochbarocken Schloß, seit 1763 Eigentum der Grafen Berchtold, fanden wiederholt diplomatische Zusammenkünfte statt, auch am 16. September 1908, als die Außenminister, der Österreicher Aehrenthal und der Russe Isvolski, über die Balkanfrage und die

Budweis, Marktplatz mit Schwarzem Turm

Annexion Bosniens und der Herzegowina durch Österreich konferierten.

Budweis (*České Budějovice*). Wo Moldau und Maltsch zusammenfließen, entstand während der Regierung Ottokars II. eine deutsche Siedlung, die wegen ihrer günstigen Lage bald zum Handelszentrum Südböhmens wurde, dessen Bedeutung weit über die Grenzen reichte. Neben dem Stapelrecht (1358) erhielt die Stadt viele Privilegien von Königen und Kaisern. Der größte Wohlstand ist für das 16. Jh. zu verzeichnen, bedingt durch die ergiebigen Silberfunde. Budweis ist Bergamt und Münzstätte. Im Landtag erscheint es nach Prag und Pilsen an dritter Stelle. 1631 werden Königskrone und die Landtafel nach Budweis in Sicherheit gebracht. Das 18. Jh. brachte die Erhebung zur Kreisstadt und zum Bischofsitz (1785), dessen Sprengel ganz Südböhmen umfaßt. Ab 1828 verkehrt zwischen Budweis und Linz die Eisenbahn mit Pferdebespannung. Die von Adalbert Lanna geförderte Moldauschiffahrt brachte große wirtschaftliche Fortschritte. Die Zeit um die Jahrhundertwende fügte dem Deutschtum große Verluste zu. Während 1900 noch 15436

Altes Budweiser Stadtsiegel

Schiffsbauplatz in Budweis

Deutsche unter 39328 Bewohnern gezählt wurden, waren 1921 von 44022 Bewohnern nur noch 7006 Deutsche und 1930 von 43788 Bewohnern nur noch 6681 Deutsche. Der letzte deutsche Bürgermeister der Stadt bis 1918 war Josef Taschek, der Gründer und Obmann des Deutschen Böhmerwaldbundes, der sich für die Erhaltung des Deutschtums einsetzte und dem die Tschechen sofort eine entgegengerichtete Vereinigung entgegenstellten.

Der quadratische Ringplatz (130 m Seitenlänge) ist rings von Häusern aus dem 16. Jh. mit Laubengängen umgeben. In der Mitte erhebt sich die Samsonstatue über einem Brunnen (1730). Das Rathaus ist ein Barockgebäude mit drei Türmen. Am Domplatz steht die Nikolauskirche, die Bischofskathedrale, mehrmals umgebaut, zuletzt 1649, mit dem freistehenden Glockenturm. Die Marienkirche wurde von Ottokar II. gestiftet. Spätgotisch ist die Friedhofskirche. Das ehemalige Kollegium der Piaristen diente als bischöfliches Palais.

Bedingt durch die Lage war Budweis Platz des größten Getreidemarktes Südböhmens und des Holzhandels. Hier gab es Firmen wie Hardtmuth (Bleistiftfabrikation) und Perner (Glockengießerei), Metallindustrie, Emailwarenerzeugung, Streichholzfabrikation und Brauereien, deren Biere Weltruhm genossen. Die Verlagsanstalt Moldavia druckte Zeitungen und Bücher.

In der Umgebung liegt das im Windsor-Stil erbaute Schloß Frauenberg, das der Familie Schwarzenberg gehörte. Im Schlosse befinden sich heute Sammlungen, darunter auch jener Delphinenschrank Adalbert Stifters, den er im „Nachsommer“ erwähnt.

Bund der Deutschen in Böhmen. Der 1894 in Prag gegründete Bund mit Sitz in Teplitz-Schönau hatte sich die wirtschaftliche und geistige Förderung und Kräftigung des Deutschtums in Böhmen als Aufgabe gestellt. Besonders gefördert wurden die Sudetendeutsche Volkshilfe, der freiwillige Arbeitsdienst und das Büchereiwesen.
Es wurde eine „Bundesbank“ geschaffen, aus der sich die Kreditanstalt der Deutschen, das größte Geldinstitut der Sudetendeutschen, entwickelte. Der Bund betreute die Bundesbühnen, Laienspielscharen, ein Schülerheim in Grulich, Waisenheime, St. Margarethenbad (Bad mit Kurhäusern), die Deutsche Volksbuchhandlung in Komotau, ferner den Wia-Verlag und die Druckerei Wächter in Teplitz-Schönau. Ende 1939 wurde die Auflösung des Bundes verfügt.
Neben dem Bund der Deutschen in Böhmen gab es auch noch Bünde für Nordmähren, Südmähren und Schlesien.

Bund der deutschen Landjugend, Gründung 1919, Sitz Saaz. 1930: 20000 Mitglieder. Eine Jugendgemeinschaft für die ländliche Jugend, die deren geistige, sittliche, religiöse, staatsbürgerliche und körperliche Ausbildung sowie die Förderung der Vorbereitung der Mitglieder auf ihren künftigen, besonders den land-hauswirtschaftlichen Beruf, die Förderung aller Wohlfahrtseinrichtungen auf dem Lande, die Pflege alles Heimatlichen und des Naturschutzes zum Ziele hatte. Neben intensiver Volksbildungsarbeit unterhielt der Bund eine Fachbücherei, gab Arbeitsbriefe und die Zeitschrift „Deutsches Jugendland“ heraus, deren Leiter Josef Haudek in Aussig war.

Burg Busau

Ahnfrauzimmer des Schlosses Groß Ullersdorf

Burgen und **Schlösser.** Zum Schutze der Grenzregionen und der Verkehrs- und Handelswege wurden zunächst Wehranlagen aus Holz errichtet. Mit dem Einsetzen des Steinbaus war es möglich, wehrhafte Burgen zu bauen, hauptsächlich seit dem 12. Jh. Im Mittelalter soll es in den Sudetenländern an die 500 Burgen gegeben haben. Sie standen auf Bergen und Felsen, auch in der Ebene, und waren oft von schützendem Gewässer umgeben.
Seit dem 30 jährigen Krieg überlebten viele nur noch als Ruinen, die wegen ihrer romantischen Lage und ihrer oft durch Sagen verbrämten Vergangenheit viele Besucher anlockten.

Berkenschloß in Bürgstein

Statt der mittelalterlichen Burgen entstanden seit dem 17. Jh. Schlösser, im Gegensatz zu den Burgen meist mit einem hohen Maß an Luxus ausgestattet. Kunstgeschichtlich bedeutsam sind viele in ihrem Äußeren, ebenso durch (besonders barocke) Parkanlagen, Festsäle, wo (z.B. in Krummau und Roßwald) Theater gespielt wurde, und durch Burgkapellen (Karlstein, Pernstein, Pürglitz, Busau, Sternberg, Bösig, Strakonitz usw.). Auch große Bibliotheken, Gemäldegalerien und andere wertvolle Sammlungen waren in den Schlössern untergebracht.

Eine vorzügliche Stellung nahmen die Adelspalais in Prag ein, wo der hohe Adel ebenso wie in Wien jeweils einen Sitz in der Landeshauptstadt unterhielt. Viele Burgen und Schlösser spielten in der Landesgeschichte und in der Literatur eine Rolle, so Wittinghausen, die Stammburg der Witikonen, der späteren Rosenberger, von Stifter literarisch verarbeitet, und Groß Ullersdorf, wo Franz Grillparzer das Urbild seiner „Ahnfrau" fand.

Bürgerschule. Das auf alter österreichischer Tradition beruhende Schulsystem im Sudetenland kann im Rückblick auch heute noch als vorbildlich gelten. Zu den Besonderheiten gehört die Bürgerschule, die sogenannte „Hochschule des kleinen Mannes", die am 21.4.1869 durch Gesetz im Reichsrat eingeführt wurde. Sie hatte die Aufgabe, „eine über das Lehrziel der allgemeinen Volksschule hinausreichende Bildung, namentlich mit Rücksicht auf die Bedürfnisse der Gewerbetreibenden und Landwirte zu gewähren". Der Unterricht erfolgte durch Fachlehrer für drei, später für vier Fächergruppen.

Bürgstein (*Sloup*), im Bezirk Böhmisch Leipa, zwischen bewaldeten Höhen der Bürgsteiner Schweiz mit Sandsteinschluchten, Höhlen und Grotten, war ein Kurort. Der Einsiedlerstein, ein 33 m hoher freistehender Sandsteinfelsen, trug eine Ruine der ehemaligen Burg Bürgstein (1250 erbaut, 1445 durch den Sechsstädtebund zerstört). 1596 entstand zu Füßen des Berges durch Berka von Dauba ein Schlößchen. Den Namen hatte der Felsen von einer Einsiedelei im 17. und 18. Jh. In Bürgstein kamen die Bildhauer Joseph und Emanuel Max zur Welt. Emil Jannigs debütierte hier 1901 in Schillers Drama „Die Räuber". 1930: 1949 Einw. (140 Tschechen).

Calve, Johann Gottfried, † 1806 Prag. Der aus Halle stammende Calve eröffnete 1786 in Prag eine Buchhandlung, der er 1792 einen wissenschaftlichen Verlag anschloß. Das Unternehmen besaßen nach des Gründers Tod Männer wie Tempsky, Friedrich Becke, Ottomar Beyer und *Robert Lerche.* Dessen Sohn begründete die Firma wieder in München, wo sie bis 1981 bestand.

Canevale, Marco Antonio, ∗ 1652 Lanzo d'Intelvi/Como, † 1711 Prag, seit 1680 Bürger der

Maria Kulm, Gnadenort des Egerlandes

Vitello aufs Brot – macht Wangen rot

Neustadt in Prag, hat ansehnliche Barockbauten geschaffen: die Schloßkirche in Dux (1700), die Wallfahrtskirche in Maria Kulm (1690–1702), die Ursulakirche in Prag (1702–1704), den Turm der Kirche in Neustadt an der Tafelfichte (1693) und das Palais Clam-Gallas in Prag (1699–1700). Mit Carlone arbeitete er am Kloster Strahow. Die Entwürfe für das Schloß in Münchengrätz stammen von ihm.

Cartellieri, Paul, ∗ 1807 Wien, † 1881 Franzensbad. Der Sohn des Lobkowitzschen Kapellmeisters war Cholera- und Herrschaftsarzt des Fürsten Kinsky in Böhmisch Kamnitz und kam 1842 als Brunnenarzt nach Franzensbad, wo er die Stahlquelle entdeckte, die Tober-Pumpen einführte und mehrere Bücher über den Kurort verfaßte.

Casanova, Giacomo, ∗ 1725 Venedig, † 1798 Dux. Der Abenteurer kam 1785 als Bibliothekar in das Schloß des Grafen Waldstein in Dux. Hier entstanden seine Memoiren. Der genaue Ort seines Grabes ist unbekannt, lediglich sein Grabstein an der Mauer des Barbarakirchleins erinnert an diesen unsteten Menschen, seit neuester Zeit auch ein Museum im Duxer Schloß, das Erinnerungsstücke enthält.

Cerroni, Johann Peter, ∗ 1753 Ungarisch Hradisch, † 1826 Brünn. Als mährisch-schlesischer Gubernialsekretär (seit 1789), Vorsteher des Bücherrevisionsamtes und Archivar der aufgehobenen Klöster in Mähren und Schlesien erhielt er einen Überblick über das vorhandene literarische Material, Handschriften und Buchbestände. Er schuf sich eine beachtliche Bibliothek und verfaßte umfangreiche Arbeiten zu den mährischen Geschichtsquellensammlungen, über den mährischen Adel und andere geschichtliche Werke. Cerroni hat viel Wertvolles vor dem Vergessen und vor der Vernichtung gerettet. Ihm sind die Grundlagen für die mährische Geschichtsschreibung zu danken.

Charta der deutschen Heimatvertriebenen, am 5. August 1950 in Stuttgart verkündet und von den Sprechern der Landsmannschaften der Vertriebenen und der Vorsitzenden des Zentralverbandes der vertriebenen Deutschen und seiner Landesverbände unterzeichnet, enthält das Grundgesetz der Heimatvertriebenen:

1. Wir Heimatvertriebenen verzichten auf Rache und Vergeltung. Dieser Entschluß ist uns ernst und heilig im Gedenken an das unendliche Leid, welches im besonderen das letzte Jahrzehnt über die Menschheit gebracht hat.
2. Wir werden jedes Beginnen mit allen Kräften unterstützen, das auf die Schaffung eines geeinten Europas gerichtet ist, in dem die Völker ohne Furcht und Zwang leben können.
3. Wir werden durch harte, unermüdliche Arbeit teilnehmen am Wiederaufbau Deutschlands und Europas.

Chemische Industrie. Die Produktion lag ihrem Wert nach je zur Hälfte in deutscher und tschechischer Hand. Die bekanntesten Firmen waren die Georg Schicht AG mit Werken in Aussig, Schreckenstein, Ringelshain und Lobositz, der Verein für chemische und metallurgische Produktion mit Fabriken in Aussig und Falkenau, in Bodenbach die Chlorodont-Werke, August Leonhardi (Tinte), Georg Dralle (Parfümerien), Umlauft (Teerprodukte) und Odol-Pharma, in Großpriesen die Kassavia-Werke (Seifen und Kosmetika), in Komotau (Chemische Fabrik Münchmeyer), in Krischwitz/Elbe (Centra-Werke = Vitello), in Schlackenwerth (Teerag AG für Teerverwertung mit Werken in Ottewitz und Schlackenwerth), Schreckenstein (Parfümerie-Ges. Elida u. a.), Teplitz-Schönau (Keramisch-chemische Werke Allers & Heller), Troppau (Chemosan-Hellco, pharmazeutische Produkte), Türmitz (Teer-, Öl- und Fettindustrie), Zuckmantel (Blumberg & Rindskopf, Chemische Produkte).

Beherrschendes Unternehmen, u. a. auch in der Herstellung von Seifen, Fetten und Kosmetika, war die Georg Schicht AG, Aussig, die noch vor dem Zweiten Weltkrieg in den Kunstfett- und Seifen-Weltkonzern Unilever in London eingegliedert worden ist.

Neben Schwerchemikalien, Lacken und Farben wurden auch Kunstseide (vier Fabriken arbeiteten nach dem Viskoseverfahren), ferner Produkte zur Weiterverwertung in der Glas-, Textil- und Lederindustrie hergestellt.

Chiari, Ottokar von, * 1853 Prag, † 1918 Puchberg am Schneeberg. Seit 1891 Professor an der Universität Wien, führte er alle größeren Operationsmethoden auf laryngologischem Gebiet ein und setzte den Neubau der Laryngologi-

Schicht-Seife

Schloß Chiesch

schen Klinik in Wien durch. Herausgeber der „Monatsschrift für Ohrenheilkunde und Laryngologie" und Verfasser von Lehrbüchern.

Chiesch (*Chyše*), Bezirk Luditz. Die Stadt entstand rings um eine Burg. Herrschaftsbesitzer waren die Guttenstein. 1475 Saazer Stadtrecht verliehen. Das Karmeliterkloster wurde ein Opfer der Klosteraufhebung durch Kaiser Joseph II. Die Spitzbergkirche war das Ziel vieler Wallfahrer. Herrschaftsbesitzer waren nach den Guttenstein die Lobkowitz, Kolowrat und schließlich die Lažansky. Im Schloß, dessen heutige Gestalt aus der 2. Hälfte des 18. Jh. stammt, gab es auch ein Schloßtheater. Dieses behandelt Bruno Brehm in seinem Roman „Ein Graf spielt Theater". Bei der Familie der Grafen Lažansky war der tschechische Dichter Karel Čápek Hauslehrer. An ihn erinnert am Schlosse eine Gedenktafel. Chiesch hatte auch Synagoge, jüdische Schule und Judenfriedhof. 1930: 1211 Einw. (101 Tschechen).

Chodau (*Chodov*), Bezirk Elbogen. Die Siedlung am gleichnamigen Bach entstand während der Besiedlung Westböhmens durch das Zisterzienserkloster Waldsassen. Besitzer waren u. a. die Plankenheim, Zedtwitz und Korb von Weidenheim. Chodau wurde 1869 Marktflecken, 1894 Stadt, 1895 erhielt es ein Wappen. Die Pfarrkirche St. Laurentius bestand schon im 14. Jh. Die gegenwärtige Gestalt erhielt sie 1725. Sie enthielt auch ein Bild von Brandl. Seit 1811 wird

in Chodau Porzellan erzeugt. Kohle- und Kaolinvorkommen begünstigten die Entwicklung der Porzellanindustrie. Die Stadt Waldsassen hat die Patenschaft über die vertriebenen Chodauer übernommen; dort entstand auch eine Chodauer Heimatstube.
1930: 5961 Einw. (184 Tschechen).

Chotieschau (*Chotěšov*) bei Staab im Bezirk Mies hatte Bedeutung als ein von Doxan aus besiedeltes Prämonstratenserinnenkloster, das zurückging auf eine Gründung Hroznatas und seiner Schwester Vojslava (Anfang des 13. Jh.) und dem Stift Tepl unterstellt war. Die Klosterkirche Mariä Geburt ging in die gotische Zeit zurück, wurde aber im 18. Jh. barockisiert. Die Neue Prälatur war im Stil der Spätrenaissance (1614–1618) erbaut, das Konventgebäude im Barockstil (1734–1756). 1782 Aufhebung des Klosters, das seit 1878 wieder Salesianerinnen beherbergte, die eine Schule mit Pensionat unterhielten. 1930: 2855 Einw. (715 Tschechen).

Clar, Alois, ∗ 1763 Auscha, † 1833 Prag. Neben seiner Tätigkeit als Lehrer der griechischen Philologie und der klassischen Literatur an der Prager Universität betätigte er sich im öffentlichen Leben als Wohltäter. 1807 beteiligte er sich an der Gründung des Prager Blindenerziehungsinstituts und der Versorgungs- und Beschäftigungsanstalt für erwachsene Blinde in Böhmen,

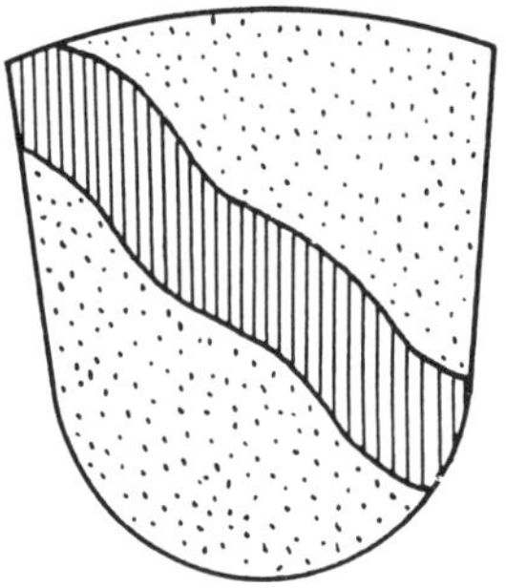

Wappen der Grafen von Coudenhove

der sogenannten Clarschen Anstalt. In Dankbarkeit verlieh ihm die Stadt Prag das Ehrenbürgerrecht.

Clement, Anton Josef von (seit 1768), ∗ 1701 Duppau, † 1783 Wien. Durch einen Verwandten kam er nach Wien, wurde am Kaiserhof beschäftigt und brachte es bis zum Hofkontrollor. Durch Sparsamkeit erreichte er Wohlhabenheit und ließ sich 1757 eine Stiftung bestätigen, mit der er in seiner Heimatstadt eine Anstalt für die Jugenderziehung errichtete: Kirche und Stiftsgebäude, Gymnasium und Jesuitenkolleg waren bis 1767 vollendet. Nach Aufhebung des Jesuitenordens zogen als Nachfolger Piaristen ein und blieben bis 1832. Clement war ein großer Wohltäter der Bedürftigen.

Collegium Carolinum. Forschungsstelle für die böhmischen Länder. Gründung am 18. Februar 1957 in München. Aufgabe: sich auf wissenschaftlicher Grundlage mit den böhmischen Ländern in ihrer Gesamtproblematik zu befassen. Vorstände: Theodor Mayer, Karl Bosl, Ferdinand Seibt. Veröffentlichungen: „Bohemia. Jahrbuch des Collegium Carolinum" (1960ff.), „Schriftenreihe" u. a.

Cori, Carl Isidor, ∗ 1865 Brüx, † 1954 Wien; Professor der Zoologie in Prag und bis 1918 Leiter der österreichischen biologischen Meeresstation in Triest. Von 1919–1936 lehrte er wieder in Prag und bekleidete dreimal das Amt des Rektors.

Cori, Gerty Theresia, geb. Radnitz, ∗ 1896 Prag, † 1957 St. Louis/USA. Gemeinsam mit ihrem Mann Carl Ferdinand Cori (∗ 1896 Prag) erhielt sie 1947 den Nobelpreis für die Entdekkung des Verlaufs des katalytischen Glykogen-Stoffwechsels. Beide waren seit 1931 in USA und lehrten an der Universität in Washington.

Coudenhove-Kalergi, Richard Graf, ∗ 1894 Tokio, † 1972 Schruns/Vorarlberg. Beheimatet war er auf Schloß Ronsperg. Er widmete sich der Politik und gründete 1923 die Paneuropa-Bewegung, deren Programm und Ziele er in seinem

Buche „Paneuropa“ festgelegt hatte. 1938 emigrierte er in die Schweiz und lehrte von 1940–1946 Geschichte in New York. Ab 1947 war er Generalsekretär in der von ihm gegründeten Europäischen Parlamentarier-Union, von 1952–1965 Ehrenpräsident der Europäischen Bewegung. 1950 erhielt er den Internationalen Karlspreis der Stadt Aachen, 1966 den Europäischen Karlspreis der Sudetendeutschen Landsmannschaft, die ihm 1968 auch ihren Ehrenbrief widmete.

Creutz, Ulrich. Der Bildhauer stammte aus Krummau und arbeitete zwischen 1516 und 1530 in der Gegend von Komotau und Kaaden. Erhalten blieben u. a. das Kruzifix im Franziskanerkloster in Kaaden, hier auch das Grabmal des Johann von Lobkowitz, eine Anna selbdritt in der Pfarrkirche zu Brunnersdorf, mehrere Statuen im Komotauer Stadtmuseum aus Kirchen und aus der Kapelle der Burg Hassenstein. Creutz ist der einzige Bildhauer der Spätgotik in Böhmen, den wir mit Namen kennen.

Cyrill (Kyrillos, eigentlich Konstantin) und **Method.** Die griechischen Brüder wirkten als Lehrer und Apostel der Slawen seit 863 im Großmährischen Reich, schufen ein slawisches Alphabet, um die Bibel und liturgische Texte übersetzen zu können. Nach ihrem Tod (869 bzw. 885) ging ihre kirchliche Organisation zugrunde; die lateinischen Missionare erlangten wieder die Oberhand. Papst Johannes Paul II. erhob das Brüderpaar in den Rang von Patronen Europas.

Cyrill und Method

Czech, Ludwig, ∗ 1870 Lemberg, † 1942 im KZ Theresienstadt. Seine Familie stammte aus Mähren. In Brünn wurde er Rechtsanwalt, Redakteur der Parteizeitung „Volksfreund“, Vorsitzender der mährischen sozialdemokratischen Landespartei und Mitglied der Reichsparteileitung der österreichischen Sozialdemokratie. 1920 wurde er für den Brünner Wahlkreis Abgeordneter im Parlament; Vizepräsident des Abgeordnetenhauses. Nach dem Tod Josef Seligers übernahm er das Amt des Vorsitzenden der Partei (1921), 1925 auch dessen Wahlkreis Teplitz-Schönau. Als Czechs Partei 1929 in die Regierung eintrat, wurde ihm das Ministerium für soziale Fürsorge übertragen.

Mit seinem Namen verbunden waren die sog. Czechkarten, mit deren Hilfe die äußerste Not jener gelindert werden sollte, die gerade in den sudetendeutschen Gebieten am meisten von der Weltwirtschaftskrise und von der einseitigen Nationalitätenpolitik der Tschechen betroffen waren. 1934 übernahm Czech das Arbeitsministerium, 1935 das Gesundheitsministerium. Obwohl vorwiegend außenpolitisch tätig, hatte er doch viele Ämter inne, die mit sozialer Fürsorge, Kinderschutz und Parteiorganisation zu tun hatten. Wenzel Jaksch löste ihn 1938 als Parteivorsitzenden ab.

Von Brünn aus kam er aus rassischen Gründen in das Konzentrationslager, wo er an einer Lungenentzündung starb.

Czernin von und zu Chudenitz, Ottokar Theobald Graf, ∗ 1872 Dimokur bei Podiebrad, † 1932 Wien. Der Diplomat, der sich zum

Deutschtum bekannte und an der Deutschen Universität in Prag studiert hatte, wurde im Dezember 1916 Außenminister. In die Zeit von 1916–1918 fallen die Friedensschlüsse mit der Ukraine, mit Rußland und Rumänien. Nach der sogenannten Sixtus-Affäre mußte er zurücktreten. Von 1920–1923 war er als einziger Abgeordneter einer „bürgerlichen Arbeitspartei" Mitglied des Nationalrats. Seine Memoiren erschienen unter dem Titel „Im Weltkrieg".

Czibulka, Alfons von, * 1888 auf Schloß Radborsch bei Kolin, † 1969 München. Der Generalssohn wurde zunächst Offizier, nach dem Ersten Weltkrieg freier Schriftsteller in München. Mit Karl H. Strobl gab er die Zeitschrift „Der Orchideengarten" heraus und schrieb zahlreiche Romane und Erzählungen, in denen er die Barockzeit, den Wiener Kaiserhof und überhaupt geschichtliche Ereignisse und Lebensläufe aus Österreich schilderte. Czibulka war erster Präsident der Stiftung zur Förderung des Schrifttums.

Dallwitz (*Dalovice*) bei Karlsbad hatte durch die Porzellanerzeugung große wirtschaftliche Bedeutung; diese wurde ermöglicht durch die nahen Kohlevorkommen und Kaolingruben. Von einer gotischen Burg sind noch Reste sichtbar. Ein Schloß wurde im 19. Jh. errichtet. Eine 1914 im

Alfons von Czibulka

Holzhaus in Dauba

Schloßpark aufgestellte Bronzestatue des Dichters Theodor Körner erinnert an dessen Aufenthalt in Dallwitz (1813); nach einer Verwundung während der Befreiungskriege erholte er sich hier und schrieb das Gedicht „Fünf Eichen aus Dallwitz", in dem er die alten Eichen pries. Einer dieser Bäume überlebte die Zeitläufte und erhielt den Namen „Körner-Eiche".
1930: 2287 Einw. (56 Tschechen).

Darre-Talsperre (*Šoušská přehradní nádrž*) im Isergebirge (770 m), südlich des Welschen Kammes speichert das Wasser der Schwarzen Desse und versorgt heute die Stadt Gablonz mit Trinkwasser. Staufläche 2 qkm, Fassungsraum 7 Mio. cbm.

Dauba (*Dubá*). Die Stadt, Mittelpunkt eines politischen Bezirks, liegt in der Daubaer Schweiz, einer an Naturschönheiten reichen Landschaft zwischen Iser und Elbe, Böhmischem Mittelgebirge und Jeschken. Die pittoresken Sandsteinbildungen und eingekerbten Täler haben seit jeher viele Touristen angezogen. Dauba ist Hauptort des Grünhopfenlandes. Hopfenanbau und Hopfenhandel – hier war Ende des vergangenen Jahrhunderts einer der bedeutendsten Hopfenmärkte – bestimmten die Wirtschaft. Auch der Daubaer Mohn war ein wichtiger Exportartikel.
In Dauba bestand schon um 1300 eine Pfarrkir-

Wappen der Berka von Dauba

che. Sie wurde in den Jahren 1744–1760 zum drittenmal wieder aufgebaut. 1391 wurde Dauba als Stadt mit Marktgerechtigkeit genannt. Das mächtige Geschlecht der Berka von Dauba hat von der Stadt seinen Namen. Die Besucher der Sommerfrische Dauba fanden in den städtischen Anlagen Erholung, ebenso bei Ausflügen zum Felsenort Draschen, nach Hauska, Schloß Bösig, Altperstein, Liboch, zum Wüsten Schloß und Habichtstein.
1930: 1417 Einw. (167 Tschechen).

Daublebsky von Sterneck, Robert, ∗ 1839 Prag, † 1910 Wien. Der Geodät und Astronom ist Begründer der angewandten Geophysik in Österreich. Während seiner Tätigkeit am Militärgeographischen Institut in Wien entwickelte er die sog. Sterneckscher Methode zur Beobachtung der Meridianzenitdistanzen, das Sterneck-Pendel, einen Ableseapparat für Schweremessungen, und einen Flutmesser. Sterneck, Physiker, Astronom und General, leitete von 1880–1890 die Wiener Sternwarte.

David, Christian, ∗ 1690 Senftleben bei Neutitschein, † 1751 Herrnhut/Lausitz. Der Zimmermann David wandte sich nach seiner Erweckung der pietistischen Bewegung zu. Seine Bekanntschaft mit dem Grafen Zinzendorf führte dazu, daß er mit gleichgesinnten Emigranten aus dem Kuhländchen auf des Grafen Besitzungen 1722 Herrnhut begründete. Als Missionar reiste er bis nach Grönland und Nordamerika. Nach der Rückkehr wirkte er als Prediger. David ist auch Verfasser von Liedern.

David, Jakob Julius, ∗ 1859 Mährisch Weißkirchen, † 1906 Wien. Nach einer entbehrungsreichen Jugend arbeitete David, der in Wien Philosophie studiert hatte, als Journalist. Seine eigenen Erlebnisse stellt er in seinen Romanen und Novellen dar. Er gilt als der Wegbereiter des österreichischen Naturalismus. Das bekannteste Werk dieses Dichters „mit dem unbestechlichen Blick für soziales Unrecht" ist „Das Höferecht", ein Roman aus dem Volksleben des Kuhländchens. Seine „Gesammelten Werke" erschienen 1907/1908 in München.

Demantius, Johann Christoph, ∗ 1567 Reichenberg, † 1643 Freiberg/Sachsen, studierte an der Universität zu Wittenberg, lebte in Leipzig, wurde 1597 Kantor in Zittau und 1604 Kantor in Freiberg. Er gilt als einer der bedeutendsten Komponisten in der Epoche vor Heinrich Schütz. Seine Werke sind geistlicher und weltlicher Art: Lieder, Tänze, Kantionalsätze, Chorbearbeitun-

Christian David fällt am 17. Juni 1722 den ersten Baum zur Erbauung von Herrnhut

Jakob Julius David

gen, Motetten, Messen und eine Johannes-Passion. Manche seiner Kirchenlieder werden noch heute gesungen.

Demel, Emilie, ∗ 1848 Chotiebor, † 1889 Wien. Die gefeierte Wiener Volkssängerin hatte einen Fiaker namens Ludwig Demel geheiratet und hieß im Volksmund nur die Fiakermilli. Als solche ist sie als Gestalt in Wiener Volksstücke eingegangen. Auch Hofmannsthal verwandte sie für sein Libretto „Arabella", das Richard Strauß komponierte.

Dernschwam von Hradiczin, Hans, ∗ 1494 Brüx, † 1567 Schattmannsdorf bei Preßburg. Der humanistisch gebildete Dernschwam diente den Häusern Thurzo und Fugger; für diese war er Faktor in Neusohl. Im Gefolge einer Gesandtschaft bereiste er Kleinasien. Er sammelte viele römische Inschriften und brachte eine Abschrift des berühmten Monumentum Ancyranum mit. Sein Tagebuch gibt uns wertvolle Aufschlüsse über seine Zeit.

Deschneyer Koppe (*Velká Deštná*). Höchster Gipfel des Böhmischen Kammes bzw. des Adlergebirges in den Sudeten. 1114 m ü. M. Andere Bezeichnungen Deschnaer (auch Deschneyer) Großkoppe oder auch nur Großkoppe. Am Fuße des Berges liegt die Gemeinde und Sommerfrische Deschney.

Desse. Der Isergebirgsfluß entsteht aus der Schwarzen und Weißen Desse und mündet bei Tannwald in die Kamnitz. In den Tälern der beiden Wasserläufe wird viel Glas- und Textilindustrie betrieben. An jedem der beiden Zuflüsse wurden Talsperren gebaut; die der Weißen Desse existiert nicht mehr, da im Jahre 1916 der Damm zerbarst. Bei dieser Katastrophe kamen 62 Menschen ums Leben, zwei Dörfer wurden zerstört und in vier Gemeinden entstanden beträchtliche Schäden. Die Schwarze Desse wird durch die Darre-Talsperre gestaut.

Dessendorf (*Desná*). Die Marktgemeinde bei Tannwald im Bezirk Gablonz ist ein langgestrecktes Dorf. Gegen Ende des 17. Jh. gegründet, hatte es Glashütten, Porzellanfabrik, Holzschleiferei und mechanische Weberei. Die Glasschmuck-Hausindustrie umfaßte 20 Betriebe. Das Riedelsche Glasarchiv der Familie Riedel, die seit 1753 im Isergebirge Glas erzeugte, enthielt 8200 Geschäftsbücher aus der Zeit zwischen 1776 und 1945, ferner Privat- und Geschäftskorrespondenz der Familie, die zuerst in Antoniwald, Christianstal und Neuwiese ansässig war, bevor

Sommerfrische Deschney im Adlergebirge

sie das Werk Unterpolaun ins Leben rief. Der Betrieb wurde 1945 enteignet, konnte aber in Österreich wieder ein ansehnliches Werk aufbauen.
Dessendorf besaß auch eine altkatholische Kirche und Pfarrei. Eine Gedenktafel erinnerte an die Opfer der durch den Dammbruch der Talsperre an der Weißen Desse verursachten Überschwemmungskatastrophe im Jahre 1916.
1930: 1740 Einw. (198 Tschechen).

Deutsch, Ernst, * 1890 Prag, † 1969 Berlin. Er war Schauspieler am Burgtheater in Wien, in Prag, Dresden und Berlin. Seit 1924 trat er auch im Film auf. Nach der Rückkehr aus der Emigration, die er in Hollywood verbrachte, spielte er in Berlin. Er glänzte in Rollen wie in der Titelrolle in Lessings „Nathan der Weise" oder in Schnitzlers „Professor Bernardi". 1948 erhielt er den Biennalepreis Venedig.

Deutsch Beneschau (*Německý Benešov*). Die Stadtgemeinde im Bezirk Kaplitz im südlichen Böhmerwald war eine Gründung des Benesch von Michelsberg, der nach 1300 eine Feste zum Schutze des Saumweges bauen ließ und deutsche Siedler aus Deutschland und Österreich holte. 1383 zur Stadt erhoben, kommt sie 1621 an die Herrschaft Gratzen, später an die Grafen Buquoy. Trotz der Erlangung der Stadtrechte im Jahre 1383 erfolgte

Alte Riedel-Hütte in Polaun

An der Desse im Isergebirge

1881 eine erneute Stadterhebung. Im Stadtarchiv liegt als ältestes Dokument eine Urkunde Ulrichs von Rosenberg vom 14. November 1423.
In der Nähe der Stadt, 1938 dem Reichsgau Oberdonau angegliedert, liegt das Jagdschlößchen Sophienschloß. Die Kirche St. Jakob aus dem 14. Jh. besitzt ein Bild von Brandl. Die wirtschaftlichen Verhältnisse von Deutsch Beneschau wurden bestimmt durch die Erzeugung von Metallwaren, Zwirnknöpfen und Tonwaren. In Heimarbeit wurde das Knöpfelnähen betrieben. Das Brauhaus stand in der Regie der Budweiser Brauverwaltung. Am Geburtshaus des in Deutsch Beneschau 1868 geborenen Böhmerwalddichters Josef Gangl wurde eine Gedenktafel angebracht.
1930: 1678 Einw. (157 Tschechen).

Deutschböhmen. Der Ausdruck Deutschböhmen wird bereits 1684 von Philipp Wilhelm Hoernigk, dem Schöpfer der ersten nationalökonomischen Darstellung Österreichs, gebraucht.

Die Bezeichnung wurde später immer wieder, so 1918/1919, benützt, um die Abgrenzung vom tschechischen Landesteil auszudrücken.
Deutschböhmen und Deutschmähren (mit Österreichisch Schlesien) wollten sich 1918/1919 an die Republik Deutsch Österreich anschließen. Dieser Versuch scheiterte am Widerstand der Tschechen, die bei der Entente Unterstützung gefunden hatten.
In der ČSR wurde mit Erlaß des Präsidiums des Ministeriums des Innern vom 28. 9. 1919 und der politischen Landeserwaltung der Gebrauch der Bezeichnung „Deutschböhmen" verboten; Zuwiderhandlungen wurden mit Geldstrafe oder 14 Tagen Arrest bestraft.

Deutsch Brod (*Havlíčkův Brod*, vor 1945 *Německý Brod*), Bezirksstadt in Mittelostböhmen. Durch die Zuwanderung deutscher Bergleute (Silberbergbau) und Bürger konnte sich die Stadt gut entwickeln, die bis zu den Hussitenkriegen überwiegend deutsch war. 1422 siegte Jan Žižka über Kaiser Sigismund und zerstörte die Stadt. In der Folge nahmen die Deutschen ständig ab; 1880 war das Verhältnis der Tschechen zu den Deutschen 5436 zu 123, 1921 dann 10657 zu 51. Die Augustiner unterhielten ein Gymnasium, das auch Josef Dobrovský besuchte; es wurde nach Auflösung des Augustinerklosters von 1807–1885 von den Prämonstratensern des Klosters Selau geleitet.

Deutsch Brodek (*Brodek*), Markt im mährischen Bezirk Littau und Mittelpunkt der Sprachinsel von Deutsch Brodek-Wachtl. Diese liegt etwa 30 km westlich von Olmütz auf der Drahaner Hochfläche. Die Anfänge der Sprachinsel reichen bis in das 14. Jh. zurück. Eine zweite Siedlerwelle veranlaßte in der Mitte des 16. Jh. das Kloster Hradisch.
Die zur Sprachinsel gehörenden Gemeinden waren Deutsch Brodek (1234 Einw., davon 189

Deutsch Brodek

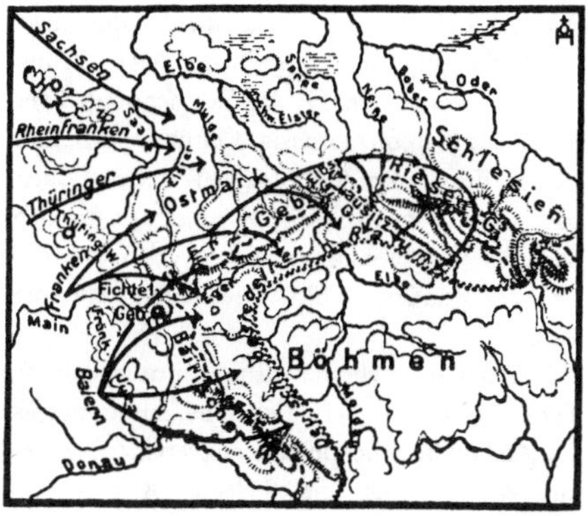

Deutsche Aufsiedlung Böhmens im Mittelalter

Tschechen), Wachtl (1566 Einw., davon 42 Tschechen), Runarz (627 Einw., davon 79 Tschechen), Döschna (494 Einw., davon 44 Tschechen) und Öhlhütten (333 Einw., davon 10 Tschechen). Schwanenberg gehörte noch bis zum Ersten Weltkrieg zur Sprachinsel; dann ging es dem Deutschtum verloren. In Deutsch Brodek und Wachtl wurden Strohhüte erzeugt und Hausindustrie (Konfektion) betrieben.

Deutsche Besiedlung. Diese vollzog sich einerseits im Rahmen der großen deutschen Ostsiedlung, andererseits speziell auf den Sudetenraum ausgerichtet in besonderen Formen. Vor den großen Siedlungswellen kamen Kaufleute und Priester. Den Kaufleuten wurden sogar besondere Privilegien gewährt, und zwar bereits durch König Wratislaw (1061–1092) und seinen Enkel Sobieslaw (1173–1178); in der sog. Sobieslawschen Urkunde heißt es u. a.: „Ihr sollt wissen, daß die Deutschen freie Leute sind. Ich bewillige ihnen einen eigenen Priester, den sie sich für ihre Kirche frei wählen mögen, und ebenso einen Richter. Sie sind zu keiner Heerfahrt heerbannpflichtig, außer wenn es sich um die Verteidigung des Landes handelt ... Welcher Ankömmling oder Gast, aus welchem Land er immer kommt, mit den Deutschen in ihrem Gemeinwesen wohnen will, der soll das Gesetz und Recht der Deutschen annehmen. Was immer die Deutschen begehen mögen, sie werden nicht gefangen noch in den Kerker geworfen, wenn sie Bürgen oder ein eigenes Haus haben ..." Diese im ganzen 25 Artikel umfassenden Rechte wurden auch von späteren Herrschern bestätigt.

Seit dem 12. Jh. kam es zu zahlreichen Klostergründungen, die von deutschen Klöstern der Benediktiner, Prämonstratenser, Zisterzienser, aber auch der Bettelorden ausgingen. Die Klöster wurden Zentren der Religion, Kultur und wirtschaftlichen Entwicklung. Im Gefolge der Mönche kamen Laien in großer Zahl. Die böhmischen Herrscher, vielfach mit deutschen Prinzessinnen verheiratet, luden die deutschen Siedler zur Kultivierung ihres Herrschaftsbereiches ein und versahen sie mit zahlreichen Rechten und Freiheiten.

Die Gründung der meisten Städte geht auf jene Zeit zurück; um 1220 bestanden schon Mährisch Neustadt, Freudenthal, Zuckmantel, Jägerndorf und Troppau, kurz darauf folgten Brünn, Olmütz, Znaim. Prag-Altstadt und Königgrätz erhielten um 1220 Stadtrecht, zehn Jahre darauf Leitmeritz mit Magdeburger Recht.

Ottokar II., wohl der größte Förderer der deutschen Siedlung, hat während seiner Regentschaft die Städtegründungen nach deutschem Recht am

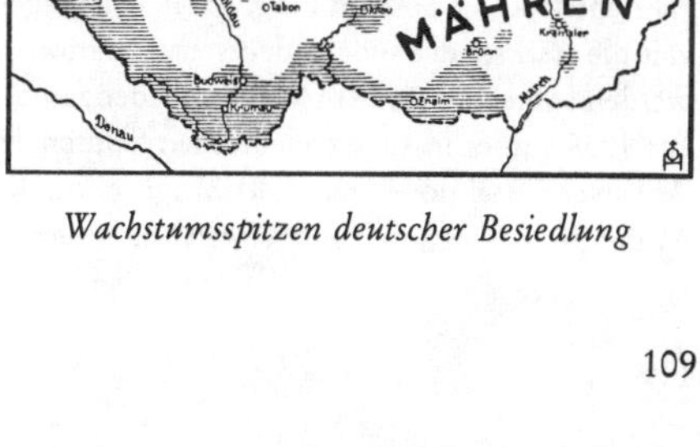

Wachstumsspitzen deutscher Besiedlung

Deutscher Böhmerwaldbund

intensivsten betrieben, ebenso wie den Landesausbau mit Hilfe der deutschen Bauern und Bergleute. In Mähren tat sich vor allem Bruno von Schaumburg, Bischof von Olmütz, durch die Berufung von Neusiedlern hervor. Die Bauern übernahmen bereitwillig die Rodung der gebirgigen und weniger fruchtbaren Teile Böhmens und Mährens. Mit ihren besseren Methoden der Bodenbewirtschaftung schufen sie die materiellen Grundlagen für die wachsende Bevölkerung.
Die Tschechen übernahmen von den Deutschen den besseren Pflug und andere Geräte, die Dreifelderwirtschaft, den oberdeutschen Hausbau, das deutsche Recht und die von der Grundherrschaft den Bauern zugesicherte Freiheit. Über diese Rodungszeit schrieb Wilhelm Wostry: „Schlichter Held ist das Volk selbst, und das Lied, das seinen Ruhm kündet, ist durchpulst vom Rhythmus der Arbeit. Er begleitete den Werdegang des Deutschtums in Böhmen. Und so mag unserer Geschichte das große Pathos fehlen, des hohen Ethos ermangelte sie nicht."

Deutscher Alpenverein. 1869 gründeten der Prager Johann Stüdl, Carl Hofmann und Franz Senn den Deutschen Alpenverein. Im gleichen Jahr entstand die Sektion Prag, die in der Folgezeit die stärkste der sudetendeutschen Sektionen werden sollte und (1938) 1509 Mitglieder zählte. Bis 1938 gab es in sudetendeutschen Städten 18 Alpenvereinssektionen mit 7581 Mitgliedern, die 40 Berghütten erbauten oder erwarben. Außer in Prag gab es Sektionen in folgenden Städten (nach der Reihenfolge der Gründung): Asch, Brünn, Teplitz, Warnsdorf, Haida, Reichenberg, Eger, Karlsbad, Gablonz, Aussig, Olmütz, Saaz, Leitmeritz, Preßburg, Krummau, Tetschen-Bodenbach und Troppau. Einzelne Sektionen konnten nach der Vertreibung ihre Arbeit von Österreich und der Bundesrepublik Deutschland aus fortsetzen.

Deutscher Arbeiter-Sängerbund, 1919 in Teplitz-Schönau gegründet, eine Zusammenfassung schon bestehender Gesangvereine. Als Vereinsorgan erschien seit 1923 die „Arbeiter-Sängerzeitung" in Teplitz-Schönau. Ernst Paul berichtet, daß im Rahmen von Veranstaltungen des Arbeiter-Sängerbundes auch Arbeiter-Symphoniekonzerte in Aussig stattfanden, bei denen die Orchester von Aussig, Teplitz-Schönau und Karlsbad spielten unter der Leitung von Dirigenten wie Alexander Zemlinsky, Wilhelm Furtwängler, Leo Blech, Bruno Walter.

Deutscher Böhmerwaldbund. Gründung

Helft dem Deutschen Kulturverband!

1884 in Budweis durch den Budweiser Bürgermeister *Josef Taschek*, der bis 1937 den Bund als Obmann leitete. Er war auf allen Gebieten der Schutzarbeit tätig, betrieb Aufklärungsarbeit und förderte nationale, wirtschaftliche und kulturelle Bestrebungen sowie den Fremdenverkehr im deutschen Südböhmen. Es wurden Reisehandbücher, Karten und heimatkundliche Schriften herausgegeben. Auch die Gründung des Böhmerwaldmuseums in Oberplan wurde ermöglicht. Eine kulturelle Tat war die Einführung der Höritzer Passionsspiele durch den Bund.
Nach der Vertreibung haben sich die Böhmerwäldler wieder zu einer Vereinigung gleichen Namens zusammengeschlossen (1954), der es unter veränderten Voraussetzungen und Bedingungen um die Erhaltung der Gemeinschaftswerte und der kulturellen Tradition der Böhmerwäldler außerhalb der Heimat geht. 1954 wurde der Verein „Böhmerwaldmuseum Passau-Oberhaus" ins Leben gerufen. Er sorgt für den Ausbau und die Erhaltung des Böhmerwaldmuseums in Passau.

Deutscher Kulturverband. Die 1919 gegründete Vereinigung mit Sitz in Prag hatte sich als Aufgabe gestellt, die volkserhaltenden und volksbildenden Bestrebungen der deutschen Bevölkerung in der Tschechoslowakischen Republik zu

Passionsspielhaus in Höritz

Statt Spenden!

fördern und zu unterstützen. Zur Förderung der Jugend wurden dort, wo die dringende Notwendigkeit bestand und der Staat sich versagte, Schulen errichtet, Kindergärten und Tagesheimstätten. Der Verband, der jede politische Tätigkeit unterließ, unterhielt (1936) 34 Schulen, 136 Kindergärten und 61 Tagesheimstätten. Viele andere Einrichtungen wurden unterstützt.
Dazu erwarb er sich große Verdienste um die Volksbildungsarbeit durch Beratungsstellen, Lichtbilddienst und Büchereien. Seit 1926 erschienen die „Mitteilungen des Deutschen Kulturverbandes", außerdem kamen Jahrbücher, Kalender, eine Flugschriftenreihe, Bücher, Spiele u. a. heraus. Es wurden auch Preise für Schrifttum, Musik, bildende Kunst, Volkskunde und Volksarbeit vergeben. 1938, nach der Eingliederung des Sudetenlandes ins Deutsche Reich, wurde der Verband aufgelöst.

Deutscher naturwissenschaftlich-medizinischer Verein „Lotos" in Prag, 1848 gegründet als Studentenverein, 1849 in einen wissenschaftlichen Verein umgewandelt. Seit 1851 erschien die Zeitschrift „Lotos". Der Verein, der eine wertvolle Bibliothek besaß, hatte sich die Aufgabe gestellt, die Naturwissenschaften zu pflegen, die Heimat naturwissenschaftlich zu durchforschen und naturwissenschaftliche Erkenntnisse zu verbreiten. Arbeitsgebiete: Betreuung der ornithologischen Station in Liboch an der Elbe und Führung eines Naturdenkmal-Katasters von Deutschböhmen.

Deutscher Turnverband. 1849 Gründung des ersten Turnvereins der Monarchie in Asch. Die Turngaue Böhmens, Mährens und Schlesiens waren ursprünglich dem Turnkreis Deutsch Österreich angeschlossen. Da während des Bestehens der ersten Tschechoslowakei kein Verband seinen Sitz im Ausland haben durfte, erfolgte am 23. November 1919 in Aussig die Gründung des Deutschen Turnverbandes mit Sitz Teplitz-Schönau. Erster Verbandsobmann wurde Josef Truntschka, Bürgermeister von Brüx. Der Zweck des überparteilichen Verbandes war Erhaltung, Ausbreitung und Förderung des deutschen Volkstums im Sinne F. L. Jahns. Es war untersagt, um Preise zu turnen. 1926 wurde *Konrad Henlein,* der Turnlehrer in Asch, Turnwart des Egerland-Jahnmal-Turngaues; durch seine Initiative wurde 1930 die Turnschule Asch geschaffen,

Deutscher Turnverband

die der Heranbildung von Vereinsturnlehrern diente.

Der Deutsche Turnverband, in 18 Gaue eingeteilt, gründete am Beginn seines Wirkens Vereine in folgenden Städten: 1849 in Asch, 1855 in Graslitz, 1857 in Fulnek, 1859 in Rumburg, 1860 in Karlsbad, Mährisch Weißkirchen, 1861 in Reichenberg, Schönlinde, Troppau, Warnsdorf, 1862 in Aussig, Böhmisch Kamnitz, Böhmisch Leipa, Brüx, Deutsch Gabel, Dux, Freudenthal, Friedek, Friedland, Gablonz, Georgenthal, Iglau, Kaaden, Klostergrab, Kratzau, Leitmeritz, Liebenau, Neustadt a.d.T., Neutitschein, Nikolsburg, Nixdorf, Olmütz, Sternberg, Tetschen, Türmitz, Znaim und Zwickau.

Herausragende Ereignisse waren die Verbandsturnfeste 1922 in Komotau, 1927 in Aussig und 1933 in Saaz, das Männerturnfest 1931 in Kaaden und die Tagung für Erzieher 1937 in Aussig. 1919 hatte der Verband 622 Vereine mit 85 716 Mitgliedern, 1929 schon 1 012 Vereine mit 155 585 Mitgliedern und 1938 über 1 234 Vereine mit 213 060 Mitgliedern. 1930 gab es 22 Leibesübungen treibende und 17 fördernde Verbände im Sudetenland.

Das Ende des Deutschen Turnverbandes kam im Herbst 1938, als er gleichgeschaltet und 1939 in den Reichsbund für Leibesübungen (NSRL) überführt wurde. Erst nach der Vertreibung konnte die Arbeit in der Arbeitsgemeinschaft sudetendeutscher Turner und Turnerinnen in der Sudetendeutschen Landsmannschaft weitergeführt werden.

Die erste tschechische Turnvereinigung war der Sokol (=Falke), gegründet 1862 in Prag durch Jindřich Fügner (1822–1865) und Miroslav Tyrš (1832–1884); beide waren Tschechen deutscher Abstammung. Nach den Vorstellungen dieser Gründer und ersten Vorstände sollte der Sokol-Verband auch in allen übrigen slawischen Ländern tätig werden.

Deutscher Verband für Heimatforschung

und Heimatbildung. Der 1924 gegründete Verein mit Sitz in Aussig hatte sich folgende Aufgabe gestellt: Förderung, Zusammenfassung und Durchführung aller Arbeiten, die sich auf Heimatforschung und Heimaterkundung, Heimatschule und heimatliche Volkserziehung, Heimatschutz und Heimatpflege beziehen. Er war gegliedert in die Gebiete Naturwissenschaftliche Heimatforschung (mit der Zeitschrift „Natur und Heimat"), Geschichtliche Heimatforschung, Volkskundliche Heimatforschung (mit „Sudetendeutsche Zeitschrift für Volkskunde"), Familienforschung (mit der Zeitschrift „Sudetendeutsche Familienforschung"), Heimatschule, Heimatliche Erwachsenenbildung, ferner Heimatschutz und Heimatpflege (mit der Zeitschrift „Heimatbildung").

Obmann des Gesamtverbandes war Franz J. Umlauft. Zu den Mitarbeitern gehörten Professoren der Deutschen Universität in Prag und viele andere Lehrkräfte.

Aus dem Kreis der Heimatlichen Erwachsenenbildung ging die Gesellschaft für deutsche Volksbildung in der Tschechoslowakischen Republik hervor, gegründet 1925 in Reichenberg, Sitz Teplitz-Schönau. Ihr Zweck war es, die Volksbildung der Sudetendeutschen in jeder Hinsicht zu fördern. Die Gesellschaft war Spitzenverband für die Schutzvereine, für viele Verbände und Körperschaften. Sie arbeitete zusammen mit den Reichenberger Anstalten für Erziehungswissenschaft und für sudetendeutsche Heimatbildung, mit dem Deutschen Buchwarteverband in Gablonz, der Bücherei der Deutschen in Reichenberg, dem Arbeitskreis für Gesellschaftswissenschaft in Reichenberg, dem Verein Volkshochschule in Tetschen, dem Reichsbund der Jungscharfreunde in Landskron und der Sudetendeutschen Buchgesellschaft in Karlsbad (Adam Kraft Verlag).

Deutsche Studenten- und **Schülerherbergen.** 1884 gründete der Fabrikant Guido Rotter (* 1860 Grulich, † 1940 Hohenelbe) in Oberhohenelbe die erste deutsche Studentenherberge. Fünf weitere entstanden zwei Jahre später ebenfalls im Riesengebirge, danach in allen Gebirgen des Sudetenlandes; 1892 zählte man bereits 74 Herbergen mit 386 Betten, 1911 394 Herbergen mit 1441 Betten und 211 Notlagern. Sitz der Hauptleitung war Hohenelbe. In vielen Nachschlagewerken findet man den ostpreußischen Lehrer Richard Schirrmann für das Jahr 1909 als Begründer des Jugendherbergswesens verzeichnet; in Wirklichkeit war dies Guido Rotter 25 Jahre früher.

Deutsch Gabel

Deutsch Gabel (*Německé Jablonné;* heute *Jablonné v Podještědí*). Die Bezirksstadt, auf einem Hügel am rechten Ufer des Jungfernbaches und von einem Kranz grüner Waldberge des Lausitzer Gebirges umgeben, hatte schon um 1240 Stadtrechte. Das erhaltene Stadtbuch geht auf das Jahr 1368 zurück. Zdislawa, gestorben 1252, war die Stifterin des Dominikanerklosters. In der Krypta der Kirche fand sie ihre letzte Ruhestätte. Die Kirche mit mächtiger Kuppel ist nach Plänen Johann Lukas Hildebrandts errichtet. Die Pestsäule auf dem Marktplatz stammt aus dem Jahre 1686. In dem Gebäude „Alte Post" hielten sich Kaiser Joseph II. (1779) und Napoleon I. (1813) auf.

Im Ersten Weltkrieg waren in einem Gefangenenlager Teile der ukrainisch-galizischen Armee, die

die Grenze überschritten hatten, interniert. Die wirtschaftlichen Verhältnisse waren geprägt von Baumwollweberei, Gerberei, Brauerei und Getreidehandel. In der Umgebung befinden sich der Hammersee, Schloß Lämberg, 1241 mit Burgkapelle erbaut, Schloß Neufalkenburg, Dewin mit Ruine und der bereits in Sachsen liegende Berg Oybin. 1930: 2406 Einw. (180 Tschechen).

Deutsch Liebau (*Německá Libina*), ein langgestreckter, an der Bahnlinie Olmütz – Sternberg – Mährisch Schönberg gelegener Marktflecken, der durch vorgelagerte Höhen im Norden und Osten geschützt ist und 287 m ü. M. liegt; bereits im 14. Jh. erwähnt. Die Kirche ist ein spätgotischer Bau aus dem 16. Jh.; 1721 barockisiert.
Deutsch Liebau lag im Bezirk Mährisch Schönberg. Der sich in einer Länge von 5 km hinziehende Markt wurde gerne als Sommerfrische aufgesucht; er bot interessante Ausflüge: Bradelstein, Dreisteine, die Reschener Wasserfälle, die Nachbardörfer Steine, Waldheim, Oskau und Trübenz. Wirtschaftlich bemerkenswert war die Leinenweberei (Norbert Langer). Es gab auch Fabriken für Drahtgewebe und landwirtschaftliche Maschinen. 1930: 4224 Einw. (134 Tschechen).

Hausweber in Deutsch Liebau

Kilian Ignaz Dientzenhofer

Dientzenhofer, oberbayerische Baumeisterfamilie, aus der Christoph und dessen Sohn Ignaz Kilian den Barockbau in Prag und Böhmen beeinflußten wie kaum ein anderer Künstler.
Dientzenhofer, *Christoph,* ∗ 1655 St. Margarethen bei Rosenheim, † 1722 Prag, hatte seit 1686 Bürgerrecht in Prag, wo er Neuerungen der Barockbaukunst einführte; er baute St. Niklas auf der Kleinseite, die Klosterkirche in Břewnow, Maria Loreto auf dem Hradschin, das Kloster in Tepl, St. Klara in Eger u. a. Sein Sohn ist
Dientzenhofer, *Ignaz Kilian,* ∗ 1689 Prag, † 1751 Prag. Er war der größte Künstler der an vielen Orten wirkenden Baumeisterfamilie. Der Prager Barock wurde durch ihn nachhaltig bestimmt. Die von seinem Vater begonnene Niklaskirche auf der Kleinseite vollendete er. Dazu kamen die Niklaskirche in der Altstadt, die Ursulinenkirche, die Johannes-Nepomuk-Kirche, St. Thomas, das Lustschlößchen Amerika, ebenso baute er in der Provinz Kirchen in Karlsbad, Priesen, Braunau, Wahlstatt/Schlesien, Grüssau u. a. Ein Sohn Ignaz Kilians, *Wilhelm,* wurde Augustiner

Kardinal Franz I. von Dietrichstein

und Prior des Klosters Hohenelbe, ein anderer, *Wenzel,* trat in den Jesuitenorden ein; nach dessen Aufhebung lehrte er als Professor des Staats- und Völkerrechts an den Universitäten Innsbruck und Prag.

Dietrichstein, Franz von, ∗ 1570 Madrid, † 1636 Brünn. Die Dietrichstein hatten 1560 die Herrschaft Nikolsburg erworben. Franz wurde 1599 in Rom zum Kardinal ernannt und wirkte von 1599–1636 als Bischof von Olmütz. Seit 1607 war er Präsident des Kaiserlichen Geheimen Rates. Nach der Schlacht am Weißen Berg eingesetzt als Kaiserlicher Generalkommissar und Statthalter von Mähren, führte der Vertraute Ferdinands II. in Mähren die Gegenreformation durch. Es entstanden über 200 neue Pfarreien, außerdem holte er die Piaristen ins Land. In Nikolsburg entstand 1631 die erste Niederlassung dieses Schulordens nördlich der Alpen. Franz v. D. schuf Bibliotheken in Nikolsburg und Kremsier.

Dietzenschmidt (eigentlich Schmid), **Anton Franz,** ∗ 1893 Teplitz-Schönau, † 1955 Eßlingen, ist einer der wenigen sudetendeutschen Dramatiker, der durch S. Jacobsohn entdeckt wurde. Durch Carl Sonnenschein in Berlin erfolgte seine religiöse Erweckung. Seine Dramen „Die Nächte des Bruders Vitalis", „Die St. Jacobsfahrt", „Die Vertreibung der Hagar", „Die Hinterhauslegende" u. a. erlebten viele Aufführungen. Manche wurden zu Volksstücken, z. B. „Vom lieben Augustin", die auch Laienspieler gerne spielten.

Karl Ditters von Dittersdorf

Prokop Diwisch

Dietzenschmidt erhielt 1919 den Kleistpreis und 1928 den Staatspreis für Literatur. 1933 wurde er mit dem Publikationsverbot belegt.

Diözesen. Die Länder Böhmen, Mähren und Schlesien sind kirchlich eingeteilt in zwei Erzdiözesen: Prag und Olmütz. Prag sind die Suffraganbistümer Leitmeritz, Königgrätz und Budweis unterstellt, dem Erzbistum Olmütz die Diözese Brünn. Die Grenzen der Bistümer stimmen in einigen Fällen nicht mit den Staatsgrenzen überein. So gehören im Gebiet von Glatz 55 Pfarreien und 5 Lokalkaplaneien zur Erzdiözese Prag, während 3 Dekanate mit 46 Pfarreien im preußisch-schlesischen Gebiet um Leobschütz – Katscher zur Olmützer Erzdiözese gehören. Im umgekehrten Fall unterstehen 67 Pfarreien und 22 Lokalkaplaneien in West- und Ostschlesien der Erzdiözese Breslau.

Ditters von Dittersdorf, Carl, ∗ 1739 Wien, † 1799 auf Vorwerk Neuhof bei Przibram. Der Komponist lebte von 1769–1794 im Dienst des Breslauer Fürstbischofs auf dessen Schloß Johannesberg bei Jauernig. Nach der Entlassung wohnte er in Neuhof auf der Besitzung des Freiherrn von Stillfried. Hier diktierte er seine Autobiographie. Er war ein Künstler auf der Geige. Als Tonsetzer gehört er zu den Begründern der komischen Oper in deutscher Sprache und des Wiener Singspiels. Das bekannteste ist „Doctor und Apotheker". Neben Symphonien schrieb er Oratorien, Messen, Streichquartette und Sonaten.

Diwisch, Prokop, ∗ 1696 Senftenberg/Böhmen, † 1765 Brenditz bei Znaim. Der Prämontratenser des Stiftes Klosterbruck war in Brenditz Pfarrer, wo er 1754 den ersten Blitzableiter aufstellte, und zwar einige Jahre vor Benjamin Franklin. Diwisch war auch Mathematiker, Erforscher der Elektro-Heilmethoden, damit Begründer der Elektroheiltherapie, und Musiker, der sogar ein Musikinstrument, das Denisdor, erfand.

Dollhopf, Elias, ∗ 1703 Tachau, † 1773 Schlaggenwald. In der Nachfolge Asams schuf der Freskenmaler, Ratsherr und Bürgermeister in Schlaggenwald die Fresken in Stadt- und Stiftskirche Tepl, in den Kirchen von Mies, Maria Kulm, Schlaggenwald, St. Joachimsthal und in der Dientzenhofer-Kirche in Pistau bei Marienbad, ebenso in Waldsassen und Fockenfeld. Er war ein Meister der Porträtkunst.

Domstadtl (*Domašov*). Die Stadtgemeinde im Bezirk Sternberg ging in die Geschichte ein durch

Fachwerkhaus in Donawitz

ein Gefecht im Jahre 1758, als General Laudon mit seinen österreichischen Truppen eine preußische Nachschubkolonne mit Munition und Proviant für Friedrich II., der Olmütz belagerte, vernichtete. Die Belagerung von Olmütz mußte daraufhin abgebrochen werden. Die dankbaren Bürger von Olmütz ließen deshalb im Nordosten von Domstadtl ein Denkmal errichten.
Orts- und Flurnamen von Domstadtl, das 1614 Stadtrechte erhielt, weisen darauf hin, daß hier Erzbergbau betrieben wurde und Eisenhütten und Eisenhämmer entstanden. Die Kirche St. Anna ist ein Barockbau aus dem Jahre 1791. Die schöne Lage in einem Talkessel und das gesunde Klima machten die Stadt zu einer Sommerfrische. In der Nähe liegt das romantische Feistritztal mit eigenartigen Felsbildungen (Rabenstein). Es wurde Kristallsoda, Kohlensäure und Holzwolle erzeugt. Es gab auch zwei Mühlen.
1930: 1149 Einw. (88 Tschechen).

Donawitz (*Stanovice*), Gemeinde im Bezirk Karlsbad mit 1076 Einw. (2 Tschechen). In der Gegend wurden Kaolin, Feldspat, Granit, Eisenerz und Braunkohle gewonnen, Grundlage für eine vielseitige Industrie. Die seit 1972 errichtete Trinkwassertalsperre liefert Wasser für Karlsbad und Umgebung.

Donnersberg s. Milleschauer.

Adam Kraft Verlag

Dreisesselberg

Doppler, Christian, ∗ 1803 Salzburg, † 1853 Venedig. Der Gelehrte war Professor an den Technischen Hochschulen in Prag und Wien. Er entdeckte den sog. Doppler-Effekt; dieser betrifft die Änderungen der Wellenfrequenz bei Bewegung der Licht- und Tonquelle; damit legte er eine wichtige Grundlage für die moderne Astrophysik.

Dopsch, Alfons, ∗ 1868 Lobositz, † 1953 Wien. Der Wirtschafts- und Kulturhistoriker war zuerst Mitarbeiter bei den Monumenta Germaniae historica, 1898 wurde er Professor der allgemeinen und österreichischen Geschichte an der Universität Wien. 1921/1922 war er deren Rektor. In 14 Bänden gab er die „Forschungen zur inneren Geschichte Österreichs“ heraus. Er schrieb eine „Verfassungs- und Wirtschaftsgeschichte des Mittelalters“, „Die deutsche Kulturwelt des Mittelalters“ und „Herrschaft und Bauer in der deutschen Kaiserzeit“. Er behandelte auch die historische Stellung der Deutschen in Böhmen. Die Deutsche Universität in Prag verlieh dem vielfach Ausgezeichneten die Ehrendoktorwürde.

Dörfl, Rudolf, ∗ 1855 Groß Becskerek/Südungarn, † 1938 Prag. Seit 1891 Professor an der Prager Deutschen Technischen Hochschule, errichtete er dort 1906 aus eigenen Mitteln ein Maschinenbaulaboratorium, das erste Österreich-Ungarns. Als Erfinder der Doerflschen Doppeldaumensteuerung, ferner als Konstrukteur und Dampfmaschinenbauer ging er in die Technikgeschichte ein. Große Verdienste erwarb er sich auf dem Gebiet der Studentenfürsorge.

Dostal, Nico, ∗ 1895 Korneuburg, † 1981 Salzburg. Die Ahnen des Komponisten stammen aus der Sprachinsel Deutsch Brodek. Sein Großvater war ein bekannter Militärkapellmeister in Olmütz. Dostal war seit 1924 in Berlin Notenkopist, darauf Operettendirigent. Bald hatte er große Erfolge mit eigenen Operetten: „Clivia“, „Die Vielgeliebte“, „Nofretete“, „Ungarische Hochzeit“. Er schrieb viele Filmmusiken. Durch seine Operetten hat er Weltruhm erlangt.

Dotzauer, Richard von (seit 1867), ∗ 1816 Graslitz, † 1887 Prag. Der „Vater des Erzgebirges“ war Großkaufmann und Präsident der Prager Handels- und Gewerbekammer, Obmann des Zentralkomitees zur Beförderung der Erwerbstätigkeit des böhmischen Erz- und Riesengebirges und Abgeordneter des böhmischen Landtags. Der Wirtschaftspolitiker Dotzauer, Mitbegründer des Vereins für Geschichte der Deutschen in Böhmen, war der anerkannte Führer der Deutschen Böhmens. 26 größere Gemeinden hatten ihn zum Ehrenbürger und 50 Vereine zum Ehrenmitglied ernannt. Sein hervorstechendster Charakterzug war seine Wohltätigkeit, der seine Erzgebirgsheimat viel verdankte.

Dubitzer Kirchlein

Drahowitz (*Drahovice*). Der Vorort des Weltbades Karlsbad zieht sich am Flußbett der Eger bis zum Fuß des Dreikreuzberges hin. Wegen seiner Promenadenwege zum nahen Kurort war Drahowitz beliebt als Sommerfrische. Es wurden Filz- und Strohhüte erzeugt. Drahowitz war der Sitz des Adam Kraft Verlags, der für das kulturelle Leben der Sudetendeutschen eine maßgebliche Rolle spielte.
1930: 6198 Einw. (213 Tschechen).

Drechsler, Joseph, ∗ 1782 Wällisch Birken bei Prachatitz, † 1852 Wien. Der Sohn eines deutschen Kantors war in Wien Organist bei St. Stephan und Komponist, schrieb 5 Opern, viele kirchenmusikalische Werke und zu 50 Possen die Musik, darunter auch solche Raimunds. Viele seiner Melodien wurden volkstümlich, so „Brüderlein fein“. Zu seinen Schülern gehörte Johann Strauß Sohn.

Dreisesselberg, auch Sesselfels (*Třistoličná hora*), 1312 m ü. M. Der Grenzberg gehört zum Plöckensteingebirge und ist eine südlich der Senke von Kuschwarda aufgetürmte Felsenmasse. Um den Berg an der Dreiländerecke von Österreich, Deutschland und der Tschechoslowakei ranken sich viele Sagen.

Dreßler, August Wilhelm, ∗ 1886 Bergesgrün bei Brüx, † 1970 Berlin. In Dresden und Leipzig hatte er studiert, war Lehrer an der Berliner Akademie der Künste und lebte schließlich als freischaffender Künstler in Berlin. In seinen Bildern, die der Neuen Sachlichkeit zugerechnet werden können, läßt sich seine sozial- und kulturkritische Einstellung erkennen. Daneben war er ein Meister des Porträts. Großartig ist sein Bildnis Max Liebermanns (1928). Dreßler hat zahlreiche Ausstellungen beschickt und viele Preise erhalten. Sein Werk wird in Auswahl in einer Monographie (1970) vorgestellt.

Dubitz (*Dubice*) und Dubitzer Kirchlein. Das Dorf Dubitz liegt 7 km südlich von Aussig. Das Dubitzer Kirchlein, ein Wahrzeichen des Elbetales, steht auf einem vorgeschobenen Punkt 180 m über dem steilen Abfall. Die Barbarakapelle stammt aus der spätgotischen Zeit, erhielt später aber ein barockes Gesicht. 1820 erneuter Umbau. Zur Baumblüte, wenn die Umgebung wie mit einem weißen Schleier zugedeckt ist, zog das Kirchlein viele Wanderer an. Die Sage erzählt: Um 1500 stand dort eine Kapelle, zu der ein Ritterfräulein aus Kamaik täglich zum Beten kam. Eines Tages wurde sie eingeschlossen und mußte verhungern. Zu ihrem Gedächtnis errichtete man das Kirchlein. 1930: 358 Einw.

Duppau (*Doupov*), Stadt des Bezirks Kaaden in Nordwestböhmen. Im Westen erhebt sich das Duppauer Gebirge, das aus Basalt besteht und im Burgstadl 932 m erreicht. Pfohl nannte das Gebirge neben dem mitteldeutschen Vogelsberg die bedeutendste Basaltmasse Mitteleuropas, die einst ein einziger feuerspeiender Vulkan war. Duppau, Sitz der Herren von Duppau, war bereits im 16. Jh. Stadt. Hier wurde Ackerbau getrieben. Bemerkenswert das Schloß und das von Geistlichen geleitete Gymnasium mit Konvikt.
Malerisch am Aubachtal gelegene Sommerfrische. Am nahen Burberg soll sich die sagenhafte Wogastisburg befunden haben, wo Samo, der Beherrscher der slawischen Stämme Böhmens, das Heer der Franken unter Dagobert geschlagen haben soll. Die Stadt Duppau wurde nach der Vertreibung der Deutschen dem Verfall anheimgegeben. 1930: 1524 Einw. (18 Tschechen).

Dürnholz (*Drnholec*). Die Marktgemeinde im südmährischen Bezirk Nikolsburg war im 16. Jh. ein Mittelpunkt der Habaner in Mähren. In der Burg und in dem daraus entstandenen Schloß saßen die Kanitz, Liechtenstein und Teuffenbach. Die Pfarrkirche zur Hl. Dreifaltigkeit ist ein Rokokobau mit Altarblättern von Josef Winter-

Kloster Duppau

halter und Plastiken von Andreas Schweigel d. Ä. Eine Immaculata-Säule stammt aus dem Jahre 1718. Dürnholz hat Wein-, Obst- und Gemüsebau. 1930: 2896 Einw. (232 Tschechen).

Dux (*Duchcov*). Die Umgebung von Dux am Südabhang des Erzgebirges inmitten des nordwestböhmischen Braunkohlenreviers ist uraltes Siedlungsgebiet. Zeugnis davon geben viele Funde in der Riesenquelle bei Loosch. Die Stadt war Eigentum der Herren von Ossegg-Riesenburg, später Eigentum König Wenzels. Spätere Besitzer waren, nachdem Dux von den Hussiten eingenommen und zerstört worden war, die Salewitz, Lobkowitz und Waldstein (seit 1642). Diese erbauten das Schloß und legten reiche Sammlungen an, auch eine Bildergalerie. Reiner schuf für die Innenaustattung Fresken, Matthias Braun Plastiken. Der Abenteurer Casanova lebte seit 1785 als gräflicher Bibliothekar im Schloß und hatte hier Muße, seine berühmten Memoiren zu schreiben. Auch Goethe, Schiller und Beethoven, dessen erster Mäzen ein Waldstein war, weilten im Schloß.
Die Schloßkirche Mariä Verkündigung von Canevale (Pläne von Mathey), 1722 vollendet, brannte 1945 aus. Das Kuppelfresko von Lorenz W. Reiner aus der 1958 niedergerissenen Spitalskirche wurde abgenommen und in die Leitmeritzer Galerie gebracht. Am Barbarateich steht das Denkmal Walthers von der Vogelweide (1911), der in Dux geboren sein soll; diese Legende ist allerdings längst widerlegt. Im 1896 angelegten

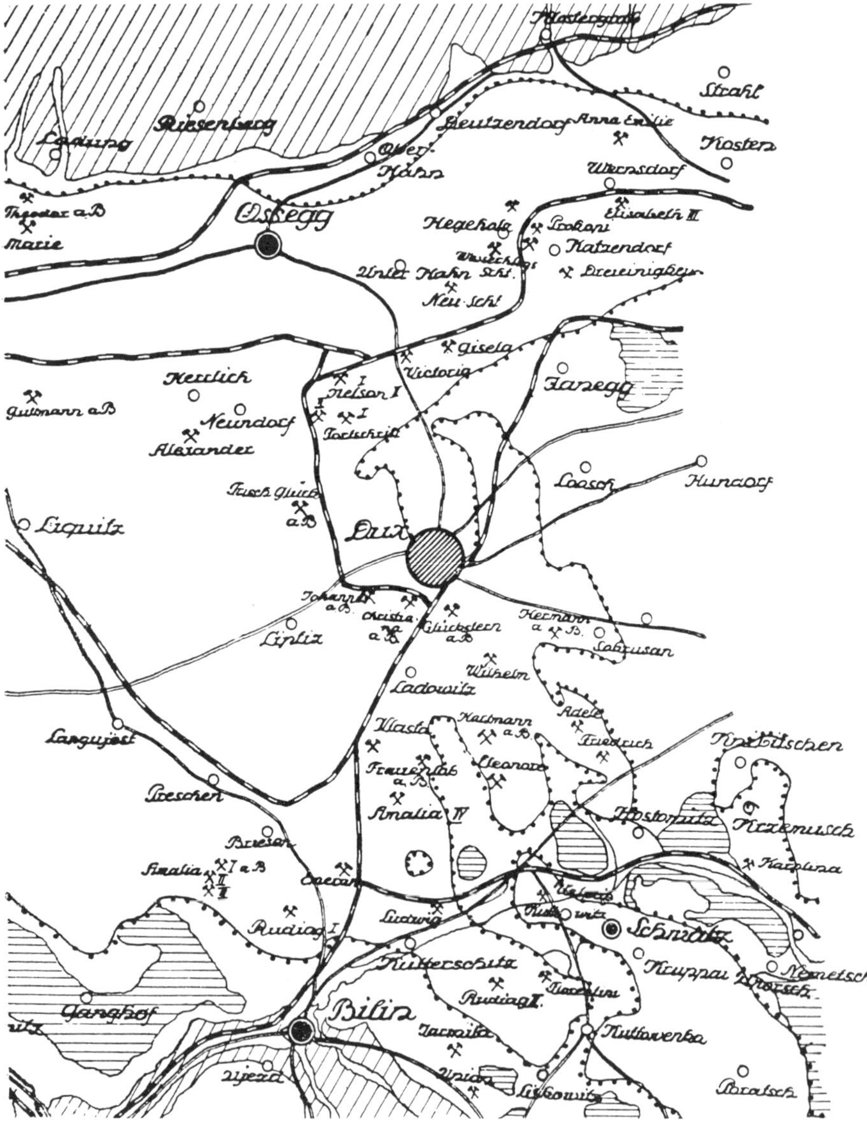

Bergbau um Dux

Stadtmuseum befinden sich viele vorgeschichtliche Funde neben heimatkundlichen und Kunstobjekten. Das Stadtarchiv barg Privilegien, Stadtbücher und Chroniken seit 1592.
Neben dem äußerst intensiven Kohleabbau sind für Dux zu erwähnen die Metallindustrie, die keramische Industrie, Farbwerke, Hohlglas- und Pappenfabriken, Leinwand- und Wirkwarenerzeugung, Holzverarbeitung. Es gab drei Buchdruckereien. Die Industrialisierung hatte seit dem 19. Jh. einen raschen Aufschwung genommen. Dem Bergbau diente die 1872 errichtete Deutsche Bergschule. Während die Stadt Dux im Jahre 1830 nur 1030 deutsche Bewohner hatte, stieg die Einwohnerzahl bis 1930 auf 13040 an, davon waren nur noch 6504 deutscher Nationalität, während die Zahl der Tschechen 6285 betrug. Bergbau und Industrialisierung waren die Gründe für die Zuwanderung tschechischer Arbeitskräfte; vielfach schufen die Tschechen im Laufe der Zeit künstliche Mehrheiten zu Gunsten ihres Volkes.

Dvořak, Max, ∗ 1874 Raudnitz, † 1921 Grusbach bei Znaim. Als Kunsthistoriker an der Universität in Wien und als Leiter des Staatlichen Denkmalamtes gilt Dvořak als der Initiator und Hauptvertreter der Kunstgeschichte unter geisteswissenschaftlichen Aspekten; mit seiner Betrachtungsweise begann eine neue Epoche der Kunstgeschichtsschreibung. Er begründete das „Kunstgeschichtliche Jahrbuch der Zentralkommission“ und redigierte die „Österreichische Kunsttopographie“. Wesentlich waren seine Bücher „Katechismus der Denkmalpflege“, „Kunstgeschichte als Geistesgeschichte“, „Idealismus und Naturalismus in der gotischen Skulptur und Malerei“ und „Geschichte der italienischen Kunst im Zeitalter der Renaissance“.

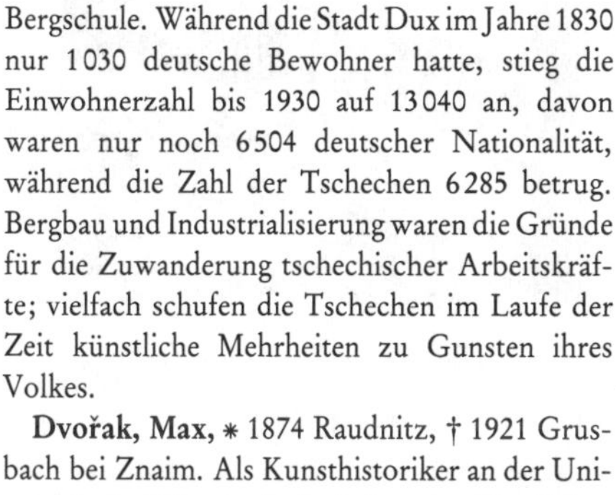

Dux, innerer Schloßhof

Marie von Ebner-Eschenbach

Ebner-Eschenbach, Marie von, ∗ 1830 Schloß Zdislawitz, † 1916 Wien. Die mährische Gräfin, eine geborene Dubsky, begann in Wien als Dramatikerin; als ihr Erfolge versagt blieben, wendet sie sich der Erzählung zu, und da wird sie die „wahrhaft österreichische Schriftstellerin im Sinne des alten Reiches, der gewesenen mitteleuropäischen Großmacht“ (August Sauer).
Ihr literarischer Realismus ist bestimmt von menschlicher Anteilnahme, sozialem Fühlen und psychologischer Auffassung. Ihre Erzählungen und Romane „Lotti, die Uhrmacherin“, „Die Freiherren von Gemperlein“, „Das Gemeindekind“, ihre „Dorf- und Schloßgeschichten“

machten sie zu einer der größten deutschen Dichterinnen.
Ihr autobiographisches Buch „Meine Kinderjahre“ und „Meine Erinnerungen an Grillparzer“ sind Spiegelbilder ihrer Zeit. Hohe Kunst mit Gedankentiefe gepaart findet man in den zahlreichen Aphorismen der Dichterin.

Edmundsklamm (*Souteška*). Benannt ist dieser vordere Teil des romantischen Tales der Kamnitz nahe der Elbe bei Herrnskretschen mit schroffen Felswänden zu beiden Seiten nach dem Fürsten Edmund Clary, dessen Familie Eigentümerin dieses Gebietes war und der 1890 die Klamm zugänglich machte. Weiter bachaufwärts folgen Wilde Klamm und Ferdinandsklamm. Sie gehören zu den zahlreichen Sehenswürdigkeiten des Elbesandsteingebirges. Attraktionen bieten die Kahnfahrten in dem abwechslungsreichen Tal.

Eger (*Ohře*), linker Nebenfluß der Elbe in Nordwestböhmen. Der 310 km lange Fluß hat seine Quelle am Schneeberg im bayerischen Fichtelgebirge, tritt bei Hohenberg nach Böhmen ein und mündet bei Theresienstadt in die Elbe, nachdem er den Bruchgraben im Süden des Erzgebirges durchflossen hat. Wegen des teilweise starken Gefälles ist Schiffahrt nicht möglich. Das Egertal ist reich an Heilquellen und Säuerlingen. Der Name der Eger ist keltischen Ursprungs und bedeutete die Rasche.

Edmundsklamm bei Herrnskretschen

Hof des Stadthauses in Eger

Eger (*Cheb*), der Mittelpunkt des Egerlandes, einst dem bayerischen Nordgau zugehörig, hatte schon vor 1125 eine Burg, bei der sich eine Siedlung entwickelte, die 1149 Markt wurde. Als der Markgraf des Nordgaues starb, kam das Egerland an das Reich. Als Kaiserpfalz unter Kaiser Friedrich Barbarossa wuchs Eger, wo auch drei Reichstage stattfanden, Macht und Einfluß zu; 1242 Nürnberger Recht, 1277 Reichsstadt. Für 20000 Mark Silber verpfändete Ludwig der Bayer die Stadt und das Egerland 1322 an Johann von Luxemburg „bei Garantie der völligen Unabhängigkeit vom Königreich Böhmen“ (H. Sturm). Die Einhaltung eines neutralen Status wurde im Laufe der Zeit immer schwieriger, bis schließlich mit dem Dreißigjährigen Krieg die Regio Egrana verwaltungsmäßig von Böhmen vereinnahmt wurde. Allerdings konnte erst die Auflösung des Reiches 1803 die Reichspfandschaft auflösen. Als Teil der Habsburger Herrschaft kam das Egerland an den Nachfolgestaat Tschechoslowakei. Kirchlich unterstand das Egerland dem Bistum Regensburg; 1807 kam es an das Prager Erzbistum.

Der Bedeutung, die Eger geschichtlich und als Zentrum eines wirtschaftlich reichen deutschen Umlandes hatte, entsprach auch seine äußere Darstellung. Auffallend der mittelalterliche Stadtkern mit dem Marktplatz, einer Anlage des 13. Jh., mit alten Häusern ringsum. Das sogenannte „Stöckl" und die beiden Marktbrunnen waren ebenso Sehenswürdigkeiten wie das Schirndingerhaus, das Schillerhaus und das alte Rathaus. 1634 wurde Wallenstein im Stadthaus ermordet, das darin befindliche Museum mit dem Wallensteinzimmer erinnert daran. Wallensteins Anhänger fielen gleichzeitig auf der Egerer Burg dem Anschlag zum Opfer. Auch der Winterkönig Friedrich von der Pfalz, Schiller, Goethe, den Freundschaft mit dem Egerer Magistrats- und Kriminalrat Grüner verband, und andere Persönlichkeiten weilten hier.

Die alte Burg, 1125 errichtet, später als Kaiserpfalz ausgebaut, mit der kunsthistorisch wertvollen Doppelkapelle, wurde 1742 von den Franzosen zerstört. Ein Wahrzeichen der Stadt ist heute noch der Schwarze Turm, der Bergfried der alten Kaiserburg, errichtet aus mächtigen Lavablökken, im 15. Jh. mit einem Ziegelaufbau aufgestockt.

Die Erzdekanalkirche St. Nikolaus mit romanischen Bauteilen und frühgotischem Chor ist in der heutigen Gestalt ein Werk des 15. Jh. Die Osttürme wurden 1945 beschädigt. Hier bestand bis zu den Hussitenkriegen eine Kommende des

Eger, Marktplatz und Stöckel

Die Kaiserburg zu Eger

Deutschen Ordens. Die Dominikanerkirche wurde im 17. Jh. von Abraham Leutner umgebaut. Die Kirche St. Bartholomäus, 1414 fertiggestellt, gehörte zum Kreuzherrenkloster; sie dient heute der Städtischen Kunstgalerie als Ausstellungsraum für gotische Bildhauerarbeiten. Das Kloster der Franziskaner, dessen Kirche 1285 vollendet wurde, beherbergt das Kreisarchiv. Die zum Klarissenkloster gehörende Kirche St. Klara, ein prächtiger Barockbau von Christoph Dientzenhofer, wurde als Gedenkhalle für die Toten des Ersten Weltkrieges 1937 von Franz Gruß mit einem mächtigen Fresko ausgestattet; es wurde jedoch nach 1945 übertüncht. Das Klarissenkloster wurde bereits 1782 aufgehoben.

Einen einmaligen Rang nahm schon früher das Archiv der Stadt Eger ein, das Urkunden seit 1266 aufbewahrte, Akten seit 1330, Amtsbücher seit 1352 und Chroniken seit 1560. Auch das Museum nahm einen hohen Rang ein, besaß es doch neben Wallensteinerinnerungen auch Kunstwerke, Zeugnisse der Volkskunst des Egerlandes und des Egerer Zunftwesens, Münzen- und Siegelsammlungen, vor allem das wertvolle Antependium aus dem 14. Jh., Kantionalia, Holzbildwerke und kunstgewerbliche Arbeiten, hier wieder berühmte Egerer Reliefintarsien, geschaffen von Kunsttischlern der Barockzeit, z. B. von Georg Fischer, Bernhard Drachsler, den Familien Haberstumpf, Eck, Haberlitz u. a.

Viele berühmte Persönlichkeiten entstammten der alten Reichsstadt, wie der Buchdrucker Johannes Sensenschmidt, der Barockbaumeister Balthasar Neumann und J. S. Grüner, der Verfasser der ersten Egerländer Volkskunde.

In Eger erschienen mehrere Zeitungen und Zeitschriften, auch „Unser Egerland" und „Witiko". Es war eine wichtige Handelsstadt mit großen Werken der Metall-, keramischen, Nahrungsmittel-, Leder- und Textilindustrie; außerdem gab es zwei Fahrradfabriken, Holzindustrie und chemische Fabriken.

Über die Zunahme der tschechischen Bevölkerung, die der tschechische Staat mit allen Mitteln in rein deutschen Gegenden zu vermehren trachtete, geben die hier wiedergegebenen Zahlen für die Jahre 1910 und 1930 deutlich Auskunft; 1910 hatte Eger 26631 Einwohner, davon 22979 Deutsche und 129 Tschechen (einschließlich Militär). Im Jahre 1930 zählte man mit Dölitz, Lehenstein und Schwarzenteich 31546 Einwohner; davon waren 25120 Sudetendeutsche, 3496 Tschechen (einschließlich Militär), 2811 Ausländer, 119 andere (davon 75 Juden und 30 Russen).

Emil Lehmann schrieb über diese Stadt: „Es ist ein Klein Nürnberg, diese alte Reichsstadt, und war einmal eine große reichspolitische Stellung: eben unter Friedrich I., da es mit dem Vogtland, dem Land der kaiserlichen Vögte, und der Oberpfalz zusammen ein Stützpunkt für die kaiserliche Machtentfaltung nach Osten hin war."

Egerländer Bauernhof

Egerland. Die Landschaft im nordwestlichen Böhmen an der oberen Eger ist eingerahmt von Erzgebirge und Kaiserwald, Böhmerwald und Fichtelgebirge. Mittelpunkt ist die alte Reichsstadt Eger. Geschützt durch das Erzgebirge, erfreut es sich einer günstigen klimatischen Lage. Diese und der fruchtbare Boden sind Grundlagen für das stammesbewußte Bauerntum, das seine Tradition bewahrte, was sich in der Tracht, im Brauchtum und im Hausbau (Fachwerkbauten) zeigte. Geologisch bemerkenswert sind der Kammerbühl, ein erloschener Vulkan aus der Diluvialzeit, den Goethe höchst interessant fand, die Phylitrücken bei Maria Kulm, das schluchtenrei-

Das Egerland

che Gelände bei Elbogen und Karlsbad (Granit), die Quellen von Karlsbad, Marienbad und Franzensbad.
Das engere Egerland besteht aus den Gerichtsbezirken Eger und Wildstein, das weitere stammliche Egerland erstreckt sich auf das Gebiet, in dem die Egerländer Mundart gesprochen wird, ganz Westböhmen mit seinen Ausstrahlungen nach Bayern hin. Vor dem Zweiten Weltkrieg hatte das Egerland 800000 Einwohner und bestand aus den politischen Bezirken Asch, Bischofteinitz, Eger, Elbogen, Falkenau, Graslitz, Karlsbad, Luditz, Marienbad, Mies, Neudek, Plan, Tachau und Tepl mit zusammen 857 Gemeinden. Das historische Egerland ist jener Landesteil, der 1322 gemeinsam mit der Reichsstadt Eger an Böhmen verpfändet wurde.
Im Egerland lebt ein Volksstamm, von dem Goethe sagt: „Es ist ein wackeres, abgeschlossenes Völkchen. Ich habe die Egerländer wegen ihrer beibehaltenen Kleidertracht, die ich in früheren Jahren wahrnahm, liebgewonnen." Goethe schätzte diese Menschen und ihr Land; das bezeugen viele seiner Aussprüche und Aufzeichnungen.

Egerländer Gmoin. Diese kulturelle und gesellschaftliche Vereinigung stammesbewußter Egerländer wurde am 10. November 1907 in Bodenbach/Elbe gegründet. Einer ihrer Initiatoren war Richard J. Siegl von der Bodenbacher Gmoin, der im Jahre 1920 zu den sieben bereits bestehenden Gmoin 76 neue in der damaligen Tschechoslowakei und 23 Vereine außerhalb des Landes ins Leben rief. 1922 gründete Siegl in Bodenbach die „Egerländer Bundeszeitung", nachdem vorher die Zeitschrift „Unser Egerland" für die Mitteilungen der Eghalanda Gmoin gedient hatte. In der Vertreibung bildeten sich wieder zahlreiche Gmoin; die Münchner, bereits am 13. März 1910 gegründet, wurde nun mit über 750 Mitgliedern zur zweitstärksten Gruppe in der Bundesrepublik Deutschland.

Friedrich Egermann

Huasn-Oa(n)toutara

Egerländer Marsch oder Dreiundsiebziger Marsch war der Traditionsmarsch des Regiments 73, das 1748 nach Eger verlegt worden war. Bei einem Konzert der Regimentskapelle des k. u. k. Infanterieregiments Nr. 73 „Erzherzog Albrecht von Württemberg" erklang der Marsch in Pilsen im Jahre 1891 zum erstenmal. Der Komponist war der Regimentskapellmeister Wendelin Kopetzky. Aus dem untergelegten Text „Musikanten, spielts recht brav" wurde schließlich „Eghalanda, halt's enk z'samm!"

Egermann, Friedrich, * 1777 Schluckenau, † 1864 Haida. In der Gläserherstellung gebührt Egermann ein hoher Rang. Als Glasmaler und Glaserzeuger erfand er das „Mattschleifen und die Kunst des Überfangens der fertigen Kristallmasse mit beliebigen durchsichtigen Farben". Auf ihn gehen zurück das Achat-, Marmor- und Lithyalinglas, die Silberlasur, das Perlmutter- und Biskuitemail. Von ihm stammen die schönsten Exemplare böhmischer Farbgläser der Biedermeierzeit. Als ihm das Rezept für das von ihm erfundene Rubinglas entwendet wurde, verfiel er in Depressionen. Ihm war es zu danken, wenn Haida in der Glasveredelung einen ersten Platz einnahm.

Egranus, Johannes Sylvius s. Wildenauer, Johannes Sylvius

Ehm, Hermann, * 1883 Sebastiansberg, † 1961 Oberursel. Der Physiker und Mathematiker, Professor an der Deutschen Lehrerbildungsanstalt und Dozent an der Deutschen Pädagogischen Akademie in Prag, war auch ein genialer Konzert- und Oratoriensänger, der zwischen 1920 und 1938 in etwa 300 Lieder- und Oratorienabenden auftrat, viele Rundfunkkonzerte gab und fast jede Woche im Schulfunk sang. Mit dem von ihm gegründeten Dr.-Hermann-Ehm-Quartett hat er in der sudetendeutschen Musikgeschichte wichtige Akzente gesetzt, hauptsächlich durch seine Bach-Interpretationen.

Ehrenbrief der Sudetendeutschen Landsmannschaft. Eine Auszeichnung, die für außerordentliche Leistungen auf dem Gebiete der Politik, der Wirtschaft, der Kunst und Wissenschaft verliehen wird. Die Leistungen müssen über den Rahmen der Volksgruppe hinaus Bedeutung erlangen oder bleibende Auswirkung auf die Volksgruppe erzielt haben.

Eichendorff, Joseph von, * 1788 Schloß Lubowitz bei Ratibor, † 1857 Neisse. Der bekannteste Dichter der Romantik, Freiwilliger an den Befreiungskriegen, hat sich oft in Böhmen, Mähren und Schlesien aufgehalten, vor allem in Sedlnitz im Kuhländchen, wo seine Familie Besitz hatte. Im dortigen Schlößchen verlebte er glückliche Tage seiner Jugend. Vor dem Gebäude, das heute als Kulturhaus eingerichtet ist, steht das Denkmal des Dichters, 1932 als Feldsteinpyramide errichtet. Eine Replik des Eichendorff-Denkmals in Neutitschein („Der Taugenichts") steht seit 1951 in Wangen/Allgäu. Berühmt wurde der Dichter durch seine Novellen („Aus dem Leben eines Taugenichts", „Das Marmorbild"), seinen Roman „Ahnung und Gegenwart" und durch seine Gedichte, die volksliedhaften Charakter haben („Wem Gott will rechte Gunst erweisen", „O Täler weit, o Höhen", „Wer hat dich, du schöner Wald", „In einem kühlen Grunde"). 1957 kam Eichendorffs Büste in die Walhalla.

„Wanderlied der Prager Studenten"
Nach Süden sich nun lenken
Die Vöglein allzumal,
Viel Wandrer lustig schwenken
Die Hüt' im Morgenstrahl.
Das sind die Herrn Studenten,
Zum Tor hinaus es geht,
Auf ihren Instrumenten
Sie blasen zum Valet:
Ade in die Läng' und Breite,
O Prag, wir ziehn in die Weite:
Et habeat bonam pacem,
Qui sedet post fornacem!

Joseph von Eichendorff

Schloß Sedlnitz

Rudolf von Eichthal

Eichert, Franz, ∗ 1857 Schneeberg bei Tetschen, † 1926 Breitenfurt bei Wien. Bevor er sich der Literatur widmete, war er Eisenbahnbeamter. Im Lager der christlich-sozialen Bewegung, betreute er als Redakteur das „Volksblatt für Stadt und Land" (1894–1906) und die Zeitschrift „Gral" (1906–1926), das Organ der katholischen literarischen Vereinigung Gralbund. Seine zumeist religiöse Lyrik erschien in 7 Bänden.

Eichthal (eigentlich Pfersmann von Eichthal), **Rudolf,** ∗ 1877 Mährisch Trübau, † 1974 Wien. Im Ersten Weltkrieg Generalstabschef der Tiroler Landesverteidigung, dann Divisions- und Korps-Generalstabschef. Nach dem Zusammenbruch 1918 Trompeter im Bühnenorchester des Wiener Burgtheaters, gründete und dirigierte er den Trompeterchor der Wiener Staatsoper. Als freier Schriftsteller in Wien schrieb er zahlreiche Romane und Erzählungen, hauptsächlich mit Themen aus der alten Armee. Sie erschienen in mehr als 100000 Exemplaren. Genannt seien „Der Kreuzberg", „Miczike", „Die goldene Spange", „Pförtnerin Maria", „Die Husarenprobe" und „Habt acht!"

Eichwald (*Dubí*). Der Kurort, mit Teplitz-Schönau durch eine elektrische Bahn verbunden, erstreckt sich in geschützter Lage in einem Tale unterhalb des Erzgebirges. 1872 zum Kurort erhoben, suchten viele Heilungsuchende Eichwald auf, dessen große Kuranstalt, das Theresienbad, als Kaltwasserheilanstalt berühmt war. Die Marienkirche, 1906 eingeweiht, wurde vom Fürsten Clary nach dem Vorbild der Kirche Madonna dell Orto in Venedig errichtet.

In Eichwald, das auch Wintersportort war, gab es Siderolith- und Porzellanfabriken, holzverarbeitende und andere Industrie. In der Nähe lag das Jagdschloß Tuppelburg mit Tiergarten. Das Schloß mit einer Sammlung seltener Geweihe wurde 1966 vom Institut für Landschaftsschutz übernommen.

1930: 4411 Einw. (586 Tschechen).

Eidlitz (*Údlice*). Die Stadt südlich von Komotau hat eine alte Pfarrkirche (1370 erwähnt, jetzige Gestalt 1672), ein Schloß, 1695 vom Grafen Harras errichtet, und ein Rathaus, 1740 nach einem Brand neu gebaut. Nach der Stadterhebung 1469 war Eidlitz im Besitze der Lobkowitz von Hassenstein, ferner der Herrschaften Komotau und Rothenhaus. In dem altertümlichen Städtchen am Komotauer Bach gab es eine Bade-Kuranstalt (eisenhaltiges Wasser) und geringe Industrie (Tonwarenerzeugung, Lohgerberei und zwei Mühlen). In der Nähe befanden sich Kohlenbergwerke. 1930: 2452 Einw. (182 Tschechen).

Bubenreuth

Geretsried

Eingliederung. Die Vertriebenen waren zunächst überwiegend in Sammellagern untergebracht. Da in Deutschland wegen der Kriegszerstörungen größte Wohnungsnot herrschte, hatten 1950 nur 22 v. H. der Vertriebenen eine normale Wohnung, 1956 waren es schon 63 v. H. und 1960 schließlich 69 v. H. An einzelnen Orten kam es zu Zusammenballungen von Sudetendeutschen, so in München (70.000–80.000) und in den Gemeinden aus wilder Wurzel; in ehemaligen Munitionslagern oder unerschlossenen Gegenden haben Sudetendeutsche große Pionierleistungen vollbracht.

Es entstanden die Gemeinden Bubenreuth bei Erlangen (Musikinstrumentenmacher aus Schönbach im Egerland), Geretsried-Gartenberg, Neugablonz bei Kaufbeuren (Glas- und Schmuckwarenerzeuger aus Gablonz), Neutraubling bei Regensburg, Traunreut bei Traunstein, Waldkraiburg bei Mühldorf und Weidenberg im Fichtelgebirge (Gablonzer Industrie).

Beteiligt sind Sudetendeutsche auch an den Vertriebenensiedlungen Allendorf im Kreis Marburg, Espelkamp im Kreis Lübbecke, Trappenkamp im Kreis Neumünster und Rheinbach in der Eifel, wo die künstlerische Glastradition Steinschönaus (Nordböhmen) gepflegt wird. Für alle diese Vertriebenen gilt, was auf dem Gedenkstein vor dem Rathaus in Geretsried steht: „Not und Elend brachten uns her, Arbeit und Fleiß schufen uns Ehr'"

Kaufbeuren-Neugablonz

Neutraubling

Traunreut

Waldkraiburg

Einsiedl (*Mnichov*). Die Stadtgemeinde im Tepler Hochland befindet sich im Bereich des Weltkurortes Marienbad. Eine von Tepl aus entstandene Einsiedelei gab den Namen. Im 15. Jh. wurde nach Zinn gegraben, 1526 Verleihung des Stadtrechts. Die Pfarrkirche hat eine wertvolle Innenausstattung (1725), das Rathaus stammt ebenso aus der Barockzeit. Ein Mädchenpensionat wurde von Schulschwestern de Notre Dame betreut. Eine Besonderheit waren die Edelserpentin-Steinbrüche. Gegen Sangerberg zu lag ein Segelflugplatz.

1930: 888 Einw. (39 Tschechen).

Einstein, Albert, * 1879 Ulm, † 1955 in Princeton/USA. Der Entdecker der Relativitätstheorie und Nobelpreisträger wirkte 1911/1912 als Professor und Direktor des Instituts für theoretische Physik an der Deutschen Universität in Prag. Im Jahre 1975 wurde an dem Haus in Prag-Smíchow, wo Einstein mit seiner Familie eineinhalb Jahre wohnte, arbeitete und als Freizeitbeschäftigung Geige spielte, eine Gedenktafel enthüllt.

Eis, Maria, verehel. Fantl, * 1896 Prag, † 1954 Wien. Ehe sie Schauspielerin wurde, war sie beim „Prager Tagblatt", in einer Kanzlei und bei einer Bank beschäftigt. Seit 1932 gehörte sie dem Wiener Burgtheater an, nachdem sie in Berlin und Hamburg aufgetreten war. Sie war Partnerin der größten Schauspieler ihrer Zeit. Nach Maria Eis, die auch in mehreren Filmen tragende Rollen spielte, ist in Wien 3 eine Gasse benannt.

Eisenbahn. Die Sudetenländer waren verkehrsmäßig gut erschlossen, obwohl weite Teile gebirgig sind. Für den Verkehr hatten sich einmal die starke Industrialisierung, zum anderen der in der Monarchie durchgeführte wichtige Nord-Süd-Durchgangsverkehr günstig ausgewirkt. In den Besitz der ČSR ging ein Streckennetz von 11500 km über, dazu kamen noch 1803 km private und 127 km fremdstaatliche Bahnen. Zu den wichtigsten Bahnen, die die Verbindung zu den reichsten Kohlegebieten herstellten, gehören die Buschtiehrader, die Aussig-Teplitzer und die Kaschau-Oderberger Bahn.

Die wichtigsten Eisenbahnlinien gingen von Prag, Oderberg und Preßburg aus; in Prag vom Masaryk-, Denis- und Wilson-Bahnhof.

Prag (Masaryk-Bahnhof) – Lobositz – Aussig – Bodenbach

Abzweigungen:

- Aussig – Teplitz – Komotau
- Bodenbach – Komotau
- Bodenbach – Tetschen – Böhmisch-Leipa bzw. Warnsdorf
- Teplitz-Schönau – Lobositz – Böhmisch-Leipa – Reichenberg

Prag (Masaryk-Bahnhof) – Kolin – Böhmisch-Trübau – Brünn – Lundenburg – Preßburg

Abzweigungen:

- Böhmisch-Trübau – Prerau – Oderberg
- Prerau – Lundenburg
- Brünn – Wischau – Frankstadt – Teschen
- Lundenburg – Wien

Prag (Masaryk-Bahnhof) – Komotau – Eger – Regensburg

Abzweigungen:

- Komotau – Weipert – Chemnitz
- Karlsbad – Neudek – Zwickau i. S.

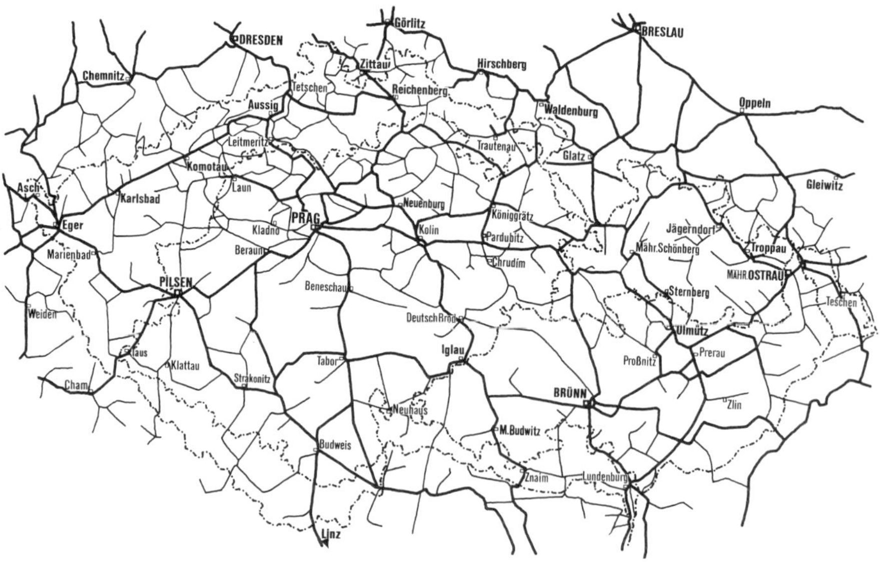

Eisenbahnnetz der Sudetenländer

Abfahrtszeiten der Züge u. Dampfschiffe mit den wichtigsten Anschlüssen

Die Schnellzüge sind durch fettgedruckte Stundenziffern bezeichnet. (Nachdruck, auch auszugsweise, nicht gestattet.)

Abfahrt	verkehrt bis	an	hat Anschluß in	hat Anschluß nach	an
Aussig Stadt (Staatsbahnhof) 1. Richtung Prag.					
3^{34}	Prag Mas.=Bf.	7^{00}	Lobositz (an 4^{13})	Leitmeritz ob. Bf. B.=Leipa P. Bf. Reichenberg	4,57 6,25 8,59
6^{02}	Prag Mas.=Bf.	10^{30}	Lobositz (an 6^{42})	Leitmeritz ob. Bf. B =Leipa P. Bf Reichenberg	7,30 8,58 11,18
6^{51}	Prag Mas.=Bf.	**8**^{55}	Lobositz (an **7**^{13})	Leitmeritz ob. Bf. B.=Leipa P. Bf. Reichenberg	7,30 8,58 11,18
11^{49}	Prag Mas.=Bf.	15^{23}	Lobositz (an 12^{27})	Leitmeritz ob. Bf. B.=Leipa P. Bf. Reichenberg	13,02 14,42 17,21
13^{44}	Prag Mas.=Bf. Durchlauf nach Preßburg und Wien	**15**^{30}	Prag Mas.=Bf.	Brünn Preßburg Wien Nordbf.	**20**,18 **23**,00 **23**,20
14^{10}	Lobositz	14^{50}	Lobositz	Tschischkowitz Třiblitz	*W* 15,09 *W* 15,57
14^{58}	Prag Mas. Bf.	18^{15}	Lobositz (an 15^{30})	Leitmeritz ob B . B.=Leipa P. Bf, Reichenberg	15,48 17,14 19,50
17^{37}	Lobositz	18^{22}	—	—	—

Karlsbad – Marienbad
Prag (Denis-Bahnhof) – Leitmeritz – Tetschen bzw. Kolin – Iglau – Znaim – Wien
Abzweigung:
Deutsch Brod – Königgrätz – Josefstadt – Turnau – Reichenberg
Prag (Denis-Bahnhof) – Chlumec – Königgrätz – Josefstadt (Náchod) – Parschnitz (Trautenau) – Königshan
Abzweigung:
Parschnitz – Arnau – Pelsdorf (Hohenelbe) – Turnau
Prag (Wilson-Bahnhof) – Bakow – Turnau – Reichenberg – Seidenberg
Abzweigung:
Bakow – Böhmisch-Leipa – Georgswalde
Prag (Wilson-Bahnhof) – České Velenice (Gmünd – Wien)
Prag (Wilson-Bahnhof) – Pilsen – Furth i. W. – Regensburg

Abzweigungen:
Pilsen – Eger
Pilsen – Budweis – České Velenice – Gmünd
Pilsen – Eisenstein
Pilsen – Dux
Plan – Tachau – Taus – Tabor – Iglau – Brünn
Budweis – Krummau – Schwarzes Kreuz – Passau
Strakonitz – Winterberg – Schwarzes Kreuz
Wodnan – Prachatitz – Schwarzes Kreuz
Zditz – Přibram – Protivin
Prag (Wilson-Bahnhof) – Brüx – Moldau
Oderberg – Teschen – Sillein – Kaschau

Die erste Eisenbahn auf dem europäischen Kontinent war der Verbindungsweg zwischen Budweis und Linz. Die Projektierung hatte Franz Joseph von Gerstner aus Komotau durchgeführt mit dem Ziele, die Salztransporte aus dem Salzkammergut nach Böhmen zu verbessern. Die Bahn erbaute sein Sohn Franz Anton von Gerstner; sie wurde von Pferden gezogen und am 1. August 1832 eröffnet. Die Teilstrecke zwischen Budweis und Kerschbaum wurde bereits seit dem 30. September 1828 befahren. Den Betrieb besorgte der k. k. Schiffmeister Lanna. Letzte Fahrt mit Pferden am 15. Dezember 1872; danach wurden Dampflokomotiven eingesetzt. Die erste Dampfeisenbahn in England fuhr 1829, während auf der 6 km langen Strecke von Nürnberg nach Fürth der Betrieb erst 1835 aufgenommen wurde.

Eisenverarbeitende Industrie. Die Hüttenindustrie erzeugte 1923 in 27 Hochöfen 7,5 Millionen Zentner Roheisen, vornehmlich in Witkowitz, Beraun und Trzynietz; an Stahl wurden 9,5 Millionen Zentner erzeugt. Maschinenfabriken arbeiteten in Prag, Pilsen (Škoda), Brünn, in vielen Städten Nordböhmens und in Mittelmähren. Waggons wurden hergestellt in Prag, Pilsen, Nimburg, Böhmisch Leipa, Kolin, Brünn-Königsfeld, Stauding, Nesselsdorf (Ringhoffer Tatra AG) und Ruttka, Automobile in Prag, Pilsen, Jungbunzlau und Nesselsdorf. In Prag, Proßnitz und Jungbunzlau wurden landwirtschaftliche Maschinen hergestellt. Gießereien standen in Prag, Pilsen, Brünn und Mährisch Ostrau. Emailgeschirr kam aus Budweis, Pilsen, Prag, Brüx

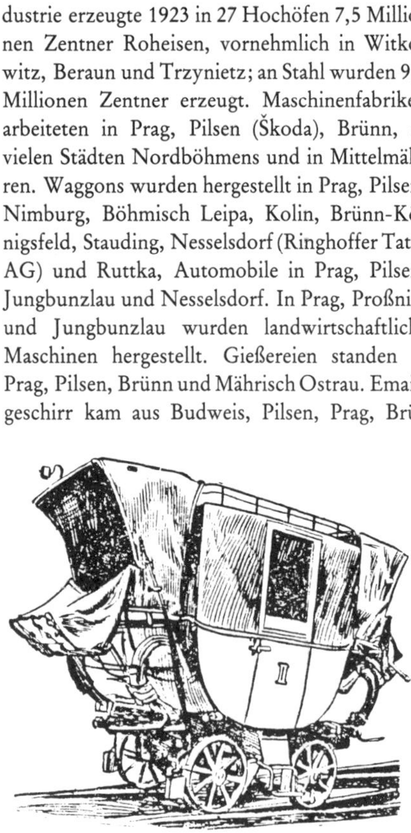

Pferdebahn Budweis – Linz

Schloß Eisgrub

(Eisengeschirr) und Brünn. Die bekannteste Messererzeugung hatte Nixdorf. Taschenmesser kamen aus Groß Schönau.
Erwähnt sei noch die Produktion von Nähmaschinen (Troppau, Bünauburg), Spezialmaschinen für Bergbau (Chodau), Mühlen und Turbinen (Grottau), Reißverschlüssen (Bünauburg, Peterswalde), Ketten (Klein Mohrau), Werkzeuge (Klösterle, Pürstein, Müglitz, Warnsdorf), Fahrräder (Eger, Oberpolitz, Zöptau, Zuckmantel), Bleche (Groß Schönau, Grünthal), Webstühle (Georgswalde, Jägerndorf, Rumburg), Siebwaren (Niemes), Holzbearbeitungsmaschinen (Warnsdorf) u. a. Die gegen Ende des 19. Jahrhundert gegründete Erste Brünner Maschinenfabriks-Gesellschaft stellte als erstes Unternehmen in Europa Dampfmaschinen zur Stromerzeugung her; 1902 begann dort der Dampfturbinenbau.

Eisgrub (*Lednice*). Marktgemeinde an der Thaya im Bezirk Nikolsburg. Eine Burg wurde zu einer prächtigen Schloßanlage umgestaltet, die romantische Gotik ist ein Werk von J. Wingelmüller. Die Reithalle entwarf J. B. Fischer von Erlach. Das Minarett im Park in englischem Stil schuf J. Hardtmuth als eine Erinnerung an die Türkenkriege. Der Obelisk neben dem Schloß mahnt an den Frieden von Campo Formio (1797). Im Park, eine der größten Anlagen Europas, wuchsen seltene Pflanzen. Am Ende des 19. Jh. gründete Johann II. von Liechtenstein die Höhere

Obst- und Gartenbauschule. 1913 wurde das wissenschaftliche Institut für Pflanzenzüchtung (Mendeleum) errichtet. Park und Schloß in Eisgrub, das man auch das Paradies Südmährens nannte, bargen viel Sehenswertes, seltene und exotische Pflanzen und kostbare Kunstwerke. Im Jahre 1955 richtete man im Schloß ein Jagdmuseum ein. In Eisgrub gab es früher auch eine Israelitengemeinde.
1930: 2441 Einw. (628 Tschechen).

Eitelberger von Edelberg, Rudolf, * 1817 Olmütz, † 1885 Wien. Der Kunsthistoriker war der erste Ordinarius für Kunstgeschichte an der Universität Wien. Angeregt durch das South Kensington-Museum in London, gründete er 1864 in Wien das Museum für Kunst und Industrie (heute Museum für angewandte Kunst). Es war das erste Kunstgewerbemuseum auf dem Kontinent. Auf ihn geht auch die Kunstgewerbeschule (heute Akademie für angewandte Kunst) zurück. 1872 reorganisierte Eitelberger die Akademie der bildenden Künste. Er schrieb u. a. „Mittelalterliche Kunstdenkmale des österreichischen Kaiserstaates" (2 Bände) und „Quellenschriften für Kunstgeschichte und Kunsttechnik des Mittelalters und der Renaissance" (18 Bände). Seit 1864 Mitglied des Herrenhauses.

Elbe (*Labe*). Auf den Elbwiesen, am Kamm des Riesengebirges entspringend, fließt die Elbe auf ihrem etwa 400 km langen Weg durch Böhmen über Königgrätz, Pardubitz, Kolin, Aussig, Tetschen nach Herrnskretschen, wo sie das Land verläßt. Ihre Zuflüsse sind links Aupa, Mettau, Adler, Chrudimka, Moldau, Eger und Biela, rechts Zidlina, Iser, Polzen und Kamnitz. Von Melnik an wird sie (auf einer Strecke von 107 km in Böhmen) schiffbar. 1871 wurde die Kettenschleppschiffahrt in Betrieb genommen, wodurch der Frachtverkehr stark anstieg. Die Dampfschiffahrt von Leitmeritz bis Dresden wurde gerne von Touristen genutzt. Geringe Fahrwassertiefe, Sandbänke und trockene Sommer waren der Schiffahrt oft hinderlich. Bei Niedrigwasser erschienen die sogenannten „Hungersteine", deren Auftauchen nach Meinung des Volkes Mißernten und Not bedeuteten. Der „Hungerstein" bei Bo-

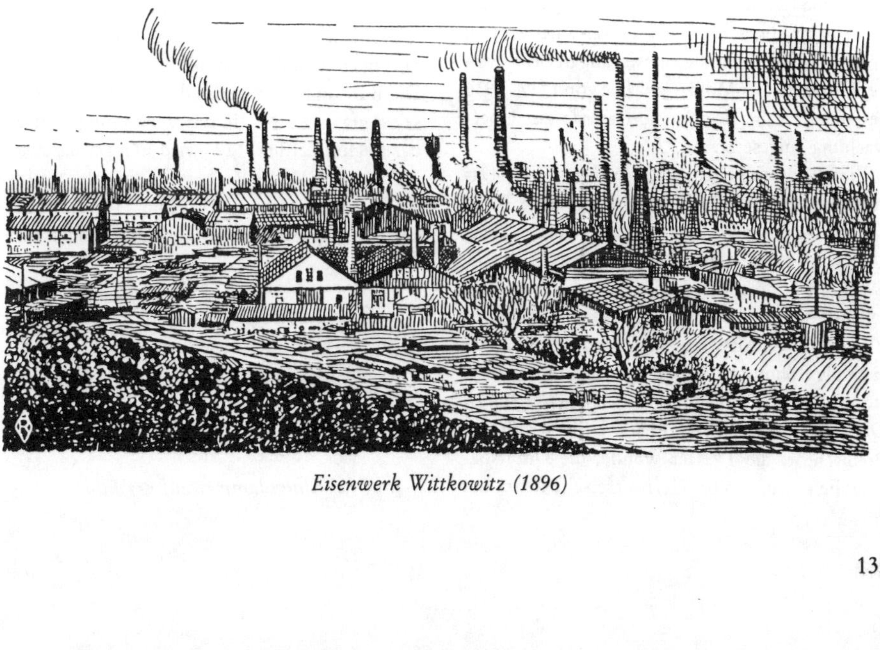

Eisenwerk Wittkowitz (1896)

Rudolf von Eitelberger

denbach trug die Inschrift: „Wenn du mich siehst, dann weine!“ Der Stein zeigte elf Jahreszahlen zwischen 1616 und 1911.

Warenaustausch auf Elbe und Moldau fand schon im 6. Jh. oder vorher statt, eigentliche Schiffahrt erst in der 2. Hälfte des 18. Jh. Auf dem Wiener Kongreß 1815 wurde der Grundsatz der freien Schiffahrt für Handelsschiffe aufgestellt, 1821 wurde die Elbeschiffahrt-Akte durch sechs Elbe-Uferstaaten abgeschlossen. Der Versailler Vertrag bestimmte die Internationalisierung der Elbe von der Mündung der Moldau an. Die von 1922–1936 bestehende Elbe-Kommission wurde zur Überwachung eingesetzt.

Elbesandsteingebirge (*Děčínské stěny*). Das vor allem aus Kreidesandstein aufgebaute Bergland dehnt sich zwischen Erzgebirge und Lausitzer Gebirge zu beiden Seiten des Elbetales aus. Die bis 100 m hohen Felswände mit phantastischen Formen, über dem tief eingeschnittenen Elbetal, durch Auswitterung entstanden, werden auch die Böhmische Schweiz genannt. Ihre höchste Erhebung ist der Hohe Schneeberg mit 721 m. Die Zahl der Sehenswürdigkeiten ist groß: das Prebischtor, die Tyssaer Wände, die Dittersbacher Felsen u. a. Von Herrnskretschen aus, der am niedrigsten gelegenen Gemeinde Böhmens (113 m), erreicht man die Edmundsklamm und die gleich dahinter liegende Wilde Klamm. Neben Standorten für Ausflügler gab es zahlreiche Kurorte und Sommerfrischen.

Elbetal. Die geologisch noch sehr junge Region gehört zu den reizvollsten Landschaften Böhmens. Das vom Fluß eingeschnittene Tal ist bevorzugt durch sehr mildes Klima und große Fruchtbarkeit. Auf den fruchtbaren Basaltböden gedeihen Obst, Gemüse und Wein. Gerade zur Zeit der Baumblüte kommen viele Besucher in dieses Paradies, in dem sich schon viele berühmte Persönlichkeiten aufhielten und ihrer Begeisterung Ausdruck gaben, in Wort, Bild und Musik, so Arnim, Brentano, Seume, Körner, Grillparzer, Goethe, Friedrich, Richter, Wagner und Beethoven. Berühmt wurde Ludwig Richters „Überfahrt am Schreckenstein“. Die 1852 eröffnete Elbetalbahn führt vorüber an Bergen mit malerisch gelegenen Burgruinen, Kirchen (Dubitzer Kirchlein) und Weinbergen. Daneben ziehen auf dem Elbestrom die großen Elbezillen, von denen manche das Transportgut eines ganzen Eisenbahnzuges fassen, vorüber.

Elbogen (*Loket*), Bezirksstadt auf einem Granitrücken, den die Eger auf drei Seiten umfließt. Die Burg an markanter Stelle ist sehr alt; hier war seit Anfang des 13. Jh. das Verwaltungszentrum der Region Zettlitz. 1227 wird Elbogen als civitas erwähnt. Im Mittelalter bestand eine Meistersingschule nach Nürnberger Vorbild. Gegen die Hussiten leistete Elbogen erfolgreichen Widerstand.

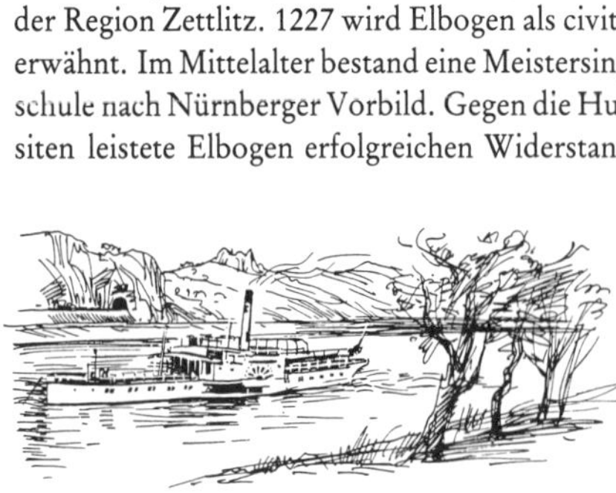

Ausflugsdampfer auf der Elbe

1521 kam Luthers neue Lehre nach Elbogen; sie wurde durch die Grafen Schlick sehr gefördert. Es war eine spürbare Beschneidung der Selbständigkeit für Elbogen, als es 1714 in den Kreis Saaz eingegliedert wurde, 1850 wiederum, als der Elbogener Kreis aufgehoben wurde.
Goethe weilte mehrmals in Elbogen. „Es liegt über alle Beschreibung schön und läßt sich als ein Kunstwerk von allen Seiten betrachten", schrieb der Dichter; 1823 feierte er mit Ulrike von Levetzow im Schwarzenberg-Lusthaus seinen 74. Geburtstag. Spitzweg schrieb 1849 ins Tagebuch: „Der Fluß läuft daselbst wie in Wasserburg, der die Stadt zur Halbinsel umschließt." 1811 erhielt Theodor Körner Anregungen für seine Dichtung „Hans Heilings Felsen", der sich in der Nachbarschaft befindet und auch Heinrich Marschner zu einer Oper inspirierte.
In 22 m Höhe überspannt die älteste Kettenbrükke Böhmens (1836) die Eger. Das Stadtmuseum enthält die von Dr. Anton Gnirs begründete vorgeschichtliche Sammlung. Porzellanerzeugung und -malerei. Die seit 1823 hergestellten Pumpernickel wurden sogar an das Kaiserhaus in Wien geliefert. Neuerdings diente das „böhmische Rothenburg" als Filmkulisse.
1930: 3998 Einw. (238 Tschechen).

Eleonorenhain (*Lenora*). Der Name der Ortschaft im Bezirk Prachatitz geht auf die 1832 gegründete Glashütte zurück, die nach der Fürstin Eleonore Schwarzenberg benannt wurde. Es bestanden zwei bedeutende Glasfabriken mit Schleiferei. 1852 wurde in Eleonorenhain der Kulturphilosoph Richard Kralik von Meyrswald geboren. 1930: 820 Einw. (61 Tschechen).

Prebischtor

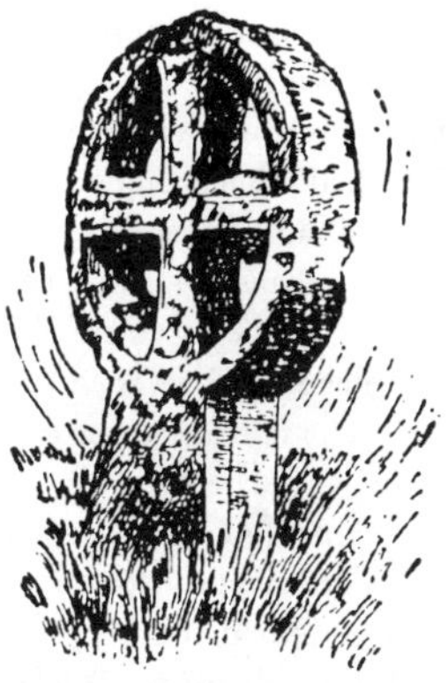

Radkreuz im Burghof zu Elbogen

Elvert, Christian d' (seit 1864), * 1803 Brünn, † 1896 Brünn. Der Sohn eines durch die Französische Revolution vertriebenen französischen Sprachlehrers stand im Staatsdienst, war 1848 für Pohrlitz Mitglied des Frankfurter Parlaments, kam in den Mährischen Landtag und in den Reichsrat. Als Bürgermeister Brünns hatte er Anteil an der wirtschaftlichen Entwicklung der Stadt. 1851 wurde er Vorstand der Mährischen Gesellschaft zur Beförderung des Ackerbaues, der Natur- und Landeskunde. Innerhalb der Schriften dieser Gesellschaften veröffentlichte er wertvolle Bücher, die zumeist Geschichte, Wirtschaft, religiöses, kulturelles und wissenschaftliches Leben Mährens behandelten. Seine Veröffentlichungen sind heute noch wertvolle Quellen.

Engelhaus (*Andělská Hora*) bei Karlsbad besitzt eine herrliche Barockkirche zur Hl. Dreifaltigkeit, ein Meisterwerk Alliprandis. H. Rokyta meint, daß Goethe, der wiederholt in Engelhaus war, so auch an seinem Geburtstag des Jahres 1786, gewisse Merkmale dieser Gegend in seinem Roman „Die Wahlverwandtschaften" verwendet habe. Der Karlsbader Buchhändler Heinrich Cuno schrieb das Drama „Das Diadem oder Die Ruinen von Engelhaus". Damit meint er die Ruine der Engelburg, die auf einem Phonolithfelsen steht. Engelhaus, 663 m hoch gelegen, war eine Sommerfrische in malerischer Umgebung. 1930: 792 Einw. (5 Tschechen)

Engelsberg (*Andělská Hora*), eine Stadtgemeinde bei Freudenthal im Altvatergebirge, war auf Grund der Goldfunde im 16. Jh. freie Bergstadt. Gründer war Johann vonWürben. Engelstadt war der ursprüngliche Name; es wurde nach der Zerstörung von 1641 neu aufgebaut und hieß nun Engelsberg. Die Wallfahrtskirche St. Anna (838 m) stammt aus dem Jahre 1694. Der Deutsche Orden unterhielt eine Schule mit Internat. In Engelsberg wurden Krippenspiele überliefert. Der berühmteste Sohn der Stadt war der Komponist Eduard Schön, der als Pseudonym E. S. Engelsberg verwandte. Auch der Maler Alb. Schindler stammte von hier. Neben Textilien wurden in Engelsberg Holzwaren erzeugt. 1930: 1417 Einw. (10 Tschechen).

Engelsberg, E. S. (eigentlich Eduard Schön), ∗1825 Engelsberg/Altvater, † 1879 Deutsch Jaßnik/Mähren. In Wien war er am Finanzministerium tätig, danach an der Börsenkammer, wo er am neuen Börsengesetz mitarbeitete. 1861 in den Ruhestand getreten, lebte er nur noch seiner kompositorischen Arbeit und schrieb Orchester- und Kammermusikwerke, Kirchenmusik, Chöre und Lieder. Seine Opuszahl erreicht 293 Nummern. Der Engelsberg-Bund hält heute noch durch die Pflege seiner Werke sein Andenken hoch. Nahe dem Altvaterturm wurde ihm ein Denkmal errichtet, in der Wiener Herrengasse erinnert eine Tafel an diesen Vollblutmusiker, der auch Leiter der Gesellschaft der Musikfreunde in Wien war. Engelsberg liegt in einem Ehrengrab auf dem Grinzinger Friedhof.

Erdberg (*Hrádek*). Die Marktgemeinde im Bezirk Znaim war ursprünglich Besitz der Johanniter. Hier stand eine sehr alte Burg. In der Pfarrkir-

Elbogen

Ruine Engelhaus

che Peter und Paul des Malteser-Ritterordens (1764–1767) im Rokokostil hing ein Bild von Anton Maulbertsch. Der Rundbau des Karners ging zurück auf die 2. Hälfte des 13. Jh. Im Speisesaal des Pfarrhofes (1740) hingen Porträts von Pfarrern und Bischöfen.
1930: 2238 Einw. (12 Tschechen).

Erfinder. Auf dem Gebiet der Technik erlangten u. a. Bedeutung: Franz Joseph *Gerstner* und sein Sohn Anton (Planung und durch den Sohn Bau der ersten Eisenbahn auf dem europäischen Kontinent), Zacharias Andreas *Winzler* (in England stellte er als Windsor 1808 die ersten Gaslaternen in London auf), Alois *Senefelder* (Lithographie), Viktor *Kaplan* (Turbinen), Joseph *Ressel* (Schiffsschraube), Igo *Etrich* (Flugzeug Etrichtaube), Gustav *Lindenthal* (Brückenbauer in den Vereinigten Staaten), Adolf Martin *Pleischl* (Emailgeschirr), Joseph Loschmidt (*Loschmidtsche Zahl*), Ernst *Mach* (Mach-Zahl), Ferdinand *Porsche* und Hans *Ledwinka* (Autokonstrukteure), Eugen *Sänger* (Luftfahrt- und Raumtechniker).
Auf naturwissenschaftlichem Gebiet ist neben dem Entdecker der Vererbungsgesetze Gregor *Mendel* auch August *Corda* zu nennen. Als Mathematiker hat Johannes *Widmann* einen Namen. An seinem Wirkungsort St. Joachimsthal konnte Georg *Agricola* die Grundlagen für die Mineralogie, Petrographie und Geologie erarbeiten. Die zahlreichen Sudetendeutschen, die wissenschaftliches Neuland betraten, wie das Ehepaar Carl und Gerty *Cori*, Biologen und Nobelpreisträger, können in diesem Rahmen nicht aufgezählt werden.

Ernst von Pardubitz, ∗ um 1300 wahrscheinlich Glatz, † 1364 Raudnitz. Der Vertraute Karls IV. wurde 1343 Bischof und 1344 erster Erzbischof des Bistums Prag, das er mit Umsicht leitete. Auch die künstlerische und geistige Entwicklung des Landes war ihm ein Anliegen; er gründete Klöster und baute Kirchen. Für Karl IV. war er als Diplomat tätig, ebenfalls als Ratgeber in religiösen Angelegenheiten. Auch an der Gründung der Prager Universität war Ernst beteiligt.

Erze. Früher gab es reichlich Erzvorkommen; im Zusammenhang mit deren Ausbeutung entstanden viele bedeutende Bergstädte. Es blieben nur geringe Fördermengen von Eisenerz, Zinn, Wolfram und Zink. 1936 arbeiteten in drei dem Staat gehörenden Schächten in St. Joachimsthal 244 Arbeiter (158 unter Tage); es wurden 186 t Uranerz gefördert, davon 30 t aufbereitet. Maß-

E. S. Engelsberg

nahmen zum Schutz der durch Strahlung gefährdeten Bergleute (meist Deutsche) wurden von der Regierung erst spät veranlaßt, so daß die „Bergmannskrankheit" zahlreiche Opfer durch Frühinvalidität und frühen Tod forderte. Traurige Berühmtheit erlangte St. Joachimsthal nach 1945, als Sudetendeutsche und Gefangene im Uranbergbau eingesetzt wurden und ohne Schutzmaßnahmen ihre Zwangsarbeit verrichten mußten. Die Ausbeute erfolgte durch die Sowjetunion. Durch St. Joachimsthal, wo zuerst Uranpecherz gefunden und seit 1908 Uranerz gefördert wurde, konnte das Ehepaar Curie die Entdeckung der neuen Elemente Polonium und Radium, die überraschende Heilwirkungen zeigten, machen.

Erzgebirge (*Krušné hory*). Es erstreckt sich zwischen Elster- und Elbesandsteingebirge in einer Länge von 130 km und einer Breite bis zu 40 km im Nordwesten Böhmens. Das waldreiche Mittelgebirge fällt nach Süden zum Egergraben steil ab, nach Norden (gegen Sachsen zu) in flacher Neigung. Höchste Erhebung ist der Keilberg (1244 m), höchstgelegener Ort Gottesgab (1028 m). Geologisch betrachtet ist das Erzgebirge eine Keilscholle, deren Südteil abgesunken ist. Die Gesteine sind kristallin, Granite im Südwesten, Gneise im Nordosten.

Den Namen hat es von den reichen Erzvorkommen (Silber, Nickel, Kupfer, Eisen, Uran, Kobalt, Blei, Zinn). Diese waren ausschlaggebend für die Besiedlung, die in mehreren Schüben erfolgte. Es entstanden viele Bergstädte, meist planmäßig angelegt, deren bedeutendste St. Joachimsthal ist, wo das wirtschaftliche und kulturelle Leben in hoher Blüte stand. Das Erzgebirge war das volkreichste Gebirge der Welt, obwohl ein sehr rauhes Klima herrschte und nur karger Boden zur Verfügung stand. Der Ackerbau wurde bis in eine Höhe von 1000 m betrieben, wenn auch keine hohen Ernteerträge erwirtschaftet wurden.

Ernst von Pardubitz

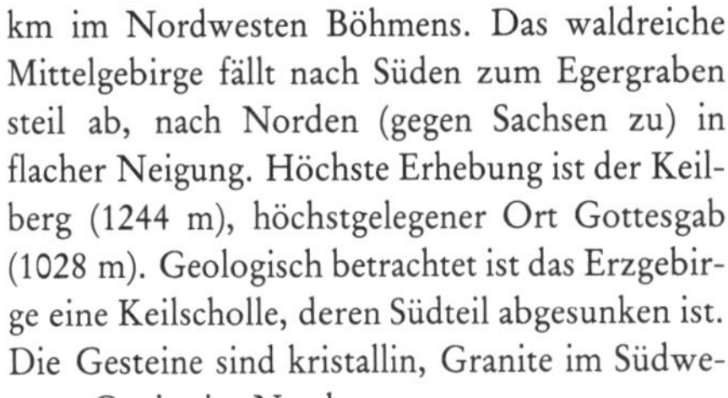

Konstruktionszeichnung des VW-Käfers

Für den Verkehr ist das Erzgebirge kein großes Hindernis. Der Kamm mit einer mittleren Höhe von 844 m wird durch befahrbare Straßen überquert, ebenso durch vier Eisenbahnen. Nach dem Erlöschen des Bergbaues entwickelten die Erzgebirgler viel Heimindustrie: Spitzenklöppeln (von Barbara Uttmann eingeführt), Sticken, Holzkinderspielwaren, Musikinstrumente, aber auch Kleingewerbe. Auch der Fremdenverkehr mit Sommerfrische und Wintersport war ein Wirtschaftsfaktor.

Die Bewohner waren durchwegs deutsch. Das Ergebnis der Gemeindewahlen des Jahres 1919 zeigt für folgende Gerichtsbezirke die Prozentzahlen an Tschechen: Graslitz, Neudek, Platten

Das Erzgebirge

und Sebastiansberg je 0,0 v. H. St. Joachimsthal und Preßnitz je 0,1 v. H. Katharinaberg 0,2 v. H. und Weipert 0,3 v. H. Den Erzgebirglern wird Geschick, Fleiß, Genügsamkeit, Sangesfreude, Gastlichkeit, Heiterkeit des Gemüts und Liebe zur Musik und Heimat nachgesagt. Ihre Mundart läßt Rückschlüsse auf die Besiedlung des Gebirges aus Thüringen, Hessen, Sachsen, Franken und der Oberpfalz zu.

Das Erzgebirge, das zuerst Sudeta oros (nach den Wildschweinen), im Mittelalter Mirik-widi (Dunkelwald) oder Fergunna (verwandt mit Herkynia), dann auch Behmerwald an der Elbe und die Erzgebirge hieß, hat viele landschaftliche Schönheiten aufzuweisen. Dazu gehören die Hochmoore, deren bedeutendstes bei Sebastiansberg liegt. Das Erzgebirgsbecken am Fuße des Gebirges ist im Tertiär eingebrochen. Die dicht besiedelte Industrielandschaft ist geprägt von den reichen Braunkohlevorkommen (Schachtanlagen und Tagebau) und der darauf beruhenden Industrie. Die Zentren sind Komotau, Brüx, Dux und Teplitz-Schönau. Wichtige Eisenbahnen verlaufen parallel zum Erzgebirge. Zwischen Industrie und Bergbau waren noch manche Kostbarkeit aus der Vergangenheit und viele kulturelle Denkmäler anzutreffen, so die Schlösser in Dux, Bilin und Teplitz-Schönau, alte Kirchen in Brüx, Dux und Bilin, das Kloster in Ossegg, die Kuranlagen in Bilin und Teplitz-Schönau. Durch das Absterben des einstmals unermeßlichen Waldes als Folge der rigorosen Braunkohlenförderung der ČSSR hat das Erzgebirge in jüngster Zeit traurige Berühmtheit erlangt.

Esperanto. Die erste österreichische Gruppe dieser Welthilfssprache, 1885/1886 durch Lazar

Ludwig Zamenhof geschaffen, entstand in Brünn. In der Folge fanden Esperanto-Kongresse in Prag (1911) und Franzensbad (1914) statt. In der Tschechoslowakei arbeitete ein Germano Esperanto-Ligo en Cehoslovakio (Bund deutscher Esperantisten in der Tschechoslowakei), der 1938 aufgelöst wurde. Vorsitzender war Gustav Scholze, Professor an der Staatsgewerbeschule in Reichenberg. Nach der Vertreibung schlossen sich die „Sudetendeutschen Esperanto-Freunde" wieder als Vereinigung zusammen.

Etrich, Ignaz (Igo genannt), ∗ 1879 Trautenau, † 1967 Salzburg. Der Pionier des Flugzeugbaues hatte bereits 1905 ein Patent für Luftschraube und Flügelform bei Flugzeugen angemeldet, 1907 gelang ihm die Konstruktion des ersten österreichischen Motorflugzeugs, 1910 folgten die Etrich-Taube und 1911 das erste österreichische Militärflugzeug. Karl Illner aus Schatzlar, der die Etrich-Taube flog, erzielte alle Dauerflug- und Höhenrekorde Österreichs. Nach 1918 war Etrich in den Textilfabriken seiner Familie in Trautenau beschäftigt. Zuletzt lebte er in Salz-

„Nationalhymne" der Erzgebirgler

Eulau

burg. Ehrendoktor der Technischen Hochschule in Wien.

Eulau (*Jílové*), Bezirk Tetschen. Der Markt im Eulaubachtal am Fuße des Hohen Schneeberges wurde bereits 1348 als Raubritterburg genannt. Von den Bünauern ging Eulau 1630 an die Grafen Thun-Hohenstein über. Auf Ernst Thun, den Erzbischof von Salzburg, geht auch der Kirchenbau aus d. J. 1682 zurück. Die Geschichte meldet, daß 1680 die Bauern revoltierten. 1749 wurde die Marktgerechtigkeit verliehen. Eulau hatte auch die Gerichtsbarkeit.

In Mitleidenschaft wurde Eulau durch die Schlacht bei Kulm 1813 gezogen. Der Markt war Anziehungspunkt für Touristen, die von hier aus Ausflüge in das Elbesandsteingebirge, in das Böhmische Mittelgebirge und in das Elbetal unternahmen. Das Schloß in Eulau war ehemals eine Wasserburg. Eine bekannte kulturelle Einrichtung waren die Eulauer Märchenspiele, die viele Besucher anzogen.

1930 (mit Gesteinigt und Merzdorf): 3757 Einw. (91 Tschechen).

Europäischer Karlspreis. Der Europäische Karlspreis der Sudetendeutschen Landsmannschaft wird an Persönlichkeiten und Einrichtungen der Politik, des Geisteslebens oder der Wirtschaft verliehen, die sich besondere Verdienste um die Verständigung und Zusammenarbeit der Völker und Länder Mitteleuropas erworben haben. Bisher verliehen:

1958 dem Vorsitzenden des Tschechischen Nationalausschusses, Armeegeneral und Minister a. D. *Lev Prchala*

1959 dem Bundeskanzler der Republik Österreich, DDDr. h. c. *Julius Raab*

1960 dem Altsprecher der Sudetendeutschen Landsmannschft, Dr. h. c. *Rudolf Lodgman von Auen*

1961 dem Präsidenten der Slowakischen Liga in Amerika, *Philip A. Hrobak*

1962 dem Univ. Prof. DDDr. h. c. *Rudolf von Laun*

1963 S. D. dem Fürsten und Regierer *Franz Josef II. von und zu Liechtenstein,* Herzog von Troppau und Jägerndorf

1964 dem Univ.-Prof. Dr. *Friedrich Herz*

1965 dem H. H. Pater *Werenfried van Straaten*

1966 dem Schöpfer der Paneuropabewegung Prof. Dr. *Graf Coudenhove-Kalergi*

1967 dem österr. Historiker Pater Prof. Dr. *Hugo Hantsch,* OSB

1968 postum dem Sprecher der SL, Dr.-Ing.

Karl IV.

Falkenau, von Norden gesehen

Hans Christoph Seebohm, und dem Präsidenten des BdV, Dr. h. c. *Wenzel Jaksch*

1969 dem Bayerischen Ministerpräsidenten Dr. h. c. *Alfons Goppel*

1970 dem Erzherzog von Österreich Dr. *Otto von Habsburg*

1971 dem Publizisten und Historiker *Karl Kern*

1972 dem Generalsekretär der Föderalistischen Union Europäischer Volksgruppen *Paul Skadegard* und dessen Frau *Jytte*.

1973 Dr. *Silvius Magnago*, Landeshauptmann von Südtirol

1974 Dr. *Hans Ehard* und Dr. *Wilhelm Hoegner*, bayr. Ministerpräs. a. D.

1975 *Joseph Kardinal Mindszenty*

1976 Prof. Dr. *Theodor Veiter*, Völkerrechtler

1977 Prof. Dr. *Felix Ermacora*, Völkerrechtler

1978 Belgischer Premierminister *Leo-Clement Tindemans*

1979 Staatsminister a. D. *Hans Schütz*

1980 Staatsminister Dr. *Fritz Pirkl*

1981 Bundestagspräsident a. D. *Richard Stücklen*

1982 dem Bayerischen Ministerpräsidenten Dr. h. c. *Franz Josef Strauß*

1983 dem Sprecher der SL, Dr. *Walter Becher*

Evangelische Kirche s. Kirchengeschichte.

Exner, Adolf, ∗ 1841 Prag, † 1894 in Kufstein. Der Jurist, Sohn des Prager Philosophieprofessors Franz Exner, war Professor in Zürich und Wien, ferner Vizepräsident der Wiener Juristischen Gesellschaft, lebenslanges Mitglied des Herrenhauses und Mitglied des Reichsgerichts. Exner, der sich als Schöpfer des Urheberrechts und als Fachschriftsteller einen Namen gemacht hatte, war auch Lehrer des Kronprinzen Rudolf. Seine Büste steht in den Arkaden der Universität Wien.

Exulanten sind die im 17. und 18 Jh. wegen ihres Glaubensbekenntnisses aus den habsburgischen Erblanden geflohenen, ausgewiesenen oder verbannten Menschen. Allein in den zwanziger Jahren des 17. Jh. sollen etwa 30.000 Menschen betroffen gewesen sein. Die meisten gingen nach Kursachsen. Es wurden viele Exulantensiedlungen gegründet, überwiegend in Sachsen. Durch böhmische Protestanten entstand Johanngeorgenstadt im Erzgebirge jenseits der böhmischen Grenze; Kurfürst Johann Georg I. von Sachsen ist Namensgeber und Verleiher des Stadtrechts (1654). Das alte Johanngeorgenstadt wurde nach dem Zweiten Weltkrieg aufgegeben, da die Sowjets dort Uran fördern ließen; es wurde eine neue Stadt errichtet.
Uns liegen über die Exulanten mancher Gebiete eingehende Untersuchungen vor, so über die Herrschaft Friedland. Unter den Betroffenen gibt es viele große Namen, die Komponisten Andreas Hammerschmidt, Christoph Demantius, Arnold Schlick, Samuel Bockshorn und Sebastian Knüpfer. Noch im vorigen Jahrhundert mußten manche aus politischen Gründen ihre Heimat verlassen, wie Charles Sealsfield, Moritz Hartmann, Hans Kudlich, Oswald Ottendorfer und Anton Springer.

Fachschulen. Der stark gegliederten Industrie entsprach ein vielfältiges Ausbildungssystem. Textilfachschulen bestanden in Reichenberg, Warnsdorf, Schönlinde, Hohenelbe, Rochlitz, Sternberg, Römerstadt, Jägerndorf, Freudenthal, Landskron, Rokitnitz, Starkstadt, Rumburg und Schluckenau. Staatsfachschule für Keramik und verwandte Kunstgewerbe in Teplitz-Schönau. Kunstgewerbliche Staatsfachschule in Gablonz. Staatsfachschule für Porzellanindustrie in Karlsbad. Staatsfachschulen für Holzbearbeitung in Grulich, Wallern und Königsberg/Eger. Staatliche Glasfachschulen in Haida und Steinschönau. Fachschule für Steinbearbeitung in Saubsdorf, Fachschule für Granitindustrie in Friedeberg. Staatsfachschule für Metallindustrie in Nixdorf. Drogistenfachschule in Reichenberg. Staatsfachschulen für Musikinstrumentenerzeugung in Graslitz und Schönbach. Hotelfachschule in Marienbad. Zu den Fachschulen sind auch die gewerblich-berufsbildenden Schulen zu zählen, die Höheren Staatsgewerbeschulen, die Fachschulen für Land- und Forstwirtschaft, die Fachschulen für Frauenberufe u. a.

Falkenau (*Falknov*, jetzt *Sokolov*), Bezirksstadt an der Eger in Nordwestböhmen, Gerichtsbezirk mit 56 deutschen Gemeinden. Sie entstand um eine Burg der Nothaft im 13. Jh. und war 1434–1622 Mittelpunkt der Herrschaft der Grafen Schlick. Ihnen folgten die Nostitz-Rieneck. An Stelle der Burg entstand ein Schloß, das seit 1960 als Museum des Kohlenbergbaues benützt

Festabzeichen zum Landesfeuerwehrtag 1928

2. Ist mir gut und schlecht gegangen,
hab' gesungen und gelacht;
Doch in manchen bangen Stunden
hat mein Herz ganz still gepocht.
Und mich zog's nach Jahr und Stunde
wieder heim ins Elternhaus,
hielt's nicht mehr vor lauter Sehnsucht
bei den fremden Leuten aus: O mein...

3. Und kommt's einstens zum Begraben,
mögt ihr euren Willen tun,
nur das eine, ja das eine:
laßt mich in der Heimat ruh'n!
Wird der Herrgott mich dann fragen
oben nach dem Heimatschein,
zieh' ich deutsch und stolz und freudig
flugs ins Himmelreich hinein: Bin aus dem...

wird. Falkenau ist ein Hauptort des Braunkohlengebietes. Vor dem Zweiten Weltkrieg gab es 35 Tiefbauschächte. Jährlich wurden 42 Millionen Tonnen Kohle gefördert. Heute gibt es mit einer Ausnahme nur noch Tagebaubetriebe.

Falkenau war Sitz des Revierbergamtes. Hier hatten auch die Unternehmungen des Vereins für chemische und metallurgische Produktion, Kalkstickstoffwerke mit über 1000 Arbeitern, Textilunternehmungen, eine Wachszieherei und Druckereien ihren Sitz. Der Dichter Anton Fürnstein wurde 1783 in Falkenau geboren. Die Stadt mit dem Falken im Wappen und mit dem Falkonierbrunnen mit Hopfenranken am Marktplatz (auch Wastl-Brunnen genannt), erinnernd an den früher betriebenen Hopfenbau, hatte ein Kapuzinerkloster. Die Stadtkirche wurde 1670–1672 gebaut. Das bayerische Schwandorf übernahm die Patenstadt über die Vertriebenen aus Falkenau.
1930: 11381 Einw. (1228 Tschechen).

Fall, Leo, ∗ 1873 Olmütz, † 1925 Wien. Der Sohn eines Militärkapellmeisters war Kapellmeister in Berlin, Hamburg und Köln; seit 1906 widmete er sich in Wien nur noch dem Komponieren von Operetten, von denen einige Welterfolge wurden: „Der fidele Bauer“, „Die Rose von Stambul“, „Madame Pompadour“, „Die Dollarprinzessin“, „Der liebe Augustin“, „Die geschiedene Frau“. „Die spanische Nachtigall“ schrieb er für die ebenfalls aus Mähren stammende Fritzi Massary. Neben Franz Lehár ist er der erfolgreichste Operettenkomponist.

Familienforschung. Am 28. Oktober 1926 Gründung der Mittelstelle für sudetendeutsche Familienforschung im Deutschen Verband für Heimatforschung und Heimatbildung in der Tschechoslowakischen Republik. 1928 in Zentralstelle ... umbenannt. Sitz Aussig. Sie bestand bis 1939. Am 20. August 1957 Wiedergründung durch Franz E. Rößner und Franz Josef Umlauft. Oktober 1963 Umbenennung in Sudetendeutsches Genealogisches Archiv, Leiter 1963–1975 Rößner; heute Adolf Fischer.
Die Zusammenfassung aller sudetendeutschen Familienforscher erfolgte in der Vertreibung durch die Vereinigung sudetendeutscher Familienforscher (VSFF), Sitz Regensburg, mit den Gruppen Westböhmen, Nordböhmen, Nordmähren, Böhmerwald, Südböhmen, Sprachinseln, Innerböhmen mit Prag. Die Zeitschrift „Sudetendeutsche Familienforschung" war schon von 1928–1939 in Aussig als Vierteljahresschrift erschienen. Sie wurde 1970 fortgesetzt, bis 1972 in Fuldatal, dann in Jahresheften in Regensburg. In der Arbeitsgemeinschaft ostdeutscher Familienforscher e.V. bestand von 1957–1970 die Forschungsstelle Sudetenland. 1976 wurde in Regensburg die Fünfzigjahrfeier der Familienforschung begangen.

Feigerle, Ignaz, ∗ 1795 Biskupství bei Olmütz, † 1863 Ochsenburg bei St. Pölten, war Professor der Pastoraltheologie in Olmütz und Wien, wo er Hof- und Burgpfarrer wurde. 1851 Ernennung zum Bischof von St. Pölten. Er veröffentlichte Predigten, Heiligenviten und andere geistliche Schriften.

Feix, Otto, ∗ 1890 Friedland, † 1980 Lahr; Professor in Mies, Komotau und Reichenberg, nach der Vertreibung Studienrat in Kaufbeuren. Als Komponist wurde er durch sein Liedwerk bekannt; er schrieb über 300 Lieder, viele nach Texten sudetendeutscher Dichter, aber auch Kirchenmusik, Kammermusik und Klavierstücke. 1969 Preis für Musik des Sudetendeutschen Kulturpreises.

Feldsberg (*Valtice*), eine Stadt mit regelmäßigen Straßenzügen im Rechteck. Sie gehört zum Bezirk Nikolsburg in Südmähren. Die alte Burg wurde zum großen Barockschloß erweitert, an dessen Bau Fischer von Erlach und Martinelli beteiligt waren. Im großen Park steht der Dianatempel von J. Kornhäusel. Von der Stadtbefestigung sind Teile erhalten. Johannes Capistranus hatte das Franziskanerkloster gegründet (1803 aufgehoben). Das Kloster der Barmherzigen Brüder, 1605 außerhalb der Stadtmauern gegründet, war die erste Niederlassung dieses Ordens im deutschen Sprachraum. Die Brüder unterhielten von 1782–1854 eine medizinische Schule für Chirurgie. Die frühbarocke Stadtkirche Mariä Himmelfahrt baute J. J. Tencala. Ein Dreifaltigkeitsbild stammt von Rubens. Vor der Kirche steht eine Pestsäule (1680). Alte Häuser aus dem 17. und 18. Jh. geben Feldsberg sein Gepräge. Die hier betriebene Landwirtschaft ist sehr intensiv. Die Fürsten Liechtenstein gründeten eine Ackerbau-, Obst- und Weinbauschule. Bei Feldsberg lagen drei Ortschaften kroatischen Ursprungs: Unter- und Oberthemenau und Bischofswarth. Die Bewohner hatten eine eigene Tracht und

Finkenstein

Schloß Frain an der Thaya

wohnten in bunt bemalten Häusern. Die Frauen waren bekannt als gute Stickerinnen. 1947 wurden bei Feldsberg Erdölvorkommen entdeckt. 1930: 3393 Einw. (1102 Tschechen).

Feuerwehr. Zunächst waren Handwerker gehalten, die Brandbekämpfung durchzuführen. Sie mußten unter den Zunftmeistern regelmäßig Übungen abhalten. Joseph II. erließ 1787 die Allgemeine Feuerlöschordnung, die bis 1872 in Geltung war; danach mußte jede Gemeinde Feuerlöschgeräte anschaffen. 1851 gründete Ferdinand Leitenberger in Reichstadt die erste freiwillige Feuerwehr, 1863 entstand in Eger die Turner-Feuerwehr, das Jahr darauf die Egerer Feuerwehr. 1866 erhielt Iglau eine Wehr; in der Folge entstanden in allen Gemeinden Wehren zur Brandbekämpfung. In Kriegszeiten bildeten sich auch Frauen-Feuerwehren. Die einzelnen Wehren waren zusammengefaßt im Deutschen Landesverband für das Feuerwehr- und Rettungswesen in Böhmen bzw. für Mähren und Schlesien. Dem um das Feuerlöschwesen im Kuhländchen hochverdienten August Thiry (∗ 1832 in Fulnek) wurde in seiner Vaterstadt ein Denkmal gesetzt.

Fiebiger, Othmar, ∗1886 Altenbuch bei Trautenau, †1972 Baden-Baden. Der Dichter des Riesengebirgsliedes „Blaue Berge, grüne Täler…“, 1911 vertont von Vinzenz Hampel, war Lehrer in seiner Riesengebirgsheimat, später in Aussig. Er gab eine Reihe von Lyrikbänden heraus und beteiligte sich an der Gestaltung von Heimatbüchern.

Filtz (Filz, Fils), **Anton,** ∗1730 in Böhmen, †1760 Mannheim. Er war Schüler und später Kollege seines Landsmannes J. Stamitz. 1754 erhielt Filtz die Stelle eines Solocellisten am Mannheimer Orchester. Unter den Mannheimern gilt er nach Stamitz als der fähigste Musiker. Kompositionen: über 41 Sinfonien, Streichtrios, Violoncellosonaten, Flötenkonzerte und Cellokonzerte.

Finke, Fidelio, ∗1860 Heinersdorf an der Tafelfichte, †1940 Reichenberg. Der Wagnerverehrer war Oberlehrer, Musiklehrer und Dirigent, komponierte Lieder, Klavier- und Orchestermusik, Singspiele und Bühnenmusiken. Er schrieb eine „Heimatkunde des Gablonz-Tannwalder Bezirkes“, verschiedene andere Ortsgeschichten und war auch als Theaterkritiker in Gablonz tätig.

Finke, Fidelio F., ∗1891 Josefsthal bei Gablonz, †1968 Dresden. Der Sohn Fidelio Finkes war Lehrer am Prager Konservatorium, darauf Leiter einer Kompositionsklasse an der Deutschen Akademie für Musik und darstellende Kunst in Prag. Von 1927 – 1945 Leiter der Akademie. Nach der Vertreibung war er an den Musikhochschulen in Dresden und Leipzig tätig; diese ernannten ihn zum Ehrensenator. Finke, der auch Komponist war, erhielt den tschechoslowakischen Staatspreis für Musik, den Brahmspreis und den Nationalpreis der DDR.

Finke, Romeo, * 1868 Heinersdorf an der Tafelfichte, † 1938 Unterach bei Vöcklabruck. Der Musikpädagoge unterrichtete zuerst 15 Jahre am Musikinstitut Proksch in Prag und leitete von 1920 bis 1927 die neugegründete Deutsche Akademie für Musik und darstellende Kunst in Prag. Er war der Onkel und Lehrer von Fidelio F. Finke.

Finkensteiner Singbewegung. In der Waldsiedlung Finkenstein bei Mährisch Trübau fanden sich vom 10. bis 17. Juli 1923 unter Leitung von Walther Hensel 80 junge Deutsche zur ersten Singwoche der Welt zusammen. Daraus entwikkelte sich eine kulturelle Bewegung, die Hensel 1924 zum Finkensteiner Bund zusammenfaßte. Gepflegt wurden wertvoller Chorgesang und das echte Volkslied. Viele im Musikleben tätige Persönlichkeiten gingen aus dieser Vereinigung hervor, die sich über die Staatsgrenzen hinaus ausdehnte. Nach der Vertreibung fanden sich die Freunde der Finkensteiner Singbewegung wieder zusammen. Damals in Finkenstein nahm auch Karl Vötterle teil; er erhielt dort Anregungen, die ihn später zur Gründung des bekannten Bärenreiter Verlages in Kassel-Wilhelmshöhe veranlaßten.

Fischer, Johann Georg, *1742 Nebanitz bei Eger, †1793. Zimmermeister, dem die Erhaltung, ja sogar die Errichtung der im Egerland üblichen Fachwerkbauten zu danken sind. Auf seinen Reisen zeichnete er Zimmermannsbräuche auf und verfaßte ein „Schreibbüchlein".

Fischer, Johann Kaspar Ferdinand, *um 1665 Schlaggenwald, †1746 Rastatt. Als Hofkapellmeister in Rastatt schrieb er viele Orchester- und Klaviersuiten nach französischem Vorbild. Seine Orgelpräludien und -fugen hatten Einfluß auf J. S. Bach. Fischers Musik wird auch heute noch aufgeführt.

Fischern (*Rybáře*), ein industriereicher Karlsbader Vorort, war eine Stadt und an einem alten Verkehrsweg entstanden. Nach raschem Aufschwung schon 1897 Erhebung zur Stadt. Das alte Urbanikirchlein, das zeitweise den Evangelischen als Gebetshaus gedient hatte, wurde schon 1550 erwähnt. Die katholische Kirche (Kreuzerhöhung) entstand 1905/1906 und wurde von den Kreuzherren mit dem roten Stern betreut. Fischern, am linken Ufer der Eger und durch eine Brücke mit Karlsbad verbunden, hat eine große Porzellanfabrik, die ihre Rohstoffe aus den reichen Kaolinlagern bezieht. Die Porzellanmalerei wurde auch in Heimindustrie betrieben. Außerdem gab es Textil-, Schuh-, Zementwaren- und Spielwarenerzeugung.
1930: 11769 Einw. (999 Tschechen).

Flegel, Georg, *1563 Olmütz, †1638 Frankfurt/M. Obwohl wir über seine Lebensumstände wenig wissen, ist seine Stellung in der Kunstgeschichte bedeutend, und zwar als Landschaftsmaler, Porträtist, Miniaturist und vor allem als Schöpfer der ersten deutschen Stilleben. Flegel, der sich überwiegend in Frankfurt/M. aufhielt, zeigt Einflüsse der Niederländer. Seine Werke hängen in den größten Museen der Welt.

Fleißen (*Plesná*), Marktgemeinde im Bezirk Eger, 1185 im Zusammenhang mit dem Kloster Waldsassen als Vlizen genannt. Besitzer waren später die Nothaft, Schlick und Wirsberg. In der Folge entstand eine enge Bindung an Wildstein. 1849 wurde eine evangelische Kirche errichtet, die katholische folgte erst 1898. Marktrecht 1900. Bedeutende Industrie: Seidenspinnereien, Wirk-

Gemeindesiegel Frankstadt

Emil Franzel

waren-, Musikinstrumenten- und Terrazzoerzeugung, ferner eine Lederfabrik.
1930: 2878 Einw. (54 Tschechen); beinahe 1300 Protestanten.

Fleissner, Hans, ∗1881 Zwodau, †1928 Karlsbad. Als Montanchemiker wurde er Professor der Montanistischen Hochschule in Leoben. Seine Erfindungen sind die tönende Grubenlampe zur Warnung vor schlagenden Wettern, ein Kohlentrocknungsverfahren zur Veredelung von Braunkohlen und (mit Apold) ein neues Eisenerz-Röstverfahren. Er war auch montanistischer Fachschriftsteller.

Flöhau (*Blšany*) liegt in fruchtbarer Landschaft im Bezirk Podersam. Wann es Stadt wurde, ist unbekannt. Das Wappen enthält das Familienwappen der Herren von Illemburg. Andere Besitzer waren die Lobkowitz, Kinsky, Kolowrat und Czernin. Die Pfarrkirche (hl. Michael) wurde schon 1384 genannt. Das ehemalige Schloß wurde zur Pfarrei. Hopfen- und Obstbau.
1930: 980 Einw. (144 Tschechen).

Flugsport. 1894 wurde in Karlsbad ein Flugverein ins Leben gerufen; es soll der erste der Welt gewesen sein. Auf der Rennbahn im benachbarten Meierhöfen wurden vor dem Ersten Weltkrieg Flugmeetings abgehalten. Der Flugplatz für Karlsbad war seit 1929 Espenthor.
Der Verband deutscher Flieger wurde 1939 aufgelöst. Ab 1933 auch im Deutschen Turnverband Segelfliegen, das jedoch 1935 von der Regierung verboten wurde. Erwin Primavesi erwarb sich viele Verdienste. 1932 wurde am Rannayer Berg im Bezirk Bilin der Segelflugbetrieb aufgenommen; Wettbewerbe fanden statt. Im Sommer 1938 gewann Erwin Primavesi einen Streckenflugwettbewerb.
Einer der Pioniere des Flugwesens überhaupt war der Sudetendeutsche Igo Etrich, dessen „Taube“ (1911) und „Schwalbe“ (1913) als bahnbrechende Konstruktionen gelten. Bereits 1906 hatte der Reichenberger Max Bartel ein Flugzeug gebaut.

Flüsse s. Adler. Eger. Elbe. Iser. March. Moldau. Mummel. Neiße. Oder. Oppa. Polzen. Radbusa. Teß. Thaya. Wottawa. Zwittawa.

Forster, Hans, ∗1848 Gottschau bei Plan, †1891 Wien. Er war Fachlehrer, Dirigent und Chormeister (des Wiener Egerländervereins) in Wien und machte sich verdient um die Neubelebung und Pflege des Egerland-Volksliedes. Forster schrieb viele volkstümliche Stücke, auch Lieder und Tänze. Am bekanntesten ist seine „Egerländer Quadrille“. 1904 wurde an seinem Geburtshaus eine von Ludwig Hujer geschaffene Gedenktafel angebracht.

Forstwirtschaft. Eine Schätzung ergab etwa 1 Mio. ha Waldfläche im Sudetenland, und zwar 81 v.H. Nadelholz, 5 v.H. Laubholz und 14 v.H. Mischwald. Viele Teile der Randgebirge sind bis zu 70 v.H. mit Wald bedeckt. Holz ist Grundlage der Zellstoff- und Papierindustrie, ebenso für die Herstellung von Musikinstrumenten, Spielwaren, Spanschachteln.

Frain (*Vranov*) an der Thaya gehört zum Bezirk Znaim. Die Sehenswürdigkeit der Marktgemeinde ist das an der Stelle einer alten Burg 145 m

hoch auf steilem Fels aufragende prächtige Schloß, an dem im 17. und 18. Jh. die Architekten J. B. Fischer von Erlach und A. E. Martinelli, der Bildhauer Kracker und der Maler Tottmayer gewirkt hatten. Der Barockbau entstand unter den Grafen Althann, die von 1617–1793 die Besitzer der Herrschaft waren. Von 1930–1933 entstand der Thaya-Stausee, der zum Erholungsgebiet wurde. Im Nordwesten des Sees liegt Vöttau mit der gleichnamigen Burg (Ursprung bereits 11. Jh.) mit Sammlungen (Kunsthandwerk, Waffen, naturkundliche Objekte). In der Nähe liegt die Ruine der Burg Zornstein aus dem 14. Jh.
1930: 1584 Einw. (561 Tschechen).

Frank, Karl Hermann, * 1898 Karlsbad, † 1946 Prag. Der Buchhändler und Verleger war als Politiker Propagandachef Henleins (1933) und seit 1935 Abgeordneter für die Sudetendeutsche Partei im Prager Parlament. 1937 Stellvertreter Henleins, 1938 auch Gauleiter-Stellvertreter im Gau Sudetenland. Im Protektorat Böhmen und Mähren wirkte Frank seit 1939 als Staatssekretär und seit 1943 als Staatsminister. Von den Tschechen wurde Frank für das Verbrechen von Lidice belastet; es gibt aber viele andere Stimmen, die ihn als nicht verantwortlich dafür bezeichnen. Nach seiner Auslieferung an die ČSR wurde Frank öffentlich hingerichtet.

Frankstadt (*Frankštát*, heute *Nový Malin*) bei Mährisch Schönberg, 1350 erwähnt und Aufenthaltsort der Böhmischen Brüder, unter deren Schutz der französische Pastor Josquin lebte, dessen „Musica" 1559 in Olmütz und 1561 in Proßnitz erschien. Im Dreißigjährigen Krieg wurde Frankstadt geplündert. Reiche Bauerngemeinde mit Tonwarenindustrie und Ofenerzeugung. 1930: 2326 Einw. (236 Tschechen).

Franzel, Emil, *1901 Haan bei Dux, †1976 München. Nach der Promotion in Prag im Volksbildungs- und Volksbüchereiwesen tätig, seit 1950 an der Staatsbibliothek in München. Zunächst Sozialdemokrat, war er Redakteur der Zeitung „Sozialdemokrat" in Prag. Nach der Trennung von der Partei (1937) leitete er die Prager Volksbildungsstätte Urania. Als in München die Vertriebenenzeitung „Volksbote" gegründet wurde, war er deren erster Chefredakteur. Aus der Vielzahl seiner Bücher seien genannt: „Geschichte des deutschen Volkes", „Sudetendeutsche Geschichte" (bereits in 7 Auflagen erschienen), „Die Habsburger", „Die Vertreibung – Sudetenland", „Sehnsucht nach den alten Gassen", ferner unter dem Pseudonym Carl von Boeheim „Unter dem Hradschin", „Das böhmische Feuer" und „Das gerettete Herz". 1962 erhielt er den Anerkennungspreis des Sudetendeutschen Kulturpreises, 1968 den Adenauerpreis der Deutschland-Stiftung, außerdem den Ehrenpreis der Sudetendeutschen Landsmannschaft für Publizistik.

Franzensbad (*Františkovy Lázně*). Am Anfang stand der Schladaer Säuerling (die spätere Franzensquelle), bereits im 16. Jh. in Gebrauch, dann folgten die Bemühungen des Egerer Stadtphysikus Dr. Bernhard Vinzenz Adler. Die eigentliche Gründung des Kurortes geschah 1793 durch Kaiser Franz I. 1807 hieß er Kaiser-Franzensbad, das nach der Loslösung von Eger (1852) zwar eigene Gemeinde wurde, deren Quellen und

Franzensbad, Franzensquelle

Kureinrichtungen jedoch bis 1914 im Besitz von Eger blieben. Stadterhebung am 23. Juli 1865. Franzensbad, das erste und berühmteste Moorbad der Welt, hat Mineralquellen, geeignet für Trink- und Badekuren, eine Kohlensäuregasquelle, die schon 1529 von Georg Agricola beschrieben und „Polterbrunnen" genannt wurde, und ein Lager radioaktiven Eisenmineralmoors. Bei Herz- und Frauenkrankheiten war Franzensbad für viele ein Ort der Heilung, für andere war es oft auch nur ein Ort der Repräsentation. Der Kurort ist in einem regelmäßigen Rechteck angelegt und hat viele schöne Gebäude, von denen manche noch das Gepräge des Biedermeier tragen. Kirchen gibt es für katholische, evangelische und orthodoxe Christen, ebenso eine Synagoge. 1912 wurde ein Städtisches Museum gegründet. Dieses und das Stadtarchiv leitete Alois John. In der Nähe befinden sich die Soos, ein Moorgebiet mit vielen kohlesäurehaltigen Quellen, und der Lavakegel des Kammerbühl. Das 1905 enthüllte Kaiserin-Elisabeth-Denkmal von Karl Wilfert wurde von der tschechoslowakischen Regierung beseitigt und befindet sich heute in Feldafing/Bayern im Park des Hotels „Kaiserin Elisabeth".
1930: 2473 Einw. (74 Tschechen).

Markt in Freiwaldau

Frauen waren nicht nur in Haus und Hof und für ihre Familie tätig, sie übernahmen auch öffentliche Aufgaben. Vorwiegend wirkten sie im sozialen Bereich. In fünf religiösen Orden und in 22 Kongregationen waren um 1930 über 3300 Ordensschwestern in der Krankenpflege, in Erziehung und Unterricht tätig. Karitativ tätig war seit 1906 auch der Katholische Frauenbund für die Deutschen in Böhmen, Mähren und Schlesien, mit der Herzogin von Beaufort an der Spitze. Außerdem bestanden der Verband deutscher Frauenvereinigungen, der Deutsche Verein für Frauenfortschritt und mehrere Lehrerinnenvereine.
Viele große Frauenpersönlichkeiten verzeichnet die sudetendeutsche Kulturgeschichte; stellvertretend seien angeführt die Dichterinnen Elisabeth Weston, Marie von Ebner-Eschenbach, Ossip Schubin, Hedda Sauer, die Jugendpsychologin und Fortsetzerin des Werkes ihres Vaters Anna Freud, die erste Trägerin des Friedens-Nobelpreises Bertha von Suttner und Gerty Theresia Cori, die mit ihrem Mann gemeinsam den Nobelpreis für Biologie und Medizin erhielt.

Freiheit an der Aupa (*Svoboda nad Úpou* oder *Vrajt*), Bezirk Trautenau, verdankte seine Entstehung dem Gold- und Silberbergbau. Seit 1546 Bergstadt. Es soll ursprünglich Bergfreiheit geheißen haben. Doch gingen die Schätze der Berge zu Ende, und es mußten neue Erwerbsmöglichkeiten gefunden werden: Papierindustrie, Holzschleiferei, Holzstoff- und Papiererzeugung. Die kleine Stadt bei Marschendorf wurde auch Sommerfrische und Wintersportort.
1930: 1411 Einw. (49 Tschechen).

Freilichtbühnen und **Waldtheater.** Albrechtsdorf bei Gablonz. Braunau (Klosterhof). Bürgstein bei Haida. Dessendorf (Marienberg). Eger (Burghof der Kaiserpfalz). Friedland. Gablonz. Grulich. Haindorf. Hainspach. Hassenstein bei Sonnenberg (Burgruine). Hillemühl bei Tetschen. Komotau (im Hüttenbusch). Kreibitz bei Rumburg. Leitmeritz. Mährisch Trübau. Neuern. Neutitschein. Nixdorf. Oberlangenau. St. Georgenthal. Schluckenau (im Karltal). Schönlinde. Teplitz-Schönau. Tollenstein bei Warnsdorf. Tschachwitz bei Kaaden. Zwickau bei Deutsch Gabel.

Freising, Josef, *1875 Unter Tannowitz, †1971 Eßlingen. Als Turnlehrer gründete er den südmährischen Turngau, dessen Anwachsen bis zu 152 Turnvereinen seiner Initiative zu danken war. Seit 1928 war er Abgeordneter des Bundes der Landwirte im Parlament in Prag. Als Heimatforscher schrieb er mehrere Ortsgeschichten südmährischer Gemeinden. Eine Geschichte des Turngaues Südmähren erschien in zwei Auflagen.

Freistadt (*Fryštát*) an der deutsch-tschechisch-polnischen Sprachgrenze besaß bedeutende Eisen- und Stahlwerke. Die Stadt war Sitz einer Fideikommißherrschaft der Grafen Larisch; dazu gehörten das Schloß mit Park, ein Gut und ein Gestüt. Neben der Pfarrkirche (Kreuzerhöhung) gibt es noch eine Kapelle auf dem Friedhof (St. Markus).

1930: 7124 Einw. (1362 Deutsche, 2686 Tschechen, 2385 Polen).

Fremdenverkehrswerbung in Karlsbad

Freiwaldau (*Frývaldov*, heute *Jeseník*), Bezirksstadt am Fuße des Altvatergebirges, hatte einst große Bedeutung als Goldbergbauort. In den benachbarten Orten Buchelsdorf und Dittershof gab es Eisenhütten. Die Breslauer Bischöfe waren Herren Freiwaldaus. Im 14. und 15. Jh. stand die Stadt in Blüte, die Fugger und die Thurzo betrieben hier Bergwerke. Die Hussitenzeit, Reformation und Gegenreformation waren Hemmnisse in der Entwicklung. Auch Hexenprozesse spielten sich hier ab. 1826 wurde die Heilanstalt Gräfenberg gegründet, was sich für

Freiwaldau als sehr förderlich auswirkte. Bedeutende Leinenweberei, Granitbrüche. Im Stadtarchiv, das Stadtbücher von 1570–1780 aufbewahrt, wurde das Prießnitz-Archiv verwahrt, das die Dokumente von und über den Gründer von Gräfenberg enthält. Der Deutsche Landesverband für Fremdenverkehr für Mähren und Schlesien hatte in Freiwaldau seinen Sitz, ebenso der Mährisch-Schlesische Sudetengebirgsverein MSSV (heute Kirchheim/Teck, Patenstadt von Freiwaldau).
1930: 8251 Einw. (1257 Tschechen).

Fremdenverkehr. Die Kurorte des Sudetenlandes bildeten einen wichtigen Wirtschaftsfaktor. Dies kann man gut an einer Einzelheit sehen, die Kurt Witt als Beispiel anführte: Vor dem Ersten Weltkrieg verschaffte allein der Saisonpostverkehr des Weltbades Karlsbad dem österreichischen Staat mehr Einnahmen als der jährliche Postbetrieb ganz Galiziens, Oberösterreichs, Kärntens oder auch Salzburgs und Dalmatiens. Die Kurorte im deutschen Nordböhmen, Johannisbad im Riesengebirge, Darkau beim mährischen Freistadt und andere Bäder hatten für die

Freudenthal, Deutschordensschloß

Kirche in Friedeberg

Bevölkerung und für den Staat größte finanzielle Bedeutung.
Während aber 1929 im Fremdenverkehr der Einnahmeüberschuß noch 100 Millionen Kronen betrug, sank er 1935 auf 39 Millionen. Zumal durch die Devisenzwangsbewirtschaftung ging die Zahl der Kurgäste aus dem Deutschen Reich stark zurück. 1934 wurden noch 2038 Aufenthaltstage von Kurgästen aus dem Deutschen Reich gezählt, 1935 waren es nur noch 1167. Weit über die Hälfte der Kurgäste blieb aus.
Hierher kamen die zahlreichen Sommerfrischler und Touristen, die in der romantischen und gesunden Landschaft der deutschen Randgebiete Böhmens, Mährens und Schlesiens Erholung suchten und fanden. Siehe auch Bäder.

Freud, Sigmund, ∗1856 Freiberg/Mähren, †1939 London. Der Begründer der Psychoanalyse war in Wien Arzt und Dozent, mußte 1938 nach London emigrieren, wo er ungestört weiterarbeiten konnte. Er schuf die Grundlagen für die Tiefenpsychologie und die Psychotherapie. Seine Lehren haben die Psychologie, die Literatur, die Ästhetik, Religionswissenschaft und Ethnologie beeinflußt. Seine Gesammelten Werke erschienen in London in 18 Bänden.
Seine Tochter Anna Freud (1895–1980) widmete sich der Kinderpsychologie und war in London Leiterin der Klinik für Therapie gestörter Kinder.

Freudenthal (*Bruntál*) war seit 1921 Sitz der Hochmeister des Deutschen Ordens, der 1621 die Herrschaft Freudenthal erworben hatte. Hier re-

Wallfahrtskirche in Friedek

sidierten Norbert Klein, Paul Heider und Robert Schälzky. Nach dem Zweiten Weltkrieg wurde Wien Hochmeistersitz. Der Grundriß der Stadt zeigte die typische Anlage der Kolonisationszeit. Der Deutsche Orden betreute ein Spital. Piaristen hatten 1731 ein Gymnasium gegründet. Die ursprünglich spätgotische Kirche wurde zuletzt im Barockstil umgebaut. In diesem und im Renaissancestil sind noch Gebäude erhalten. Das Museum der Stadt besaß eine beachtliche Briefsammlung heimischer Dichter. Die Stadt im Gesenke hatte auch ein deutsches erzbischöfliches Knabenseminar.

Das Schloß wurde nach Renovierungen 1964 der Öffentlichkeit zugänglich gemacht. Die Schloßsammlung wurde ergänzt durch Werke holländischer, französischer, italienischer und böhmischer Meister aus der Olmützer Galerie. Früher wurde in einer Fachschule für Weberei der Nachwuchs für die Textilindustrie ausgebildet. Viele andere Erwerbszweige. In Freudenthal kam die berühmte Schauspielerin Therese Krones (1801–1830) zur Welt.

1930: 9547 Einw. (643 Tschechen).

Freundlich, Emmi, ∗1878 Aussig, †1948 New York. Die sozialdemokratische Politikerin war in Wien in der Arbeiterbewegung tätig, war Abgeordnete zum Nationalrat, Präsidentin der internationalen genossenschaftlichen Frauengilde und Delegierte Österreichs im Völkerbund-Komitee, als solche dort die einzige Frau. Sie wurde 1934 verhaftet. 1939 mußte sie nach England emigrieren.

Friedeberg (*Frýdberk,* heute *Žulová*), Bezirk Freiwaldau. Unter einer Burg wurde das Dorf Friedeberg 1305 angelegt. Diese Burg schenkte der Breslauer Bischof den Friedebergern zur Errichtung einer Pfarrkirche (1810 vollendet). 1793 Stadtrechte. Auf dem nahen Gotteshausberg steht eine Wallfahrtskapelle. Die Deutsche Fachschule für Steinbearbeitung bestand seit 1886; sie sorgte für Nachwuchs in der Steinindustrie. Eine schlesische Schauspielertruppe pflegte Mundartstücke Viktor Heegers, die in Mähren und Sudetenschlesien aufgeführt wurden. Das Gebiet um Friedeberg war für Geologen und Archäologen eine reiche Fundgrube.

1930: 1287 Einw. (76 Tschechen).

Friedek (*Frýdek*), im Vorland der Beskiden

Schloß Friedland

Friedrich von der Pfalz, der „Winterkönig“

und am rechten Ufer der Ostrawitza gelegen, bildet mit Mistek eine Doppelstadt. Ein Handelsweg über eine Furt war wohl der Grund dafür, daß hier schon früh eine Stadt entstehen konnte. Sie unterlag deutschem Recht und war Ausgangspunkt für viele Siedlungen, zumeist in Waldhufendörfern; diese wurden aber in der Hussitenzeit teilweise wieder zerstört. Ein großes Schloß mit Park gehörte dem Erzherzog Friedrich, Herzog von Teschen. Eine Kirche ist St. Jodokus geweiht; errichtet zu Anfang des 17. Jh., teils in Holzarchitektur. Die große Marienkirche (1740–1756 erbaut) war das Ziel vieler Wallfahrer.
Während früher das Deutschtum überwog, setzte nach dem Ersten Weltkrieg eine starke Slawisierung ein. Gleichwohl blieb aber die Wirtschaft zum Teil in deutschen Händen. Es gab große Webereien, Eisen- und Stahlwerke, Metallwaren- und Kachelofenerzeugung. Friedek hatte große Wollmärkte. Friedek besitzt ein Volkskundliches Museum für die schlesische Walachei.
1930: 11 889 Einw. (8 975 Tschechen, 2 284 Deutsche, 153 Polen, 348 Ausländer, 129 andere, darunter 123 Juden).

Friedjung, Heinrich, ∗1851 Roschtin/Mähren, †1920 Wien. Als Historiker Vertreter der gesamtdeutschen Geschichtsauffassung schrieb er Werke wie „Der Kampf um die Vorherrschaft in Deutschland 1859–1866“ und „Das Zeitalter des Imperialismus, 1884–1914“. Als Politiker gehörte er zu den Verfassern des Linzer Programms. Für die Deutschnationalen gab er die „Deutsche Zeitung“ heraus. Der Friedjung-Prozeß, bei dem es um die Folgen gefälschter Dokumente ging, die man ihm zugeschickt hatte, traf ihn als Wissenschaftler sehr.

Friedland (*Frýdlant*). Der Geograph Banse charakterisiert die Stadt: „Im lieblichen, dem Isergebirge vorgelagerten Tertiärhügelland des Zittauer Beckens trägt ein kecker Basaltfelsen das Schloß Friedland, Wallensteins Herrschaftssitz; darunter liegt das Fabrikstädtchen mit Baumwollweberei, das einem über die Sudeten vorgeschobenen böhmischen Ländchen natürlicher Mittelpunkt ist.“ Die Familie Redern, Leinwandhandel treibend und begütert, war wegen Parteinahme für Friedrich V. enteignet worden. Der neue Herr war Wallenstein, Herzog von Friedland. Ihm folgte Graf Gallas.
Das Schloß mit der kunstvollen Kapelle birgt kostbare Sammlungen (Porträts, Waffen, Gobelins). Bilder von Skreta und Aachen schmücken die über einem romanischen Bau errichtete Stadtkirche. Im Renaissancestil sind die beiden Kapellen gehalten, von denen eine das Marmor-Mausoleum des Breslauer Bildhauers Christoph Gerhard Heinrich von Amsterdam enthält (1610), eines der schönsten Zeugnisse der Renaissance in

Böhmen. Die Barockstatuen der 12 Apostel stammen aus der Nachfolgewerkstatt des Matthias von Braun. Der Marktplatz zeigt schöne Giebelhäuser und einen Brunnen. Das Bronzedenkmal Wallensteins stammt von Heinrich Scholz (1934). Das Rathaus ist 1897 erbaut und beherbergt das Heimatmuseum. Die Stadt Hünfeld hat die Patenschaft über die Friedländer übernommen.
1930: 6314 Einw. (563 Tschechen).

Friedrich, Kurfürst von der Pfalz, *1596, †1632 Mainz. Nach Ausbruch des böhmischen Aufstandes Wahl zum König von Böhmen (1619). Bereits im nächsten Jahr muß er nach der Schlacht am Weißen Berg aus Prag und Böhmen flüchten. Da seine Herrschaft nur einen Winter währte, erhielt er den Spottnamen Winterkönig.

Frind, Anton Ludwig, *1823 Hainspach, †1881 Leitmeritz. Zunächst Gymnasialdirektor in Eger, wurde er 1869 Domkapitular in Prag und 1879 der 13. Bischof von Leitmeritz. Als Kirchenhistoriker gab er eine vierbändige „Kirchengeschichte Böhmens" heraus, zwei Biographien des Johannes von Nepomuk, eine katholische Apologetik und geschichtliche Darstellungen der Bischöfe von Prag und Leitmeritz.

Frind, Wenzel Anton, *1843 Hainspach, †1932 Chotieschau. Als Professor der Moraltheologie lehrte er an der Prager Universität. 1890 wurde er Domkapitular und 1901 Weihbischof von Prag für die deutschen Bezirke der Erzdiözese. Frind engagierte sich im Sprachenstreit für die Rechte der Deutschen in Böhmen und schrieb „Das sprachliche und sprachlich-nationale Recht in polyglotten Staaten und Ländern".

Frint, Jakob, *1766 Böhmisch Kamnitz, †1834 St. Pölten. Professor an der Universität Wien, Hof- und Burgpfarrer, seit 1816 Leiter der von ihm begründeten Höheren Bildungsanstalt Augustin für Weltpriester in Wien, das nach ihm den Namen Frintaneum bekam; seit 1827 Bischof von St. Pölten. Der im Sinne der katholischen Restauration wirkende Priester gilt als Überwinder der josephinischen Geistes und Gegner Bolzanos. Er verfaßte das „Handbuch der Religionswissenschaft" (6 Bände) und gab die „Theologische Zeitschrift" heraus.

Fritsch, Waldemar, *1909 Altrohlau, †13. Juli 1978 Ansbach. Seit 1935 lehrte er an der Staatsfachschule für Keramik in Teplitz-Schönau, seit 1939 leitete er die Bildhauerklasse der Karlsbader Staatsfachschule. Nach dem Krieg kam er an die Ansbacher Fayence, ab 1952 als Freischaffender. In seinen Bildhauerarbeiten sehr vielseitig; reizvoll sind manche seiner Porzellanfiguren. 1977 Kulturpreis der Stadt Ansbach. 1958 Sudetendeutscher Kulturpreis.

Fritz, Samuel, *1654 Trautenau, †1725 am oberen Amazonas. Der Jesuitenpater ging als Missionar zu den Indianern am Amazonas und vollbrachte hier in 40 Jahren ein gewaltiges Werk. Er legte Siedlungen an, arbeitete selbst als Bauer, Baumeister, Schreiner, Maler, Bildhauer, führte den Ackerbau ein, lehrte die Nomaden Handwerke. Außerdem schrieb er Grammatiken und Wörterbücher der Indianersprachen und befuhr den

Anton Ludwig Frind

Josef von Führich: Die Tageszeiten (1837)

gesamten Amazonas; die von ihm gezeichnete Karte des Amazonas, die erste überhaupt, wurde von Humboldt und anderen Reisenden gerühmt.

Frühbuß (*Přebuz*), Bezirk Neudek. Die Stadt gehört zu jenen Gründungen durch Bergleute, die am Anfang des 16. Jh. oben am Kamme des Erzgebirges entstanden, wo gerodet und Zinn gegraben wurde. Die Grafen Schlick hielten ihre Hand über den Zinnbergbau. Kaum hatte sich der evangelische Glaube ausgebreitet, kam er auch schon ins Erzgebirge. Die Frühbußer, die eine eigene Kirche zur Verkündung des Evangeliums hatten, wurden wieder bekehrt, und der spätere Prager Erzbischof Daniel Josef Mayer von Mayern wirkte von 1679–1684 als Missionar in Frühbuß. Er und andere hatten Erfolg. Seit 1704 hatte die Stadt eine katholische Pfarrei und 1783/1784 wurde an Stelle der protestantischen Kirche die Kirche St. Bartholomäus errichtet. Als auch in Frühbuß der Bergbau eingestellt werden mußte, verlegte man sich auf Heimarbeit und Landwirtschaft, die aber nur geringe Erträge brachte, da Frühbuß in 887 m ü. M. ein rauhes Klima hat. Später entstand eine deutsche staatliche Spitzenschule, die den Nachwuchs an Spitzenklöpplerinnen ausbildete.
Die 16 Tschechen unter den 1396 Einwohnern waren vom Staat eingesetzte Beamte.

Führich, Josef von, ∗1800 Kratzau, †1876 Wien. Der von Dürer beeinflußte religiöse Maler und Kupferstecher war der bedeutendste Vertreter der Nazarener in Rom und Wien. Hier lehrte er als Akademieprofessor und war Mittelpunkt der sog. Führich-Schule. Viele seiner Graphiken sind als Illustrationen in Büchern und Zeitschriften wahres Volksgut geworden. In Wien erinnern in der Altlerchenfelderkirche und in der Johann-Nepomuk-Kirche Freskenzyklen an diesen fruchtbaren Künstler, der auch eine Selbstbiographie hinterlassen hat.

Fulnek (*Fulnek*) im Kuhländchen wurde bereits 1293 als deutsche Siedlung mit Stadtrecht und Pfarrkirche erwähnt. Zu Beginn des 17. Jh. wird es einer der Hauptsitze der Mährischen Brüder. Auch Comenius wirkte einige Jahre in Fulnek, bevor er sein Vaterland verließ und ins Exil ging. Das neue Schloß (einst im Besitze des Prinzen von Flandern) verleiht dem Stadtbild seinen Reiz. Der Kuppelbau der Dekanatskirche stammt von Nikolaus Thalherr (1748–1760). In Fulnek hatten sich auch Kapuziner und Augustiner niedergelassen. Im Stadtarchiv wurden 32 Privilegien aufbewahrt, das früheste stammt aus dem Jahre 1385. Einen guten Namen hatte die Fulneker Tuch- und Bandweberei. Berühmte Söhne: Johann Leopold Hay, Bischof von Königgrätz, Peter Herbert, Liederdichter und Konsenior der Brüder in Eibenschitz, der Tiermaler Leopold Axtmann, der Historiker Johann Loserth und Franz Konwitschny, Dirigent des Leipziger Gewandhausorchesters.
1930: 3532 Einw. (649 Tschechen).

Funke, Edler von Elbstadt, Alois, ∗1834 Leitmeritz, †1911 Leitmeritz. Der Politiker war Mitglied des böhmischen Landtags und des Reichsrats. Er vertrat die Deutsche Fortschrittspartei. Seine Vaterstadt, für die er viele Jahre als Bürgermeister wirkte, in der er den Deutschen Turnverein und die Freiwillige Feuerwehr gründete, ernannte ihn zum Ehrenbürger.

Frühbuß

Johann Amos Comenius

Funke, Edler von Elbstadt, Rudolf, ∗1867 Leitmeritz, †1935 Prag. Der Sohn von Alois Funke v. E. war ein bekannter Internist in Prag und gehörte zu den Begründern des Deutschen Kulturverbandes (1919), dem er bis 1935 als Obmann vorstand. Er schrieb medizinische und volkspolitische Schriften. 1937 wurde ihm im Karolinengrund bei Plan vom Bildhauer Adolf Mayerl aus Franzensbad ein Denkmal mit einer Bronzetafel gesetzt.

Fürnstein, Anton, ∗1783 Falkenau, †1841 Falkenau. Den verkrüppelten Fürnstein besuchte 1822 Goethe, der ihn als Naturdichter schätzte und zu einem Gedicht über den Hopfenbau anregte. Dieses Gedicht und zwei weitere veröffentlichte Goethe in seiner Zeitschrift „Kunst und Altertum“. In Falkenau erinnert noch heute eine

Tafel am Wohnhaus Fürnsteins an dieses Naturtalent.

Fürsorgewesen. Während zunächst das Fürsorgewesen ausschließlich in den Händen der Kirche lag, traten allmählich auch andere Stellen auf den Plan. In Reichenberg bestand die Deutsche Landeskommission für Kinderschutz und Jugendfürsorge in Böhmen, deren Aufgabe die Vereinheitlichung der gesamten freiwilligen Fürsorgearbeit für die deutsche Jugend und die Vertretung der deutschen Jugendfürsorge Böhmens gegenüber der Öffentlichkeit war. Bedeutung für die Wohlfahrtspflege hatten die Schutzvereine, die Caritas, getragen von der Christlich-Sozialen Partei, und die Arbeiterfürsorge, getragen von der Sozialdemokratischen Partei. Die Schutzverbände veranstalteten unter Führung des Bundes der Deutschen und unter Mitwirkung der Sudetendeutschen Partei erstmals im Winter 1934/1935 Sammlungen für das Sudetendeutsche Hilfswerk. 1937/1938 wurden 15,6 Mio. Kronen aufgebracht. Die Unterstützungsaktionen kamen über 150000 sudetendeutschen Arbeitslosen zugute, ferner dem Kinderferienhilfswerk, der Bekleidungshilfe, der Arbeitsbeschaffung und der Ernährungshilfe.

Fußball. Um die Jahrhundertwende kam dieser Sport aus England auch nach Böhmen. 1899 war das Gründungsjahr des Reichenberger Fußball-Klubs, des ersten auf dem Kontinent. Es folgten Gründungen in Prag, Teplitz und anderen Städten. 1910 Zusammenschluß zum Mährisch-Schlesischen Fußball-Verband, 1911 in Prag Gründung eines Verbandes für Böhmen. Nach dem Ersten Weltkrieg wurde der Deutsche Fußball-Verband (DFV) der Tschechoslowakischen Fußball-Association (CsAF) angeschlossen, blieb aber weitgehend selbständig. Nach 1938 wurden die Vereine als NS-Turngemeinden in den Reichsbund für Leibesübungen eingegliedert.

Gablonz an der Neiße (*Jablonec nad Nisou*), weltbekannt durch die Glasindustrie und die damit verbundene Bijouterie- und Gürtlerwarenfabrikation, wurde erst 1808 Markt und 1866 Stadt. Die sogenannte „Gablonzer Industrie“ sorgte jedoch für einen beispiellosen wirtschaftlichen Aufstieg. Schon 1900 zählte man 583 Industrieunternehmungen, 1930 waren es sogar 928. Die Wohlhabenheit der Stadt zeigte sich in vielen modernen Gebäuden. Die 1930/1931 erbaute neue katholische Herz-Jesu-Kirche ist ein Werk des bedeutenden heimischen Architekten Josef Zasche. Davor stand das Bronzedenkmal Rüdigers von Bechelarn, ein Werk Franz Metzners, das 1946 von den Tschechen entfernt und auf einen Lagerplatz geworfen wurde. 1968 sammelten die Neugablonzer 42000 DM, um ihr Eigentum zurückzukaufen. Gablonz hatte auch eine altkatholische Kir-

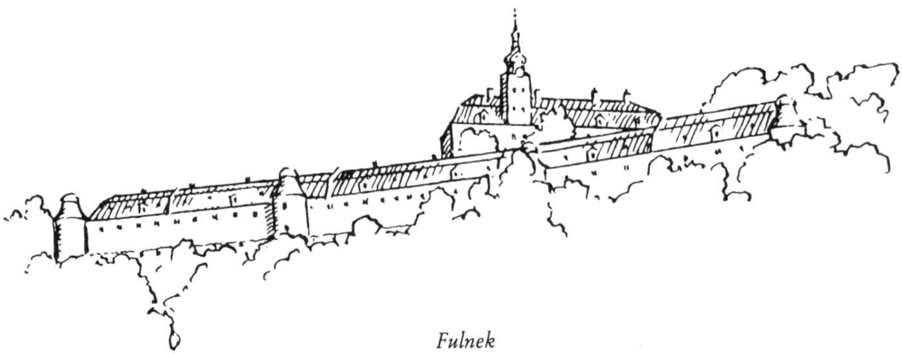

Fulnek

Gablonz, neues Rathaus

che, ein Redemptoristenkloster, ein Stadttheater und zahlreiche Schulen: Staats-Reform-Realgymnasium (gemischt), Gymnasium für Mädchen, Handelsakademie, kunstgewerbliche Staatsfachschule, technisches Gymnasium. Sitz des evang. Kirchenpräsidenten Wehrenfennig, altkatholische Kirche, Synagoge für die bedeutende israelitische Gemeinde, die überwiegend im Handel und Export tätig war. Sitz bedeutender sudetendeutscher Selbstschutzverbände, des Turnvereins und zweier deutscher Gewerkschaften (Deutsche Arbeitergewerkschaft, DAG, 75000 Mitglieder; Gewerkschaft der Angestellten, GdA, 7500 Mitglieder). Gablonz zeichnete sich durch ein reiches kulturelles Leben aus. Die wohlhabende Stadt unterhielt ein Städtisches Theater mit ständigem Repertoire und Ensemble in allen Genres (Schauspiel, Oper, Operette, Orchester und Ballett). Zahlreichen nachmals berühmten Künstlern diente die Stadt als Sprungbrett.

In einer Schilderung von 1912 heißt es: „So gewährt Gablonz das Bild einer durch mächtige Industrie, Gewerbefleiß, modernen Fortschritt und Naturschönheit hervorragenden deutschen Stadt, deren Bewohner durch Intelligenz, Unternehmungsgeist, Treue zum angestammten Volke, Patriotismus, Geselligkeit und Gastfreundschaft hervorragen."

Durch die Bemühungen von Erich Huschka gelang es, für die vertriebenen Gablonzer auf einem ehemaligen Rüstungsgelände bei Kaufbeuren einen Siedlungsplatz zu gewinnen, auf dem man 1946 wieder mit der Arbeit beginnen konnte. Daraus wurde ein blühendes Gemeinwesen mit Industrieunternehmungen von Weltgeltung und beispielhaften kulturellen Einrichtungen. Dieses Neugablonz hatte im Jahre 1980 bereits wieder 14000 Einwohner.

1930: 33958 Einw. (5602 Tschechen).

Gablonzer Glas- und Schmuckwarenerzeugung. Nach Josef Blau bilden die „Gablonzer Waren" eine Verbindung von Glas- und Metallgewerbe (Gürtlerei). Hergestellt werden Kristallglas- und Flakonwaren, Glasmosaiken (Kompositionen), Perlen, Glasringe (Bangles), Oliven.

Julius Streit, der letzte Gablonzer Stadtchronist, schrieb: „Heute Mittelpunkt der eigenartigen Glas- und Schmuckindustrie. Ein Wirtschaftsgebiet mit mehr als 100000 Menschen. Die ganze Landschaft eine einzige große Werkstätte. In der Stadt allein 400 Exporthäuser und über 1000 Gürtlermeister. Gewerbefleiß und traditionelle

Rüdiger in Gablonz

Glasschleifer

Kunstfertigkeit sind das eigentliche Volksvermögen. Export in alle Welt. In normalen Zeiten über eine Milliarde Kronen jährlich. Hunderttausende, immer neue Muster, dem Schmuckbedürfnis aller Völker und den Launen der Mode entsprechend." Viele der hergestellten Modeartikel waren selbst in England und Amerika beliebt, besonders Schmuckglas (Achat-, Jaspis-, Karneol-, Bernstein-, Perlmutt- und Filigranglas), schildpattähnliche Glasmassen und die sog. Katzenaugen, ebenso Glasperlen und Diamantenimitationen in Glas. In Gablonz stellte man auch Halsketten und Galanteriewaren aus Galalith, Zellulose und Leichtmetall her, die als Hut- und Haarschmuck, als Broschen, Armreife, Spangen, Kämme dienten.

Weil die Gablonzer Erzeugnisse ein wesentlicher Posten der aktiven Handelsbilanz der Tschechoslowakei waren, erhielten sie den Namen „Gold der Republik". Eine Statistik von R. Polzer gibt einen Überblick über die Vielseitigkeit dieser Industrie. Danach gab es (in Auswahl) 13 Glashütten, 20 Kompositionsbrennereien, 9 mechanische Steinschleifereien, 26 fabrikmäßige Glasraffineure, 250 Kristallglas-Raffineure, 1800 Glaswarenerzeuger, 1050 Gürtler in Gablonz, 245 in Kukan und 56 in Morchenstern, 220 Industriemaler, 165 holzverarbeitende Gewerbe, 115 Graveure, 33 Similiseure usw.

Gaksch, Franz, ∗1904 Mokrau bei Luditz, †1976 Augsburg. Seit 1928 war er Redakteur der Zeitung „Egerland", später der „Egerer Zeitung". Nach der Vertreibung prägte er die katholische Vertriebenenzeitung „Volksbote" in München. Von 1954 bis 1970 gehörte er für die CSU dem Bayerischen Landtag an. Vorstandsmitglied der Ackermann-Gemeinde und im Egerer Landtag.

Gangl, Joseph, ∗1868 Deutsch Beneschau, †1916 Wien. Der heute zu Unrecht vergessene Gangl lebte als Schauspieler und Schriftsteller in Wien, wo ihm Erfolge versagt blieben. Später förderten ihn Carl Muth, Herausgeber des „Hochland", und August Sauer, Germanist in Prag. Früher waren seine Romane „Die deutsche Himmelsmutter", „Der letzte Baum", „Markus der Tor", ferner seine „Geschichten aus dem Böhmerwald" verbreitet. In Wien, wo eine Gangl-Gasse und eine Gedenktafel in der Pachmanngasse an ihn erinnern, hält die Joseph-Gangl-Gemeinde das Andenken an diesen Dichter des Böhmerwaldes wach.

Gartner, Anton, ∗1721 Tachau, †nach 1774. Die Gartner waren eine bekannte Orgelbauerfamilie. Anton ist ihr bedeutendster Vertreter. Von ihm stammen die Barockorgeln im Stift Tepl (1756) und die des Doms in Prag (1765); Rudolf Quoika nennt sie beide „prächtige Zeugen für den Barockorgelbau in Böhmen".

Gaßmann, Florian Leopold, ∗1729 Brüx, †1774 Wien. Die musikalische Ausbildung erhielt er in einem Jesuitenkolleg. Über Karlsbad, Bologna und Venedig kam er nach Wien, wo er Hofkapellmeister wurde. Durch das erste „Akademie-Konzert" legte er den Grund für das öffentliche Konzertwesen in Wien. Er komponierte

Opern, Orchester- und Kammermusik, Oratorien und Messen und gilt als Anreger Haydns und Mozarts. 1771 gründete er die „Sozietät der freyen Tonkunst der Witwen und Waisen", die erste Musiker-Pensionskasse und Witwenversorgung.

Gastorf (*Hošt'ka*), Bezirk Dauba, das Städtchen an der Sprachgrenze, liegt zwischen Melnik und Leitmeritz in fruchtbarem Gebiet, wo Obst, Hopfen und Wein gebaut werden. Gastorf ist einer der ältesten Orte Böhmens und soll nach einer alten Chronik schon unter Ottokar II. Stadt geworden sein. Andere Nachrichten melden, daß es 1406 zum Markt und 1577 zur Stadt erhoben wurde. Es unterstand der Herrschaft Raudnitz. In der Kirche im Barockstil (1757) Holzplastik der Madonna aus der Zeit um 1500.
1930: 1141 Einw. (204 Tschechen).

Gau Sudetenland. Vom 1. bis 10. Oktober 1938 wurden die sudetendeutschen Gebiete nach der Abtretung von der Tschechoslowakischen Republik an das Deutsche Reich von der Deutschen Wehrmacht besetzt. Nach der Volkszählung vom 17. Mai 1939 wohnten in diesem Gebiet 3408499 Menschen. Gauhauptstadt wurde Reichenberg. Mit Wirkung vom 1. Mai 1939 trat eine neue Verwaltungsgliederung in Kraft. Der Reichsgau Sudetenland bestand danach aus den Regierungsbezirken Aussig, Eger (Sitz Karlsbad) und Troppau. Teile der sudetendeutschen Gebiete wurden den bayerischen Regierungsbezirken Oberpfalz und Niederbayern, den Reichsgauen Oberdonau und Niederdonau sowie dem Regierungsbezirk Oppeln zugeschlagen.
Der Regierungsbezirk Aussig umfaßte 23 Landkreise (das sind die früheren politischen Bezirke), der Regierungsbezirk Eger 19 und der Regierungsbezirk Troppau 16 Landkreise. An die Regierungsbezirke Niederbayern und Oberpfalz kamen die Landkreise Bergreichenstein, Markt Eisenstein und Prachatitz, an Oberdonau Kaplitz und Krummau, an Niederdonau Neubistritz, Nikolsburg und Znaim, an den Regierungsbezirk Oppeln kamen 38 Gemeinden. Gauleiter wurde Konrad Henlein, sein Stellvertreter Karl-Hermann Frank.

Gebauer, Paul, ∗1888 Zossen bei Troppau, †1951 Harburg/Schwaben. Er wurde als schlesischer Bauernmaler bezeichnet; denn er hatte nach dem Besuch der Akademien in Wien und Dresden und nach der Teilnahme am Ersten Weltkrieg den väterlichen Hof übernommen und neben der bäuerlichen Arbeit weitergemalt. Der Bauer und seine Arbeit waren seine Hauptmotive. „Das Gesicht des Ackers" nannte er eine Serie von Landschaften. Neben den Bildern schuf er auch große Fresken, so in Troppau in der Stadtbücherei und in der Hedwigskirche. 1938 Preis des Deutschen Kulturverbandes.

Gebirge s. Adlergebirge. Altvatergebirge. Beskiden. Böhmerwald. Böhmischer Kamm. Böhmisches Mittelgebirge. Böhmisch-Mährische Höhe. Böhmisch-Sächsische Schweiz. Elbesandsteingebirge. Erzgebirge. Isergebirge. Jeschkengebirge. Kaiserwald. Kummergebirge. Lausitzer Gebirge. Odergebirge. Pollauer Berge. Rehorngebirge. Riesengebirge. Sudeten.

Gebirgs- und Wandervereinigungen. Diese Vereinigungen waren zusammengefaßt im Hauptverband deutscher Gebirgs- und Wander-

Molschner Gasse zu Gastdorf

Mähr.-Schles. Sudeten-Gebirgsverein

vereine, dem (Ende 1925) 18 Gebirgs- und 22 Wandervereine angeschlossen waren. Seit 1925 erschien als Verbandsorgan die Zeitschrift „Deutsches Bergland" (Verlag Burschofsky in Hohenstadt). Ehrenmitglied des Verbands, der (1930) 49 Vereine mit über 62000 Mitgliedern zählte, war Guido Rotter, Obmann des Riesengebirgsvereins und Begründer des Jugendherbergswesens. Von den Vereinen können nur einige genannt werden (Reihenfolge nach dem Gründungsjahr):

1878. Nordböhmischer Exkursionsklub, gegründet durch P. Amand Paudler OSA in Böhmisch Leipa. Zweck: Erforschung der Umgebung von Böhmisch Leipa in historischer, topographischer, naturhistorischer, sprachlicher und kulturhistorischer Beziehung. Seit 1878 erschienen die „Mitteilungen des Nordböhmischen Exkursionsklubs". 1915 änderte der Verein seinen Namen in Nordböhmischer Verein für Heimatkunde und Wanderpflege.

1879. Erzgebirgsverein. Gründung in Görkau. 1924 bestand er aus 16 Vereinen. Der Verein, dessen Hauptssitz Teplitz (-Schönau) war, gab seit 1879 die „Erzgebirgs-Zeitung" heraus. Er schuf den Erzgebirgs-Kammweg (248 km) und dessen Markierung.

1880. Österreichischer (seit 1918 Deutscher) Riesengebirgsverein. Sitz: Hohenelbe. Organ: „Das Riesengebirge in Wort und Bild". 1930 bestand er aus 25 Ortsgruppen mit 4250 Mitgliedern. Viele Jahre war Guido Rotter, der Begründer des Jugendherbergswesens, erster Vorsitzender. Der Verein unterhielt das Riesengebirgsmuseum mit Bücherei in Hohenelbe und zahlreiche Studentenherbergen. 1938 wurde er mit dem Schlesischen Riesengebirgsverein zusammengelegt und erhielt den Namen Riesengebirgsverein, Landesgruppe Sudetenland e. V.

1881. Mährisch-Schlesischer Sudetengebirgsverein. Gründung als Gebirgsverein der mährisch-schlesischen Sudeten und des Gesenkes mit Sitz Freiwaldau. 1938 hatte er in 50 Vereinen 12000 Mitglieder, besaß Schutzhäuser und drei Aussichtstürme (auf dem Altvater, der Goldkoppe und der Bischofskoppe). 1953 Neugründung mit dem Sitz Kirchheim/Teck.

1884. Deutscher Gebirgsverein für das Jeschken- und Isergebirge, Reichenberg. Seit 1891 erschien das „Jahrbuch des deutschen Gebirgsvereines für das Jeschken- und Isergebirge".

1893. Beskiden-Verein. Gründung in Friedek. Sitz: Witkowitz.

1897. Die Naturfreunde. Die 1895 in Wien entstandene Vereinigung der Arbeiterbewegung kam 1897 nach Böhmen, wo Turn-Teplitz, später Aussig ihr Sitz wurde. Als Organ erschien „Der Naturfreund". Gliederung in acht Gaue: West-, Nordwest-, Nordböhmen, Mähren, Nordmähren, Schlesien, Ost- und Westslowakei. Es wurden zahlreiche Naturfreundehäuser als Erholungsstätten errichtet. 1938 wurde der Verband verboten.

Geiersburg. Über die große Ruine bei Graupen im Erzgebirge gibt es viele Sagen und viele frühe geschichtliche Zeugnisse. An dieser Stelle soll Kaiser Heinrich 1040 den Herzog Břetislaw von Böhmen geschlagen haben. Auch in den Hussitenkriegen war die Geiersburg, am Anfang des 14. Jh. errichtet, heiß umkämpft. Doch bereits 1526 brannte sie aus und liegt seitdem in Trümmern. Den Grund und Boden der Geiersburg schenkte

Kaiserin Maria Theresia als Bestandteil des Gutes Sobochleben 1779 der Kirche in Mariaschein. Von der Geiersburg soll ein unterirdischer Gang, ein Fluchtweg, zum Teplitzer Schloßberg geführt haben.

Geld- und Kreditwesen. Nach dem Stand von 1929 belief sich die Zahl der Sparkassen auf 165 (121 in Böhmen, 44 in Mähren und Schlesien). Im selben Jahr wurden an sudetendeutschen Vorschußkassen 409 gezählt, außerdem an gewerblichen Vorschußkassen 101 und Raiffeisenkassen 1176. Das größte Geldinstitut war die Kreditanstalt der Deutschen, 1911 vom Bund der Deutschen gegründet mit dem Auftrag, den volkswirtschaftlichen Besitz des Sudetendeutschtums zu wahren; 37000 Genossenschafter, 40 Millionen Kronen Anteilskapital, 900 Millionen Einlagenkapital und eine Bilanzsumme von fast 1 Milliarde Kronen. Gleich nach der Besetzung des Sudetenlandes eröffnete die Deutsche Reichsbank am 17.10.1938 im Sudetenland 13 Reichsbankanstalten.

Gemeindebüchereien. Ein Gesetz aus dem Jahre 1919 verpflichtete alle Gemeinden zur Errichtung öffentlicher Büchereien. Jede mußte mindestens 20 v. H. Bücher belehrenden Inhalts besitzen. Hilfen für die Gemeinden waren die Bücherei der Deutschen in Reichenberg und die Beratungs- und Einkaufsstelle der sudetendeutschen Gemeindebüchereien, die Deutsche Volksbüchereigenossenschaft in Leitmeritz. Nach der Statistik von A. Bohmann hatten Böhmen, Mähren und Schlesien (1935) 3629 Gemeindebüchereien (dabei auch 59 Lesehallen) mit 1947592 Bänden, darunter waren 236497 wissenschaftlicher Art.

Georgswalde (*Jiříkov*), Bezirk Schluckenau, hart an der Grenze in einem schönen Tale gelegen, ist an drei Seiten von bewaldeten Höhen umgeben. Der industriereiche Ort erzeugte vorwiegend Leinwand. In Fabriken werden Baumwollwaren, Bänder, Webstühle, Eisengußarbeiten, Holzschuhe und Klaviere hergestellt. Die Leinenerzeugung, seit dem 16. Jh. betrieben, hatte europäischen Ruf als „Rumburger Leinen". Die Pianofabrik Förster bestand seit 1859. Die Kirche zum hl. Georg soll nach einem Plan des Lukas von Hildebrandt von 1723–1727 errichtet worden sein. Das rege musikalische Leben beschrieb Josef Ruprecht in seinem Buch „Singende und klingende Heimat" (1968). In der Nähe entspringt die Spree. 1930: 7970 Einw. (257 Tschechen).

Geppersdorf (*Kopřivná*). Das Dorf im Bezirk Mährisch Schönberg besitzt in seiner Barockkirche (1753) ein außergewöhnliches Kunstwerk, nämlich eine Rokoko-Holzplastik der Madonna Immaculata auf dem Hauptaltar von der Hand des Münchener Bildhauers Ignaz Günther. Die Fresken in der Wölbung und das Hauptaltarbild stammen vom Neutitscheiner Ignaz Oderlitzki. In Geppersdorf, 3,5 km von Hannsdorf entfernt, liegt auch die Ruine der Burg Neuhaus aus dem 14. Jh. 1930: 1007 Einw.

Gerstner, Franz Josef von, ∗1756 Komotau, †1832 Mladiegow bei Gitschin. Dem Professor der Mathematik und Mechanik an der Prager Universität gelang 1806 die Gründung des Polytechnischen Instituts in Prag, dessen erster Direktor er wurde. Es war die älteste deutsche Technische Hochschule. 1808 schlug er einen Schienen-

Erkerhaus in Georgswalde

Kirche in Geppersdorf

weg zwischen Moldau und Donau vor, für den er die Entwürfe ausarbeitete. Erst sein Sohn, Franz Anton von Gerstner (∗1796 Prag, †1840 Philadelphia) konnte diese erste Eisenbahn auf dem Kontinent bauen. 1828 wurde die Strecke als Pferdeeisenbahn von Budweis nach Kerschbaum vollendet (62,2 km). Franz Anton trat vom Bau zurück, ging zunächst nach England und baute dann in Rußland die erste Dampfeisenbahn (1834) zwischen St. Petersburg und Zarskoje Selo. Die Beschreibung seiner Reise durch die Vereinigten Staaten von 1838–1840 gab seine Frau Clara geb. von Epplen-Härtenstein heraus.
Die Sudetendeutsche Landsmannschaft stiftete in Erinnerung an die bedeutsamen wissenschaftlichen Leistungen ihres Landsmannes eine nach ihm benannte Medaille. Sie kann an Personen, Gruppen und wissenschaftliche Vereinigungen verliehen werden, die durch ihre Leistungen auf den Gebieten der Naturwissenschaft, Forschung und Technik das Ansehen der sudetendeutschen Volksgruppe mehren helfen.

Geschichte s. Böhmen. Mähren. Schlesien. Austreibung. Bauernbefreiung. Charta der Heimatvertriebenen. Deutsche Besiedlung. Eingliederung. Exulanten. Gau Sudetenland. Hussitenkriege. Kolonisationstheorie. Mährischer Ausgleich. Marbod. Aktivisten. Negativisten. Ottokar II. Parteien. Przemysliden. Rudolf II., Tschechisierung. Wenzel I., Wenzel II., Wiesbadener Abkommen.

Gesellschaft für deutsche Volksbildung in der Tschechoslowakischen Republik s. Deutscher Verband für Heimatforschung und Heimatbildung.

Gesinnungsgemeinschaften s. Ackermann-Gemeinde. Seliger-Gemeinde. Witikobund.

Gessner, August, ∗1880 Prag-Smíchov, †1944 Konstantinsbad. Professor der Bau- und Festigkeitslehre, Baustofflehre und Werkstoffkunde an der Deutschen Universität in Prag (1912–1937). Der Alpinist Gessner war Obmann des Deutschen Alpenvereins Prag und auch des Verbandes der deutschen Alpenvereine in der ČSR. Er war auch der letzte Obmann des Deutschen Kulturverbandes.

Max Geyer

Gewerkschaften. Im Jahre 1918 existierten 41 deutsche Gewerkschaften mit 69 379 Mitgliedern, 1920 bestanden 95 Gewerkschaften mit 471 187 Mitgliedern und 1937 umfaßten 108 Gewerkschaften 392 800 Mitglieder. 1934 gab es folgende Gewerkschaftszentralen: Zentralgewerkschaftskommission des Deutschen Gewerkschaftsbundes (sozialdemokratisch), Reichsvereinigung der Deutschen Gewerkschaften, Verband der christlichen Gewerkschaften (christlichsozial), Verband der Deutschen Staatsangestellten-Vereinigungen (unpolitisch), Bund deutscher Gewerkschaften, Deutsche unpolitische Gewerkschaften. In 126 Einzelgewerkschaften waren 400 100 Mitglieder organisiert, die entweder den internationalen Gewerkschaftsverbänden angeschlossen oder völkische (nationale deutsche) Gewerkschaften waren. Von diesen war, auf dem Genter System beruhend, 1938 die größte die Deutsche Arbeitergewerkschaft (Sitz Gablonz an der Neiße) mit 75 000 Mitgliedern (Verbandsblatt „Der deutsche Arbeiter"). Mitbegründer und Vorsitzender Josef Bude. 1938 wurden alle Gewerkschaften liquidiert bzw. von der Deutschen Arbeitsfront vereinnahmt.

Geyer, Max, ∗1904 Troppau, †1958 Frankenstein/Taunus. An der Prager Akademie der bildenden Künste war Geyer Schüler Heinrich Hönichs. 1930 gewann der Maler und Graphiker den Parispreis, 1939 erhielt er den Sudetendeutschen

Heilendes Wasser

Willi Ginzkey

Kulturpreis. In Regensburg konnte er nach dem Verlust von Heimat und Werk wieder Fuß fassen. Er schuf Radierungen, Holzschnitte, Lithographien, Sgraffitos, Fresken und Buchillustrationen, vorzugsweise zu Hans Watzlik und Adalbert Stifter.

Gierach, Erich, ∗1881 Bromberg, †1943 München. Der Germanist Gierach lehrte an der Handelsakademie in Reichenberg, seit 1921 an der Deutschen Universität in Prag und seit 1936 in München. In Reichenberg förderte er die sudetendeutsche Heimatforschung; er war Herausgeber von Zeitschriften und Schriftenreihen („Sudetendeutsche Geschichtsquellen", „Sudetendeutsche Lebensbilder", „Forschungen zur sudetendeutschen Heimatkunde"), förderte die Anstalt für sudetendeutsche Heimatforschung und die Bücherei der Deutschen. Auch Veröffentlichungen auf dem Gebiete der Germanistik.

Gießhübl Sauerbrunn (*Kysibl Kyselká*) bei Karlsbad. Die erste Aufzeichnung über die Heilkraft des Sauerbrunns stammt aus dem Jahre 1613. Der eigentliche Badeort ist jedoch im wesentlichen eine Schöpfung Heinrich von Mattonis. Die zu Ehren des Königs von Griechenland benannte Otto-Quelle (1862) ist von einem Brunnentempel überdeckt. Hier fließt der alkalisch-erdige Säuerling, als diätetisches Tafelgetränk sehr begehrt. Mattoni begann mit der Versendung des Wassers; zuletzt waren es 14 Millionen Flaschen jährlich. 1930: 552 Einw.

Ginzkey. Die Firma Teppich- und Deckenfabrik Ginzkey in Maffersdorf geht zurück auf das Jahr 1843, als Ignaz Ginzkey den ersten Teppichstuhl mit Jaquardmaschine aufstellte. Erweiterung bereits kurz nach der Mitte des Jahrhunderts; erste Dampfmaschine. Als Ginzkey 1876 starb, waren über 1 200 Menschen beschäftigt, der Umsatz im Jahr betrug über 2 Millionen Gulden. Das Unternehmen blühte weiter auf und erzeugte sogar die größten Teppiche der Welt. Nach der Enteignung 1945 schon 1948 Wiederaufbau eines Werks in Lofer bei Salzburg.

Ginzkey, Franz Karl, ∗1871 Pola, †1963 Wien. Der Sohn eines Sudetendeutschen aus Dörfel bei Reichenberg wurde Offizier, arbeitete am Militärgeographischen Institut in Wien und lebte seit 1910 als freier Schriftsteller. Seine Gedichte, Epen, Erzählungen, Romane und Kinderbücher

Franz Karl Ginzkey

Karl Giskra

füllen über 50 Bände. Einige Romane sind autobiographischer Natur, so „Jakobus und die Frauen“ und „Die Reise nach Komakuku“. Er schrieb auch Bücher über Salzburg und das Salzkammergut. Mannigfache Ehrungen wurden ihm zuteil, die Ehrendoktorwürde der Universität Wien, der Professorentitel, der Bauernfeldpreis (1906 und nochmals 1920), der Ehrenring des Österreichischen Künstlerbundes, das Ehrenzeichen für Kunst und Wissenschaft, ein Denkmal in Seewalchen am Attersee u. a. Seit 1960 wird der Ginzkey-Ring als Literaturpreis verliehen.

Giskra, Karl, ∗1820 Mährisch Trübau, †1879 Baden bei Wien. Der Universitätsprofessor für Staatswissenschaft in Wien war 1848/1849 Mitglied der Frankfurter Nationalversammlung. 1861 kam er in den Mährischen Landtag, später in den Reichsrat, wo der liberale Abgeordnete durch seine Beredsamkeit glänzte. 1866 zum Bürgermeister von Brünn gewählt, wurde er schon das Jahr darauf Präsident des Abgeordnetenhauses und Minister des Innern (1867–1870). Mit seinem Namen bleiben verbunden die Trennung der politischen Verwaltung von der Justiz, die Aufhebung des Lehnswesens, die Durchführung der konfessionellen Gesetze und die Donauregulierung.

Glaser, Eduard, *1855 Deutsch Rust bei Podersam, †1908 München. Als Forschungsreisender durchforschte er auf vier Expeditionen Südarabien, vor allem das alte Reich der Sabäer, Minäer und Katabaner. Die Sammlungen dieses Pioniers der Sabäistik werden im Kunsthistorischen Museum und in der Nationalbibliothek in Wien verwahrt. Die Sammlungen und seine Aufzeichnungen werden heute noch ausgewertet.

Glasindustrie. Seit Jahrhunderten in Böhmen angesiedelt, war die Glasindustrie von hervorragender wirtschaftlicher Bedeutung. Sie wurde hauptsächlich von Deutschen betrieben, und zwar im Norden und Nordosten Böhmens. 1930 waren 63000 Beschäftigte in mehr als 10000 Betrieben tätig. Im Welthandel rangierte die Glasindustrie an zweiter Stelle nach Deutschland. Die Produktion wurde überwiegend exportiert (80 v. H.).

Die Tafelglaserzeugung hatte einen starken Anteil: 4 Unternehmen stellten Fensterglas her, 3 Spiegelglas (10 v. H. der Erzeugung Europas) und 3 Gußglas. Eine bedeutende Firma war die Mühlig Union AG in Settenz bei Teplitz-Schönau, entstanden in Klostergrab. Bei Mühlig wurde zuerst das Foucaultsche Tafelglasverfahren aufgenommen. Die Jahresproduktion betrug 4000 Waggons Tafelglas und 3500 Waggons Flaschen. Neben Mühlig, mit Nebenwerken in Aussig und Hostomitz, gab es noch andere große Werke: Erste böhmische Glasindustrie AG in Bleistadt, die Montan- und Industrialwerke vorm. Joh. Dav. Starck in Unter Reichenau.

Die Hohlglasindustrie stellte optische Gläser, feuerfeste Chemiebedarfsartikel, Beleuchtungsglas und Schliffglas in 90 Hüttenbetrieben her.

Böhmische Gläser, 17. und 18. Jh.

Christoph Willibald Gluck

Haida und Steinschönau waren weltweit bekannte Zentren der Erzeugung von Kristallgläsern und Kronleuchtern. Das in den Hütten hergestellte Rohglas veredelten zumeist Raffineure durch Gravieren, Bemalen, Schleifen, Versilbern und Vergolden. Die Grundstoffe für die Glasherstellung (Kalkstein, Soda, Glaubersalz, Pottasche und Quarz) wurden unweit der Verarbeitungsstätten gewonnen.

Glocken. Es gab viele Glockengießereien, in Prag mindestens seit dem 15. Jh., ferner in Kuttenberg, Olmütz; später auch in Arnau, Komotau und wieder in Prag. Bis 1945 arbeiteten die Firmen Herold in Komotau (ursprünglich in Nürnberg) und Perner in Budweis. Die älteste Kirchenglocke Böhmens befindet sich in der Dekanalkirche in Deutsch Brod (1305), die älteste Mährens in der Jakobskirche in Brünn (1515). Berühmte Glocken sind die größte Kirchenglocke Böhmens im Prager Dom (15. Jh.), die große Domglocke in Olmütz (1589), die Susanna-Glocke in Iglau (1563) und die Rathausglocke in Olmütz. Eine Sehenswürdigkeit ist das Glockenspiel der Loretokirche in Prag, dessen 27 Glocken 1694 in Amsterdam gegossen wurden.

Gluck, Christoph Willibald, ∗1714 Erasbach/Oberpf., †1787 Wien. Der Sohn eines Försters wuchs in Neuschloß bei Böhmisch Leipa, Böhmisch Kamnitz und Eisenberg bei Brüx auf. Der Komponist war viel auf Reisen. Seit 1750 lebte er in Wien, wo er 1754–1764 Kapellmeister an der Hofoper war. Die bekanntesten Werke dieses Erneuerers der Barockoper sind „Orpheus" und „Alceste".

Gnirs, Anton, ∗1873 Saaz, †1933 Elbogen. Prof. Dr. Gnirs hat sich große Verdienste um die Erforschung der Altertümer in Pola, Istrien und Böhmen erworben. Er war Vertreter des Wiener Archäologischen Instituts in Südistrien, Kustos der staatlichen Antikensammlungen in Pola und Konservator der Zentralkommission für Kunst- und Denkmalspflege. Nach dem Zusammenbruch der Monarchie lehrte er in Elbogen, leitete Ausgrabungen im Egerland und veröffentlichte viele heimatkundliche Schriften. Für die Reihe „Topographie der historischen und Kunstdenkmale in Böhmen" schrieb er die Bände über die Bezirke Elbogen, Tepl und Marienbad.

Goldener Steig. Auf dem alten Saumpfad von Passau über Wallern nach Prachatitz wurden wichtige Handelsgüter befördert, hier kam Salz in das salzarme Böhmen. Er diente auch dem Transport von Getreide, Tuchen und Glas. Durch

Goldenstein von der Vogelheide aus

Stapelplätze und Stationen, die der Unterkunft und Verpflegung der Säumer dienten, entstanden viele Siedlungen. Auch kulturelle Verbindungen wurden durch den Steig, 1010 erstmals erwähnt, geschaffen. Im Laufe der Zeit bildeten sich verschiedene Abzweigungen heraus. Das Ende des blühenden Handels kam 1692, als Leopold I. die Salzeinfuhr aus Bayern verbot und nur noch Gmundener Salz über Linz und Budweis einführen ließ.

Andere alte Handelswege im bayerisch-böhmischen Grenzgebiet waren der Krummauer Steig (aus Schärding – Obernzell), der Gefilder Steig, der Gunthersteig (Regen – Zwiesel – Bergreichenstein), die Cham – Further Handelsstraße, die Bayerstraße und die Gulden- oder Butterstraße.

Goldenstein *(Kolštejn,* heute *Branná)* bei Mährisch Altstadt hat seinen Namen vom Bergbau, der im 13. Jh. viele Bergleute angelockt hatte. Der Ort selbst wurde aber erst 1325 genannt. Hier hatten die Herren von Würben ihren Herrschaftssitz. Bereits 1282 wird eine Burg genannt, (im 15. Jh. zerstört). Das Liechtensteinsche Schloß hoch über dem Ort wurde 1597 erbaut. Die Kirche St. Michael stammt aus dem Beginn des 17 Jh. und war zunächst für die Evangelischen bestimmt. 1850 verbrannte das Archiv Goldensteins. Die Stadt hatte seit der Mitte des 16. Jh. Stadtrechte. Aus dieser Zeit stammt auch das schöne Rathaus mit Turm. Die Bewohner des idyllisch gelegenen Städtchens arbeiteten im Kalkwerk und im Graphitbergbau. In Heimindustrie wurden Knöpfe hergestellt. Die Sommerfrischler konnten von Goldenstein aus Ausflüge zum Köpernik (1424 m) und Fuhrmannstein (1377 m) sowie in den zwischen beiden Bergen gelegenen Liechtensteinschen Urwald unternehmen, außerdem auch auf die 1351 m hohe Hochschar. 1930: 1010 Einw. (61 Tschechen).

Görkau *(Jirkov)*, Bezirk Komotau, entstand an einer alten Handelsstraße am Südhang des Erzgebirges. Bereits im 15. Jh. besaß der Ort Privilegien

Schloß Rothenhaus

und ein ausgeprägtes Zunftwesen. Nachdem es 1507 Stadt geworden war, entstanden die Befestigungen, die 1834 endgültig beseitigt wurden. Seit 1554 betrieb Christoph von Karlowitz ein Alaunbergwerk. Die Ägidiuskirche geht auf das 14. Jh. zurück, stammt aber in der jetzigen Gestalt aus dem 16. Jh. Sie wurde damals für die Evangelischen erbaut. In der Nähe sind die Schlösser Rothenhaus, wo Lord Runciman 1938 vor dem Münchner Abkommen Verhandlungen führte, und Eisenberg, wo Christoph Willibald Gluck einige Jahre seiner Jugend verlebte. Auch der Wallfahrtsort Quinau ist leicht zu erreichen. Görkau liegt in einer landwirtschaftlich geprägten Gegend. Die Textil- und Papierfabrikation konnte auf eine alte Tradition zurückblicken. 1930: 6330 Einw. (338 Tschechen).

Görres, Ida Friederike, ∗1901 Ronsperg, †1971 Frankfurt. Die Tochter des Diplomaten Heinrich Graf Coudenhove-Kalergi war eine Schriftstellerin, die sich vornehmlich mit religiösen Themen („Gespräche über die Heiligkeit", „Zwischen den Zeiten", „Der karierte Christ", „Des Andern Last") befaßte. Sie schrieb auch Gedichte, Mädchenbücher und Biographien und bearbeitete eine Ausgabe von Stifters „Witiko".

Gossengrün *(Krajková)*, Bezirk Falkenau. Bergbau, überwiegend auf Blei, stand am Beginn der Entwicklung des Ortes, der 1485 zum Städt-

chen erhoben wurde. Um 1750 waren noch 25 Stollen in Betrieb. Nachdem die Erzlager erschöpft waren, beschäftigten sich die Erzgebirgler mit Heimarbeit. In Gossengrün wurden Spitzen, Stickereien, Gardinen und Musikinstrumente hergestellt. Es bestand eine Fachschule für Klöppelspitzenerzeugung.
1930: 1626 Einw. (11 Tschechen).

Göth, Ignaz, ∗1889 Iglau, †1945 Iglau. Der Pädagoge war ein begeisteter Volkstumsarbeiter in der Iglauer Sprachinsel. Er gehörte vielen Vereinigungen an, auch dem Deutschen Kulturverband als Gauobmann und Mitglied der Hauptleitung. In der Nachfolge von Johannes Haupt, dem Schöpfer des Berghäuerzuges, bei dem Göth in der Jugend als Photographenlehrling arbeitete, betreute er durch lange Zeit diesen traditionellen Zug. Als Heimatforscher und Volkskundler schrieb Göth viele Arbeiten.

Gottesgab (*Boží Dar*), Bezirk St. Joachimsthal, in einer Höhe von 1028 m ü. M. höchstgelegenes Städtchen Mitteleuropas, breitet sich auf einer Hochfläche des Erzgebirges aus. 1517 gegründet, hieß es zunächst Wintersgrün und erhielt seinen späteren Namen bei der Erhebung zur Bergstadt (1546) durch den sächsischen Kurfürsten Johann Friedrich. Bis zum Schmalkaldischen Krieg gehörten Gottesgab und Platten zur Herrschaft Schwarzenberg in Sachsen, danach kamen sie an die Krone Böhmens. Gottesgab wurde dem Bergoberamt St. Joachimsthal zugeschlagen. Nachdem der Bergbau aufgegeben worden war, mußten sich die Bewohner nach anderen Erwerbsmöglichkeiten umsehen: Spitzenklöppelei, Waldarbeit, Holzverarbeitung und Musizieren. 1542 soll sich Martin Luther auf der Durchreise nach St. Joachimsthal in einem Gasthaus Gottesgabs aufgehalten haben. Der bekannteste Gottesgaber war der Volkssänger Anton Günther. Nach Aufhebung der Uran-Sperrzone um 1955 wurde das Gebiet zur Erholung genutzt. Seit einigen Jahren ist auch die Grenze nach Sachsen wieder geöffnet. 1930: 916 Einw. (19 Tschechen); nach dem Zweiten Weltkrieg sank die Einwohnerzahl zunächst auf 118.

Götz, Gottfried Bernhard, ∗1708 Welehrad/Mähren, †1774 Augsburg. Als Schüler des Malers Johann Christoph Handke in Brünn ausgebildet, kam Götz als Meister nach Augsburg (1733), wo er das Bürgerrecht erwarb und einen Kunstverlag eröffnete. Als gesuchter Maler und Freskant schmückte er viele Kirchen aus: Weingarten, Birnau, Leitheim, Regensburg (St. Cassian, Alte Kapelle), Amberg, Meersburg, Habsthal. Götz, der als einer der fähigsten Maler und als stärkste künstlerische Persönlichkeit des Andachtsbildstiches seines Jahrhunderts bezeichnet wird, war auch Hofmaler und Hofkupferstecher Karls VII.

Gottesgab

Graslitz mit Hausberg

Graber (*Kravaře*), Stadtgemeinde im Bezirk Leitmeritz, war Sommerfrische im Bereich des landschaftlich ausgezeichneten Böhmischen Mittelgebirges. Schon 1273 zur Stadt erhoben, sank später die Bedeutung Grabers, bis ihm 1866 die Stadtrechte wieder verliehen wurden. Kirche, Pfarrei und Friedhofskapelle sind barocke Bauten, das Rathaus und zwei Häuser zeigen Formen des Empire. Graber hat auch alte Fachwerkbauten. 1930: 825 Einw. (57 Tschechen).

Gradl, Heinrich, ∗1842 Eger, †1894 Eger. Der Historiker, Volkskundler, Sprach- und Naturforscher war Stadtarchivar von Eger und Leiter des Museums. Seine Hauptwerke sind: „Geschichte des Egerlandes", „Monumenta Egrana", „Die Chroniken der Stadt Eger", „Graslitzer Bergbuch", „Sagenbuch des Egergaues". H. Sturm nennt als seine bleibende Leistung die Schaffung der Grundlagen einer zuverlässigen Geschichtsbetrachtung für Stadt und Land Eger.

Gräfenberg (*Gräfenberk,* heute *Jeseník*), Ortsteil der Stadt Freiwaldau. Hier errichtete der Bauer Vinzenz Prießnitz eine Kaltwasserheilanstalt (1826) und begründete damit einen berühmten Kurort. Nach anfänglichen Anfeindungen durch mißgünstige Ärzte konnte er seine Behandlungsmethoden durchsetzen. Die große Zahl der Geheilten aus allen Volksschichten gab ihm recht. Viele Denkmäler, von dankbaren Kurgästen gestiftet, ehren diesen Wohltäter der Kranken; in einer neugotischen Kapelle auf dem Gräfenberg beigesetzt.

Graphit. Die Graphitlager von Schwarzbach, Stuben und Mugrau südlich von Krummau lieferten einst ein Sechstel des Weltbedarfs an Graphit. In Mähren befinden sich Lager bei Mährisch

Altstadt, Goldenstein, Müglitz und Frain. Graphit findet Verwendung als Schmiermittel, zur Herstellung feuerfester Schmelztiegel für die Glasindustrie und für Bleistiftminen. Graphit aus dem Böhmerwald bildete die Grundlage für die 1847 in Budweis gegründete Firma Hardtmuth, die Bleistifte, so den bekannten Zeichenstift Koh-i-noor in 17 Härtestufen, herstellte.

Grasel, Johann Georg, *1790 Serowitz bei Mährisch Budwitz, hingerichtet 1818 in Wien. Der desertierte Soldat trieb als Räuberhauptmann mit einer Bande im nördlichen Niederösterreich sein Unwesen. Um seine Person ranken sich Legenden, in denen er als edler Räuber dargestellt wird, der die Reichen beraubte und die Armen beschenkte. In Volksliedern werden seine Taten besungen. S. Freiberg schrieb über ihn ein Volksstück, H. C. Artmann ein Fernsehspiel. Mit Grasel bezeichnet man einen arbeitsscheuen und verbrecherischen Taugenichts.

Graslitz (*Kraslice*). Stadt im Zwodautal an der Abdachung des westlichen Erzgebirges. Die „klingende Stadt" war durch ihre Musikinstrumentenerzeugung weltbekannt. Die Auslieferung eines einzigen Jahres betrug einmal 100000 Blech- und 14000 Holzblasinstrumente, dazu noch 4500 Saxophone und 200000 Ziehharmonikas. Nach der Vertreibung fanden sich viele Graslitzer in Nauheim bei Groß Gerau zusammen und stellen wieder Instrumente in alter Qualität her. Graslitz war im 14. Jh. entstanden, allerdings auf älteren Siedlungen. Kaiser Karl IV. verlieh 1370 Elbogener Stadtrecht. Die wirtschaftliche Lage der Stadt war sehr gut, zumal durch den blühenden Bergbau. 1601 zur Bergstadt erhoben. Als größte Stadt des Erzgebirges hatte es Bezirksbehörden, ein Gymnasium, Fachschulen für Stickerei und Musik, eine katholische und eine evangelische Kirche und Industriebetriebe in großer Zahl. Richard Ritter von Dotzauer, den großen Förderer der erzgebirgischen Industrie, ehrten die Graslitzer mit einem Denkmal. In der Vertreibung bilden sie eine vorbildliche und feste Gemeinschaft. Das zeigen die „Graslitzer Nachrichten" und viele weitere Publikationen. 1930: 13524 Einw. (235 Tschechen).

Grätz (*Hradec*). Ein kultureller Mittelpunkt der Troppauer Umgebung war die Marktgemeinde Grätz. Die Burg war Residenz der Herzöge von Troppau. Kunigunde, Witwe König Ottokars II., hielt hier Hof. An Stelle der gotischen Burg entstand ein prächtiges Schloß, seit 1777 im Besitze der Fürsten Lichnowsky. Hier weilten als Gäste Paganini, Liszt, Beethoven und Johann Strauß. 1962 wurde eine Liszt-Gedenkstätte eingerichtet. Auch Beethoven-Musikfesttage wurden veranstaltet. 1971 wurde Grätz wieder Stadt, nachdem es dies bereits einmal seit 1481 gewesen war. Heute gilt das Schloß, das große Sammlungen enthält, bei Brautleuten als beliebter Trau-

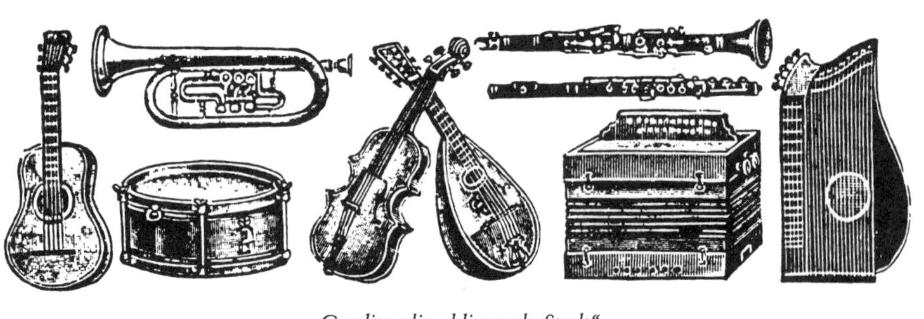

Graslitz, die „klingende Stadt"

Gratzen

ungsort. Grätz und Ziegenburg 1930: 446 Einw. (365 Tschechen).

Gratzen (*Nové Hrady*) im Bezirk Kaplitz, an den Ausläufern des Böhmerwaldes und am Rande einer teichreichen Gegend gelegen, war einst Grenzfestung und im Besitze der Herren von Rosenberg. Seit 1284 Stadt, kam es 1611 an die Herren Schwamberg. Nach deren Enteignung (1620) folgten die Buquoy. Das alte Schloß enthält das Archiv und die Bibliothek mit 15000 Bänden, das neue (1803) ist von einem großen englischen Park umgeben. In der Nähe von Gratzen, wo sich die Forst- und Domänenverwaltung der Buquoy befand, steht im Wildgarten das Jagdschlößchen Sophienschloß.

Neben der spätgotischen Kirche (Peter und Paul) mit schönem Netzgewölbe wurde 1679 das Servitenkloster errichtet. In der Umgebung findet man den einstigen Wallfahrtsort Brünnl und den Mandelstein (850 m). Die Glashütten der Grafen Buquoy erzeugten kunstvolle Gläser. 1966 wurde im Schloß eine ständige Ausstellung mit Hyalitgläsern eingerichtet. In Gratzen wurden der Mediziner Johann Oppolzer und der Historiker Anton Teichl geboren. Aus dem nahen Langstrobnitz stammte der sudetendeutsche Politiker Wenzel Jaksch. 1930: 1264 Einw. (351 Tschechen).

Graupen (*Krupka*), Bezirk Teplitz-Schönau. Der Name der Stadt weist schon auf die Gewinnung von Zinn hin, das in Gneis und Porphyr gefunden wurde. Die Zinnbergwerke waren einmal die ergiebigsten Europas. An das von Bergleuten errichtete Prokopikirchlein knüpfen sich Sagen. Die den Weg über den Erzgebirgspaß beherrschende Burg hatte strategische Bedeutung. Der Wappenbrief der Stadt stammt aus dem Jahre 1478; 1497 wurde die Schützengesellschaft, die älteste Böhmens, gegründet. Seit 1533 breitete sich die neue Lehre aus, 1575 verlassen der letzte katholische Pfarrer und der letzte Mönch des Allerheiligenklosters die Stadt. Die Gegenreformation zwang viele Bewohner zur Auswanderung.

Graupen hatte neben seinen Kirchen (St. Anna, Maria Himmelfahrt, Hl. Geist) viele alte Häuser. Die Reste der Rosenburg und unweit die Geiersburg waren Zeugen der wechselvollen Geschichte. Bei Graupen liegen Obergraupen, der Mükkenberg (810 m) mit dem Mückentürmchen und der berühmte Wallfahrtsort Mariaschein.

Bergstadt Graupen

Papiermühle in Groß Ullersdorf

Die in einem nach Süden offenen Tale des Erzgebirges gelegene Stadt hatte 1930: 4092 Einw. (364 Tschechen).

Großschönau (*Velký Šenov*) im böhmischen Niederland gehört zum Bezirk Schluckenau. Die industriereiche, 4 km lange Ortschaft, das „nordböhmische Barmen" genannt, wurde erstmals 1346 erwähnt. Im 16. Jh. entstand die Bartholomäuskirche, deren Hochaltarbild von Heinrich G. Arnold aus Dresden stammt. Neben Bandwebereien gab es Spinnereien, Posamentenerzeugung, eine Nickelblechfabrik und 2 Buchdruckereien. August Bartholomäus Hille (1786–1865), Bischof von Leitmeritz, wurde hier geboren.
1930: 3378 Einw. (77 Tschechen).

Groß Ullersdorf (*Velké Losiny,* heute *Velký Losin*). Kurort mit warmen Schwefelquellen im Bezirk Mährisch Schönberg. Die Papierfabrik aus dem 16. Jh., die bis heute arbeitet, erzeugt wertvolles handgeschöpftes Büttenpapier. In jüngster Zeit richtete man ein Papiermuseum ein. In der Gemeinde wurden auch Leinen- und Baumwollweberei betrieben. Historische Berühmtheit erlangte das Schloß Groß Ullersdorf, mit Arkadenhof von Johann d. Ä. von Zierotin 1580–1589 erbaut und von 1802 bis zur Enteignung (1945) im Besitz des Hauses Liechtenstein. Von Johann Christoph Handke stammen die Fresken in der Schloßkapelle. Das Schloß war 1662 der Schauplatz der Hinrichtung dreier Bauern, von 1678–1711 trieb hier der berüchtigte Hexenrichter Boblig sein Unwesen.
Franz Grillparzer, der *hier* Hofmeister und Bibliothekar war, empfing im Schloß die Eindrükke, die er in seinem Drama „Die Ahnfrau" verarbeitete. 1930: 2569 Einw. (51 Tschechen).

Grottau (*Hrádek nad Nisou*), Bezirk Reichenberg, liegt an der Görlitzer Neiße und nahe der sächsischen Grenze; gegenüber dieser Grenze der Berg Oybin und die Stadt Zittau. Seit 1255 hatte Grottau die Rechte einer Stadt, die durch Rudolf II. erneuert wurden. Das ehemalige Schlößchen (1721) stand auf einer älteren Anlage, ebenso die Kirche St. Bartholomäus, an Stelle einer gotischen Kapelle von Johann Joseph Kuntze im Barockstil errichtet; sie enthielt gute Fresken zur Legende des Kirchenheiligen von Johann Wenzel Spitzer. Renaissance-Epitaphien vom alten Friedhof sind rings um die Kirche angeordnet.
Industrie: Spinnerei, Webereien, Färberei, Mühlenbau, Lacke und Braunkohlenbergwerk. Buchdruckerei und Verlag der „Grenzland-Zeitung". Östlich von Grottau erhebt sich das Schloß Grafenstein. 1930: 4201 Einw. (556 Tschechen).

Grueber, Bernhard, ∗1806 Donauwörth, †1882 Schwabing bei München. Nachdem er 1842 für das Palais des Fürsten Salm in Prag einen prächtigen Saal erbaut hatte, wurde Grueber 1844 Professor der Baukunst am Polytechnikum in

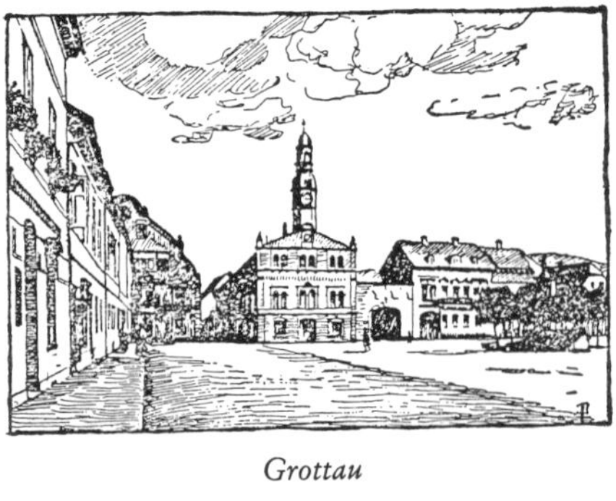

Grottau

Prag. Zugleich errichtete er Neubauten und restaurierte alte Baudenkmäler. Der Baukünstler und Kunstforscher, der zuerst die Kunstgeschichte Böhmens weiten Kreisen erschloß, schrieb über die „Charakteristik der Baudenkmale Böhmens", „Die Kaiserburg zu Eger", „Die Kathedrale des Hl. Veit und die Kunsttätigkeit Kaiser Karls IV." Wegen der Anfeindungen durch die Tschechen zog er sich 1874 nach Bayern zurück.

Grulich (*Králíky*), Bezirk Senftenberg. Östlichste Stadt Böhmens im Adlergebirge. Sie entstand als Bergbausiedlung, was sich auch im Wappen zeigt (Hammer und Eisen). Im Siebenjährigen Krieg hatte die Stadt durch preußische Einfälle viel zu leiden. Auf dem Marienberg (760 m) entstand mit Förderung des aus Grulich stammenden Königgrätzer Bischofs Tobias Johannes Becker 1706 ein Servitenkloster mit einer Wallfahrtskirche, 1883 von den Redemptoristen übernommen. Mit der Entwicklung des Wallfahrtsortes stieg auch der Wohlstand der Stadt. Im Kloster wurden nach 1945 Priester interniert, die zum Holzfällen eingesetzt wurden. Die Wallfahrt konnte während der Ära Dubček vorübergehend wieder aufgenommen werden. Klosterkirche sehr gut restauriert. Es wurden Flachsbau und Flachshandel betrieben, Leinen- und Baumwollweberei, ferner Holzbearbeitung, für die eine eigene Fachschule eingerichtet war.
1930: 3675 Einw. (515 Tschechen).

Grund, Norbert, ∗1717 Prag, †1767 Prag. Der dem Rokoko zugehörende Landschafts- und Genremaler wurde 1752 in die Prag-Kleinseitner Malergilde aufgenommen; das Jahr darauf wurde er deren Vorstand. Er schuf viele kleinformatige Schäfer- und Gartenszenen, Allegorien, Landschaften mit Jagd- und Bauernstaffagen. J. Balzer hat etliche seiner Bilder gestochen. Die Österreichische Galerie in Wien und die Nationalgalerie in Prag veranstalteten bei den Wiener Festwochen 1967 eine Ausstellung seiner Werke im Oberen Belvedere.

Röhrbrunnen mit Spinnerin in Grulich

Grundmann, Franz, ∗1863 Brettgrund bei Trautenau, †1921 Schumburg-Tannwald. Als Glasschleifergeselle ging er auf Wanderschaft, bevor er im Isergebirge arbeitete. Als Mundartdichter nimmt er seine Stoffe aus dem Leben der Glasarbeiter des Isergebirges. Er benützte die Pseudonyme Schleifer-Franzl, Friedbert Walter und F. Dessendörfer. Seine Erzählungen machten ihn volkstümlich, so „Im Schleiferlandl", „Der Schleiferstreik", „Aus 'em Gebirge", „Aus 'em alen Testamente". Er schrieb auch Schwänke und ein Schauspiel. In der von ihm seit 1899 herausgegebenen Zeitschrift „Rübezahl" veröffentlichte er auch eigene Mundartdichtungen.

Grüner, Joseph Sebastian, ∗1780 Eger, †1864 Eger. Er war Magistrats- und Kriminalrat in Eger. Für Goethe schrieb er „Über die ältesten Sitten und Gebräuche der Egerländer" (1901 von A. John herausgegeben). Das Verhältnis von

Goethe und Grüner beleuchtet ihr Briefwechsel. Dr. Rehbein, Goethes Begleiter, schrieb 1825 an Grüner: „Goethe hat Deinen an mich geschriebenen Brief gelesen und sich Deines grenzenlos lustigen Humors erfreut. Sei immer so heiter. Nimm kein Blatt vor Dein ungeschliffenes Maul. Doch, was sage ich? Wo könnte ein Blatt gefunden werden, ein solches Maul zu bedecken? Jenes der Mutter Eva wäre viel zu klein."

Gruss, Franz, ∗1891 Graslitz, †1979 Mistelbach bei Wien. Der Maler Gruss, Schüler der Wiener Akademie, hatte durch ein gewaltiges Fresko in der Krieger-Gedenkhalle in Eger (der ehemaligen St. Klarakirche) Aufmerksamkeit erregt, ebenso durch ein Fresko, die Familie Schlick darstellend, an einem Haus in Eger. Seine zahlreichen Bilder und Zeichnungen sind erfüllt von einer oft grüblerischen Gedankentiefe, mit der er sich mit dem Leben auseinandersetzt. Eine Monographie über den Künstler (1971) läßt sein Wesen erahnen.

Gunert, Johann, ∗1903 Mödritz, †1982 Wien. Er war zuerst journalistisch tätig, wurde 1927 Wiener Gemeindebeamter, 1946 Stadtbibliothekar und darauf Referent des Amtes für Kultur, Volksbildung und Schulverwaltung. Der Autor mehrerer Gedichtbände und literaturgeschichtlicher Schriften war Vizepräsident der Grillparzer-Gesellschaft und Mitglied der Wiener Sezession. Er erhielt den Georg-Trakl-Preis der Stadt Salzburg, den Preis der Stadt Wien und das Österreichische Ehrenzeichen für Wissenschaft und Kunst 1. Klasse.

Anton Günther, Sänger des Erzgebirges

Gunther, †1045 Gutwasser bei Hartmanitz. Der aus einem Adelsgeschlecht stammende Benediktiner des Klosters Altaich gründete ein Kloster in Rinchnach und lebte als Einsiedler. Als Wegebauer erschloß er den Böhmerwald und leistete eine ausgedehnte Siedeltätigkeit. Mehrfach war er Vermittler bei Kämpfen zwischen Tschechen und Deutschen. Fast 90jährig starb er bei Gutwasser. Herzog Břetislaw ließ seinen Leichnam in das Kloster Břewnow überführen. Der Guntersteig führt von Zwiesel nach Schüttenhofen. Im Pfarramtsarchiv Bischofsmais wird ein Buch verwahrt, in dem die dem sel. Gunther zugeschriebenen Mirakel verzeichnet sind.

Günther, Anton, ∗1783 in Lindenau, †1863 in Wien. Der Philosoph und Theologe lebte als Privatgelehrter in Wien. Auf dem Wege der inneren Erfahrung strebte er die Übereinstimmung von Glauben und Wissen an. Es sollte eine „Vernunftwissenschaft" entstehen, „zugleich in der apologetischen Absicht einer Neubegründung des katholischen Dogmas". Der Konflikt mit der Kirche brachte ihm 1857 die Indizierung seiner Schriften. Daraufhin unterwarf er sich, auch die meisten seiner Schüler, der kirchlichen Entscheidung. Auswirkungen des Güntherianismus sind die Gründung des Klosters Beuron 1863 und die Teilnahme einiger Schüler an der Errichtung der Altkatholischen Kirche. 1882 erschienen Günthers „Gesammelte Schriften" in 9 Bänden.

Günther, Anton, ∗1876 Gottesgab, †1937 Gottesgab. Schon während seiner Lehrzeit als Lithograph in Prag schrieb er seine ersten Mundartgedichte. In die Heimat zurückgekehrt, führte er hier ein einfaches Leben wie alle Kleinbauern, schrieb seine Gedichte und dazu die Melodien auf und trug sie daheim und bei Veranstaltungen in Böhmen und Sachsen, sogar vor dem König von Sachsen, zur Gitarre vor. Die eingängigen Lieder wurden Volksgut, und heute noch hört man bei Begräbnissen von Vertriebenen das Lied „'s is Feieromd". Der „Sänger des Erzgebirges" vervielfältigte seine Lieder auch selbst; auf Postkarten fanden sie weite Verbreitung. Seine Gedichte, Sprüche, Geschichten und Schwänke erschienen in mehreren Buchausgaben.

Günther, Ignaz. Der große Bildhauer des bayerischen Rokoko (†1775 München), dessen Werke in der Klosterkirche Rott, in Weyarn, Neustift bei Freising, Mallersdorf und in der Münchener Bürgersaalkirche zu den Kunstschöpfungen von Weltruf gehören, hat auch für die Pfarrkirche in Geppersdorf bei Mährisch Schönberg gearbeitet: 1752 und 1753 schuf er die Tabernakelbekrönung auf dem Hauptaltar, eine 191 cm hohe Immaculata aus Lindenholz, und das Modell für eine Silbermonstranz, die der Olmützer Goldschmied Simon Forstner ausführte.

Günzl, Marie, ∗1896 Zwodau, †1983 München. Seit ihrer Jugend war sie in der Arbeiter- und Frauenbewegung tätig. Bei der Besetzung des Sudetenlandes 1938 inhaftiert und in das Konzentrationslager Ravensbrück verbracht. 1942 entlassen; 1944 abermalige Verhaftung. Die Vollstreckung des über sie verhängten Todesurteils wurde durch die Besetzung von Leitmeritz durch die Rote Armee verhindert. Als Heimatvertriebene wurde sie 1946 in Bayern seßhaft. 1950 zog sie als erste weibliche Abgeordnete für die Sozialdemokratische Partei in den Bayerischen Landtag ein, dem sie bis 1962 angehörte. 1971 veröffentlichte sie das Buch „Erlebtes Leben".

Gura, Eugen, ∗1842 Pressern bei Saaz, †1906 Aufkirchen am Starnberger See. Der kgl. bayerische Kammer- und Hofopernsänger (auf Wunsch

Grabmal des Adalbert Gyrowetz

R. Wagners) sang bei den Bayreuther Festspielen, in Hamburg, London und München (1883–1896). 1884 hatte er in einer Privataufführung für Ludwig II. den Amfortas gesungen. Gura, der für Hugo Wolf und Karl Löwe eintrat, veröffentlichte 1905 „Erinnerungen aus meinem Leben".

Gyrowetz, Adalbert, ∗1763 Budweis, †1850 Wien. 1786 wurde er von Mozart in Wien als Komponist beim Publikum eingeführt. Von 1804–1831 Hofkapellmeister, schrieb er ungefähr 500 Werke, darunter 30 Opern, Ballette, Singspiele, 60 Symphonien, 60 Streichquartette, 40 Klaviersonaten, Kantaten, Messen u. a. Seine Oper „Robert" hörte Beethoven wiederholt an. 1847 erschien die Autobiographie des heute zu Unrecht vergessenen Komponisten.

Habert, Johann Ev., ∗1833 Oberplan, †1896 Gmunden/OÖ. Der Komponist und Musikpädagoge Habert war von 1861 – 1896 Organist in Gmunden, begründete und leitete von 1868 bis 1883 die „Zeitschrift für katholische Kirchenmusik" und war einer der Herausgeber der „Denkmäler der Tonkunst in Österreich". Habert, der sich für neue Wege in der Kirchenmusik einsetzte, schrieb 104 kirchliche Musikwerke und ein vierbändiges Werk „Beiträge zur Lehre von der musikalischen Komposition".

Haberzettl, Erna, ∗1901 Bischofteinitz, †1945 Wien. Als Krankenschwester ausgebildet, arbeitete sie im Krankenhaus, als Erzieherin und Sekretärin. Als Angehörige der Sozialdemokratie (DSAP-Frauensekretärin) und als Widerstandskämpferin wählte sie im März 1945 den Freitod, um sich dem Zugriff der Gestapo zu entziehen. In feinsinnigen Gedichten hielt sie die Atmosphäre ihres Lebenskreises und ihrer Gefühlswelt fest. Die Seliger-Gemeinde gab ihren Gedichtband „Opfergang" heraus.

Hacker, Rudolf, ∗1895 Zettlitz, †1959 München. Nach der Priesterweihe (1918) in Prag kam Hacker als Kaplan nach Schmiedeberg und Weipert; hier war er von 1923 bis 1929 auch Bürgermeister. 1929 kam er als Pfarrer in den Wallfahrtsort Zettlitz. Er begründete das Karlsbader Kirchenblatt. 1939 übernahm er das Amt des Vikars des Karlsbader Dekanats. Nach der Vertreibung 1946 fand er in Bayern ein reiches Betätigungsfeld. Als Diözesanseelsorger für die Heimatvertriebenen konnte er von Augsburg aus gerade auf sozialem Gebiet mithelfen, die größte Not zu lindern. Auch als Mitbegründer der Ackermann-Gemeinde konnte er in deren Sozialwerk viel Gutes tun. Dieses hat ihr Familienerholungsheim im Fichtelgebirge nach Pfarrer Hacker benannt.

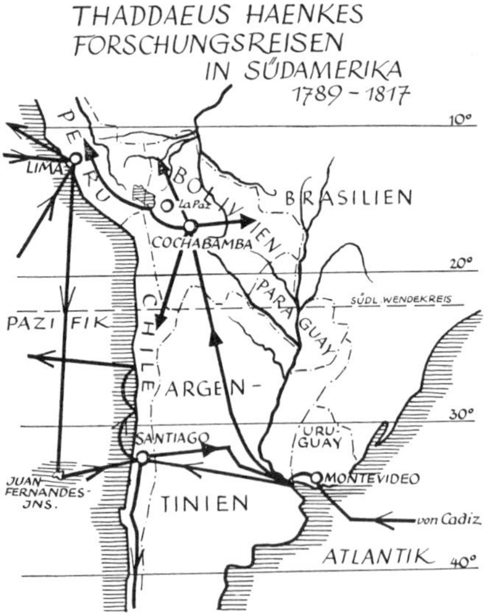

Thaddaeus Haenkes Forschungsreisen

Hadina, Emil, ∗1885 Wien, †1957 Ingolstadt. Als Professor wirkte der seiner Abstammung nach sudetendeutsche Hadina in Iglau und Troppau. Er war Mitglied der Deutschen Akademie der Wissenschaften und Künste in Prag und der Gesellschaft für deutsche Volksbildung in Reichenberg. Im gesamten deutschen Sprachraum machten ihn seine zahlreichen, bei Staackmann erschienenen Romane bekannt; in ihnen behandelte er mit Vorliebe Biographien großer Persönlichkeiten, besonders bedeutender Dichter (Storm, Hauff, Bürger). „Advent" nannte er seine Autobiographie.

Hadwiger, Victor, ∗1878 Prag, †1911 Berlin. Der Dichter, befreundet mit Rilke, Moissi, Teschner und Leppin, lebte als freier Schriftsteller in Berlin und war Mitarbeiter der „Aktion". Seine schon im Expressionismus angesiedelten Werke erschienen erst in seinem Todesjahr und später. Zu Lebzeiten kam 1901 nur ein Gedichtband heraus.

Haenke, Thaddäus Peregrinus, ∗1761 Kreibitz, †1817 Cochabamba/Bolivien. Als Arzt und Botaniker nahm er an einer spanischen Expedition nach Südamerika teil. Später stand er im Dienst der spanischen Kolonialregierung, bereiste Chile, Peru, Mexiko, die Philippinen, legte eine wertvolle Sammlung von Pflanzen an und entdeckte u. a. als erster Europäer die Victoria regia. Er legte den Grund für die chilenische Salpeterindustrie, indem er ein Verfahren zur Herstellung reinen Kalisalpeters fand. Die Ergeb-

Schloß in Haid

nisse seiner Forschungen legte er in länderkundlichen Werken nieder. Als Chemiker, Geograph, Naturforscher und nicht zuletzt als ärztlicher Helfer der Ureinwohner hat sich Haenke große Verdienste erworben.

Haibach, Franz, ∗1899 Pfraumberg, †1958 München. 1923 wurde Haibach zum Priester geweiht, war Kaplan in Bilin, Domvikar und Domprediger in Leitmeritz (1926–1931), Religionsprofessor in Reichenberg (1931–1944) und Zentralpräses der Katholischen Gesellenvereine in der Tschechoslowakei (1926–1939). In Bayern wirkte er als Leiter des Adelgundenheimes München, stellvertretender Direktor des Kath. Jugendfürsorgevereins der Erzdiözese München-Freising, Geschäftsführer des Landesverbandes der kath. caritativen Erziehungsheime in Bayern und Leiter des Heimpädagogischen Aufbauseminars für Bayern. Mitbegründer der Ackermann-Gemeinde.

Haid (*Bor*) im Bezirk Tachau wurde um 1250 von den Schwanbergern gegründet. Bereits im 15. Jh. gab es einen Viehmarkt, der sich bis in unsere Zeit erhielt und zum zweitgrößten in Westböhmen gehörte. 1602 wurde Haid das Stadtwappen verliehen. Seit 1720 waren die deutschen Fürsten Löwenstein-Wertheim-Rosenberg die Besitzer der Herrschaft. Auf dem Schloß entstanden die „Haider Thesen", ein christlich-soziales Fundament für unser Jahrhundert. Zur schwarzen Muttergottes in der barocken Loretokapelle beim Schloß pilgerten viele Wallfahrer. Die Brüder Hilgenreiner, einer Medizin- und einer Theologieprofessor in Prag, dieser auch Politiker, verbrachten ihre Jugend in Haid. 1930: mit Wandermühle 1943 Einw. (76 Tschechen).

Haida (*Bor u České Lípy*, heute *Nový Bor*). Die Stadt auf einer Ebene des Lausitzer Gebirges und am Fuße des Kleis, eines 961 m hohen Klingsteinfelsens, war bekannt durch ihre Glasindustrie von Weltruf. Über 80 Betriebe der Glasveredelungs- und Verlagsindustrie gaben auch zahlreichen in der Heimindustrie tätigen Menschen Beschäftigung. Die staatliche Glasfachschule mit der großen Lehrmittelsammlung bildete den Nachwuchs heran. Das Museum im Rathaus besaß viele kostbare Glas- und keramische Erzeugnisse.
Maria Theresia hatte Haida 1757 zur Stadt erhoben. Hier erfand Franz Egermann das berühmte Rubinglas. 1891 entstand der Fachverband der Glas- und Keramikarbeiter Haida-Steinschönau, zwei Jahre später wurde das Museum des Zentralverbandes aller Glasarbeiter und verwandter Berufe in Haida gegründet. Eine der bekanntesten Firmen war die Kronleuchterfabrik Palme. Neben der Glaserzeugung gab es auch Textilunternehmungen. Neben der katholischen Himmelfahrtskirche befand sich für die 221 Evangelischen die Heilandskirche. In der Nähe Bürgstein und

Haida

Böhmisches Glas

Schloß Schwoika, das in der Geschichte der sudetendeutschen Jugendbewegung eine Rolle spielte.
1930: 4158 Einw. (811 Tschechen).

Haindorf (*Hejnice*) ist einer der schönsten Orte des Isergebirges. Die Stadt liegt im Tale der Wittig und 15 km nordöstlich von Reichenberg. Weit über die Landesgrenzen hinaus war die Marienwallfahrtskirche bekannt. Die Pläne für die mächtige Barockkirche (1722–1729) schuf J. B. Fischer von Erlach, das Franziskanerkloster ist ein Werk M. A. Canevales (1692); nach 1948 Konzentrationslager für deutsche Priester, die zur Zwangsarbeit eingesetzt wurden. Haindorf, 1917 zur Stadt erhoben, war Sommerfrische und wurde wegen der günstigen Wintersportmöglichkeiten auch in der kalten Jahreszeit aufgesucht. Große Beachtung fanden die 1931 veranstalteten „Jedermann"-Festspiele vor der Wallfahrtskirche (Zuschauerraum für über 2400 Menschen) unter dem Brünner Spielleiter Theo Modes. Große Schauspieler wie Hedwig Bleibtreu wirkten mit. Carl Maria von Weber soll während seines Aufenthaltes in Bad Liebwerda in den Wäldern um Haindorf Anregungen für seine Oper „Der Freischütz" empfangen haben.
1930: 2504 Einw. (150 Tschechen).

Hainspach (*Hańšpach*, heute *Lipová*) im Bezirk Schluckenau war eine Gemeinde mit intensiver Industrie (Steinnußknopf-, Büffelhornknopffabriken, Knopfring-, Drahtstift- und Kunstblumenerzeugung, Aluminiumfolien, Bandwebereien, Schuhfabrik). Das Schloß ließ Graf Salm-Reifferscheid errichten (1737–1739). Die an die Salzburger Zwergl erinnernden Sandsteinfiguren waren eine Sehenswürdigkeit, sie verschwanden nach dem letzten Kriege. Zur 1726 erbauten Wölmsdorfer Kapelle, Begräbnisstätte der Herrschaftsbesitzer, führte eine lange Lindenallee. Die Pfarrkirche in Hainspach (Simon und Judas Thaddäus) bestand bereits vor 1364. Die Pfarrei war 1640 bis 1654 lutherisch.
1930: 2664 Einw. (234 Tschechen).

Hallegger, Kurt, ∗1901 Mährisch Schönberg, †1963 München. Der an den Akademien in Breslau, Wien und Prag ausgebildete Künstler gehörte zu den bekanntesten Malern Prags, war Mitarbeiter des „Querschnitt" und „Simplicissimus", erhielt für das beste Damenporträt der ČSR den Schicht-Preis und malte mit Maxim Kopf die

Klosterkirche in Haindorf

Fresken im Deutschen Haus in Prag. Nach der Vertreibung war er Bühnenbildner der Bayerischen Staatstheater, arbeitete aber auch für andere Bühnen des In- und Auslandes.

Hallwich, Hermann, ∗1838 Teplitz, †1913 Wien. Als Historiker machte er sich um die Heimaterforschung verdient, schrieb die Geschichte Graupens, der Herrschaft Türmitz, Reichenbergs, ferner Studien zu Wallenstein. Als Mitglied des Reichsrats und des Böhmischen Landtags bemühte er sich um den deutsch-tschechischen Ausgleich, das gewerbliche Unterrichtswesen und um den Ausbau des Verkehrswesens in Nordböhmen. Er war Präsident des von ihm gegründeten Zentralverbandes der österreichischen Industriellen.

Hammer am See (*Hamr*), Sommerfrische an den südlichen Ausläufern des Jeschkengebirges, war mit dem 60 ha großen Hammersee ein ideales Erholungsgebiet, das den Besuchern in den angrenzenden Waldungen weite Spaziergänge bot. Ausflugsziele waren der Calvarienberg, Dewin, auf dem eine der größten Burgruinen Böhmens stand, der Spitzberg, Ruine Roll, Bad Kunnersdorf, Wartenberg, Reichstadt, Hirschberg, Bösig und Jeschken.

Hammerschmidt, Andreas, ∗1611 Brüx, †1675 Zittau. 1626 mit seinem evangelischen Vater Hans, einem aus Saaz stammenden Sattler, nach Freiberg in Sachsen ausgewandert, wurde er hier und in Zittau Organist. Er wird als Förderer des in Italien seit 1600 aufkommenden, durch Praetorius und Schein nach Deutschland verpflanzten konzertierenden Stils, besonders in seinen Dialogen, charakterisiert. Hammerschmidt, der größte Kirchenmusiker im Zeitalter von Heinrich Schütz, schrieb geistliche und weltliche Musik aller Art.

Hammerstein. Ruine der ehemaligen Burg der Herren von Biberstein auf Reichenberg. Im 15. Jh. Sitz der Vögte über Gut Machendorf, das vorübergehend zur Herrschaft Grafenstein gehörte. Als Raubritter von der Burg Besitz ergriffen hatten, zerstörte sie Nikolaus Dohna von Grafenstein im Jahre 1512; seitdem ist die Burg bei Machendorf verödet.

Jeschken vom Hammersee aus

Hanak, Anton, ∗1875 Brünn, †1934 Wien. Der dem Expressionismus angehörende Bildhauer arbeitete in Wien, war Mitglied der Sezession und lehrte an der Akademie. Seine Plastiken von visionärer Ausstrahlungskraft sind symbolische Zeichen großartiger Monumentalität und weisen, auch in den Porträtfiguren, weit über das konkrete Menschliche hinaus. Für das Republik-Denkmal in Wien schuf Hanak die Büste Viktor Adlers; der „Brennende Mensch" steht im Linzer Stadtpark, 23 Skulpturen stehen in Langenzersdorf, wo Hanak lange Zeit lebte.

Handelsakademien. Zur Ausbildung qualifizierter Fachleute in Handel und Wirtschaft wurden die Handelsakademien geschaffen. Das vier Jahre währende Studium schloß mit der Matura ab. In den Akademien angeschlossenen einjähri-

gen Abiturientenkursen konnten auch Gymnasiasten oder Realschüler die kaufmännische fachliche Ausbildung erwerben.
1935 gab es folgende deutsche Handelsakademien: Prag (gegr. 1856), Pilsen (1894), Reichenberg (1863), Gablonz (1891), Aussig (1886), Brünn (1895), Olmütz (1894), Karlsbad (1913) und Teplitz-Schönau (1919). Nach 1938 kamen weitere als „Wirtschaftsoberschule“ hinzu; diese Schulform hat auch in der Bundesrepublik Deutschland Einzug gehalten.

Handke, Johann Christoph, ∗1694 Johnsdorf bei Römerstadt, †1774 Olmütz. Der bekannteste mährische Kirchenmaler des Barock lebte seit 1715 in Olmütz, schuf zahlreiche Fresken, von denen nur wenige die Zeit überdauerten, und viele Altarblätter. Er malte auch „Die heilige Nacht“ (1733), ein Deckenfresko im Oratorium Marianum, dem späteren Musiksaal der Breslauer Universität.

Handsch von Limus, Georg, ∗1529 Böhmisch Leipa, † nach 1578 Innsbruck. Handsch war zuerst praktischer Arzt in Prag, wurde von Ferdinand I. nobilitiert und kam 1568 als Leibarzt zu Erzherzog Ferdinand von Tirol. Er war neulateinischer Dichter, schrieb medizinische Schriften

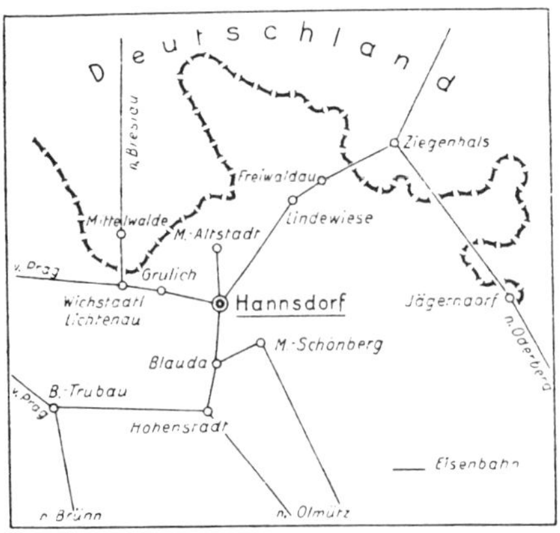

Verkehrsknotenpunkt Hannsdorf

und gab das Neue Kräuterbuch des Mathiolus deutsch heraus. Handsch, der sich einen Deutschböhmen nannte, und zwar als erster in der Literatur, hinterließ auch eine Sammlung deutscher Sprichwörter.

Hanika, Josef, ∗1900 Mies, †1963 München. Der Professor für Volkskunde, der schon in Prag als Fachmann für Trachten und andere Bereiche der Volkskunde galt, lehrte seit 1955 in München deutsche und vergleichende Volkskunde. Er gehörte zu den Mitbegründern einer Volkskunde der Heimatvertriebenen, war Vorsitzender des Instituts für Kultur- und Sozialforschung, Mitglied des Herder-Forschungsrates und stellvertretender Vorsitzender der Kommission für Volkskunde der Heimatvertriebenen im Verband der Vereine für Volkskunde.

Hanna (*Haná*), rechter Nebenfluß der March, der bei Drahan entspringt (westlich Proßnitz), durch die fruchtbare Hanna fließt und nach 55 km Lauf nordwestlich von Kremsier mündet.

Hanna (*Haná*), auch Große Hanna. Beckenlandschaft an der mittleren March und an der Hanna. Fruchtbares Gebiet (Getreide, Obst, Zuckerrüben, Viehzucht). Hauptorte: Kremsier, Proßnitz, Kojetein.

Hannsdorf (*Hanušovice*). Die Marktgemeinde liegt im Bezirk Mährisch Schönberg am Zusammenfluß der March mit der Graupa und dem Mittelbordbach und ist wichtige Eisenbahnstation (Mittelwalde, Mährisch Altstadt, Ziegenhals, Mährisch Schönberg, Hohenstadt). Sie hat 2 Flachsspinnereien, Malzfabrik und Brauerei. In der zweiten Hälfte des 19. Jh. zum Markt erhoben, war Hannsdorf wegen seiner schönen

Umgebung eine gern besuchte Sommerfrische. 1930: 3351 Einw. (566 Tschechen).

Hanslick, Eduard, ∗1825 Prag, †1904 Baden bei Wien. Er war Jurist und Staatsbeamter, arbeitete als Musikkritiker und wurde 1861 Professor für Ästhetik und Geschichte der Musik an der Universität Wien. Mit seinen Kritiken beeinflußte er das Musikleben. Während er für Brahms eintrat, lehnte er Bruckner und Wagner ab.

Hantsch, Hugo, OSB, ∗1895 Teplitz, †1972 Wien. Der Benediktiner des Stiftes Melk war seit 1946 Professor der neueren Geschichte an der Universität Wien, nachdem er bereits in Graz gelehrt hatte, 1938 für ein Jahr in das KZ Dachau gekommen war und für die Dauer des Krieges eine kleine Pfarrei betreut hatte. Der große Gelehrte schrieb wertvolle Beiträge zur österreichischen Geschichte. Er war Vorsitzender der Kommission für neuere Geschichte Österreichs und des wissenschaftlichen Beirats der Gesellschaft für Außenpolitik, Obmann des Verbandes für volksdeutsche Auslandsarbeit und Mitglied der Akademie der Wissenschaften in Wien. Die Sudetendeutschen ehrten ihn mit dem Karlspreis.

Hanusch, Ferdinand, ∗1866 Oberdorf bei Wigstadtl, †1923 Wien. Der Textilarbeiter Hanusch wurde 1900 Sekretär des Textilarbeiterverbands, 1907 österreichischer Reichsratsabgeordneter und von 1918 – 1920 Staatssekretär für soziale Verwaltung. Als Erzähler behandelte er

Moritz Hartmann

soziale Probleme und seine Heimat.

Hardtmuth, Joseph, ∗1758 Asparn/NÖ, †1816 Wien. Als fürstlich Liechtensteinischer Baudirektor schuf er das Eisgruber Schloß und andere Bauten in Mähren. Seine Erfindungen (Wiener Steingut, Bleistifte) verwertete er industriell. Sein Sohn Carl verlegte die Fabrik 1848 nach Budweis, wo sich die Kohinoor-Bleistiftfabrik gut entwickelte (1929: 1400 Arbeiter).

Harrach, Ernst Graf von, ∗1598 Wien, †1667 Wien. 1622 vom Kaiser zum Erzbischof von Prag ernannt, führte er die Rekatholisierung Böhmens nach der Schlacht am Weißen Berg durch, gründete die Bistümer Leitmeritz (1654) und Königgrätz (1664) und konsekrierte 609 Kirchen.

Harrachsdorf (*Harrachov*). Wintersportplatz und Sommerfrische im Riesengebirge, 700–800 m ü. M., in einem von bewaldeten Bergen eingeschlossenen Talkessel. Große Naturskisprungschanze, Skiwettkämpfe und Austragungsort der ersten Sudetendeuschen Schnellaufmeisterschaften. Radiumhaltige Quellen und Moorbäder boten Kranken Heilung.
Die Graf Harrachsche Glasfabrik in Harrachsdorf-Neuwelt, gegründet 1712, wurde weltberühmt, besonders in der Biedermeierzeit durch ihren Leiter Johann Pohl. Zeugnisse der bodenständigen Kunstfertigkeit sind die aus Glas bestehenden Säulen und Tabernakel des Hochaltars sowie der Kronleuchter der Dorfkirche. Aus Neuwelt kam auch Dominikus Biemann, der große Glaskünstler (†1858), dessen Biographie Otto Lauer und Julius Streit 1958 herausgaben. Im Ortsteil Seifenbach arbeitete seit 1866 eine mechanische Baumwoll- und Seidenweberei.
Harrachsdorf mit Seifenbach und Neuwelt 1930: 1731 Einw. (554 Tschechen).

Hartauer, Andreas, ∗1839 auf der Stachauer Hütte bei Winterberg, †1915 St. Pölten. Der Glasmacher betrieb in St. Pölten eine Glas- und Porzellanhandlung. Von ihm stammen Text und Melodie des berühmt gewordenen Liedes „Tief drin im Böhmerwald". Die heutige Singweise schrieb Jakob Schmölzer. In Eleonorenhain und St. Pölten ehren Hartauer Gedenktafeln. Denkmal am „Goldenen Steig" bei Mauth im Bayrischen Wald (1982).

Hartel, Wilhelm von, ∗1839 Hof/Mähren, †1907 Wien. Der Professor für klassische Philologie und Direktor der Hofbibliothek in Wien war auch Minister für Kultus und Unterricht (1900–1905). Er befürwortete das Frauenstudium, reformierte das Bürgerschulwesen, gründete das Österreichische Volkslied-Unternehmen und die Moderne Galerie in Wien.

Hartig, Arnold, ∗1878 Brand bei Tannwald, †1972 Purkersdorf bei Wien. Der Bildhauer und Medailleur schuf zahlreiche Bildnisse hochgestellter Persönlichkeiten und Gedenktafeln. Im Ennser Stadtmuseum werden viele seiner Werke verwahrt. Viele Auszeichnungen.

Hartmanitz (*Hartmanice*) am auslaufenden Künischen Gebirge des Böhmerwaldes gehört

zum Bezirk Schüttenhofen. Zuerst war Hartmanitz Bergstadt und gehörte zum Bergamt Bergreichenstein. Als die Goldvorräte im Berginnern erschöpft waren, verlegten sich die Menschen auf den Saumhandel über den „Hartmanitzer Steig". Salz kam aus Bayern nach Böhmen, Getreide und andere Waren wurden von hier nach Bayern verfrachtet. Als Zollstation am Goldenen Steig erhielt Hartmanitz 1607 ein Stadtwappen.
Die schöne Lage am Fuße des Hamischberges (852 m) und das zwar rauhe, aber gesunde Klima machten den Ort zu einer Sommerfrische. Für die Besucher empfohlen wurden Ausflüge auf dem uralten Günthersteig an dem 887 m hoch gelegenen Gutwasser vorbei und zum 1 006 m hohen St. Güntherfelsen mit Kapelle. In der Umgebung wurde das Andenken des Einsiedlers, Wegebauers (von Bayern nach Böhmen) und Friedensstifters Günther hochgehalten.
1930 mit Gutwasser 811 Einw. (42 Tschechen).

Hartmann, Moritz, *1821 Duschnik bei Przibram, †1872 Oberdöbling bei Wien. Als Journalist, den die Zensur aus Österreich vertrieben hatte, lebte er in Berlin, Leipzig und Paris, nahm 1848 als Abgeordneter am Frankfurter Parlament teil und beteiligte sich an der Revolution in Wien. Deswegen verließ er abermals seine Heimat, reiste durch Europa, lehrte in Genf deutsche Literatur und wurde nach der Rückkehr (1868) Redakteur der „Neuen Freien Presse". Als Erzähler war Hartmann einst hochgeschätzt. Im Roman „Der Krieg um den Wald" schildert er die deutsch-tschechische Auseinandersetzung seiner Zeit. „Die Reimchronik des Pfaffen Maurizius" ist eine Satire auf das Frankfurter Parlament. Außerdem schrieb er Gedichte, sehr gute Reiseberichte und die „Erzählungen eines Unstäten", ferner Übersetzungen von Petöfi, Turgenjew und Perrault.

Haslau (*Hazlov*) im Bezirk Asch ist bei Mineralogen bekannt als Fundort des Egerans oder Deservians. In der Nähe der Gemeinde liegt der geologisch interessante Quarzgang der Rommersreuther Schweiz. Diese Gesteine erregten auch Goethes Aufmerksamkeit; an den Dichter erinnern der Goethestein und eine vom Egerer Magistratsrat Joseph Seb. Grüner gestiftete Marmortafel, die in das Ascher Museum kam.
Auffallend in Haslau ist die 1687/1688 errichtete katholische Kirche in reinem Renaissancestil, und das zu einer Zeit, da längst barocke Formen vorherrschten. Das Gotteshaus mit wertvoller Inneneinrichtung erhielt im 18. Jh. noch 8 Gemälde von einem Haslauer Ortskind, dem Maler Johann Grünbaum. Die alte Glocke aus dem Jahre 1409 hängt heute noch im Turm. Im Jahre 1907 erhielt Haslau auch eine evangelische Kirche. Das Schloß in seiner jetzigen Gestalt stammt aus dem 14. Jh. Bedeutende Textilindustrie.
1930: 2867 Einw. (58 Tschechen).

Hassenstein (*Hasištejn*), bekannt als schönste Burgruine des Erzgebirges, erhebt sich zwischen Platz und Sonnenberg im Bezirk Komotau. Die

Ruine Hassenstein

einstige große Burg kam 1418 an die Lobkowitz, die sie bis 1609 besaßen und die nach ihrem Sitz auch die Hassensteiner genannt wurden. Der bedeutendste aus der Familie war Bohuslaus Lobkowitz von Hassenstein, der hier von 1498–1510 saß und eine wertvolle Bibliothek anlegte. Der große Gelehrte war auch Dichter in lateinischer Sprache und bekannte sich als Deutscher. 1810 besuchte Goethe die Ruine, wo heute noch eine Gedenktafel mit deutscher Inschrift daran erinnert. Das dazugehörige Porträt des Dichters wurde 1972 zerstört. Auf dem Hassenstein soll Goethe Anregungen zu seiner „Novelle“ empfangen haben. s. Platz.

Haßler, Hans Leo, ∗1564 Nürnberg, †1612 Frankfurt/M. Sein Vater Isaak, ∗um 1530 St. Joachimsthal, †1591 Nürnberg, war in St. Joachimsthal Organist der Spitalkirche. Hans Leo, Organist in Nürnberg und Dresden, verband Elemente deutschen und italienischen Musikgutes und schrieb zahlreiche Kompositionen, die heute noch aufgeführt werden.

Hatschek, Ludwig, ∗1856 Tieschetitz bei Olmütz, †1914 Linz. Der Erfinder des Asbest-Zements „Eternit“ (Patent 1901) baute Eternit-Werke in Vöcklabruck und eine Zementfabrik in Gmunden. Zweigfabriken entstanden in Frankreich, Ungarn, Böhmen und Mähren. Heute u. a. Eternitwerk in Leimen bei Heidelberg.

Hauffen, Adolf, ∗1863 Laibach, †1930 Prag. Der Professor für deutsche Sprache, Literatur und deutsche Volkskunde an der Deutschen Universität in Prag ist der Begründer der wissenschaftlichen Volkskunde in Böhmen. Als Herausgeber der „Beiträge zur sudetendeutschen Volkskunde“ und der Zeitschrift „Deutsche Arbeit“ gewann er viele Mitarbeiter, die in seinem Sinne auf heimat- und volkskundlichem Gebiet arbeiteten. Eine Fundgrube ist Hauffens „Bibliographie der deutschen Volkskunde in Böhmen“.

Hauptmann, Franz, ∗1895 Prag, †1970 Mainz. Der promovierte Jurist war Prokurist der Böhmischen Unionbank, Dramaturg der Städtischen Theater in Leipzig, Redakteur und freier Schriftsteller in Mainz. Neben Schauspielen („Bauernkrieg“, „Entscheidung“) schrieb er Erzählungen und Romane. Die Zeit von 1938–1945 in Prag beschreibt er in dem Roman „Jarmila“. Hauptmann wurde ausgezeichnet von der Stadt Brünn, vom A.-Stifter-Verein und von den Münchener Kammerspielen.

Heeger, Viktor, ∗1858 Zuckmantel, †1935 Troppau. Der in der Schutzarbeit tätige Wanderlehrer war Reichsratsabgeordneter (1897–1900), gründete die erste schlesische Volksbühne („Die Reihwiesner“) und lebte seit 1921 zurückgezogen auf dem Koppenhaus bei Gräfenberg. Er dichtete in schlesischer Mundart und veröffentlichte die volkstümlichen Bücher „Geschichten vom alten

Franz Hauptmann

Haiman", „Der Kobersteiner" (Sagen), ferner „Köpernikel und Arnika". Die „Koppenbriefe", 130 Briefe aus seinem Refugium, zuerst für die „Deutsche Post" in Troppau geschrieben, erschienen auch in Buchform. Sie behandeln aktuelle Themen aus der Politik, aus dem Kunstgeschehen und dem Volksleben. Seine Landsleute setzten ihm 1958 in Memmingen, der Patenstadt der Freudenthaler, einen Gedenkstein.

Hegenbarth, Emanuel, ∗1868 Böhmisch Kamnitz, †1923 Dresden. Der Schwiegersohn seines Münchener Lehrers Heinrich von Zügel wirkte als Maler in Dresden, wo er 20 Jahre lang die Klasse für Tiermalerei an der Akademie leitete. Er gilt als führende Kraft des deutschen Impressionismus.

Hegenbarth, Josef, ∗1884 Böhmisch Kamnitz, †1962 Dresden. Sein Lehrer war sein Vetter Emanuel Hegenbarth. Neben Kubin und Kokoschka zählt er zu den bedeutendsten Buchillustratoren unseres Jahrhunderts. Er gehörte der Prager und Wiener Sezession an, dem Deutschen Künstlerbund, der Dresdner Künstlervereinigung und lehrte ab 1946 als Professor an der Dresdner Akademie. Sein umfangreiches graphisches Werk, überwiegend zu Klassikertexten gezeichnet, ist kaum zu überblicken. Neben dem Nationalpreis der DDR erhielt der Künstler viele andere Auszeichnungen.

Viktor Heeger

Josef Hegenbarth: Pferdedressur

Heidebrünnel (*Vřesová Studánka*). Bergkapelle an einer Quelle an der Westseite des 1333 m hohen Roten Berges im Altvatergebirge. Nach der Sage wurde vor 500 Jahren ein Förster durch das Quellwasser vom Aussatz geheilt. Aus Dankbarkeit stellte er dort ein Bild mit den fünf Wundmalen Christi auf. Fürst Liechtenstein baute dazu eine Kapelle, die später erneuert wurde und nun das Bild der Mater dolorosa auf dem Altar stehen hatte. Ziel vieler Wallfahrer. Inbegriff des Heimatgefühls der Nordmährer und Sudetenschlesier. 1946 wurde das Kirchlein durch Blitzschlag eingeäschert, während das Schutzhaus steht.

Heider, Paul, ∗1868 Neu Adamsthal bei Würbenthal, †1936 Troppau. Nach Seelsorgejahren im Altvatergebiet kam der Deutschordenspriester 1916 als Propst nach Troppau. 1933 wurde er zum Hochmeister des Ordens gewählt und zum Abt geweiht. Er setzte sich in vielen Bereichen für die Belange der Sudetendeutschen ein.

Heidler, Franz, ∗1898 Falkenau, †1980 Nürnberg. Der Liedersänger und Heimatkundler war schon in der Heimat Volkstumspfleger, durch Auftritte bei der Egerländer Gmoin und im Rundfunk bekannt. In Bayern arbeitete er als Geschäftsführer der Arbeitsgemeinschaft Bayerischer Nordgau, sammelte Lieder und Volksmusik des Egerlandes, schrieb Spiele und viele Aufsätze und betätigte sich als vielbegehrter Vortragskünstler, aber auch als Initiator der „Historischen Egerländer Hochzeit". Außerdem wirkte Heidler als Hochzeitsbitter (Prokurator) an 16 Egerländer Trachtenhochzeiten mit.

Heilige und **kirchliche Persönlichkeiten** s. Adalbert von Prag, Agnes von Böhmen. Cyrill und Method. Gunther. Hofbauer, Clemens Maria. Hroznata. Johannes von Nepomuk. Neumann, Johannes Nep., Prokop.

Heiliger Berg (*Svatý Kopeček*), 382 m, 6 km nordöstlich von Kloster Hradisch bei Olmütz. Die von vielen Wallfahrern besuchte Marienkirche wurde 1629–1633 erbaut, nach der Zerstörung durch die Schweden (1645) wiederum 1670–1690 durch Giovanni P. Tencala. Dem ansehnlichen Äußeren entspricht die prachtvolle Innenausstattung.

Heiling, Hans, Felsgruppe von Granitsäulen am linken Ufer der Eger zwischen Elbogen und Karlsbad. Die Sage erzählt von Hans Heiling, dem Erd- und Berggeist, der sich mit einer jungen Frau vermählte, aus Eifersucht aber diese und ihre Verwandtschaft in bizarre Felsen verwandelte. Die Sage diente als Vorwurf für Heinrich Marschners gleichnamige Oper.

Heimatblätter. Unter Heimatblättern oder Heimatbriefen versteht man die periodisch erscheinenden Veröffentlichungen, die den Zusammenhang innerhalb der Vertriebenen aus einer Stadt oder aus einer Landschaft bewahren und weiterführen wollen, was in erster Linie durch Familiennachrichten geschieht, mit denen aber auch das geschichtliche und kulturelle Erbe dieses Herkunftsbereiches erhalten und auch verbreitet werden soll.
Vorläufer der Heimatblätter waren die gleich nach der Vertreibung erschienenen Pfarr-Rund-

Heidebrünnel im Altvatergebirge

Heiliger Berg bei Olmütz

briefe, Anschriftenverzeichnisse, Suchlisten und Familiennachrichten. Daraus entwickelten sich zahlreiche Zeitschriften, deren Gesamtauflagen in die Millionen gehen. Sammelstellen dieser Vertriebenenpresse sind u. a. das Sudetendeutsche Archiv, das Collegium Carolinum und die Ackermann-Gemeinde in München. Eine Bibliographie der Heimatblätter enthält das Buch „Heimat im Buch. Heimatbücher. Heimatbriefe. Kalender und Jahrbücher. 1945–1970" von Rudolf Hemmerle, München 1970. Im Jahre 1983 erschienen folgende Heimat(kreis)blätter:

Adlergebirge: Mei Heemt.

Altvater: Altvater, Zeitschrift des Mähr.-Schles.-Sudeten-Gebirgs-Vereins; Bärner Ländchen; Freudenthaler Ländchen; Giebauer Heimatbote; Heimatbrief der Lindewiesner; Jägerndorfer Heimatbrief; Jauerniger Heimatbrief; Mein Heimatbote (Mährisch Schönberg); Römerstädter Ländchen; Sternberger Heimatpost; Troppauer Heimat-Chronik; Heimatbrief für Weidenau-Großkrosse; Zuckmantler-Heimatbrief.

Beskiden: Beskidenpost; Mein Beskidenland.

Böhmerwald: Böhmerwäldler Heimatbrief; Glaube und Heimat; Hoam.

Egerland: Ascher Rundbrief; Bischofteinitzer Heimatbote; Egerer Zeitung; Der Egerländer; Elbogener Heimatbrief; Falkenauer Heimatbrief; Graslitzer Nachrichten; Heimatbote (Tachau, Pfraumberg); Heimatbrief (Plan-Weseritz und Tepl-Petschau); Heimatbrief f. d. Kreis Luditz-Buchau und Deutsch Manetin; Heimatbrief Schlaggenwald; Karlsbader Zeitung; Marienbad-Tepler Heimatbrief; Neudeker Heimatbrief; Land an der Miesa (Mies, Pilsen, Staab, Tuschkau, Wiesengrund); Heimatbote (Roßbach).

Elbetal: Aussiger Bote; Leitmeritzer Heimatbote; Trei da Hejmt (Tetschen-Bodenbach).

Erzgebirge-Saazerland: Brüxer Heimatzeitung; Heimatbrief Saazerland; Heimat-Chronik/Komotauer Zeitung; Kaadner Heimatbrief; Mei Erzgebirg' (St. Joachimsthal, Preßnitz-Weipert); Oberleutensdorfer Bote; Rund um den Keilberg.

Kuhländchen: Alte Heimat Kuhländchen; Heimatbrief der Stadt Odrau.

Mittelgebirge: Heimatruf (Teplitz-Schönau, Dux, Bilin).

Polzen-Neiße-Niederland: Heimatnachrichten (Heimatkreis Böhm. Leipa, Dauba, Haida); Friedländer Heimatbrief; Isergebirgs-Rundschau; Leipaer Heimatbrief; Reichenberger Zeitung; Rund um den Roll; Unser Niederland (Rumburg, Schluckenau Warnsdorf).

Riesengebirge: Braunauer Rundbrief; Riesengebirgsheimat.

Schönhengstgau: Schönhengster Heimat.

Sprachinseln: Brünner Heimatbote; Mährischer Grenzbote (Iglauer Sprachinsel); Olmützer Blätter; Prager Nachrichten mit Berichten über die Prager deutschen Hohen Schulen und des Adalbert-Stifter-Vereins.
Südmähren: Der Südmährer.

Heimatforscher. Gemessen an anderen Landschaften, besaß das Sudetenland eine große Anzahl von Heimatforschern, die auf verschiedenen Fachgebieten (Ortsgeschichte, Volkskunde, Kulturgeschichte, Burgenkunde, Familiennamen, Erdgeschichte, Kriegsgeschichte, Besiedlung, Flurnamen, Musikgeschichte, Kunstgeschichte, Wirtschaft, Hausindustrie) intensive Studien und Feldforschung betrieben und ihre Ergebnisse veröffentlichten. Daher ist unser heimatliches Schrifttum sehr groß, was sich in der Vertreibung als ein wesentlicher Faktor unserer Bindung an die geraubte Heimat erwies und vielen ein Weiterarbeiten ermöglichte.
Einige Namen sollen hier für hunderte stehen: Heinrich Ankert (Elbegau), Josef Brechensbauer (Erzgebirge), J. N. Cori (Brüx), Hermann Hallwich (Reichenberg), J. Haudek (Leitmeritz), Josef Hofmann (Egerland), Viktor Karell (Egerland), Julius Lippert (Volkskunde), Karl Ludwig (Karlsbad), Emil Neder (Nordböhmen), Amand Paudler (Nordböhmen), F. J. Umlauft (Aussig), Josef Blau (Böhmerwald), Gustav Jungbauer

Hans Heiling Felsen

Der Südmährer
Zeitschrift für die Kreise: Znaim, Nikolsburg, Zlabings und Neubistritz

(Volkskunde), Rudolf Kubitschek (Siedlung, Volkskunde), Matthias Pangerl (Böhmerwald), Valentin Schmidt (Böhmerwald), Hans Schreiber (Moorwesen), Anton Altrichter (Iglau), Chr. d'Elvert (Mähren), Josef Matzke (Olmütz), Willibald Müller (mährische Volkskunde), Hans Kux (Olmütz), L. Preuß (Lundenburg), H. Reutter (Siedlungsgeschichte), Anton Vrbka (Znaim) und Otto Wenzelides (Schlesien).

Heimatrecht. Heimat als Begriff eines physisch und psychisch begreifbaren Ortes, an den uns ein besonders inniges Gefühl bindet, läßt sich je nach Einstellung des einzelnen verschieden ausdrücken. Gesetze der Ethik und des Rechts versichern jedem Menschen sein Recht auf die Heimat ebenso wie Menschen- und Selbstbestimmungsrecht. Das Heimatrecht im engeren Sinne hatte seinen Ursprung im Konskriptionspatent von 1804, das militärischen Zwecken diente. Aus dem Heimatrecht ergab sich nach österreichischem Recht, daß nicht der Staat für die Versorgung einzelner, in Not geratener Bürger aufkomme, sondern vielmehr die Gemeinde, in die der Betreffende zuständig ist.
Nach den Heimatgesetzen von 1804, 1849 und 1859 war die Voraussetzung für das Heimatrecht ein vier- bis zehnjähriger Aufenthalt in einer Gemeinde, Grundbesitz, Gewerbe oder ein Amt. 1896 wurde festgelegt, daß ein zehn Jahre dauernder Aufenthalt die Berechtigung erlangt. Heimatrecht war vererbbar; vom Vater aus ging es auf die ehelichen Kinder über, von der Mutter auf die unehelichen. Äußeres Zeichen des Heimatrechtes, das auch von den Nachfolgestaaten übernommen wurde, war der Heimatschein.

Heimatschein s. Heimatrecht

Heinrich von Freiberg. Der mittelhochdeutsche Dichter lebte am Hofe Wenzels II. und

Brüxer Heimatzeitung

Organ der Heimatvertriebenen aus den Gerichtsbezirken Brüx, Oberleutensdorf und Katharinaberg
NACHRICHTENBLATT DER HEIMATGEMEINDE DES BEZIRKES BRÜX E. V.

Jahrgang 27 (Verlagspostamt: 85 Nürnberg 1) Folge 12 / Dezember 1983

schrieb zwischen 1286 und 1290 eine Fortsetzung des „Tristan" von Gottfried, außerdem die „Legende vom heiligen Kreuz", „Die Ritterfahrt des Herrn von Michelsberg" und den Schwank vom Schrätel und vom Wasserbären. Heinrich lebte auch am Hofe der Lichtenburger, die in der Nähe Iglaus Besitzungen hatten.

Heinrich von Mügeln. Der mittelhochdeutsche Dichter ist zwischen 1340 und 1370 in Prag und Wien an den Höfen Karls IV. und Rudolfs IV. urkundlich nachweisbar. Auf Karl IV. verfaßte er das allegorisch-didaktische Gedicht „Der meide kranz", ein Epos von 2600 Versen. Auch Minnelieder schrieb er und eine Ungarnchronik.

Heinrichsgrün (*Jindřichovice*), Bezirk Graslitz. In der Bergstadt (seit 1537) am Abhang des Erzgebirges wurde im 16. Jh. unter den Grafen Schlick Silber und Blei gefördert. Während des Ersten Weltkrieges befand sich hier ein Kriegsgefangenenlager. An diese Zeit gemahnt das Mausoleum am Friedhof. An Stelle einer Burg entstand das Schloß der Grafen Nostitz. Im Tiergarten steht das Jagdschloß Favorit. Heinrichsgrün war schon 1383 Pfarrei. In der Reformationszeit lutherisch. Die jetzige Kirche St. Martin wurde 1803 nach einem Brand wiedererrichtet. Sommerfrische und Wintersportplatz.
1930: 1804 Einw. (21 Tschechen).

Heintz, Joseph, ∗1564 Basel, †1609 Prag. Der Maler kam 1591 aus Italien nach Prag, wo er Kammermaler am Kaiserhof wird. Nach Aufenthalten in Rom, Bern und Augsburg kehrt er wieder zurück. Sein manieristischer Stil läßt schon an barockes Gestalten denken. Vor allem schuf er Porträts, mythologische Bilder, Altartafeln und andere religiöse Darstellungen. Sein Bild

102. Jahrgang – Nr. 5 – Oktober 1983

Zeitschrift des MSSGV

MÄHR. SCHLES. SUDETEN-GEBIRGSVEREIN 1881

ALTVATER

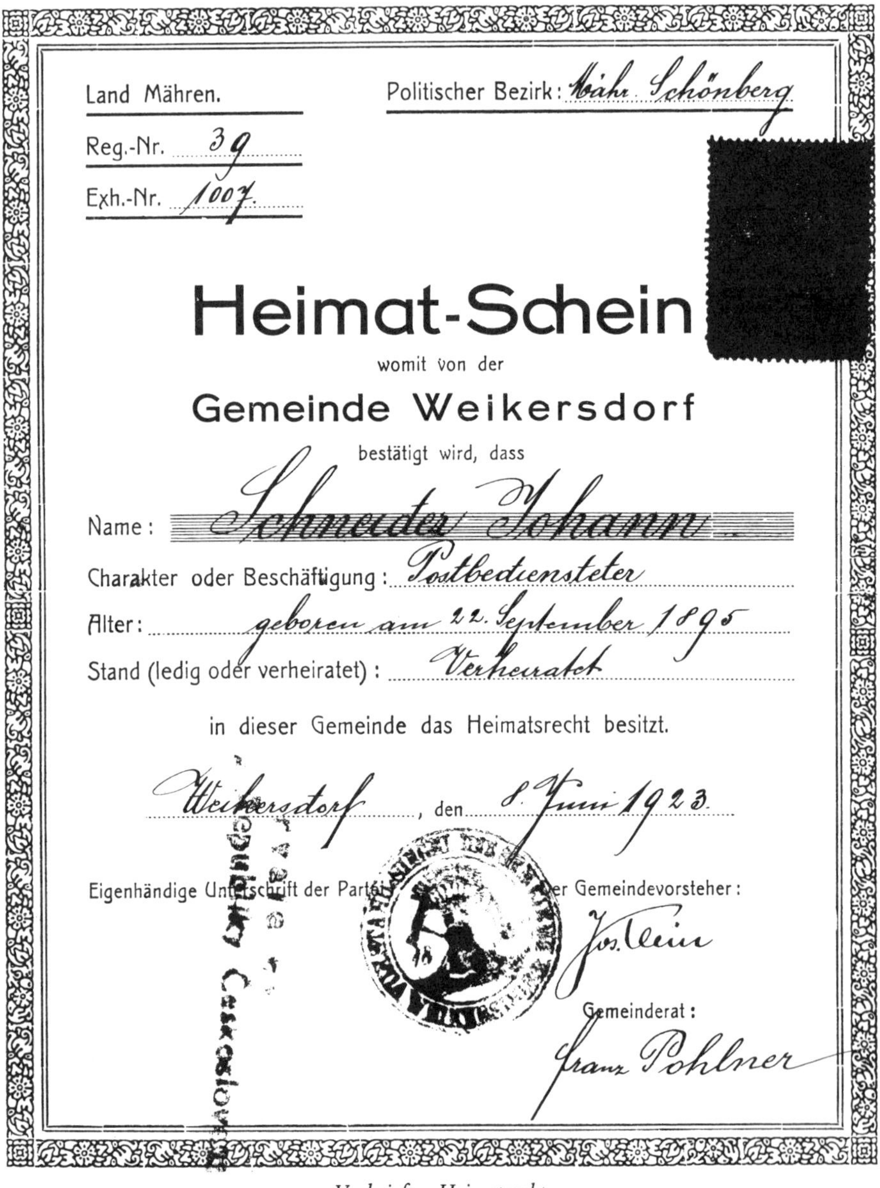

Land Mähren.

Politischer Bezirk: Mähr. Schönberg

Reg.-Nr. 39

Exh.-Nr. 1007.

Heimat-Schein

womit von der

Gemeinde Weikersdorf

bestätigt wird, dass

Name: Schneider Johann.

Charakter oder Beschäftigung: Postbediensteter

Alter: geboren am 22. September 1895

Stand (ledig oder verheiratet): Verheiratet

in dieser Gemeinde das Heimatsrecht besitzt.

Weikersdorf, den 8. Juni 1923.

Eigenhändige Unterschrift der Partei: [illegible]

Der Gemeindevorsteher: Jos. [illegible]

Gemeinderat: Franz Pohlner

Verbrieftes Heimatrecht

Heinrichsgrün

malte Hans von Aachen. Heintz selbst hat zwei Selbstporträts angefertigt.

Helfert, Joseph Alexander von, ∗1820 Prag, †1910 Wien. Sein Name ist verbunden mit der Reorganisation des Schulwesens, die er als Unterrichtsminister durch den ehemaligen Prager Professor Franz Exner durchführen ließ, ferner mit der Gründung des Instituts für österreichische Geschichtsforschung und der Leo-Gesellschaft in Wien. Helfert, seit 1881 Mitglied des Herrenhauses, setzte sich für einen Ausgleich zwischen Deutschen und Slawen ein.

Helmer, Johann Gilbert, ∗1864 in der Stiersmühle bei Tepl, †1944 Tepl. Als Angehöriger des Prämonstratenserstiftes Tepl unterrichtete er ab 1894 als Professor am Pilsener Gymnasium. 1900 erfolgte seine Wahl zum Abt des Stiftes, im folgenden Jahr kam er in den Böhmischen Landtag, 1905 in das Herrenhaus des Österreichischen Reichsrates. Helmer, der den Titel „Prälat Böhmens" führte, kam 1928 in die Landesvertretung von Böhmen und wurde Obmann des Klubs der Landesvertreter der Christlich-Sozialen Volkspartei. Helmer war ein engagierter Verfechter der Rechte der Sudetendeutschen.

Henlein, Konrad, ∗1898 Maffersdorf, †1945 Pilsen (Selbstmord in alliierter Haft in einem Sammellager). Zuerst Bankbeamter, dann Vereinsturnlehrer des Deutschen Turnverbandes in Asch, 1926 Gau- und 1931 Verbandsturnwart, gründete Henlein 1933 die Sudetendeutsche Heimatfront, die sich 1935, von der tschechischen Regierung gezwungen, umbenennen mußte. Die nunmehrige Sudetendeutsche Partei wurde zur zweitstärksten Partei im Staat. Ihr Ziel war die Einheit aller Sudetendeutschen.

Im April 1938 gab Henlein in Karlsbad die acht Punkte bekannt, die eine Verständigung zwischen Tschechen und Sudetendeutschen ermöglichen sollten. Die Regierung lehnte einen Teil sofort ab, über einen Teil wollte sie verhandeln. Es kam aber nicht mehr dazu. Nach dem Münchener Abkommen wurde das Sudetenland vom Deutschen Reich besetzt (Oktober 1938). Die Sudetendeutsche Partei wurde in die NSDAP überführt, Henlein wurde Reichskommissar und 1939 Gauleiter und Reichsstatthalter im Reichsgau Sudetenland.

Emil Franzel charakterisierte Henlein: „Im Gegensatz zu Hitler hatte der Volksgruppenführer keinerlei pathologische Züge, er wirkte aber auch nicht mitreißend, sondern weit eher, wie ihn der alte Masaryk nicht übel charakterisiert hat, ein

Walther Hensel

wenig wie ein trockener Schulmeister, immer darauf bedacht, korrekt zu bleiben und keine persönlichen Angriffsflächen zu bieten."
Von Henlein waren zwei Bücher erschienen: „Reden und Aufsätze zur völkischen Turnbewegung" und „Konrad Henlein spricht". Henlein, der 1933 in seine Führungsrolle gedrängt worden war – viele Freunde hatten ihm davon abgeraten – beendete sein Leben selbst in der Flakkaserne in Pilsen. Die Nachwelt ordnet ihn zwischen die beiden Begriffe: Erfüllungsgehilfe Hitlers und tragische Figur ein, die etwas für die Sudetendeutschen erreichen wollte, doch von außen daran gehindert wurde.

Hensel, Walther (eigentlich Julius Janiczek), ∗1887 Mährisch Trübau, †1956 München. Im Geiste des sudetendeutschen Wandervogels, den er 1911 mitbegründete, schuf er 1923 die Finkensteiner Singbewegung. Mit dem Finkensteiner Bund löste er eine Jugendmusikbewegung aus, die in einer Erneuerung des Volksliedes und in der Besinnung auf die musische Gemeinschaft neue Ideale sah. Der Musikpädagoge Hensel gab Liedersammlungen und musiktheoretische Schriften heraus. Sein Werk wird von der Walther-Hensel-Gesellschaft weitergeführt.

Herkner, Heinrich, ∗1863 Reichenberg, †1932 Berlin. Der Vertreter des Kathedersozialismus war Professor der Staatswissenschaften in Freiburg, Karlsruhe, Zürich und Berlin, außerdem in Berlin Vorsitzender des Vereins für Sozialpolitik. Durch seine akademische Lehre und sein Hauptwerk „Die Arbeiterfrage", das in vielen Auflagen erschien, übte er großen Einfluß auf die sozialen Reformen aus.

Nikolaus Hermans Sonntags-Evangelia

Herrnhausfelsen bei Steinschönau

Herman(n), Nikolaus, ∗um 1480 Altdorf, †1561 St. Joachimsthal. Der gemeinsam mit Mathesius in St. Joachimsthal wirkende Lehrer und Kantor der Lateinschule schrieb viele evangelische Kirchenlieder, die heute noch in Gesangbüchern stehen, gab die erste deutsche Volksliedersammlung, die „Bergreihen", heraus und ließ auch seine Schriften als „Sonntags-Evangelia" und „Historien von der Sindflut" erscheinen.

Hermannstadt (*Heřmanovice*), 8 km südlich von Zuckmantel im Bezirk Freiwaldau, war ursprünglich Bergbausiedlung, wurde zu Anfang des 14. Jh. Markt; schon 1429 durch die Hussiten zerstört. Nur die Grundmauern blieben von der

Klosterkirche übrig. Noch bis zum Ende des 17. Jh. Eisenerzabbau, das auch in Hammerwerken verarbeitet wurde. Südlich von Hermannstadt liegt eine Tropfsteinhöhle.
1930: 2187 Einw. (17 Tschechen).

Herrnhausfelsen, früher Gehörnhausfelsen (*Panská skála*) bei Steinschönau; 595 m ü. M. Der steile Fels mit 10–15 m hohen, vier- bis sechskantigen schlanken Basaltsäulen von grauschwarzer Farbe ist eine geologische Besonderheit. Der durch vulkanische Tätigkeit entstandene Felsen bietet den Anblick einer Orgel und wurde daher auch „Steinorgel" genannt. Das vielbesuchte Wanderziel wurde schließlich zum Naturschutzgebiet erklärt. Die tschechische Post brachte 1971 zum 23. Internationalen geologischen Kongreß eine Briefmarke mit dem Bild des Herrnhausfelsens heraus.

Herrnskretschen (Hřensko), von hohen Felswänden eingeschlossen am Durchbruch der Elbe durch das Elbesandsteingebirge. Der 1445 erstmals erwähnte Ort (Siedlung um ein Wirtshaus = Kretscham) liegt an einer verkehrsreichen Zweigstraße des sogenannten Böhemer Weges von Böhmen in die Lausitz. Mit 113 m ü. M. hat es die tiefste Lage Böhmens. Einrichtungen für Fremdenverkehr. Ausgangspunkt für Besuche des Prebischtores, der Edmunds-, Ferdinands- und Wilden Klamm. Zwirnfabrik, Holzhandel und Fremdenverkehr ernährten die Bewohner. Die Kirche Johannes von Nepomuk verdankte Herrnskretschen einem Besuche Kaiser Josephs II. Sie wurde 1787 eingeweiht.
1930: 575 Einw. (13 Tschechen).

Herzmansky, Bernhard, ∗1852 Sternberg, †1921 Goisern/OÖ. 1876 erwarb Herzmansky in der Wiener Dorotheengasse die Musikalienhandlung und das Antiquariat Doblinger und machte daraus einen angesehenen Musikverlag, der sich schwerpunktmäßig den zeitgenössischen Komponisten, dem Operettenschaffen und auch der Kammermusik widmete.

Hibsch, Josef Emanuel, ∗1852 Hummel bei Leitmeritz, †1940 Wien. Bis 1914 lehrte er als Professor an der Landwirtschaftlichen Akademie in Tetschen-Liebwerd. Er gilt als der Erforscher

Herrnskretschen

Tetschen-Liebwerd, landw. Akademie

des geologischen Aufbaues des Böhmischen Mittelgebirges, von dem er auch vollendete Karten herstellte.

Hickel, Anton, ∗1745 Böhmisch Leipa, †1798 Hamburg. Der lange Zeit in Paris wirkende und von Marie-Antoinette begünstigte Maler war Hofmaler Josephs II. Am Ende seines Lebens arbeitete er als Modemaler in Hamburg, von dem sich die vornehmsten Persönlichkeiten porträtieren ließen.

Hickel, Joseph, ∗1736 Böhmisch Leipa, †1807 Wien. Der Bruder Anton Hickels, Hof- und Kammermaler in Wien, Mitglied der Akademien in Florenz und Wien; schuf über 3000 Porträts, darunter auch Maria Theresia, Joseph II., Fürst Wenzel Liechtenstein. Auch das Hochaltarbild in Hirschberg ist sein Werk.

Hilgenreiner, Heinrich, ∗1870 Haid/Westböhmen, †1953 Spillern bei Wien. Der Bruder des Prälaten und Politikers Karl Hilgenreiner war Professor an der Deutschen Universität in Prag und ein berühmter Chirurg. Er galt als Wohltäter, der bedürftigen Menschen viel Gutes tat.

Hilgenreiner, Karl, ∗1867 Friedberg/Hessen, †1948 Wien. In Haid in Westböhmen aufgewachsen, war er seit 1899 Theologieprofessor an der Prager Universität. Der glänzende Redner und Publizist gehörte 1919 zu den Mitbegründern der Deutschen christlich-sozialen Volkspartei, wurde 1920 Senator und 1927 Obmann seiner Partei, deren politisches Programm von ihm stammt. Er war Herausgeber der „Katholiken-Korrespondenz“ und Mitherausgeber des „Katholischen Kirchenlexikons“. Hilgenreiner, 1935 Rektor der Universität Prag, profilierte sich auf vielen Gebieten und trat entschieden für die Rechte der Sudetendeutschen ein. 1941 verhaftete ihn die Gestapo, 1945 sperrten ihn die Tschechen in ein Arbeitslager. Schwerkrank wurde er entlassen. In Wien wirkte er noch als einfacher Kaplan an der Karlskirche, obwohl er päpstlicher Hausprälat und Kanonikus des Kollegiatkapitels zu Allerheiligen in Prag gewesen war.

Hillebrand, Oswald, ∗1879 Hotzenplotz, †1926 Sanatorium Veleslavin bei Prag. Von der Alldeutschen Bewegung kam er zur Sozialdemokratie, wurde Parteisekretär und Redakteur der Zeitung „Volkswille“. Seit 1911 Abgeordneter im österreichischen Parlament (für den Wahlkreis Asch), gehörte er von 1920–1926 dem Prager Parlament an. Er war ein blendender Redner, ein enger Mitarbeiter Josef Seligers, der sich nachdrücklich für das Schulwesen einsetzte.

Hirschberg (*Doksy*) im Bezirk Dauba, in der Niederung eines ehemaligen großen Sees, von dem sich noch drei große Teile erhalten haben, wurde 1264 besiedelt. Seit dem 16. Jh. Mittelpunkt der Herrschaft Bösig. 1680 kam es in den Besitz der Grafen Waldstein, die hier das Schloß mit Park bewohnten. Die Bevölkerung betrieb

Hirschberg am See

PRAGER NACHRICHTEN
MIT DEN STÄNDIGEN BEILAGEN:
ALMA MATER PRAGENSIS
UND: MITTEILUNGSBLATT DES ADALBERT STIFTER VEREINS

Landwirtschaft, auch Hopfenbau und -handel; manche waren in der Forstwirtschaft beschäftigt. Hirschberg war und ist eine ideale Sommerfrische, bestimmt durch den Hirschberger See (350 ha); an ihm hatte die Deutsche Universität in Prag nach der Jahrhundertwende eine Biologische Station eingerichtet; seit 1911 fanden regelmäßige Kurse statt. Heute heißt der See Mácha-See, nach dem tschechischen Dichter, der sein Epos „Máj" hier angesiedelt hat.
1930: 3114 Einw. (412 Tschechen).

Hochschulen. Die Deutsche Universität in Prag war eine Gründung Kaiser Karls IV. (1348) und älteste Universität im deutschen Sprachraum. 1882 in eine deutsche und eine tschechische Universität geteilt. Unter den Professoren findet man Namen von internationalem Ruf. 1934 studierten 5005 Hörer an den 5 Fakultäten. 1945 kam das Ende dieser ersten deutschen und mitteleuropäischen Alma mater.

Prag besaß auch die älteste Technische Hochschule Mitteleuropas, 1806 von dem Komotauer Franz Joseph Ritter von Gerstner gegründet; 1868 in eine deutsche und eine tschechische Hochschule geteilt. Abteilungen: Ingenieurbauwesen, Wasserwirtschaft und Kulturtechnik, Großbauwesen und Architektur, Maschinenbau, Elektrotechnik. Die Landwirtschaftliche Fakultät befand sich in Tetschen-Liebwerd. 1934: 1437 eingeschriebene Hörer.

Kaiserliches Universitätssiegel

Die Deutsche Technische Hochschule in Brünn geht auf das Jahr 1849 zurück. Wie die beiden oben genannten Institutionen hatte auch sie das Recht der Promotion (seit 1901). Abteilungen: Ingenieurbauwesen, Architektur, Maschinenbau, Chemie und eine Allgemeine Abteilung mit Lehrgängen für Versicherungstechnik. 1934: 1261 eingeschriebene Hörer.

Die Montanistische Hochschule in Przibram, eine Fortsetzung der Bergbauschule in St. Joachimsthal, der ältesten Europas, war 1849 entstanden. Diese deutsche Anstalt wurde 1919 in eine tschechische umgewandelt.

Die Universität Olmütz war mit Stiftungsbrief vom 22. 3. 1581 durch Kaiser Rudolf II. errichtet worden. Diese deutsche Universität bestand bis 1854; nur die Theologische Fakultät blieb erhalten.

Die Deutsche Kunstakademie in Prag wurde nach dem Umsturz utraquistisch und hatte lediglich noch 3 deutsche Spezialschulen.

Das seit 1811 bestehende Musikkonservatorium in Prag wurde 1918 tschechisch. Die Deutschen errichteten 1920 eine Deutsche Akademie für Musik und Darstellende Kunst, zum größten Teil durch private Mittel unterhalten. Für die Ausbildung von Bibliothekaren an öffentlichen Bibliotheken bestand in Aussig die Deutsche Bibliothekarschule.

Ein Beispiel für die Benachteiligung der deutschen Bevölkerung im Staate sind die im Staatsvoranschlag für 1922 genannten Zahlen für das

Hockewanzel

Hochschulwesen; die deutschen Hochschulen erhielten 8461000 Kronen, die tschechischen 51677000 Kronen. 1923 waren eingesetzt für die tschechische Universität Prag 23,5 Millionen Kronen, für die deutsche Universität Prag 1,9 Millionen Kronen, für die tschechische Technische Hochschule Prag 10,54 Millionen Kronen und für die deutsche Technische Hochschule Prag 2,8 Millionen Kronen. A. Bohmann führt noch an, daß die deutschen Studenten von den staatlichen Wohnstipendien und Studienunterstützungen 1931/1932 beispielsweise nur 4,68 v.H. erhielten. Zurückgesetzt waren ebenfalls die anderen Fürsorgeinstitutionen für die deutschen Hochschüler.

Hochsieder, Norbert, ∗1879 Marienbad, †1958 Nürnberg. Der Meisterschüler von Lovis Corinth war ein profilierter Vertreter des Expressionismus, auf den auch August Brömse bestimmenden Einfluß ausübte. Die Prager Staatsgalerie besitzt mehrere hundert Blätter dieses Malers, der Ehrenmitglied des Verbandes bildender Künstler in Nürnberg war.

Hochzeitsbrauch. Ein eigentümlicher Hochzeitsbrauch wurde in Bergreichenstein geübt: die Übergabe des „Hausrechtes" an die neue Hausfrau. Das Brautpaar, von der Trauung zurückkehrend, fand das Haustor verschlossen. Der Brautführer pochte an; daraufhin öffnete die alte Hausmutter die Tür von innen und übergab der Braut einen Brotlaib und ein großes Holzmesser. Vergeblich versuchte diese nun, das Brot damit zu zerschneiden. Schließlich erhielt sie vom Bräutigam dessen Taschenmesser. Nun wirft sie das Holzmesser hinter sich und schneidet das Brot mühelos auf. Wenn alle Hochzeitsgäste von diesem Brot abgeschnitten haben, erfolgt der Einzug ins Haus.

Hocke, Wenzel, ∗1732 Neustadtl an der Polzen, †1808 Politz. Der volkstümliche Priester, im Volksmund Hockewanzel genannt, war Pfarrer in Kleinbocken und Erzdechant in Politz. Wegen seines urwüchsigen Humors nannte ihn Rosegger den „nordböhmischen Eulenspiegel". Von ihm waren viele Anekdoten, auch sehr derbe, in Umlauf, die Anton Nittel erstmals sammelte und drucken ließ. Der beliebte Priester wurde wiederholt literarisch behandelt. 1908 setzten ihm die Politzer ein Denkmal.

Hoditz, Albert Joseph Graf von, ∗1706 Roßwald, †1778 Potsdam. Der Sonderling und exzentrische Graf erbaute sich in Roßwald südlich

Hof

Hotzenplotz ein Schauspiel- und Operntheater, auf dem zumeist seine Untertanen als Darsteller agieren mußten. Der Ruf des Theaters drang bis zu Friedrich II., der zweimal zu Besuch hier weilte. Die Korrespondenz zwischen dem König und Hoditz ist in die Werke Friedrichs aufgenommen. Hoditz hatte sich auch eine Liliputanerstadt angelegt. Nachdem er sein Vermögen verschwendet hatte, lebte er seit 1776 von einer Gnadenpension in Potsdam.

Hof (*Dvorce*) im Bezirk Bärn liegt im Gesenke in hügeliger Umgebung an den Quellen des zur Mohra fließenden Lobnigbaches. Der Beginn der Stadt reicht zurück in die Zeit nach dem Mongoleneinfall; 1241 kamen deutsche Bergleute, um Eisen zu fördern. Um 1600 ging es mit dem Bergbau zu Ende.
Hof, das bereits 1410 Magdeburger Recht verliehen bekommen hatte, wurde in der Reformationszeit für 100 Jahre lutherisch. Das protestantische Kirchlein wurde später Friedhofskirche. An dieser erinnert ein Halbmond an die Türkenzeit. Die katholische Ägidienkirche hat ein Altarbild von der Hand des Hofer Ortskindes Ferdinand Krumpholz, Hofmaler in Paris. Auch der Hofoperndirektor Wilhelm Jahn und der österreichische Unterrichtsminister Wilhelm Ritter

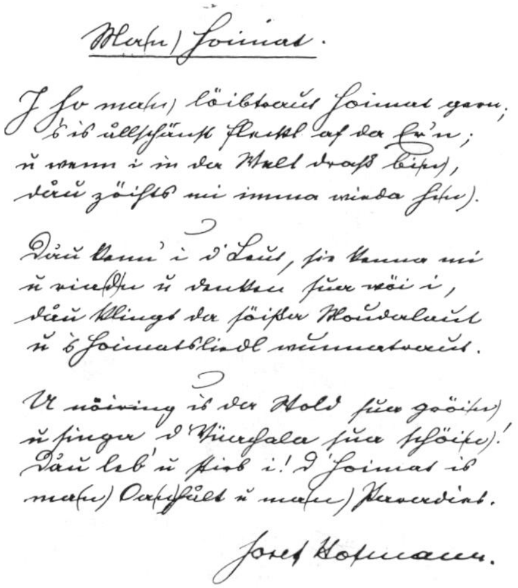

Mei(n) Hoimat.

I ho mei(n) löibtraut Hoimat gern;
dö is üllschänst Flecklan af da Ärn;
u wenn i in da Wölt draußt bi(n),
dau zöicht's mi imma wieda hi(n).

Dau kenn i d'Leut, sie kenna mi
u riedn u denkn sua wöi i,
dau klingt da söißer Moudalaut
u's Hoimatliadl wunnatraut.

U nöiring is der Wold sua gröi(n)
u singa d'Vüigala sua schöi(n)!
Dau leb' u stirb i! D'Hoimat is
mei(n) Ordsfleck u mei(n) Paradeis.

Josef Hofmann.

Josef Hofmann

von Hartel stammen aus der Stadt, die nach dem Volksmund zu einer Städtedreiheit gehört:
„Hof Bautsch un Bärn
sein die größten Städt' ei Mähr'n."

Hofbauer, Clemens Maria, ∗ 1751 Taßwitz/Mähren, † 1820 Wien. Zuerst war Hofbauer Bäkker. Als Spätberufener wurde er 1784 Redemptorist, führte den Orden in Warschau, in der Schweiz und in Wien ein. Seit 1808 lebte er in Wien, wo er die Zentralgestalt des Romantikerkreises war (Friedrich Schlegel, Zacharias Werner u. a.). Hofbauer prägte das katholische Leben Wiens und Österreichs auf lange Zeit. Der „Apostel Wiens" wurde 1909 heiliggesprochen. Sein Fest ist am 15. März. 1914 erklärte ihn Papst Pius X. zum Stadtpatron von Wien. Die Gebeine des Heiligen liegen seit 1862 in der Kirche Maria am Gestade in Wien. 1977 weihte Kardinal König eine von den Südmährern geschaffene Gedächtnisstätte zu Ehren des südmährischen Heiligen in Geislingen/Steige ein.

Clemens Maria Hofbauer

Hoffmann, Josef, ∗1870 Pirnitz/Mähren, † 1956 Wien. Der Architekt und Kunstgewerbler

Hohenelbe

wurde 1899 Professor für Architektur an der Wiener Kunstgewerbeschule. Er gründete die Wiener Sezession und die Wiener Werkstätten sowie den Werkbund. Da ihm das Gesamtkunstwerk vorschwebte, schuf er neben den Bauten auch in Entwürfen das Interieur. Sein bekanntester Bau ist das Palais Stoclet in Brüssel. Hoffmann, der zu den größten Künstlern des Jugendstils gehört, wurde durch viele Auszeichnungen geehrt.

Höfler, Constantin von, ∗1811 Memmingen, †1897 Prag. 1851 an die Universität in Prag berufen, trug er hier viel zur Hebung der Geschichtswissenschaft bei. Er gehörte zu den Gründern des Vereins für Geschichte der Deutschen in Böhmen, war Mitglied des böhmischen Landtags und seit 1872 auch des Herrenhauses. Seine Auseinandersetzung mit der tschechischen Geschichtsschreibung gipfelte im Konflikt mit F. Palacký. Höfler trat für die nationale Trennung der Technischen Hochschule und der Universität in Prag ein. In zahlreichen Werken hat er die Geschichte Böhmens in verschiedenen Epochen behandelt. Man bezeichnete ihn als den hervorragendsten Vertreter der deutschen Geschichtsforschung in Böhmen in der 2. Hälfte des 19. Jh.

Hofmann, Josef, ∗1858 Karlsbad, †1943 Karlsbad. Hofmann war der Volkskundler des Egerlandes, Direktor der Bürgerschule und 30 Jahre lang Stadtrat in Karlsbad, zeitweise auch Landtagsabgeordneter. Als Volkskundler und Heimatforscher gelang es ihm, das Echte und Wertvolle aus den Quellen und Überlieferungen zu sammeln und der Nachwelt weiterzugeben. So sind es seine Bücher über ländliche Bauten, Volksbräuche und Volkstrachten, die wir heute als einmalig schätzen. Dazu kamen noch seine Forschungen zur Heimatkunde und Kunstgeschichte, ferner Sagensammlungen, Erzählungen, Mundartdichtungen und Biographisches. Was ihm bei seinen ausgedehnten Studienwanderungen begegnete, das zeichnete er auf. Er wurde zum Vorbild für Volkskundler und Heimatforscher. Ihm zu Ehren wurde 1958 durch den

Heimatverband der Karlsbader eine Plakette gestiftet. 1968 wurde in Neutraubling eine Schule nach ihm benannt. Auf dem Oberen katholischen Friedhof in Regensburg hat man ihm neben dem Grab Hans Watzliks einen Gedenkstein errichtet.

Hohenelbe (*Vrchlabí*). Die Riesengebirgsstadt ist in das Tal der Elbe eingebettet. Wirtschaftliche Bedeutung hatten die Leinenwebereien. Als Gründung von Bergleuten entstanden, wurde Hohenelbe 1424 ein Opfer hussitischer Soldateska. 1533 Stadterhebung. Dem Besitzer Wallenstein folgten die Grafen Morzin (seit 1881 Czernin-Morzin). Sie wohnten im 1546 erbauten Schloß, dessen 4 Türme die Jahreszeiten, die 12 Eingänge die Monate, die 52 Räume die Wochen und 365 Fenster die Tage des Jahres symbolisieren sollten. Der Erbauer war Christoph von Gendorf, Berghauptmann des Königreichs Böhmen. Die neugotische Kirche, an Stelle einer aus dem 14. Jh. stammenden, das seit 1705 bestehende Augustinerkloster, das Rathaus (1732), Holzlaubenhäuser und eine Mariensäule (1696) verleihen der gewerbefleißigen Stadt auch einen historischen Charakter.

Zwei Besonderheiten sind erwähnenswert: Guido

Hohenelber Stadtamtssiegel

Hohenstadt

Rotter schuf hier 1884 die erste Jugendherberge der Welt. Einmalig war das Riesengebirgsmuseum (1883 gegründet) mit Archiv und Bibliothek; dessen Träger: Deutscher Riesengebirgsverein, Hohenelbe. Die Sammlungen bezogen sich auf das deutsche Siedlungsgebiet Ostböhmens. Unter den 6100 Bestandsnummern befanden sich Werke des Bildhauers Schwantner. Ein Kind der Stadt war die Botanikerin Josepha Kablik.

1930: 6984 Einw. (1203 Tschechen).

Hohenfurth (*Vyšší Brod*) entstand an einer Furt über die Moldau. 1259 stifteten die Rosenberger ein von Wilhering besiedeltes Zisterzienserstift. Eindrucksvoll sind die gotische Hallenkirche mit Kreuzgang und das Kloster mit dem von einer Fensterrose geschmückten Kapitelsaal. Das Kloster war mit der großen Bibliothek, dem Archiv und der Gemäldesammlung der kulturelle Mittelpunkt des Böhmerwaldes. Durch den Meister von Hohenfurth, um 1350 richtungweisend für die böhmische Tafelmalerei, ging die Stadt in die Kunstgeschichte ein. Die Madonna von Hohenfurth diente als Vorbild für viele Mariendarstellungen. Das Hohenfurther Liederbuch (2. Hälfte 15. Jh.) ist ein bedeutendes Literaturdenkmal. Die Rosenberger wurden bis 1612 in der Gruft der Klosterkirche in Stühlen sitzend beigesetzt. Bis 1848 hatte der Abt des mächtigen Stiftes Sitz und Stimme im böhmischen Landtag. Bei Hohenfurth im Moldautale liegt die Teufelsmauer. Ihre Entstehung ist mit einer Sage verknüpft.

Der Schriftsteller Franz Isidor Proschko war ein Sohn der Stadt. Im Stift lebten viele hoch angesehene Wissenschaftler. Im profanierten Kloster richtete man in jüngster Zeit ein Postmuseum ein. 1930: 1885 Einw. (210 Tschechen). 1970 lebten dort wieder 1578 Menschen, nachdem ihre Zahl 1950 auf 1187 gesunken war.

Hohenstadt (*Zábřeh*). Die mährische Bezirksstadt, 1255 erwähnt und seit dem 14. Jh. Stadt, war im Laufe der Geschichte Besitz der Sternberger, der Krawarn, der Boskowitz und der Zierotin. Da Velen von Zierotin am Aufstand 1618 beteiligt war, wurde er enteignet. 1621 erhielt ein Liechtenstein Hohenstadt. Die spätgotische Burg wurde zum Schloß umgebaut. Sehenswert sind die Barockkirche, die Pestsäule (1713), die gotische Friedhofskirche und die Laubenhäuser. In der Stadt wurde viel Textilindustrie betrieben. Hier wirkte Hermann Braß, der Führer der Deutschen Nordmährens. Hohenstadt wurde im letzten Jahrhundert zu einer Sprachgrenzstadt. Während damals noch die Deutschen überwogen (1880: 1678 Deutsche und 927 Tschechen; 1900: 2206 Deutsche und 761 Tschechen), hatte sich die

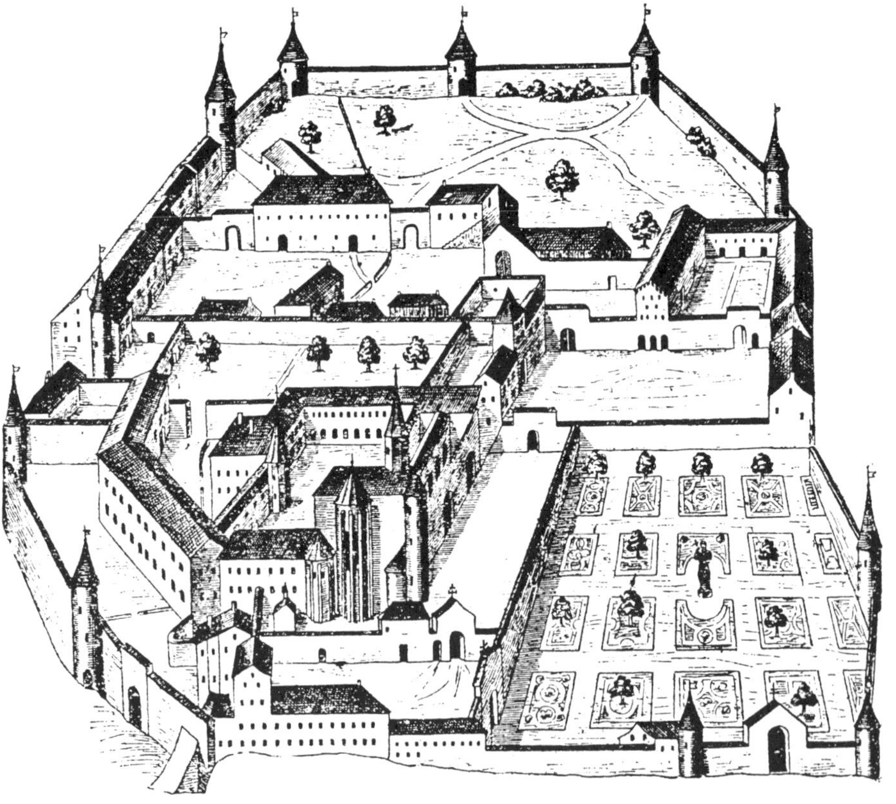

Stift Hohenfurth (16. Jh.)

Hoher Schneeberg

Zahl 1930 schon stark verändert: 4827 Einwohner, davon 2920 Tschechen und 1803 Deutsche. Der deutschbewußte Verlag Fritz Burschofsky gab Zeitschriften in seinem Berglandverlag heraus: „Deutsche Wacht", „Altvaterbote", „Deutsches Bergland", „Der junge Deutsche".

Hoher Schneeberg (*Sněžník*). Mit 721 m ü. M. die höchste Erhebung des Elbesandsteingebirges. Sein Hochplateau ist 2 km lang und 500 m breit. Den Aussichtsturm ließ 1864 Franz von Thun-Hohenstein erbauen. Der Turm ist nach der Meldung einer tschechischen Zeitung (1981) heute verfallen, die ehemals dichten Wälder ringsum sind abgeholzt oder wurden ein Opfer der Luftverschmutzung und der Raupen.

Hohlbaum, Robert, *1886 Jägerndorf, †1955 Graz. Neben seiner Tätigkeit als Bibliothekar in Wien, Duisburg und Weimar konnte Hohlbaum ein großes dichterisches Werk vollbringen. Seine Romane behandeln zumeist Themen aus der deutschen Geschichte, ferner Biographien von Dichtern und Musikern. Zu seinen besten Büchern zählen „Tedeum", ein Bruckner-Roman, und „Sonnenspektrum", ein Goethe-Roman. Der Dichter, der auch Erzählungen und Gedichte schrieb, erhielt den Bauernfeld- und Stifter-Preis, ferner den Kulturpreis der Stadt Troppau.

Höhlen. Die bekanntesten Höhlen befinden sich in Mähren im Mährischen Karst. An die Macocha, ein beliebtes Ziel bei Schulausflügen, knüpfen sich Sagenmotive von der „Stiefmutter" an. In Mähren-Schlesien sind noch erwähnenswert: Lautscher Höhlen in der Umgebung von Olmütz, Spinnbarber Höhle bei Blaschke, die Köhlerberghöhlen bei Freudenthal, die Tropfsteinhöhle bei Saubsdorf und die Schipkahöhle bei Stramberg. Höhlen in Böhmen: Arnau, Binsdorf, Bürgstein, Dauba, Duppau, Elbleiten bei Tetschen, Grulich, Kunnersdorf, Nieder Lichtenwalde, Ossegg, Parschnitz, Rennersdorf bei Tetschen, Schlackenwerth, Schneeberg bei Tetschen und Zwickau.

Holey, Karl, *1879 Bodenbach, †1955 Wien. Als Mitglied des Archäologischen Instituts machte er Ausgrabungen in Ägypten, restaurierte den Diokletian-Palast in Spalato, arbeitete als Generalkonservator der Staatlichen Denkmalpflege Österreichs, lehrte an der Technischen Hochschule in Wien, deren Rektor er zweimal war, und errichtete zahlreiche repräsentative Gebäude. Als sein Hauptwerk ist der großartige Wiederaufbau des Wiener Stephansdomes zu betrachten; auch die Wiederherstellung des Salzburger Domes ist sein Werk.

Hölzel, Adolf, *1853 Olmütz, †1934 Stutt-

Robert Hohlbaum

Eingang in die Slouper Höhlen

gart. Nachdem er 1888 die Malerkolonie „Neu-Dachau" gegründet hatte, beschäftigte er sich mit der Theorie der Farbenlehre. Dadurch gelangte er um 1900 zu abstrakten Vorarbeiten, bis 1912 die gegenstandslose Kunst bei ihm vorherrschte. Seine theoretischen Untersuchungen hatten großen Einfluß auf mehrere Künstlergenerationen. Als akademischer Lehrer in Stuttgart hatte er viele Schüler, die wie Schlemmer und Baumeister selbst Akzente in der Kunstgeschichte setzten. Auf Auktionen erzielen seine Bilder und Zeichnungen heute Rekordpreise.

Hölzel, Eduard, ∗1817 Prag, †1855 Salzburg. Der Verlagsbuchhändler führte in Österreich den Öldruck ein, gründete in Olmütz eine Firma, dazu Filialen in Prag, Neutitschein und Budapest, ferner in Wien die Kartographische Anstalt E. Hölzel und gab viele geographische Werke heraus. Sein Sohn Hugo führte das Unternehmen weiter, der andere Sohn Adolf ist der zu Ruhm gelangte Maler.

Holzindustrie. Neben der Papier- und Musikinstrumentenerzeugung kommt der Spielzeugherstellung Bedeutung zu. Spielwaren aller Art kamen überwiegend aus dem Erzgebirge, wo sie in Heimarbeit hergestellt wurden (so in Katharinaberg und Oberleutensdorf). Holzbearbeitung jeder Art findet man auch im Isergebirge und in Ostböhmen.
Möbel wurden in zahlreichen Werken hergestellt: in Königsberg an der Eger, in Brünn, Iglau, Winterberg, Niemes und Warnsdorf. Die Bugholzmöbelfabrik Thonet in Wien errichtete 1856 in Koritschan in Mähren ein Werk, später mit Verwaltung in Brünn, dem andere Niederlassungen in Bistritz am Hostein, Wsetin, Holleschau, Teschen und Niemes folgten.

Holzmaister, Ludwig Vinzenz, ∗1849 Mährisch Trübau, †1923 New York. Mit 18 Jahren wanderte er nach Amerika aus und wurde hier ein wohlhabender Handschuhfabrikant. Seiner Vaterstadt stiftete er das sogenannte Holzmaister-Museum, dessen schöner Bau mit Park 1904–1906 errichtet wurde. Es hatte 10 Schauräume, Vortragssaal, 3 Bibliotheksräume und andere Einrichtungen. Das Sammelgebiet war die Heimatkunde des Schönhengstgaus.

Hönich, Heinrich, ∗1873 Nieder Hanichen bei Reichenberg, †1957 Gstadt am Chiemsee. Zunächst Graphiker bei der Druckerei Stiepel in Reichenberg, studierte er in Dresden und Prag und lehrte von 1928–1945 an der Prager Akademie. Als Maler ist er von Leibl beeinflußt. Als

Holzrücker im Isergebirge

Graphiker schuf er auch Plakate, Exlibris und Buchillustrationen. Seine Schüler gelten als Hönich-Schule.

Hönigschmid, Otto, ∗1878 Horowitz/Böhmen, †1945 München. Von 1911–1918 Professor für anorganische und analytische Chemie an der Deutschen Technischen Hochschule in Prag; ab 1918 lehrte er an der Universität München. 1910 hatte er die erste Atomgewichtsbestimmung des Radiums durchgeführt. Er führte die exakte Neubestimmung der Atomgewichte von mehr als 40 Elementen durch.

Hönigschmid, Rudolf, ∗1876 Horowitz/Böhmen, †1967 Unterwössen bei Traunstein. Hönigschmid, Landeskonservator für die deutschen Teile Böhmens, Leiter des gesamtstaatlichen Denkmalamtes in Prag und ab 1938 des Denkmalamtes des Sudetengaues in Reichenberg, baute die Prager Moderne Galerie auf, trug viel zur Erhaltung der Kunstdenkmäler bei und erwarb sich hohes Ansehen als Entdecker der Krummauer Madonna (1910). Er führte die Restaurierung der Brüxer Dekanalkirche durch. Der große Kenner des böhmischen Barock lehrte an der Deutschen Technischen Hochschule in Prag Kunstgeschichte und Ästhetik.

Schloß Heiligenkreuz bei Hostau

Kirche und Pranger in Höritz

Höritz (*Hořice*) im Böhmerwald. Die Marktgemeinde im Bezirk Krummau war bekannt durch die Aufführung der einen ganzen Tag dauernden Passionsspiele. Bereits 1816 hatte der Weber Paul Gröllhesl den Text für ein Spiel geschrieben, das die Bauern spielten. Von 1893 an wurde es mit Hilfe des Deutschen Böhmerwaldbundes im Passionsspielhaus, das 2000 Personen faßte, nach dem Text von J. J. Ammann aufgeführt, den Prälat Landsteiner umgearbeitet hatte. Die Entstehung des Passionsspiels hat Hans Watzlik in seiner Novelle „Das Ölbergspiel“ behandelt.
Die Geschicke von Höritz hingen eng mit dem Zisterzienserstift Hohenfurth zusammen. Die sehr alte Pfarrei hatte eine kunstreiche Kirche St.

Katharina mit Figuren aus Südtirol und einem kostbaren gotischen Taufbecken. Vor der Kirche stand ein Pranger mit zwei steinernen Hohlmaßen. Die Pötschmühle bei Höritz war die größte Papierfabrik der Republik. In Schwarzbach wurde Graphitbergbau betrieben.
1930: 1156 Einw. (56 Tschechen).

Horn, Camillo, ∗1860 Reichenberg, †1941 Wien. Horn war in Wien Schüler Anton Bruckners und seit 1918 Professor an der Akademie für Musik und darstellende Kunst. Er komponierte Klavier- und Kammermusik, Lieder und Chöre. Viele Jahre leitete er den Musikverein „Haydn". Für das „Deutsche Volksblatt" war er als Musikberichterstatter tätig. 1924 erschien sein Gedichtband „Harfners Sang". 1941 erhielt er die Goethe-Medaille und den Ehrenring der Stadt Wien.

Horn, Uffo Daniel, ∗1817 Trautenau, †1860 Trautenau. Seiner politischen Gesinnung nach wollte er kein Tscheche und kein Deutscher, sondern ein Böhme sein, der allerdings 1848 auf seiten der Tschechen stand, nachher jedoch als deutsch-freisinnig galt, gehörte in Hamburg zur Gruppe des Jungen Deutschland, gab in Prag das Jahrbuch „Libussa" heraus und lebte in seiner Vaterstadt als freier Schriftsteller. Neben Gedichten gab er „Bunte Kiesel" als Gegenstück zu Stifters „Bunte Steine" heraus sowie in Widerspruch zu Grillparzer einen „König Ottokar". Seine Erzählungen „Böhmische Dörfer" wurden als Heimatkunst bezeichnet. 1889 wurde ihm zu Ehren im Trautenauer Stadtpark eine Büste aufgestellt.

Stift Tepl, Hroznata-Statue

Hostau (*Hostouň*) bei Bischofteinitz an der oberen Radbusa, bereits 1238 genannt, kam 1587 durch Kaiser Rudolf II. in den Rang einer Stadt. In diesem Jahr erhielt sie zum Jakobimarkt noch das Recht zu zwei weiteren Jahrmärkten und einem Roßmarkt. Nach der Schlacht auf dem Weißen Berg wurde die Herrschaft enteignet und an Zdenko von Mitrowitz verkauft (1622), nach kurzer Zeit aber an die Czernin und schon 1656 an die Trauttmannsdorff weiterveräußert, die die Herrschaften Hostau und Bischofteinitz zusammenlegten.
Im Jahre 1915 kam das Militärgestüt von Radautz in der Bukowina nach Hostau. Im Zweiten Weltkrieg befand sich ein Teil der berühmten Lipizzaner der Wiener Spanischen Hofreitschule in Hostau. In Hostau wurde Steingutgeschirr erzeugt. Das Schloß gehörte den Grafen Trauttmannsdorff.
1930: 1060 Einw. (160 Tschechen).

Hotzenplotz (*Osoblaha*) im Bezirk Jägerndorf hatte den für eine planmäßig angelegte Siedlungsstadt typischen Grundriß. Sie schützte sich mit Befestigungen und drei Toren. Im 11. Jh. gegründet und im 12. Jh. bereits Stadt, gehörte sie zum Olmützer Bistum und war die größte mährische Enklave in Schlesien. Mit Erlaubnis des Bistums entstand im 14. Jh. eine Judensiedlung mit Friedhof und Judentempel. An die Juden, deren Zahl nach 1918 stark zurückging, erinnerten noch einige Flurnamen. An Industrieunternehmen gab es solche für Textilien, Jutewaren, Zündholz- und Likörerzeugung, dazu eine Zuckerfabrik. In der fruchtbaren Umgebung, die man die schlesische Hanna nannte, stand die Landwirtschaft in Blüte. 1945 bei der Besetzung durch die Russen stark zerstört. Durch Otfried Preußlers Märchen vom „Räuber Hotzenplotz" zahllosen Kindern ein Begriff. 1930: 2237 Einw. (55 Tschechen).

Hroznata, †1217 auf Burg Kinsberg bei Eger. Der Adelige gründete 1193 das Stift Tepl; später stiftete er mit seiner Schwester das Prämonstratenserinnenkloster Chotieschau. 1202 trat er als Laienbruder in Tepl ein. Raubritter hielten ihn auf der Burg Kinsberg gefangen; hier erlitt er den Hungertod. Das Fest des seligen Hroznata wird am 14. Juli, bei den Prämonstratensern am 19. Juli begangen.

Hübl, Karl, ∗1892 Dreihöf bei Landskron, †1968 Eschenbach/Oberpfalz. Der in der Landjugendbewegung und im bäuerlichen Bildungswesen tätige „Bauerndichter" war über 25 Jahre lang Bürgermeister seines Heimatdorfes. Neben Gedichtbänden und dem Roman „Krieg überm Land" schrieb er viele heimatkundliche und vorzugsweise volkskundliche Studien. 1963 gab er für das Sudetendeutsche Landvolk in der Ackermann-Gemeinde das Werk „Bauerntum und Landbau der Sudetendeutschen" heraus.

Hühnerwasser (*Kuřívody*). Der ursprüngliche Name dieser Siedlung bei Niemes (Bezirk Böhmisch Leipa) war Libera civitas (Freistadt), was schon auf eine bedeutende Stellung hinwies; bereits 1279 Markt. Unter König Wenzel II. kam es an die Herren von Berka. Für das Jahr 1507 ist die Führung eines eigenen Stadtsiegels bezeugt. Viele Gräber in der Umgebung erinnern an das Gefecht am 26. Juni 1866 zwischen Preußen und Österreichern. Das Jagdschloß der Grafen Waldstein, vor einigen Jahren als dem Verfall preisgegeben gemeldet, stammt aus dem 17. Jh. Die alte Pfarrkirche St. Gallus, 1293 genannt, wurde 1724 überbaut. Hühnerwasser, auf einer Sandsteinfläche liegend, von Nadelwäldern umgeben, war für viele ein Ort der Erholung.
1930: 784 Einw. (42 Tschechen).

Schloß Deutsch Krawarn

Hultschin (*Hlučín*) und Hultschiner Ländchen. Hultschin, Stadt in Oberschlesien und seit 1920 tschechoslowakisch, nahe der preußischen Grenze, wurde 1303 als Stadt genannt. Mit dem ringsum liegenden Hultschiner Ländchen (provincia Holacensis) gehörte es bis 1519 zu Böhmen, danach zum Troppauer Bereich, von 1519–1532 zum Herzogtum Ratibor und schließlich ab 1742 zu Preußen.
Als Teil des Kreises Ratibor in Oberschlesien wurde das Ländchen mit über 300 qkm und 46000 Einwohnern in 38 Gemeinden, von denen sich 30000 zum Deutschtum bekannten, durch den Versailler Vertrag ohne Volksabstimmung an die neue Tschechoslowakei abgetreten. Am 4. 2. 1920 besetzten tschechische Truppen das Gebiet, am

4. Mai 1920 Verhängung des Ausnahmezustandes. So entstand die Hultschiner Frage, die durch die Prager Regierung nur mit ihrer bekannten Tschechisierungspolitik beantwortet wurde: Von 40 deutschen Schulen wurden 38 aufgehoben, die Gemeindevertretungen aufgelöst und durch Regierungskommissionen ersetzt. Die Bodenreform wurde rigoros durchgeführt und damit der deutsche Besitzstand (im Hultschiner Ländchen gab es viele Großgrundbesitzer und Bergbauunternehmen) geschmälert. Wer für Deutschland optieren wollte, mußte bis zum 9. 1. 1922 das Land verlassen. Im März 1923 kamen noch 2 weitere Gemeinden zur ČSR. Bei den Parlamentswahlen am 15. 11. 1925 wurden 14 500 deutsche Stimmen abgegeben. Während des Zweiten Weltkrieges gehörte das Hultschiner Ländchen zur neugebildeten Provinz Oberschlesien (Regierungsbezirk Oppeln), 1945 kam es wieder zur ČSR. Die Hauptorte waren Hultschin und Deutsch Krawarn.

Hultschin hatte zunächst eine gotische Burg (2. Hälfte 14. Jh.), die nach 1617 zu einem Renaissanceschloß umgebaut und später barockisiert wurde. Es haben sich auch Häuser aus der Barockzeit erhalten. Das Rathaus entstand 1868. Es wird Strumpfwirkerei, Steinkohlenbergbau und Landwirtschaft betrieben.

Volkszugehörigkeit der Hultschiner in den 38 Gemeinden 1921 (Volkszählung): 39 209 Tschechen, 7 707 Deutsche, 324 Polen, 23 Juden; 1928

Egerer Scharfrichterhaus

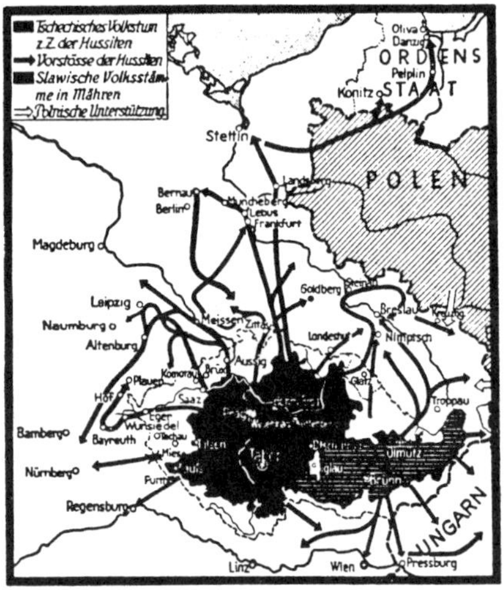

Hussitensturm über Deutschland

(Bezirkswahlen): 13 998 deutsche Stimmen, 8 218 tschechische Stimmen; 1935 (Parlamentswahlen): 21 054 Deutsche, 7 217 Tschechen.

Huß, Karl, ∗1761 Brüx, †1838 Schloß Königswart. Der letzte Scharfrichter von Eger war ein Sammler von Mineralien, Münzen und Waffen. Sechsmal hielt sich Goethe in seiner Wohnung auf, der Dichter interessierte sich sehr für die Sammlungen, die Fürst Metternich für sein Schloß Königswart bei Marienbad erwarb; als Kustos arbeitete Huß hier seit 1828. Dieser schrieb neben einer Autobiographie eine Chronik der Stadt Eger und die Schrift „Vom Aberglauben", die A. John 1910 in Prag herausgab.

Husserl, Edmund, ∗1859 Proßnitz, †1938 Freiburg/Br. Der Professor der Philosophie lehrte in Göttingen und Freiburg/Br. Er ist der Begründer der Phänomenologie als philosophische Erforschung des transzendentalen Bewußtseinslebens. Zu seinen Schülern und Anhängern gehörten Max Scheler, Alexander Pfänder, Martin Heidegger und Edith Stein. Seit 1939 gibt es in

Johannes Žižka

Löwen das Husserl-Archiv; hier werden seine Bibliothek, Manuskripte (30000 Blätter in Gabelsberger Stenographie) und Briefe verwahrt. Husserl, dessen Bücher seit 1933 auf dem Index standen, war Ehrendoktor der Harvard-Universität. Sein Bruder Heinrich veröffentlichte Lyrikbände, sein Sohn Gerhart wurde Rechtsphilosoph und lehrte in den USA und in Köln.

Hussitenkriege und Hussitismus. Der tschechische Reformator Hus hatte von König Sigismund freies Geleit zum Konzil von Konstanz erhalten, war aber, da er seine Lehren nicht widerrufen wollte, 1415 verbrannt worden. Für seine tschechischen Anhänger war dies der Anlaß für die Erhebung, die als Hussitenkriege (1419–1436) in die Geschichte eingingen. Den Beginn bildete der sog. Erste Prager Fenstersturz am 30. 7. 1419. Die Gründe für diesen Krieg der „Kämpfer Gottes“ waren sozialer, nationaler und religiöser (reformatorischer) Natur. Viele deutsche Städte wurden vernichtet. Das deutsche Element ging stark zurück, und die deutsch-tschechische Sprachgrenze verschob sich zugunsten des tschechischen Volkes so weit, wie sie sich noch in unserem Jh. darstellte.

Die Hussiten kämpften fanatisch, verschonten selbst die Nachbarländer nicht und konnten auch von den katholischen Kreuzheeren nicht besiegt werden. Die Hussiten zählten auch Deutsche zu ihren Anhängern.

Hus wurde für die Tschechen ein Nationalheiliger, der Hus-Tag wurde zum Staatsfeiertag erho-

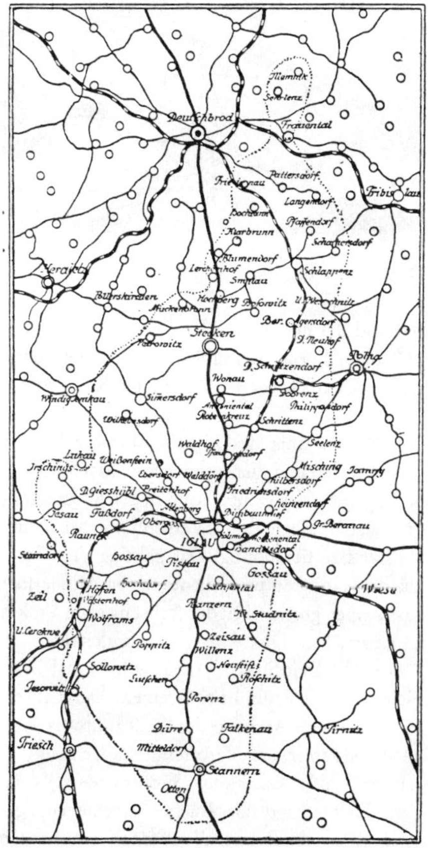

Iglauer Sprachinsel

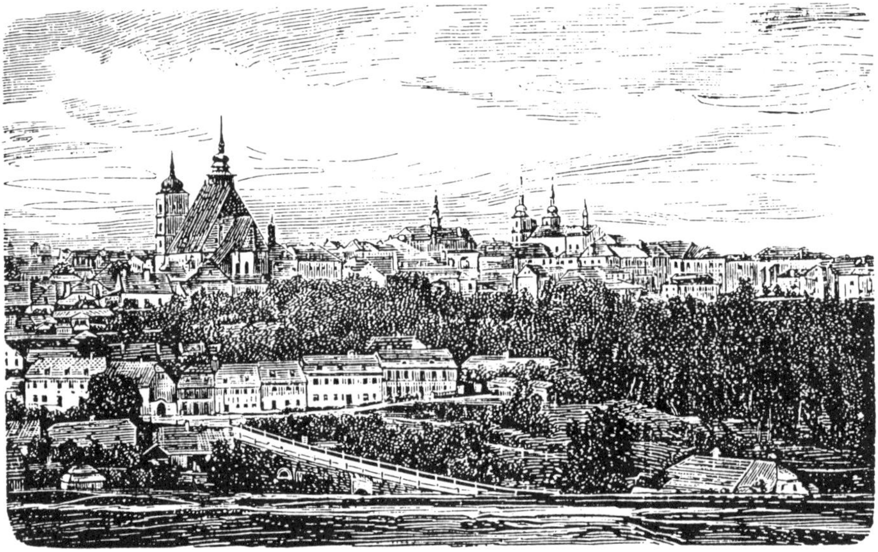

Iglau

ben und der neuhussitische Geist erzwang noch 1925 den Abbruch der diplomatischen Beziehungen zum Vatikan; erst 1927 kam ein Kompromiß zustande.

Das Vermächtnis des Hussitismus brach 1945 wieder durch und diente den neuen Machthabern in Prag dazu, das Deutschtum in den Sudetenländern zu beseitigen: durch Vertreibung, Mord und vollständige Beraubung. Das geistige Vermächtnis des Hussitentums diente einer Minderheit dazu, einen großen Teil des tschechischen Volkes zu fanatischem Deutschenhaß aufzuhetzen.

Huyer, Reinhold, ∗1850 Wiesenthal a. d. Neiße, †1928 Brünnl bei Gratzen. Der Lehrer, Historiker und Archivar der Stadt Budweis wurde wegen zahlreicher Veröffentlichungen zur Geschichte und Volkskunde Südböhmens, die in Zeitschriften und als Bücher erschienen, geschätzt. Er schrieb über die Pferdeeisenbahn von Budweis nach Linz, über die Schiffbarmachung der Moldau durch Adalbert Lanna und die Geschichte der Stadt Budweis.

Huyn, Paul Graf von, ∗1868 Brünn, †1946 Bozen. Huyn war seit 1904 Bischof des Bistums Brünn und gehörte dem mährischen Landtag an. 1916 erfolgte seine Ernennung zum Fürsterzbischof von Prag. Nach Gründung der Tschechoslowakei ging er nach Rom und verzichtete 1919 auf Wunsch des Papstes auf sein Erzbistum.

Iglau (*Jihlava*). Der größte Ort der Böhmisch-Mährischen Rumpffläche. Die Stadt an der Igel war Mittelpunkt einer Sprachinsel, deren deutsche Menschen (1921: 26200 Deutsche von insgesamt 46760 Bewohnern) eine altüberkommene kleidsame Tracht trugen. Silberbergwerke begründeten den Ruhm der Stadt, deren Bergrecht maßgebend für die Sudetenländer und Oberungarn war. 1436 wurden hier die Iglauer Kompaktaten des Basler Konzils verkündet und damit die Hussitenkriege beendet. Die neue Glaubenslehre

hielt Einzug, doch bald folgte die Gegenreformation. Berühmt war die Iglauer Meistersingschule, bei der sich vor allem die Zunft der Tuchmacher hervortat.
An die Vergangenheit erinnern auch die Pfarrkirche St. Jakob, die Dominikaner- und die Minoritenkirche (alle aus der Zeit der Gotik), das Rathaus mit dem kostbaren Rechtsbuch des Johann von Gelnhausen (1389), die alte Münze, in der im 13. und 14. Jh. Münzen geprägt wurden, und aus der Barockzeit die Ignatiuskirche und die Mariensäule (1690). Unterirdische Gänge, einst zur Verteidigung bestimmt, haben sich bis heute erhalten.
In dem seit 1799 jährlich veranstalteten Berghäuerzug, dessen Tradition auch von den heimatvertriebenen Iglauern wieder aufgenommen wurde, gedenkt man des ehemals reichen Bergsegens. Iglau hat viele bedeutende Persönlichkeiten hervorgebracht, u. a. den Historiker Ottokar Lorenz und die Malerin Barbara Kraft. Im nahen Kalischt wurde der Komponist Gustav Mahler geboren. 1930: 12095 Deutsche (17968 Tschechen).

Illner, Karl, ∗1877 Schatzlar, †1935 Wien. Der Mechaniker flog als Mitarbeiter von Igo Etrich mit dessen Etrich-Taube 1909 zum erstenmal. 1910 gelang ihm der erste Überlandflug von Wiener Neustadt nach Wien. Er stellte noch weitere Rekorde auf, auch einen im Höhenflug.

Industrie. 1918 konnte die Tschechoslowakei über drei Viertel der in der Monarchie existierenden Industrie einheimsen. Dabei hatte sie nur ein Viertel der Bevölkerungszahl. Daraus ergab sich die dringende Notwendigkeit des Exports. Die Industrialisierung Deutschböhmens war so strukturiert (1914), daß von 100 Berufstätigen auf Industrie und Gewerbe 54 entfielen, auf die Landwirtschaft 27, auf Handel und Verkehr 14, auf öffentliche Dienste und freie Berufe 5. Eine Statistik, ebenfalls für 1914, zeigt, daß von 100 Beschäftigten in Industrie und Handel tätig waren: in Deutschböhmen 54, in Schottland 49, England

Iglauer Berghäuerzug

Textilwerke mit 3000 Beschäftigten

und Wales 46, in der Schweiz 45, Deutschland 40 und Frankreich 32.

In vielen Wirtschaftsgruppen war der deutsche Anteil bis zur Wirtschaftskrise sehr hoch. Eine Untersuchung des Tschechen J. Heyda ergab u. a. ein deutsches Übergewicht (in v. H.) bei den Gruppen: Zuckerindustrie insgesamt 49, Zuckerraffinerien 58, Malz 64, Kaffeesurrogate 69, Sägewerke 55, Steinkohlenbergbau 66, Braunkohlenbergbau 80, Hütten und Stahlwerke 70, Textilmaschinen 90, Elektrotechnik 70, Waggons 75, Zement 80, Porzellan 90, Glas insgesamt (ohne Gablonzer) 86, Tafelglas 91, Flaschen 93, Hohlglas 80, Gablonzer Glas 88, Chemie insgesamt 60, Schwerchemie 70, Kunstdünger 60, Mineralöl 90, Seife 50, Kerzen 55, Teerderivate 95, Farben und Lacke 70, Holzwaren 60, Musikinstrumente 90, Knöpfe 90, Papier 80, Kunstseide 80, Textil insgesamt 89, Seide 100, Wolle 85, Baumwolle 75, Leinen und Jute 85, Strickerei und Wirkerei 95, Spitzenherstellung 85, Posamenten 100, Zwirnerei 50, Bleicherei 80 und Druckerei 85.

Bis 1938 gingen viele Unternehmungen von Deutschen an tschechische Eigentümer über. Im deutschen Gebiet wurden gegen 1800 Fabriken stillgelegt, im tschechischen dagegen 600 neue Betriebe errichtet. Ein Grund für den Rückgang des sudetendeutschen Potentials waren die den Deutschen verweigerten Staatsaufträge. Von 1933 bis 1936 gingen ihnen nur 18,1 v. H. der Staatsaufträge zu.

Trotz allem hat die sudetendeutsche Wirtschaft, die im Deutschen Hauptverband der Industrie mit Sitz in Reichenberg organisiert war, erstaunliche Leistungen hervorgebracht, die auf dem Weltmarkt hohes Ansehen genossen.

Die Standorte, die sich nach den Rohstoffen, Energiequellen, Verkehrsverbindungen und der Marktlage richten, hat Kurt Witt zusammengestellt. Für den sudetendeutschen Anteil ergibt sich daraus:

1. Nordwestböhmen (Grundlagen Braunkohle, Metallvorkommen, Kaolin erster Güte).
2. Elbetal im Raum von Aussig als Eisenbahn-Schiffs-Umschlagsgebiet für Ein- und Ausfuhr, Kohlenhandel, Erdölumschlag, chemische Schwerindustrie.
3. Nord- und Nordostböhmen, das Gebiet von Gablonz (Glas) und Reichenberg (Textil).
4. Industriegebiet Mittelelbe (Agrarindustrie).
5. Westböhmisches Industriegebiet mit Eisenvorkommen, Eisen- und Metallindustrie (Kladno und Pilsen).
6. Ostrau-Karwiner Industriegebiet (Kohlevorkommen, Wasserstraße der Oder, Verkehrsknotenpunkt Oderberg, Rückverbindung nach Kaschau mit Anschluß an das Slowakische Erzgebir-

ge als Grundlagen einer großen Verhüttungsindustrie für Stahl-, Walz- und chemische Werke).
7. Nordmährisches Textilgebiet.
8. Mittelmährische Nahrungsmittelindustrie.
9. Die Industriezentren Prag und Brünn.

Innitzer, Theodor, *1875 Neugeschrei bei Weipert, †1955 Wien. Der Professor für neutestamentliche Exegese in Wien (1911–1929) übernahm 1929/1930 das Amt des Bundesministers für soziale Verwaltung. 1932 erfolgte seine Ernennung zum Erzbischof von Wien. Seit 1933 auch Kardinal, trat er zunächst für Österreichs Anschluß an Deutschland ein, verteidigte jedoch später die kirchlichen Rechte gegen alle Übergriffe. Innitzer, obwohl er selbst bedroht wurde, setzte sich für alle Verfolgten ein. Nach Kriegsende tat er alles Menschenmögliche für die Notleidenden. Er schuf neue caritative und seelsorgerische Einrichtungen. Gerne war er Gast auf den Treffen der Ackermann-Gemeinde.

Institutum Bohemicum, ein 1973 gegründetes katholisches Kultur- und Bildungswerk, in dem die seit 1950 in der Ackermann-Gemeinde bestehenden Arbeitskreise zusammengefaßt sind. Es stellte sich die Aufgabe, Kulturleistungen der böhmischen Länder und der deutsch-tschechischen Nachbarschaft bewußt zu machen, zu bewahren und weiterzuentwickeln und zur Aktivierung schöpferischer Kräfte wissenschaftliche Arbeitsergebnisse unter allgemein kulturellen, historischen und politischen Aspekten didaktisch zu bearbeiten und diese für den schulischen Be-

Isergebirgsdorf

An der Iser

reich und für die allgemeine Jugend- und Erwachsenenbildung mit Hilfe zeitgemäßer Methoden darzubieten.

Iser (*Jizera*). Ihr Name ist keltischen Ursprungs. Sie entspringt mit der Großen Iser im Isergebirge, mit der Kleinen Iser im Riesengebirge. Sie mündet nach 164 km Lauf bei Brandeis in die Elbe.

Isergebirge (*Jizerské hory*). Dieser Teil der Westsudeten wurde erst im 19. Jh. als eigene geographische Einheit angesehen, vorher wurde er zum Riesengebirge gerechnet. Das Isergebirge, überwiegend aus Granit, Gneis und Glimmerschiefer aufgebaut, besteht aus mehreren parallelen Kämmen, deren höchster der Hohe Iserkamm mit Tafelfichte (1 122 m) und Hinterberg (1 126 m) ist. Vom Riesengebirge ist es durch das hohe Zackental getrennt, vom Jeschkengebirge durch die Görlitzer Neiße.
Durch seine Naturschönheiten zieht es viele Wanderer an. Früher galt es wegen der dichten Wälder, der vielen Moore und des unwegsamen Geländes als Wildnis. Das hinderte aber die Edelsteinsucher nicht, wertvolle Mineralien zu suchen; Zeugnis davon geben uns die Walenberichte. Den Reichtum des Gebirges an Holz und Mineralien nützten die Glashütten. Der Waldreichtum gab auch vielen anderen in der Holzwirtschaft Tätigen Beschäftigung. Die beste Schilderung des Isergebirges gibt Gustav Leutelt in seinen heimatverbundenen Werken.

Jaberlicher Riesenfaß. Auf dem 683 m hohen Jaberlich bei Langenbruck im Bezirk Reichenberg, am Kammweg Jeschken – Schwarzbrunn – Schneekoppe, steht das Jaberlicher Riesenfaß; auf der Wiener Jubiläumsausstellung 1898 galt es als Sensation. Bürger aus Langenbruck und Umgebung kauften es. Es wurde zerlegt nach Nordböhmen transportiert – der Transport kostete viel mehr als das Faß – und wieder zusammengesetzt. Am Pfingstsonntag 1899 wurde das in 2 Etagen 400 Personen fassende Faß als Bergwirtschaft mit einem Volksfest eröffnet. Es hat folgende Maße: 14 m lang, 12 m breit, 12 m hoch; Rauminhalt 10 238 Hektoliter.

Jagd. Ursprünglich war sie ein Recht des Adels, seit 1849 nur der Besitzer von Grund, der wenigstens zusammenhängend 200 Joch (1 Joch = 57,55 a) ausmacht. Gemeinden als Grundbesit-

Jägerndorf

zer konnten die Jagd verpachten. Das Wild entsprach dem anderer Länder Mitteleuropas. Raubtiere sind nicht mehr vorhanden. Auf der Herrschaft Ullersdorf wurde der letzte Braunbär 1819, der letzte Wolf 1798 und der letzte Luchs 1770 erlegt. Noch im vorigen Jahrhundert gab es 59 Tiergärten und 160 Fasanerien. Eines der größten Hirschgehege war das des Clam-Gallas-Besitzes im westlichen Isergebirge (aus dem Jahre 1851, über 6000 ha groß), das aber längst verfallen ist. In Eichwald wurde im Schloß eine Geweihsammlung angelegt. Im Liechtensteinschen Schloß Mährisch Aussee, wo bereits von 1852–1867 die Mährisch-Schlesische Höhere Forstschule bestanden hatte, eröffneten die Fürsten Liechtenstein im Jahre 1900 ein Forst- und Jagdmuseum, das seit 1955 wieder zugänglich ist. Die sudetendeutschen Jäger waren im Deutschen Jagdschutzverband St. Hubertus vereinigt; er zählte ungefähr 8000 Mitglieder.

Jägerndorf (*Krnov*), die einstige Hauptstadt des gleichnamigen Herzogtums, befand sich seit 1523 im Besitz der brandenburgischen Markgrafen. Unter ihnen kam die Reformation in das schlesische Land. Katholisch gemacht wurden die Jägerndorfer unter ihrem nächsten Herrn aus dem Hause Liechtenstein (seit 1623). Der nördliche Teil des Fürstentums Jägerndorf kam 1742 an Preußen. Bedeutende Bauwerke sind das Barockschloß, die spätgotische Dekanatskirche und das barocke Minoritenkloster, das nach der Profanierung als städtisches Museum diente. An öffentlichen Gebäuden gab es ein deutsches Realgymnasium, eine Webfachschule, ein Theater, ein Krankenhaus und eine Stadtbücherei. In Jägerndorf stand die drittgrößte Tuchfabrik der Monarchie, dazu kamen andere Textilunternehmungen, eine Webstuhlfabrik und die berühmte Orgelbaufirma Rieger (seit 1873), die nach der Enteignung des deutschen Besitzers heute noch arbeitet.
Der Architekt Leopold Bauer, Professor an der Wiener Akademie und Erbauer der Nationalbank

Jägerndorf

in Wien sowie des Prießnitzsanatoriums in Gräfenberg, und der Historienmaler H. Tenschert sind in Jägerndorf geboren. Im nahen Lobenstein kam Hans Kudlich zur Welt. Beliebte Ausflugsorte der Jägerndorfer waren der Burgberg mit seiner Wallfahrtskirche (1722 erbaut), die Schellenburg und der Luftkurort Mösnig.
1930: 21925 Einw. (1767 Tschechen).

Jahn, Wilhelm, *1835 Hof/Mähren, †1900 Wien. Jahn begann als Opersänger. 1864–1881 war er Leiter des Theaters in Wiesbaden, darauf bis 1897 Direktor der Hofoper in Wien. Als Dirigent brachte er auch Operetten (z. B. „Fledermaus“ von Johann Strauß) in die Hofoper.

Jaksch, Friedrich, *1894 Budweis, †1946 Weimar-Buchenwald in sowjetischer Haft. Jaksch gründete die Bücherei der Deutschen in Reichenberg. Bis 1945 war er ihr Leiter. Er schrieb Gedichte, Dramen, Erzählungen und Romane. Unter dem Pseudonym Friedrich Bodenreuth erschien sein bekanntester Roman „Alle Wasser Böhmens fließen nach Deutschland“. 1929 gab er das „Lexikon sudetendeutscher Schriftsteller“ heraus. 1945 wurde er von den Sowjets verschleppt.

Jaksch, Wenzel, ∗1896 Lang Strobnitz bei Kaplitz, †1966 Wiesbaden. Der gelernte Maurer kam 1924 in den Parteivorstand der deutschen Sozialdemokraten nach Prag und 1929 als Abgeordneter in das Prager Parlament. Mit Hans Schütz und Gustav Hacker gehörte er zu den Jungaktivisten. Als Nachfolger von Ludwig Czech übernahm er 1938 den Parteivorsitz. Die Emigration führte Jaksch nach Großbritannien, wo er vergeblich gegen die Pläne Benešs zur Austreibung der Sudetendeutschen ankämpfte. 1950 übernahm Jaksch die Leitung des Landesamtes für Vertriebene, Flüchtlinge und Evakuierte in Hessen, 1953 kam er als Abgeordneter in den Bundestag. Hier und als Mitglied bzw. Vorsitzender des Sudetendeutschen Rates, als Präsident der Bundesversammlung der Sudetendeutschen Landsmannschaft und des Bundes der Vertriebenen hat er sich große Verdienste erworben. Die bedeutendste seiner Veröffentlichungen ist „Europas Weg nach Potsdam“ (3. Aufl., 1967). Jaksch, den eine amerikanische Universität (Parkville, Miss.) mit der Ehrendoktorwürde ausgezeichnet hatte, genoß das Vertrauen seiner Landsleute. Die Seliger-Gemeinde stiftete ihm zu Ehren den Wenzel-Jaksch-Preis.

Schloß Johannesberg

Der Jeschken

Janowitz, Hans, ∗1890 Podiebrad, †1954 New York. Im sog. Prager Kreis war Janowitz Vertreter des Expressionismus. Das zeigt er in Veröffentlichungen wie „Asphaltballaden“, „Jazz“, „Requiem“. Durch das Drehbuch für den Film „Das Kabinett des Doktor Caligari“, das er mit C. Mayer geschrieben hatte, gab er einer Stilrichtung des deutschen Stummfilms den Namen Caligarismus.

Jauernig (*Město Javorník*) im Bezirk Freiwaldau entstand an einem alten Handelsweg und erhielt frühzeitig eine Burg, die nach der Zerstörung durch die Hussiten in ein Schloß umgebaut wurde. Nach dem Erbauer, Bischof Johann Thurzo, erhielt Schloß Johannesberg seinen Namen, das den Breslauer Fürstbischöfen als Sommersitz diente; hier wirkte Ditters von Dittersdorf als Kapellmeister; Gäste waren Holtei, Eichendorff und andere große Persönlichkeiten. Aus Jauernig stammten der Dichter Zedlitz, die drei Wiener Porträtmaler Theer, der Historiker Anton Peter, der Medizinprofessor Johann Nep. Rust, der Nationalökonom Emil Sax, der Naturforscher Hans Leder und der Trappistenabt Ferdinand Schölzig. 1930: 1819 Einw. (74 Tschechen).

Jechnitz (*Jesenice*) bei Podersam liegt in der fruchtbaren Gegend des Saazer Hopfenanbaugebiets. Der Ortsteil Weinbrenner läßt noch auf den früher betriebenen Weinbau schließen. Vier Teiche liefern reiche Ernten an Fischen. Jechnitz war schon zu Beginn des 15. Jh. Markt, Rudolf II. erhob es zur Stadt. Als Herrschaftsbesitzer saßen hier die Landstein und die Czernin. Die Kirche Peter und Paul ist schon 1384 als Pfarrkirche bezeugt, 1635 als Dekanatskirche.
1930: 1542 Einw. (133 Tschechen).

Jellinek, Oskar, ∗1886 Brünn, †1949 Los Angeles. Zunächst Richter, wurde er nach Teilnahme am Ersten Weltkrieg als Offizier freier Schriftsteller und emigrierte 1939 nach Paris und New York. Seine Hauptwerke sind Erzählungen, meisterhafte Darstellungen seiner mährischen Heimat und seiner Umwelt, in denen immer wieder soziales Denken und humane Gesinnung durchbrechen („Die Seherin von Daroschitz", „Der Bauernrichter", „Die Mutter der Neun", „Das ganze Dorf ist in Aufruhr"). Seine Kunst führt die große Tradition österreichischer Dichtung in vornehmer Weise weiter.

Jelusich, Mirko, ∗1886 Semil/Böhmen, †1969 Wien. Der Bankbeamte und Journalist lebte schließlich als freier Schriftsteller in Wien. In 26 Werken hat der Romancier die Schicksale bedeutender Persönlichkeiten beschrieben: Julius Caesar, Hannibal, Cromwell, Talleyrand, Prinz Eugen. Jelusich, der auch als Filmdramaturg arbeitete, war 1938 vorübergehend Burgtheaterdirektor.

Jeritza, Maria (eigentlich Jedlitschka), ∗1887 Brünn, †1982 Orange/New Jersey. Die Sopranistin debütierte am Brünner Theater, kam über Olmütz nach München und Wien, wo sie 1912 Mitglied der Hofoper wurde. Seit 1921 gab sie Gastspiele in Amerika, wo sie bis 1932 an der Metropolitan Opera in New York glänzte. 1932 zog sie sich zurück und trat nur noch einmal 1950 als Tosca auf. Die Opernsängerin veröffentlichte bereits 1924 ihre Autobiographie.

Jeschken (*Ještěd*). Höchster Berg des Jeschkengebirges, 1010 m, nahe Reichenberg. Aus der 1847 errichteten Schutzhütte entstand schließlich ein Berghotel (1906), das nach einem Brand (1963) wieder errichtet wurde. Die von der Staatsbahndirektion Königgrätz 1933 gebaute Drahtseilbahn auf den Berg überwindet in 5 Minuten 700 Meter

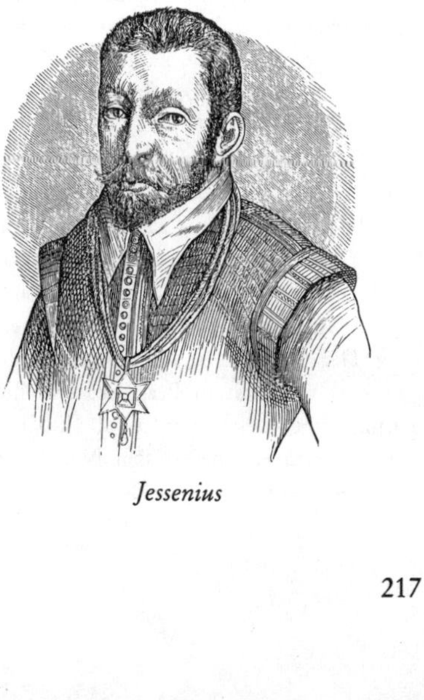

Jessenius

König Johann

Höhenunterschied. Der Maler Caspar David Friedrich schildert seine Eindrücke in einem Brief: „Es ist eigenartig, wie der Berg Jeschken die nordböhmische Landschaft regiert. Er ist ein König zwischen Elbe und Schneekoppe. Wir fuhren und fuhren, und immer winkte er uns entgegen. Hinter seinem schützenden breiten Rücken liegt die Stadt Reichenberg. Dort kamen wir am späten Abend an. Daß mein Zeichenstift in diesen Tagen nie ruhte, kannst Du Dir denken. Ich bin in Böhmen daheim, als wär ich hier geboren."

Jeschkengebirge (*Ještědské pohoří*), Gebirgszug im nördlichen Böhmen, aufgebaut aus kristallinen Schiefern, verläuft 32 km lang parallel zur Görlitzer Neiße von Nordwesten nach Südosten. Höchster Berg ist der Jeschken (1010 m).

Jessenius, Johannes, ∗1566 Breslau, †1621 Prag. Der Arzt und Anatom, seit 1600 Professor an der Universität in Prag, sezierte hier 1601 erstmals einen Leichnam. Rudolf II. berief ihn zu seinem Leibarzt, ebenso sein Nachfolger Matthias. 1618 wurde Jessenius Rektor der Universität. Während der Auseinandersetzungen zwischen dem Kaiser und den böhmischen Ständen stand er auf der Seite der Aufständischen; so war er einer der Männer, die am 21. Juni 1621 in Prag hingerichtet wurden.

Jesser, Franz, ∗1869 Zwittau, †1954 Frankfurt. Der Schriftsteller und Politiker begann als Wanderlehrer des Bundes der Deutschen in Böhmen, war Sekretär der Deutschen Agrarpartei und kam 1907 in das Österreichische Abgeordnetenhaus. 1911 erhielt er ein Mandat der parteilosen Nationalen in Mährisch Schönberg, 1920 kam er für die Deutsche nationalsozialistische Arbeiterpartei in der Tschechoslowakei in den Senat. 1933 schied er aus der Partei aus, noch bevor diese verboten wurde. 1926 verlieh ihm die Deutsche Universität in Prag den Ehrendoktor der Philosophie. Neben seiner Tätigkeit als Herausgeber („Deutsche soziale Rundschau", 1909–1919) schrieb er zahlreiche Abhandlungen und das Buch „Beziehungen der Heimarbeit zum Boden". Jesser gebrauchte in Entsprechung zu den Bezeichnungen Alpen- und Karpatendeutsche den Namen „sudetendeutsch" und „Sudetenland". Nach

Johann von Neumarkt

der Vertreibung lebte Jesser zurückgezogen als freier Schriftsteller und schrieb auch seine Lebenserinnerungen nieder.

Jobst (Jost, Jodocus), *1354, †1411 Brünn. Der Neffe Kaiser Karls IV. war seit 1375 Markgraf von Mähren und seit 1397 von Brandenburg. Er beteiligte sich am Versuch, König Wenzel IV. zu stürzen und war das Haupt des Herrenbundes, der den König gefangen nahm. Gegen Sigismund erfolgte 1410 die Wahl von Jobst zum Römischen König. Doch starb er schon kurz darauf.

Johann von Luxemburg, auch der Blinde, *1296, gefallen 1346 bei Crécy. Seit 1310 verheiratet mit Elisabeth von Böhmen, der Tochter Wenzels II., und 1311 mit dieser im Prager Veitsdom gekrönt, herrschte Johann von 1310–1346 als König von Böhmen. Sein Sohn Wenzel war als Karl IV. sein Nachfolger.

Johann von Neumarkt, *um 1310, †1380. Der Notar und Kanzler Kaiser Karls IV. (1353–1374) war auch Bischof von Leitomischl und Olmütz. Er spielte eine große Rolle in der Entwicklung des deutschen Frühhumanismus, der durch den von ihm geschaffenen Kanzleistil wesentlichen Einfluß auf die Entwicklung des Neuhochdeutschen hatte. Dieser erste Humanist nördlich der Alpen, der auch mit Petrarca Briefe

Johannes von Nepomuk, Marterl bei Wallern

Johannes von Nepomuk in die Moldau geworfen

wechselte, starb kurz vor seiner Ernennung zum Bischof von Breslau, beigesetzt in dem von ihm gegründeten Augustinerkloster zu Leitomischl.

Johannes von Nepomuk (auch Johannes olim Welflin de Pomuk), * 1340 Nepomuk/Südböhmen, † 1393 Prag. Der Brückenheilige ist einer der volkstümlichsten Heiligen. Als Generalvikar des Erzbistums Prag wurde er ein Opfer der Auseinandersetzungen zwischen König Wenzel IV. und dem Erzbischof. Johannes wurde gefangengesetzt, gefoltert und in der Moldau ertränkt. Daß er den Tod als Opfer des Beichtgeheimnisses erlitt, ist eine Legende. Seine Statue schmückt viele Brücken, voran die Karlsbrücke zu Prag. Seit seiner Heiligsprechung im Jahre 1729 ist er der am meisten verehrte Heilige unseres Landes; sein Grab im Veitsdom wurde zum Wallfahrtsort.

Johannes von Tepl (auch von Saaz), * um 1350, †1414 Prag. Zuerst Stadtschreiber in Saaz und nach 1383 Schulrektor, wurde er 1411 Protonotar in der Neustadt von Prag. Unter dem Eindruck des Todes seiner jungen Frau verfaßte er das Streitgespräch „Der Ackermann und der

Tod", das erste neuhochdeutsche Prosawerk (um 1401). Die Dichtung, von der 16 Handschriften und 17 verschiedene Frühdrucke existieren, hatte großen Einfluß auf die Entwicklung unserer Sprache und Literatur.

Johannesberg (*Honsberk*, heute *Janov nad Nisou*) im Bezirk Gablonz war eine im 17. Jh. entstandene Waldbauernsiedlung. Es wurde 1908 Markt und 1920 Stadt. Die intensiv betriebene Glasindustrie hatte ihren Anfang in einer Glashütte, die schon 1758 arbeitete. Neben einer großen Glasfabrik gab es gegen 80 Betriebe der Glasschmuck-Hausindustrie, auch eine Papierfabrik und eine Abfallspinnerei. Mit Gablonz ist Johannesberg durch die Straßenbahn nach Reichenau verbunden. Lohnenswerte Ausflugsziele sind die Waldsiedlung Christianstal und die 858 m hohe Königshöhe, wo „Die Königshäuser" den Vorwurf für Gustav Leutelts Roman abgaben.
1930: 2269 Einw. (75 Tschechen).

Der Ackermann

Johannesthal (*Janov*) im Bezirk Jägerndorf war eine mährische Enklave in Schlesien. Die Bergstadt (seit 1535) kam durch den Silberbergbau zu zeitweiliger Wohlhabenheit. 1741 entstand durch einen Brand großer Schaden. Die Barockkirche stammt aus dem Jahre 1783. Durch eine Stiftung Julius Schmidts konnte ein Armen-, Kranken- und Waisenhaus errichtet werden. In der Stadt gab es Webereien und Strickwarenerzeugung. 1930: 1146 Einw. (11 Tschechen).

Johannisbad (*Janské Lázně*). Die Marktgemeinde im Bezirk Trautenau hatte als Kurort den Beinamen „Gastein des Riesengebirges". Der Ort, 1680 als Bad von dem Fürsten Johann Adolf Schwarzenberg begründet, besitzt eine Thermalquelle mit 29,6 ° Celsius und eisenhaltige Quellen. In das Bad im Aupatal und am Fuße des Riesengebirges kamen neben zahlreichen Kurgästen stets viele Wintersportler.
1930: 396 Einw. (32 Tschechen).

John, Alois, ∗1860 Oberlohma bei Franzensbad, †1935 Franzensbad. John lebte nach seinen Studien als freier Schriftsteller in Eger und übernahm 1922 die Leitung des Museums und Archivs in Franzensbad. Er gab das „Literarische Jahrbuch Westböhmens" und die Zeitschrift „Unser Egerland" heraus und verfaßte zahlreiche Schriften zur Heimatkunde und Volkskunde des Egerlandes. John war der geistige Führer der Egerländer Heimatbewegung und Vorbild für viele Kulturschaffende.

Josefstadt (*Josefov*) im Bezirk Königinhof wurde 1781–1787 durch Kaiser Joseph II. als Elbefestung angelegt und sollte Böhmen vor feindlichen Einfällen aus dem Nordosten schützen. 1866 befand sich hier das österreichische Hauptquartier; Josefstadt wurde jedoch von den Preußen nicht angegriffen, sondern umgangen. Zwölf Jahre danach wurden die Befestigungen beseitigt. Josefstadt, das (1930) 7015 Einwohner (5630 Tschechen, 287 Deutsche, 943 Ungarn, 23 Russen, 17 Juden und 102 Ausländer) zählte, war bis 1918 Sitz eines Korpskommandos und nachher Garnison.

Joseph II., von 1765–1790 Kaiser, genoß bei der Bevölkerung hohe Achtung. Der Bauernbefreier, versinnbildlicht im Bild des pflügenden Kaisers, wurde in vielen Städten mit einem Denkmal geehrt. Nach 1918 mußten diese Statuen auf Befehl der neuen Regierung entfernt werden. Der Mythos des Kaisers ließ ihn auch zu einer Sagengestalt werden, wie es auch die „Sagen des Kreises Mies“ von Karl Storch zeigen. Mit dem Namen des Herrschers ist auch die Stadt verbunden, die aus der Festung entstand, die Joseph II. 1781–1787 erbauen ließ und die Josefstadt genannt wurde.

Juden. Seit 900 sollen Juden in Prag ansässig gewesen sein. 1254 erteilte ihnen Ottokar II. ein Privileg. Als Kammerknechte – als solche waren sie dem König unmittelbar unterstellt – waren sie geschützt, was sie aber doch nicht vor Verfolgungen bewahrte. Erst 1867 Gleichstellung mit anderen Bürgern. Seit 1918 war ein Oberster Rat der Kultusgemeinden eingesetzt, dem auch die deutschen jüdischen Gemeinden unterstellt waren.
Von den 375000 Juden in der ČSR bekannten sich auf Grund des Minderheitenstatus 48000 als Deutsche, 87000 als Tschechen, 17000 als Ungarn und 204000 als Juden. Vor 1938 waren 39 v.H. in Handel und Industrie, 21 v.H. im Handwerk, 8,5 v.H. in freien Berufen beschäftigt, 12,5 v.H. waren berufslos.
1945 gab es in der ČSR noch 50000 Juden. Von diesen wanderten 1948/1949 zwei Drittel aus. Wegen antisemitischer Strömungen in der ČSSR ist den verbliebenen Juden nur ein geringes kulturelles Leben möglich. Die Prager jüdischen Kulturdenkmäler überdauerten den Krieg: Hitler wollte sie als jüdische Museumsstadt erhalten. Aus dem Judentum gingen viele große Persönlichkeiten hervor, die in der Wissenschaft, Literatur, Musik, Politik und Wirtschaft hohes Ansehen genießen.

Kaiser Joseph II.

Jugend s. Abstinenzbewegung. Bildungs- und Wanderbund Staffelstein. Böhmerlandbewegung. Deutsche Studenten- und Schülerherbergen. Jugendbewegung. Jugendfürsorge. Kinderfreunde. Quickborn. Reichsbund der deutschen katholischen Jugend. Sozialistischer Jugendverband. Sudetendeutsche Jugendgemeinschaft. Wandervogel.

Jugendbewegung. Am Beginn (1911) stand der Wandervogel. Gegen viele Widerstände wuchs er zu einer starken Gemeinschaft innerhalb der sudetendeutschen Jugend. Aus ihm heraus und neben ihm entstanden zahlreiche neue Jugendbünde, die zum Teil Arbeitsweise und Lebensformen des Wandervogel übernahmen. Schließlich erfolgte der Zusammenschluß zur Sudetendeutschen Jugendgemeinschaft, dem Spitzenverband aller nichtmarxistischen Jugendorganisationen der Deutschen in der Tschechoslowakischen Republik, entstanden 1921/1922; 1930 gehörten mindestens 50000 Jugendliche dazu. Angeschlossen waren damals 26 Bünde, darunter der Reichsbund deutscher katholischer Jugend, der Katholische Bildungs- und Wanderbund Staffelstein, der

Bund sudetendeutscher Wandervögel, Turnerjugend des Deutschen Turnverbandes, Bundesjugend des Bundes der Deutschen, die Deutsche Guttemplergemeinschaft, Bundesjugend des Bundes der Deutschen Nordmährens, Bund der deutschen Landjugend, Jungschar, Bund der Adler und Falken, Verband sudetendeutscher Pfadfinder, Bund der böhmerländischen Freischaren, Sudetendeutscher Quickborn, Grenzlandjugend, Verband der deutschen Landjugend Mährens, Katholischer Mädchenbund St. Gertrud, Jugendvereinigung des katholischen Frauenbundes und Bund deutscher evangelischer Jugend.

Jugendfürsorge. Zur Vereinheitlichung der gesamten freiwilligen Fürsorgearbeit für die deutsche Jugend und die Unterstützung der öffentlichen Verwaltung sowie die Vertretung der deutschen Jugendfürsorge gegenüber der Öffentlichkeit wurde 1908 die Deutsche Landeskommission für Kinderschutz und Jugendfürsorge mit Sitz in Reichenberg gegründet. Vorsitzender wurde der Gablonzer Bürgermeister Fischer und Leiter der verdienstvolle Dr. Hugo Heller (∗1875 Zwettnitz bei Teplitz, †1942 Krakau). 1912 erfolgte die Gründung für Mähren und 1916 für Schlesien. 1937 wurde Hilfe für 289000 sudetendeutsche Kinder und Jugendliche mit einem Aufwand von 22 Millionen Kronen geleistet. In 534 Mütterberatungsstellen wurden 31000 Säuglinge von 392 Fürsorgeärzten und 1000 Fürsorgerinnen betreut. 1936 wurde die Mütterschulung gegründet; 1937 hielt diese 1014 Lehrgänge mit 41000 Teilnehmerinnen ab. 1937 wurden in Berufsberatungsstellen 5380 Jugendliche geprüft und beraten.

Jugendherberge Klein Iser

Jugendherbergen s. Deutsche Studenten- und Schülerherbergen

Jung, Rudolf, ∗ 1882 Plaß bei Pilsen, † 1945 Prag-Pankraz. Der Ingenieur bei der Staatsbahn schuf 1913 mit Hans Krebs und Walter Riel das Iglauer Parteiprogramm der Deutschen Arbeiterpartei Österreichs, war von 1913–1918 im mährischen Landtag tätig, von 1919–1933 für die Deutsche Nationalsozialistische Arbeiterpartei im Prager Parlament. 1926 übernahm er nach H. Knirsch den Vorsitz in dieser Partei, die sich 1933 selbst auflöste. Aus der tschechischen Haft entkam Jung durch Flucht nach Deutschland, lehrte ab 1937 an der Hochschule für Politik in Berlin, leitete ab 1940 das Arbeitsamt für Mitteldeutschland in Erfurt und wurde 1944 Bevollmächtigter für den Arbeitseinsatz in Prag. Im Dezember 1945 verhungerte er im Gefängnis in Pankraz. Mit seinem Buch „Der nationale Sozialismus und seine Grundlagen" legte er das Fundament für das Programm seiner Partei. Drei Auflagen erlebte sein Buch „Die Tschechen. 1000 Jahre deutsch-tschechischer Kampf".

Jungbauer, Gustav, ∗1886 Oberplan, †1942 Prag. Der Schüler von Adolf Hauffen an der Prager Universität lehrte hier das Fach Volkskunde, gab die „Sudetendeutsche Zeitschrift für Volkskunde" heraus (1928–1938), ebenso die „Beiträge zur sudetendeutschen Volkskunde". Ebenso geht das Böhmerwaldmuseum in Oberplan mit Stifter-Erinnerungsstücken auf Jungbauer zurück. Das wissenschaftliche Schaffen Jungbauers gipfelt in den Büchern „Grundriß der deutschen Volksmedizin", „Deutsche Volkskunde mit besonderer Berücksichtigung der Sudetendeutschen", „Bibliographie des deutschen Volksliedes in Böhmen" und „Böhmerwaldsagen".

Junge Aktion. Seit 1950 bestehende Jugendgemeinschaft der Ackermann-Gemeinde in München. Sie gehört dem Bund der Deutschen Katholischen Jugend an. Die auf christlicher Grundlage beruhende Gemeinschaft tritt ein für die Verwirklichung der Menschenrechte, die Verständigung mit den osteuropäischen Nachbarvölkern und eine europäische Friedensordnung.

Jungfernsprung. Am rechten Ufer der Elbe südlich Tetschen aufragender Phonolithfelsen, der schöne Aussicht in das obere Elbetal gewährt. Auf seinem Gipfel stehen drei Kreuze. Diese erinnern an die Sage, nach der sich die drei Töchter des Ritters vom nahen Sperlingstein, als sie sich vor Wegelagerern hier herauf geflüchtet hatten, in ihrer Verzweiflung in die Elbe stürzten, jedoch mit dem Leben davonkamen.

Jurende, Karl Joseph, ∗1780 Spachendorf, †1842 in Brünn. Zuerst als Beamter tätig, geht Jurende zu Gräfin W. Truchseß-Zeil nach Kunewald und leitet deren Erziehungsanstalt, übersiedelt aber schon 1811 nach Brünn, wo er als freier Schriftsteller lebt. Ab 1809 gibt er den Kalender „Mährischer Wanderer" heraus, den er 1825 in „Vaterländischer Pilger in dem Kaiserstaate Österreich" umbenennt. Neben anderer Volksliteratur erscheint 1815 auch der „Bauernfreund oder Pflugkalender". Jurende gilt als Reformator des Kalenderwesens.

Kaaden (*Kadaň*) an der Eger bietet noch ein historisches Stadtbild mit den Resten der Stadtbefestigung aus der Zeit der Gotik, mit den mittelalterlichen und barocken Häusern, den Laubenhäusern und dem Rathaus, dessen Turm, der schönste städtische Wartturm Böhmens, mit einem gequaderten Helm bedeckt ist. Die gotische Pfarrkirche wurde barockisiert von J. Ch. Kosch, der auch die Elisabethkirche erbaute. Die spätgotische Klosterkirche gehörte zum Franziskanerkloster, dessen Gründung auf Johannes Capistranus zurückgeht, in finanzieller Beziehung aber mehr auf einen Lobkowitz auf Hassenstein. Kaaden, schon im 12. Jh. bewohnt, wurde im 13. Jh. Sitz eines königlichen Burggrafen. Der Durchgangshandel machte die Stadt (seit 1277) reich. Vom bodenständigen Gewerbe waren die Tuchmacher am wichtigsten. Neben zahlreichen Gewerben blühte die Landwirtschaft dank überaus fruchtbaren Bodens. In neuerer Zeit kamen noch Beschäftigungsmöglichkeiten in den Kaolinwerken und in der Handschuhmacherei hinzu. In der älteren Geschichte lebt der Name Kaadens fort durch den Frieden von Kaaden am 29. Juni 1534 zwischen Ferdinand I. und Landgraf Philipp von Hessen, in der neueren Zeit durch die Ermordung von 25 Sudetendeutschen durch tschechische Legionäre am 4. März 1919. Kaaden war Sitz von Behörden und Schulen.
1930: 8641 Einw. (672 Tschechen).

Kaaden, Rathaus- und Heiligenturm

Kablik, Josephine, ∗ 1787 Hohenelbe, † 1863 Hohenelbe. Die Frau eines Apothekers hatte in

Prag Botanik studiert. Sie spezialisierte sich auf die Flora des Riesengebirges und legte eine vollständige Sammlung von mehr als 48000 Pflanzen an; diese kam zur Botanischen Gesellschaft nach Regensburg. Einige von ihr entdeckte Pflanzen erhielten ihren Namen.

Kafka, Bruno Alexander, ∗ 1881 Prag, † 1931 Prag. Der Professor für Bürgerliches Recht an der Deutschen Universität in Prag war Herausgeber der „Bohemia", Mitbegründer der Deutschen demokratisch-liberalen Partei und Mitglied des Parlaments. Der juristische Fachschriftsteller war 1931 Rektor der Universität.

Kafka, Franz, ∗ 1883 Prag, † 1924 Kierling bei Wien. Der Verfasser von drei Romanen („Der Prozeß", „Amerika", „Das Schloß") und etlichen Erzählungen, die er aus Angst- und Schuldgefühlen heraus in beinahe surrealistischer Manier geschrieben hatte und die er, soweit sie nicht veröffentlicht waren, vernichtet haben wollte, hat wie kein anderer Schriftsteller unserer Epoche seinen

Franz Kafka

Bauernhaus im Kaiserwald

Lesern die eigene Ausweglosigkeit des Daseins vor Augen geführt und den Interpreten die Möglichkeit zu heute bereits unübersehbar gewordenen Deutungen gegeben. Die erste Gesamtbibliographie Kafkas veröffentlichte 1958 R. Hemmerle. Die von Max Brod herausgegebenen Werke werden jetzt von einer kritischen Ausgabe abgelöst.

Kahler, Eugen von, ∗ 1882 Prag, † 1911 Prag. Der Maler, dessen Kompositionen bereits die Ausdruckskunst des Expressionismus vorwegnahmen, gehörte zur Neuen Künstlervereinigung und war dem „Blauen Reiter" in München angeschlossen. Der Frühverstorbene hinterließ Gedichte und Prosafragmente. Kandinskys Nachruf auf ihn war eine großartige Würdigung von Leben und Werk des Malers.

Kaiserwald (*Císařský les*). Das Rumpfflächenplateau dehnt sich zwischen Karlsbad, Marienbad und dem Egerer Becken aus und erhebt sich fast bis 1000 m. Der Nordrand fällt steil zum Egergraben ab, der es gegen das Erzgebirge abgrenzt. Der Kaiserwald besteht aus Granit, Gneis, kristallinen Schiefern und aus Basalt, ist bewaldet und von einigen Tälern durchzogen. In den Dörfern typische Fachwerkbauten. Höchste Erhebung: der Judenhau (987 m).

Kalliwoda, Johannes Wenzel, ∗ Prag,

Pforte im Rathaus in Kalsching

† 1866 Karlsruhe. Der Violinspieler und Komponist war von 1822–1853 Kapellmeister des Fürsten von Fürstenberg in Donaueschingen. Er komponierte 10 Instrumentalmessen und andere Kirchenmusik, 7 Symphonien, Violinkonzerte, Kammermusik und Männerchöre („Das deutsche Lied"). Zu seinen Bewunderern gehörte auch Robert Schumann.
Sein Sohn *Wilhelm,* ∗ 1827 Donaueschingen, † 1893 Karlsruhe, Konzertpianist und Komponist, wirkte von 1848–1875 als Musikdirektor und Kapellmeister am Hoftheater in Karlsruhe.

Kalsching (*Chvalšiny*), Bezirk Krummau. Das Gebiet um den Planskerwald schenkte König Ottokar II. 1263 dem Kloster Goldenkron, das die Besiedlung dieser Region durchführte. 1281 wird Qualischingen erwähnt, 1293 das Städtchen Qualsing. Damals entstand schon eine Pfarrei. Die spätgotische Kirche, der heiligen Maria Magdalena geweiht, entstand 1487 und wurde 1504 erweitert. In dem kunsthistorisch bemerkenswerten Denkmal findet der Betrachter ein kunstvolles Rippengewölbe und das Wappen der Rosenberger. Durch Ulrich von Rosenberg war nämlich Kaplitz im 15. Jh. zu dessen Krummauer Herrschaft gekommen. Das Wappen von Kalsching zeigt zwei goldene Kronen und zwei Kreuze. Kalsching war seit 1850 Sitz eines Bezirksgerichtes. Der Gerichtsbezirk hatte vor der Vertreibung der Deutschen gegen 13 000 Einwohner, 1960 waren es nur noch 1 128. Die meisten Orte dieses Bezirkes wurden als zerstört angegeben.
1930: (mit Rothenhof und Hödlwald): 1 602 Einw. (125 Tschechen).

Kaltenberg. Die höchste Erhebung des Tetschener Bezirkes mit 731 m ü. M. ist ein Basaltkegel auf dem Sandsteinplateau. Ein Aussichtsturm wurde vom Gebirgsverein für die Böhmische Schweiz aufgestellt. Auf der Nordostseite ist der Kaltenberg dicht bewaldet. Neben anderen seltenen Pflanzen wächst auf dem Berg auch die Mondviole.

Kamaik (*Kamýk*), Dorf im Bezirk Leitmeritz und am Hang des Eisberges (511 m) mit Eislöchern, in denen auch im Sommer Eis liegt. Ludwig Richter hielt sich gerne in Kamaik auf. Die gleichnamige Burgruine ist der Rest einer 1319 erbauten Burg (1631 erobert und verwüstet).
1930: 407 Einw. (42 Tschechen).

Kamel (auch Camel), **Georg Josef,** ∗ 1661

Ruine Kamaik

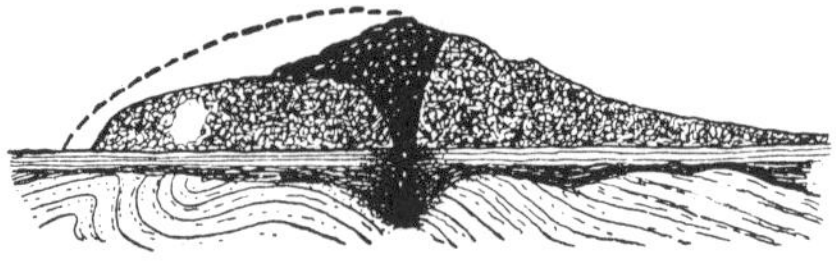

Der kleine Kammerbühl bei Eger

Brünn, † 1706 Manila. Der Jesuitenmissionar wirkte auch als Apotheker, Botaniker, Arzt und Naturforscher auf den Philippinen. Durch ihn kamen die von ihm erstmals beobachteten und nach ihm benannten Kamelien nach Europa, ebenso Näheres über das Strychnin und andere Drogen.

Kammerbühl (*Komorní hůrka*). 30 m hoher Lavakegel (503 m ü. M.) bei Franzensbad. Goethe besuchte 1808 den Hügel und wies dessen vulkanischen Ursprung nach. Noch zweimal betrieb er hier mineralogische Studien und veröffentlichte sogar eine Schrift über diesen interessanten Berg, in den später Graf Kaspar Sternberg, auf eine Anregung Goethes hin, Schächte graben ließ, um die geologische Struktur des erloschenen Vulkans zu erforschen.

Kandler, Wilhelm, * 1816 Kratzau, † 1896 Prag. Seine Jugend verlebte er in Komotau und war nach seiner Ausbildung in Prag als Historien- und Kirchenmaler tätig. In 65 Kirchen Böhmens und Mährens sind Werke Kandlers zu finden. Von ihm stammen auch Fresken und Gemälde in der Schloßkapelle in Reichstadt, ebenso Restaurierungen auf Burg Karlstein und im Prager Dom. 1840 entdeckte er in der Kapuzinerkirche auf dem Hradschin in Prag ein Bild Leonardo da Vincis.

Kaolin s. Keramische Industrie

Kaplan, Viktor, * 1876 Mürzzuschlag, † 1934 Unterach/Attersee. Der Maschinenbauer Kaplan lehrte von 1903–1931 als Professor an der Deutschen Technischen Hochschule in Brünn. 1912 erfand er die nach ihm benannte Wasserturbine mit verstellbaren Laufschaufeln, die auch bei niedrigen Gefällstufen und wechselnden Abflußmengen verwendet werden kann – heute die wichtigste Wasserturbine. Die Entwicklung dieser großartigen Erfindung erfolgte in Zusammenarbeit mit der Gießerei Storek in Brünn.

Kaplitz (*Kaplice*) an der Maltsch, Bezirksstadt in Südböhmen, wurde 1358 Markt und 1382 Stadt. Es erhielt ein Wappen mit der fünfblättrigen Rose der Rosenberger. Die gotische Kirche Peter und Paul ist ein hervorragendes Kunstwerk. Auch die Florianikapelle ist ein bemerkenswerter Bau. Auf dem Radischenberg wurden Reste einer alten Wallburg ausgegraben. Die erste Industrialschule eröffnete 1771 der große Schulreformer Ferdinand Kindermann in Kaplitz. Ihm, dem späteren Bischof von Leitmeritz, widmete man 1884 eine Gedenktafel. In der Nähe befanden sich einmal viele Sensenhämmer.
1930: 2267 Einw. (562 Tschechen).

Kaps, Engelbert, * 1888 Freiwaldau, † 1975 Regensburg. Der Steinbildhauer, an der Wiener Akademie ausgebildet, war am Troppauer Landesmuseum tätig und arbeitete in Saubsdorf als Freischaffender. Er war auch Kunsterzieher und Obmann der Vereinigung bildender Künstler Schlesiens. In der Vertreibung schuf er den Troppauer Gedenkstein in Bamberg und den Prießnitz-Brunnen in Kirchheim unter Teck.

Karasek, Alfred, * 1902 Brünn, † 1970 Bischofswiesen. Auf zahlreichen Reisen in Südosteuropa sammelte der Diplom-Ingenieur volkskundliches Material und rettete so viel, was 1945 und später verlorengegangen wäre. Nach der Vertreibung baute er eine Forschungsstelle für ostdeutsche Volkskunde auf. Er arbeitete über Märchen, Sagen, Lieder, Volksschauspiele, Volksdichtung und über Krippen; über diese Themen veröffentlichte er Bücher und viele Abhandlungen. Er widmete sich auch den deutsch-slawischen Wechselbeziehungen auf volkskundlichem Gebiet. Durch seine Krippenforschungen wurde er weit über die deutschen Grenzen hinaus bekannt.

Karbitz (*Chabařovice*) im Bezirk Aussig ist seit 1520 Stadt. Als 1813 die Schlacht bei Kulm tobte, wurde auch Karbitz in Brand geschossen. Beim Dorf Priesten wurde das russische Denkmal zur Erinnerung an diese Schlacht aufgestellt. Die Pfarrkirche Mariä Geburt, bereits 1179 erwähnt, war 1570–1624 lutherisch; sie wurde barock umgebaut. Im Innern ein Gemälde von Peter Brandl. Die Stadt zwischen dem Erzgebirge und dem Böhmischen Mittelgebirge liegt auf einer Stätte vorgeschichtlicher Siedlungen (Neolithikum, keltische Zeit und Aunjetitzer Kultur). Die reichen Kohlevorkommen werden seit dem Ende des 19. Jh. ausgebeutet.
1930: 6165 Einw. (1478 Tschechen).

Karell, Viktor, ∗ 1898 Duppau, † 1979 Landau/Isar. Der Professor an der Handelsakademie in Karlsbad fand als Leiter des dortigen Archivs und Museums ein reiches Arbeitsfeld. Darüber hinaus war er ein fleißiger Heimatforscher, der zahlreiche Veröffentlichungen aufweisen konnte. Es erschienen Bücher über „Das Egerland und seine Weltbäder", „Das böhmische Erzgebirge", ein Heimatbuch „Kaaden – Duppau" u. a. Außerdem verfaßte er ein Stadtlexikon von Karlsbad und eine Geschichte der deutschen Literatur. Die Stadt Landau ernannte ihn zum Ehrenbürger.

Karl IV., eigentlich Wenzel, ∗ 1316 Prag, † 1378 Prag. Der Sohn Johanns von Luxemburg wurde 1346 Römischer König, 1347 König von Böhmen und 1355 Kaiser. Er machte Böhmen zum Herzland seines großen Reiches, erhob Prag zu seiner Residenz (seit 1344 Erzbistum) und 1348 zum Sitz der ersten Universität Mitteleuropas. Große Künstler (Parler u. a.) arbeiteten für ihn, große Gelehrte kamen an seinen Hof (Petrarca, Rienzo). Seine Kanzlei unter Johannes von Neumarkt war ein Zentrum des Frühhumanismus. Der Herrscher, der durch Landfriedenseinungen und durch die Goldene Bulle (1356) sein Reich kräftigen und für die Zukunft stabilisieren wollte, der für Prag und Böhmen ein goldenes Zeitalter geschaffen hatte, konnte es nicht verhindern, daß durch die Ungunst der Zeit und durch die Unfähigkeit seines Nachfolgers, seines Sohnes Wenzel IV., sein Werk teilweise wieder zerstört wurde.

Karlsbad, (*Karlovy Vary*), das Weltbad im Tepltal inmitten hoher Berge, leitet seine Entstehung nach der Sage von Karl IV. ab, der bei der Hirschjagd auf eine heiße Quelle stieß, eine Burg bauen ließ und bei seinen späteren Aufenthalten das heilende Wasser gebrauchte. Nach dem Kaiser erhielt das Bad seinen Namen; dorthin kamen immer mehr heilungsuchende Menschen, zuerst die Reichen der Welt, deren Namen aus den späteren Kurlisten zu ersehen sind. Solche sind bereits seit dem Jahre 1569 geführt worden, regelmäßig allerdings erst von 1686 an. Kaiser und Könige, Politiker und Künstler kehrten immer wieder zurück, um wieder zu gesunden, aber auch um am gesellschaftlichen Leben teilzunehmen.
Eine nicht unwesentliche Rolle nahm Karlsbad im

Viktor Kaplan

Karlsbad (um 1840)

Leben Goethes ein, der zwölfmal als Kurgast erschien. Daß auch wiederholt hohe Politik getrieben wurde, zeigt der sogenannte Karlsbader Kongreß im Sommer 1819, dessen Ergebnis die „Karlsbader Beschlüsse“ waren.
Nach Viktor Karell waren bereits den Römern die Karlsbader warmen Quellen bekannt. Eine gesicherte Nachricht vom unteren Tepltal haben wir aber erst aus dem Jahre 1325. Die Stadt selbst dürfte 1349 gegründet worden sein. Sie erhielt 1370 das auf Egerer und Nürnberger Recht fußende Elbogener Stadtrecht und war mit Ausnahme der Jahre 1434 bis 1547, damals zur Pfandherrschaft der Grafen Schlick gehörend, im Besitz der königlichen Kammer und wurde 1707 königliche Stadt. Im 19. Jh. nahm sie einen gewaltigen Aufschwung, wurde Schauplatz von Festen, Tagungen und internationalen Kongressen.
Die 19 Quellen mit einer Temperatur zwischen 73° und 10° C, von denen der Sprudel in 24 Stunden 3 Millionen Liter Wasser ausstößt, die zahlreichen Hotels, Villen und Pensionen und die Tüchtigkeit der einheimischen Bevölkerung waren die Grundlage für eine stetige Aufwärtsentwicklung bis 1945. Die Trink- und Badekuren und andere Mittel werden benützt bei Magen-, Darm-, Leber- und Gallenleiden, Stoffwechsel-, Frauen- und Hautkrankheiten, Blasenleiden, Rheuma, Ischias.
In Karlsbad standen stets die besten Ärzte zur Verfügung, angefangen bei Wenzel Baier, der die Trinkkur einführte, und David Becher, der mit der Sprudelsalzgewinnung begann. Vor dem Kriege zählte man jährlich 60000 Kurgäste, die sich während der eigentlichen Saison vom 1. 4. bis 30. 9. in Karlsbad aufhielten. Die Bäder hingegen waren das ganze Jahr über geöffnet. Es gibt viele begeisterte Aussprüche berühmter Persönlichkeiten über das Bad, viele davon, in Vers und Prosa, sind in einem eigenen Band veröffentlicht. Und es

trifft zu, wie man um 1930 las, „daß jedermann, sei er krank oder gesund, in Karlsbad alles findet, was er sucht: Heilung von seinen Leiden oder Zeitvertreib, je nachdem, und kaum einer wird die schöne Sprudelstadt mit ihren gottbegnadeten Gesundbrunnen, ihrer herrlichen Lage und entzückenden Umgebung verlassen, ohne eine schöne bleibende Erinnerung mit fortzunehmen".

In Karlsbad fehlte es nicht an Möglichkeiten zur Unterhaltung und zum Sport, zu Spaziergängen auf gepflegten Promenaden und in die schöne Umgebung des Erzgebirges und des Egertales, ebenso auch nicht an Luxusartikeln, die in erstklassigen Geschäften angeboten wurden. Auch den Angehörigen verschiedener Konfessionen kam man entgegen und stellte ihnen Andachtsstätten zur Verfügung, so die Evangelische, Anglikanische, Russisch-orthodoxe Kirche und eine Synagoge. Die Katholiken besitzen die alte Andreaskirche (1500), die Mariahilfkirche der Redemptoristen (1933) und die Stadtpfarrkirche zur hl. Maria Magdalena (1736), ein von Kilian Ignaz Dientzenhofer geschaffenes Kunstwerk mit wertvoller Inneneinrichtung.

Die Bevölkerungszahl betrug (1930) 23 901 Einwohner, davon waren 20 856 Deutsche, 1 446 Tschechen, 1 309 Ausländer und 290 anderer Nationalität. Die Badestadt hat heute viel von ihrem ehemaligen Glanz verloren, doch finden sich nach wie vor zahlreiche Heilungsuchende ein.

Karlsbad, Mühlbrunnkolonnade

Bad Karlsbrunn, Kursalon

Die vertriebenen Karlsbader Deutschen aber sind wieder zu einer festen Gemeinschaft geworden; ihr geistiger Mittelpunkt wurde ihre Patenstadt Wiesbaden, wo sie ein Karlsbader Museum einrichteten. In vielen deutschen und ausländischen Städten erinnern Karlsbader Straßen an die Stadt im Egerland, die dem Karlsbader Sprudelstein, dem Karlsbader Becherbitter und den Karlsbader Oblaten ihren Namen gab.

Karlsbrunn (*Karlova Studánka*), 785 m, im Bezirk Freudenthal wurde die „Perle der schlesischen Badeorte" genannt. An der Oppa, am Fuße des Altvaters, war es der höchstgelegene Kurort der Sudeten. Das Gebiet von Karlsbrunn kam 1621 in den Besitz des Deutschen Ordens, dessen Hochmeister Erzherzog Maximilian 1780 die Kuranstalt begründete. Den Namen erhielt es erst 1802 durch Erzherzog Karl, den Sieger von Aspern. Den Kurort mit Eisenquellen und Säuerling, Moor-, Sole und Schwefelbädern suchten mit Vorliebe Herzkranke auf.

Karlstein (*Karlštejn*). Die von Kaiser Karl IV. von 1348 – 1356 auf einem 72 m hohen Kalkfelsen über der Beraun errichtete Burg war weniger als Festung denn als Sakralbau zur Aufnahme der Reichskleinodien gedacht. Die Pläne für diese Gralsburg schuf Matthias von Arras. Mittelpunkt von Karlstein ist die Kreuzkapelle, der kostbar ausgestattete Raum mit den Tafelmalereien des Meisters Theoderich und des Thomas von Modena. Auch die Marienkirche und die Katharinenkapelle sind mit Kunstwerken ausgestattet. Die Burg wurde 1887–1899 von Friedrich Schmidt und Josef Mocker restauriert. Diese schönste Burg Böhmens ist seit 1962 Nationales Kulturdenkmal.

Karten und Kartographie. Bereits auf der Karte des Claudius Ptolemäus (um 150 n. Chr.) findet man das westliche Böhmen. Karten schufen Nikolaus Claudianus (Jungbunzlau, 1518), Paul Fabritius (Mähren, 1569), Johann C. Criginger aus St. Joachimsthal (1578), Paul Aretin von Ehrenfeld (1619), Comenius (Karte von Mähren, 1627), Johann Christoph Müller (Böhmen in seinen 12 Kreisen, 1720). Eine seltene und bemerkenswerte Kartensammlung ist „Nouveau théâtre de guerre ou atlas topographique et militaire qui comprend le Royaume de Bohème, le Comté de Glatz, le Marquisat de Moravie..." Paris 1758.
In den Habsburger Ländern wurden vier Landesaufnahmen zur militärisch-kartographischen Erfassung durchgeführt.
1. Josephinische Landesaufnahme: 1763–1785. Ergebnis etwa 5000 Blätter, zumeist 1:28000.
2. Franziszeische Landesaufnahme: 1806–1869 (unterbrochen 1812–1815 durch die kriegerischen Ereignisse).

Burg Karlstein

3. Landesaufnahme: 1869–1888, 1:25000, bei Spezialkarten 1:75000 (Davon wurden 750 Blätter erstellt).
4. Landesaufnahme: 1896–1915; Spezialkarten wurden jetzt im Maßstab 1:50000 hergestellt.
Die reichhaltigste Kartensammlung mit Beständen über die Sudetenländer ist die seit 1906 selbständige Sammlung der Nationalbibliothek in Wien, der später noch viele Sammlungen, auch die des Militärgeographischen Instituts, einverleibt wurden. 1929–1939 erschien in Prag ein „Atlas der Sudetenländer", 1954 in München ein „Sudetendeutscher Atlas".

Karwin (*Karvinná*) ist Teil des Ostrau-Karwiner Steinkohlenreviers. Seit dem 17. Jh. gehörte es zur Herrschaft der Grafen Larisch. 1776 begann man mit der Kohleförderung. Im vorigen Jahrhundert setzte eine stürmische Entwicklung der Industrie ein. Die Kohlenbergwerke forderten immer wieder Opfer unter den Arbeitern, 1894 waren 235 und 1895 noch einmal 53 Tote zu beklagen. Die Unternehmen der Larisch-Mönnichschen Kohlen- und Kokswerke beschäftigten über 5000, die Berg- und Hüttenwerksgesellschaft über 3000 Arbeiter.
Die Kirche Peter und Paul aus dem Jahre 1447 wurde 1756 umgebaut. 1569 hatten die Protestanten eine Kapelle errichtet. Der gotische Turm des Rathauses stammt aus dem Jahre 1504. Das Schloß des Grafen Larisch wurde 1873 im Stil der Neorenaissance errichtet.
1930 hatte Karwin, das früher Arnoldsdorf hieß, 21263 Einwohner (1329 Deutsche, 9025 Tschechen, 9339 Polen).

Kassner, Rudolf, ∗ 1873 Groß-Pawlowitz/Mähren, † 1959 Siders/Wallis. Obwohl teilweise gelähmt, studierte Kassner und unternahm zahlreiche Reisen. Er gehörte zum Freundeskreis um Rilke, Hofmannsthal, Keyserling, Wilde und Valéry. Von 1938–1945 hatte er Schreibverbot. Seit 1945 lebte er in der Schweiz. Das umfangreiche Werk besteht aus Essays, physiognomischen, kultur- und kunstphilosophischen sowie metaphysischen Untersuchungen, Erinnerungsbüchern und Übersetzungen. H. Pongs sieht ihn „mit seiner Erneuerung der Physiognomik als Gestaltdeutung und mit der zentralen Idee der Einbildungskraft“ als wirksamen Bekämpfer der Psychoanalyse.

Katharein (*Kateřinky*) im Bezirk Troppau bestand ursprünglich aus mehreren Gehöften, die den Namen Kathareindorf führten. 1790 erhielt die Siedlung eine Pfarre und eine Schule. Die Kirche der Stadt ist der hl. Katharina geweiht. Die Kapelle Hl. Kreuz ist ein achteckiger gotischer Bau aus dem 14. Jh.; sie enthält gotische Fresken. Unter Joseph II. wurde die Kirche profaniert, später wieder restauriert und ihrer religiösen Bestimmung zurückgegeben. Katharein wurde 1939 in Troppau eingemeindet. Bei Katharein wurden Funde aus der Bronzezeit gemacht.
1930: 6909 Einw. (5310 Tschechen).

Katharinaberg (*Hora Svaté Kateřiny*), die Spielwarenstadt auf dem Kamm des Erzgebirges, wurde 1528 durch Sebastian von Weitmühl bei einem Kupferbergwerk als Städtchen angelegt. Die Bergschätze (Kupfer und Silber) brachten Reichtum, versiegten aber nach 1700. Die Bevölkerung beschäftigte sich mit der Herstellung von Holz- und Wirkwaren. Die Stadt hatte eine Fachgenossenschaft und ein Haus der erzgebirgischen Holz- und Spielwarenindustrie. Die alte Stadtkirche besaß ein Hochaltarbild der hl. Katharina des Malers A. Weidlich.
1930: 1544 Einw. (30 Tschechen).

Katholische Kirche s. Kirchengeschichte.

Kauer, Ferdinand, ∗ 1751 Klein Tajax/Mähren, † 1831 Wien. Der Komponist war in Wien am Josefstädter und am Leopoldstädter Theater Kapellmeister. Der fruchtbare Komponist schrieb über 100 Singspiele, kleine Opern, Symphonien, Oratorien, Kantaten, Kirchen- und Kammermusiken. Am erfolgreichsten war sein Märchenstück „Donauweibchen“.

Katharinaberg im Erzgebirge

Kauschka, Rudolf, ∗ 1883 Fugau, † 1960 Kempten. Der heimatverbundene Dichter („Sang aus Iserwäldern“, „Leben im Gedicht“) war Alpinist und Sportler. Der Österreichische Alpenverein benannte nach ihm in Osttirol das Kauschka-Horn und den Rudolf-Kauschka-Weg zu der von ihm gegründeten Reichenberger Hütte. 1914 hatte er die erste Europa-Rodelmeisterschaft auf der Jeschkenbahn gewonnen.

Kautsky, Karl, ∗ 1854 Prag, † 1938 Amsterdam. Kautsky, der während seines Aufenthaltes in London (1885–1890) mit F. Engels zusammengearbeitet hatte, lebte seit 1897 in Berlin, beteiligte sich an der Abfassung des „Erfurter Programms“ und schuf die Grundlagen für die SPD und für die Zweite Internationale. Den Bolschewismus lehnte er ab.
Sein Sohn *Benedikt*, 1894–1960, sozialistischer Theoretiker und politischer Schriftsteller wie sein Vater, hatte Einfluß auf die Sozialistische Partei Österreichs, zumal auf deren Parteiprogramm von 1958.

Keil, Franz, ∗ 1822 Graslitz, † 1876 Marburg/Drau. Keil, zuerst Botaniker und Pharmazeut, faßte 1854 auf dem Großglockner den Plan, die Alpen geoplastisch darzustellen. Von der Wiener Akademie der Wissenschaften unterstützt, konnte er die Tauernkette nach 300 eigenen Höhenmessungen und später noch andere Teile der Alpen plastisch darstellen. Er setzte wesentliche Akzente für die Entwicklung der Alpenkartographie.

Keilberg (*Klínovec*), mit 1 244 m ü. M. höchster Berg des Erzgebirges. 24 m hoher Aussichtsturm und Berggasthaus. In einer 1907 errichteten Halle fand 1908 die Kaiser-Franz-Joseph-Jubiläums-Ausstellung mit kunstgewerblichen und industriellen Erzeugnissen des böhmischen Erzgebirges statt. Der Keilberg wurde bereits von Johannes Mathesius (1504–1565) in seinen Predigten für Bergleute, der Sarepta, erwähnt. Wiederholt gingen früher Lawinen vom Keilberg zu Tal, töteten Menschen und zerstörten Häuser.

Keilberth, Joseph, ∗ 1908 Karlsruhe, † 1968 München. Keilberth leitete von 1940–1945 das Deutsche Philharmonische Orchester in Prag, dem er, als sich nach der Vertreibung daraus die Bamberger Symphoniker gebildet hatten, auch weiter als Chefdirigent zur Verfügung stand (seit

Franz Keil

Keilberg

1949). Seit 1959 auch Generalmusikdirektor der Bayerischen Staatsoper in München.

Kelsen, Hans, ∗ 1881 Prag, † 1973 Berkeley/Calif. Der Rechtswissenschaftler Kelsen, von 1919–1929 Professor für Staats- und Völkerrecht in Wien, hatte wesentlichen Anteil an der Erstfassung der Verfassung Österreichs von 1920. Ab 1930 lehrte er in Köln, ab 1933 in Genf und ab 1940 in den USA, wo er sich zuletzt mit dem Völkerrecht befaßte. Er ist der Begründer der „reinen Rechtslehre“, die psychologische und soziologische Einflüsse nicht einbezieht.

Kepler, Johannes, ∗ 1571 Weil der Stadt, † 1630 Regensburg. Seit 1600 arbeitete der Astronom in Prag als Gehilfe Tycho Brahes. Als dessen Nachfolger wurde er Hofastronom Rudolfs II. Mit Hilfe des Beobachtungsmaterials von Brahe konnte Kepler die nach ihm benannten Gesetze der Planetenbewegung aufstellen. Die Tafeln mit den Planetenbewegungen, als „Tabulae Rudolphinae“ Kaiser Rudolf gewidmet, gab er 1627 heraus. 1628 ging Kepler zu Wallenstein nach Sagan, wurde jedoch von ihm enttäuscht.

Keramische Industrie. Grundlage sind die Kaolinvorkommen hauptsächlich bei Zettlitz; es galt als bestes Kaolin Europas. Seit 1932 wurden jährlich 356 000 t gefördert; über die Hälfte davon ausgeführt. Zentrum der Porzellanindustrie war der Raum Karlsbad. 1934 gab es 65 Betriebe, davon 49 größere. Andere Produktionsstätten lagen in Dux, Turn, Teplitz-Schönau, Elbogen,

Ketzelsdorf

Klösterle, Chodau, Pirkenhammer, Altrohlau. Die Blütezeit für künstlerische Erzeugnisse fiel in die Zeit von 1815–1840. In neuerer Zeit wurden Porzellangeschirre und Elektroporzellan hergestellt.
Größtes Unternehmen war die Erste böhmische Porzellanindustrie AG (Epiag) in Karlsbad mit mehreren Ton-, Schamotte- und Steinzeugwerken, der auch die Vereinigten Porzellanfabriken in Maierhöfen angegliedert waren. Steinguther-stellung in Karlsbad, Brüx, Teplitz-Schönau und Znaim, Majolika und Ofenkacheln kamen aus Westböhmen.

Kesselkoppe (*Kotel* oder *Kokrháč*). Die mit 1434 m höchste Erhebung des westlichen Riesengebirges hat den Namen von den etwa 400 m tiefen kesselartigen Abgründen, den Kesselgruben, am Südabfall, die auf einen Gletscher zurückgehen. In den Gruben wurde Erzbergbau betrieben. Auch seltene Pflanzen sind hier zu finden. Im Westen der Kesselkoppe, die in alten Büchern auch Rochlitzer Schneeberg genannt wurde, erhebt sich der ganz mit Knieholz bewachsene Kahle Berg (1343 m).

Kettner, Adolf, * 1849 Schwarzwasser bei Weidenau, † 1932 Freiwaldau. Als Bürgerschuldirektor in Freiwaldau begründete und leitete er das städtische Museum, ebenso gründete er den Sudetengebirgsverein. Seit 1881 redigierte er die Zeitschrift „Altvater". Als Heimatforscher schrieb er einen „Führer durch die Kurorte Freiwaldau, Gräfenberg, Lindewiese", „Ehrenhalle des politischen Bezirks Freiwaldau" und „Geschichte der Schützengesellschaft in Freiwaldau", außerdem viele Zeitungsaufsätze.

Ketzelsdorf (*Kocléřov*), Sprachgrenzgemeinde bei Königinhof, ist 1360 als Koczlerstorf und 1365 als Cozlerzow erwähnt. Textilindustrie. Zum Ketzelsdorfer Brünnel kamen viele Wallfahrer. An Stelle einer Kapelle entstand 1889–1891 eine Wallfahrtskirche.
1930: 1319 Einw. (25 Tschechen).

Kiesewetter, Anton, * 1888 Jauernig, † 1961 München. Der ehemalige Oberdirektor der Kreditanstalt der Deutschen in Prag/Reichenberg, ein Kenner der Volkswirtschaft und des Genossenschaftswesens, leistete Entscheidendes beim Aufbau der sudetendeutschen Wirtschaft. Die Kreditanstalt war die größte Bank in der ersten Tschechoslowakei. Von den Tschechen 1945 zu einer Kerkerstrafe verurteilt, konnte er nach sei-

Johannes Kepler

Ferdinand Kindermann

ner Entlassung als Direktor der Landesanstalt für Aufbaufinanzierung in Bayern viel für die Eingliederung der Vertriebenen tun.

Kiesewetter von Wiesenbrunn, Raphael Georg, ∗ 1773 Holleschau/Mähren, † 1850 Baden bei Wien. Der Musikhistoriker Kiesewetter, ein Freund von Gyrowetz und Franz Schubert, führte mit diesem und mit Beethoven einen Briefwechsel, war Vizepräsident der Gesellschaft der Musikfreunde in Wien und Mitglied vieler musikalischer und wissenschaftlicher Vereinigungen. Er schrieb Werke über alte und neuere Musik. Die von ihm gesammelten Partituren vermachte er der Wiener Hofbibliothek, der späteren Österreichischen Nationalbibliothek.

Kinderfreunde. Der Arbeiterverein Kinderfreunde, zurückgehend auf eine Idee von Anton Afritsch (1873–1924), wurde im Dezember 1921 mit Sitz in Prag gegründet. In den Satzungen hieß es: „Der Verein ist ein Elternverein. Sein Zweck ist es, die Arbeiterschaft zusammenzufassen, damit sie aus gemeinsamer Kraft das geistige und leibliche Wohl ihrer Kinder so fördern könne, wie es dem einzelnen Elternpaar nicht möglich ist." Zur Erreichung dieses Zieles wurden für Eltern und Erzieher Elternabende mit Vorträgen und freier Aussprache veranstaltet, Literatur angeboten und Ratschläge erteilt. Im Jahre 1936 gab es 190 Ortsvereine mit 6799 Mitgliedern. Redakteur der Zeitschrift „Der Kinderfreund" war Willibald Hocke; es erschien auch die von Alfred Liebreich betreute Kinderzeitschrift „Junge Welt".

Kindermann, Adolf, ∗ 1899 Neu Grafenwalde bei Schluckenau, † 1974 Frankfurt/M. Der dreifache römische Doktor war an der Deutschen Universität in Prag Professor für Kirchenrecht. 1939 gründete er hier ein Konvikt für deutsche Theologen. Nach seiner Ausweisung begann er die Königsteiner Anstalten aufzubauen, die sich zu einem großen kirchlichen Werk mit Gymnasium, Hochschule, dem Sudetendeutschen Priesterwerk, dem Haus der Begegnung und einem Kongreßzentrum entwickelten. Dieses Zentrum katholischer Heimatvertriebener wurde Ausgangspunkt für die Ostpriesterhilfe und für die Kongresse „Kirche in Not". Kindermann wurde 1962 zum Apostolischen Protonotar und 1966 zum Weihbischof in Hildesheim mit Sitz in Königstein ernannt. Der „Anwalt der Kirche" und „Vater der Vertriebenen", wie ihn Papst Paul VI. anläßlich des Goldenen Priesterjubiläums nannte, bemühte sich auch um das Gespräch und die Versöhnung mit den Völkern des Ostens.

Kindermann, Ritter von Schulstein (seit 1777), **Ferdinand,** ∗ 1740 Königswalde bei Schluckenau, † 1801 Leitmeritz. Als er 1771 in Kaplitz Pfarrer geworden war, errichtete er dort eine Musterschule, die vorbildlich für die Reform des Schulwesens in Böhmen und darüber hinaus werden sollte. 1775 bereits wurde ihm die Aufsicht über das Schulwesen in Böhmen übertragen. In diesem Jahr errichtete er in Prag die Normalschule, die für die Lehrerausbildung bestimmt war. Kindermanns Schulmethode bestand im Arbeitsunterricht, bei dem die Schüler aktiv mitwirken müssen. Auch Gewerbe- und Industrieschulen schuf Kindermann. Noch als Bischof von Leitmeritz (1790–1801) bedeutete ihm die Entwicklung des Schulwesens und die Ausbildung der Lehrer sehr viel.

Kinsky, Ferdinand Carl Graf, ∗ 1907 Wien, † 1969 Sauerlach/Oberbayern. Verwalter seiner Güter in Horaschdowitz bei Klattau, nach der Enteignung und Vertreibung Domänendirektor in München. 1951 übernahm er den Vorsitz des Adalbert-Stifter-Vereins in München, an dessen Entwicklung er maßgeblichen Anteil hatte.

Kinsky, Joseph Graf, ∗ 1705 Bürgstein, † 1780 Prag. Als Verwalter seiner Herrschaft Bürgstein gründete er mehrere Textilunternehmen in Bürgstein und Spiegelmanufakturen in Lindenau, Stubenbach und Wellnitz, damals wichtige Exportfirmen. Die von ihm betriebene Errichtung von Haida war mit dem Glashandel verbunden. Kinsky gehört zu den Wirtschaftspionieren Österreichs im 18. Jh.

Kinter, Maurus, ∗ 1842 Brünn, † 1928 Raigern. Der Benediktiner des Stiftes Raigern war der Begründer der heute noch erscheinenden „Studien und Mitteilungen aus dem Benediktiner-Orden" (1880) und Herausgeber eines Werkes über die Schriftsteller des Benediktinerordens, die von 1750–1880 in Österreich-Ungarn lebten.

Kirche s. Diözesen. Heilige. Kirchengeschichte. Wallfahrtsorte.

Kirchengeschichte. Die Christianisierung des Landes erfolgte erstmals von Passau und Salzburg aus. 845 lassen sich 14 böhmische Stammesfürsten in Regensburg taufen. Diesem Bistum unterstand Böhmen und war damit dem westlichen Kulturkreis verbunden. 863 wandte sich Rastislaw, Herrscher des Großmährischen Reiches, dessen Zentrum 840–894 Mähren war, an Byzanz und bat um Missionare. Es kamen Cyrill (auch Kyrill) und Method; ihr Wirken war zwar erfolgreich, doch nicht von Dauer.

973 ermöglichte der Regensburger Bischof Wolfgang die Gründung des Bistums Prag. Das Egerland blieb bis 1808 bei Regensburg. Bereits 1063 wird auch Olmütz ein Bistum.

Während der deutschen Siedlungsbewegung (12.–14. Jh.) leisteten die deutschen Orden, die in Böhmen und Mähren Klöster gründeten und das Christentum verkündeten, einen wesentlichen Teil zur Landeskultivierung. Prag, Zentrum des Landes, wurde 1344 Erzbistum mit den Suffraganbistümern Olmütz und Leitomischl. Dem 13. und 14. Jh., einer Blütezeit kirchlichen Lebens, folgte der durch die Hussitenwirren bedingte Niedergang. Zwei Drittel der Bevölkerung gingen der Kirche verloren und das Erzbistum blieb von 1431–1561 ohne Oberhirten, das Bistum Leitomischl ging unter und neue religiöse Gemeinschaften breiteten sich aus.

In der zweiten Hälfte des 15. Jh. hatten sich die Böhmischen Brüder zusammengefunden, denen auch viele Deutsche anhingen. Die Wiedertäufer lebten vorwiegend in Mähren. 1575 legten die Böhmischen Brüder, Utraquisten und Lutheraner auf dem Prager Landtag Kaiser Maximilian II. ihr Glaubensbekenntnis, die Confessio bohemica, vor. Dieser erlaubte die Bestellung von 15 Defen-

Wappen der Grafen Kinsky

Kirchliche Gliederung der Sudetenländer

soren, 5 aus jedem Stand. Durch den Majestätsbrief von 1609 erhielten die Stände von Rudolf II. das Recht der freien Religionsausübung.

Nach der Schlacht am Weißen Berg (1620) läßt Ferdinand II. die gewaltsame Rekatholisierung durchführen. Viele Nichtkatholiken müssen das Land verlassen, die Kirche wird reformiert, neue Bistümer werden errichtet: 1655 Leitmeritz, 1664 Königgrätz; später folgten Brünn (1777 unter gleichzeitiger Erhebung von Olmütz zum Erzbistum) und Budweis (1785). Mit der Barockentfaltung in Kunst und Gesellschaft ging auch ein Hochstand religiösen Lebens einher. Die folgende Zeit der Aufklärung und das von Joseph II. initiierte Staatskirchentum brachten einen erneuten kirchlichen Niedergang. 1782 erließ der Kaiser das die freie Religionsausübung bestätigende Toleranzpatent.

Das 19. Jahrhundert ist gekennzeichnet durch Männer wie Bernard Bolzano und Anton Günther, die mit der Kirche in Widerstreit geraten mußten, aber auch von Johann Nepomuk Neumann und Clemens Maria Hofbauer. Der Verkündigung des Dogmas von der Unfehlbarkeit des Papstes von 1870 folgte in Böhmen eine starke Abfallbewegung, die sich in der Altkatholischen Kirche sammelte. In Nordböhmen war diese Bewegung besonders ausgeprägt. Bereits 1873 wurde ein altkatholisches Bistum in Warnsdorf errichtet, das die Jurisdiktion für die gesamte Monarchie besaß. Ein weiterer Schritt der Loslösung von Rom war 1918 die Gründung der Tschechoslowakischen Nationalkirche.

Um 1930 gab es in der Bevölkerung in Böhmen 74,78 v. H. Katholiken; unter diesen 60,12 v. H. Tschechen und Slowaken und 39,65 v. H. Deutsche, in Mähren und Schlesien 85,88 v. H. Katholiken, unter diesen 72,77 v. H. tschechoslowakischer Nationalität und 25,29 v. H. Deutsche.

Das Religionsbekenntnis der Sudetendeutschen schlüsselte sich für Böhmen so auf: *römisch-katholisch:* 2107781; *konfessionslos:* 76533; *tschechoslowakische Kirche:* 459; *evangelisch* aller Bekenntnisse: 99209; *israelitisch:* 23662; *griechisch-orthodox:* 95; *altkatholisch:* 16644; *griechisch-uniert:* 116; *sonstige:* 1591 Personen.

Mähren und Schlesien: *römisch-katholisch:* 774.326; *konfessionslos:* 7725, *tschechoslowakische Kirche:* 189; *evangelisch aller Bekenntnisse:* 24641; *israelitisch:* 11297; *griechisch-orthodox:* 41; *altkatholisch:* 4533; *griechisch-uniert:* 65; *sonstige:* 213.

Eine Übersicht über die kirchliche Einteilung und die Bischöfe ergibt folgendes Bild:

I. *Böhmische Kirchenprovinz.*

1. Erzbistum Prag: 973–1343: 27 Bischöfe, 1343–1945: 32 Erzbischöfe; dazwischen 1421–1561: 11 Administratoren.
2. Diözese Leitmeritz: 1655–1945: 16 Bischöfe.
3. Diözese Königgrätz: 1660–1945: 22 Bischöfe.
4. Diözese Budweis: 1785–1945: 8 Bischöfe.

II. *Mährische Kirchenprovinz.*

1. Erzdiözese Olmütz: 1063–1776: 53 Bischöfe, 1777–1945: 11 Erzbischöfe.
2. Diözese Brünn: 1777–1945: 11 Bischöfe.

III. Der sudetendeutsche Anteil am *Breslauer Bistum* mit 81 Pfarreien in West- und Ostsudetenschlesien. Hier stimmten die Staats- und die Bistumsgrenzen nicht überein. Erst gemäß einer Apostolischen Konstitution vom 30. 12. 1977

wurden die Kirchengrenzen den Staatsgrenzen angepaßt.
Die Zahl der Mitglieder männlicher Orden und Kongregationen betrug (um 1930) 734 in 61 Niederlassungen; sie betreuten auch 96 Pfarreien, 3 Gymnasien und 9 Juvenate.
Die weiblichen Orden und Kongregationen hatten 3318 Schwestern.

Kiritein (*Křtiny*) bei Brünn ist uraltes Siedlungsgebiet, wie viele Funde in Höhlen, Steinwerkzeuge und Tierskelette bezeugen. Der Ort, wo bereits 1299 eine Marienkirche und ein Nonnenkloster bestanden, wurde im 17. Jh. Wallfahrtsort; dorthin pilgerten seit jeher viele Deutsche. Die prächtige Kuppelkirche ist wahrscheinlich nach Plänen von Giovanni Santini erbaut. Bemerkenswert sind die Bildhauerarbeiten des Nikolsburgers Ignaz Lengelacher.

Kisch, Egon Erwin, * 1885 Prag, † 1948 Prag. Der als „der rasende Reporter" bekannte Kisch war Journalist in Prag und Berlin. Seine Tätigkeit in der Roten Garde nach 1918 in Wien wurde durch die Abschiebung in seine Heimat beendet. Er kämpfte im Spanischen Bürgerkrieg und lebte in den USA und in Mexiko. 1946 kehrte er nach Prag zurück, wurde Stadtrat und erhielt ein Staatsbegräbnis. Kisch schrieb eine Vielzahl sehr guter und weniger guter Reportagen („Der rasende Reporter", „Zaren, Popen, Bolschewiken", „Asien gründlich verändert"). Er betrachtete die Reportage als Mittel kommunistischer Propaganda.

Kittel, Johann Josef Anton Eleazar, * 1701 Schumburg a. d. Desse, † 1783 Schumburg. Als Arzt war er den Armen ein Wohltäter und gleichzeitig galt er als Wunderheiler. Um seine Person entstanden viele Sagen; daher erhielt er den Beinamen „Faust des Isergebirges". Der Isergebirgsdichter Gustav Leutelt zählt ihn zu seinen Vorfahren.

Kittel, Johann Kaspar, * um 1650 Schumburg a. d. Desse, † um 1713 Blottendorf bei Böhmisch Leipa. Der Glaserzeuger Kittel ist der Begründer des böhmischen Glashandels. Vom Isergebirge aus unternahm er mit seiner Ware auf dem Schubkarren weite Reisen ins Ausland. In Murano soll er die Erzeugung des Pottascheglases ohne Farbe kennengelernt haben. Seine Gestalt behandelte Karl Hans Strobl in seinem Roman „Böhmisches Glas".

Kladrau (*Kladruby*), Stadtgemeinde im Bezirk Mies. An einer Handelsstraße gelegen, entstand eine Stadt, in deren Nähe bereits 1115 Herzog Swatopluk ein Benediktinerkloster stiftete. Dazu gehörten neben Kladrau noch zwei Marktflecken und 128 Dörfer. Die romanische Klosterkirche wurde 1701–1729 in barocker Gotik umgebaut; sie enthält Fresken von Cosmas Damian Asam aus dem Jahre 1726. Den Konventbau des Klosters errichteten Kilian Ignaz Dientzenhofer und Joh. Santin Aichel. Das Kloster fiel 1785 der Säkularisierung anheim. Jedes Jahr kamen viele Gläubige am Tage Mariä Himmelfahrt zum Kladrauer Fest in die kleine Stadt, die in ihren Mauern die drittgrößte gotische Kathedrale im Staat beherbergte. 1930: 1238 Einw. (78 Tschechen).

Klattau (*Klatovy*), Bezirksstadt in Westböhmen, wurde 1260 von Ottokar II. gegründet. Die Klattauer waren Anhänger der Hussiten, zerstörten ihr Dominikanerkloster und kämpften mit

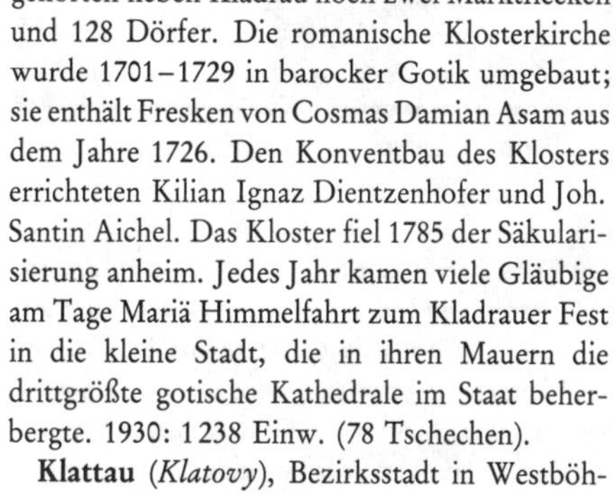

Klosterkirche in Kladrau

Walter Klemm: Viehmarkt im Egerland

den Taboriten in der Schlacht bei Lipan. Als sie 1547 Ferdinand I. die militärische Unterstützung versagten, verloren sie zeitweise ihre Privilegien. 1636 kamen die Jesuiten hierher, bauten ein Kolleg und unterhielten ein Gymnasium. Ihre Barockkirche (1655) wurde von einem Dientzenhofer nahestehenden Architekten gebaut. Die Marienkirche entstand nach 1260 und wurde später umgebaut. Das Rathaus im Renaissancestil hat einen 71 m hohen Turm. Das Stadtbild wird von den vielen Baudenkmälern, alten Häusern und teilweise erhaltenen Resten der Stadtbefestigung bestimmt. Während in früheren Jahrhunderten bisweilen die Zahl der Deutschen größer war als die der Tschechen, nahm das Deutschtum seit dem 18. Jh. ständig ab. 1930 war das Verhältnis 14089 Tschechen zu 447 Deutschen.

Klein von Wisenberg (seit 1858), Ritter (seit 1864), Freiherren (seit 1872). Großgrundbesitzer (Forsten). Besitzer eines Unternehmens, das Straßen, Eisenbahnen und militärische Objekte baute.
Franz, ∗ 1800 in Kozianau, Gemeinde Wiesenberg bei Mährisch Schönberg, † 1855 Seibersdorf bei Freistadt. Klein führte seit 1836 ein Großunternehmen, das viele Eisenbahnstrecken baute und zum größten Unternehmen dieser Art in der Monarchie wurde. Es errichtete auch Bahnhöfe, Brücken, Tunnels, Festungsbauten und andere militärische Einrichtungen. Vergrößerung der Firma erfolgte durch den Erwerb einiger Eisenwerke, darunter auch Zöptau, und Kohlenbergwerken. Unter *Franz,* 1851–1930, Mitglied des mährischen Landtags, ging die Zeit der Eisenbahnbauten zu Ende. Die Firma wurde in eine Aktiengesellschaft umgewandelt und 1917 veräußert.

Klein, Norbert, ∗ 1866 Braunseifen bei Römerstadt, † 1933 Freudenthal. Der Deutschordenspriester Klein war der letzte deutsche Bischof des Bistums Brünn (1916–1923). Nach seinem Verzicht war er noch bis 1926 zum Administrator bestellt. Von 1923–1933 war er Hochmeister des Deutschen Ordens und residierte ab 1926 in Freudenthal. Klein, der sich um den Orden und um die Menschen im Altvatergebirge große Verdienste erworben hatte, war der erste bürgerliche Hochmeister.

Klein, Otto, ∗ 1891 Pilsen, † 1968 Florida/Buenos Aires. Der Internist und Professor an der Deutschen Universität in Prag führte hier als erster Arzt einen Katheter in das menschliche Herz ein. 1939 wanderte Klein nach Argentinien aus, wo er im Hospital Durand wissenschaftlich arbeiten konnte.

Klemens-Gemeinde, Schwester-Organisation der Ackermann-Gemeinde in Österreich. 1946 in Wien entstanden und 1948 in einen Verein umgewandelt. Sie half den Vertriebenen auch materiell und führte bis Ende 1955 etwa 600 vertriebene Bauern wieder zur Scholle zurück. Viele Jahre war Erwin Machunze, im Parlament Vertreter der Österreichischen Volkspartei, Obmann. Seit 1946–1963 erschien vierzehntägig die „Heimat“; weitere Publikationen: „Glaube und Heimat“

(Rundbrief) und Jahrbuch der Klemens-Gemeinde.

Klement, Anton, ∗ 1880 Mistelholz bei Kalsching, † 1964 Wien. 1918/1919 als Bevollmächtigter für den Böhmerwaldgau Mitglied der Deutsch-Österreichischen Friedensdelegation in Saint Germain. In der Folge arbeitete er im Wissenschaftlichen Institut für Kultur und Geschichte des Sudetendeutschtums und auch als Geschäftsführer des Sudetendeutschen Heimatbundes in Wien. Seine Schriften trugen viel zur Aufklärung über die Sudetendeutschen bei.

Klemm, Walther, ∗ 1883 Karlsbad, † 1957 Weimar. Der Maler und Graphiker Klemm war beeinflußt von Jugendstilkünstlern wie Kolo Moser und Alfred Roller, ebenso von Hodler und Orlik, dazu von den japanischen Holzschnitten. 1908 zog er mit Carl Thiemann aus Prag in die Dachauer Landschaft, doch wurde Klemm bereits 1913 als Dozent für Graphik an die Hochschule in Weimar berufen. Hier wurde er 1952 zum Ehrensenator der Hochschule für Architektur und Bauwesen ernannt. In zahlreichen Folgen schuf er Illustrationen zu Werken der Weltliteratur, die uns auch in Büchern zugänglich sind. Seine Werke befinden sich in den großen öffentlichen Sammlungen Europas. Dem Künstler wurden viele Preise verliehen, auch die Josef-Hofmann-Plakette durch den Heimatverband der Karlsbader.

Kletzl, Otto, ∗ 1897 Böhmisch Leipa, † 1945 Posen. Der Vetter Alfred Kubins war Architekt, Kunstgeschichtler, Dozent in Berlin und Professor in Posen, wo er im Dezember 1945 im Gefängnis ums Leben kam. Von der Jugendbewegung war er zur Böhmerlandbewegung gestoßen. Bleibendes schuf er durch die von ihm geschaffenen Böhmerland- und Sudetendeutschen Jahrbücher, durch Studien über die Kunst in Böhmen und Mähren sowie durch Werke wie „Von deutscher Kultur in der Tschechoslowakei“ und „Die deutsche Kunst in Böhmen und Mähren“. Mehr noch vielleicht bewirkte er durch seine persönliche Ausstrahlung, durch die andere angeregt in seinem Sinne weiterarbeiteten.

Klietsch, Karl Wenzel, ∗ 1841 Arnau, † 1926 Wien. Der Maler Klietsch befaßte sich mit Verbesserungen in der Drucktechnik, erfand den Rotationstiefdruck und das Inlaid-Linoleum. Die von ihm herausgegebenen „Humoristischen Blätter“ schmückte er mit seinen Illustrationen.

Klima. Das Klima der Sudetenländer charakterisiert Fritz Machatschek so: „Die Abschließung der inneren Sudetenländer durch verhältnismäßig hohe Randgebirge und ihre Öffnung gegen SO kommt klimatisch darin zum Ausdruck, daß in jenen der kontinentale Wärmegang deutlicher ausgeprägt ist und die Niederschlagsmengen geringer sind als auf der Außenseite, während für die absoluten Temperaturen die Seehöhe maßgebender ist.“ Der kontinentale Wärmegang erweist sich z. B. beim Erzgebirge in 600 m Höhe: Nordseite: Januar –2,8, Juli 15,2; Südseite: Januar –3,5, Juli 16,0; Riesengebirge in 800 m Höhe: Nordseite: Januar –3,9, Juli 14,0; Südseite: Januar –5,1; Juli 14,6.

In Südböhmen und im Egerer Becken herrscht rauheres Klima als im übrigen Gebiet. Am wärmsten ist es im östlichen Südmähren und im Böhmischen Mittelgebirge, den beiden Weinbaugebieten.

Niederschlagsmengen werden im Jahr angegeben für Prag mit 49 cm, für Eger mit 59 cm, für

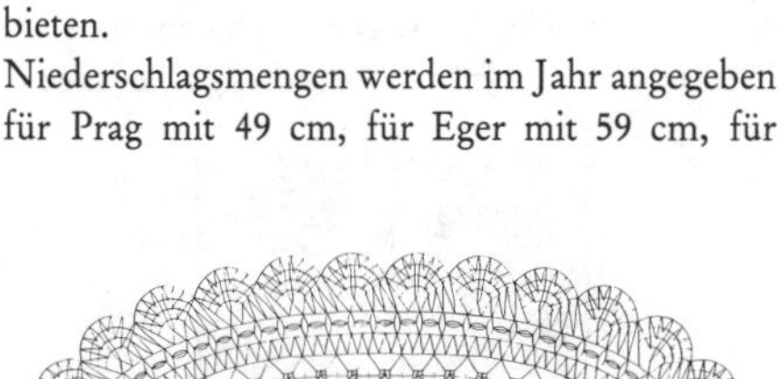

Klöppelspitzendecke von Josef Kiefner

Südmähren unter 50 cm und für die Randgebirge mit 100 bis 150 cm.

Klöppelspitzen wurden in Heimarbeit erzeugt. Die Kunst der Erzeugung solcher Spitzen wurde im 16. Jh. aus Flandern durch Barbara Uttmann ins Erzgebirge eingeführt. Damit sollte die durch das Erlöschen des Bergsegens eingetretene Not gemildert werden. Das Klöppeln breitete sich rasch aus, auch im Böhmerwald. Barbara Uttmann wurde aus Dankbarkeit in Annaberg ein Denkmal gesetzt. Vor dem Ersten Weltkrieg gingen die Spitzen hauptsächlich ins Ausland. Verlust des Absatzgebietes und Wandlung des modischen Geschmacks verursachten einen starken Rückgang des Klöppelns, das hohe Kunstfertigkeit erfordert und wahre Kunstwerke hervorbringen kann.

Klostergrab (*Hrob*) im Bezirk Dux läßt mit seinen zahlreichen Halden noch den seit dem 12. Jh. betriebenen Silberbergbau ahnen. Seinen Höhepunkt erreichte Klostergrab, das 1477 ein Stadtwappen erhalten hatte, im 16. Jh. Seit 1580 gehörte es dem Prager Bistum. 14 Jahre darauf erhält es die Rechte einer Bergstadt, gleichzeitig wird auch das priv. Scharfschützenkorps gegründet. Die auf Befehl des Prager Erzbischofs vorgenommene Zerstörung der evangelischen Kirche war einer der Anlässe zum Ausbruch des böhmischen Aufstandes 1618. Die Kirche zur hl. Barbara geht auf das Jahr 1482 zurück, die evangelische Auferstehungskirche stammt aus dem Jahre 1902. 1930: 3602 Einw. (783 Tschechen).

Bergstadt Klostergrab

Rathaus in Klösterle

Klösterle an der Eger (*Klášterec nad Ohří*) im Bezirk Kaaden hat seinen Ursprung in einer vom Benediktinerkloster Postelberg im 12. Jh. gegründeten Propstei, die schon 1277 aufgelöst wurde. 1449 erscheint Klösterle als Stadt und kommt an die Vitzthum, die 1590 das Schloß bauen, aber nach der Schlacht am Weißen Berg ihre Güter verlieren. Seit 1629 war die Herrschaft Klösterle im Besitze der Familie Thun, die Schloß und Pfarrkirche durch den Italiener de Luca aufbauen ließen und 1793 die Porzellanfabrik begründeten, die als Wirtschaftsfaktor für die Stadt und das Land Bedeutung erlangte. Das Wasser des zu Ende des vorigen Jahrhunderts entdeckten Säuerlings wird als Heilwasser verschickt. Klösterle beherbergt heute in den Räumen des Schlosses ein Porzellanmuseum.

1930: 2226 Einw. (41 Tschechen).

Knirsch, Hans, ∗ 1877 Triebendorf, † 1933 Dux. Der gelernte Weber gründete 1903 in Aussig die Deutsche Arbeiterpartei. Er war Mitarbeiter des Deutschen Volksrates für Böhmen und des Bundes der Deutschen in Böhmen und kam 1911 in den Wiener Reichsrat. 1918 änderte die Deutsche Arbeiterpartei ihren Namen in Deutsche Nationalsozialistische Arbeiterpartei, deren Vorsitzender Knirsch (bis 1926) war und für die er 1920 in das Prager Parlament einzog. Die Partei löste sich unter dem Zwang der politischen Verhältnisse 1933 selbst auf. Knirsch, der 1918 für den Anschluß Deutschösterreichs an das Deutsche Reich eingetreten war, wird vom Österr. biogr. Lexikon so charakterisiert: „In der Tagesarbeit Organisator und Gewerkschaftsmann, der Gesinnung nach konservativ, war er ein verständnisvoller Förderer des Arbeiterstandes, lehnte aber den Klassenkampf ab. Sittlich-religiös verwurzelt, war er mehr als der bloße Repräsentant der von ihm geleiteten kleinbürgerlich-nationalen Arbeiterbewegung." Herausgeber der Parteizeitung „Der Tag".

Knoll, Joseph Leonhard, ∗ 1775 Grulich, † 1841 Wien. Knoll, Professor der Geschichte in Krakau, Olmütz, Prag und Wien, vertrat die deutschen Interessen gegen die Tschechen, voran gegen Palacký, und gründete in Olmütz eine historische Schule. Das Wartburgfest regte ihn zu einer Wiederbelebung der Olympischen Spiele an; diese suchte er in seinen vaterländischen Spielen am Heiligen Berg bei Olmütz (1817/1818) nachzuahmen. Der begeisterte Patriot schrieb historische und dichterische Werke.

Knüpfer, Sebastian, ∗ 1633 Asch, † 1676 Leipzig. Nach Studienjahren in Regensburg war er von 1657 bis zu seinem Tode Thomaskantor in Leipzig. Sein Nachfolger wurde Johann Sebastian Bach. Knüpfer komponierte Messen, Kantaten, Madrigale und Kanzonetten.

Koffler, Johann, ∗ 1711 Prag, † 1780 Klausenburg/Siebenbürgen. Der Jesuitenmissionar kam 1740 nach Goa und als königlicher Leibarzt an den Hof, wo er den Ehrentitel „Tiefer und verschwiegener Lehrmeister" erhielt. 1755 mußte er das Land verlassen, ging nach Macao und wurde dort 1759 eingekerkert. Jetzt verfaßte er eine Geschichte von Cochinchina, die 1803 in lateinischer Sprache gedruckt erschien. 1767 freigelassen, kehrte er in die Heimat zurück und wirkte in Siebenbürgen.

Kohle. Unter den Bodenschätzen ist vornehmlich die Braunkohle zu nennen. Hauptlagerstätten: Nordböhmisches Becken von Komotau bis Teplitz-Schönau (7812 qkm, 98 Tief- und 24 Tagebaue), Falkenau-Elbogener Becken (240 qkm, 42 Tief- und 8 Tagebaue) und kleinere Lager wie bei Grottau. 1936 waren im nordböhmischen Becken 24000 Personen beschäftigt, die ca. 12 Millionen t förderten. Im Falkenau-Elbogener Revier waren es 4000 Beschäftigte; Förderung

Masarykschacht bei Teinitzl

etwa 3 Millionen t. Die größten Werke waren die Brüxer Kohlenbergbaugesellschaft und die Nordböhmische Kohlenwerksgesellschaft.
Der Brennwert der böhmischen Braunkohle ist sehr hoch. Unter den braunkohlefördernden Staaten stand die Tschechoslowakei 1937 nach dem Deutschen Reich an zweiter Stelle. 1937 wurden 1836773 t nach Deutschland exportiert, während von dort 1107608 t Steinkohle importiert wurden. Wichtigster Kohleumschlagplatz ist Aussig an der Elbe.
Geringere Fördermengen ergaben sich bei der Steinkohle. Ihre Lagerstätten: Ostrau-Karwiner Becken in Mähren-Schlesien, die Reviere Pilsen-Mies-Nürschan, Schatzlar-Schwadowitz und kleinere Lager.

Kohn, Hans, ∗ 1891 Prag, † 1971 Philadelphia. Der Jurist und Publizist lehrte nach 1933 in den USA, zuletzt in New York. Seine Bücher, zumeist in englischer Sprache geschrieben, behandeln vorwiegend Fragen des Nationalismus, den Panslawismus und österreichische Geschichte. Seine Autobiographie erschien auch in deutscher Übersetzung („Bürger vieler Welten").

Erwin Guido Kolbenheyer

Kohn, Theodor, ∗ 1845 Breznitz/Mähren, † 1915 Ehrenhausen/Steiermark. Der Professor für Kirchenrecht in Olmütz (seit 1882) wurde 1892 zum Erzbischof gewählt. Obwohl zum Wohle seines Bistums und der Gläubigen wirkend, wurde er heftig angegriffen und mußte 1904 resignieren. Er lebte in der Steiermark und schrieb seine Memoiren. Sein Vermögen stiftete er für die Gründung einer tschechischen Universität in Mähren; das Vermächtnis wurde aber 1917 von Wien aus annulliert. Kohn, der einzige Kirchenfürst jüdischer Abstammung in unserer Heimat, hatte in Olmütz deutsche und in Kremsier tschechische Katholikentage eingeführt.

Kokoschka, Oskar, ∗ 1886 Pöchlarn/NÖ, † 1980 Villeneuve. Der Sohn eines Prager Goldschmieds war Akademieprofessor in Dresden, ging auf Reisen, 1934 nach Prag, 1938 nach London. Nach dem Krieg lebte er in Deutschland und in Salzburg, wo er die „Schule des Sehens", eine Kunstschule, ins Leben rief. 1947 übersiedelte er in die Schweiz. Kokoschka, dessen Kunst von barocken Traditionen und Ursprüngen genährt wird, gehörte zum Expressionismus, blieb aber doch eine Sondererscheinung in seinen malerischen Werken und in seinen Dichtungen, obwohl er ein führender Gestalter war. Seine beeindruckenden Landschaften und Stadtansichten verraten seine innere Kraft ebenso wie seine Porträts. Seine Bilder befinden sich in den größten Sammlungen der Welt. Tauchen sie auf Auktionen auf, so erzielen sie Höchstpreise. Als Dichter schrieb er Dramen, Dichtungen und Essays, u. a. den Einakter „Mörder, Hoffnung der Frauen", den Hindemith 1921 vertonte.

Kolbenheyer, Erwin Guido, ∗ 1878 Budapest, † 1962 München. Väterlicherseits stammt er aus der Zips, nach der Mutter aus dem Egerland. Kolbenheyer wuchs in Karlsbad auf und wurde nach Studien in Wien freier Schriftsteller. Seine Romane erreichten hohe Auflagen, so „Amor Dei" (Spinoza-Roman), „Meister Joachim Pausewang" (Lebenschronik eines Zeitgenossen Jakob Böhmes), die „Paracelsus"-Trilogie, „Das gottgelobte Herz" (Zeit der deutschen Mystik) und „Das Lächeln der Penaten". Außerdem schrieb er Erzählungen, Dramen und Gedichte. Seine umstrittene philosophische Lehre legte er in dem Werk „Die Bauhütte" nieder. Er erhielt hohe Auszeichnungen. Nach dem letzten Krieg belegte ihn die Besatzungsmacht mit Schreibverbot für 5 Jahre. Er verfaßte noch seine Autobiographie in drei Bänden: „Sebastian Karst über sein Leben und seine Zeit". Die seit 1951 sein Werk pflegende Kolbenheyer-Gesellschaft gab eine Gesamtausgabe seiner Werke neu heraus.

Kolig, Anton, ∗ 1886 Neutitschein, † 1950 Nötsch/Kärnten. Der Maler Kolig erfuhr die Förderung Klimts, lebte in Nötsch und wurde 1928 als Nachfolger Hölzels an die Stuttgarter Akademie berufen. Sein Werk ist in der Tradition des österreichischen Barock zu sehen. Neben Ölbildern mit kräftigen und leuchtenden Farben schuf er ein reiches graphisches Werk. Im Mittelpunkt seiner Kunst steht der Mensch, was auch seine zahlreichen männlichen Akte bezeugen. Mit seinem Schwager Wiegel und seinem Sohn gründete Kolig die Nötscher Malschule.

Komotauer Stadtwappen

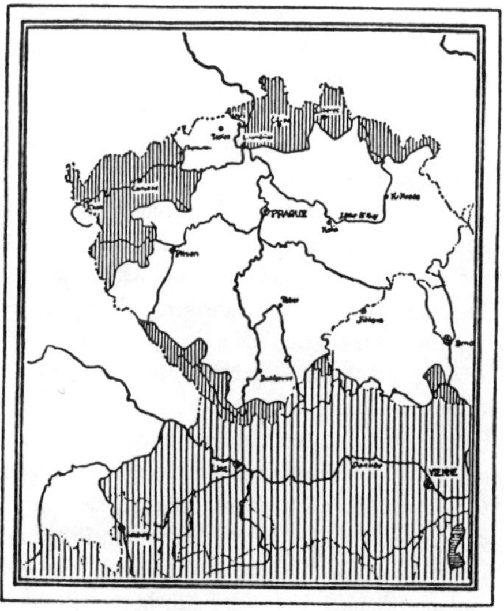

1½ Mio. Deutsche unterschlagen!

Kolonisationstheorie. Nach František Palacký sind die Sudetendeutschen Kolonisten und Immigranten. Masaryk sagte in einer Botschaft am 22. 12. 1918: „Das von den Deutschen bewohnte Gebiet ist unser Gebiet und wird unser bleiben. Wir haben unseren Staat gebildet. Dadurch wird die staatsrechtliche Stellung unserer Deutschen bestimmt, die ursprünglich in das Land als Immigranten und Kolonisten gekommen sind." In seiner Neujahrsrede 1919: „Es ist ein offenbarer Unterschied in dem Selbstbestimmungsrecht der Nationen. Wir Tschechen und Slowaken sind bis auf auswärtige Minoritäten ein ganzes Volk beisammen. Unsere Deutschen sind kein ganzes Volk, sondern nur eine Kolonisation. Die Deutschen schickten ihre eroberungssüchtigen Kolonisten aus und auch zu uns in unser Land." Obwohl sogar Beneš in dem der Konferenz von St. Germain vorgelegten Memoire III zugeben mußte, daß die Deutschen gerufen worden sind, daß man von ihnen kulturell und wirtschaftlich profitierte, heißt es dort, daß sich die Deutschen in Böhmen künstlich festsetzten als

Komotau, Marktplatz

Kolonisten, Beamten oder Bürokraten, als gelehriges Element einer gewalttätigen Germanisierung.

Es war nur natürlich, daß deutsche Wissenschaftler zu solchen Äußerungen Stellung nahmen. Über die Besiedlung durch die Deutschen bzw. über deren kontinuierlichen Aufenthalt waren die Meinungen geteilt.

Bertold Bretholz, der angesehene Brünner Historiker, hat den Beweis erbringen wollen, daß die Sudetendeutschen Nachkommen der Markomannen und Quaden sind, die als Nachfolger der keltischen Bojer in Böhmen und Mähren lebten. Demgegenüber haben andere Historiker wie Bachmann, Lippert und Wostry den Nachweis zu liefern versucht, daß die Sudetendeutschen auf die große Kolonisation zurückgehen, „daß ein historisch faßbarer Zusammenhang zwischen den Germanen der ersten Hälfte des ersten Jahrtausends und dem späteren Deutschtum Böhmens und Mährens nicht besteht" (W. Schlesinger).

Unter den Historikern hat sich an diesen beiden Theorien ein wissenschaftlicher Streit entwickelt, der bis heute nicht entschieden werden konnte, zumal für beide Argumente die ausschlaggebenden Quellen fehlen. Fritz Machatschek hat sich einmal geäußert, daß die Wahrheit wohl in der Mitte der beiden Theorien liegen dürfte. Berücksichtigt man, daß viele Namen als Germanenerbe zu betrachten seien, so kann man daraus nicht absolut die Markomannentheorie bejahen, da auch die Namenforschung noch keine endgültige Beweisführung antreten konnte.

Komotau (*Chomutov*). Bezirksstadt unterhalb des Erzgebirges, war eine deutsche Stadt, seitdem die alte Siedlung 1252 dem Deutschen Orden geschenkt worden war. 1335 Stadterhebung. 1421 zerstörten die Hussiten die Stadt und töteten ihre Bewohner. Die Kommende des Ordens ging damals auch verloren und wurde nicht wieder erneuert. Unter den Herren von Lobkowitz wurden die Jesuiten berufen, die Kolleg und Schule errichteten und die evangelisch gewordenen Komotauer wieder katholisch zu machen versuchten. Es gab noch viele Streitigkeiten, bis endlich der religiöse Friede wieder einkehrte.

Komotau, am Kreuzungspunkt wichtiger Bahnen und Straßen gelegen, wurde eine mächtige Industriestadt. Bedingt durch die reichen Kohlevorkommen in der Nähe konnten sich große Industriewerke entwickeln (Walz- und Röhrenwerke, Maschinen- und Papierfabriken, Chemikalien, Textilwerke). An der Stelle eines Alaunbergwerkes liegt der Alaunsee mit Bad und Kurhaus.

Komotau hatte gute deutsche Schulen, auch ein Gymnasium und eine Lehrerbildungsanstalt. Bedeutende Männer nannten Komotau ihre Heimat, u. a. Franz Josef Ritter von Gerstner, Begründer der ersten Technischen Hochschule in Prag und Planer der ersten Eisenbahn auf dem Kontinent, und der Erlanger Professor Franz Makowitschka, Abgeordneter im Frankfurter Parlament.

Leopold Kompert

1930: 33001 Einw. (4442 Tschechen).

Kompert, Leopold, * 1822 Münchengrätz, † 1886 Wien. Der Journalist und Schriftsteller war einer der ersten deutschen Verfasser von Getto-Novellen (1848). Er strebte die Assimilation des Judentums an. Zurück in seine bäuerliche Heimat führen Novellen und der Roman „Am Pflug". Seine Gesammelten Schriften erschienen 1882 in 8 Bänden. Gegen Ende seines Lebens war Kompert Gemeinderat der Stadt Wien.

König, Adolf, * 1880 Reichenberg, † 1967 Füssen/Allg. Der Lehrer König, von Adolf Hauffen beeinflußt, wurde ein eifriger Heimatforscher und Volkskundler, dabei wiederum ein Sammler von Volksliedern und Volkstänzen. Nach der Vertreibung setzte er seine Tätigkeit bis ins hohe Alter fort. 1964 erhielt er den Sudetendeutschen Volkstumspreis. Durch seine Buchveröffentlichungen hat er viel volkskundliches Gut sichergestellt.

König (verheiratete von Ehrenfels), **Alma Johanna,** * 1889 Prag, † 1942 KZ Minsk. Neben Gedichten in höchster Formvollendung schrieb die Dichterin Erzählungen und Romane. „Der jugendliche Gott" hat Nero zum Mittelpunkt, „Die Leidenschaft in Algier" geht auf ihren Aufenthalt in Afrika zurück. 1925 erhielt sie den Literaturpreis der Stadt Wien. Ihr zu Ehren stiftete Wien den Alma-Johanna-König-Preis.

Königgrätz (*Hradec Králové*), am Zusammenfluß der Adler mit der Elbe, erhielt 1362 ein Wappen mit dem böhmischen Löwen und dem Namen Gretz. Es war im 14. Jh. Besitz der böhmischen Königinnen. Im 18. Jh. als Festung ausgebaut. Am 3. Juli 1866 Schlacht bei Königgrätz, in der die Preußen über die Österreicher siegten. Viele Denkmäler wurden zum Andenken an die Gefallenen errichtet.
Königgrätz ist seit 1664 Sitz eines Diözesanbischofs. Die gotische Kathedralkirche enthält eine wertvolle Inneneinrichtung, auch ein Bild von Peter Brandl. Neben der Barockkirche St. Klemens steht der 68 m hohe Weiße Turm mit der

Königgrätz

1509 gegossenen Glocke „Augustinus", die zweitschwerste des Staates. Königgrätz besitzt noch andere Bau- und Kunstdenkmäler, auch eine 1737 aufgestellte Mariensäule.
Königgrätz ist Sitz sehr vieler großer Industrieunternehmungen. Während die Einwohnerzahl 1930 mit 17819 (darunter 359 Deutsche) angegeben wurde, beläuft sich ihre Zahl heute auf 60000. Da zum Bistum Königgrätz auch sehr viele Deutsche in Ostböhmen gehörten, ist die Stadt mit den Laubengängen am Markt für uns von Interesse.

Königinhofer Handschrift. Václav Hanka (* 1791 Hořiněves, † 1861 Prag) „entdeckte" 1817 im Kirchturm von Königinhof eine Sammlung altböhmischer Gedichte, die angeblich aus dem 13. Jh. stammten. Da es den Tschechen einer älteren Literatur ermangelt, war die Freude über diesen Fund grenzenlos, wie auch über den nächsten Fund im Schloß Grünberg (1818), zumal die Grünberger Handschrift sogar aus dem 9. Jh. stammen sollte. Beide Handschriften wurden auch ins Deutsche übersetzt und erregten bei Goethe und anderen Begeisterung.
Bald tauchten Zweifel an der Echtheit der Handschriften auf, die das den Tschechen fehlende Heldenepos ersetzen sollten, bei Hankas Lehrer Dobrovský bereits 1824, später auch bei Kopitar, Gebauer, Goll und Masaryk, alle Tschechen, die diese „Denkmäler der ältesten Literatur Mitteleuropas" als geschickte Fälschungen eines genialen Fälschers entlarvten. Trotz dieser Entlarvung wurde Hankas Werk für manchen Historiker Grundlage für Darstellungen patriotischer Geschichten. Vielen Tschechen gelten diese Handschriften auch heute noch als nationale Denkmäler.

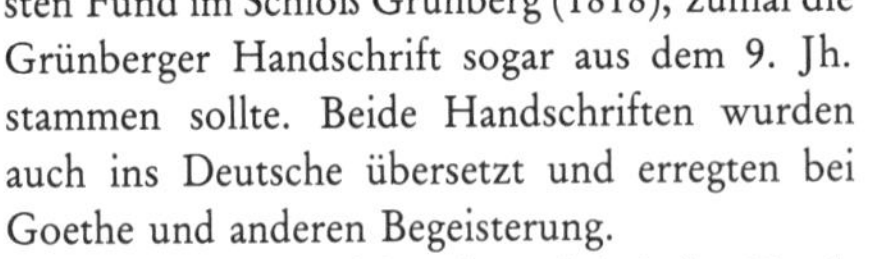

Königsberg an der Eger

Königsberg an der Eger (*Kynšperk nad Ohří*) im Bezirk Falkenau entwickelte sich an einer Stelle, wo eine Burg mit dem Namen Königsberg stand und 1232 das Doxaner Prämonstratenserinnenkloster eine Stadt anlegte. 1286 war die Pfarre dem Kloster Waldsassen unterstellt, 1311 wurde sie an die Kreuzherren mit dem roten Stern übergeben. Die Stadt hatte große Textilbetriebe, Braunkohlenbergbau, Brikettfabrik, Schuherzeugung und viele Holzbearbeitungsbetriebe. Eines sehr guten Namens erfreute sich die in vielen Werkstätten betriebene Möbeltischlerei, ebenso die Krippenschnitzerei. Eine Fachschule für Holzbearbeitung bildete den Nachwuchs aus. 1968 übernahm die bayerische Stadt Moosburg an der Isar die Patenschaft über die vertriebenen Königsberger.
1930: 5117 Einw. (79 Tschechen).

Königsberg (*Klimkovice*) bei Wagstadt im Kuhländchen liegt 15 km südwestlich von Mährisch Ostrau. Das Renaissanceschloß aus dem Jahre 1578 ist seit dem 16. Jh. im Besitz der Grafen Wilczek. Die gotische Kirche geht auf das Jahr 1580 zurück, die Friedhofskirche auf 1590. Bereits im vorigen Jahrhundert gerieten die Deutschen in die Minderheit. 1930 lebten hier 2612 Tschechen und 209 Deutsche.

Königswald (*Libouchec*), Gemeinde im Bezirk Tetschen, war eine deutsche Gründung des 12. Jh., wahrscheinlich im königlichen Wald. Noch 1352 wird es als Regis silva erwähnt. Mitte des 16. Jh. gibt es bereits eine Schule; ein Herr von Bünau errichtet ein Schlößchen. Die Kirche, bei der sich die Umfassungsmauern und das Sanktuarium aus dem gotischen Bau erhielten, wurde zu Anfang des 18. Jh. barockisiert, danach neugotisch eingerichtet.
In Königwald hat Christian Stolz (1775) die Metallknopf-Industrie des Tetschener Gebietes begründet. Es gab Fabriken zur Herstellung von

Samt, Maschinen, Schuhen und Lack, Schachteln und Kartonagen. Königswald, im obersten Teil des Eulautales gelegen, war auch Sommerfrische. 1930: 2156 Einw. (78 Tschechen).

Königswart (*Město Kynžvart*) im Bezirk Marienbad entstand als Grenzburg. Die sich dabei entwickelnde Siedlung wurde 1448 Marktflecken. Mitte des 17. Jh. erwarben die Grafen Metternich Königswart. Fürst Clemens Wenzel Metternich, österreichischer Staatskanzler, erweiterte das 1690 erbaute Schloß (1833–1839). Darin fanden auch die Sammlungen des letzten Egerer Scharfrichters Karl Huß, vornehmlich seine Mineralien, einen entsprechenden Platz. Huß stand mit Goethe in Verbindung und wurde der erste Kustos des Schloßmuseums. Fürst Metternich war der Gründer des Kurortes Bad Königswart, den man schließlich mit dem Markt zur Stadt Bad Königswart zusammenlegte. Die reichen Sammlungen im Schloß ziehen heute viele Besucher an.
1930: 1858 Einw. (87 Tschechen).

Konstantinsbad (*Konstantinovy Lázně*) bei Weseritz im Bezirk Plan hatte 1806 die erste Badeeinrichtung und wurde 1875 als Kurort, allerdings noch unter dem Namen „Bad Neudorf", anerkannt. Heilungsuchenden stehen Mineralquellen für Trink- und Badekuren zur Verfügung, ebenso Moorbäder.
1930: 502 Einw. (22 Tschechen).

Kopitz (*Kopisty*) bei Brüx wird 1227 erwähnt; es bestanden zwei Güter, eines gehörte dem Kloster Zderas. Die Fronleichnamskirche hatte schon 1384 einen eigenen Pfarrer. Seit dem Beginn des Bergbaus im Brüxer Kohlenrevier setzte starker tschechischer Zuzug ein, da bei Kopitz zwei große Kohlenbergwerke in Betrieb waren. 1894 hatte man am Gemeindehaus eine Kudlich-Gedenktafel angebracht.
1930 (mit Kummerpursch, Paredl, Plan und Rosenthal): 8357 Einw. (5932 Tschechen).

Korb, Rudolf, * 1845 Prag, † 1925 Drum bei Böhmisch Leipa. Der Vorkämpfer der Natur-

Konstantinsbad

schutzbewegung war Statthalterei-Vizepräsident in Prag. 1894 schuf er den ersten Naturschutzpark in Europa; es war der sog. Gottesgarten in der Gemeinde Zößnitz bei Böhmisch Leipa. Er war Vorsitzender der 1913 durch Karl Schöttner geschaffenen Deutschen Hauptstelle für Denkmal-, Natur- und Heimatschutz.

Kornauth, Egon, * 1891 Olmütz, † 1959 Wien. Der Komponist unterrichtete an der Wiener Musikhochschule und am Mozarteum in Salzburg. Seine Kompositionen reichen von Symphonien und Orchesterwerken bis zu Kammermusik und Liedern. Kornauth, der auch dem österreichischen Kultursenat angehörte, erhielt zahlreiche Auszeichnungen, auch den Sudetendeutschen Kulturpreis 1959.

Kornfeld, Paul, * 1889 Prag, † 1942 im KZ Lodz. Der Dichter schrieb zunächst utopische Erlösungsdramen ekstatischen Charakters („Die Verführung"), wandte sich dann der Komödie zu („Palme oder Der Gekränkte", „Gelbe Rose"). Kornfeld, der als einer der Begründer des szenischen Expressionismus gilt, war Dramaturg am Landestheater in Darmstadt, kam 1929 nach Berlin und 1933 nach Prag. Der Roman „Blanche oder Das Atelier im Garten" wurde neuerdings wieder aufgelegt.

Korngold, Erich Wolfgang, * 1897 Brünn, † 1957 Hollywood. Der Sohn des Musikschriftstellers Julius Korngold war ein musikalisches Wunderkind. Er war 1921 Kapellmeister an der Hamburger Oper, darauf Akademieprofessor und Dirigent der Staatsoper in Wien, ebenso am Stadt-

Kostenblatt

theater in Hamburg und an der Metropolitan Opera in New York. 1943 erhielt er die amerikanische Staatsbürgerschaft. Neben frühreifen Kompositionen („Der Schneemann", bereits 1908 aufgeführt) schrieb er Opern („Die tote Stadt", „Violanta"), Symphonien, Konzerte, Lieder und in den USA hauptsächlich Filmmusiken.

Kosch, Wilhelm, ∗ 1879 Drahan/Mähren, † 1960 Wien. Der Literarhistoriker und Professor in Freiburg/Schweiz, Czernowitz, Leoben und Nimwegen hat sich um die Wissenschaft große Verdienste erworben mit seinen germanistischen Arbeiten und seinen bibliographisch-lexikalischen Werken: „Das katholische Deutschland", „Deutsches Literaturlexikon", „Deutsches Theaterlexikon" und „Biographisches Staatshandbuch", die alle jeweils in mehreren Bänden herauskamen.

Kostenblatt (*Kostomlaty pod Milešovkou*) entstand auf einer Phonolithkuppe bei einer Burg aus dem 13. Jh. Anfang des 17. Jh. wurde es zum Markt erhoben. 1670 entstand das Barockschloß, das den Grafen Ledebur-Wicheln gehörte. Die romanische Kirche (1240) wurde durch O. Broggio barock erweitert unter Beibehaltung der ursprünglich romanischen Wölbung, des Portals und der Fenster. Vor 250 Jahren wurde Kostenblatt Wallfahrtsort. Das Pilgervolk kam zum sogenannten Brünnl, wo 1750 eine Kapelle, 1825 die jetzige, erbaut wurde.
Kostenblatt mit Linschen und Tscherntschitz 1930: 1809 Einw. (395 Tschechen).

Krafft, Barbara, ∗ 1764 Iglau, † 1825 Bamberg. Die zu ihrer Zeit berühmte Porträtistin hatte bei ihrem Vater Johann N. Steiner und in Wien gelernt, lebte in Salzburg, Prag und Bamberg. Als Bildnismalerin erhielt sie zumeist Aufträge hochgestellter Personen. Auch ein Mozart-Porträt ist erhalten.

Kraft, Adam, ∗ 1898 Wildstein, † 1976 Augsburg. Im Jahre 1927 begann Kraft in Karlsbad-Drahowitz mit seiner Verlagsarbeit, die sich in der Hauptsache auf sudetendeutsche Autoren konzentrierte und die den Verleger mit an die erste Stelle im sudetendeutschen Verlagswesen brachte. Nach der Beschlagnahme 1945 wurde Kraft inhaftiert. In Augsburg baute er das Unternehmen wieder auf. Weltweit bekannt wurde seine große Stifter-Ausgabe, herausgegeben von Max Stefl. Nach seinem Tod arbeitet der A. Kraft Verlag in Mannheim weiter und befaßt sich hauptsächlich mit Bildbänden, auch in Farbe, und Sachbüchern über die Vertreibungsgebiete.

Kraft, Zdenko von, ∗ 1886 Jitschin, † 1979 München. Nach dem Besuch der Technischen Hochschule in Wien ging er zunächst als Statist an das Burgtheater, lebte aber seit 1912 als freier Schriftsteller, der weite Reisen unternahm. Er war ein vielgelesener Romancier, der sich mit Vorliebe dem biographischen Roman widmete. Er war auch Dramatiker, schrieb Biographien (Richard Wagner u. a.). Bayreuth und der Familie Wagner war er in vielen seiner Werke tief verbunden.

Kratzau (*Chrastava*) im Jeschkengebirge bestand schon 1352, wurde 1411 Stadt und mußte, nachdem es die Hussiten zerstört hatten, aufs neue aufgebaut werden. Kratzau erhielt Bergrecht und ein Wappen. Durch ihre Grenzlage hatte die Stadt unter kriegerischen Auseinandersetzungen viel zu leiden, zuletzt während der Befreiungskriege. Den weiträumigen Marktplatz beherrschen das barocke Rathaus und Empirehäuser. Die Kirche, erst gotisch, erhielt 1868 eine neugotische Gestalt. Sie enthält Bilder von Kandler, Kratzmann und Führich, dem in Kratzau geborenen Maler und Nazarener. Die Kratzauer setzten ihm ein Denkmal. Neben einem Barockbrunnen (1717) hat Kratzau auch eine Mariensäule von Matthias Braun (1732).
1930: 4740 Einw. (554 Tschechen).

Kraus, Franz, * 1879 Chotieschau, † 1962 Scheinfeld/Mfr. Der Buchhändler Kraus begann 1919 mit dem Sudetendeutschen Verlag in Reichenberg ein Unternehmen aufzubauen, das der Heimatforschung und -bildung diente. Bei ihm erschienen auch Schriftenreihen wie „Prager deutsche Studien", „Bibliothek deutscher Schriftsteller aus Böhmen, Mähren und Schlesien", Zeitschriften, die „Deutsche Bibliographie in den Sudetenländern" und Werke sudetendeutscher Autoren. Eine Wiederbelebung des Verlags nach der Vertreibung gelang nur kurze Zeit.

Kraus, Karl, * 1874 Jitschin, † 1936 Wien. Sein Lebenswerk war die Zeitschrift „Fackel", die er von 1911–1936 in Wien herausgab und die er außer in den Anfangsjahren auch selbst schrieb. Seine scharfe Kritik der Zeitumstände und an den handelnden Personen machten ihn verhaßt, während ihn seine Anhänger verehrten. Viele gaben sich zur Hebung des eigenen Ansehens als seine Schüler aus. Sein umfangreiches Werk, darunter auch die Tragödie „Die letzten Tage der Menschheit" und die „Fackel", wurden nachgedruckt.

Krawarn s. Troppau

Krebs, Hans, * 1888 Iglau, † 1947 Prag. Der Politiker, Angehöriger der Deutschen Arbeiterpartei, war Generalsekretär der Zentralkommission deutscher Arbeitnehmerverbände Österreichs, Begründer und Herausgeber der „Deutschen Arbeiterpresse" in Wien, nach dem Ersten Weltkrieg Leiter des Landesparteisekretariats der von der Hitlerbewegung unabhängigen Deutschen Nationalsozialistischen Arbeiterpartei für Böhmen und später Hauptgeschäftsführer dieser Partei. Von 1925–1933 Mitglied des Prager Parlaments. Krebs, den E. Franzel einen „heißblütigen Eiferer" nannte, mußte 1934 vor tschechischer Bedrohung nach Deutschland fliehen. Nach der Besetzung des Sudetenlandes (1938) war er Regierungspräsident in Aussig. Er verfaßte einige politische Bücher. Ein tschechisches Gericht verurteilte ihn zum Tode.

Kreibitz (*Chřibská*) im Bezirk Warnsdorf in einem Tal am Elbesandsteingebirge wurde 1383 erwähnt und 1570 Stadt. In der Reformationszeit existierte ein angesehener Literatenchor. Auch später herrschte reges musikalisches Leben. Aus Kreibitz stammt der Amerikareisende und Naturforscher Thaddäus Haenke (1761–1817). Ferdinand Pohl baute hier seit 1798 seine Glasharmonika. Die Stadtkirche ist ein im Barockstil umgebauter Renaissancebau. Im Rathaus wird das 1583 angelegte „Schwarze Buch der Missetat" aufbewahrt. Die Glashütte, die früher mehr Ge-

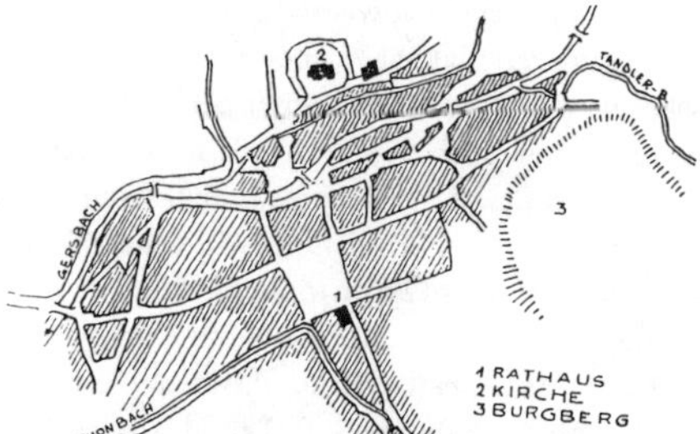

Kratzau

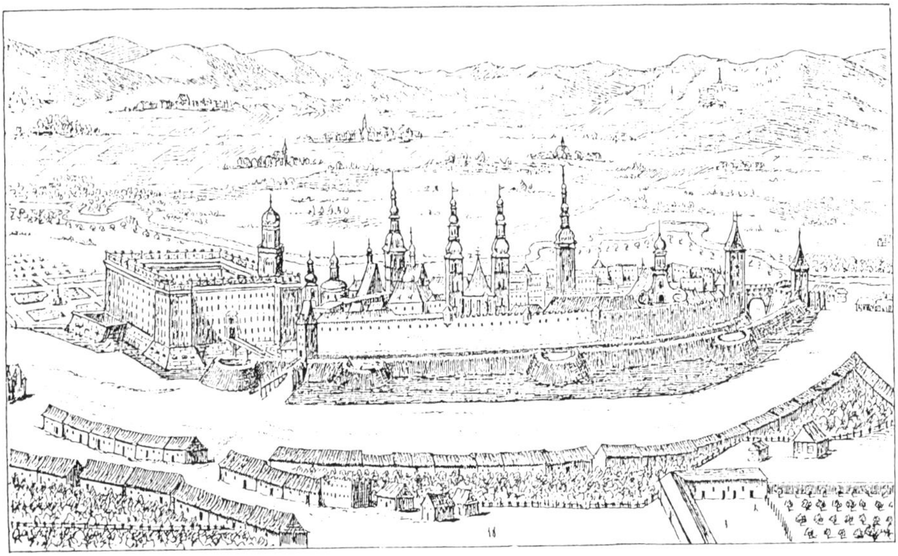

Kremsier (um 1691)

brauchsglas, jetzt Schmuckglas produziert, wird bereits 1427 erwähnt. Neben der ausgeprägten Glasindustrie gab es in Kreibitz auch Textilindustrie und Kartonagenerzeugung.
1930: 1600 Einw. (70 Tschechen).

Kremsier (*Kroměříž*), am Fuße des Marsgebirges in der Hanna gelegen, hatte bis Ende des 19. Jh. eine deutsche Stadtverwaltung und deutsche Bürgermeister. Bald aber überwog die tschechische Nation, so daß 1930 unter den 18546 Einwohnern nur noch 506 Deutsche lebten. Schon 1110 als im Besitz des Bistums Olmütz und 1260 als Ort einer Burg des Bruno von Schaumburg genannt, erhielt es 1290 Stadtrecht. Als Sommerresidenz der Olmützer Erzbischöfe stieg die Bedeutung der Stadt. Ihre Residenz erbaute 1679–1698 der Italiener G. P. Tencala. Im großen Saal tagte 1848/1849 der österreichische Reichstag; 1885 trafen sich hier die Kaiser Österreichs und Rußlands. Im Schloß befand sich die größte Gemäldesammlung Mährens. Die Kirche St. Mauritz stammt aus der gotischen Zeit; die daneben stehende Barockkapelle enthält Grabmäler von Olmützer Bischöfen. Die barocke Piaristenkirche ist ein mächtiger Kuppelbau. Kremsier hatte früher ein deutsches Gymnasium und andere deutsche Schulen. Wirtschaftlich ist die Stadt am Zusammenfluß der Betschwa mit der March ausgerichtet auf landwirtschaftliche Produkte und den Handel. Zukkerraffinerie.

Křepek, Franz, ∗ 1855 Nieder Nösel bei Leitmeritz, † 1936 bei Zwickau (verunglückt). Nach 1918 gehörte er zu den Begründern des Bundes der Landwirte, für den er von 1925 bis 1929 Senator war. 1926 bei den Aktivisten, die für den Eintritt in die Regierung stimmten. 1933 wurde Křepek Bürgermeister von Leitmeritz.

Kreutzberg, Harald, ∗ 1902 Reichenberg, † 1968 Muti bei Bern. Der Solotänzer an der Berliner Staatsoper trat ab 1932 nur noch mit eigenen Tanzschöpfungen auf. Mit seinem Ausdruckstanz hatte er in allen Ländern Europas und auch in Übersee stets volle Häuser. 1955 eröffnete er seine Tanzschule in Bern. Am Ende seines Lebens wurde er auch für Filme gewonnen.

Kriegern (*Kryry*) im Bezirk Podersam hatte schon 1384 eine Pfarrkirche. Auf dem Kirchberg stand eine Burg, die schon 1483 als verlassen bezeichnet wird. Es ist ungewiß, wann Kriegern Stadt wurde. Seine Lage im fruchtbaren Saazer Becken bestimmt das wirtschaftliche Gepräge der Stadt. Die seit 1872 arbeitende Zuckerfabrik wurde später in eine Glasfabrik umgewandelt. Es gab auch Ziegeleien und ein Werk für Jagdbedarf. In der Nähe befinden sich die 1906 eröffnete Schillerwarte und das Schloß Petersburg.
1930: 2550 Einw. (309 Tschechen).

Krippen. Diese plastischen Darstellungen des Weihnachtsgeschehens gehen bei uns zurück auf das Jahr 1560, als die Jesuiten in Prag bei St. Clemens die erste Krippe aufstellten. 1575 folgt Olmütz. Bereits 1660/1680 entstehen Wechselkrippen (Advents-, Passions-, Pfingstkrippen). Aus Böhmen und Mähren breiten sie sich nach

Franz Křepek

Selbstkarikatur von Harald Kreutzberg

Osteuropa aus, auch in die Missionen. Entsprechend den vorherrschenden Stilrichtungen wandeln auch sie ihre Formen, vom Barock bis zum Jugendstil. Die Aufklärungszeit war krippenfeindlich.
Mit dem Heraustreten aus dem kirchlichen Raum werden die Krippen Volksgut. Es bilden sich einzelne Schnitzerlandschaften heraus: Erzgebirge, Riesengebirge, Niederland, Adlergebirge, Grulicher Ländchen, Jeschken- und Isergebirge, Nordmähren und Schönhengst.
Besondere Arten waren die Porzelliner Krippen des Egerlandes, die Schreinkrippen aus Eger und St. Joachimsthal, die Handsteine mit Krippenbergen (St. Joachimsthal), Glassturzkrippen des Riesengebirgstypus, Bretter-, Kasten- und Papierfigurenkrippen. Die kunsthistorisch wertvollsten sind die silberne Krippe im Schatz der Loreto-

Kirche in Prag und das Bethlehem, eine Krippe im Freien, die Graf Sporck nahe Kukus ausführen ließ. Der Landschaft angepaßt sind die Krippen mit Stadtansichten. Auch Künstler haben sich mit der Herstellung von Krippen befaßt. Etliche Krippen konnten aus der Heimat gerettet werden; sie geben Zeugnis von dieser weit verbreiteten Volkskunst im Sudetenland. Alfred Karasek und Josef Lanz haben viel für die sudetendeutsche Krippenforschung getan.

Krombach (*Krompach*), Bezirk Deutsch Gabel, mit Schloß (aus der Renaissancezeit) und Barockkirche, hat als Besonderheit drei Eiben, deren älteste nach Schätzungen 1 000 Jahre alt und damit der älteste Baum Europas sein soll. Früher einmal war das gesamte Gebiet mit Eibenwäldern bedeckt. Sommerfrische und Wintersportort. Beschäftigung: Landwirtschaft und Handweberei. 1930: 1 265 Einwohner mit 1 216 Deutschen.

Krones, Therese, * 1801 Freudenthal, † 1830 Wien. Die Schauspielerin war eine gefeierte Soubrette in Wien, die in Stücken von Raimund glänzte. Sie schrieb auch selbst Bühnenstücke. Pirchan nannte sie die Theaterkönigin Wiens. Auf dem Wiener Zentralfriedhof liegt sie in einem Ehrengrab.

Krummau (*Krumlov*). Die Bezirksstadt an der jungen Moldau verdankte ihre Entwicklung zur bedeutendsten Stadt des Böhmerwaldes dem Geschlecht der Witigonen. Um 1240 entstand die Burg. Damals kamen die österreichischen und bayerischen Siedler in mehreren Wellen, natürlich auch als Bergleute. Die Herren von Rosenberg schafften 1497 eine Bauhütte. Die Satzungen der Steinmetzen werden 1564 und 1614 neu bestätigt. Seit 1519 ist die Bergordnung von Annaberg maßgebend; die Eintragungen in den Bergbüchern sind in deutscher Sprache abgefaßt. Die Verleihung von Wappen und Siegel (1526) durch König Ludwig erhöht noch die Bedeutung Krummaus, dessen Reichtum durch die Münzstätte der Rosenberger sichtbar war.

Rudolf II. erwirbt 1602 die Herrschaft und bestimmt das Schloß als Wohnsitz für Juan d'Austria. Hans Ulrich von Eggenberg, seit 1622 Besitzer der Herrschaft, wird 1628 von Ferdinand II. zum Herzog von Krummau ernannt. Seit 1719 saßen hier die Fürsten Schwarzenberg. Im Schloß

Das Kind in der Krippe

Krummau

mit 5 Höfen und über 300 Gemächern befindet sich das älteste erhaltene Barocktheater der Welt. Viele große Männer kamen nach Krummau, besonders unter Wilhelm von Rosenberg (1535–1592), die Wissenschaft und Kunst pflegten. Es hatte schon vorher große Kulturleistungen in Krummau gegeben, so um 1400, als die weltberühmte Krummauer Madonna entstand.
Zum gut erhaltenen mittelalterlichen Stadtbild gehören Bauten von hohem Kunstwert, so die Erzdekanatskirche St. Veit (1309, 15. Jh. spätgotisch umgebaut), die Fronleichnamskirche (1357, im 17. Jh. barockisiert) mit den dazugehörigen Klöstern der Minoriten (1350 gegründet) und der Klarissen. Das Innere dieser Kirche birgt eine Pietà aus dem 14. Jh. Andere altehrwürdige Gebäude sind das Rathaus mit gotischen Lauben und einem Renaissancefries, das einstige Jesuitenkolleg (mit eigenem Theater für die Schüler), das nach der Auflösung des Ordens als Kaserne diente. Ein Schmuckstück der Stadt ist die Marien- oder Pestsäule, ein Werk des großen Matthias Jaeckel (1715). Die Papierfabrik Pötschmühl beschäftigte über 1000 Arbeiter. Im Jahre 1979 übernahm die ehemals Freie Reichsstadt Esslingen die Patenschaft über die heimatvertriebenen Böhmerwäldler aus dem Kreis Krummau.
1930: 8692 Einw. (2012 Tschechen).

Kubani (*Boubín*), mit 1362 m höchste Erhebung des gleichnamigen Gebirgsstockes südlich der Böhmerwaldstadt Winterberg und gegen Wallern zu. Hier wurde seit 1858 vom Fürsten Schwarzenberg ein Urwald in seinem ursprünglichen Zustand belassen und schon vor über 100 Jahren das 48 ha große Gebiet als Naturschutzpark erklärt. Vor kurzem hat man das Gebiet, in dem es viel Wild gibt, eingezäunt und den Besuchern das Betreten nur mit Führern erlaubt.

Kubin, Alfred, * 1877 Leitmeritz, † 1959 Zwickledt bei Wernstein/OÖ. Der „Magier der Zeichenfeder" war zuerst Fotograf. Nach seiner Kunstausbildung arbeitete er hauptsächlich als Graphiker, der mit Vorliebe traumhaftes Geschehen und surrealistische Gedanken darstellt. Zu vielen Büchern schuf er Illustrationen. In Mappen legte er Sammlungen seiner Bilderzyklen an. Neben einem Roman „Die andere Seite" gab er auch Autobiographisches heraus („Vom Schreibtisch eines Zeichners", „Abenteuer einer Zeichenfeder"), außerdem den Band „Dämonen und Nachtgesichte". Kubin war der erste Preisträger des Sudetendeutschen Kulturpreises (1955).

Kubitschek, Rudolf, ∗ 1895 Böhmisch Röhren bei Wallern, † 1945 Prachatitz. Der Gymnasiallehrer war einer der rührigsten Sammler volkskundlichen Gutes im Böhmerwald. Vieles konnte er in seinen zahlreichen Veröffentlichungen verwerten. Seine Buchthemen reichen von der Mundart über Volksdichtung, Siedlungsgeschichte bis zu Anekdoten und Volkshumor. Auch zur Heimatgeschichte hat er viel veröffentlicht.

Kudlich, Hans, ∗ 1823 Lobenstein, † 1917 Hoboken/New Jersey. Der Politiker wurde 1848 in den Reichstag gewählt, wo er die Aufhebung des bäuerlichen Untertänigkeitsverhältnisses und der bäuerlichen Lasten beantragte. Das Gesetz über die Grundentlastung wurde am 7. September 1848 erlassen. Im Oktober beteiligte sich Kudlich am Wiener Aufstand. Nach Auflösung des Reichstags in Kremsier floh er nach Deutschland, beteiligte sich am Pfälzischen Aufstand und wurde in Österreich in Abwesenheit zum Tode verurteilt. Nachdem er in der Schweiz Medizin studiert hatte, ging er in die USA und wirkte in Hoboken als Arzt. In der Republikanischen Partei trat er gegen die Sklaverei auf. Seine Memoiren legte er in drei Bänden „Rückblicke und Erinnerungen" nieder. An den im Sudetenland sehr populären Politiker erinnerten zahlreiche Denkmäler und Straßenbenennungen.

Die Familie Kudlich hatte noch viele große Per-

Alfred Kubin: Tod am Baum

Hans Kudlich, der Bauernbefreier

sönlichkeiten aufzuweisen. Sie waren Wissenschaftler, Unternehmer und Politiker.

Kudlich, Josef Hermann, ∗ 1809 Lobenstein, † 1886 Troppau. Der Bruder von Hans Kudlich war Mitglied der Frankfurter Nationalversammlung und des Stuttgarter Rumpfparlaments. Des Hochverrats bezichtigt, kam er in Untersuchungshaft. Seit 1862 in Troppau lebend, wurde er Mitglied des Gemeinderates und Abgeordneter des schlesischen Landtags.

Kuhländchen. Fruchtbare Landschaft an der jungen Oder, an den letzten Ausläufern des Gesenkes und der Karpaten in Mähren. Es gehören dazu die Gerichtsbezirke Freiberg, Fulnek, Neutitschein und Mährisch Weißkirchen in Mähren, ferner Odrau, Wigstadtl, Konigsberg und Wagstadt in Schlesien. Das Gebiet umfaßt 566 qkm mit (1921) 76243 Einwohnern (92,5 v.H. Deutsche). Die Jahrhunderte hindurch hier seßhafte deutsche Bevölkerung war altem Brauchtum verhaftet. Hier konnte Joseph Georg Meinert die Sammlung deutscher Volkslieder in der Mundart des Kuhländchens, genannt „Fylgie" (1817), zustandebringen. 1962 übernahm die Stadt Ludwigsburg die Patenschaft über die Kuhländler.

Kukus (*Kuks*), Dorf im Bezirk Königinhof, ist wegen seiner großartigen barocken Kunstwerke ein von Kunstliebhabern geschätzter Ort. Schöpfer des großen Komplexes war Franz Anton Reichsgraf Sporck, Sohn des berühmten Reitergenerals der Türkenkriege. Sporck legte 1695 bei drei Mineralquellen einen Badeort an, errichtete ab 1704 ein Schloß mit Park, Wasserspielen und Säulengängen, von 1711–1717 ein Hospital für Pfründner der Herrschaft Gradlitz-Kukus und schließlich dazu eine Kirche mit einer Gruft, die Giovanni B. Alliprandi erbaute. Unter den mitwirkenden Künstlern ist der Tiroler Bildhauer Matthias Braun zu nennen, der für Sporck viele Statuen schuf, darunter die biblischen Darstellungen, zum Teil in die Felsen gehauen, im sogenannten Bethlehem im Neuwald zwischen Kukus und Schurz. Die seit 1740 bis 1946 im Betrieb gewesene Apotheke gewährt eine Vorstellung von einer solchen Einrichtung während der Barockzeit.

Kulm (*Chlumec*), Bezirk Aussig. Als Grenzburg hatte der Ort bereits im Mittelalter Bedeutung. Der Kulmer Weg, auch Sorbensteig genannt, war eine wichtige Verbindung zwischen Böhmen und Sachsen; er führte über den Nollen-

Kuhländler Tracht um 1730

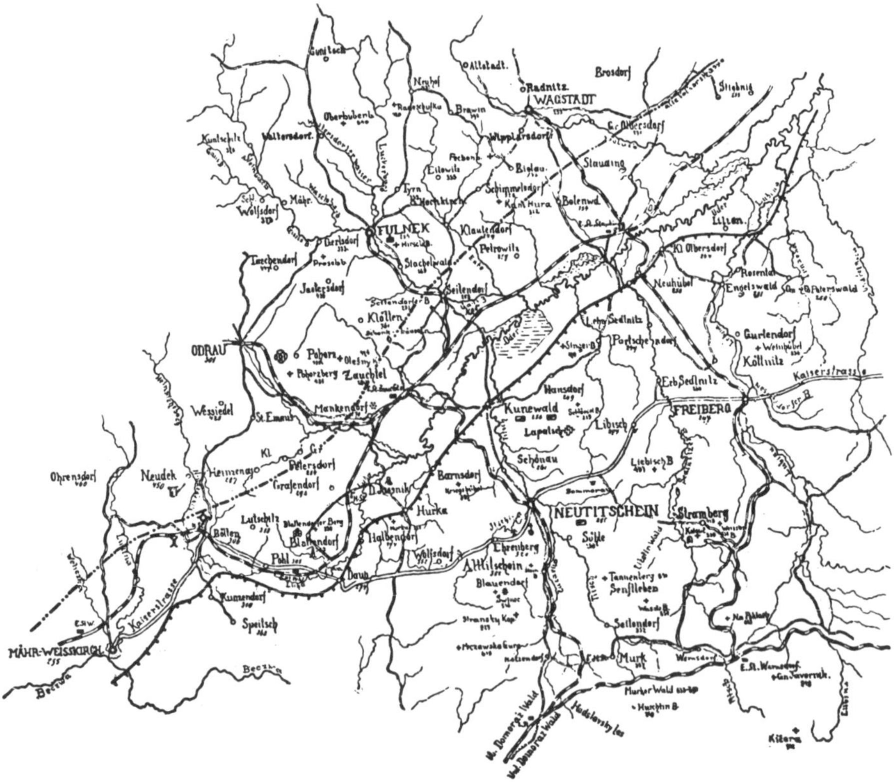

Das Kuhländchen

dorfer Paß. Schloß und Park waren Eigentum der Grafen Westphalen. In der Neugotischen Kirche aus dem Jahre 1847 befinden sich Epitaphe aus dem 16. Jh. Auf dem Kapellenberg steht eine Barockkapelle mit dreiseitigem Grundriß aus dem Jahre 1691; sie enthält die herrschaftliche Gruft. Denkwürdig ist Kulm als Schlachtenort. Hier siegten am 29./30. August 1813 die Verbündeten über die Franzosen; deren General Vandamme geriet in Gefangenschaft. Die drei siegreichen Armeen der Österreicher, Preußen und Russen zur Erinnerung je ein Denkmal errichten.

Kulturelle Sammlungen (Stand 1983):

Studienbibliothek der Ackermann-Gemeinde, München

Adalbert-Stifter-Gesellschaft, Wien

Adalbert-Stifter-Institut des Landes Oberösterreich, Linz

Adalbert-Stifter-Verein, München

Heimatstube der Adlergebirgler, Waldkraiburg

Altrohlauer Stube, Viernheim

Archiv der Vertriebenen, Hammelburg

Arnauer Heimatstube, Bensheim

Ascher Heimatstube, Rehau

Archiv des Kreises Asch, Selb
Heimatstube Augezd, Burghausen
Bibliothek des Instituts für Auslandsbeziehungen, Stuttgart
Aussiger Archiv und Heimatmuseum, München
Bärner Heimatstube, Lang Göns
Heimatstube Bielitz-Biala, Lippstadt
Biliner Archiv, Frankfurt/Main
Museum Heimatkreis Bischofteinitz, Furth/W.
Böhmerwaldmuseum, Passau
Böhmerwaldmuseum, Wien
Archiv für den mittleren Böhmerwald, Bayrisch Eisenstein
Heimatarchiv Böhmisch Leipa-Haida-Dauba, Pforzheim
Heimatsammlung Böhmisch Leipa, Geretsried
Braunauer Heimatmuseum, Forchheim
Heimatstube Bruch-Ladung-Wiesa, Oer-Erkenschwick
Brünner Heimatmuseum, Schwäbisch Gmünd
Brüxer Archiv, Erlangen
Brüxer Heimatstube, Erlangen
Buchauer Heimatstube, Pappenheim
Budweiser Museum, Neydharting
Charles-Sealsfield-Archiv, Solothurn/Schweiz

„Christlicher Krieger“ in Kukus

Schlachtendenkmal bei Kulm (1813)

Chodauer Heimatstube, Waldsassen
Bibliothek des Collegium Carolinum, München
Archiv Christiansberg, Waging am See
Sammlung des Heimatkreises Deutsch-Gabel/Zwickau, München
Duxer Heimatarchiv und Heimatstube, Miltenberg
Egerland-Museum und Kulturhaus, Marktredwitz
Egerländer Studienbibliothek, Marktredwitz
Egerland und Bayerischer Nordgau, Archiv und Museum, Geretsried
Heimatstube und Landesarchiv der Egerländer, Wendlingen/Neckar
Erdberger Heimatstube, Wulzeshofen/NÖ.
Elbogener Heimatstube, Illertissen
Erzgebirgler Heimatstube, Wien
Falkenauer Heimatarchiv, Schwandorf
Ferdinand-Staeger-Gedenkraum, Waldkraiburg
Heimatmuseum Freudenthal-Altvater, Memmingen
Archiv Friedek-Mistek, Wiesloch
Friedlandstube, Hünfeld
Heimatarchiv Fulnek und Umgebung, Heidelberg

Gablonzer Glas- und Schmuckwarenausstellung, Kaufbeuren/Neugablonz
Giebauer Heimatstube, Lorsch
Glasmuseum Rheinbach, Rheinbach
Graslitzer Gedenk- und Informationsraum, Aschaffenburg
Hans-Watzlik-Archiv, Regensburg
Hausdorfer Heimatstube, Rothenburg/T.
Iglauer Archiv und Heimatmuseum, Heidenheim/Brenz
Jägerndorfer Archiv, Ansbach
Heimatmuseum und Heimatarchiv Jauernig, Vaihingen/Enz
Heimatstube und Archiv Kaaden-Duppau-Klösterle, Weißenburg/Bayern
Kaltenbacher Heimatstube, Röhrnbach ü. Passau
Heimatsammlung des Kreises Kaplitz-Südböhmen, München
Karlsbader Archiv und Museum, Wiesbaden
Karpatendeutsches Heimatmuseum, Karlsruhe
Institut für Kirchengeschichte Böhmens, Mährens und Schlesiens, Königstein/Taunus

Ofenwinkel

Kolbenheyer-Archiv, Geretsried-Gartenberg
Komotauer Heimatstuben, Erlangen
Heimatsammlung Königsberg a. d. Eger, Moosburg/Isar
Heimatarchiv des Gemeindebezirks Königswarth, Frechen
Kratzauer Archiv, Marktoberdorf
Gedenkstätte Kubin-Haus, Zwickledt/OÖ.
Kuhländer Archiv und Heimatstube, Ludwigsburg
Krummauer Heimatsammlung, Eßlingen
Heimatsammlung Kunewald, Leimen
Heimatarchiv Leipa-Haida-Dauba, Pforzheim
Leitmeritzer Heimatarchiv, Fulda
Leutelt-Stube, Schwäbisch Gmünd
Heimatstube Lichtenstadt, Zirndorf
Heimatstube Liebenau, Königsbrunn
Luditzer Heimatstube, Bad Sooden-Allendorf
Mährisch Neustädter Heimatstube, Limburg
Heimatsammlung des Mährisch-Schlesischen Sudetengebirgsvereins, Kirchheim/Teck
Mährisch-Schlesisches Heimatmuseum, Klosterneuburg/Ö.
Haus Mährisch-Schönberg, Bad Hersfeld
Marienbader Archiv, München
Heimatstube des Heimatkreises Marienbad, Neualbenreuth
Marienbader Stube, Bad Homburg
Archiv und Heimatstube des Heimatkreises Mies und der Stadt Pilsen, Dinkelsbühl
Mödritzer Heimatstube, Schloß Erbach
Heimatstube des Kreises Neubistritz, Reingers
Heimatstube Landkreis Neudek, Augsburg
Heimatstube Neuern, Kitzingen
Neugablonzer Museum, Neugablonz
Niederebersdorfer Heimat- u. Archivstuben, Tutzing
Heimatstube des böhmischen Niederlandes, Böblingen
Niemeser Heimatstube, Ingolstadt
Heimatsammlung der früheren landwirtschaft-

lichen Landeslehranstalt Oberhermsdorf, Landsberg/Lech
Odrauer Heimatsammlung, Neuburg/Donau
Heimatarchiv Olmütz, Nördlingen
Bücherei des Deutschen Ostens, Herne
Ostdeutsche Galerie, Regensburg
Haus des Deutschen Ostens, Düsseldorf
Haus des Deutschen Ostens, München
Ostdeutsches Musikarchiv, Regensburg
Ostdeutsches Theaterarchiv, Eßlingen
Forschungsstelle Karasek für ostdeutsche Volkskunde, Bischofswiesen
Plan-Weseritzer Heimatstube und Archiv, Tirschenreuth
Prachatitzer Heimatstube, Ingolstadt
Reichenberger Heimatstube, Augsburg
Riesengebirgsmuseum, Marktoberdorf
Riesengebirgs-Heimatstube, Würzburg
Heimatsammlung Römerstadt, Zeil
Rumburger Heimatsammlung, Sulzbach-Rosenberg
Sandauer Heimatstube, Arzberg
Schlackenwerther Zimmer, Rastatt/Baden
Heimatstube und Archiv Schluckenau, Weißenhorn
Schönhengster Archiv und Heimatstube, Göppingen
Heimatstube Seestadtl, Friedberg/Hessen
Seliger-Archiv, Stuttgart
Museum der Sprachinselorte bei Brünn, Erbach a. d. Donau
Sternberger Heimatstube, Günzburg
Sudetendeutsches Archiv, München
Sudetendeutsches Genealogisches Archiv, Nürnberg
Arbeitsgemeinschaft sudetendeutscher Erzieher, Archiv und Bücherei, Waldkraiburg
Heimatstube der Sudetendeutschen, Tittmoning
Sudetendeutscher Sängerbund, Archiv und Notenarchiv, Kitzingen
Sudetendeutscher Verband studentischer Korporationen, Archiv und Wappenbuch, Würzburg

Alter Hausrat

Archiv für Sudetendeutsche Volkskunde, Gießen
Archiv Freundeskreis Sudetendeutscher Wandervögel, Waldkraiburg
Sudetendeutsches Wörterbuch, Gießen/Lahn
Südmährische Heimatstube und Landschaftsarchiv, Geislingen
Tachauer Heimatstube, Weiden/Oberpfalz
Heimatmuseum Tachau, Geretsried
Heimatstube Tepl, Butzbach,
Teplitz-Schönauer Museum, Frankfurt/Main
Tetschen-Bodenbacher Heimatmuseum, Nördlingen
Heimatarchiv und Heimatstube Troppau, Bamberg
Wagstädter Heimatstube, Bad Neustadt/Saale
Waltscher Heimatstube, Neckargmünd
Heimatstube Weidenau-Großkrosse, Neuburg
Heimatsammlung Weipert, Weißenburg
Heimatsammlung Stadt Winterberg, Freyung
Wischauer Heimatstube, Aalen
Würbenthaler Heimatstube, Sindelfingen
Zentralarchiv des deutschen Protestantismus in den böhmischen Ländern, Bad Rappenau
Zuckmantler Heimatstube, Bietigheim

Kummergebirge, der sich südwestlich von Niemes hinziehende Teil der Daubaer Platte mit

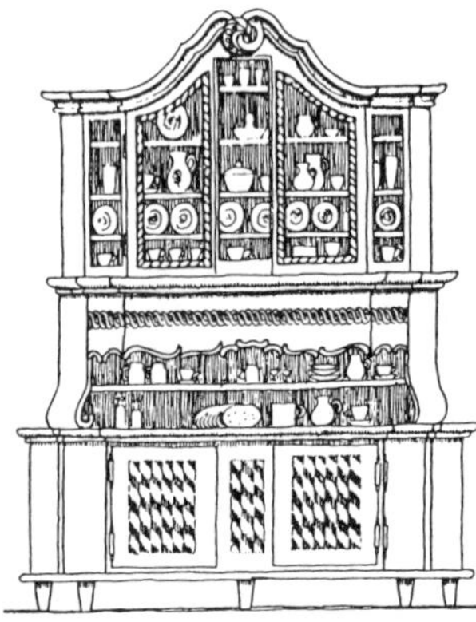

Küchenkredenz

reichen Buchenbeständen. Den Namen hat es von der Sommerfrische Kummer am See. Der Wanderer bestaunte die zahlreichen eigenartigen Felsgebilde, so den Quargelstein und die Hundskirche.

Künische oder königliche Bauern waren ein Bauernadel mit Vorrechten, die ihnen der böhmische König verliehen hatte. Die Freibauern, die der königlichen Kammer unterstanden, hatten die Gerichte St. Katharina, Hammern, Eisenstraß, Seewiesen, Haidl, Kochet, Stadln, Stachau. Daß sie als Gegenleistung für ihre Rechte (Fischerei- und Jagdrecht, Freiheit von der Robotpflicht, Wahl eigener Richter und eines Oberrichters, der Steuerangelegenheiten regelte und das Konskriptionsverfahren durchführte) den Dienst als Grenzwächter versahen, ist nach Josef Blau nur eine Fabel.
Diese Künischen des Böhmerwaldes waren ein selbstbewußter Stamm, dessen große Besitzungen Gehöfte hatten, die man mit Burgen verglichen hat. Ihre Selbständigkeit ging mit dem 18. Jh. zu Ende. Nach einer alten Beschreibung waren die Künischen „kräftige, derbe Söhne der Natur, die sich mit ihren runden, breitkrämpigen, etwas erhöhten, nach der Verschiedenheit der Gerichte mit Bändern verschiedener Farbe gekennzeichneten Hüten, mit ihren kurzen, bis auf die Knie reichenden Röcken recht stattlich ausnehmen".

Kunstblumen. „Blumen, die nie verwelken", wurden und werden in Heimarbeit im Gebiet von Schluckenau, Nixdorf und Nieder Einsiedel hergestellt. Die dazu nötigen Werkstoffe sind Webstoff, Papier, Wachs und Ceresin. Das Gewerbe, dessen Produkte zu 90 v. H. ins Ausland gingen, breitete sich über die Grenze nach Sachsen aus. Die Kunstblumen waren für das heimische Brauchtum von Bedeutung: Hochzeiten, Musterungen und andere Anlässe.

Künstler und Kunstdenkmäler. Das Sudetenland als Kunst-Sonderlandschaft weist seit der *Romanik* viele Höhepunkte auf. Im Zuge der Klostergründungen entstanden Gebäude und Kirchen (Kladrau, Plaß, Ossegg, Tepl, Trebitsch, Mühlhausen). Von Stadtkirchen aus jener Zeit sind zu nennen Eger (Einfluß aus Bamberg), Saaz, Aussig, die Doppelkapelle der Pfalz in Eger, der Rundbau in Znaim, St. Georg am Hradschin und die Rotunden in Prag. In der romanischen Zeit entstanden die zahlreichen Burgen, nach deutschen Vorbildern angelegt, ausgestattet mit kunstvollen Burgkapellen. Vieles aus dieser Zeit wurde zerstört oder in späterer Zeit umgebaut.
Eine reiche Kunstentwicklung ist in der *Gotik* zu verzeichnen. Wieder sind es Orden, führend Zisterzienser und Bettelorden, die als Bauherren auftreten (Königsaal, Sedletz, Münchengrätz, Hohenfurth, Tischnowitz, Iglau, Budweis und das Prager Agneskloster). Höhepunkt der Gotik ist die Zeit Karls IV. Der von Matthias von Arras begonnene Veitsdom in Prag wird von Peter Parler aus Schwäbisch Gmünd weitergebaut; dieser formt zahlreiche Plastiken und errichtet die neue Karlsbrücke. Es entstehen Kirchen wie in Kolin und Kuttenberg, herrliche Netzgewölbe, Standbilder wie das St. Georgs auf der Prager Burg, ein Werk der Brüder Martin und Georg von Klausenburg.

In der *Malerei* ragen der Meister von Hohenfurth hervor, Nikolaus Wurmser aus Straßburg, Meister Theoderich und der Meister von Wittingau. Ihre Werke gehören zu den Höhepunkten der zeitgenössischen Kunst. Burg Karlstein, von Karl IV. als Hort der Reichskleinodien und kostbar gefaßter Reliquien errichtet, birgt Theoderichs einzigartige Bilder. In diesem Zeitraum entstehen kostbare Werke der Buchmalerei, so die Wenzelshandschrift, heute Besitz der Österreichischen Nationalbibliothek in Wien.
Um 1400 tritt uns im Reigen der Schönen Madonnen jene aus Krummau entgegen, Urbild jenes Typus, der in vielen Kunstlandschaften anzutreffen war.
Die *Spätgotik* bringt noch einmal architektonische Kostbarkeiten hervor, u. a. des Schweinfurters Jakob Haylmann großartige Hallenkirche in Brüx und den Wladislawsaal auf dem Hradschin in Prag, ein Werk des Benedikt Ried aus Piesting. Eine spätgotische Kostbarkeit ist die Jakobskirche in Brünn, beendet von Meister Pilgram. Er, der sich als Dombaumeister bei St. Stephan in Wien dort zweimal in Selbstbildnissen verewigte, hat auch das Rathausportal in Brünn geschaffen. Nikolaus von Edelspitz schuf damals den schönen Turm in Znaim. Jener Zeit entstammen auch der holzdeckengeschmückte Rathaussaal in Iglau und die städtische Waaghalle in Olmütz.
Den Übergang zur *Renaissance* bilden Benedikt Ried und Bonifaz Wolmut. Der erste Idealbau des neuen Stils nördlich der Alpen ist das Belvedere in Prag, jenes Lustschloß, das zwar Italiener begonnen hatten, das aber Wolmut und Hans von Tirol zu Ende brachten. Gleiche Formen zeigen das Ballhaus in Prag und die Orgelempore im Veitsdom, ebenso die Kuppel der Karlshofer Kirche, aber auch viele Schlösser der Herren von Rosenberg und anderer Familien in Neuhaus, Bischofteinitz, Kurzweil, Mährisch Trübau, Kunstadt, Wischau, Mährisch Kromau, Teltsch und Ullersdorf, manche mit den typischen Arkaden, die oft mehrstöckig errichtet wurden. Bürgerstolz zeigte sich in Stadttoren, Rathäusern und Bürgerhäusern, wie er sich auch in Prachatitz darbot.
Ein Kunstzentrum bildete die *Prager Residenz* Kaiser Rudolfs II., der Künstler aller Art an seinen Hof berief, Deutsche, Niederländer, Italiener. Seine „Kunstkammer" machte er nicht nur zu einem einmaligen Raritätenkabinett, vielmehr zu einer Anhäufung von Kunstwerken allerhöchsten Ranges. Daß die meisten Bilder und Plastiken verloren gingen, geraubt oder verschleudert wurden, bedeutet für die Kunstgeschichte einen unschätzbaren Verlust.
Ebenso wie der Kaiser, so stellten auch die Adeligen Künstler in ihren Dienst, allen voran die Rosenberger. Bildhauerarbeiten sind aus jener Epoche zumeist als Grabdenkmäler erhalten. Epitaphe finden sich besonders häufig in Nordböhmen. Dort, in der Gegend von Kaaden und Komotau, arbeitete auch jener Ulrich Creutz, dessen Können man erst in jüngster Zeit schätzen lernte.

Znaim, Rathausturm

Die Schlacht am Weißen Berg war auch für die Kunst von Bedeutung. Nun kamen italienische Architekten und Bauleute in Scharen in die böhmischen Länder. Im Zeichen der anbrechenden *Gegenreformation* wurden Gotteshäuser von großer Pracht, viele in Nachahmung der berühmten Jesuitenkirche in Rom, errichtet. Die barocke Prachtentfaltung vollzog sich über 100 Jahre lang im sakralen und profanen Bau. In Prag entstanden Palais (Wallenstein, Czernin), auch in Raudnitz (Lobkowitz), Olmütz, Frain, Joslowitz, Plumenau, Aussee, Kremsier, Austerlitz, Nikolsburg. Für den Höhepunkt des *Barock* stehen Namen wie Fischer von Erlach, Lucas von Hildebrandt, Christoph und Kilian Ignaz Dientzenhofer. Ihre Kunst hat Weltgeltung, ebenso die Balthasar Neumanns aus Eger, der sein Können außerhalb seiner Heimat zur Geltung brachte. Mehr regionale Bedeutung kommt den beiden Broggios zu, die in Leitmeritz und in der Umgebung arbeiteten, den Italienern Alliprandi, Canevale und Allio. Damals entstanden auch Kirchen in *Wallfahrtsorten:* Mariaschein, Heiliger Berg bei Olmütz, Turas, Wranau, ebenso jene zahllosen Umbauten, mit denen man romanische und gotische Bauten barockisierte.

Franz Metzner: Völkerschlachtdenkmal

Eine Sonderform des Barock bildete Johann Santin Aichel aus. Bei Restaurierungen gotischer Kirchenbauten, zum Teil während der Hussitenkriege zerstört, entwickelte er einen eigenartigen Stil, den der „Barockgotik". Solche Beispiele findet man an der Johannes-Nepomuk-Kapelle auf dem Grünen Berg bei Saar, an der Stiftskirche in Groß Raigern, in Sedletz und Kladrau.
Eine Galerie barocker Bildhauerarbeiten bietet die Prager Karlsbrücke, voran Werke von Matthias Braun und Ferdinand Maximilian Brokoff. Johann Brokoff gestaltete das Modell des Johannes von Nepomuk auf der Brücke. Brauns Name ist mit dem Grafen Sporck und mit dessen Schöpfung Kukus verbunden, wo weitab vom geschäftigen Treiben ein Kunsteiland eigener Art entstand. Viele Namen wären noch zu erwähnen: Platzer, Johann Georg und Paul Heermann (Schloß Troja), Wenzel M. Jäckel, Waitzmann, Eberle, Lehnert, Kuen, Hiernle und Schweigel. Bereits dem Rokoko ist Ferdinand Tietz zuzurechnen, jener großartige Gartenplastiker, der Werke für Seehof bei Bamberg und für Veitshöchheim schuf.
Auch die *Barockmaler* rekrutierten sich teilweise von auswärts, aus Österreich (Troger, Maulpertsch, Gran, Rottmayr), aus Bayern (Cosmas Damian Asam, Hiebel, Scheffler, Schöpf) und Schlesien, doch sind auch große einheimische Namen zu nennen: Peter Brandl, Wenzel L. Reiner, Johann Chr. Handke, Norbert Grund; nicht vergessen sei der Olmützer Georg Flegel, der in Frankfurt lebte und als Begründer der deutschen Stillebenmalerei zu nennen ist.
Züge des Barock sind auch noch im 19. Jh. sichtbar. Aber bald dominieren da und dort die neuen Strömungen – so der Klassizismus, wie er sich im Prager Zollamt von Georg Fischer oder im Schloß Katschina von Schuricht zeigt.
Für die *Romantik* stehen Namen wie Joseph von Führich und Adrian Ludwig Richter, die beide böhmische Landschaften als Vorlagen für ihre Bilder nutzten. Die Romantik bewirkte eine

Trennung der Kunst in zwei nationale Richtungen, hatte doch die von Herder ausgelöste Erweckung des tschechischen Nationalbewußtseins diese Wiedererweckung mit all ihren Folgen ausgelöst. Für das 19. Jh. sind noch die zwei Jahreszahlen 1837 und 1839 zu nennen, die Gründungsjahre des Kunstvereins für Böhmen und der Künstlerstiftung.

Herausragende architektonische Beispiele sind die Schlösser Frauenberg und Eisgrub, beide in englischer Gotik (Tudorstil) errichtet. Kranner und Mocker bauen am Veitsdom weiter, Grueber, Ullmann und Ohmann sind Architekten von Bedeutung.

Die Zeit der *Sezession* und des *Jugendstils* um die Jahrhundertwende ist zwar in erster Linie auf Wien ausgerichtet, doch sind namhafte Vertreter aus den böhmischen Ländern zu nennen, voran Josef Hoffmann aus Pirnitz in Mähren, dann Josef Maria Olbrich aus Troppau, Adolf Loos aus Brünn, ebenso Gustav Klimt, dessen Eltern aus der Leitmeritzer Gegend stammten.

Späteren Stilepochen verbunden sind die großen Maler und Graphiker, die unser Jh. aufzuweisen hat: Adolf Hoelzel, Franz Rumpler, Emil Orlik, Ferdinand Staeger, Emanuel und Josef Hegenbarth, Richard Müller, Richard Teschner, Hugo Steiner-Prag, Alfred Kubin. In Prag lehrten die Maler Franz Thiele, August Brömse, Karl Krattner, Heinrich Hönich und Alexander Jakesch.

Von den Bildhauern stehen an vorderer Stelle: Joseph und Emanuel Max, Karl Wilfert, Hugo Lederer, Franz Metzner, Adolf Mayerl, Franz Barwig und Anton Hanak.

Eine Kunstgeschichte der Sudetendeutschen steht noch aus. In der Vergangenheit und Gegenwart herrschte stets ein ausgesprochen reges Kunstleben mit vielen Höchstleistungen, auch heute noch wären viele Namen von Künstlern zu nennen. Viele von ihnen haben sich in der *Künstlergilde* mit Sitz in Esslingen zusammengeschlossen.

Prießnitz-Sanatorium, Gräfenberg

Kupferberg (*Mědĕnec*). Die erste Erwähnung als Bergort stammt aus dem Jahre 1449; Hans Vitzthum ließ den Bergbau auf Kupfer intensivieren. 1520 hören wir von einem Städtchen und 1588 von der freien Bergstadt Kupferberg. Während des Dreißigjährigen Krieges verfielen die Schächte, 1807 ging der Bergbau vollständig ein. Wie viele Erzgebirgsstädte ist auch Kupferberg regelmäßig angelegt. Die ehemalige Feste der Vitzthum ist verschwunden. Über der Stadt erhebt sich auf dem Kupferhübel (908 m) eine Wallfahrtskapelle aus dem Jahre 1660.

1930: 1113 Einw. (20 Tschechen).

Barbarakirche in Kuttenberg

Kurorte und Sommerfrischen. Die warmen Heilquellen und Mineralwässer befinden sich überwiegend in den Randgebieten der Sudetenländer. Es sind die von Deutschen besiedelten Teile. Neben den Weltbädern Karlsbad, Marienbad, Franzensbad, Teplitz-Schönau und St. Joachimsthal (Radiumbad) findet der Heilung- und Erholungsuchende noch viele andere Kurorte und Sommerfrischen. Eine Zusammenstellung nach dem Stand von 1937 gibt einen Überblick über die ständigen Gäste im deutschen Gebiet:

Karlsbad	48138
Marienbad	31100
Spindlermühle	17943
Petzer	13403
Franzensbad	10539
Gräfenberg-Freiwaldau	8047
Harrachsdorf	7433
Hirschberg	6457
Teplitz-Schönau	6229
St. Joachimsthal	6082
Johannisbad	3434
Eichwald	2594
Niederlindewiese	2227
Groß Ullersdorf	1606
Bad Liebwerda	1591
Karlsbrunn	1443
Zuckmantel	1388
Rochlitz a. d. Iser	1321
Hammer	1204
Bad Königswart	1119
Karlsthal	1106
Konstantinsbad	1069
Blauda	988
Wurzelsdorf	845
Bilin	822
Kunnersdorf	733
Zusammen	178861

Die im tschechischen Siedlungsgebiet gelegenen 10 Kurorte wiesen zum selben Zeitpunkt insgesamt nur 36872 ständige Gäste auf.

Kuttenberg (*Kutná Hora*) war im Mittelalter die größte Stadt Böhmens. Durch den Silberbergbau, der vom 13.–18. Jh. betrieben wurde, war

Wegkreuz aus Kuttenplan

die königliche Bergstadt auch die reichste. 1300 wurden die ersten Münzen geschlagen. Neben dem Welschen Hof gab es sogar noch eine zweite Münze. In der Geschichte Böhmens spielte Kuttenberg eine wichtige Rolle; so ist das Kuttenberger Dekret von 1409 Anlaß für den Auszug deutscher Professoren und Studenten aus Prag nach Leipzig, von König Wenzel hier unterzeichnet, als er, wie andere Könige auch, im Welschen Hof zu Kuttenberg residierte.
Viele kostbare Bauwerke schmücken die alte Stadt, die, obwohl sie in unserem Jahrhundert fast ganz tschechisch war, doch den Anteil deutscher Bürger und Künstler nicht verleugnen kann. Die großartige gotische Barbarakirche wurde von Peter Parler begonnen und von Benedikt Ried weitergebaut. Dientzenhofer schuf die Pläne für das barocke Ursulinenkloster, F. Baugut fertigte die Mariensäule (1713–1715), Domenico Orsi errichtete das Jesuitenkolleg, Peter Brandl, der in Kuttenberg starb, malte Bilder für die Kirchen.

Kuttenplan (*Chodová Planá*). Nach Ernst Schwarz kommt der Name der Marktgemeinde im Bezirk Plan von den Choden, den Grenzwächtern im Süden des Egerlandes. 1514 als Städtchen erwähnt, ist es 1587 aber wieder als Dorf bezeichnet. Ursprünglich zum Stift Tepl gehörig, kam Kuttenplan an die Rabenstein, später an die Haimhausen. Einer aus diesem Geschlecht ließ das große Schloß erbauen.
1930: 1735 Einw. (68 Tschechen).

Labitzky, Joseph, ∗ 1802 Schönfeld bei Eger, † 1881 Karlsbad. Zuerst reiste er mit seiner Musikkapelle durch Europa. In Karlsbad gründete er die angesehene Kurkapelle, die er bis 1868 leitete. Er komponierte Tänze, Streichquartette, Kirchenmusik u. a. Mit seinen Walzern wurde er mit Strauß und Lanner gleichzeitig genannt. Er hatte 10 Kinder. Von diesen wurde *August* (∗ 1832 Petschau, † 1903 Bad Reichenhall) Nachfolger des Vaters an der Kurkapelle in Karlsbad, wo er 1894 die erste Aufführung von Dvořáks Symphonie „Aus der Neuen Welt“ leitete. Auch er komponierte Tänze, Märsche und Orchestermusik. Der Sohn *Wilhelm* (∗ 1829 Petschau, † 1871 Toronto/Kanada) war als Geiger in der Karlsbader Kurkapelle beschäftigt. Er starb als Domkapellmeister in Toronto.

Ladowitz (*Ledvice*) im Bezirk Dux wird in einer Urkunde von 1226 als Besitz des Klosters Doxan bezeichnet. In unserer Zeit wurde es eine typische Arbeiterstadt, deren Bevölkerung stark anstieg. 1870 hatte es 55 Häuser und 340 deutsche Bewohner, 1930 bereits 379 Häuser und 4458 Einwohner, davon 2516 Tschechen und 1837 Deutsche. Die Bevölkerung verdiente sich ihren Lebensunterhalt in den vier Braunkohlenschächten, in der Porzellanfabrik und in den Ziegeleien. Der Ort existiert heute nicht mehr.

Landskron (*Lanškroun*) gehört zum Schönhengstgau. Als Bezirksstadt in Ostböhmen hatte es 60 Gemeinden. 1246 bereits erwähnt, wurde Zawisch von Falkenstein Herr von Landskron, das nach dessen Hinrichtung dem neu gegründeten Kloster Königsaal geschenkt wurde (1304). Peter Wurst aus dem nahen Nieder Johnsdorf, Kanzler Karls IV. und Bischof von Leitomischl, stiftete das Augustinerkloster. 1581/1582 wurde das Rathaus errichtet. Die Stadtmauern aus der Hussitenzeit wurden 1791/1792 abgebrochen.

Marktplatz in Landskron

Neben der gotischen Wenzelskirche liegt das Schloß. Alte Bürgerhäuser aus der Renaissance- und Barockzeit haben sich erhalten. Das Kratschengasthaus vor der Stadt galt als beliebter Treffpunkt für Erholungsuchende. Marcus Marci von Kronland, Arzt, Mathematiker, Philosoph und Professor der Prager Universität, und Friedrich Kardinal Piffl, Erzbischof von Wien, waren Söhne der Stadt. Bezirksbehörden. Deutsches Gymnasium. Textilindustrie, Möbelfabrik, Tabakfabrik (über 700 Arbeiter).
1930: 6497 Einw. (1093 Tschechen).

Landwirtschaft. Auf intensive Landwirtschaft ausgerichtete Gebiete sind vornehmlich das Elbetal südlich Aussig, das Egertal, die dem Böhmerwald vorgelagerten Teile Böhmens und Südmähren. 1930 wurden etwa 690000 Menschen als in der Landwirtschaft tätig gezählt. Mit zunehmender Höhe in den Randgebieten nehmen die Erträge der Landwirtschaft ab; in Höhen zwischen 400 und 600 m kann mit je einem Drittel Ackerland, Wiese und Wald gerechnet werden. Über 600 m geht das Ackerland deutlich zurück. Teile des Böhmerwaldes, des Erzgebirges und Nordmährens sind bis zu 70 v. H. mit Wald bedeckt.

Wir pflügen und wir streuen den Samen auf das Land; doch Wachstum und Gedeihen, das steht in Gottes Hand

Im gesamten Staatsgebiet beliefen sich die Durchschnittserträge 1933–1936 je ha auf dz bei: Weizen 17,5, Roggen 16,4, Gerste 17,2, Hafer 16,0, Kartoffeln 116,2 und Zuckerrüben 143, 2. Gerade auch in den deutsch besiedelten Gebieten bestand ein anerkannt hoher Grad landwirtschaftlicher Leistung, obwohl die Bodenreform empfindliche Lücken in das Gefüge der deutschen Agrarwirtschaft gerissen hatte.

Größte Bedeutung hatte der Hopfenanbau. Neben dem Gebiet von Auscha und Dauba war das Anbaugebiet im Saazer Becken (8600 ha) am bedeutendsten. Es ist das größte zusammenhängende Hopfenanbaugebiet der Welt. 60 v. H. davon war deutscher Anteil. 1935 belief sich der Ertrag von 11091 ha in ganz Böhmen auf 74115 dz. Der böhmische Hopfen war die Grundlage für die heimischen und für viele ausländische Brauereien.

Der ertragreiche Obstbau, vorherrschend im Elbetal und in Südmähren, war früher ein wertvoller Exportfaktor. Südmähren liefert dazu vorzügliches Gemüse, Wein, Mais und Zuckerrüben.

Neben bekannten Rinderrassen im Egerland, Schönhengstgau und im Kuhländchen werden auch Pferde, Schweine, Schafe, Ziegen und Geflügel gezüchtet. Nach R. Polzer war die Tierhaltung im deutschen Siedlungsgebiet stärker entwickelt als im Inneren Böhmens und Mährens. Auf 100 ha war sie bei Pferden und Rindvieh um etwa 10 v. H., bei Ziegen und Schafen um etwa 42 v. H. und bei Geflügel um 22 v. H. höher. In Bezug auf die Qualität der Rinder waren die deutschen Randgebiete die Gegenden des anerkannten Zuchtviehbestandes.

Landwirtschaftliches Genossenschaftswesen. Bereits 1847 wurde als erste Genossenschaft Österreich-Ungarns die Gewerbliche Aushilfskasse in Asch gegründet. Die ersten Raiffeisenkassen entstanden 1886 und 1887 in Mähren, 1888 in Böhmen und Schlesien, die ersten An- und Verkaufsgenossenschaften 1886, die erste Mol-

kereigenossenschaft 1897, die ersten Lagerhausgenossenschaften 1898. Grundlage war das österreichische Genossenschaftsgesetz vom 9. 4. 1873, das in der Tschechoslowakei auch nach 1918 in Geltung blieb.
In Prag bestand seit 1895 der Centralverband der deutschen landwirtschaftlichen Genossenschaften Böhmens, der in fünf Gaue eingeteilt war. In Brünn gab es seit 1893 den Zentralverband der deutschen landwirtschaftlichen Genossenschaften Mährens, Schlesiens und der Slowakei r. G. m. b. H., in Troppau seit 1894 bzw. 1901 den Verband landwirtschaftlicher Genossenschaften Schlesiens. Den drei Zentralverbänden waren 1937 angeschlossen: 1204 Raiffeisenkassen, 6 Vorschußkassen, 71 Lagerhausgenossenschaften, 88 Molkereigenossenschaften, 96 Milchverkaufsgenossenschaften, 11 Flachsverwertungsgenossenschaften, 23 Mühlengenossenschaften, 24 Dreschgenossenschaften, 32 Brennereigenossenschaften, 72 Viehzucht- und Weidegenossenschaften, 391 Elektrizitätsgenossenschaften und 51 andere Genossenschaften. Zusammen waren es 2069 (1231 in Böhmen, 638 in Mähren und 200 in Schlesien).

Langenau (*Skalice*), Gemeinde im Bezirk Böhmisch Leipa. Ernst Schwarz stellte fest, daß Langenau, ein Waldhufendorf, mit der älteren tschechischen Siedlung Skalice zusammengewachsen ist. In einer Urkunde fand er, daß es 1352 „Skalicz sive Langnau" (Skalice oder Langenau) heißt. Industrie: Glashütte, Schleifereien, Glasveredelung, Raffinerien, Kuglereien, Malereien, auch Hausindustrie. In der Nähe Langenauer Berg, Leipaer Spitzberg, Bad Kottowitz u. a. 1930 (mit Josefsdorf): 3324 Einw. (610 Tschechen).

Langer, Eduard, ∗ 1852 Rokitnitz, † 1914 Braunau. Der Landtagsabgeordnete, Großindustrielle, Volkskundler und Bibliophile gründete 1894 den „Bund der Deutschen in Ostböhmen", verbesserte die wirtschaftlichen Verhältnisse im Adlergebirge und setzte sich für die Wahrung des

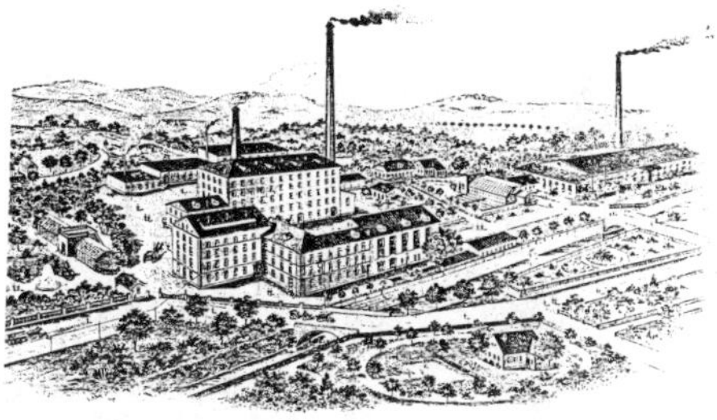

A. Ehingers Söhne, Oberlangenau

nationalen Besitzstandes ein. Er schuf eine große Privatbibliothek und veröffentlichte zahlreiche heimat- und volkskundliche Schriften, auch eine „Deutsche Volkskunde aus dem östlichen Böhmen".

Lanna, Adalbert, ∗ 1805 Budweis, † 1866 Prag. Der Großindustrielle war an dem Bau und dem Betrieb der Pferdeeisenbahn Linz-Budweis beteiligt und bemühte sich um die Flußregulierung und die Schiffbarmachung der Moldau. Man nannte ihn den „Admiral der Moldau". Er eröffnete die Graphitlager in Mugrau und Schwarzbach und organisierte den Kohlebergbau in Kladno. Sein Sohn *Adalbert* (∗ 1836 Budweis, † 1909 Meran) übernahm die Industrieunternehmungen des Vaters und betätigte sich auf kulturellem Gebiet als Mäzen.

Laube (*Loubí*). Der 1880 erbaute und später erweiterte Umschlagplatz an der Elbe bei Tetschen konnte täglich 150–180 Eisenbahnwagen, vor allem nordböhmische Braunkohle, bewältigen. Damit war Laube zur österreichischen Zeit größter Hafen auf dem böhmischen Teil der Elbe.

Lausitzer Gebirge (*Lužické hory*). Aus Quadersandstein mit aufgesetztem Phonolith und Basalt bestehender Nordwestteil der Sudeten, der sich zwischen Kreibitz bei Warnsdorf und Spittelgrund bei Deutsch Gabel erstreckt und mit dem über 500 Meter hinausreichenden Kamm die Grenze zu Sachsen bildet. Im Jeschkengebirge erreicht es mit dem Jeschken 1010 m. Im engeren

Lehrerbildungsanstalt Troppau

Lausitzer Gebirge sind die höchsten Erhebungen die Lausche (791 m) und der Hochwald (748 m).

Lauterbach Stadt (*Město Litrbachy*). Mit (1930) 1192 Einwohnern (1170 Deutsche und 9 Tschechen) hatte die Stadt nach der Vertreibung der Deutschen im Jahre 1948 nur noch 6 Bewohner. Die ehemalige Zinnbergstadt im Bezirk Elbogen gehörte früher zur Herrschaft Petschau, danach den Stampachs und wurde schließlich Lehen der Herrschaft Elbogen. Königliche Bergstadt wurde Lauterbach 1551, vier Jahre später erhielt sie ein Wappen. Zeugnisse der einst hier gefertigten schönen Zinnarbeiten befanden sich in der Pfarrkirche.

Lautscher Höhlen bei Lautsch (*Mladeč*) im Bezirk Littau sind Teil des Nordmährischen Karstes. Das Höhlengebiet erstreckt sich über einige Kilometer. Reiche Funde menschlicher Besiedlung aus dem Diluvium.

Ledebur-Wicheln, Eugen Graf, ∗ 1873 Petersburg bei Podersam, † 1945 Leitmeritz. Der Mitbegründer der Deutschen christlich-sozialen Volkspartei kam für diese als Abgeordneter in das Prager Parlament. Er war Obmann des Deutschpolitischen Arbeitsamtes in Prag und des Deutschen politischen Minderheitenausschusses, ferner Mitglied der Deutschen Völkerbundliga. Im Mai 1945 verhafteten die Tschechen den Politiker, der an den im tschechischen KZ Theresienstadt erlittenen Mißhandlungen im November starb.

Lederer, Hugo, ∗ 1871 Znaim, † 1940 Berlin. Der Bildhauer Lederer ist der Überwinder des neubarocken hohlen Pathos und der Erneuerer der geschlossenen Denkmalplastik. Seine Hauptwerke sind das Bismarck-Denkmal in Hamburg (1901–1906), der Fechterbrunnen in Breslau (1904), die Monumentalplastiken am Völkerschlachtdenkmal in Leipzig, daneben schuf er zahlreiche Denkmäler und Büsten.

Lederindustrie. Die Sudetenländer hatten eine beträchtliche Lederindustrie. Sie waren die „Leder- und Schuhwerkstatt der Monarchie" und mußten nach 1918, nachdem 70 v. H. der Lederverarbeitung des alten Österreich an die neue Republik übergegangen waren, den größten Teil der Produktion ausführen. Handschuhe, die auf dem Weltmarkt seit 1934 den ersten Platz einnahmen, kamen aus Abertham, Kaaden und St. Joachimsthal. Schuhfabrikation wurde in Asch, Aussig, Bodenbach, Brünn, Falkenau, Iglau, Karlsbad, Komotau, Theusing und Zlin betrieben; in dieser Stadt hatte der Schuhmacher Thomas Bat'a aus einem kleinen Betrieb einen Weltkonzern geschaffen.

Ledwinka, Hans, ∗ 1878 Klosterneuburg, † 1967 München. Seit 1897 arbeitete er bei der Wagenbaufabrikgesellschaft (später Tatra) in Nesselsdorf. 1905 übernahm er die Abteilung Automobilbau. Von 1917 bis 1921 war er in Steyr tätig und kehrte wieder nach Nesselsdorf zurück. Als Konstrukteur der Autos „Tatra" und „Steyr" ist sein Name in die Geschichte der Technik eingegangen.

Lehár, Franz, ∗ 1870 Komorn, † 1948 Bad Ischl. Sein Vater, Militärkapellmeister, stammte aus Schönwald bei Mährisch Neustadt. Bis 1940 war Lehár nach Schönwald heimatzuständig. Der international bekannte Operettenkomponist begann seine Laufbahn ebenfalls als Militärkapellmeister. Seine zahlreichen Operetten („Die lustige Witwe", „Der Zarewitsch", „Das Land des Lächelns") mit ihren einschmeichelnden Melodien machten ihn zum erfolgreichsten Komponisten der Unterhaltungsmusik.

Lehmann, Emil, ∗ 1880 Turn, † 1964 Dresden-Loschwitz. Der Gymnasialprofessor und Geschäftsleiter der Gesellschaft für deutsche Volksbildung war Organisator, Literarhistoriker, Heimatforscher, Volkskundler und Dichter. Er gründete den Deutschen Verband für Heimatforschung und Heimatbildung, gab Zeitschriften und Schriftenreihen heraus, Bücher über den Schönhengstgau und eine „Sudetendeutsche Volkskunde", die einzige geschlossene Darstellung dieser Art.

Lehrerbildungsanstalten (Stand 1933):
Aussig: Städtische Lehrerbildungsanstalt, gegr. 1903.
Brünn: Staats-Lehrerbildungsanstalt, gegr. 1871.
Budweis: Staats-Lehrerbildungsanstalt, gegr. 1870 (bzw. 1791).
Eger: Staats-Lehrerbildungsanstalt, gegr. 1791.
Eger: Privat-Lehrerinnenbildungsanstalt mit Öffentlichkeitsrecht der Schwestern vom Heiligen Kreuze, gegr. 1881.
Komotau: Staats-Lehrerbildungsanstalt, gegr. 1874.
Mies: Staats-Lehrerbildungsanstalt, gegr. 1899.
Prag: Staats-Lehrerbildungsanstalt, gegr. 1775.
Prag: Deutsche Pädagogische Akademie, gegr. 1931, 1936 staatlich.
Reichenberg: Staats-Lehrerbildungsanstalt, gegr. 1892.
Troppau: Staats-Lehrerbildungsanstalt, gegr. 1775. Die Lehrerinnenbildungsanstalt, 1870 gegründet, wurde 1920 eingegliedert.

Leipnik an der Betschwa (*Lipník nad Bečvou*) im Bezirk Mährisch Weißkirchen hatte bis zum 28. Oktober 1918 eine deutsche Stadtverwaltung; 1930 gab es jedoch unter 7530 Einwohnern nur noch 740 Deutsche. Stadtbefestigungen aus dem 15. und 16. Jh., ebenso die gotische Pfarrkirche, die barockisiert wurde; der Renaissanceturm (1609) blieb erhalten. Barocke Gebäude sind Kirche und Kloster der Piaristen. Die ehemalige Synagoge, die auf die einstige große Judengemeinde hinweist und aus dem Ende des 15. Jh. stammt, wurde Gotteshaus der Tschechoslowakischen Kirche. Das Renaissanceschloß (Ende des 16. Jh.) erhielt im 19. Jh. Umbauten. Industrie: Textilwaren, Posamenten, Filz- und Tuchschuherzeugung, Maschinenfabriken, Mälzerei, Essigerzeugung.

Leitmeritz (*Litoměřice*) im schönsten und fruchtbarsten Teil Böhmens unweit der Einmündung der Eger in die Elbe, war schon in der Bronze- und Eisenzeit eine Siedlungsstätte der Menschen. Bereits 1057 ließ Herzog Spitignew II. ein steinernes Kirchlein bauen, dem hl. Stephanus geweiht. Um Kirche und Burg entsteht ein deutsches Gemeinwesen.
Die Stadt (seit etwa 1227) wird machtvoller Vorort des Magdeburger Stadtrechts für die meisten Städte des Landes. Berühmt war die aus dem 15. Jh. stammende Lateinschule, nach 1630 von Jesuiten geführt. Mit ihrem Bürgermeister Paul Stransky schlossen sich die Leitmeritzer dem böhmischen Aufstand von 1618 an, aus Glaubensgründen wanderten später viele aus, andere wurden wieder katholisch. Seit 1655 Bischofssitz. Der bischöfliche Dom geht zurück auf die Stephanskirche und wurde 1663–1670 durch Domenico Orsi und Giulio Broggio als mächtige Barockkirche errichtet. Sie enthält wertvolle Bilder,

Rathaus in Leitmeritz

auch von Cranach und Skreta. Die neben der Kathedrale liegende Residenz des Bischofs, auch von Giulio Broggio erbaut (1689–1701), birgt das wertvolle Diözesanmuseum.
Auch die anderen Kirchen der Stadt sind baugeschichtlich äußerst interessant. Die Stadtkirche Allerheiligen (1235, Umbau 1704–1731 durch Octavio Broggio) mit einem einst zur Stadtbefestigung gehörenden Glockenturm, die prächtige Jesuitenkirche (1701) mit dem anschließenden Kolleg, das Dominikanerkloster mit der Kirche St. Jakob (1730–1740) und, ein besonderes Meisterwerk von Octavio Broggio, die Kirche St. Wenzel (1714–1716).
Das gotische Rathaus mit Laubengang und einer Rolandsäule (1539) war Sitz des Schöffengerichts, das Kelchhaus, 1584 erbaut, war zunächst Salzhaus; der kelchförmige Turm (1584) erinnert an das Symbol der Utraquisten. Die Pestsäule am Ringplatz stammt aus dem Jahre 1539. Viele Häuser zeigen noch Renaissance- und Barockelementen. Außer am Ring gab es früher noch zahlreiche andere Häuser mit Lauben.

Kelchhaus in Leitmeritz

Leitmeritz war eine bedeutende deutsche Handels-, Industrie-, Hafen- und Schulstadt. Es gab zwei Gymnasien, eine Realschule, eine Lehrerbildungsanstalt, eine Obst- und Weinbauschule und eine theologische Hochschule; diese existiert heute noch als einzige für Böhmen und Mähren, belegt mit staatlichen Auflagen und Beschränkungen.
Auch ein Theater, schon über 100 Jahre in Betrieb, ein Stadtmuseum mit reichen Schätzen und viele kulturelle Einrichtungen standen den Bürgern zur Verfügung. Ein großer Teil der Erwerbstätigkeit war auf die Verwertung von Obst und Gemüse ausgerichtet. Die Lage der Stadt brachte es mit sich, daß sich hier viele Verkehrswege kreuzten: Straßen, Eisenbahn und Schiffahrt.
In Leitmeritz wurden bedeutende Persönlichkeiten geboren, u. a. der Graphiker Alfred Kubin, der Slawist Josef Jungmann, der Politiker und Bürgermeister Alois Funke, Edler von Elbstadt, und der tschechische Lyriker Karel Hynek Mácha. Der Philosoph und Pädagoge Otto Willmann verbrachte hier seinen Lebensabend und wurde hier begraben.
1930: 18498 Einw. (10878 Deutsche, 6485 Tschechen, 522 Magyaren, 143 Juden, 38 Russen, 410 Ausländer).

Leitomischl an der Lautschna (*Litomyšl*) ist eine der ältesten Städte Böhmens. Hier bestand vor 1150 ein Kloster, das zum Domkapitel und Bischofssitz (1344–1421) wurde. Von hier aus wurde der Leitomischler Teil des Schönhengstgaues mit Deutschen besiedelt. Die Herrschaftsbesitzer waren u. a. die Pernstein, Trauttmannsdorff, Waldstein und Thurn und Taxis. Ein Pernstein ließ 1568 das Schloß erbauen. 1640 kamen die Piaristen, deren Gymnasium viele später berühmt gewordene Männer besuchten. In Leitomischl soll 1393 die erste Apotheke Böhmens gegründet worden sein. Überreste der Befesti-

gungsanlagen zeugen von dem wechselvollen Schicksal der Stadt, in der 1824 Friedrich Smetana zur Welt kam.
Während Leitomischl 1930 unter 7205 Einwohnern nur noch 82 Deutsche zählte, so lebten im Gerichtsbezirk Leitomischl immerhin 28 v. H. Deutsche, d. h. in 10 geschlossenen deutschen Ortschaften 11461 Deutsche. Im Jahre 1976 errichtete das Tschechische Kulturministerium (Prag) hier ein „Museum der böhmischen Musik".

Lemberg, Eugen, * 1903 Pilsen, † 1976 Mainz. Lemberg, der an der Deutschen Universität in Prag Volkswirtschaft und Gesellschaftswissenschaft lehrte, war nach der Entlassung aus der Kriegsgefangenschaft am Pädagogischen Institut in Kassel tätig, leitete dort die Lehrerfortbildungsstätte, wurde Leiter der Schulabteilung im hessischen Kultusministerium und Professor für Soziologie des Bildungswesens am Institut für Internationale Pädagogische Forschung in Frankfurt/M. Dem Herder-Forschungsrat stand er als Präsident vor (1959–1963).
Lemberg, einer der wenigen Bildungssoziologen in Deutschland, arbeitete vorwiegend über den Nationalismus und seine Überwindung, über Ideologien und Bildungssoziologie. Schon in den dreißiger Jahren hatte er sich mit dem nationalen Erwachen in Böhmen, ferner mit den Wegen und Wandlungen des Nationalbewußtseins (mit Belegen aus der böhmischen und flämischen Geschichte) befaßt, später folgte sein Standardwerk über die „Geschichte des Nationalismus in Europa". Geehrt wurde er mit dem Georg-Dehio-Preis und mit dem Sudetendeutschen Kulturpreis.

Leppin, Paul, * 1878 Prag, † 1945 Prag. Der dem Prager Dichterkreis zugehörige Schriftsteller schrieb Romane, Novellen, Gedichte und Dramen, die z. T. im jüdischen Milieu Prags angesiedelt sind. Leppin, der 1934 den Schiller-Gedächtnispreis erhielt, ist einer der zu Unrecht Vergessenen.

Schloß Leitomischl

Leskau (*Lestkov*) im Bezirk Plan. Heinrich von Schwanberg erbat von Ferdinand I. die Erhebung zum Markt (1537). Leskau wurde mit dem Familienwappen der Schwanberge, einem silbernen Schwan vor rotem Schild und auf grünem Dreiberg, als Stadtwappen begnadigt. Am Ende des Dreißigjährigen Krieges zerstörten die Schweden Leskau. Die Kirche St. Prokop war schon im 14. Jh. Pfarrkirche (1740 erneuert). In der Umgebung die Ruine Schwanberg, der Schafberg, das Herzheilbad Konstantinsbad, der Wallfahrtsort Schippin, Stift Tepl und der Wolfsberg mit Ruine.
1930: 873 Einw. (11 Tschechen).

Leutelt, Gustav, * 1860 Josefsthal bei Gablonz, † 1947 Seebergen bei Gotha. Der „Dichter des Isergebirges" war Lehrer in Josefsthal und Unter Maxdorf. Seine besinnliche und naturverbundene Art erinnert bisweilen an Stifter, doch ist er ein durchaus Eigener, der wie kein anderer die Landschaft und die Menschen des Isergebirges erfassen und schildern konnte. Voller Realistik sind „Die Königshäuser", „Der Glaswald", aber auch die Erzählungen aus dem Leben der Glasarbeiter und „Der Brechschmied". 1936 erhielt er den Eichendorff-Preis. Noch zu Lebzeiten des Dichters wurde die „Gustav-Leutelt-Gesellschaft" gegründet.

Levetzow, Ulrike von, * 1804 in Leipzig, † 1899 Trziblitz bei Leitmeritz. Goethe war ihr während dreier Sommer (1821–1823) in Marienbad begegnet. Als sie des Dichters Bewerbung um

Gustav Leutelt

ihre Hand abwies, dichtete dieser die „Marienbader Elegie". Ulrike starb unvermählt.

Libinsdorf (*Karlov*). Deutsche Siedlung im Bezirk Tschaslau zwischen der Iglauer Sprachinsel und dem Schönhengstgau (303 ha). Im Rahmen des josephinischen Landesausbaus hatte Karl von Libin, Kreishauptmann von Tschaslau, 1789 für den aufgelassenen Meierhof Karlshof Siedler aus Nordböhmen, besonders aus Rosendorf bei Tetschen geholt, die hier Landwirtschaft und Garnbleiche betrieben. Der neue Ort hieß nach dem Gründer Libinsdorf. Mitten in tschechischem Sprachgebiet, das nach Ernst Schwarz bereits einmal im Hochmittelalter deutsch war, erhielten sie ihr Deutschtum bis 1945. Eine deutsche Schule gab es von 1812–1924, nach der Auflösung der Schule durch den Staat ließ der Deutsche Kulturverband Privatunterricht erteilen. Die kleine deutsche Sprachinsel hatte 1880: 272 Deutsche und 9 Tschechen, 1921: 235 Deutsche und 30 Tschechen.

Lichtenstadt (*Hroznětín*). Zuerst 1273 als Spitersgrün genannt, gehörte Lichtenstadt zum Besitz des Stiftes Tepl. Die Gründung soll mit dem sel. Hroznata zusammenhängen. Dank der Eisen-, Zinn- und Silbervorkommen wurde es bald zu einer Stadt mit eigener Gerichtsbarkeit. Alte Gerichtsbücher und andere Dokumente gaben davon noch Zeugnis. Unter den Grafen Schlick (1434–1572) wurde Lichtenstadt evangelisch und blieb es etwa 100 Jahre (1561–1659) lang. Spätere Besitzer: das Haus Sachsen-Lauenburg, die Markgrafen von Baden, der Großherzog von Toskana. Bekannt war die Leder- und Schuhindustrie Lichtenstadts. Geburtsort des markgräflichen Orgelbauers Matthias Trötzscher in Kulmbach. 1930: 1971 Einw. (14 Tschechen).

Liebau, Stadt, s. Stadt Liebau

Liebauer Sattel (510 m). Paß zwischen Riesengebirge und Rabengebirge, der das Aupatal in Böhmen und das Bobertal beim schlesischen Landeshut verbindet und als Landestor kriegsgeschichtliche und wirtschaftliche Bedeutung hatte.

Liebenau (*Hodkovice nad Mohelkou*), Bezirk Reichenberg. 1352 als Hodkouicz erwähnt, 1376 als Libenow, ist Liebenau schon 1390 ein Städtchen. 1432 wurde es durch die Hussiten zerstört, im Dreißigjährigen Krieg dreimal verwüstet. Im August 1813 hatte der österreichische General Neipperg hier sein Hauptquartier. 1866 kam es hier zum ersten größeren Zusammenstoß zwischen Österreichern und Preußen. Die jetzige Kirche, ursprünglich gotisch, entstand 1717–1720; sie besitzt zwei Gemälde von Führich. Um den Marktplatz mit der Mariensäule (1707) stehen alte Barock- und Empirehäuser.
In der Umgebung der Stadt fanden und finden sich Halbedelsteine. So konnte sich die Kunst des Steinschneidens entwickeln. Zwei große Meister in dieser Kunst waren Joseph Müller und Johann Karl Burde. Müller (1727–1817), der in Karlsbad eine wertvolle mineralogische Sammlung angelegt hatte, begleitete Goethe bei seinen mineralogischen Exkursionen. Goethe beschrieb auch Müllers Sammlung (1807). Burde (1744–1820) war auch ein angesehener Graveur und Medailleur in Paris, wo er sich Bourdet nannte, und in Prag. 1930: 2444 Einw. (975 Tschechen).

Liebeschitz (*Liběšice*). Die Marktgemeinde bei

Auscha am Fuß des Geltsch (725 m) wird geprägt vom Hopfen- und Obstbau. 1632 kamen Jesuiten aus Prag, bauten eine Residenz, die 1738–1752 Kilian Ignaz Dientzenhofer zu einem Schlosse umgestaltete. Barockplastiken von T. Süssmayer (1757). Die auf das 14. Jh. zurückgehende Kirche erstand neu im Empirestil (1813–1816); Der Turm ist 1589 errichtet. Die Friedhofskapelle, ein barocker Zentralbau (vielleicht von G. Broggio), hat eine wertvolle Innenausstattung. Beide Kirchen besitzen Bilder von Heintsch. 1930: 770 Einw. (27 Tschechen).

Liebieg. Die Textilunternehmen gehen auf die Brüder *Franz* (1799–1878), 1872 nobilitiert, und *Johann* (1802–1870), 1861 geadelt, aus Braunau, zurück. Die von ihnen in Reichenberg errichteten Firmen erlangten Bedeutung. Die einzelnen Mitglieder der Familie betätigten sich im öffentlichen Leben, als Kunstsammler und Mäzene. Die Franz Liebieg A. G., 1833 gegründet, beschäftigte 1930 in Dörfel bei Reichenberg, Bunzendorf bei Friedland, Röchlitz und Eibicht 2000 Arbeiter, die Firma Johann Liebieg & Comp., gegründet 1828, in Reichenberg, Eisenbrod, Swarow und Haratitz 5000 Arbeiter.

Johann von Liebieg

Wappen von Liechtenstein

Liebwerd (*Libverda*) bei Tetschen. Landwirtschaftliche Hochschule, entstanden aus einer Landwirtschaftlichen Lehranstalt auf dem Meierhofe des Grafen Thun-Hohenstein (1850), die 1866 Höhere Landeslehranstalt und 1897 Königl. Böhmische Landwirtschaftliche Landesakademie wurde. 1920 Angliederung als Landwirtschaftliche Abteilung an die Deutsche Technische Hochschule in Prag. Nach dem Anschluß des Sudetenlandes wurde die Abteilung selbständige Landwirtschaftliche Hochschule Tetschen-Liebwerd. Birkigt (*Březiny*), zu dem Liebwerd als Ortsteil gehörte, hatte (1930) 914 Einw. (30 Tschechen).

Liechtenstein, altes Fürstengeschlecht, das im Besitze der Herzogtümer Troppau (1613) und Jägerndorf (1623) war, außerdem noch andere Besitzungen in Böhmen und Mähren hatte (Eisgrub, Feldsberg, Nikolsburg, Groß Ullersdorf). Franz Josef II., regierender Fürst von und zu Liechtenstein, der 1956 in Vaduz die „Franz-Josef-Stiftung zur Erforschung des Weltflüchtlingsproblems“ ins Leben rief und die Schirmherrschaft über die vertriebenen Troppauer übernahm, erhielt 1963 den Europäischen Karlspreis der Sudetendeutschen Landsmannschaft.

Lindenbaum, Robert, ∗ 1898 Komotau, † 1979 Bayreuth-Laineck. Der kaufmännische

Robert Lindenbaum

Leiter einer Bergbaugesellschaft bei Falkenau nahm die Stoffe für seine Romane und Erzählungen aus seiner Umgebung („Das alte Haus“, „Wir haben eine Heimat“, „Land der Äcker“). Der bayerischen Porzellanindustrie setzte er mit seiner „Sinfonie in Weiß“ ein literarisches Denkmal. 1933 erhielt er den ersten Preis der Kanka-Stiftung, 1938 den Sudetendeutschen Schrifttumspreis, 1960 den Nordgaupreis, 1963 den Anerkennungspreis der Sudetendeutschen Landsmannschaft und 1978 den Kulturpreis der Stadt Bayreuth.

Lindenthal, Gustav, ∗ 1850 Brünn, † 1935 Metuchen/New Jersey. Der Ingenieur, der 1874 in die USA ging und seit 1890 in New York lebte, hatte sich auf große Hängebrücken spezialisiert. Er baute die Hellgate-Bogenbrücke über den East River in New York, die Ohio-Brücke bei Sciotoville u. a. Für die Hudson-Überquerung schuf er einen Entwurf. Der anerkannte Konstrukteur erhielt viele Auszeichnungen, auch Ehrendoktorate.

Literarische Adalbert-Stifter-Gesellschaft. Die 1924 gegründete Gesellschaft mit Sitz in Eger hatte den Zweck, die Freunde und Verehrer der Kunst und des Menschen Stifter zu sammeln, das geistige Leben des Sudetendeutschtums zu fördern und zu erhöhen. Unter Leitung von Johannes Stauda erschienen Schriften, Bücher und Zeitschriften, so „Witiko. Zeitschrift für das geistige Leben der Sudetendeutschen“ (1928 ff.).

Littau (*Litovel*) in Mähren nennt man auch, da es von mehreren Armen der March durchflossen wird, das mährische Venedig. Es entstand im 13. Jh. an der Straße Prag – Olmütz in guter Verteidigungslage. Als deutsche Sprachinsel erlag die Stadt schließlich der Tschechisierung. Während 1880 das Verhältnis von Deutschen zu Tschechen 2430 zu 1340 war, gab es 1930 nur noch 348 Deutsche gegenüber 3939 Tschechen.
Auffallende Gebäude sind die Markuskirche (erst gotisch, im 17. Jh. umgebaut), das Liechtensteinsche Schloß mit großem Park und das große Rathaus mit Turm. Industrie: Tonwaren, Malzfa-

Bohuslaw Lobkowitz von Hassenstein

brikation, Zucker-, Papier- und Parkettfabriken. In der Umgebung: die Tropfsteinhöhlen von Lautsch, die Deutschordensburg Busau aus dem 13. Jh. und das Neuschloß mit Tiergarten und Naturpark.

Littrow, Joseph Anton von (seit 1835), * 1781 Bischofteinitz, † 1840 Wien. Littrow errichtete die Sternwarte in Kasan und wirkte an den Observatorien in Ofen und Wien; hier wurde er Direktor und Professor der Universität. Seine Bedeutung liegt in den astronomischen Schriften. Durch „Die Wunder des Himmels" machte er die Astronomie zu einer verständlichen Wissenschaft.
Sein Sohn *Karl Ludwig* (* 1811 Kasan, † 1877 Venedig) war Nachfolger seines Vaters an der Wiener Sternwarte, deren Neubau er durchsetzte. 1862–1865 beteiligte er sich an der europäischen Gradmessung.

Lobkowitz von Hassenstein, Bohuslaus, * 1461, † 1510 Preßnitz und dort begraben. Der Humanist machte weite Reisen, sammelte klassische Literatur und baute auf seiner Burg Hassenstein eine wertvolle Bibliothek auf. Er selbst war wissenschaftlich gebildet, korrespondierte mit deutschen Humanisten und schrieb lateinische Werke, auch Gedichte in klassischem Versmaß. Am bekanntesten ist seine Ode auf die Karlsbader Quellen.

Adolf Loos

Lobositz

Lobositz (*Lovosice*) im Bezirk Leitmeritz. Hier beginnt das sich nach Norden zur Landesgrenze hinziehende romantische Elbetal. Die Stadt war zuerst im Besitz des Prager Klosters Strahow. Gegen den Widerstand der Leitmeritzer 1600 Stadterhebung. Am 1. Oktober 1756 schlug Friedrich II. westlich der Stadt die Österreicher. Im Gedenken daran wurde auf dem Weg nach Wellemin die Maria-Einsiedel-Kapelle errichtet. Im 19. Jh. entwickelte sich Lobositz zu einer verkehrsgünstig gelegenen Industriestadt mit landwirtschaftlichem Hintergrund (Obst- und Weinbau). Es entstanden Betriebe der Lebensmittelindustrie und chemische Fabriken. Neben dem Schwarzenbergischen Schloß und schönen Empirehäusern ist die Wenzelskirche (barock, 1733–1748) erwähnenswert. Über der Stadt erhebt sich der waldumsäumte Lobosch (572 m). Ausflugsziele sind auch die Porta Bohemica, das Wopparner Tal, die Burgruine Kostial, die Hasenburg und der Boretzer Berg mit seinen warme Luft ausströmenden Bergspalten.
1930: 5929 Einw, darunter 3711 Deutsche.

Lodgman-Plakette. Die Dr.-von-Lodgman-Plakette, benannt nach dem ersten Sprecher der Sudetendeutschen Landsmannschaft, wird für be-

Josef Loschmidt

sondere Leistungen auf dem Gebiete der Politik, der Wirtschaft, der Wissenschaft und Kunst, die das Ansehen der Volksgruppe mehren oder von nachhaltigem Einfluß auf die Entwicklung und Gestaltung der Volksgruppe in ihren Bestrebungen und Zielen sind, und für außerordentlich verdienstvolle Mitarbeit in der Sudetendeutschen Landsmannschaft verliehen.

Lodgman von Auen, Rudolf, * 1877 Königgrätz, † 1962 München. Lodgman, Geschäftsführer des Verbandes der deutschen Bezirke in Böhmen, kam 1911 in den österreichischen Reichsrat und 1912 in den Böhmischen Landtag. 1918 zum Landeshauptmann der deutsch-österreichischen Provinz Deutsch-Böhmen gewählt, vertrat er das Sudetenland gemeinsam mit Josef Seliger bei den Friedensverhandlungen in Saint Germain. Für die Deutsche Nationalpartei zog er 1920 in das Prager Abgeordnetenhaus; 1922 wurde er Parteivorsitzender. Schon 1925 entsagte er der aktiven Politik, war Geschäftsführer der deutschen Selbstverwaltungskörper in der Tschechoslowakei.
Die Vertreibung verschlug ihn nach Sachsen. Sudetendeutsche holten ihn von dort nach Bayern. In Freising lebend, wurde Lodgman der erste Sprecher der Sudetendeutschen Landsmannschaft (1948–1959). Seit 1952 versah er den Vorsitz in dem von ihm initiierten Verband der Landsmannschaften. Gemeinsam mit dem tschechischen General Prchala strebte er eine Verständigung mit den Tschechen an. Am 4. August 1950 beschlossen Lodgman, Richard Reitzner und Hans Schütz für die Sudetendeutschen und Lev Prchala für die Tschechen das Tschechisch-Sudetendeutsche Föderativabkommen.

Loos, Adolf, * 1870 in Brünn, † 1933 in Wien. Der Architekt gehört zu den Pionieren des modernen Bauens, und zwar durch eine neue sachliche Bauweise, bei der er auf das Ornament verzichtet. Sein berühmtestes Gebäude ist das „Loos-Haus" auf dem Michaeler Platz in Wien. Er baute auch in Prag und Brünn. Loos war außerdem Kunstschriftsteller.

Lorenz, Adolf, * 1854 Weidenau, † 1946 Altenberg/NÖ. Lorenz ist der Begründer der modernen Orthopädie, hauptsächlich durch die „unblutige Einrichtung der angeborenen Hüftverrenkung", ferner durch die Heilung des Klumpfußes und durch das Gipsbett bei Wirbelsäulentuberkulose. „Ich durfte helfen" heißt seine Autobiographie. Sein Sohn Konrad (* 1903 Altenberg/NÖ) ist der Mitbegründer der vergleichenden Verhaltensforschung.

Loschmidt, Josef, * 1821 Putschirn bei Karlsbad, † 1895 Wien. Mit Hilfe der kinetischen Gastheorie entdeckte Loschmidt, seit 1868 Physikprofessor an der Universität Wien, die Anzahl der Moleküle eines Gases in 1 ccm unter Normalbedingungen. Die Loschmidtsche Zahl führte zur Kenntnis der Kohlenstoffatome im Benzolring.

Lotos s. Deutscher Naturwissenschaftlich-Medizinischer Verein „Lotos".

Luditz (*Žlutice*). Viele Angaben über die Gründung der Stadt sind nur Vermutungen. Ernst Schwarz nimmt an, daß die Aussetzung als Städtchen in der Zeit Ottokars II. vor sich gegan-

gen sein muß. Die Stadterhebung erfolgte früh, wohl zu Anfang des 14. Jh. Die Herren von Plauen erweiterten 1540 als Herrschaftsbesitzer die schon vorher gegebenen Privilegien. An Stelle einer alten Burg war ein Schloß entstanden (1680), dessen Reste noch vorhanden sind. Die Kirche aus dem 14. Jh. erhielt Umbauten 1481–1494, 1536 und 1782. Sie hat eine wertvolle Inneneinrichtung. Ein Juwel barocker Bildhauerkunst ist die Dreifaltigkeitsstatue von Oswald Wenda. Im 1900 gegründeten Stadtmuseum befand sich als wertvollstes Stück das Luditzer Cantionale aus dem Jahre 1554.
1930: 2019 Einw. (139 Tschechen).

Ludwig, Franz, * 1889 Graslitz, † 1955 Münster. In Leipzig war Ludwig Schüler Riemanns und Regers. Lehrer am Konservatorium in Sondershausen, seit 1920 Professor an der Musikhochschule in Münster/W. Hier gründete er ein eigenes Klavierseminar. Er war daneben Musikschriftsteller und Komponist (heitere Oper „Schlag zwölf", Oratorium „Lambertus-Spiel", viele Chöre). Seine Musik wird in Münster von einem Franz-Ludwig-Kreis gepflegt.

Ludwig, Leopold, *1908 Witkowitz, †1979 Lüneburg. Ludwig war schon vor dem Krieg Generalmusikdirektor, damals der jüngste in Deutschland, am Oldenburger Staatstheater. 1951 übernahm er die musikalische Oberleitung der Hamburger Staatsoper. 1972 trat er aus Gesundheitsgründen zurück. Der Dirigent hatte mit Interpretationen von Verdi, Wagner, Bruckner und Mahler in allen großen Häusern Europas und Amerikas Erfolge.

Lumpe, Heinrich, *1859 Daubitz bei Schönlinde, †1936 Eichwald. Der Großkaufmann Lumpe in Aussig war ein Schützer unserer Vogelwelt und schuf zu ihrer Erhaltung den berühmten Vogelschutzpark in Schönpriesen bei Aussig (1908), der nach ihm Lumpe-Park genannt wurde. Er wurde mit dem Ehrendoktorat geehrt.

Lundenburg (*Břeclav*), Bezirk Göding in Südostmähren. Im 11. und 12. Jh. Burg und Sitz eines przemyslidischen Verwaltungsbezirks. Die Burg (zuerst gotisch) wurde im 16. Jh. zu einem Renaissanceschloß umgebaut. In der Herrschaft folgten den Zierotin die Liechtenstein. Nach dem Ersten Weltkrieg wurde Lundenburg Grenzstadt zu Niederösterreich.
Die Kirche St. Wenzel aus der Mitte des 17. Jh. wurde klassizistisch umgebaut. Lundenburg hatte früher eine eigene Israelitengemeinde. In der Umgebung viele Funde aus der Keltenzeit und aus der Zeit des Großmährischen Reiches. Industrie: Malz- und Zuckerfabriken, Nahrungsmittelverarbeitung, Kunststoff, Gummi, Keramik.
1930: 13689 Einw. (11220 Tschechen, 1582 Deutsche, 432 Juden, 196 Russen, 11 Polen, 238 Ausländer).

Luschnitz (*Lužnice*) entspringt bei Weitra in Niederösterreich, wo sie den Namen Lainsitz hat, fließt über Gmünd, Luschnitz bei Tabor und mündet bei Moldauthein. Der rechte Nebenfluß der Moldau, der auch die Wittingauer Teiche entwässert, ist etwa 180 km lang.

Lusdorf an der Tafelfichte (*Lusdorf pod*

St. Peter und Paul in Luditz

Smrkem, heute *Ludvíkov pod Smrkem*), Bezirk Friedland. Ursprünglicher Name Ludwigsdorf und im Besitze der Herren von Biberstein, wird Lusdorf, dessen Kirche ein wundertätiges Marienbild besitzt, ein vielbesuchter Wallfahrtsort. Die Wallfahrten ruhten in der Reformationszeit, während evangelische Geistliche hier die Seelsorge versahen, und gingen später ganz ein, da Haindorf die größere Anziehungskraft besaß. Im 16. Jh. wurde in Lusdorf Bergbau betrieben (Zinn, Eisen, Kupfer); doch gründeten die Bergleute bald eine eigene Siedlung: die Bergstadt Böhmisch Neustadt.
1930: 932 Einw. (14 Tschechen).

Lusen (*Luzný*), Böhmerwaldberg (1370 m) an der bayerisch-böhmischen Grenze, nahe der Senke von Kuschwarda. Die kahle Felsenkoppe bedeckt ein wildes Granitmeer. Unter dem Gipfel entspringt der Lusen-Bach. Unweit des Lusen entdeckt der Wanderer zusammengestürzte Mauern, das sogenannte Hochgericht. Daran knüpft sich die Erzählung: „Hier ging in früher Zeit ein alter Saumweg. Aus einem hier aufgestellten Brotladen konnte sich jeder Vorübergehende ein Brot nehmen, mußte aber ein bestimmtes Geldstück in die angebrachte Geldbüchse werfen. Wer das nicht tat, sollte an dem dabei stehenden Galgen aufgehängt werden. Nachgrabungen förderten Menschenknochen zutage. Man nahm daher an, daß mancher das billige Brot mit dem Leben bezahlen mußte."

Macocha

Mach, Ernst, ∗ 1838 Turas/Mähren, † 1916 Vaterstetten bei München. Mach, Physiker, Psychologe und Philosoph, als solcher Positivist, war Universitätsprofessor in Graz, Prag und Wien. Auf physikalischem Gebiet gelangen ihm Entdekkungen in der Akustik, Optik und Dynamik. Das Verhältnis der Geschwindigkeit eines Körpers zur Schallgeschwindigkeit gibt die nach ihm benannte Machsche Zahl wieder. Er schrieb philosophische und physikalische Werke und wird als Wegbereiter der Relativitätstheorie Albert Einsteins betrachtet.

Machunze, Erwin, ∗ 1911 Breitenfurt bei Freiwaldau, † 1982 Wien. Bis 1938 war er Gewerkschaftssekretär und Vorsitzender des Verbandes christlicher Fabrik- und Bauarbeiter. Nach 1945 lebte er in Wien, zuerst als Chefredakteur einer Wochenzeitung, von 1949–1971 als Mitglied der Österreichischen Volkspartei im Österreichischen Parlament. Seinen Rechenschaftsbericht darüber enthält sein Buch „Vom Rechtlosen zum Gleichberechtigten". Sein Hauptanliegen war die Eingliederung der Vertriebenen. Er war auch Vorsitzender des Österreichischen Flüchtlingsbeirates und Bundesvorsitzender der Klemens-Gemeinde in Österreich.

Macocha, s. Mährischer Karst

Maffersdorf (*Vratislavice nad Nisou*), Bezirk Reichenberg. Die Marktgemeinde am Fuße des Isergebirges galt als Vorort Reichenbergs. Er liegt

Siegel des Markgrafen Přemysl

am linken Ufer der Neiße und an der Bahnstrecke Reichenberg – Tannwald. Die Kirche zur Hl. Dreifaltigkeit wurde 1701 errichtet. 1862 entdeckte man einen Eisensäuerling, der 1894 die Anerkennung als Heilquelle erhielt. Das bedeutendste Industrieunternehmen war die Decken- und Teppichweberei der Familie Ginzkey. Die Brauerei gehörte zu den großen Unternehmen des Landes. Geburtsort des Autokonstrukteurs Ferdinand Porsche (1875–1951). Die Vorfahren des Dichters Franz Ginzkey hatten in Dörfel bei Maffersdorf ihre Heimat. Ausflugsziel war der Proschwitzer Kamm (592 m) mit Aussichtsturm. 1930: 6605 Einw. (517 Tschechen).

Mahler, Gustav, ✱ 1860 Kalischt/Böhmen, †1911 Wien. Mahler, der auch bei Bruckner Unterricht genommen hatte, war u. a. Dirigent in Olmütz, Prag und Leipzig, bevor er 1891 nach Hamburg und 1897 nach Wien kam. Hier war er Operndirektor und Leiter der Philharmonischen Konzerte. 1907 holte man ihn an die Metropolitan Opera nach New York. In seinen Symphonien setzt er in Nachfolge Beethovens Chöre ein. Er bewegt sich am Übergang vom Harmonischen zum Atonalen und wird als Hauptvertreter des musikalischen Jugendstils betrachtet. Seit seiner Wiederentdeckung werden seine 10 Symphonien und die Liederzyklen („Kindertotenlieder", „Des Knaben Wunderhorn", „Lieder eines fahrenden Gesellen", „Das klagende Lied") häufig aufgeführt. In Wien besteht eine Internationale Gustav-Mahler-Gesellschaft.

Mähren (*Morava*). Das Land Mähren, im Spätlateinischen Moravia genannt (nach dem Fluß March), war zeitweise ein selbständiges Land, zumeist aber waren seine Geschicke mit Böhmen verbunden. Von 1526–1918 österreichisches Kronland, kam es darauf an die neugebildete Tschechoslowakei. Seine Größe beträgt 22304 qkm. 1930 hatte es 3565010 Einwohner, davon waren 2595534 Tschechen (72,4 v. H.), 799995 Deutsche (22,8 v. H.) und 17267 Juden (0,5 v. H.).
Der Konfession nach waren 3061631 Katholiken

Landeswappen von Mähren (1462)

(85,9 v.H.), 174450 Evangelische (4,9 v.H.), 161367 Angehörige der Tschechoslowakischen Nationalkirche (4,5 v.H.), 104879 Konfessionslose (2,9 v.H.) und 41250 Israeliten (1,2 v.H.).
Mähren hat die Form eines Rechteckes, das in der Mitte die March durchfließt. Im Westen wird es zu Böhmen hin durch die Böhmisch-Mährische Höhe abgeschlossen. Im Norden dehnen sich Altvater und Mährisches Gesenke aus, im Osten die Karpaten. Im Süden, gegen Österreich zu, keine Bodenerhebungen von Bedeutung. Landschaftlich bemerkenswert ist das Olmützer Bekken, das südwärts entlang der March in die fruchtbare Hanna übergeht, diese wiederum in das Marchbecken.
Der Haupterwerbszweig ist die Landwirtschaft und die damit zusammenhängenden Industrien (Brauereien, Zuckerindustrie, Brennereien, Lederfabrikation). Im Norden und Westen, dort, wo Deutsche ihr geschlossenes Siedelgebiet hatten, blühte die Textilindustrie (Mährisch Schönberg, Mährisch Trübau, Zwittau, Sternberg und Römerstadt).
Ein Zentrum der Hüttenindustrie bildet Mährisch Ostrau. Die Witkowitzer Eisenwerke, 1829

Rathaus in Mährisch Altstadt

Mährisch Aussee

durch den Olmützer Fürstbischof gegründet, galten in der Monarchie als größtes Werk der Schwerindustrie. Das sind sie auch im Nachfolgestaat geblieben. Im Ostrauer und Rossitzer Revier befinden sich bedeutende Steinkohlevorkommen. Der Erzbergbau hingegen ist fast bis zur Bedeutungslosigkeit abgesunken. Es gibt jedoch Graphitvorkommen und Tonlager.
1924 wurden in Mähren 600000 t Roheisen erzeugt, 800000 t Stahl, 740000 t Walz- und Gußwaren. Während 111 Millionen dz Steinkohle gefördert wurden, waren es nur 230000 dz Braunkohle. In der Industrie und im Bergbau waren 35 v. H. der Beschäftigten tätig; dieser Zahl stehen die Landwirtschaft mit 38,6 v. H., ferner Handel und Verkehr mit 10,3 v. H. gegenüber.
Bohmann nennt Mähren das eigentliche Land der Sprachinseln, „für das die seinerzeitige deutschösterreichische Regierung nach der Zerschlagung Österreich-Ungarns durch das Gesetz vom 22. November 1918 – neben der Bildung der deutschösterreichischen Provinzen Deutschböhmen und Sudetenland – drei Einschlußgebiete vorsah, die auf Grund der Volkszählungsergebnisse vom Jahre 1910 (deutsche Bevölkerungsmehrheit) bis zur

Erledigung aller staatsrechtlichen Fragen zur Republik Deutschösterreich gehören sollten. Es handelte sich dabei um die deutschen Sprachinseln von Brünn, Iglau und Olmütz.

Mährisch Altstadt (*Staré Město*), Bezirk Mährisch Schönberg, am Fuße des Spieglitzer Schneeberges (1422 m), trug früher einmal den Namen Goldeck (1325), und zwar wegen des Gold- und Silberbergbaues. Das Silber wurde an die kaiserliche Münze in Prag geliefert. 1336 wird der Ort Bergstadt und erlangt wichtige Privilegien. Die Hussiten zerstörten die Bergwerke.

Die Pfarrkirche ist gotisch, der Turm barock. Das Rathaus (1617) hat einen achteckigen Turm und eine überdachte Freitreppe. Vor dem Deutschen Vereinshaus stand ein Denkmal des Komponisten Franz Schubert, dessen väterliche Vorfahren aus dem benachbarten Neudorf stammten. Die Barbarakapelle war einst die Andachtsstätte frommer Bergleute. Industrie: Holzbearbeitung, Graphitbergbau, Bleicherei, Gerberei. Am Einsiedlerberg Marmorbrüche und bei Peterswald Schwefelkiesbergbau. Sommerfrische, Wintersportplatz.

1930 (mit Heimerlsthal, Stiepanau und Klein Würben): 2274 Einw. (101 Tschechen).

Mährisch Aussee (*Úsov*) im Bezirk Hohenstadt. 1107 erwähnt, war es einst Mittelpunkt eines Gaues. Seit 1260 gehörte es zum Lande Mähren. Das frühbarocke Schloß der Fürsten Liechtenstein mit großem Park und einem im Jahre 1900 angelegten Jagd- und Forstmuseum war von 1852–1867 Sitz der Mährisch-Schlesischen Höheren Forstschule; diese kam daraufhin nach Eulenberg. Die Stadt hatte eine Pfarrkirche St. Ägidius, eine Synagoge für die starke Judengemeinde, ein Stadtmuseum und ein Krankenhaus. Auf einer Anhöhe bei der Stadt steht das Rochuskirchlein, zur Abwendung der Pest 1624 von Fürstin Anna von Liechtenstein gestiftet; es wurde zu einem Wallfahrtsort. Auch in der Vertreibung feiern die Mährisch Ausseer das Rochusfest. In der Umgebung findet sich Magnetit.

1930: 1493 Einw. (597 Tschechen).

Mährisch Kromau (*Moravský Krumlov*), Bezirksstadt an der deutsch-tschechischen Sprachgrenze in Südmähren. Von der 1277 urkundlich belegten Stadt sind noch Reste der Stadtbefestigungen vorhanden. Das Schloß mit prachtvollem dreigeschossigem Arkadenhof ist eine der schönsten Renaissancebauten Mährens. Hier hielt sich auch Paracelsus auf. Die Pfarrkirche Allerheiligen

Mährisch Neustadt

Mährisch Ostrau (1728)

ist spätgotisch (1785 erneuert). Das Liechtensteinische Mausoleum stammt aus dem Jahre 1789. In Mährisch Kromau stehen noch die Filialkirche St. Bartholomäus (1365), die Spitalskirche (1237) und die Florianskirche auf dem Spielberg (1695–1697). Auf dem Marktplatz das Rathaus mit Stadtturm, ein Brunnen mit dem hl. Florian und eine Pestsäule (1636). In der Nacht vom 7. zum 8. Mai 1945 wurde die Stadt von sowjetrussischen Flugzeugen bombardiert; Tote und schwere Schäden waren zu beklagen. Industrie: Zuckerfabrik, Ziegeleien, Klaviererzeugung.
1930: 3476 Einw. (3047 Tschechen).

Mährisch Neustadt (*Uničov*), Stadt im Bezirk Sternberg, ist eine Gründung König Ottokars im 13. Jh. Sie erhielt Magdeburger Stadtrecht. Die 1326 angelegten Befestigungsanlagen ermöglichten die Abwehr der Hussiten im Jahre 1424. Daran erinnert das in jedem Jahr gefeierte Wachsstockfest, eine Tradition, die auch in der Vertreibung lebendig blieb. Die Bedeutung der Stadt zeigte sich in der 1727 errichteten Mariensäule (22 m hoch), neben der Olmützer die bedeutendste im Lande. Die Stadt hatte Klöster der Minoriten und Klarissen, auch eine Pfarrkirche aus dem 14. Jh. Der Olmützer Historiker Hans Kux schrieb eine Geschichte der Stadt (1923). Industrie: Kattundruck, Posamenten-, Zucker-, Spiritus- und Preßhefefabriken.
1930: 4738 Einw. (628 Tschechen).

Mährisch Ostrau (*Moravská Ostrava*), Bezirksstadt und Zentrum eines großen Kohlen- und Industriereviers. Heute (als *Ostrava*) mit 270000 Einwohnern die viertgrößte Stadt des Staates, Verwaltungssitz des Nordmährischen Gebietes und Sitz einer Hochschule für Bergbau. Schacht- und Industrieanlagen beherrschen das Bild der Stadt und Umgebung. Ostrau, „an einer immer wieder von Heeren benützten Straße“, wird 1267 durch Bischof Bruno von Olmütz von einem Ort in eine Stadt umgewandelt, und zwar als Grenzbastion.

Als Tuchmacherstadt wird sie kaum noch erwähnt, wohl aber als Industriestadt, für die Kohle die Voraussetzung ist. 1767 werden Kohlenfelder entdeckt, 1782 beginnt die Förderung, 1830 arbeitet im heute zu Ostrau gehörenden Witkowitz der erste Hochofen. So entstanden die größten Eisenhütten der Monarchie.

Bis 1918 unter deutscher, danach unter deutscher

Kreis Mährisch Schönberg

Schloß in Mährisch Schönberg

und tschechischer, schließlich ab 1930 nur noch unter tschechischer Verwaltung, bildete sich 1924 durch Eingemeindungen Groß Ostrau. 1937 umfaßte es: Mährisch Ostrau, Witkowitz, Oderfurt, Marienberg, Teufelsdorf, Klein Grabau und Neudorf. Durch die tschechische Mehrheit bedingt, änderte sich vieles zu Ungunsten der Deutschen, besonders im Schul- und Kulturleben.

Das älteste Bauwerk ist die St. Wenzelskirche aus dem 13. Jh. Das Rathaus aus dem 17. Jh. (innen Stadtmuseum) mit Turm, das Neue Rathaus mit dem 85 m hohen Uhrenturm, das ehemals Deutsche (jetzt Nejedlý-) Theater und das Deutsche Haus waren (bzw. sind) die bemerkenswertesten Baulichkeiten. Der Ringplatz wird von großen Bürgerhäusern mit Lauben aus dem 16. Jh. umgeben.

1930: 45 885 Einw.: 31 309 Tschechen, 8 674 Deutsche, 4 058 Ausländer, 1 844 andere. Groß Ostrau (mit 6 Gemeinden) 125 304 Einw.: 92 292 Tschechen, 21 753 Deutsche. Im Gerichtsbezirk Mährisch Ostrau lebten 1930: 103 525 Tschechen (81 v. H.) und 21 914 Deutsche (17 v. H.).

Mährisch Schönberg *(Šumperk)*, Bezirksstadt am Fuße des Gesenkes und nördlich der Mündung der Teß in die March. Das früher angenommene Gründungsjahr 1220 ist nicht wahrscheinlich. Nach Ernst Schwarz gibt es Nachrichten aus den letzten Jahrzehnten des 13. Jh., „die den Bestand des Ortes, der von Anfang an einen deutschen Namen trägt, verbürgen". Bischof Bruno von Olmütz hatte große Verdienste um die Niederlassung an einer alten Handelsstraße, die zu Ende des 13. Jh. mit wehrhaften Mauern umgeben wurde. Zunächst landesfürstliche Stadt, kam sie später an die Zierotin. 1562 kaufte sie sich vom Untertanenverhältnis los. Nach der Schlacht am Weißen Berg geriet die Stadt wieder in ein abhängiges Verhältnis. Von etwa 1680–1696 wütete hier der Hexenrichter Boblig; seine Opfer waren 27 Frauen und 21 Männer, in Ullersdorf sogar über 50 Personen.

Mit dem 18. Jh. begann die Entwicklung der Leinen-Industrie; in der Monarchie war Mährisch Schönberg ein Zentrum der Textilindustrie. Die Pestsäule (1718) wird dem Bildhauer Sturmer aus Olmütz zugeschrieben. Das Renaissanceschloß

Grabstein des Trübauer Scharfrichters

Mährisch Trübau

entstand aus einer Burg, die Johann II., Bischof von Olmütz, 1302–1311 hatte bauen lassen. Die Ingenieurschule, 1897 in Hohenstadt entstanden, geht auf die Initiative des Politikers Hermann Braß zurück.
1930: 15718 Einw. (3434 Tschechen).

Mährisch Trübau (*Moravská Třebova*), Bezirksstadt im Schönhengstgau. Die Gründung (vor 1260) geht auf Deutsche zurück und erfolgte nach schlesischem Recht. Das Schloß mit prächtigem Arkadenhof entstand aus einer Burg. Unter Ladislaus von Boskowitz bildete sich hier ein humanistisches Zentrum der Wissenschaften und Künste. Man nannte die Stadt „das mährische Athen". Den Boskowitz folgten die Zierotin und Liechtensteiner. An die Gotik und Renaissance erinnern noch mehrere Häuser.
Die alte Kirche Mariä Himmelfahrt wurde 1726 durch einen Neubau ersetzt. Die spätgotische Friedhofskirche Kreuzauffindung ist mit der Stadt durch die schindelgedeckte Totenstiege verbunden. Barocke Plastiken, das Geschehen von Kalvaria darstellend, stehen auf dem Kreuzberg. Das Museum trug den Namen seines Stifters L. V. Holzmaister (1906). Textil- und Metallindustrie. Geburtsort von Karl Giskra, Politiker, Rudolf von Eichthal, Schriftsteller, der auch seine Heimat in Romanen behandelte, und Walther Hensel, dem Begründer der Finkensteiner Singbewegung. 1930: 8167 Einw. (801 Tschechen).

Mährisch Weißkirchen (*Hranice*), Bezirksstadt an der Betschwa. Die Benediktiner in Raigern leisteten die ersten Rodungsarbeiten, welche die Prämonstratenser von Hradisch ab 1201 fortsetzten. 1251 Stadterhebung. Die Stadt stand auf der Seite der Hussiten, ebenso 1618 auf der Seite der Anhänger des Böhmischen Aufstandes. Die dadurch verlorenen Rechte gab 1626 Kardinal Dietrichstein zurück. Mährisch Weißkirchen war ein Zentrum der Mährischen Brüder. Die um die Jahrhundertwende noch bestehende deutsche Mehrheit wurde nach und nach zurückgedrängt. Das Renaissanceschloß mit Arkadenhof entstand aus der mittelalterlichen Festung. Die spätbarokke Stadtkirche ist ein Werk des Brünners Franz Grimm. Das Alte Rathaus stammt aus dem Jahre

1544. Reste der starken mittelalterlichen Befestigung sind noch sichtbar. In der früheren Synagoge ist jetzt ein Keramikmuseum untergebracht. Von 1896 bis 1918 bestand eine Deutsche Forstschule (vorher in Mährisch Aussee und Eulenberg), 1940–1945 noch einmal zu kurzem Leben erweckt. 1930: 10826 Einw.: 9007 Tschechen, 1127 Deutsche.

Mährische Pforte (*Moravská Brána*). Von den Flußtälern der Betschwa und der Oder gebildete Senke zwischen den Sudeten im Nordwesten und den Karpaten im Osten. Hier befindet sich die Wasserscheide (310 m) zwischen Ostsee (Oder) und Schwarzem Meer (March bzw. Donau).

Mährischer Ausgleich, vorbereitet seit 1898, angenommen am 16. November 1905. Damit wird die Sprachen- und Nationalitätenfrage in Mähren geregelt: Durch Deutsche und Tschechen wird eine festgesetzte Anzahl von Abgeordneten ihrer Nationalität in national getrennte Kurien gewählt. Die Amtssprache wird von den Gemeindevertretungen selbst festgesetzt, sie sind aber gehalten, die in anderen Landessprachen geschriebenen Eingaben entgegenzunehmen und auch zu erledigen, sofern die Minderheit wenigstens ein Fünftel beträgt. Die nationale Trennung der Schulverwaltung wird durchgeführt. Wenn wenigstens 30 Schulkinder vorhanden sind, so steht der Minderheit regelmäßig eine Staatsbeihilfe zu, um damit private muttersprachliche Volksschulen zu unterhalten.

Mährischer Karst (*Moravský kras*), auch Mährische Schweiz genannt. Devonkalkplateau im Nordosten von Brünn, das die teils unterirdischen Zuflüsse der Zwittawa durchschneiden. Diese bildeten Tropfsteinhöhlen. Sehenswert sind die Höhlensysteme der Macocha („Stiefmutter"), 138,4 m tief, und der Punkwa. Reiche vorgeschichtliche Funde.

Maidenberg (*Dívčí hora*). Mit 550 m höchste Erhebung der Pollauer Berge, nördlich Nikolsburg. Auf dem Berg die Ruine der Maidenburg, im 13. Jh. Grenzburg und 1645 von den Schweden zerstört. Erhalten sind der fünfeckige Vorhof und Teile des Wohngebäudes.

Maier, Fritz Franz, * 1844 Znaim, † 1926 Wien. Nachdem der Ingenieur zunächst in Bosnien-Herzegowina kentersichere Boote, die noch heute gebauten Drinaboote, entwickelt hatte, erfand er eine neue Schiffsform, die Maier-Form, die nicht mehr auf dem Verdrängungsprinzip, sondern auf dem Gleitprinzip beruht. Sie ergab „gute Seetüchtigkeit, große Decksfläche und große Laderäume im Vorschiff über der Wasserlinie". 1927 wurde in Bremen und 1931 in New York je eine Maier-Form-Gesellschaft gegründet.

Malerei s. Künstler.

Mandl, Michael Bernhard, * um 1660 Prag, † 1711 Salzburg. Der Barockbildhauer hatte in Salzburg eine Werkstatt; er war der bedeutendste Plastiker seiner Zeit in dieser Stadt. Von ihm stammen der Pferdebändiger in der Hofstall-

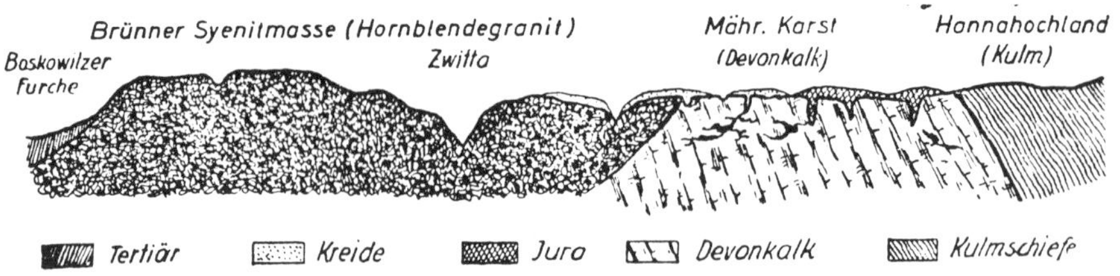

Schnitt durch den Mährischen Karst

Markomannenfamilie (2. Jh. n. Chr.)

schwemme, Petrus und Paulus vor dem Dom und Figuren in der Dreifaltigkeits- und der Kollegienkirche.

Manzer, Robert, ∗ 1877 Tetschen, † 1942 Salzburg. Der Enkel des Musikpädagogen und Komponisten Josef Dionys Manzer (1808–1882) aus Petersdorf bei Böhmisch Leipa wurde 1910 Dirigent des Karlsbader Orchesters und 1923 Generalmusikdirektor. Manzer, der auch im Stockholmer Rundfunk dirigierte, wurde 1937 in die Königliche Akademie in Stockholm aufgenommen.

Marbod, † 37 n. Chr. Nach dem Jahre 9 v. Chr. zog Marbod, der in Rom erzogen worden war, mit den Markomannen und mit Teilen der Quaden vom Main nach Osten. Im Raum von Böhmen, Mähren und Schlesien schuf er das erste germanische Reich. Auseinandersetzungen mit dem Cheruskerfürsten Armin führten zum Ende dieses Reiches (19 n. Chr.).

March (*Morava*), Hauptfluß Mährens, 358 km lang. Entspringt in 1263 m Höhe unter dem Gipfel des Spieglitzer Schneebergs (1424 m), auch Grulicher, Glatzer und Großer Schneeberg genannt, fließt über Olmütz, Kremsier, Hradisch, Göding und mündet bei Theben oberhalb Preßburgs in die Donau. Sie durchläuft die fruchtbare Hanna, das südmährische Becken und das Marchfeld. Die Nebenflüsse der March, die dem Lande Mähren den Namen gab, sind links: Teß, Oskawa, Betschwa, Olschawa, Miawa; rechts: Hanna, Thaya. Die March sollte ein Abschnitt des geplanten Donau-Oder-Kanals werden.

Maria Kulm (*Chlum Svaté Maří*, heute *Chlum nad Ohří*), der meistbesuchte Marienwallfahrtsort des Egerlandes im Bezirk Falkenau. Seit 1683 besteht hier eine Propstei des Kreuzherrenordens. An der Stelle einer gotischen Burg entstand 1690–1702 die Wallfahrtskirche (Entwurf J. B. Mathey, Baumeister M. A. Canevale) mit Ambiten (wahrscheinlich von G. Santini). Wertvolle Fresken E. Dollhopfs schmücken das Innere. Neben dem Gnadenbild bereicherten auch kunstvolle Statuen und Bilder die barocke Kirche. Mit der Entstehung der Wallfahrt ist eine Legende verbunden, die der Karlsbader Buchhändler Heinrich Cuno in seinem Schauerdrama „Die Räuber von Maria Kulm“ (1815) behandelte, wie schon vorher Paul Niavis (Schneevogel) in seiner lateinischen Novelle „Historia occisorum in Culm…“ (1499).
1930: 1505 Einw. (35 Tschechen).

Maria-Ratschitz (*Mariánské Radčice*), Gemeinde im Bezirk Dux. Bereits 1280 wird eine kleine Kirche erwähnt, vom Stift Ossegg erbaut. Zum Marien-Gnadenbild kamen schon damals Wallfahrer. Das Stift Ossegg ließ 1692–1703 eine größere Kirche errichten; nach neuesten Forschungen waren an den Entwürfen berühmte Architekten beteiligt: J. B. Mathey, Giulio und Octavio Broggio. Auch bei der Innenausstattung

Wallfahrtsort Mariaschein

Wallfahrt nach Maria Kulm

waren namhafte Künstler tätig. In der Umgebung Braunkohlengruben.
1930: 1035 Einw. (169 Tschechen).

Mariaschein (*Bohosudov*), Marktgemeinde im Bezirk Aussig. Den berühmten Wallfahrtsort am Fuße des Erzgebirges suchten zahlreiche Pilger aus nah und fern auf. Verehrt wurde eine alte Marienfigur (aus Ton) in der Kirche, die 1702–1708 Broggio (Vater und Sohn) im Auftrag des Grafen Kolowrat errichtete. Viel verdankte Mariaschein den Jesuiten, die ein Gymnasium mit Internat unterhielten.
Mariaschein hatte eine eisenhaltige Quelle, den sogenannten Stahl- oder Freßbrunnen. In der Umgebung: die alte Bergstadt Graupen, die Geiersburg, das Mückentürmchen und die Schlachtfelder bei Kulm.
1930: 4449 Einw. (750 Tschechen).

Maria Stock (*Skoky*), Wallfahrtsort im Bezirk Luditz. 1717 wurde in einer Kapelle in Stock eine Kopie des Marienbildes aus der Kapuzinerkirche Maria Hilf in Passau aufgestellt. Da sich hier eine Wallfahrt entwickelte, wurde eine Kirche erbaut (1736–1738). Die Prämonstratenser hatten das Patronat über die Kirche. Eine Kopie des Gnadenbildes wurde vom Maler Oswald Voh für das Haus der Begegnung in Königstein geschaffen. Seitdem wallfahrten Vertriebene zu dieser neuen Andachtsstätte. 1930: 158 Einwohner (157 Deutsche, 1 Ausländer).

Marienbad (*Mariańské Lázně*). Weltberühmtes Heilbad am Fuße des Kaiserwaldes mit 40 kalten Heilquellen. Sie waren schon lange bekannt, aber erst 1749 wird eine Quelle (der spätere Kreuzbrunnen) gefaßt. Die Gründung des Bades ist dem Abt Karl Reitenberger von Tepl und dem Arzt Josef Nehr zu danken; an beide erinnern Bronzebüsten.
1812 wird Marienbad eine eigene Gemeinde, 1818 Ernennung zum Kurort; erst 1865 ist Marienbad eine Stadt. Die Prämonstratenser von Tepl, die Besitzer der Heilquellen, förderten Marienbad stets, zumal die Äbte Reitenberger, Clementso und Gilbert Helmer.
Die heilenden Quellen finden Anwendung bei Erkrankungen von Magen, Darm, Harnwegen, Nieren, Herz und Blutkreislauf. In Marienbad wurden die ersten Moorbadekuren durchgeführt. Während die Zahl der Kurgäste (1830) 1746 betrug, waren es (1910) 34509 und (1929) 41226. Für alle Erfordernisse der Kurgäste wurden Einrichtungen geschaffen, auch unterhaltender und sportlicher Art.
Neben der katholischen Kirche (1844–1848) standen auch eine anglikanische, russische und evangelische Kirche zur Verfügung, ebenso wie

eine Synagoge. 1866 Stadttheater errichtet. Marienbad sah viele berühmte Menschen, die Heilung suchten. Goethes „Marienbader Elegie“ über seine unerwiderte Liebe zu Ulrike von Levetzow ist in die Weltliteratur eingegangen.
1930: 7202 Einw. (518 Tschechen).

Markt Eisenstein (*Městys Železná Ruda*), Bezirk Klattau. 1676 wurde Eisenstein von einem Grafen Nothaft erworben, der eine Glashütte und eine Kapelle errichtete. An deren Stelle entstand 1729–1731 die jetzige Kirche Maria Hilf. Ihr Grundriß ist ein sechseckiger Stern, dessen Ecken abgeschrägt sind. Über dem gesamten Bau erhebt sich die mächtige, mit Holzschindeln gedeckte Barockkuppel. In der Kirche sieht man die Epitaphe der Freiherren von Hafenbrädel, die den Besitz der Nothaft erworben und als Glasbläser Wohlstand und die Nobilitierung erlangt hatten. Im 16. Jh. war hier, worauf der Ortsname hindeutet, Eisenerzbau betrieben worden. Bis um 1650 bestand auch eine Eisenhütte. 1930 (mit Deffer-

Wallfahrtskirche Maria Stock

Marienbader Markenzeichen

nik): 3365 Einw. (296 Tschechen).

Marschendorf (*Maršov*). Aus vier seit 1868 selbständigen Gemeinden bestehender langgestreckter Marktort im Riesengebirge (Bezirk Trautenau). 1541 erwähnt. Damals Eisenerzbergbau und Eisenhämmer. Die gotische Kirche Maria Himmelfahrt (1605) und das Schloß (1792) der Grafen Czernin-Morzin sind sehenswerte Gebäude. Ein Denkmal wurde errichtet für die Opfer des Aupa-Hochwassers im Jahre 1897.
Industrie: Papiererzeugung, Flachsgarnspinnerei. Im nahen Dunkelthal arbeitete eine Glashütte. Je 1 km entfernt findet der Wanderer die Maxhütte im Rehorngebirge und den botanisch interessanten Hopfelbusch (Naturschutzgebiet) mit schöner Aussicht nach Schlesien.
1930: 2546 Einw. (96 Tschechen).

Maschau (*Mašt'ov*) im Bezirk Podersam. Im Jahre 1196 ließen sich in der Umgebung des späteren Maschau Zisterzienser nieder, sie konnten jedoch kein Kloster von Dauer gründen. Vor 1391 bereits als Städtchen genannt, öffnete man in der Hussitenzeit freiwillig den Tschechen die Tore, obwohl die Burg Maschau stark befestigt war. Diese Übergabe der Stadt steht wohl im Zusammenhang mit dem wahrscheinlich damals bestehenden tschechischen Anteil an der Bevölkerung. Ein Kreuzheer eroberte Maschau zurück und zerstörte es. Unter Joachim von Schlick nahmen die Maschauer vorübergehend die Lehre Luthers an. Das neue Schloß errichtete 1571

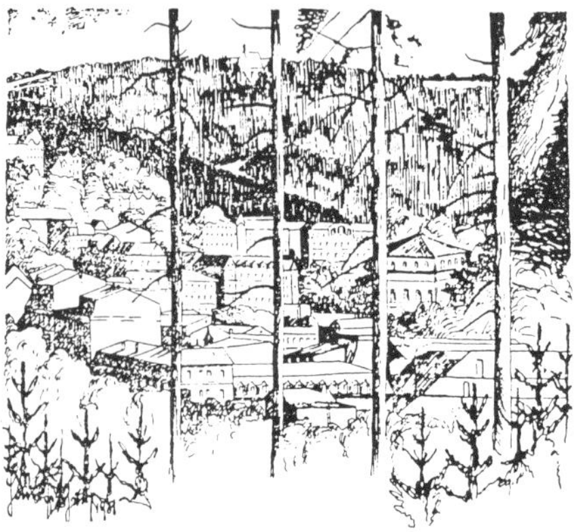

Blick nach Marienbad

Waldemar von Lobkowitz. Maschau war eine Sommerfrische am Fuße des Duppauer Gebirges. 1930: 1018 Einw. (178 Tschechen).

Mathesius (Matz), **Johannes,** ∗ 1504 Rochlitz/Sachsen, † 1565 St. Joachimsthal. Der lutherische Prediger in St. Joachimsthal schrieb neben Liedern auch Predigten, darunter den volkstümlichen Zyklus von den Bergwerken „Sarepta" und die 17 Lutherpredigten, die erste Darstellung des Reformators. Mathesius war in Wittenberg Tischgenosse Luthers, hatte also sein Wissen aus erster Hand. Durch Mathesius, der als der größte Prediger der Reformationszeit nach Luther bezeichnet wurde, entstand in St. Joachimsthal ein geistiges Zentrum.

Matriken. Bezeichnung der nach den Vorschriften des Tridentiner Konzils (1563) von den katholischen Pfarrämtern geführten Kirchenbücher mit Eintragungen über Geburten, Hochzeiten und Todesfälle. Sie wurden in lateinischer Sprache geführt und waren stets für die Behörden rechtsgültig. Joseph II. befahl deutsche Eintragungen. Die Führung der Matriken durch die Pfarrämter blieb bis 1. Mai 1939 bestehen, als das Personenstandsrecht des Deutschen Reiches eingeführt wurde. Die Matriken waren und sind wichtige Quellen für Historiker, Familienforscher und andere biographische Nachforschungen.

Mauthner, Fritz, ∗ 1849 Horschitz bei Königgrätz, † 1923 Meersburg am Bodensee. Nach dem Studium in Prag als Journalist in Berlin, Mitbegründer der „Freien Bühne" und Mitakteur des literatischen Naturalismus. Ab 1909 in Meersburg als Privatgelehrter. Er schrieb Romane, von denen „Der letzte Deutsche von Blatna" die Grenzlanddichtung beeinflußte, Erzählungen, von denen „Die böhmische Handschrift" der Königinhofer Handschrift gewidmet war, und „Erinnerungen", in denen er seine Jugend in Prag schilderte, ein Buch, das auch heute noch lesenswert ist. Über den Tag hinaus gelten seine sprachphilosophischen und kulturgeschichtlichen Werke, zumal die „Beiträge zu einer Kritik der Sprache", „Der Atheismus und seine Geschichte im Abendland" und sein „Wörterbuch der Philosophie".

Max, Emanuel von Wachstein, ∗ 1810 Bürgstein, † 1901 Prag. Der von antiken Vorbildern beeinflußte Bildhauer schuf die Kreuzigungs-

Kirche in Markt Eisenstein

gruppe auf der Karlsbrücke, Figuren für die Teynkirche und den Veitsdom und (gemeinsam mit seinem Bruder Josef) das Radetzky-Denkmal, für Innsbruck das Denkmal der Tiroler Landesverteidigung.

Max, Gabriel von, ∗ 1840 Prag, † 1915 München. Der Sohn des Bildhauers *Josef Max* (Schöpfer des Studentendenkmals, von Statuen am Radetzky-Denkmal und Franzensmonument in Prag) lebte seit 1863 in München, wo er Schüler Pilotys war und Professor an der Kunstakademie wurde. Als Genre- und Historienmaler zählte man ihn damals zu den „Größten aller Zeiten". Mit Vorliebe malte er weibliche Porträts, kranke Menschen, Tiere, besonders Menschenaffen. In den Münchener Kunstsammlungen werden viele seiner Werke aufbewahrt.

Mayer, Christian, ∗ 1719 Meseritsch/Mähren, † 1783 Mannheim. Der Angehörige des Jesuitenordens lehrte in Heidelberg Mathematik. Für Kurfürst Karl Theodor erbaute er die Sternwarten in Schwetzingen und Mannheim; hier konnte er als Hofastronom die Doppelsterne entdecken und das erste Verzeichnis der Fixsterntrabanten zusammenstellen.

Mayer, Josef, ∗ 1877 Eger, † 1938 Eger. Seit 1908 im Böhmischen Landtag und seit 1910 im Österreichischen Reichsrat, widmete er sich landwirtschaftlichen Problemen. Beim Zusammenbruch der Monarchie Staatssekretär für das Heerwesen. 1920 und 1925 kam er für den Bund der Landwirte in das Prager Parlament. Mayer, der als Modell für das Kriegerdenkmal in Eger diente, war der Gründer des Sudetendeutschen Landbundes (1928). Das bäuerliche Genossenschaftswesen war stets sein Anliegen.

Mayr-Harting, Robert von, ∗ 1874 Wien, † 1949 Prag. Seit 1909 Professor für Römisches und Bürgerliches Recht an der Deutschen Universität Prag, war er seit 1920 Senator und seit 1925 Abgeordneter der Christlich-Sozialen Partei. Von 1926–1929 Justizminister im Kabinett Švehla. Bei der neugebildeten Regierung von 1929 ging der „Aktivist" Mayr-Harting mit seiner Partei wieder in die Opposition.

Johannes Mathesius

Medinger, Wilhelm von, ∗ 1878 Wien, † 1934 Wien. 1902 übernahm er die Gutsherrschaft Klein Skal in Nordböhmen, kam in den böhmischen Landtag. Seit 1920 Abgeordneter der Deutschen Nationalpartei, nach Austritt 1929 Senator für die Christlich-Soziale Partei. Führer der Deutschen Völkerbundliga in der Tschechoslowakei, Vorkämpfer der Rechte und Eigenständigkeit der Minderheitenvolksgruppen Europas, besonders des Sudetendeutschtums.

Meierhöfen (*Dvory*) im Bezirk Karlsbad. Auf dem Vorkommen von Kaolin beruhte in Meierhöfen, das 1460 zum erstenmal genannt wird, die Porzellanindustrie (Vereinigte Porzellanfabriken). Ebenso bekannt war die 1857 gegründete Glasfabrik Moser, die bestes Kunstglas und Kri-

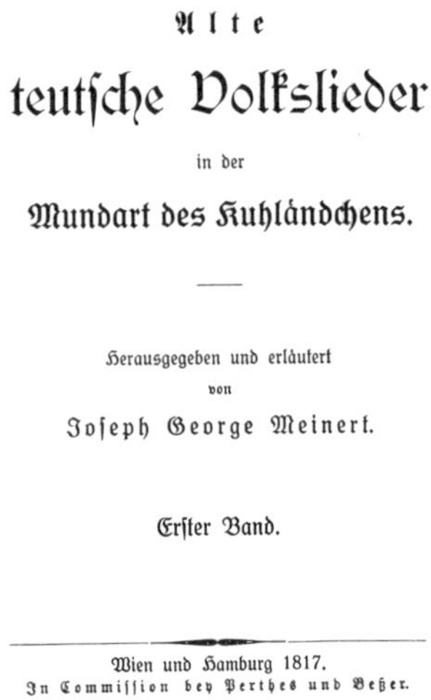
Alte
teutsche Volkslieder
in der
Mundart des Kuhländchens.
Herausgegeben und erläutert
von
Joseph George Meinert.
Erster Band.
Wien und Hamburg 1817.
In Commission bey Perthes und Besser.

Meinerts Volksliedsammlung

stall-Tafelservice erzeugte. Eine ständige Ausstellung stand den Karlsbader Kurgästen zur Verfügung. Karlsbad hatte seit 1896 seine Rennbahn in Meierhöfen.
1930: 3688 Einw. (168 Tschechen).

Meinert, Joseph Georg, ∗ 1773 Leitmeritz, † 1844 Partschendorf/Mähren. Der Professor an der Prager Universität zeichnete die Volkslieder des Kuhländchens auf und ließ die Sammlung „Der Fylgie, alte teutsche Volkslieder in der Mundart des Kuhländchens“ 1817 erscheinen. Das Buch „Grundlagen des nationalen Erwachens in Böhmen“ von Eugen Lemberg (1932) behandelt sein Wirken.

Meinl, Julius, ∗ 1824 Graslitz, † 1914 Wien, gründete 1862 in Wien ein Lebensmittelgeschäft, das sich unter seinem Sohn *Julius* (∗ 1869 Wien, † 1944 Alt Prerau/NÖ) zu einem großen Unternehmen ausweitete. Dieser zählte bald zu den großen Wirtschaftsführern Österreichs, gründete 1915 eine politische Gesellschaft, die „Meinl-Gruppe“, die Friedensentwürfe für die Beendigung des Ersten Weltkrieges vorlegte, und verhandelte auf diplomatischem Wege. Die Julius Meinl AG mit Spezialfabriken besitzt heute an die 300 Filialen in Österreich mit rund 3500 Beschäftigten.

Meistersdorf (*Mistrovice*), Dorfgemeinde im Bezirk Tetschen. Der einst beliebte Ausflugsort liegt zwischen Obstgärten. 1412 wird Meistersdorf erstmals erwähnt. Es hatte bedeutende Glasexportindustrie. Die 1895 erbaute altkatholische Kirche wurde 1977 niedergerissen.
1930: 1131 Einw. (81 Tschechen).

Melan, Josef, ∗ 1853 Wien, † 1941 Prag. Professor an den Technischen Hochschulen in Wien, Brünn und Prag; baute zahlreiche Brücken in Europa und Amerika. Die von ihm entwickelte Methode der Melan-Bauweise mit Stahlbeton und starrer Bewehrung findet sich vorwiegend bei Bogenkonstruktionen. Sein vierbändiges Buch „Der Brückenbau“ wurde zu einem Standardwerk.

Mell, Max, ∗ 1882 Marburg/Drau, † 1971 Wien. Sein Vater war der Blindenpädagoge Alexander Mell aus Prag (1850–1931), Inspektor der österreichischen Blindenanstalten. Max Mell gehörte zu den namhaftesten Schriftstellern seiner Zeit, der in formvollendeter Sprache und in humanistischem Geiste Gedichte, Mysterienspiele („Das Apostelspiel“, „Das Schutzengelspiel“, „Das Nachfolge-Christi-Spiel“), Dramen („Die Sieben gegen Theben“, „Der Nibelungen Not“) und zahlreiche Erzählungen schrieb. Mell erhielt den Bauernfeld-Preis, den Preis der Stadt Wien, den Burgtheater-Ring, den Großen Staatspreis und viele andere Auszeichnungen. Die Akademie der Wissenschaften in Wien wählte ihn zum Ehrenmitglied.

Melnik (*Mělník*), Bezirksstadt nördlich Prag. Gründung im 13. Jh. An Stelle der Burg entstand ein Renaissanceschloß (16. Jh.), das den Lobkowitz gehörte. Die Kirche Peter und Paul, ursprünglich romanisch, stammt aus dem 15. Jh.

Noch älter sind die Stadtbefestigungen, von denen Teile erhalten sind (auch das „Prager Tor"), und das Rathaus, das barock umgestaltet wurde. Die ehemalige königliche Leibgedingestadt ist am bekanntesten durch den Weinbau. Der „Melniker", einer der besten böhmischen Rotweine, geht auf die Burgunder Weinreben zurück, die Karl IV. anbauen ließ.
Hier, wo die Moldau einmündet, beginnt die Schiffahrt auf der Elbe. Werft, Zuckerfabrik, Obsthandel, Brauereien, Desserterzeugung. Nach Ernst Schwarz war Melnik eine deutschrechtlich orientierte Stadt (1274 Magdeburger Recht), in der Rat und Bürger zumeist deutsch waren. Seit die Hussiten 1421 die Stadt besetzten, überwiegen die Tschechen.
1930: 46618 Einw., davon 289 Deutsche.

Melzer, Moritz, * 1877 Albendorf bei Trautenau, † 1966 Berlin. Der Porzellanmaler Melzer bildete sich in Teplitz und Dresden weiter aus und lebte als Freischaffender in Weimar und ab 1908 in Berlin, wo er Mitbegründer der Neuen Sezession und der Novembergruppe war. Der Maler unterrichtete seit 1921 an der Städtischen Kunstschule Berlin und an der Reimannschule. Viele seiner Bilder zeigen seine stete Zuneigung zu seiner Riesengebirgsheimat.

Gregor Mendel

Emil Merker

Mendel, Johann Gregor, * 1822 Heinzendorf bei Odrau, † 1884 Brünn. Der zu den größten Biologen seiner Zeit zählende Mendel war seit 1868 Prälat und Abt des Augustinerstiftes in Brünn. Im Garten des Klosters führte er die berühmten Versuche durch. Aus den Kreuzungen an Erbsen, Bohnen und anderen Pflanzen konnte er Vererbungsgesetze ableiten; sie stellten eine neue Wissenschaft dar, die zur Grundlage der experimentellen Genetik wurde. Er stellte bestimmte Gesetzmäßigkeiten fest, die nach ihm die Mendel-Regeln genannt werden. Seine Entdekkung, die er 1865 in der Schrift „Versuche über Pflanzenhybriden" veröffentlicht hatte, geriet wieder in Vergessenheit und wurde um die Jahrhundertwende gleichzeitig von drei Forschern wiederentdeckt, von Erich von Tschermak-Seysenegg, Correns und de Vries. Dem Schöpfer der Vererbungslehre wurden in Brünn und Neutitschein Denkmäler errichtet, ebenso in Wien und in Schwäbisch Gmünd. 1972 konstituierte sich in Wien eine Mendel-Gesellschaft. Mit Mendels Lehre befaßt sich in Brünn das Mendelianum.

Franz Metzner

Auch Straßen und Schulen wurden nach dem großen sudetendeutschen Naturforscher benannt. 1983 wurde seine Büste in der Walhalla bei Regensburg aufgestellt.

Mengs, Anton Raphael, ∗ 1728 Aussig, † 1779 Rom. Der Mitbegründer des Klassizismus war Hofmaler in Dresden und seit 1761 in Madrid. In Rom, wo er die Werke Raffaels studierte, schuf er das berühmte Deckengemälde des Parnaß in der Villa Albani. Außerdem malte er zahlreiche Altarblätter, Porträts und Bilder biblischen Inhalts. Mengs, der Präsident der Akademie von San Luca in Florenz war, stand unter dem Einfluß Winckelmanns und veröffentlichte selbst theoretische Kunstschriften. Seine Büste wurde in der Walhalla bei Regensburg aufgestellt.

Merker, Emil, ∗ 1888 Mohr bei Podersam, † 1972 Ebratshofen bei Lindau. Merker hatte in Prag studiert, war Dr. phil. und unterrichtete von 1915–1935 an der Höheren Forstschule in Reichstadt. Ein Augenleiden zwang ihn zur Aufgabe seines Berufes. Er lebte ab 1935 in Nestomitz an der Elbe, nach der Vertreibung im Bayerischen Wald und in Ebratshofen. Der im gesamten deutschen Sprachgebiet anerkannte Dichter gab Lyrikbände heraus, ferner zahlreiche Erzählungen und Romane („Die wilden Geheimnisse“, „Front wider den Tod“, „Die Kinder“, „Der Weg der Anna Illing“). Merker, der auch zwei Bücher über Stifter schrieb, veröffentlichte 1952 seinen Lebensbericht „Unterwegs“. 1936 hatte er für sein lyrisches Schaffen den Staatspreis erhalten. 1963 wurde er mit dem Ehrenpreis des Ostdeutschen Literaturpreises ausgezeichnet und 1966 mit dem Sudetendeutschen Kulturpreis. Seine Saazer Landsleute verliehen ihm die Johannes-von-Saaz-Plakette.

Messenhauser, Cäsar Wenzel, ∗ 1813 Proßnitz, † 1848 Wien (standrechtlich erschossen). Der Offizier Messenhauser wurde 1848 Kommandant der Wiener Nationalgarde; mit dieser ergab er sich Windischgrätz. Da das Volk weiter revoltierte, erschoß man Messenhauser und Robert Blum. Neben Dramen gab er mehrere Bände Erzählungen und einen Roman („Der Ratsherr“, 4 Bände) heraus. 1848 erschienen vier Nummern seiner Zeitschrift „Die Volkstribüne“.

Meßner, Joseph, ∗ 1822 Prachatitz, † 1862 Prachatitz. Der Gerbermeister und Volkserzähler gilt als Sittenschilderer des Böhmerwaldes, zumal durch seine „Waldgeschichten“ und den Roman „Der Primator“. Seine Volkstümlichkeit ver-

Stadtwappen von Mies

schaffte ihm einen weiten Leserkreis. Meßner schrieb auch Gedichte und war Mitarbeiter an der Prager Zeitschrift „Ost und West".

Metzner, Franz, * 1870 Wscherau bei Mies, † 1919 Berlin. Der gelernte Steinmetz war als Bildhauer Autodidakt. Er lehrte in Wien und Berlin. Zahlreiche monumentale Denkmäler zeugen von seiner Kunst, das Lessing-Denkmal in Wien, das Denkmal Kaiser Josephs II. in Teplitz-Schönau, der sog. Metzner-Brunnen in Reichenberg, das Rüdiger-Denkmal in Gablonz, das die Neugablonzer vom tschechischen Staat zurückkauften, und die gewaltigen Steinfiguren am Völkerschlachtdenkmal in Leipzig.

Meyrink, Gustav, * 1868 Wien, † 1932 Starnberg. Meyrink, der bis 1917 G. Meyer hieß, war Bankier in Prag. In dieser Stadt spielen viele seiner Romane („Golem", „Das grüne Gesicht", „Walpurgisnacht") und Erzählungen („Des deutschen Spießers Wunderhorn", „Fledermäuse"). Er beschäftigte sich mit asiatischer Religion und kabbalistischer Geisteswelt, trat zum Buddhismus über und huldigte okkultistischen Vorbildern (Poe, E. T. A. Hoffmann), liebte das Unheimliche und Visionäre, ebenso wie sein Freund Alfred Kubin. Man hat Meyrink einen Vorläufer Franz Kafkas genannt.

Michel, Robert, * 1876 Chabeřice/Böhmen, † 1957 Wien. Zuerst Offizier, übernahm er 1918 die Leitung des Burgtheaters in Wien (gemeinsam mit H. Bahr und M. Devrient). Seine Erzählungen und Romane spielen teilweise in Bosnien und der Herzegowina, wo er als Soldat diente („Die Häuser von Dzamija"). Am bekanntesten wurde sein „Jesus im Böhmerwald". Michel, der auch Dramen, Libretti und Lustspiele schrieb, erhielt den Literaturpreis der Stadt Wien, den Kleist-Preis, den Stifter-Preis und den tschecholsowakischen Staatspreis; zum Professor ernannt.

Michelsberg (*Michalovy Hory*), Bezirk Plan. Durch sächsische Bergleute wurde der Bergbau (Silber und Blei) eingeführt. Den Namen gab eine Michaelskapelle. „Michaelsberg" wurde unter den Schlick Bergstadt. Viele Bergleute wanderten aus, als sie der lutherischen Lehre wieder abschwören sollten, ebenso nach dem Dreißigjährigen Krieg, als der Bergreichtum aufhörte. Über der Stadt erhebt sich der Lasurberg mit Stollen und Kalksteinhöhlen.
1930: 724 Einw. (4 Tschechen).

Brucktorturm in Mies

Mies (*Mže*). Quellfluß der Beraun. Entspringt in zwei Quellbächen, dem Reichenbach von der Oberen Kellermühle jenseits der Landesgrenze her und dem Paulusbrunner Bach bei Hinter Paulusbrunn, die sich bei Sorghof westlich Tachau vereinen. Länge: 90 km.

Mies (*Stříbro*), Bezirksstadt in Westböhmen. Der tschechische Name weist auf die Silbergewinnung (bereits im 12. Jh.) hin. Gründung Mitte des 13. Jh. 1372 Prager Stadtrecht, viele Privilegien folgten. Der Bergbau (Silber, Blei, Zinn) brachte Reichtum, die Stadt genoß hohes Ansehen. In die Gotik weisen die Befestigungsanlagen (teilweise gut erhalten), ebenso die Brücke mit dem Tor-

Der Milleschauer (Donnersberg)

turm, das Minoritenkloster (vor 1274, von Joseph II. aufgehoben, dann Schule), die Peterskirche mit Wandmalereien und die Pfarrkirche Allerheiligen (1565/1566, 1757 barock, Fresken von Julius Lux und Elias Dollhopf).

In Mies bestanden Klöster der Kreuzherren mit dem roten Stern und der Dominikaner. Ein Kunstdenkmal ist das Renaissancerathaus. Auf dem Ringplatz steht die barocke Mariensäule mit 17 Heiligengestalten des Lazar Widmann. Auf diesem Platz sind auch Häuser mit Renaissanceportalen erhalten. Staatslehrerbildungsanstalt, Gymnasium, erzbischöfliches Studienkonvikt, städtisches Museum. Der Stadtpark wurde als einer der schönsten Böhmens gerühmt. Wirtschaftliche Verhältnisse: Kunststein- und Flechtwerkerzeugnisse, Bleierzbergbau, Brauerei, Buchdruckerei, Glas- und Holzindustrie. Sommerfrische.

1930: 5349 Einw. (581 Tschechen).

Milde, Vinzenz Eduard, ∗ 1777 Brünn, † 1853 Wien. Erst Professor der Pädagogik an der Universität Wien, 1823 Ernennung zum (10.) Bischof von Leitmeritz und 1831 als erster Bürgerlicher zum Erzbischof von Wien. Er bemühte sich um eine österreichisch-katholische Restauration, stand im Gegensatz zu C. M. Hofbauer und versuchte, die von Bolzano bewirkte Geistesrichtung zu beseitigen. Als Pädagoge legte er großen Wert auf Psychologie, die er als Grundlage und Quelle der Erziehungswissenschaft ansah. Eine Milde-Stiftung unterstützte arme Lehrer und Priester.

Milleschauer oder **Donnersberg** (*Milešovka*). Mit 835 m höchste Erhebung des Böhmischen Mittelgebirges. Die Aussicht von dem bewaldeten Phonolithkegel rühmte schon Alexander von Humboldt. Auf dem Gipfel ein Aussichtsturm und die 1906 eröffnete meteorologische Höhenstation. Auf dem Milleschauer ist die Fundstelle der schönsten Orchideenart Böhmens. Im Tal zu Füßen des Milleschauers liegt das Dorf Milleschau (Milešov) mit dem Ledeburschen Schloß mit 150 Zimmern, das nach dem Kriege in ein Altenheim umgewandelt wurde.

Minderheitenschulen der Tschechen. Während es im tschechischen Innerböhmen 1890 noch 112 Privatschulen der deutschen Minderheit und der deutschsprechenden Juden gab, waren es 1916 nur noch 25. Im deutschen Sprachgebiet gab es 1890 nur 28 tschechische Minderheitsschulen, 1916 bereits 123. In der Republik wurden staatliche tschechische Minderheitsschulen in Deutschböhmen errichtet bis 1921: 428 Anstalten mit 38502 Schülern; bis 1936: 850 Anstalten mit 26509 Schülern. Diese Schulen besuchten 1936 auch über 5000 deutsche Kinder.

Mißlitz

Nach Angaben von E. Gierach waren manche dieser tschechischen Schulen für 10, 5, ja 3 oder 2 tschechische Kinder errichtet und vielfach mit deutschen Kindern aufgefüllt. So gab es 1937/1938 in Kletzelsdorf 22 deutsche Kinder und nur ein tschechisches Kind, in Rettendorf 12 Deutsche und 3 aus gemischten Ehen, in Plöß 22 Deutsche und 2 Tschechen.
Bezeichnend ist folgende Meldung: In der deutschen Gemeinde Pfauendorf bei Iglau, die nach der letzten Volkszählung 280 Deutsche und nur 60 Tschechen zählte, wurde von der politischen Landesverwaltung die einklassige deutsche Volksschule aufgelöst und das Schulgebäude der tschechischen Minderheit zur Verfügung gestellt.

Mißlitz (*Miroslav*), Marktgemeinde im Bezirk Mährisch Kromau. Im Markt (seit 1513) befand sich eine starke Judengemeinde, die 1794 größer war als die christliche (583 zu 482). In der Mehrzahl bekannten sich die Juden auch später noch zum Deutschtum. Das Schloß, ein Beispiel für den fließenden Übergang vom Burg- zum Schloßbau, war in seinem Ursprung gotisch, wurde aber um 1670 barock umgebaut. Neben der katholischen Kirche Peter und Paul (barock, 1729) gab es auch eine Kirche der helvetischen Protestanten (Nachkommen der mährischen Brüder) und eine Synagoge.
Erwähnenswert sind der barocke Weinkeller, der Schüttkasten des Stiftes Klosterbruck (1737) und

Mistek

Mödritzer Kirche

eine Florianstatue (1676). In der Umgebung befinden sich Weinberge.
1930 (mit Böhmdorf, Deutsch Knönitz und Wenzelsdorf): 4417 Einw. (2273 Tschechen, 1960 Deutsche).

Mistek (*Místek*), Bezirksstadt am linken Ufer der Ostrawitza gegenüber der Stadt Friedek, mit der es in neuer Zeit vereinigt wurde. Mistek hieß ursprünglich Friedeberg und war mit dem Fürstentum Teschen, darauf mit den Herrschaften Friedek und Hochwald vereinigt. Mistek, bereits 1267 als bischöfliche Stadt genannt, hatte seit dem 16. Jh. eine tschechische Mehrheit. Mit dem Aufkommen der Industrie nahm die Zahl der Deutschen zu; 1910 machten sie 36 v. H. der Bevölkerung aus. In Mistek unterhielten die Böhmischen Brüder eine Schule.
1657 wird eine Schule in der Nähe der Jakobskirche erwähnt. Diese Kirche, zuerst ein Holzbau, wurde nach einem Brand im 17. Jh. durch ein Steingebäude ersetzt. Die Kirche Allerheiligen entstand als Dank für die Errettung vor der Pest (1716). Ein Rokokobau ist die Kirche Johann und Paul (1763–1767). Bis 1918 bestand im Deutschen Haus eine Liebhaberbühne, an der Hans Moser debütierte.
Wirtschaft: Flachsspinnerei, Baumwollweberei-

en, Feilenfabrik, Zementwaren, Likörfabrik, Brauerei. In der Nähe, in Hochwald (*Hukvaldy*), wurde der Komponist Leoš Janáček geboren. Hier stehen die Reste einer der größten Burgen Mähren-Schlesiens. 1930: 6710 Einw. (5531 Tschechen, 790 Deutsche).

Mittelschulen. Im Gegensatz zu Deutschland zählten im Sudetenland wie in Österreich dazu die Gymnasien, Realgymnasien, Realschulen, Handelsakademien, Handelsschulen, Gewerbeschulen und Lehrerbildungsanstalten. Siehe: Schulwesen.

Mocker, Joseph, * 1835 Zittolib/Böhmen, † 1899 Prag. In der Wiener Bauhütte von St. Stephan vorgebildet, restaurierte der Architekt Mocker die Barbarakirche in Kuttenberg, die Burg Karlstein, die Erkerkapelle des Carolinums in Prag und vollendete die Westtürme des Domes zu St. Veit in Prag. Er wurde der größte Restaurator des Purismus seines Jahrhunderts in Böhmen genannt. Neben denkmalpflegerischen Arbeiten und Erneuerungen baute er auch neugotische Kirchen und Gebäude.

Modes, Theodor Anton, * 1888 Brünn, † 1962 Leipzig. Er begann in Wien seine Bühnenlaufbahn, wirkte als Regisseur, Dramaturg, Theaterdirektor, Intendant und Theaterwissenschaftler. Zuletzt in Leipzig Dozent. U. a. leitete Modes die Wallenstein-Festspiele in Eger und die Jedermann-Festspiele in Haindorf.

Mödritz (*Modřice*), Marktgemeinde und Hauptort der Brünner deutschen Sprachinsel. Im Mittelalter bestand eine Bischofsburg des Olmützer Bistums. 1222 wird der erste Pfarrer genannt, um 1300 Verleihung des Marktrechts. Der Anteil der deutschen Bevölkerung sank in den Jahren von 1910–1921 von 97 v. H. auf 71 v. H. Die alte Kirche wurde 1725 durch einen Rokokobau ersetzt. Zu ihr unternahmen in jedem Jahr die Brünner Gärtner am Donnerstag nach Maria

Moldau-Wasserfälle

Morchenstern

Himmelfahrt eine Wallfahrt. In der Sprachinsel hatte sich vielfältiges altes Brauchtum erhalten. Konserven- und Zuckerfabriken. Das Mödritzer Kraut war berühmt.. Geburtsort des Astronomen und Physikers Johann Christian Mayer (1719–1783).
1930: 2509 Einw. (701 Tschechen).

Möhler, Petrus Paul, ⁎ 1897 Staab, † 1968 Kloster Schönau in Rheinland-Pfalz. 1944 wurde Möhler zum Abt des Prämonstratenserstiftes Tepl gewählt. Nach einjähriger Kerkerhaft in Eger entließen ihn 1946 die Tschechen als schwerkranken Mann; 1948 wurde er ausgewiesen. Im Kloster Schönau versuchte er, für seine Tepler Mitbrüder eine neue Klostergemeinschaft zu errichten. Doch bald mußte Möhler, der auch Protektor des Sozialwerks der Ackermann-Gemeinde war, wegen Krankheit zurücktreten.

Moldau (*Vltava*), Hauptnebenfluß der Elbe, jedoch wasserreichster Fluß in Böhmen, der aus der Warmen und Kalten Moldau im Böhmerwald entsteht, in gewundenem Lauf über Prag bei Melnik mündet. Die Nebenflüsse sind rechts: Maltsch, Luschnitz (Lainsitz) und Sazawa, links: Wottawa und Beraun. Durch den Schwarzenbergschen Schwemmkanal, 1788 begonnen und 1822 fertiggestellt, ist sie mit der Mühl in Oberösterreich verbunden (Kanallänge 51 km). Ab Stechowitz oberhalb Prag ist die Moldau mit Dampfern befahrbar. Länge: 435 km, Einzugsbereich: etwa 28 100 qkm, Höhenunterschied zwischen Quelle und Mündung: 1 027 m.

Molisch, Hans, ⁎ 1856 Brünn, † 1937 Wien. Der Botaniker war Professor in Graz, Prag, Wien und Sendai/Japan, unternahm Forschungsreisen und leistete Hervorragendes in der Pflanzenphysiologie. Der Mitbegründer der Mikrochemie der Pflanzenkörper fand eine Methode für den nach ihm benannten Nachweis von Traubenzucker. Er schrieb mehrere wissenschaftliche Bücher, einen

Mückentürmchen

Reisebericht („Im Lande der aufgehenden Sonne") und eine Autobiographie.

Molo, Walter, Reichsritter von, ∗ 1880 Sternberg/Mähren, † 1958 Hechendorf bei Murnau. Der Maschinenbauingenieur lebte nach einigen Jahren am Patentamt in Wien als freier Schriftsteller in Berlin, wo er 1928–1930 Präsident der Preußischen Dichterakademie war. Seit 1933 lebte er zurückgezogen bei Murnau. Neben Dramen und Lyrik schrieb Molo biographische Romane über Schiller, Friedrich II., Königin Luise, Friedrich List, Kleist, Prinz Eugen. Er war Mitbegründer des deutschen PEN und Vorstand des Schutzverbandes der Schriftsteller. Sein Leben hat er in einigen Erinnerungsbänden beschrieben.

Moore – im Böhmerwald auch Filze genannt – findet man in fast allen Randgebieten der Sudetenländer, besonders im Böhmerwald (Hans Schreiber nahm hier 246 auf), im Erzgebirge, in Westböhmen (mit dem Kranichsee bei Graslitz), im Isergebirge (mit der Großen Iserwiese) und im Riesengebirge. Es sind Hochmoore, die sich in Mulden über wasserundurchlässigen kristallinen Gesteinen bildeten, mit eigentümlicher Flora (Zwergbirke und -wacholder, Sonnentau, Rauschbeere, Sumpfporst, Wollgras). Von den fünf Streutorffabriken im Staat war eine in Sebastiansberg und eine in Schwarzbach. Der Torf findet Verwendung in der Landwirtschaft, in der chemischen Industrie, als Brennmaterial, als Mittel zur Isolierung und Konservierung. Moor ist wertvoll für medizinische Bäder.
In Sebastiansberg im Erzgebirge bestand eine Moorkulturstation des Deutschen Landwirtschaftsrates, die hauptsächlich an der Rekultivierung abgetorfter Flächen arbeitete. Große Verdienste um die Station und um die internationale Moorkultur überhaupt hatten sich die Moorforscher Hans Schreiber und Josef Dittrich erworben. Das Moormuseum in Sebastiansberg war eine Sehenswürdigkeit und von Fachleuten geschätzt. Mit dem Moor verband das Volk Sagen, in denen von Schätzen oder von untergegangenen Menschen oder ganzen Truppenteilen erzählt wird, wie in der Polakenheide bei Sebastiansberg.

Morchenstern (*Smržovka*) im Bezirk Gablonz wurde 1540 erwähnt, war zeitweise protestantisch, wurde 1868 Markt und 1905 Stadt. Die Grafen Desfours-Walderode besaßen die Herrschaft mit Brauerei, Glashütte, Dampf- und Wassersägen. Die spätbarocke Kirche, an Stelle eines Holzbaues, mit Fresken des Erzengels Michael, des Kirchenpatrons, war seit 1849 Pfarrkirche; am 17. April 1967 durch Feuer vernichtet. Die Stadt im Isergebirge hatte die größte Baumwollspinnerei der Republik (Joh. Priebsch Erben AG). Daneben zählte man 200 Betriebe der Glasschmuck-Hausindustrie.
1930: 7296 Einw. (1870 Tschechen).

Mozart, Wolfgang Amadeus, ∗ 1756 Salzburg, † 1791 Wien. Wiederholt weilte der Komponist in Böhmen und Mähren, in Olmütz, Brünn, besonders allerdings in Prag. Hier fand am 29. Oktober 1787 im Ständetheater die Uraufführung seiner Oper „Don Giovanni" statt; es soll der größte Erfolg Mozarts überhaupt gewesen sein. Für Prag komponierte er die Oper „La clemenza di Tito", aufgeführt 1791 zur Krönung Leopolds II. In Teplitz-Schönau stand das Mozart-Denkmal von Franz Metzner, ursprünglich für das Ständetheater bestimmt. In der Villa Bertramka in Prag, wo Mozart als Gast des Ehepaares

Duschek wohnte, ist eine Mozart-Gedenkstätte eingerichtet.

Mückentürmchen, auch Mückenberg (*Komáří hůrka*), bei Ober Graupen, 802 m, auf dem Erzgebirgskamm. 1858 wurde an Stelle eines 1568 erbauten steinernen Rundturmes ein Glokkenturm errichtet, in dem die „Anläuteglocke" (1554 gegossen) hing; sie wurde beim Ein- und Ausfahren der Bergleute geläutet. Das Kirchlein ist dem hl. Wolfgang geweiht; dessen Fest im Juli wurde früher mit einem Volksfest begangen. An den Turm und die Kapelle knüpfen sich viele Sagen.

Müglitz (*Mohelnice*) im Bezirk Hohenstadt ist, wie zahlreiche Bodenfunde zeigen, seit alter Zeit besiedelt. Von dem Olmützer Bischof Bruno gegründet und zur Stadt erhoben, wird bereits 1287 eine Schule erwähnt. Obwohl die Hussiten über die Stadt hereinbrachen – viele Menschen fanden dabei den Tod –, konnte sich das Deutschtum erhalten. 1642 zerstörten die Schweden erneut die Stadt. Viele Menschen wurden Opfer der Pest; daran gemahnt die 1717 aufgerichtete Pestsäule.
An alte kriegerische Zeiten erinnern noch Teile der Befestigungen (14.–16. Jh.) und ein Tor aus dem Jahre 1540. Die gotische Kirche aus dem Anfang des 15. Jh. erhielt 1841 neugotische Formen. Industrie: Metallwaren- und Zementwarenerzeugung, Dachpappe-, Lederwaren- und Schuhfabrik. Südlich von Müglitz die Deutschordensburg Busau. Im nahen Aussee ein Schloß mit Jagdmuseum. 1930: 4574 Einw. (666 Tschechen).

Mühlfraun (*Milfron*, heute *Dyje*), Bezirk Znaim. Weinbauort im Thayatal, 1280 als Pfarre genannt. Franz Kerndl aus Wien erbaute 1769–1778 eine Wallfahrtskirche, für die der berühmte Anton Maulbertsch großartige Fresken schuf. Aus der alten Kirche erhielt sich das Relief einer Beweinung Christi (Ende 15. Jh.).
1930: 519 Einw. (72 Tschechen).

Müller, Anton Josef, ∗ 1888 Neuehrenberg bei Schluckenau, † 1969 Kempten. A. Müller, in Textilwerken in Zeidler, Nixdorf und Freiberg/Mähren als Betriebsleiter bzw. Direktor beschäftigt, ist der Erfinder der Strumpfhose.

Müller, Joseph, ∗ 1727 Liebenau, † 1817 Karlsbad. Aus einer alten Steinschneider-Familie stammend, übersiedelt er nach Karlsbad, wo er Sprudelsteine bearbeitete. Er war auch Mineraliensammler und kam deshalb mit Goethe in enge Verbindung. Dieser verfaßte die Schrift „Beschreibung der Karlsbader Müllerschen Steinsammlung. Zur Kenntnis der böhmischen Gebirge" (1807 bzw. 1832). Eine Müllersche Steinsammlung gelangte auch in das Deutsche Museum nach München.

Müller, Maria, ∗ 1889 Theresienstadt, † 1958 Bayreuth. Die weltberühmte Sopransängerin begann ihre Laufbahn am Deutschen Theater in Prag und kam über München nach Berlin. Wiederholt wurde sie an die Metropolitan Opera in

Müglitz (1780)

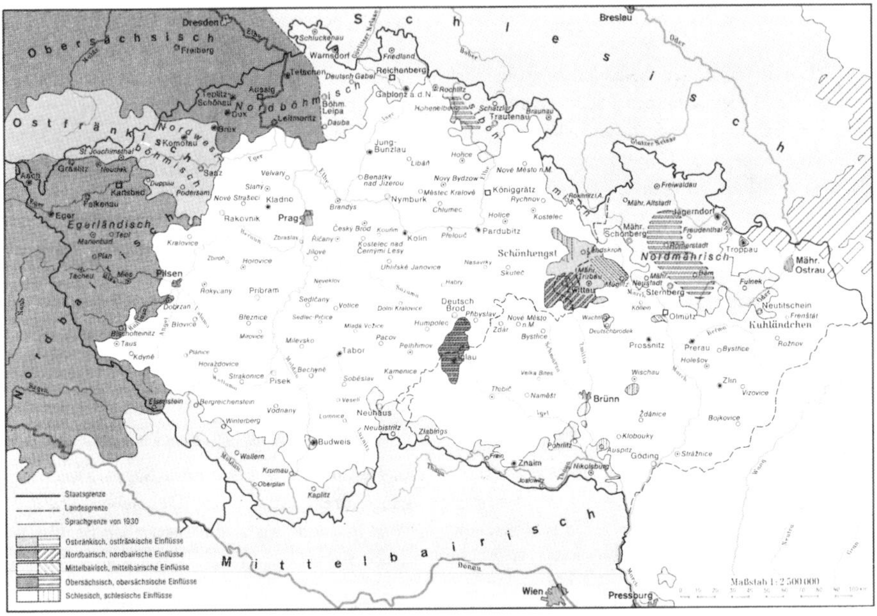

Mundarten der Sudetenländer

New York als Gast eingeladen, ebenso an andere bedeutende Bühnen der Welt. Viele große Rollen verkörperte sie bei den Salzburger und bei den Bayreuther Festspielen.

Müller, Richard, ∗ 1874 Tschirnitz bei Kaaden, † 1954 Dresden. Der Maler und Graphiker lehrte von 1930–1935 an der Dresdener Akademie. Man rühmte ihm ungewöhnliche Schärfe und Sicherheit in seinen Porträts, Landschafts- und Tierstudien nach, die er anfangs als Zeichnungen und Lithographien herstellte, später als Radierungen und Stiche. Sie erschienen zum Teil auch als Mappen. Mit vielen Preisen geehrt, war er Lehrer bedeutender Schüler.

Müller, Wenzel, ∗ 1767 Türnau/Mähren, † 1835 Baden bei Wien. Die Possen, Singspiele und Zauberopern Müllers, der Theaterkapellmeister in Brünn, Prag und Wien war, waren äußerst populär und brachten immer wieder volle Häuser. Viele seiner Melodien waren so beliebt, daß sie immer wieder gesungen und später sogar als Volkslieder angesehen wurden. Mozarts „Zauberflöte" war von seiner Posse „Kaspar und der Fagottist" beeinflußt.

Müller, Willibald, ∗ 1845 Wildschütz bei Jauernig, † 1919 Freiwaldau. Der Begründer der Zeitschrift „Moravia" und Leiter des Olmützer Tagblattes „Neue Zeit" betreute die Olmützer Studienbibliothek. Als Heimatforscher schrieb er „Das romantische Mähren", „Geschichte der kgl. Hauptstadt Olmütz", „Sagen und Geschichte der Stadt Olmütz", „Volkskunde der Deutschen in Mähren", „Führer durch die mährisch-schlesischen Sudeten", Biographien von Kudlich, Sonnenfels, van Swieten u. a. Zusammen mit seiner Frau verfaßte er den Roman „Der Ratsherr von Olmütz".

Mummel (*Mumlava*) entspringt am Nordabhang der Kesselkoppe im Riesengebirge, durchfließt das Mummeltal, bildet bei Harrachsdorf den Mummelfall und mündet weiter südlich in die Iser. An dieser Stelle berühren sich Iser- und Riesengebirge, die Tschechoslowakei und das Deutsche Reich, die Bistümer Königgrätz, Leitmeritz und Breslau, die Bezirke Starkenbach, Gablonz und der Kreis Hirschberg, ferner die Herrschaften Harrach, Schaffgotsch und Rohan.

Mummelberg (*Mumlavská hora*), 1219 m, höchste Erhebung des Mummelkammes.

Mummelkamm, westlichster Grenzkamm des Riesengebirges, der bis Jakobsthal in Schlesien reicht. Länge 5 km.

Münchengrätz (*Mnichovo Hradiště*), Bezirksstadt in Nordböhmen am linken Ufer der Iser. Schloß der Grafen Waldstein mit großer Bibliothek, Porzellan- und Waffensammlungen. Begräbnisstätte Albrechts von Waldstein (Wallenstein) und seiner Gemahlin Lucretia in der Anna-Kapelle. Das Dorf Kloster in der Nähe erinnert an das ehemalige Zisterzienserstift, in dessen Besitz Münchengrätz im 12. Jh. war. Am 28. Juni 1866 Gefecht zwischen Preußen und Österreichern, bei dem die Österreicher besiegt wurden. Der Dichter Leopold Kompert (1822–1886) wurde in Münchengrätz geboren. Unweit der Stadt beginnt das sog. Böhmische Paradies.

Mundartdichter. Die landschaftsgebundene Dichtung besaß einen hohen Stellenwert, hatte aber, von wenigen Ausnahmen abgesehen (wie Anton Günther), keine Wirkung über den Lebensraum des Dichters hinaus. Diese Männer und Frauen bewiesen eine besonders innige Bindung an Heimat und Volk. Als Beispiele seien nur einige wenige Namen angeführt:
Böhmerwald: Josef Dichtl, Karl F. Leppa, Paul Meßner, Joseph Rank, Anton Wallner, Karl Winter, Zephyrin Zettl.
Egerland: Anton Haubner („Echalanda Meß"), Josef Hofmann, Adolf Horner, Josef Köferl, Hans N. Krauß, J. J. Lorenz, Josef Moder, Fritz Reif, Rudolf Sabathil, Michael Urban, Anton Wolf, Otto Zerlik.
Erzgebirge: Johann Alboth, Anton Günther, Franz Klinger, Max Tandler.
Nordböhmen: Benjamin und Karl Baier, Franz Grundmann, Josef Grunert, Marie Hübner, Josef Kern, Ferdinand Klinger, Hans K. Kreibich, Anton Mattauch, Ferdinand Schmidt, Josef Schmidt, Josef Schwaab, Julius Vatter, Anna Waldhauser, Adolf Wildner.
Nordostböhmen: Josef Bartmann, Eduard Langer, Hieronymus Brinke, Meinrad A. Nossek, Wilhelm Oehl, Julius Pausewang, Josef Tatsch.
Schönhengstgau: Karl Hübl.
Kuhländchen: Josef Hauptmann.
Sudeten-Schlesien: Ferdinand Hanusch, Viktor Heeger, Anna Köhler, Alois F. und Josef Lowag, Sophie Mildner, Franz K. Mohr, Gustav Parg.
Südmähren: Karl Bacher.

Der Maibaum

Mundarten. Diese sind abhängig von den Sprachformen, die jenseits der Grenze, also in den Ländern, aus denen die Sudetendeutschen kamen, gesprochen wurden. Vereinfacht lassen sich die Mundarten so darstellen:

Ostmitteldeutsch: Die Räume Klösterle bis Brüx ostfränkisch, östlich Brüx bis um Böhmisch Leipa thüringisch-obersächsisch, weiter östlich bis zum Kuhländchen schlesisch; baierische und ostfränkische Einflüsse machen sich im Raum Hohenelbe und im mittleren Teil Nordmährens bemerkbar. Die Schönhengster Sprachinsel weist eine bairisch-mitteldeutsche Mischmundart auf.

Mittelbairisch: Südmähren, Sprachinseln von Brünn und Wischau, die Gegend um Neuhaus und Neubistritz, Südteil des Böhmerwaldes bis zur Angelquelle (bei Eisenstein).

Nordbairisch: Nordteil des Böhmerwaldes, Egerland bis Duppau, Iglauer Sprachinsel (mit mittelbairischen und mitteldeutschen Einflüssen).

An Sondermundarten erwähnen wir: Die in der Leitmeritzer Fischervorstadt gesprochene, die

Die Christkindlsinger

Fatzer-Sprache der wandernden Erzgebirgsmusikanten, die Sprache der Bergleute im Erzgebirge, die der Tuchmacher in Mährisch Trübau, Neutitschein und Schildberg, schließlich die Handwerker- oder Zunftmundart in Braunau.

Die größten Verdienste um die Mundartforschung hat Prof. Ernst Schwarz. In seinem Buch „Sudetendeutsche Sprachräume“ (1962) schreibt er: „Durch die Austreibung nach 1945 ist den sudetendeutschen Mundarten, die von den relativ wenigen Zurückgebliebenen noch gesprochen werden, die Verwurzelung im Heimatboden entzogen worden. Ihre Darstellung nach dem Stande der Zeit vor 1945 soll die Erinnerung an Mundarten bewahren, die auf ein Leben von sieben Jahrhunderten zurückblicken können, an Sprachlandschaften, die eine Fortsetzung des Bairischen, Ostfränkischen, Obersächsisch-Thüringischen und Schlesischen bildeten, an besonders alte Sprachinseln in Böhmen, Mähren und der Slowakei, deren Beobachtung und Kenntnis der Sprachwissenschaft und Geschichte Aufklärung über das Werden von Kolonialmundarten bietet, den Nachbarlandschaften ein abgeschlagenes Stück ihrer Sprache und Geschichte rettet, ihnen und Hessen sowie den Rheinlanden einen Blick in ältere Sprachzustände gewährt. Die Menschen haben in der Zeit der deutschen Ostbewegung im 13. Jahrhundert ihre Sprache mitgenommen. Da die Mundart unlösbar an ihre Träger gebunden ist, richtet sich der Blick bei der Frage nach ihrer Herkunft auch nach der Heimat der Sudetendeutschen. Es ist unvermeidlich, daß auch ihre Nachbarländer in gewissem Maße in die Darstellung einbezogen werden mußten.“

Schwarz weist darauf hin, daß Sprachinseln ursprüngliches Sprachgut sorgsam und unverfälscht bewahrten, weil sie, von tschechischem Gebiet umschlossen, Sprachwandlungen neuerer Zeit nicht mehr erreichten.

Die Sammlung des sudetendeutschen Wortschatzes wurde von E. Gierach und E. Schwarz für die

Herausgabe eines sudetendeutschen Mundartwörterbuches durchgeführt. Bereits 1932 waren über 160000 Zettel gesammelt, 1943 waren es 595743 Zettel, dazu kamen 31350 Fragebogen mit 761 Fragen und über 1500000 Einzelantworten. Alles blieb in Prag.

Nach der Vertreibung begannen Franz J. und Hertha Beranek wieder mit der Sammlung. In Gießen entstand 1957 auf Initiative des Collegium Carolinum die Arbeit des Sudetendeutschen Wörterbuches, das nacheinander Franz J. Beranek, Hertha Beranek und Horst Kühnel leiteten. Vorsitzender der Wörterbuchkommission des Collegium Carolinum war Ernst Schwarz. Bereits 1970 erschien der 1. Band eines „Atlas der sudetendeutschen Umgangssprache“. Das „Sudetendeutsche Wörterbuch“ ist fertiggestellt; die erste Lieferung (A – abher-kratzen) erschien 1982.

Mundartproben

Iglauer Gegend

Neujahrswunsch

I winsch Enk a glicklichs nei's Joa,
des oite is scho goa,
i winsch Enk a Christkindl mit kraußtn Hoa,
an decktn Tisch,
af jedn End an bochen Fisch,
in da Mittn a Floschn Wei',
do soj da Herr Vota und Frau Mutta
recht luste sei'.

Nikolsburger Gegend

Das Lied vom Weinstock

Wos da Weinstock für a Plog braucht,
bis dös Weinberl kommt in d' Blüah;
joa dös Spritzn und dös Bindn
wos braucht dös für a Müah!
Es wird graugert, daß koa' Reif kimmt,
und gschossn, daß koa Schauer follt.
Ja, der Wein wird müahsom hergstöllt,
owa gsoffn is a bold.

Inschrift auf einem zwiespännigen Bett

Egerland

Bin i Höitbou

Bin i Höitbou, bin ich Säubou,
bin ich Ochsntreiwa;
wenn i gråuß bin, wenn i Göld ho(b,
wiar i Owaschreiwa.
Öitza bin i gråuß gwåchsn,
öitza gfreit mi ma(n Lebm;
öitza soll i unan Kaiser an Rekrutn oogebm.
Zan Pilsna Reghament,
a Sawl in d' Händ,
a Pfaadl zan Reitn,
da(ß mi koan(n Mensch mäia kennt.

Josef Hofmann (Karlsbad):

D Moudalöi (Die Mutterliebe)

D Moudḁlöi,
dös is 's Allahalichst
af da Welt,
nex Bessas gits niat!
Da Mouda r' ihr Sinna
tråcht äiwich af d' Kinna,
sie dastaßt si(ch) va Löi
u af sich denkt sie nöi.

Kuhländler Tracht um 1730

Erzgebirge

Aus dem „Reischdorfer Pferdehimmel“

Åch, dos sei holt schware Zeitn,
bei uns armen schlachten Leitn –
wenn mr schie in Himml warn,
dos war unsa gånz Begahrn.

Wenn mr warn in Himml kumma,
hot die Plog a End ganumma
darf mr ah ka Fuhrwark treibn,
ko ban Weib drhame bleibn.

Reichenberg

Ein altes Mailied

Mej, lieber Mej,
beschier uns Kas und Ej,
ejne gude Pottermäcke,
doß mr könn de Kuchn kleckn,
schie Haus, schie Haus,
guckt ejne schiene Jumpfer raus,
word dich wull bedenkn,
word uns wull wos schenkn,
ej Schouk, zwej Schouk,
hundert Gölden drönne.
'n Tud, 'n honn mr nausgetrieben,
'n liebn Summer brengn mr wiedr;
'n Mej steckn mr ai de Are,
doß mr reich und selich warn.

Gegend von Kukus

Kinderlied

Hotte nej a Mon gesahn,
a ging an Gassla nondo,
hot a rutes Rekla o
's Geichla hot a drondo.

Wie a zum erschta Haisla kom
fing a o zu penka:
dudl, dudl, Leiosok,
morne hon mon Feiertog.

Schönhengst

Hirtenlied

Wrui, Feierla, wrui,
eich huit naet gan de Khui,
eich huit naer gan da rutn Zeign,
doß i kho pen Feierla leign.

Teßtal

Bauernrätsel

's rettelt sech on schettelt sech
un 's mocht a Haffla onder sech?
(Das Sieb).

's giet ais Dorfe nauf und no,
es schleat o jedes Türla o?
(Der Wind).

's stieht of der Mauer,
ruft Bürger on Bauer?
(Die Glocke).

Wos is eber Gottes Wort?
(Der Deckel der Bibel).

Freiwaldau

Sommer-Ansinglied

Popp Maile, Popp Maile,
gatt ma ach a Eile,
gatt dan Klan und nie dan Großn,
die Großn han mich weggestoßn!

Kuhländchen

Spruch der Mörtelträgerinnen

Bester Her, sie hoan siech vergange,
wir hoan se ei dr Schnur gefange;
doas ies für Fürste on Edelleut,
on ons Taglöhnern die Gerechtigkeit.

Münzwesen. Durch Wenzel II. wurden 1300 statt der seit Ottokar I. gebräuchlichen Blechmünzen (Brakteaten) Groschen eingeführt. Die Prager Silbergroschen zeigten auf einer Seite die Königskrone, auf der anderen den doppelschwänzigen böhmischen Löwen. Johann von Böhmen ließ erstmals nördlich der Alpen Gulden schlagen. Ein großer Mangel an Edelmetall während der Hussitenzeit bewirkte den Niedergang des Münzwesens. Wladislaw ließ 1483 die neuen Weißpfennige prägen. Seit etwa 1515 wurden in St. Joachimsthal aus der Ausbeute der dortigen Bergwerke durch den Grafen Schlick für König Ludwig I. Silbermünzen geprägt, die den Namen Joachimsthaler (lateinisch Joachimicus oder Vallensis) erhielten. Diese nach dem „Tale" benannten Taler wurden von allen Kultursprachen übernommen. Auch der Dollar leitet sich davon ab. Die älteste Münzstätte Böhmens stand in Prag. Berühmt waren die in Kuttenberg (1300–1726), St. Joachimsthal (1519–1672), Budweis (1569–1612), Olmütz, Brünn, Znaim und besonders Kremnitz in der Slowakei. Münzen von Adeligen bestanden in Krummau (Eggenberg), Gitschin (Albrecht von Waldstein) und Plan (Schlick).
1932 wurde die Sudetendeutsche Numismatische Gesellschaft gegründet. Die Zeitschrift „Der Münzensammler", herausgegeben von Ignaz Wodiczka, erschien seit 1928 monatlich. Nach Abschluß des 7. Jahrgangs wurde sie von der o. g. Gesellschaft in Gablonz übernommen.

Mürau (*Mírov*) im Bezirk Hohenstadt, mit einem Schloß im englischen Stil, Besitz der Olmützer Bischöfe; 1855 von Kardinal von Fürstenberg dem österreichischen Kaiserstaat verkauft und als Strafanstalt für Schwerverbrecher eingerichtet. Als solche wurden der slowakische Politiker Andreas Hlinka, der das Selbstbestimmungsrecht für die Slowakei gefordert hatte, und zahlreiche Sudetendeutsche nach 1945 behandelt und in Mürau eingekerkert. Viele von ihnen hat in der Burg der Tod ereilt.
Am 7. Juli 1758 fand hier ein Gefecht zwischen dem österreichischen und preußischen Heer statt, dessen Ausgang Friedrich II. zwang, die Belagerung von Olmütz aufzugeben.
1930: 1016 Einw. (339 Tschechen).

Museen und Sammlungen in der Heimat (Gründungsjahre in Klammern)
Arnau
Asch (1906)
Aussig (1876)
Bärn (1925)
Bensen (1906)

Schlesisches Landesmuseum in Troppau

Bergreichenstein
Bilin (1921)
Bischofteinitz
Bodenbach
Böhmisch Kamnitz (1909)
Böhmisch Leipa
Brünn. Gregor-Mendel-Museum
Brüx (1888)
Buchau (1923)
Budweis
Deutsch Gabel (1926)
Duppau (1900)
Dux
Eger. Stadtmuseum (1874)
Eger. Volkskundemuseum
Eisenstein
Elbogen (1811)
Feldsberg (1919)
Franzensbad (1912)
Freiwaldau (1901)
Freudenthal (1907)
Friedeberg (1925)
Friedland
Gablonz (bes. Glas- u. Schmuckindustrie)
Görkau (1922)
Graslitz (1867)
Graupen (1919)
Haida. Glasarbeiter-Museum (1893)
Haida. Heimatmuseum (1928)

Burg und Zuchthaus Mürau

Hirschberg
Hohenelbe. Riesengebirgsmuseum (1883)
Iglau
Jägerndorf (1895)
Kaaden (1904)
Karlsbad (1870)
Komotau (1911)
Kratzau (1906)
Kreibitz (1908)
Kremsier. Fürstbischöfl. Sammlungen
Kukan
Kukus. Sporck-Museum.
Leitmeritz. Stadtmuseum (1873)
Leitmeritz. Diözesanmuseum
Luditz (1900)
Mährisch Aussee. Forst- und Jagdmuseum
Mährisch Neustadt (1906)
Mährisch Schönberg (1904)
Mährisch Trübau. Holzmaister-Museum (1906)
Marienbad
Mies (1909)
Morchenstern (1905)
Müglitz (1922)
Neustadt a. d. T. (1910)
Neutitschein. Stadt- u. Hutmuseum
Nikolsburg (1913)
Nikolsburg. Jüdisches Zentralmuseum
Oberplan. Böhmerwaldmuseum (1923)
Plan (1896)
Podersam
Prachatitz (1903)
Prag. Moderne Galerie. Deutsche Abt. (1901)
Prag. Knopf-Museum Heinrich Waldes
Preßnitz (1913)
Reichenberg. Nordb. Gewerbemuseum (1873)
Reichenberg. Galerie Liebieg
Reichenberg. Heimatschutzstätte und Ortsgeschichte (1898)
Rochlitz (1922)
Römerstadt (1901)
Rumburg (1912)
Saaz

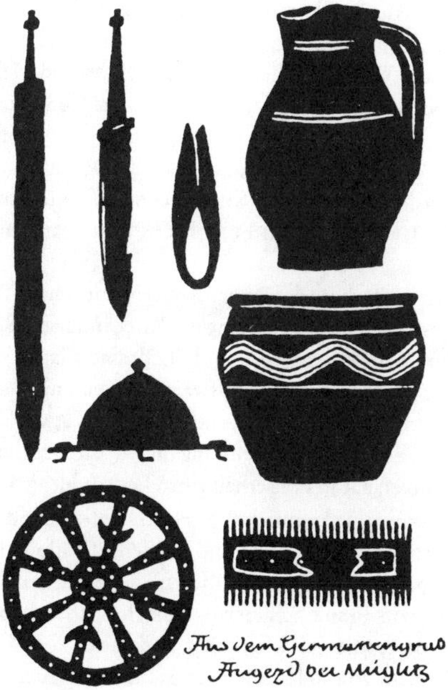

Germanengrab Augezd bei Müglitz

St. Joachimsthal (1924)
Schlackenwerth
Schlaggenwald (1901)
Schluckenau (1895)
Schöllschitz
Sebastiansberg. Moormuseum
Staab (1927)
Steinschönau (1919)
Sternberg (1907)
Tepl (1927)
Teplitz-Schönau (1894)
Tetschen (1910)
Trautenau (1890)
Troppau. Schlesisches Landesmuseum (1882)
Troppau. Städt. Museum (1897)
Troppau. Gymnasialmuseum (1818)
Unter Maxdorf. Museum für Glas- und Schmuckindustrie (1907)
Wagstadt (1907)
Warnsdorf (1925)
Weidenau (1895)
Weipert (1914)
Znaim
Zuckmantel (1926)

Musik s. a. Bamberger Symphoniker. Egerländer Marsch. Finkensteiner Singbewegung. Schlesischer Marsch. Wie die Mundarten und die anderen Stammeseigenschaften, ist auch das sudetendeutsche Musikleben zunächst als Anlehnung an bzw. Beeinflussung durch die Region jenseits der Landesgrenze zu verstehen; in der zeitlichen Entwicklung zeigen sich durchaus selbständige Leistungen von solcher Kraft, daß sie internationale Geltung erlangen. Eine gegenseitige Beeinflussung fand auch stets, wie bei anderen Kulturverflechtungen, zwischen Tschechen und Sudetendeutschen statt; ja, oft sind nationale Züge nicht mehr exakt feststellbar.

Das Musikschaffen geht in die älteste Zeit zurück und ist so vielgestaltig, daß nur einige andeutende Beispiele oder Namen genannt werden können. Schon als der deutsche Bischof im 10. Jh. in seine Residenz in Prag einzog, sangen die Edlen des Landes „Christe keinado, kyrie eleison und die halliigen alle helfuent unse..." Mönche und Geist-

Köckert-Quartett

liche brachten deutsche Gesänge nach Böhmen und Mähren. Bald entwickelte sich der deutsche Kirchengesang. Am Hofe zu Prag blühte der Minnesang; hier weilten Tannhäuser, Heinrich von Meißen und Ulrich von Eschenbach. Mülichs von Prag Lieder finden wir in der Colmarer Liederhandschrift. Nach der Blüte unter Karl IV. folgt ein Tief während der Hussitenzeit; doch schon 1531 erscheint Michael Weißes Liederbuch, Literatenschulen und Meistergesang verbreiten sich. Die Reformation fördert die Kirchenmusik, gerade in St. Joachimsthal (N. Hermann, J. Mathesius, I. Haßler). Der Rosenberger Hof zieht ebenso Musiker an wie der Bischofshof in Olmütz und Rudolfs II. Residenz in Prag.
Zentraler Bezug ist immer noch die Kirchenmusik; doch tauchen auch profane Stücke auf, bei Hammerschmid (1612–1675) aus Brüx, Christoph Demantius (1527–1643) aus Reichenberg, bei Heinrich Biber aus Wartenberg. Das 18. Jh., nach Quoika das Jahrhundert der „böhmischen Musikanten“, bringt viele Genies hervor, die z. T. im Ausland wirken und höchste Ehrungen erfahren, so Florian Gaßmann aus Brüx, Franz Rößler (gen. Rosetti) aus Leitmeritz, Johann Stamitz aus Deutsch Brod, Franz X. Richter aus Holleschau. Gluck lebt in Böhmen, Fux, Mozart (1787 „Don Giovanni“ in Prag) und Dittersdorf sind vertraute Gäste.

Der Austausch von Musikern setzt sich auch in der Romantik fort, Carl M. von Weber wirkt in Prag, Wenzel Müller, Simon Sechter und viele andere werden im Ausland geschätzt. Sie wirken als Lehrer auf Smetana, Dvořák, Schubert, Bruckner u. a. Opern, sinfonische und kammermusikalische Werke, Kirchenkompositionen und Lieder entstehen in Fülle bis in unser Jahrhundert.
Die Gründung des Prager Konservatoriums 1811, des Vereins zur Erhaltung der Kirchenmusik 1826 und der Prager Orgelschule 1830 sind Fixpunkte für die musikalische Aufwärtsentwicklung. Musikforscher schaffen grundlegende Werke, die internationale Anerkennung finden; die Deutsche Universität in Prag erhält einen Lehrstuhl, an dem Männer wie Heinrich Rietsch, G. Becking und P. Nettl lehren. Mäzene und Förderer (Rudolf von Prochazka u. a.) sind Helfer um der Sache willen.
So wie Franz Schubert stammen auch zahllose andere, die in Wien oder anderswo zur Welt kamen, von sudetendeutschen Eltern ab; auch auf diese Großen der Musik, die als Österreicher oder als Große anderer Länder bezeichnet werden, können wir mit Recht stolz sein. Sie gehören auch unserem Kulturbereich an.
Eine neue Epoche bricht an mit Gustav Mahler (1860–1911) aus Kalischt, seit etlichen Jahren wieder hochgeschätzt. Eine Fülle von Namen wäre zu nennen: Fidelio F. Finke, Egon Kornauth, Max von Oberleithner, Felix Woyrsch, August Reuß, Rudolf Peterka, Camillo Horn, Theodor Veidl, Isidor Stögbauer, Paul Stuiber, Rudolf Quoika, Anton Rückauf, ebenso jene, die der heiteren Muse dienten: die Operettenkomponisten (Ralph Benatzky, Rudolf Dellinger, Franz Lehár, Edmund Nick). So setzt sich die Tradition fort bis zu den heutigen Komponisten, die Heinrich Simbriger in seinem „Werkkatalog zeitgenössischer Komponisten aus den deutschen Ostgebieten“ aufführt.
Auch das Volkslied erfuhr eine Wiederbelebung:

1923 nahm Walther Hensels Finkensteiner Singbewegung ihren Anfang. Ebenso nahm die klassische Musikbewegung einen erfreulichen Fortgang; nicht nur bei Kurkonzerten, in Teplitz seit 1827, anderswo noch früher, wurde gute Musik in bester Aufführung geboten, es zogen Konzerte und Opernaufführungen (mindestens in 18 Stadttheatern) das Publikum an; es gab auch Laienaufführungen.

Diese hatten zahlreiche Vorbilder, u. a. in jener denkwürdigen Erstaufführung von Beethovens Missa Solemnis 1830 in Warnsdorf mit 90 Mitwirkenden aus 14 Ortschaften, der 1832 die Aufführung in Reichenberg folgte. Nicht nur in Graslitz und Schönbach gab es hervorragende Streich- und Blasorchester, sondern in zahlreichen Städten und Dörfern, wo sich das berühmte „böhmische Musikantenblut" auswirkte. Erwähnt seien jene wandernden böhmischen Musikanten aus dem Erzgebirge, die in vielen Ländern Europas und in Übersee aufpielten. Die Grundlagen für solches Musikantentum konnte man außer durch Privatunterricht auch in den Musikschulen erwerben (1857 Rumburg, 1868 Schluckenau, 1886 Petschau, 1892 Preßnitz, Krummau, Brünn, Reichenberg u. a.).

Einen guten Namen hatten die Prager Philharmoniker, aus denen die Bamberger Symphoniker hervorgingen, andere Orchester, Kammermusik- und Chorvereinigungen, das Schweyda- und das Hermann-Ehm-Quartett, nicht zuletzt Vereinigungen in der Provinz.

Dieses Musikschaffen setzte sich teilweise nach 1945 intensiv fort durch die Bamberger Symphoniker, das Koeckert-Quartett und viele Chöre. Als Musikwissenschaftler seien stellvertretend für viele genannt: R. G. Kiesewetter, A. Schmid, A. W. Ambros, Guido Adler, H. Rietsch, G. Bekking, Paul Nettl und R. Quoika.

Musikinstrumentenindustrie. Bei Orchesterinstrumenten war die sudetendeutsche Industrie weltweit führend. Die Erzeugung, die weitgehend auf Heimarbeit beruhte, konzentrierte sich auf Graslitz und Schönbach, das „österreichische Cremona". In Graslitz, das nach dem Industrie-Compass 102 Firmen hatte, wurden in der Hauptsache Blasinstrumente (90 v. H.) hergestellt, in Schönbach dagegen Streichinstrumente. Wichtig für den Arbeitsmarkt waren die zahlreichen Zuliefererindustrien. Bohmann hat für die Gesamterzeugung 1927 Betriebe und 5976 Beschäftigte für das Jahr 1930 berechnet.

Durch neue Absatzmärkte im Ausland konnte die Ausfuhr, besonders in die USA, erheblich gesteigert werden (1925–1929 fast 70 Millionen Kronen). 1937 wurden ausgeführt: 1321382 Mundharmonikas, 21430 Ziehharmonikas, 115693 Streich-, 89227 Zupf-, 13772 Holzblas- und 98896 Blechblasinstrumente, ferner 4553 Saxophone.

Graslitz und Schönbach verfügten über je eine Staatsfachschule für Musikinstrumentenerzeugung, wo neben Instrumentenbau auch Musikun-

Musikanten im Dorf

terricht erteilt wurde. Beide Orte besaßen Jugendorchester von hohem Niveau.
Nach der Vertreibung der Instrumentenmacher sammelten sie sich wieder. Es entstanden Siedlungen, in denen sie ihre weltweit anerkannten Instrumente wieder bauen konnten. In Hessen siedelten sie sich in Nauheim bei Groß Gerau an, in Bayern in Bubenreuth bei Erlangen, Waldkraiburg, Geretsried und Baiersdorf bei Forchheim. Klaviere wurden in Georgswalde hergestellt (August Förster seit 1859 und Scholze seit 1914), ebenso in Reichenberg (u. a. Proksch seit 1864), Aussig (Albert seit 1868), Mährisch Trübau (Hansmann seit 1877), Böhmisch Leipa (Rösler seit 1878), Trautenau, Teplitz-Schönau, Eger und Iglau.
Orgeln bauten die Firmen Rieger in Jägerndorf (1873 gegr.) und Josef Loos in Seestadtl (1847 gegr.). Historische Bedeutung hat die Orgelbauerfamilie Gartner aus Tachau in Westböhmen.

Mylius, Johannes, ∗ 1557 Iglau, † 1629 Elbing. Der Pädagoge und Humanist war Rektor in Leutschau und am Käsmarker Gymnasium, wo er die Schulordnung schuf. 1598–1629 Rektor des Gymnasiums in Elbing. Mylius verfaßte lateinische Gedichte und didaktische Schriften.

Nabl, Franz, ∗ 1883 Lautschin bei Jungbunzlau, † 1974 Graz. Der Dichter lebte in Wien, Baden und Graz. In seinen Dramen, Erzählungen und Gedichten erweist er sich als Verkünder hoher sittlicher Werte und tiefer Weisheit. Zahlreiche Ehrungen wurden ihm zuteil, wie der Bauernfeldpreis, der Mozartpreis der Hamburger Goethe-Stiftung, der Dichterpreis der Stadt Wien, der Große Österreichische Staatspreis und der Kulturpreis der Stadt Baden bei Wien. Sein umfangreiches Werk erlebte weite Verbreitung, zumal die Romane: „Die Ortliebschen Frauen", „Der Ödhof", „Ein Mann von gestern" und „Hans Jäckels erstes Liebesjahr". „Spiel mit Blättern" und „Meine Wohnstätten" sind autobiographische Bücher. Außerdem gab er Bände über Österreich, die Steiermark und über Schmiedeeisen heraus.

Geigenbauer im Erzgebirge

Nachod (*Náchod*), Bezirksstadt an der Mettau im nordöstlichen Böhmen. In der sehr alten Stadt gab es zwar immer Deutsche, jedoch befanden sie sich in der Minderheit. Das Schloß an der Stelle einer Burg aus dem 13. Jh. war zuletzt im Besitz der Fürsten Schaumburg-Lippe; es enthält eine große Bibliothek, Gemälde- und Gobelin-Sammlungen. Die Dekanatskirche St. Laurentius aus dem 14. Jh. wurde im 16. Jh. umgebaut. Die Schlacht zwischen Preußen und Österreichern am 27. Juni 1866 öffnete jenen den Zugang ins Innere Böhmens.
Industrie: Baumwoll- und Leinenindustrie. Der Paß von Nachod zwischen Adlergebirge und Heuscheuer hatte Bedeutung als Handelsweg und in kriegsgeschichtlicher Hinsicht als Einfallstor. 1930: 13538 Einw.

Nack, Hans Regina (eigentlich Nack-Meyroser von Meyberg), ∗ 1894 Prag, † 1976 Wien. Nach dem Studium der Rechte arbeitete er als Redakteur beim „Prager Abendblatt". Von ihm stammen Romane („Wanderin Seele", „Das Gift der Schararaha", „Ehepaar verlobt sich"), das Epos „Rübezahl", Humoresken und Dramen. „Die Opuntie" ist eine Gemeinschaftsarbeit von

Nack und Max Brod. Dazu schrieb er Hörspiele, Filmdrehbücher, Erinnerungen und übersetzte aus dem Englischen. Nach 1945 lebte Nack in Wien. Neben dem Theodor-Körner-Preis wurde er mit dem Goldenen Verdienstzeichen der Stadt Wien und dem Titel Professor geehrt.

Nadler, Josef, ∗ 1884 Neudörfl bei Hainspach, † 1963 Wien. Der angesehene Literarhistoriker lehrte in Freiburg/Schweiz, Königsberg und Wien. Einer Anregung August Sauers folgend, entwickelte er die stammes- und landschaftsgeschichtliche Methode der Literaturgeschichtsschreibung, hauptsächlich in seiner „Literaturgeschichte der deutschen Stämme und Landschaften" (4 Bände, 1912–1928, später wiederholt aufgelegt). Er verfaßte auch je eine deutsche, eine österreichische und eine schweizerische Literaturgeschichte, außerdem Studien über Stifter, Grillparzer, Weinheber und Hamann. „Kleines Nachspiel" nannte Nadler seinen Lebensbericht.

Naegle, August, ∗ 1869 Annweiler/Rheinpfalz, † 1932 Prag. Seit 1906 Professor der Kirchengeschichte an der Universität in Prag, war er ein unerschrockener Verteidiger der Rechte an dieser deutschen Alma mater, gerade als Rektor in den Umsturzjahren 1918–1920. 1929 wurde er zum drittenmal zum Rektor gewählt. Von 1920–1925 war er Senator der Nationalversammlung und wurde 1921 bei der ersten Präsidentenwahl als deutscher Kandidat gegen Masaryk aufgestellt. Der mannhafte Priester, dem man den Ehrentitel „Eiserne Magnifizenz" gegeben hatte, verfaßte wertvolle Werke zur böhmischen Kirchengeschichte.

Nahrung. Manche orts- und landesüblichen Alltagsspeisen und Festtagsgerichte wiesen in der Herstellung und Benennung Besonderheiten auf. Als solche sind zu nennen Buchteln, Dalken, Liwanzen, Guglhupf, Kartoffelgötzen, Powidl (Pflaumenmus), Marillen-, Kirschen-, Pflaumen-, Servietten- und Brandteigknödel, Beuschel (Gericht aus Herz und Lunge). Man aß Karfiol

Böhmen-Mähren-Schlesien in der Frühgeschichte

(Blumenkohl), Paradeiser (Tomaten), Fisolen (Bohnen), Ribisln (Johannisbeeren), Plätzn oder Platzken (Kartoffelpuffer), Karbonaden (Klopse). Spezialitäten waren Znaimer Gurken, Reichenberger Räucherwurst, Prager Schinken, Rumburger Schmierwurst, Olmützer Quargel, Baudenkäse, Lomnitzer Zwieback, Biskotten, Pumpernickl, Kleckselkuchen und Karlsbader Oblaten. In einer Reihe von Kochbüchern, die vom Rezeptbuch der Eleonora Rosalia, Herzogin von Troppau und Jägerndorf (1701), bis zu denen von Hedwig Tropschuh und Ilse Froidl reichen, werden auch spezielle Gerichte des Sudetenlandes behandelt.

Namen. Namen sind Zeugnisse der Geschichte. Ernst Schwarz schrieb einmal, daß die Tschechen alle Namen aus dem Sprachschatz ihres Volkes ableiten wollten. Der Sprachforscher Miklosich äußerte sich sogar zum Namen Elbe: „Von unbekannter Bedeutung". Illyrische, keltische und germanische Namen weisen nicht nur

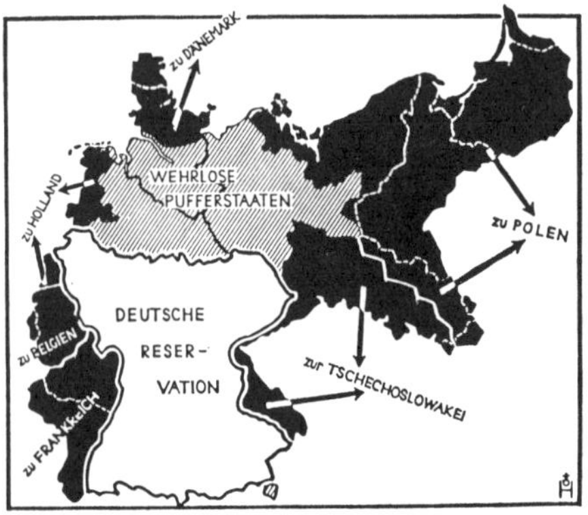

Hanuš Kuffners Deutschlandplan (1919)

auf die früheren Bewohner unserer Heimat hin, sondern auch auf den Umstand, daß die Slawen, als sie Teile des Landes besetzten, diese übernahmen. Bojerheim bzw. Boiohaemum, die Heimat der Bojer, wurde zu Böhmen. Die Moor-Ache wurde zur March und von den Tschechen als Morava übernommen. Marachwari waren die Marchbewohner; daraus wurden die Mährer. Der germanische Name Silingen wandelte sich zu Schlesien. Elbe, bei den Römern Albis, bei den Germanen Albi, d. i. Weißach (Weißwasser), wurde durch Lautumstellung Labe. Moldau, Wildache (Wildwasser) aus Wuldau, wie sie im Oberlauf heißt, wurde im Slawischen zu Vltava. Der Berg Řip kommt vom germanischen rip, was Reif bedeutet. Die Sudeten, die Gebirgszüge vom Elbedurchbruch bis zur Quelle der Oder, erwähnt schon Claudius Ptolemäus im zweiten Jh. v. Chr. als Sudete ore, was Wildschweingebirge heißt.

Als tschechische Form der Ortsnamen ist vielfach die wortgetreue oder sinnentsprechende tschechische Übersetzung des deutschen Namens gebräuchlich (z. B. Kopřivnice = Nesselsdorf, Nové Sedlo = Neusattl). Es findet sich aber auch die tschechische Schreibweise für deutsche Mundartformen (Nejdek = Neudek), und tschechische Schreibweise tschechisch mundartlicher Sprechweise (Frývaldov = Freiwaldau). Viele dieser tschechischen Formen, die von uns Deutschen belächelt werden (Honsperk für Johannesberg) wurden nach 1945 tschechisiert (Janův Vrch, Janov, Jeseník u. a.).

Naturheilkunde. Zu den bedeutendsten Vertretern der Naturheilkunde gehören die beiden Sudeten-Schlesier Vinzenz Prießnitz (1799–1851), der die Wasserheilbehandlung einführte und damit Gräfenberg zu einem Kurort machte, und Johann Schroth (1800–1856), der Schöpfer der Naturheilstätte Lindewiese und Begründer der Schrothkur. Beide sind Vorläufer moderner Heilmethoden. In Oberstaufen im Allgäu entstand wieder ein Schrothkurort, nachdem die Deutschen aus Lindewiese vertrieben worden waren.

Neder, Emil, ∗ 1867 Neustadtl bei Friedland, † 1939 Höflitz bei Bensen. Neben seiner Tätigkeit als Lehrer in Höflitz erforschte Neder die Geschichte der Tetschener Landschaft, des Polzentales und des böhmischen Niederlandes. Seit 1922 gab er eine „Heimatkunde des Elbegaues Tetschen“ heraus. Seine zahlreichen heimatkundlichen Arbeiten sind heute wertvolles Material für Informationen über Nordböhmen. Der Heimatverband Tetschen-Bodenbach schuf dem verdienten Forscher zu Ehren eine Emil-Neder-Plakette, die für besondere Verdienste auf dem Gebiet der Heimatforschung vergeben wird. Ausgezeichnet wurden Julius Stumpf, Dankwart Heisler, Alfred Herr u. a.

Negativisten. Die im Gegensatz zu den Aktivisten stehenden Parteien der Deutschnationalen und Nationalsozialisten, die bewußt den Bestand des tschechoslowakischen Staates negierten, nach F. Wertheimer in dem Sinne, daß sie ihn als unrechtmäßig zustande gekommen betrachteten und ihr unveräußerliches Recht der Selbstbestimmung forderten, also auch das Recht der Loslö-

sung vom Tschechenstaate mit dem Ziel der Begründung eines eigenen Staates oder des Zutritts zum Verband des Deutschen Reiches.
Die Ansichten der Negativisten drückte Senator Brunar, Vorsitzender der Deutschen Nationalpartei, im Oktober 1926 so aus: „Das bisher herrschende deutschfeindliche System...mit deutschen Stimmen zu retten, bedeutet, gelinde gesprochen, nationalen Selbstmord; die Verlegenheit, in welcher sich die tschechische Politik befindet, nicht bis zum Äußersten auszunützen, bedeutet politische Unklugheit... Ist es zu billigen und entspricht es unserer nationalen Würde, wenn wir Deutschen uns zur Mitarbeit an einem Staate hergeben, in dem wir noch nicht einmal als gleichberechtigt anerkannt sind? Soll das alles geschehen, ohne daß sich die Lage der Sudetendeutschen irgendwie zu ihren Gunsten ändert? Die Antwort auf diese Frage muß die deutsche Öffentlichkeit geben."
Die Wahlen von 1929 zeigten, daß die deutsche Öffentlichkeit in der Mehrzahl für den Aktivismus stimmte, allerdings nicht bedingungslos, sondern nur unter dem Vorbehalt der Zusicherung, daß die deutschen Belange erfüllt werden.

Neiße (*Nisa*), auch Görlitzer oder Lausitzer Neiße; entsteht aus den Quellflüssen Gablonzer, Friedrichswalder und Schwarze Neiße. Sie durchfließt Gablonz und Reichenberg, hat eine Gesamtlänge von 256 km, davon 50 km in Böhmen, das sie bei Grottau verläßt, und mündet bei Batzdorf nahe Guben in die Oder. Sie ist der bedeutendste Fluß des Iser- und Jeschkengebirges. Geschichtlich bedeutsam als der südliche Teil der Oder-Neiße-Linie nach dem Zweiten Weltkrieg.

Nesselsdorf (*Kopřivnice*), Bezirk Neutitschein. Seit 1917 Markt, hatte der aufstrebende Ort Bedeutung erlangt durch die 1850 gegründete Nesselsdorfer Wagenbau-AG, später Tatra-Werke, Automobil- und Waggonbau AG. Gründer war der Deutsche Ignaz Schustala. 1897 wurde das erste Auto Mitteleuropas hergestellt. Bekanntester Konstrukteur und technischer Leiter war Hans Ledwinka. Ferdinand Porsche entwickelte hier seinen Tatraplan mit dem ersten luftgekühlten Motor. Das Werk beschäftigte 1930 etwa 5000 Arbeiter. 1930: 4759 Einw.: 3968 Tschechen, 622 Deutsche.

Nestroy, Johann, * 1801 Wien, † 1862 Graz. Sein Vater war der Wiener Hof- und Gerichtsadvokat Johann Nestroy aus Komorau bei Troppau. Nestroy war Schauspieler, Sänger und Komiker, wirkte in Amsterdam, Brünn, Graz und Wien, wo er auch Direktor des Carlstheaters war. Der Meister der Sprachkunst und der Ironie sowie der Satire schrieb über 60 Bühnenstücke, die große Erfolge wurden. Die Wiener Bühnen spielten oft 20 Stücke gleichzeitig von ihm. Er trat in seinen Volksstücken und Komödien auch selbst als Schauspieler auf.

Netolitz (*Netolice*), Bezirk Prachatitz, war eine Stadtgründung während der Herrschaft Ottokars II. Von 1349 bis 1413 sind deutsche Bürger in der Überzahl, später werden sie zur Minderheit. Der Gerichtsbezirk Netolitz hatte 1930 unter 13754 Einwohnern nur 445 Deutsche. In der Umgebung bildete sich die Stritschitzer deutsche Sprachzunge heraus, zu der u. a. die deutschen Ortschaften Ober- und Untergroschum, Roschowitz und Stritschitz gehörten, ebenso Sabor, Hol-

Neubistritz

schowitz, Linden, Dobtschitz und Kollowitz. In der Nähe von Netolitz das ehemalige Jagdschloß Kurzweil (Kratochvíle) aus dem ausgehenden 16. Jh. mit Stukkaturen und Wandmalereien.

Neubauer, Alfred, ∗ 1891 Neutitschein, † 1980 Aldingen am Neckar. 1920 Einfahrer bei Austro-Daimler in Wiener Neustadt, 1922 Gesamtsieger in der Ungarischen Tourenfahrt. 1923 ging er zu Porsche nach Untertürkheim und war als Rennleiter maßgeblich am Erfolg des Mercedes-Werkes beteiligt. Neubauer erhielt den Namen eines „Vaters der Silberpfeile". Der erste Preis beim Grand-Prix-Rennen bei London ist die „Neubauer Trophy".

Neuberg (*Pohradí*) im Bezirk Asch, eine rege Industriegemeinde, entstand aus einer alten Ansiedlung. Bereits 1288 wird ein Albert de Niperch erwähnt. Ungewiß ist die Entstehung der Burg, die zeitweise Raubritter beherbergte, auch den Friedrich von Neuberg (um 1382); erhalten sind Turm und Mauerreste. Zwei Schlösser entstanden im 18. und 19. Jh.; von einer älteren Anlage blieb nur ein Tor übrig. Von 1395 bis 1945 war die Herrschaft Neuberg im Besitz der Zedtwitz. Die evangelische Kirche, erbaut im 15. Jh., jetzige Gestalt aus den Jahren 1678–1711, steht heute unter Denkmalschutz. Die Bevölkerung blieb nach der Annahme des evanglischen Glaubens diesem treu; 1930 gab es 1560 evangelische Christen und 398 katholische. Industrie: Wirkwarenerzeugung, Färberei, Appretur, Brauerei.
1930: 2002 Einw. (9 Tschechen).

Neudek

Neubistritz (*Nová Bystřice*), Bezirk Neuhaus in Südböhmen. Hauptort einer deutschen Sprachinsel. Große Förderer waren die Witigonen, die auch die nahe Burg Landstein gründeten (1771 ausgebrannt, seitdem Ruine), ebenso Wüsteritz, aus dem Neubistritz wurde. Das mächtige Schloß entstand aus einer gotischen Anlage, seit 1610 Renaissanceelemente. Alt sind die Kirchen Peter und Paul, umgebaut im 17. Jh., und St. Katharina. Auf die Bedeutung von Neubistritz in alter Zeit weisen noch die Reste der Stadtbefestigungen hin. Eine Fachschule für Weberei bildete die Facharbeiter für die Baumwollwebereien, Tuch- und Wirkwarenfabriken aus.
Im Zusammenhang mit der Herrschaft Neubistritz wurde Forst-, Land- und Teichwirtschaft betrieben. Die sogenannte Bodenreform verkleinerte die in deutschem Besitz befindliche Herrschaft 1929 sehr; 750 ha gelangten an die tschechische Staatsverwaltung, 50 ha kamen zur Verteilung an tschechische Siedler. Neubistritz, an der niederösterreichischen und mährischen Landesgrenze und an den Ausläufern des Böhmisch-Mährischen Höhenzuges, war Sommerfrische.
1930: 2089 Einw. (305 Tschechen).

Neudek (*Nejdek*), Bezirksstadt in Nordwestböhmen. Die Erschließung der gesamten Gegend ging vom Stift Tepl aus. Während die Grafen Schlick (1448–1602) das Gebiet besaßen, blühte der Bergbau auf Zinn, Blei und Eisen. Dieses wurde auch weiter gefördert, als im Erzgebirge der Bergbau zu Ende ging. Eisen war die Grundlage für die Blecherzeugung. Die Rothau-Neudeker Eisenwerke beschäftigten um 1920 über 1000 Arbeiter. In der Kammgarnspinnerei arbeiteten 2000 Menschen. In Neudek, seit 1602 Stadt, hatte auch die Handschuherzeugung, die Holzindustrie, Papierfabrikation und die Anfertigung von

Klöppelspitzen Bedeutung. Den alten Glockenturm, Rest einer Burg, zeichnete Goethe. Die Kirche St. Martin ist bereits 1384 erwähnt. Die evangelische Kirche ist ein neuerer Bau. Die Dreifaltigkeitssäule wurde 1715 errichtet. Im Stadtarchiv von Neudek, das das Waldzinnenrecht besaß, wurden wertvolle Dokumente aufbewahrt, u. a. Urkunden seit 1602. Die Erzgebirgsstadt am Fuße des 974 m hohen Peindlberges war auch Sommerfrische. 1954 übernahm Göggingen die Patenschaft über Neudek.
1930: 9042 Einw. (269 Tschechen).

Neuern (*Nýrsko*) im Bezirk Klattau, am Austritt der Angel aus dem Böhmerwald in das Vorgebirgsland gelegen, geht auf eine Siedlung der Choden zurück, die zur Grenzverteidigung eingesetzt waren. Neuern wurde später teilweise und schließlich mehrheitlich deutsch. 1467 wurde hier ein bayerisches Kreuzfahrerheer durch die Hussiten geschlagen. Aus der gotischen Zeit stammt die Kirche St. Thomas, die 1912 Ferdinand Staeger mit Fresken ausschmückte. 1712 entstand die Kirche zu den Vierzehn Nothelfern; 1973 gesprengt.
Neuern hatte eine landwirtschaftliche Fachschule. Hier lebten der Volkskundler Josef Blau und der Dichter Hans Watzlik, der, wie Maximilian Schmidt, Anton Schott und Josef Rank, diese Landschaft in sein Werk einbezog. Nahe bei Neuern liegt Bayereck, die Ruine einer Grenzburg. Industrie: Holzverarbeitung, optische Gläser, Wäsche- und Klöppelspitzenerzeugung. Neuern war der Hauptort des Bettfedernhandels in Böhmen. 1968 übernahm die Stadt Kitzingen die Patenschaft über Neuern.
1930: 3230 Einw. (288 Tschechen).

Neufalkenburg (*Nový Falkenburg*, heute *Zámecká*), Schloß bei Deutsch Gabel, mit dem es durch eine lange Kastanienallee verbunden ist. Das inmitten des großen Parks liegende Schloß im Barockstil (Ende 17. Jh.) erhielt 1900 neubarocke Formen. Baron Liebieg, seit 1901 Besitzer des

Burg Bayreck bei Neuern

Schlosses, war der Schwager des Feldmarschalls Radetzky; diesem zu Ehren richtete er einen ihm gewidmeten Raum mit Erinnerungsstücken ein.

Neuhaus *Jindřichův Hradec*), Bezirksstadt in Südböhmen, gehörte zum Herrschaftsbereich der Rosenberger, deren Schloß eng mit der Sage der Weißen Frau, Berta von Rosenberg, verbunden war. Beachtlich waren die Bildergalerie (Bildnisse der Rosenberger) und das für die Geschichte Südböhmens wertvolle Archiv. Das Schloß, gotische Kirchen und viele alte Häuser geben der Stadt ein mittelalterliches Aussehen.
1710 gründete ein Graf Rechtskron mit französischen Arbeitern nach dem Vorbild von St. Gobin eine Fabrik für gegossene Spiegel, die 1728 verstaatlicht wurde. Industrie: Strumpf-, Schuh-, Stärke- und Likörfabriken, Kleider- und Perlmutterknopferzeugung. Während in der Mitte des vorigen Jahrhunderts die Stadt noch überwiegend deutsch war, ging das Deutschtum später stark zurück.
1930: 10467 Einw. (9792 Tschechen, 551 Deutsche, 88 Ausländer).

Neumann, Angelo, ∗1838 Wien, †1910 Prag. Erst Mediziner, dann Sänger und Regisseur, wurde Neumann zu einem großen Theaterunternehmer, der in Leipzig, London und von 1885 bis zu seinem Tode in Prag am Deutschen Theater wirk-

Schöner Brunnen in Neuhaus (16. Jh.)

te. Ein Verehrer und Wegbereiter Richard Wagners, führte er die berühmten Prager Maifestspiele ein und inszenierte denkwürdige Wagner-Aufführungen, die zu künstlerischen Höhepunkten des deutschen Theaterlebens in Prag wurden.

Neumann, Balthasar, ∗1687 Eger, †1753 Würzburg. Der ausgebildete Glockengießer wurde Offizier und Baudirektor der Würzburger Fürstbischöfe. 1720 begann er mit dem Bau der Würzburger Residenz, in die er ein einzigartiges zweiläufiges Treppenhaus einfügte; ähnliche Treppen entstanden für Brühl und Bruchsal. Im kirchlichen Bereich schuf der große Barockbaumeister die Wallfahrtskirche Vierzehnheiligen, für deren Entwurf er verschieden große Ovale einsetzte, die Kirchen in Neresheim und Gössweinstein und viele andere Pfarr- und Klosterkirchen in Schwaben, Franken und im Rheinland, ebenso errichtete er Schloßbauten (Werneck, Steinbach bei Lohr, Sulzheim/Unterfranken). Neumann, der auch technische Anlagen, Festungsbauten, Brücken und Brunnenanlagen errichtete, hatte aus der besten Tradition barocker Kunst geschöpft und konnte wesentlichen Einfluß auf seine Zeit und auf künftige Architekten ausüben. In seiner Person war ein Höhepunkt deutscher Kunst im 18. Jh. erreicht worden.

Neumann, Johann Nepomuk, ∗ 1811 Prachatitz, † 1860 Philadelphia. 1836 ging Neumann in die Vereinigten Staaten und betreute die Eingewanderten im Gebiet der Niagarafälle als Seelsorger. 1852 wurde er, der 1840 dem Redemptoristenorden beigetreten war, vom Papst zum Bischof von Philadelphia ernannt. Als Oberhirte bemühte er sich persönlich um die Unterrichtung der Kinder, um Krankenpflege und karitative Betreuung der Armen, erbaute 73 Kirchen mit Schulen, die Bischofskirche und ein Priesterseminar. Er ist der Schöpfer des katholischen Schulwesens in den USA. Der fromme Priester, der sich im Dienst für andere verzehrte, war den Strapazen seines aufreibenden Lebens nicht gewachsen

Balthasar Neumann

und starb zu früh für alle, die auf sein Helfen angewiesen waren. 1977 wurde Bischof Neumann im Beisein vieler sudetendeutscher und amerikanischer Pilger als zweiter Amerikaner in Rom heiliggesprochen. Bischof-Neumann-Kapelle auf dem Dreisesselberg.

Neumarkt (*Úterý*) im Bezirk Plan. Die Siedlung geht auf Bergleute zurück. Sie war Eigentum König Wenzels I., der sie mit Hangendorf seiner Mutter vermachte. Von dieser kam Neumarkt an das Stift Tepl. Stadtrecht erhielt Neumarkt 1437 oder 1439. Seit 1612 wurde ein Stadtbuch geführt, zuerst in tschechischer Sprache, ab 1625 in beiden Landessprachen und ab 1630 zumeist deutsch. Die Barockkirche, ein Kuppelbau mit Schnitzaltar, ist Johannes dem Täufer geweiht. Wenzelskapelle auf dem Kapellenberg. In Neumarkt kam Karl Reitenberger 1779 zur Welt; er war Abt von Tepl und der Gründer Marienbads.

Treppenhaus der Würzburger Residenz

Neustadt an der Tafelfichte

1930: 830 Einw. (20 Tschechen).

Neu Sattl (*Nové Sedlo*), Industriemarktgemeinde 3 km nordwestlich der Bezirksstadt Elbogen. Kreuzungspunkt der Buschtiehrader Bahn. Glasindustrie (über 1000 Arbeiter), Braunkohlebergbau, Ton- und Kaolingruben. 1965 wurden viele Häuser abgerissen, um den Kohletagebau besser betreiben zu können.
1930: 4565 Einw. (459 Tschechen).

Neustadt an der Tafelfichte (*Nové Město pod Smrkem*), Bezirk Friedland, gegründet 1584. Sächsische Bergleute gruben nach Zinn, Kupfer und Eisen. Mitte des 17. Jh. erlosch der Bergbau. Später Wollwaren-, Metall- und Porzellanindustrie, Gürtlerei. Katholische Kirche hl. Katharina (Renaissance 1607), Turm 1693 von M. A. Canevale. Hauptaltarbild von Führich. 1911 Bau einer evangelischen Kirche. Das Stadtmuseum, 1910 gegründet, enthielt Neustädter Zinn und Porzellanmalereien. Am Marktplatz Lauben- und Fachwerkhäuser. Neustadt, in dessen Nähe sich mehrere Stahlquellen befinden, ist Ausgangspunkt für die Besteigung der Tafelfichte (1122 m).
1930: 4279 Einw. (3986 Deutsche, 172 Tschechen, 121 Ausländer). Der Gerichtsbezirk Neustadt hatte 96,2 v. H. Deutsche. 1974 hatte Neustadt wieder 3400 Einwohner, darunter noch 200 Deutsche.

Neustadtl (*Stráž*) im Bezirk Tachau erhielt

Pfarrkirche in Neustadtl

1331 Stadtrecht, verlor aber später wieder an Bedeutung. Im 18. Jh. herrschte hier ein ausgeprägtes Zunftleben. 1876 brannte der Ort zum größten Teil ab. Die Pfarrkirche St. Wenzel (aus der Zeit um 1400) war 1543 bis 1635 lutherisch; 1877 Umbau. Die Marktgemeinde hatte neben einer Hl.-Geist-Kapelle und der Friedhofskapelle Johannes des Täufers auch eine Synagoge und einen Judenfriedhof. Früher wurde Viehhandel und Strumpfstrickerei betrieben.
1930: 987 meist deutsche Einwohner.

Neutitschein (*Nový Jičín*), Hauptort des Kuhländchens, geht zurück auf eine Burg, bei der sich die Siedlung entwickelte. Diese erhielt 1313 das Mautrecht, wahrscheinlich gleichzeitig das Stadtrecht. Seit Ende des 15. Jh. Tuchmacherei. Die Stadt war ein Sitz der böhmischen Brüder. Da sie protestantisch wurde, verlor sie ihre Güter. Die Jesuiten führten die Rekatholisierung durch.
Neben einem Schloß besitzt Neutitschein eine Barockkirche, die aus der gotischen Zeit stammende Dreifaltigkeitskirche und die Spanische Kapelle (1622), die an ein Gefecht des Jahres 1621 erinnert. Reste der gotischen Stadtbefestigung sind sehenswert, ebenso die alten Laubenhäuser am großen Marktplatz, auf dem der Bauernbrunnen von Franz Barwig steht. Andere Denkmäler neben der Mariensäule (1710) waren Gregor Mendel, Friedrich Schiller und Joseph von Eichendorff gewidmet. Neutitschein war der Geburtsort der Maler Julius Berger und Anton Kolig, ferner des Nordpolfahrers Eduard von Orel.
Inmitten des fruchtbaren Kuhländchens gelegen, war die Stadt berühmt durch Viehmärkte, die Tucherzeugung und Herstellung von Hüten. Die Firma Hückel (1799 gegründet) gehörte mit 2000 Arbeitern zu den größten ihrer Art. Viele Menschen beschäftigte die Tabakfabrik. 1930: 13997 Einw. (4236 Tschechen).

Neuwiese (*Nová Louka*), ehemalige Waldsiedlung bei Friedrichswalde im Isergebirge, wo im 17. Jh. Bauholz für den Bau der Neustadt Reichenbergs geschlagen wurde. Von 1756–1817 bestand eine Glashütte. Das Wohngebäude des Besitzers wurde 1844 zu einem Schlößchen umgebaut, das später Jagdgästen als Unterkunft diente. In Neuwiese, wo (1924) eine der größten Jahresniederschlagsmengen Mitteleuropas gemessen

Marktplatz in Neutitschein

wurde, bestand in 778 m Höhe eine meteorologische Station.

Neuwirth, Joseph, * 1855 Neugarten bei Böhmisch Leipa, † 1934 Wien. Der Kunst- und Kulturhistoriker lehrte in Prag und in Wien. Seine Werke sind wesentliche Beiträge zur Kunstgeschichte Böhmens; es sind „Peter Parler", „Stifter und die bildende Kunst", „Baukunst des Mittelalters", „Geschichte der bildenden Kunst in Böhmen", „Geschichte der deutschen Kunst und des deutschen Kunstgewerbes in den Sudetenländern", „Geschichte der christlichen Kunst in Böhmen" und eine Monographie über Prag.

Niavis (eigentlich Schneevogel), **Paulus,** * um 1460 Eger, † nach 1514 Bautzen. Niavis leitete die Stadtschule in Chemnitz, war Stadtschreiber von Zittau und Bautzen, gab Schulbücher für die lateinische Sprache heraus und schrieb Bücher in lateinischer Sprache, u. a. „Judicium Iovis in valle amenitatis habitum", worin er sich als früher Naturschützer erweist, und eine Novelle über die Räuber von Maria Kulm.

Nick, Edmund, * 1891 Reichenberg, † 1974 Geretsried. Ab 1924 war Nick musikalischer Leiter der Schlesischen Funkstunde in Breslau, danach des Kabaretts „Katakombe" in Berlin, nach

Bauernbrunnen in Neutitschein

dem Krieg der „Schaubude" in München, er lehrte an der Hochschule für Musik und wurde Hauptabteilungsleiter für Musik beim Westdeutschen Rundfunk. Als Komponist schuf er zahlreiche Schauspiel- und Filmmusiken, Kabaretteinlagen und die Operetten „Das Halsband der Königin" und „Kleines Hofkonzert".

Nieder Einsiedel (*Dolní Poustevna*) bei Schluckenau soll seinen Namen von einem Einsiedler haben. In Heimarbeit wurden Kunstblumen, vornehmlich für den Export, erzeugt. Seit 1918 Stadt.
1930: 3162 Einw. (417 Tschechen).

Nieder Georgenthal (*Dolní Jiřetín*) im Bezirk Brüx entstand aus einem Gut, das seit 1538 zu Dux gehörte. 1571 Stadterhebung. Die 1408 genannte Kirche wurde 1898/1899 neu errichtet. Die Bevölkerung ist zumeist im Braunkohlenbergbau beschäftigt; auch Spielwaren wurden hergestellt. Bedingt durch den Zuzug tschechischer Arbeiter, erhielt die Stadt nach 1918 eine tschechische Verwaltung. 1930: 3485 Einw. (2335 Tschechen, 1109 Deutsche).

Niederland s. Böhmisches Niederland

Nieder Lindewiese (*Dolní Lipová*), Bezirk Freiwaldau. 1829 begründete Johann Schroth eine diätetische Naturheilanstalt (Kurmittel: feuchte Wärme, Trockendiät, sauerstoffreiche Gebirgsluft), die zum Kurort mit Weltgeltung aufstieg. Anwendung bei Stoffwechselerkrankungen, Kreislaufstörungen, Nervenleiden, Hautkrankheiten u. a. Die Zahl der Kurgäste betrug (1937) 2227. Die Schrothkur wurde nach der Vertreibung in Oberstaufen im Allgäu wieder aufgenommen. Neben einer Eisengießerei gab es in Oberlindewiese Marmorbrüche.

Heiliges Grab in Niemes

1930: 3470 Einw. (293 Tschechen).

Niemes (*Mimoň*) im Bezirk Böhmisch Leipa liegt im Polzental. An einer Zollstation an der Straße Prag – Zittau entstand eine Siedlung, die um 1407 Stadtrechte erhielt. Oft wechselten die Besitzer, u. a. waren es die Wartenberg, Biberstein, zuletzt die Grafen Hartig. Seit 1628 bestanden Zünfte der Tuchmacher und Weber. 1806 wütete eine Feuersbrunst, der 283 Häuser, Rathaus, Schule, Kirche und Schloß zum Opfer fielen. Die Kirche, ein Werk des Italieners Giulio Broggio, stammt aus dem 17. Jh.
Industrie: Bugholzmöbelerzeugung, Stoff- und Gewebefabrik, Webereien, Wäscheerzeugung, Eisengießerei, Papierhülsenherstellung. Sommerfrische in einem anmutigen Tal zu Füßen des Roll, der mit einer Ruine gekrönt ist. Seit 1770 Passionsspiele. 1921 wurde ein Waldtheater angelegt; diese Freilichtbühne hatte großen Besucherzustrom; es wurden klassische Stücke gespielt. 1930: 6113 Einw. (626 Tschechen).

Niklasberg (*Mikulov*) im Bezirk Teplitz-Schönau hieß früher Neuschallenberg. Bei der Bergstadt gab es Silberbergwerke. 1597 Wappenverleihung. Die Kirche St. Nikolaus wurde 1770 geweiht. Nahe der Stadt steht der sogenannte Taufstein. An diesem tischförmigen Stein sollen in der evangelischen Zeit die Pfarrer von Klostergrab die Kinder von Niklasberg getauft haben. Westlich von Niklasberg erhebt sich der Stürmer (869 m) mit einer Baude.
1930: 739 Einw. (30 Tschechen).

Niklasdorf (*Mikulovice*), Bezirk Freiwaldau, Westschlesien. Es wird bereits in der Mitte des 13. Jh. als Villa Nicolai erwähnt. Die Marktgemeinde war Sommerfrische. Beliebte Ausflüge zum Holzberg, auf den Bismarckturm, zu den Tropfsteinhöhlen bei Saubsdorf und auf den Rehberg. Industrie: Fezfabrik, Kupferschmiede, Holzwaren, Steinbearbeitung, Metallwaren. Die Kirche stammt aus dem Jahre 1903 (Neorenaissance). Mit Buchberg 1930: 3338 Einw. (102 Tschechen).

Nikolsburg (*Mikulov*), südmährische Bezirksstadt am Südabfall der Pollauer Berge und in der fruchtbaren Thaya-Ebene. Über der Stadt erhebt sich das große Barockschloß; die ehemalige Burg aus dem Mittelalter wurde im 17. und 18. Jh. in großem Ausmaß umgebaut und gehörte den Fürsten Dietrichstein. Die Zerstörungen von 1945 sind beseitigt. In einer Schenkungsurkunde wird 1249 das Dorf Nikulsburch erwähnt; 1362 als Stadt bezeichnet. Die überlieferten Namen sind überwiegend deutsch. Im 16. Jh. werden durch Balthasar Hubmaier die Wiedertäufer eingeführt. Nach 1620 wurde die Stadt ein Mittelpunkt der Gegenreformation Südmährens. Im Deutschen Krieg 1866 befand sich hier das preußische Hauptquartier. Nach der Schlacht bei Königgrätz wurde in Nikolsburg zwischen Österreich und Preußen der Vorfriede geschlossen.

Niklasberg

Nikolsburg

Die Stadt ist reich an Kunstdenkmälern. Die spätgotische Stadtpfarrkirche St. Wenzel erhielt eine Rokokoeinrichtung. Die Annakirche hat eine sehenswerte barocke Fassade; im Chor wurde von 1844 bis 1856 eine Gruftkirche im spätklassizistischen Stil eingebaut; sie diente als Grablege für die Angehörigen der Familie Dietrichstein, die 1575 die Herrschaft Nikolsburg erworben hatte. Die Kirche Johannes der Täufer mit Malereien Franz Anton Maulbertschs bauten die Piaristen; 1631 hatte dieser Orden in der Stadt eine Niederlassung errichtet; es war die erste in Mähren und Österreich überhaupt. Auf dem großen rechteckigen Marktplatz steht die barocke Dreifaltigkeitssäule (1720), ringsum alte Bürgerhäuser mit dem Rathaus. Nikolsburg hatte eine alte Judengemeinde mit Synagoge und Friedhof.
Am ehemaligen Piaristengymnasium studierten viele später berühmt gewordene Persönlichkeiten, so der Philosoph Rudolf Kassner, der Physiologe Purkynje und die österreichischen Bundespräsidenten Karl Renner und Adolf Schärf. Das Gymnasium wurde im vergangenen Jahrhundert verstaatlicht. Die Stadt hatte auch eine Wein- und Obstbauschule. Im Nordosten der Stadt erhebt sich der Heilige Berg mit der von Kardinal Dietrichstein erbauten Wallfahrtskirche (1623) und Kreuzwegstationen.

Das Gebiet um Nikolsburg ist von Landwirtschaft und Weinbau geprägt. Im Schloßkeller steht das berühmte Riesenfaß, das 1643 für die Aufnahme von 1786 Eimern (das sind 1010,84 hl) Wein angefertigt wurde. Es ist größer als das Heidelberger Faß mit einem Fassungsvermögen von 1000 hl. Industrie: Maschinenfabrik, Vulkanfibererzeugung, Tonwaren.
In der Nähe liegen Unter Wisternitz (archäologische Funde aus der älteren Steinzeit, „Wisternitzer Venus"), Muschau (Reste der nördlichsten römischen Militärstation), Feldsberg und Eisgrub. 1930: 7790 Einw. (898 Tschechen).

Nitschmann, Johann, ∗ 1712 Kunewald im Kuhländchen, † 1783 Sarepta/Rußland. Geheimschreiber des Grafen Zinzendorf in Herrnhut, der von Auswanderern aus Mähren gegründeten Siedlung der Brüdergemeine, danach Missionar in Lappland und anderen Gebieten im Norden. 1758 wurde er Bischof der Brüdergemeine und ging acht Jahre danach in die südrussische Steppe zur Missionierung. Aus der Familie dieses Predigers und Liederdichters haben sich noch andere Mitglieder um die Herrnhuter verdient gemacht.

Nixdorf (*Mikulášovice*), Stadt im Bezirk Schluckenau, hieß ursprünglich Nikolausdorf. Schon im 14. Jh. war hier eine Pfarrei. Die gotische Kirche fiel dem Brand von 1750 zum

Nikolsburger Stadtwappen

Opfer. Die neue Nikolauskirche wurde im Barockstil errichtet und erhielt ein Hochaltarbild von Lukas Kracker und eine Madonna von Führich. Nixdorfs Stahlwarenindustrie entwickelte sich aus der Herstellung von Messern in Hausindustrie. Die Entwicklung der Stahlwarenherstellung im großen war vorwiegend das Verdienst der später geadelten Unternehmer Joseph Rösler, Joseph Emanuel und Alois Fischer. Die erste Messerfabrik begann 1794 zu arbeiten. Nach 1868 war Nixdorf das größte Dorf Österreichs (6 km lang). 1916 Erhebung zur Stadt. Hier bestand eine Deutsche Fachschule für Metallbearbeitung. Touristen und Sommerfrischler fanden in der Landschaft des Lausitzer Berglandes Erholung. Auf dem Tanzplan, der höchsten Erhebung des Thomaswaldes, kann man vom Aussichtsturm einen der schönsten Rundblicke im Lausitzer Bergland genießen. Industrie: Neben der Stahlwarenerzeugung („Österreichisches Solingen") auch Textil- und Metallwarenindustrie, Feilenfabrik, Papierwaren. 1930: 6 167 Einw. (239 Tschechen).

Nollendorf (*Nakléřov*), Dorfgemeinde im Bezirk Aussig, liegt an einer alten und strategisch wichtigen Straße. Der Paß von Nollendorf trennt das Erzgebirge vom Elbesandsteingebirge. Kriegsgeschichtlich hatte der Paß große Bedeutung. Am 30. August 1813 fiel der preußische General Kleist von den Höhen um Nollendorf aus den Franzosen in den Rücken und entschied so die Schlacht bei Kulm zugunsten der Verbündeten. Der Aussiger Gebirgsverein errichtete 100 Jahre später auf dem Kamm des Erzgebirges die Karl-Weis-Warte; Fernblick bis Prag.
1930: 357 Einw. (2 Tschechen).

Nowak, Bruno s. Rothacker, Gottfried.

Nürschan (*Nýřany*), Stadt im Bezirk Mies an der deutsch-tschechischen Sprachgrenze. Die Nähe von Mies verhinderte den wirtschaftlichen Aufstieg, obwohl das Dorf Mittelpunkt eines Steinkohlenreviers war und sich zu einem Verkehrsknotenpunkt entwickelte. Erst 1892 Stadterhebung. Industrie: Kohlebergwerke, Glashütte, Maschinenfabrik, früher auch Munitionserzeugung. 1930: 6 043 Einw. (4 657 Tschechen, 1 351 Deutsche).

Nußstein (*Orešník*), 799 m. An der Stolpichstraße und südlich von Haindorf liegende Erhebung des Isergebirges, auf deren Gipfel 1819 ein Holzkreuz errichtet wurde. Als Wahrzeichen der Deutschen wurde es nach 1945 beseitigt und durch ein sogenanntes Lidice-Kreuz ersetzt.

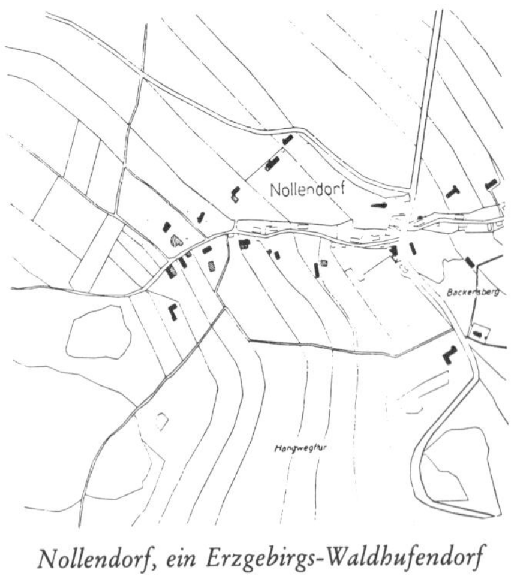

Nollendorf, ein Erzgebirgs-Waldhufendorf

Ober Altstadt (*Hořejší Staré Město,* heute *Horní Staré Město*), Bezirk Trautenau. Die Marktgemeinde liegt inmitten vieler durch Naturschönheiten ausgezeichneter Plätze im Aupatal und war beliebte Sommerfrische. Die Kirche von Ober Altstadt wird bereits 1313 erwähnt. Industrie: 2 große Flachsspinnereien (die Firmen Kluge und Etrich), Holzindustrie, Papier- und Zelluloseherstellung.
1930: 3347 Einw. (303 Tschechen).

Oberdorffer, Kurt, * 1900 Schluckenau, † 1980 Traunreut. Nach der Promotion in Prag hatte er das Institut für Geschichtsforschung in Wien absolviert und wirkte in Brüx als Archivar und Museumsdirektor. Verdienste erwarb er sich um das gesamte sudetendeutsche Museumswesen, um die Stadtarchive und um den Verein für Geschichte der Deutschen in Böhmen, dessen Zeitschrift er seit 1937 mit Rudolf Schreiber herausgab. Nach 1938 kam Oberdorffer in die Gauselbstverwaltung nach Reichenberg. Aus tschechischer Internierung entlassen, arbeitete er als Sozialbetreuer und erhielt die Stellung des Leiters von Stadtarchiv und Museum in Ludwigshafen. Er war Mitglied des Herder-Forschungsrates, der Historischen Kommission der Sudetenländer, des Österreichischen Instituts für Geschichtsforschung und des Collegium Carolinum und schrieb Beiträge zur böhmischen Geschichte.

Landw. Lehranstalten in Ober Hermsdorf

Oberleutensdorf

Ober Georgenthal (*Horní Jiřetín*) im Bezirk Brüx. Die Stadt am Abhang des Erzgebirges bildet mit Vierzehnhöfen und Nieder Georgenthal eine 6 km lange zusammenhängende Siedlung. Ober Georgenthal war ein bekannter Wallfahrtsort. Schon 1263 stand hier eine Marienkirche, wahrscheinlich ein Holzbau. Von 1562–1620 war die Kirche lutherisch. Die dritte Kirche an dieser Stelle wurde mit Förderung des Prager Erzbischofs Waldstein errichtet (1694–1700). Am Hochaltar steht das Mariengnadenbild vom weißen Sande. Industrie: Möbel- und Lederfabrik, Holzwaren- und Kunststeinerzeugung. 1930: 3481 Einw. (339 Tschechen).

Ober Hermsdorf (*Horní Heřmanice*), zu Barzdorf gehörendes Dorf im Bezirk Freiwaldau. Seit 1869 bestand eine Landwirtschaftliche Mittelschule, 1884 kam noch eine Landwirtschaftliche Winterschule dazu. Im Jahre 1966 wurde der Absolventenverband der früheren Landwirtschaftlichen Lehranstalten in Ober Hermsdorf wieder begründet. 1968 übernahm die Landwirtschaftliche Lehranstalt in Landsberg am Lech die Patenschaft über die ehemalige westschlesische Schule.

Oberleithner, Gustav, * 1871 Mährisch Schönberg, † 1945 Reitendorf. Ingenieur Ober-

Stifters Geburtshaus in Oberplan

leithner gründete eine Mineralölraffinerie, ein Eternitwerk und eine Seifenfabrik in Mährisch Schönberg. Als Bürgermeister seiner Heimatstadt baute er ein neues Rathaus und ein Deutsches Vereinshaus. Von 1920–1929 war er Senator für die Deutsche Nationalpartei.

Oberleithner, Karl, ∗ 1828 in Mährisch Schönberg, † 1898 Arco/Südtirol. Der Mitinhaber einer Leinenfabrik war ein Förderer von Mährisch Schönberg, aber auch von musikalischen Unternehmungen und von jungen Talenten, z. B. von Anton Bruckner. Oberleithner war selbst Dirigent und Komponist.

Oberleithner, Max von, ∗ 1868 Mährisch Schönberg, † 1935 ebenda. Der Sohn Karl Oberleithners studierte bei Anton Bruckner Musik, war Kapellmeister in Teplitz und Düsseldorf und lebte in Wien; dort Vorsitzender der Bruckner-Gesellschaft. Er komponierte drei Symphonien, viele Lieder und einige Opern („Mouret", „Erlöst", „Aphrodite", „Der eiserne Heiland"). Daneben widmete er sich der väterlichen Firma.

Oberleutensdorf (*Horní Litvínov*), Stadt im Bezirk Brüx. Die Siedlung unterhalb des Erzgebirges war schon 1384 Pfarrort, der 1406 Lutwinivilla genannt wird. Die erste leistungsfähige Tuchmanufaktur der Monarchie gründete hier 1715 Graf Waldstein; andere Tucherzeugungsstätten im Großen kommen in Böhmen und Mähren erst zu Ende des 18. Jh. auf.
1752 erhielt Oberleutensdorf das Stadtrecht. Das Schloß der Grafen Waldstein mit Park war Sitz der gräflichen Güterverwaltung; 1919 enteignet. Die barocke Pfarrkirche St. Michael an Stelle eines vorhussitischen Baues wurde 1688–1690 errichtet; sie enthielt ein Altarblatt von Skreta. Das Rathaus stammt aus dem Jahre 1770. Ein Obelisk auf dem Marktplatz (1815) erinnert an die Hundertjahrfeier der Tuchmanufakturgründung. Die Stadt besaß ein Erholungsheim für Bergarbeiterkinder und pensionierte Bergarbeiter (seit 1925), eine Fachschule für Frauenberufe (1924) und eine Fachschule für Spielwarenerzeugung (später Modellierschule für Keramik und verwandte Gewerbe). Söhne der Stadt waren die Historiker Nikolaus Adaukt Voigt und Ludwig Schlesinger. Industrie: Braunkohlenbergwerke, Macco-, Baumwoll- und Abfallspinnereien, Hutfabriken, Strick- und Wirkwarenerzeugung, Metallwaren- und Möbelfabriken, Holz- und Spielwaren. 1930: 9810 Einw. (2302 Tschechen).

Oberlohma (*Horní Lomany*), Bezirk Eger. Ein Dorf wie viele andere im Egerland, und doch für viele Volkskundler ein Begriff. Denn 1903 hatte der Volkskundler Alois John in Prag in der Reihe „Beiträge zur deutsch-böhmischen Volkskunde" das Buch „Oberlohma. Geschichte und Volkskunde eines egerländer Dorfes" veröffentlicht, das lange Zeit als Beispiel für die heimat- und volkskundliche Forschung galt. Franz Röll hat den Text in seine Geschichte von Oberlohma (1970) aufgenommen.
1930: 1443 Einw. (4 Tschechen).

Oberplan (*Horní Plána*) am Gutwasserberg im Bezirk Krummau. Vom Bistum Passau aus im 13. Jh. besiedelt, kam Oberplan in den Besitz des Klosters Goldenkron und erhielt 1349 das Marktrecht. Die Kirche St. Magdalena geht auf einen frühgotischen Bau zurück. Die barocke Gutwas-

serkapelle (1777–1779) war Wallfahrtsstätte. Das Rathaus aus der Renaissancezeit wurde im Empirestil umgebaut. 1805 wurde in Oberplan der große Dichter Adalbert Stifter geboren. An ihn erinnern u. a. das 1923 gegründete Böhmerwaldmuseum und das 1906 von Karl Wilfert geschaffene Stifter-Denkmal. Am Plöckenstein mit der Seewand und dem schönsten Böhmerwaldsee steht seit 1876 der Stifter-Obelisk, dessen Initiator Jordan K. Markus und dessen Planer Heinrich von Ferstel war.
Stifter hat in seinen Werken oft die Stätten seiner Jugend beschrieben, auch die nahe Ruine Wittinghausen. Heute reicht der erst vor einigen Jahren angelegte Lippener Moldau-Stausee (45 km lang) bis in die Gegend von Oberplan.
1930: 1598 Einw. (34 Tschechen).

Oberpolitz (*Horní Police*) im Bezirk Böhmisch Leipa war ein Wallfahrtsort mit einer 1723 vollendeten Barockkirche, einem Werk der Leitmeritzer Baumeister Giulio und Ottavio Broggio, die den Bau auch mit einem gedeckten Umgang umgeben hatten. 1968 wurde das Gotteshaus renoviert. Ottavio Broggio ist wahrscheinlich auch der Schöpfer des Barockschlosses. An der Brücke über den Polzen steht eine barocke Mariensäule. In Oberpolitz wirkte von 1779–1803 Wenzel Hocke als infulierter Erzdechant, im Volksmund als Hockewanzel bezeichnet und von dem altkatholischen Pfarrer Anton Nittel in den „Geschichten vom Hockewanzel" literarisch verewigt. Hocke, an den ein Denkmal und eine Gedenktafel am Pfarrhaus erinnern, wurde auch in die „Neue deutsche Biographie" aufgenommen. Nahe bei Oberpolitz liegt das Industriedorf Sandau.
1930 (mit Biela, Hofberg, Staupen und Waldeck): 1260 Einw. (76 Tschechen).

Oberpreschkau (*Horní Prysk*) im Bezirk Tetschen wurde 1382 erwähnt. 1694 Genehmigung der Glasarbeiterzunft durch Graf Kinsky, seit dem 17. Jh. Glashandel. Auf einer Anhöhe steht die barocke Pfarrkirche Peter und Paul. Pfohl bemerkt, daß sich der von der Kirche getrennt stehende und mit der Kirchhofmauer verbundene Glockenturm fast wie ein Kastell ausnehme. Von 1565–1630 war die Pfarre lutherisch. Industrie: Glasveredelung, Glasschleiferei, Gürtlerei, Zinngießerei, Kuglerei.
1930: 1032 Einw. (48 Tschechen).

Oberrosenthal (*Horní Růžodol*), Bezirk Reichenberg. Die im Süden Reichenbergs liegende industriereiche Stadt wurde mit Hanichen, Maffersdorf, Neupaulsdorf, Röchlitz, Rosenthal I und Ruppersdorf in die nordböhmische Metropole eingemeindet. Oberrosenthal, erst im Jahre 1925 zur Stadt erhoben, hatte bedeutende Textil- und Glasindustrie. Von Industrie geprägt war auch das benachbarte Rosenthal I. Hier wurde 1937 durch die Stadt Reichenberg ein Zivilflugplatz angelegt.
1930: Oberrosenthal: 6557 Einwohner (3439 Tschechen, 2985 Deutsche, 130 Ausländer); Rosenthal I: 4148 Einwohner (3107 Deutsche, 860 Tschechen, 170 Ausländer).

Oder (*Odra*). Der 907 km lange Strom entspringt im mährischen Odergebirge in einer Höhe von 634 m. Er fließt durch die Mährische Pforte nach Nordosten, allerdings noch als Flüßchen, erreicht Odrau und bei Oderberg Preußisch Schlesien. Bis hierher mißt der Lauf der Oder 133 km. Zuflüsse sind in diesem Abschnitt die Oppa

Oberpolitz

aus dem Altvatergebirge, die Ostrawitza und Olsa aus den Beskiden.

Oderberg (*Bohumín*), ostschlesische Stadt im Bezirk Freistadt. Die Stadt, die ihren Namen von der Oder hat, ist wichtiger Eisenbahnknotenpunkt (Wien, Berlin, Budapest, Warschau). Das Gebiet ist sprachlich und national gemischt. Oderberg, das eine alte Kirche und ein altes Rathaus besitzt, wurde 1924 in Oderberg und Neu Oderberg geteilt. Das deutsche Staatsreform-Realgymnasium wurde 1911 als Kommunalanstalt gegründet und 1920 verstaatlicht. Metallindustrie: Hahnsche Stahlwerke, Hochofen- und Walzwerkbetrieb (über 2000 Arbeiter), Kabelfabrik und Drahtindustrie A. G. (rund 1000 Arbeiter), Sägenfabrik. Chemische Industrie: Oderberger Chemische Werke A. G., Mineralölraffinerie, Seifen-, Fettwaren- und Teerprodukte-Fabriken, Reisschälwerke, Mühlsteinfabrik.
1930: 3188 Einw. (1756 Tschechen, 720 Deutsche, 449 Polen).

Oderfurt (*Přívoz*), zu Mährisch Ostrau gehörige Ortschaft. 1396 als Przewoz erwähnt an einer Furt über die Oder, durch die damals ein wichtiger Handelsweg aus Ungarn führte. Aufschwung

Oderberg

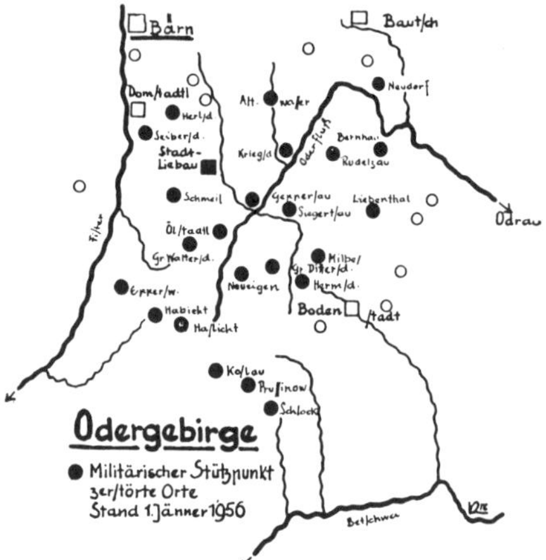

Odergebirge (1956)

nahm Oderfurt durch den Bau der 1847 eröffneten Kaiser-Ferdinands-Nordbahn. Im Jahre 1900 erfolgte die Stadterhebung. Bezeichnend war das Wappen der Stadt, das im oberen Feld ein geflügeltes Eisenbahnrad, ferner Hammer und Schlegel in Silber auf grünem Grund zeigte, im unteren Feld einen Fluß (Oder) mit Kahn und Ruder. Metallindustriebetriebe, chemische Fabrik, Mineralölraffinerie, Fett- und Leimfabrik, Papierwarenerzeugung.
1930: 18544 Einw. (13959 Tschechen, 3335 Deutsche, 919 Ausländer).

Odergebirge (*Oderské vrchy*). Höhenzug in den Südostsudeten, durch die Mährische Pforte von den Westbeskiden getrennt. Teil einer mächtigen Kulmplatte und durchschnittlich 600 m hoch, senkt sich das Odergebirge nach Süden zur Betschwasenke. Im Ostteil entspringt die Oder am Fiedlhübel (681 m), der höchsten Erhebung.

Odrau (*Odry*), Bezirk Troppau. Die Herren von Sternberg errichteten eine Burg gegen feindliche Einfälle, die 1242 erwähnt wird. An ihrer Stelle entstand das vom Freiherrn von Lichnowsky errichtete Barockschloß (1715–1742), das

Altes Rathaus in Odrau

später den Herren von Fürstenberg gehörte. 1964 brannte das Schloß unter mysteriösen Umständen aus, 1966 wurde es gesprengt. Heute steht dort ein unschöner Betonbau. Nach Ernst Schwarz ist das Odrauer Land immer deutsch gewesen. Das Jahr der Stadterhebung ist unbekannt, sie erfolgte sicherlich schon im 14. Jh., auf jeden Fall nach Leobschützer Recht. Eigene Gerichtsbarkeit konnte sich die Stadt bis 1787 erhalten. Das Gebiet um Odrau ist landwirtschaftlich geprägt. Industrie: Seidenwarenfabrik, Schafwolleerzeugung, Tonöfen- und Zementwarenerzeugung.
1930: 3969 Einw. (342 Tschechen).

Ohorn, Anton, ∗ 1846 Theresienstadt, † 1924 Chemnitz. Prämonstratenser des Stiftes Tepl, konvertierte er 1872 zum Protestantismus und war Lehrer an höheren Schulen in Mühlhausen und Chemnitz. Er schrieb Gedichte, Novellen, Jugenderzählungen und Romane („Der Klosterzögling“, „Im Zölibat“, „Das neue Dogma“, „Im Zeichen des Sturmes“, „Christian Günther“), ferner Dramen („Der Abt vom St. Bernhard“, „Unlösbar“). Seine Romane sind von Scheffel und Dahn beeinflußt; rund 100 Bände.

Olbersdorf Stadt (*Město Albrechtice*), Bezirk Jägerndorf. Entstanden wohl in der 2. Hälfte des 13. Jh. Eine alte Burg, auf der 1430 ein Raubritter erwähnt wird, wird 1474 zerstört. 1492 erhält Olbersdorf Stadtrecht mit freier Gerichtsbarkeit. Unter Hans Christoph von Waldstein kommt vorübergehend Luthers Lehre hierher. Nach 1620 werden Waldsteins Güter eingezogen und gelangen an Erzherzog Karl, den Bischof von Breslau und Brixen. Von diesem ging die Herrschaft an die Jesuiten in Neisse. Ende des 16. Jh. entsteht ein Schloß. Die Kirche wird 1747–1774 errichtet. Industrie: Landmaschinenfabrik, Weberei, Knopferzeugung. Die Stadt (389 m) liegt am Eingang zum Goldoppatal, einem „der lieblichsten Täler der Sudeten“ (Pfohl).
1930: 1239 Einw. (96 Tschechen).

Olbrich, Josef Maria, ∗ 1867 Troppau, † 1908 Düsseldorf. Mit Josef Hoffmann war Olbrich, Maler, Architekt und Kunstgewerbler, der Begründer der Wiener Sezession (1898), für die er

Hochzeitsturm in Darmstadt

auch die Gebäude erstellte. 1899 erhielt er einen Ruf nach Darmstadt. Der Großherzog von Hessen plante, mit seiner Hilfe eine Künstlergruppe zu bilden. Olbrich baute für die Kunstausstellung 1901 das Ernst-Ludwig-Haus als Atelier und Villen auf der Mathildenhöhe, ebenso 1908 das Ausstellungsgebäude mit dem Hochzeitsturm. Auch für St. Louis und Turin baute er Ausstellungsgebäude. Zuletzt in Düsseldorf, wo er das Warenhaus Tietz 1907–1909 baute. Er übte größten Einfluß auf die Architektur und das Kunstgewerbe seiner Zeit aus.

Olmütz (*Olomouc*). Die ehemalige Hauptstadt Mährens in der fruchtbaren Hanna-Ebene liegt an beiden Seiten der March. Bereits 1055 erwähnt, wird die Stadt 1063 Sitz eines Bistums, das sich über Mähren und Sudetenschlesien erstreckt, und im 13. Jh. Residenz der Przemysliden und damit Hauptstadt des Landes. Wirtschaft und Kultur

Dom zu Olmütz

Olmützer Siegelmarke

gelangten durch Deutsche zu hoher Blüte. Bischof Bruno besiedelte weite Gebiete mit Deutschen. Das Olmützer Recht war höchste Instanz für viele Städte.

1569 errichteten die Jesuiten eine Universität, die später für kurze Zeit nach Brünn übertragen wurde. Von 1642–1650 lag in Olmütz eine schwedische Besatzung. 1741 besetzten die Preußen die Festung, 1758 konnte der Feind abgewehrt werden. Man hatte von 1742–1754 die Festungsanlagen erheblich ausgebaut; im Jahre 1886 wurden sie geschleift; man legte dafür Parkanlagen an, die Stadt konnte sich nun ausdehnen.

1777 wurde Olmütz zum Erzbistum erhoben, der südliche Teil des Bistums kam an Brünn, das bereits 1642 die Hauptstadt Mährens geworden war. In Olmütz, wohin die kaiserliche Familie 1848 aus Wien geflohen war, kam es zur Verzichterklärung Kaiser Ferdinands auf den Thron zugunsten seines Neffen Franz Joseph. Bis zum Ersten Weltkrieg war die Stadt deutsch. 1919 wurde durch Eingemeindungen Groß Olmütz geschaffen.

Olmütz zeichnete seit jeher ein reiches kulturelles Leben aus. Es war schon ein geistiges Zentrum zur Zeit des Humanismus. Neben den Bildungseinrichtungen entstand 1715 eine ständische Akademie. 1746 gründete Joseph von Petrasch hier die erste gelehrte Gesellschaft Österreichs. Joseph Leonhard Knoll, Professor in Olmütz und Anreger junger Dichter (Olmützer Dichterschule), war auch der Initiator der in Olmütz 1817 und 1818 durchgeführten Olympischen Spiele, deren 3. Durchführung Metternich verbot. Als deutsche Schulstadt hatte Olmütz einen sehr guten Ruf. Neben der Universität waren das Gymnasium und die Lehrerbildungsanstalten alte Gründungen; die Handelsakademie entstand 1894.

Die Stadt besitzt viele Kunstdenkmäler. Das Rathaus mit dem 70 m hohen Turm, der gotischen Erkerkapelle und der Renaissanceloggia geht auf den alten Kauf- und Stapelhof zurück. Die berühmte Astronomische Uhr (1420–1422) wurde nach dem letzten Kriege von den Tschechen äußerlich verändert. Die Dreifaltigkeitssäule, die schönste und größte im ehemaligen Staatsgebiet, wurde 1754 in Anwesenheit des Kaiserpaares eingeweiht. 7 barocke Brunnen, Paläste und Bürgerhäuser aus der Renaissance und dem Barock sind sehenswert (Erzbischöfliches Palais, 1664–1674, Palais Zierotin u. a.).

Die Mauritzkirche ist eine spätgotische Hallenkirche mit unvollendeten Türmen; ihre Orgel, die größte des Landes, stammt von dem Breslauer Michael Engler (1740–1745). Der Dom St. Wenzel geht auf einen romanischen Bau zurück und erhielt im 19. Jh. neugotische Gestalt. Im Innern befinden sich Bischofsgräber. Bemerkenswert sind die drei Kapellen (St. Anna, Barbara und Johannes d. T.) und der gotische Kreuzgang mit Deckenfresken (um 1500) und Resten des Przemysliden-Palastes (nach 1200).

Barocke Kirchen sind die Michaelskirche, Maria Schnee und das Kloster Hradisch, das jetzt als Krankenhaus dient. Unweit von Olmütz erhebt sich der Heilige Berg (*Svatý Kopeček*) mit einer barocken Wallfahrtskirche. Das einstige deutsche Theater wurde 1830 vom Wiener Kornhäusel errichtet und war für bedeutende Künstler der Ausgangspunkt ihrer Karriere (Gustav Mahler, Max Pallenberg, Tilla Durieux u. a.).

Olmütz, wo noch Überreste der alten Stadtbefestigungen zu sehen sind, war eine wichtige Garnisonstadt, in der Graf Radetzky Festungskommandant war und die der Dichter Ferdinand von Saar in seinem Epos „Die Pincelliade" (1897) beschrieb. In seinen Mauern hielten sich viele berühmte Persönlichkeiten auf: Mozart, der Schöpfer vieler Bildhauerarbeiten Wenzel Render, der Maler Johann Christoph Handke, viele Schauspieler und Musiker. Von den hier geborenen Männern seien nur genannt Rudolf von Eitelberger, Gründer der kunsthistorischen Museen in Brünn und Wien, der Komponist Egon Kornauth und der Maler Adolf Hoelzel.

Die Stadt hatte (1930) 66440 Einwohner (47861 Tschechen, 15017 Deutsche, 2613 andere, 949

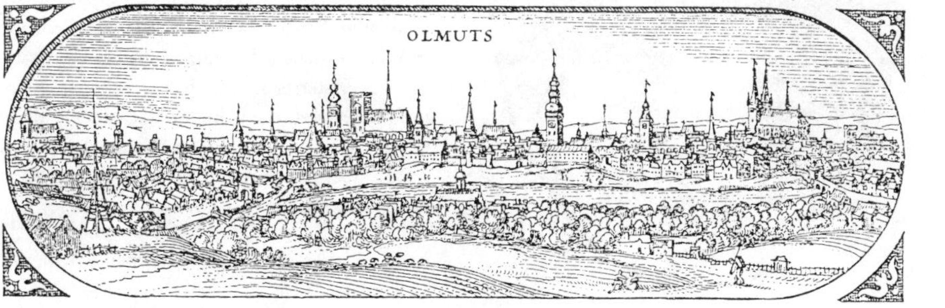

Olmütz (um 1664)

Ausländer); zieht man die Eingemeindungen ab, durch die das Nationalitätenverhältnis wesentlich verschoben wurde, so ergeben sich die Zahlen: 24583 Einwohner (15832 Tschechen, 6718 Deutsche, 1543 andere, 490 Ausländer). Die eingemeindeten Dörfer: Bleich, Chwalkowitz, Hatschein, Hodolein, Hřeptschein, Kloster Hradisch, Laska, Neretein, Neugasse, Neustift, Paulowitz, Powel, Salzergut und Tschernowir.

Olmützer Ländchen. Eine Gruppe deutscher Bauerndörfer aus dem 12. und 13. Jh., wo vor allem Gemüsebau betrieben wurde. Einige von ihnen kamen 1919 zu Groß Olmütz, andere blieben selbständig, so Gießhübl (381 Deutsche, 122 Tschechen), Nedweis (205 Deutsche, 256 Tschechen), Nebotein (892 Deutsche, 602 Tschechen), Nimlau (919 Deutsche, 281 Tschechen) und Schnobolin (1071 Deutsche, 309 Tschechen). Die in Nebotein erzeugten Quargel waren eine von Kennern geschätzte Käsesorte, die jetzt auch in Deutschland erzeugt wird.

Im Oppatal

Opitz, Ambros, * 1846 Schönau bei Schluckenau, † 1907 Warnsdorf. Der Kaplan Opitz war böhmischer Landtagsabgeordneter und Vorkämpfer des Deutschtums in Böhmen. Er gründete die „Österreichische Volkszeitung" in Warnsdorf, die „Reichspost" in Wien, das „Egerland" in Eger, die Zeitschriften „Immergrün" und „Warnsdorfer Hausblätter" und die Broschürensammlung „Volksaufkärung". Opitz, der auch die Katholikentage in Böhmen organisierte, wurde Presseapostel genannt. Verlag und Druckerei in Warnsdorf führten seinen Namen.

Oppa *(Opava)*, linker Nebenfluß der Oder, 118 km lang. Bei Würbenthal vereinigen sich die 3 Quellflüsse der Schwarzen, Mittleren und Weißen Oppa. Der Fluß ist teilweise Grenzfluß. Er verursachte oft Hochwasserschäden. Bei Strzebowitz westlich von Mährisch Ostrau mündet er.

Oppolzer, Johann von, * 1808 Gratzen, † 1871 Wien. Oppolzer war einer der besten Diagnostiker seiner Zeit und lehrte in Prag und Wien. Er war ein Vorkämpfer der physiologischen Medizin und Reformator der ärztlichen Praxis. Die Wiener medizinische Fakultät kam durch ihn zur höchsten Blüte. Er veröffentlichte „Vorlesungen über spezielle Pathologie und Therapie".

Oppolzer, Theodor von, * 1841 Prag, † 1886 Wien. Der Sohn von Johann von Oppolzer war Geodät und Astronom und wurde 1870 Professor in Wien. Er leitete die umfassenden Gradmessungen für Österreich. Der bahnbrechende Astronom berechnete die Bahnen verschiedener Planeten und Kometen. In seinem „Canon der Finsternisse" (1887) zeichnete er alle Sonnen- und Mondesfinsternisse von 1207 v. Chr. bis 2163 n. Chr. auf. Theodor von Oppolzer und sein Vater Johann erhielten je ein Denkmal in den Arkaden der Universität Wien.

Orgelbau. Rudolf Quoika hat auf die Orgeln

der Barockzeit hingewiesen, so auf die des Jakob Schädlich († 1667) aus St. Joachimsthal, der für westböhmische Kirchen arbeitete. Sein Nachfolger ist Abraham Stark (1659–1709) aus Elbogen; die Chororgel in Stift Tepl und die Orgel der Jakobskirche in Prag kommen aus dieser Schule. Theodor Agadoni baute Orgeln für das Stift Braunau (1684) und für Kirchen in Mähren. Johann Heinrich Mundt († 1691) ist der Schöpfer jener der Teynkirche in Prag (1671). Sehr verbreitet waren die Instrumente der Orgelbauerfamilie Gartner aus Tachau. Anton Gartner (1721 – nach 1774) baute die Orgeln für den Prager Dom (1765) und Stift Tepl (1756). Auch die Jesuiten, in vielen Künsten und Wissenschaften erfahren, stellten herausragende Orgelbauer, voran P. Anton Streit (* 1682 in Freudenthal, † 1726 in Glatz) und Frater Thomas Schwarz aus Böhmen. Ein großes Kunstwerk ist die Orgel in St. Mauritz in Olmütz (1745) von Michael Engler. – In neuerer Zeit gab es neben den kleineren Firmen Josef Loos in Seestadtl (gegr. 1847) und Johann Fries in Trautenau (gegr. 1887) vor allem das Unternehmen der Gebrüder Rieger in Jägerndorf (1873 gegr.), das heute noch in tschechischer Regie in Jägerndorf und außerdem noch als Betrieb der rechtmäßigen Besitzer in Vorarlberg arbeitet.

Orlik, Emil, * 1870 Prag, † 1932 Berlin. Der Maler und Graphiker lebte um die Jahrhundertwende in Japan, wo er entscheidende Einflüsse empfing, danach in Wien und ab 1905 in Berlin, wo er für viele Zeitschriften arbeitete. Der Meister der Porträtkunst schuf Bildnisse von Mahler, Rilke, G. Hauptmann, T. Durieux, Slevogt, August Sauer. Orlik, der sich stets um Entwicklung neuer Techniken bemühte, gilt als Entdecker des japanischen Farbholzschnittes für Europa. In vielen Blättern hat er Prager Themen behandelt. Zahlreich sind seine ausgezeichneten Exlibris.

Ortsnamen weisen vielfach auf die deutsche Besiedlung der Sudetenländer hin. Auf die Rodung ist zu schließen, wenn im zweiten Teil des

Emil Orlik

Namens -reut vorkommt; dies ist häufig der Fall im südlichen Böhmerwald und Südmähren sowie in Westböhmen; dabei kann man feststellen, daß -reut auch in den benachbarten Landesteilen jenseits der Grenzen erscheint. Ebenso ist bei -ried eine Verbindung mit der Oberpfalz und bei -schlag zwischen Südböhmen und den angrenzenden Teilen Österreichs vorhanden. Andere Rodungsnamen sind -grün (Egerland, von hier aus kam der Name auch in den Schönhengstgau), -walde, -hain und -dorf (solche Namen können auch auf Neugründungen hinweisen). Sehr oft wurden auch Rufnamen in der Genitivform in die Ortsnamen aufgenommen.

Ortsnamen der Heimat. „Niemand darf uns verwehren, angestammte deutsche Namen der ehemals deutschen Städte auch heute noch zu benutzen. Reichenberg, Joachimsthal, Karlsbad und Marienbad waren deutsche Städte. Die geistige Verbindung nach dort darf nicht abreißen“ (so der frühere Bundestagspräsident Richard Stücklen). Nicht nur in der ČSSR, wo in der deutschsprachigen „Prager Volkszeitung“ mit Ausnahme von Prag alle Ortsnamen nur in tschechischer Bezeichnung verwendet werden (Brno, Sokolov,

Kapitelsaal des Klosters Ossegg

Cheb, Olomouc), sondern auch häufig in deutschen Massenmedien, auf Landkarten und in Büchern werden für deutsche Ortsnamen die fremdsprachigen benützt. Mit der Vertreibung der Deutschen aus ihrer Heimat will man damit die durch Jahrhunderte gebrauchten Bezeichnungen ihrer Siedlungen ausmerzen.

Ossegg (*Osek*), Bezirk Dux. Das 1199 von Waldsassen aus besiedelte Zisterzienserkloster, das jahrhundertelang zum Segen des Landes bestand und 1950 durch staatliche Willkür aufgelöst wurde, war ein wichtiger Faktor der Landesbesiedlung und der kulturellen Entwicklung. Aus der alten Zeit sind der Kreuzgang und der Kapitelsaal, beide gotisch, erhalten. Die großartige Barockkirche ist ein Werk Broggios. Großen Wert hatten die Bibliothek und die Bildergalerie. Ossegg, das lange das Komotauer Gymnasium mit Lehrkräften versah, hatte viele hervorragende Äbte, u. a. den Sozialpolitiker Laurentius Scipio (1611–1691).
Viele Braunkohlenschächte liegen in der Umgebung. Ein Grubenunglück (1934) forderte 142 Tote. Die Ruinen der im 13. Jh. errichteten Riesenburg, deren Schicksal eng mit Nordböhmen verbunden ist, sind noch zu sehen. Goethe war einige Male in Ossegg. Der dortige Zisterzienserpater Dittrich, Professor in Komotau und später in Prag, war ihm in Freundschaft verbunden.
1930: 5531 Einw. (2439 Tschechen). 1860: ausschließlich 995 Deutsche.

Osser (*Jezerní hora*). Höchste Erhebung des Künischen Gebirges im Böhmerwald. Der 1293 m hohe Berg mit zwei Gipfeln, den die Tschechen Prsa matky Boži (Brüste der Muttergottes) nannten, besteht aus Glimmerschiefer mit Einschlüssen. Über den Scheitel des großen Ossers verläuft die bayerisch-tschechische Grenze, der kleinere Osser liegt auf bayerischer Seite. Aussicht bis zu den Alpen und bis zum Weißen Berg bei Prag möglich. Eine Sage erzählt, daß auf dem Osser einst eine Burg stand.

Ott, Erwin, ∗ 1892 Jägerndorf, † 1947 See bei Parsberg/Opf. Der Bürgerschullehrer Ott kam hauptsächlich wegen seines Buches „Die Gejagten. Tragik und Schicksal der Sudetendeutschen zwischen 1935 und 1938“ in tschechische Haft (1945–1946), während der er Mißhandlungen erlitt, an deren Folgen er bald nach der Entlassung starb. Neben Gedichten schrieb er hauptsächlich Romane, zumeist biographischen Inhalts. U. a. behandelte er Lenau („Durch blonde Disteln saust der Wind“), Hölderlin („Erloschenes

Osser (1283 m)

Licht") und Karl Ditters von Dittersdorf („Musik im Schloß").

Ottendorfer, Oswald, * 1826 Zwittau, † 1900 New York. Wegen Beteiligung an der Revolution 1848 mußte er auswandern und wurde 1857 Leiter und 1859 Besitzer der „New Yorker Staatszeitung und Herold", die er zum führenden Blatt der deutsch-amerikanischen Presse machte. Er war ein Förderer der deutschen Sprache und großer Wohltäter. Für Zwittau stiftete er eine Volksbücherei mit Lesesaal (1892) und soziale Einrichtungen (Krankenhaus, Waisen- und Armenhaus).

Ottokar II., * 1233, gefallen 1278 bei Dürnkrut. König Ottokar (1253–1278) festigte sein Reich politisch und wirtschaftlich. Er betrieb die Landeserschließung durch Ansiedlung deutscher Bauern und Bergleute, ferner durch die Anlage von Städten durch Deutsche und nach deutschem Recht. In der Auseinandersetzung mit Rudolf von Habsburg erlitt er den Tod in der Schlacht auf dem Marchfeld bei Dürnkrut.

Pabst, Georg Wilhelm, * 1885 Raudnitz, † 1967 Wien. Zuerst Regisseur am Prager Deutschen Theater, steht er am Anfang des deutschen Films („Lulu" nach Wedekind, „Westfront"). 1921 gründete er eine Filmgesellschaft und entwickelte einen eigenen Filmstil, der als expressionistisch-realistisch charakterisiert wurde. Er wirkte in Paris, Hollywood und nach 1945 in Wien. Als Filmregisseur wesentlich an der Entwicklung des deutschen Films beteiligt, schuf er Filme wie „Die freudlose Gasse", „Die Büchse der Pandora", „Kameradschaft", „Der Prozeß", „Der letzte Akt" und „Durch die Wälder, durch die Auen".

Pacher, Raphael, * 1857 Isertal/Böhmen, † 1936 Wien. Der Burschenschafter wurde Journalist, kam 1899 in den böhmischen Landtag, 1901 für den Wahlbezirk Komotau, Weipert, Preßnitz und Sebastiansberg in den Reichsrat und war seit 1909 Obmann des Bundes der Deutschen in Böhmen. 1918 stand er als Landeshauptmann

Oswald Ottendorfer

an der Spitze der deutschböhmischen Landesregierung, als welcher ihn Dr. Lodgman ablöste. Pacher ging nach Österreich, wurde Staatssekretär für das Unterrichtswesen und Präsident des Schulbücherverlages in Wien.

Palacký, František, * 1798 Hotzendorf/Mähren, † 1876 Prag. Der böhmische Landeshistoriograph, Leiter des Slawenkongresses 1848 in Prag und Mitbegründer des Böhmischen Museums sah seine Aufgabe in der „Schaffung einer Geschichte des tschechischen Volkes als Mittel der politischen Erziehung". Herder hatte ihn zu einer romantisch-nationalen Geschichtsschreibung angeregt. Der erste Band seiner „Geschichte von Böhmen" erschien 1836 noch in deutscher Sprache. Trotz aller nationalen Einseitigkeit betonte er die Notwendigkeit Österreichs: „Wahrlich, existierte der österreichische Kaiserstaat nicht schon längst, man müßte im Interesse Europas, im Interesse der Humanität selbst sich beeilen, ihn zu schaffen." Für die Tschechen ist der Begründer des tschechischen Nationalbewußtseins der Vater des tschechischen Volkes.

Palisa, Johann, * 1848 Troppau, † 1925 Wien. Der bedeutende Astronom war Direktor der Wie-

Siegel Přemysl Ottokars II.

ner Sternwarte, konstruierte ein Instrument zur Zeitbestimmung, das Chronodeik, und entdeckte 120 Planetoiden zwischen Mars und Jupiter. Er gab Sternkarten heraus, ein Sternlexikon und Kataloge des Ekliptik-Gürtels. 1874 bestimmte Palisa die geographische Länge zwischen Pola und Wien.

Pangerl, Matthias, ∗ 1834 Honetschlag bei Oberplan, † 1879 Arco am Gardasee, war Professor der historischen Hilfswissenschaften in Prag, Geschäftsleiter und stellvertretender Obmann des Vereins für Geschichte der Deutschen in Böhmen, für dessen Mitteilungen er die „Literarische Beilage" redigierte. Er war Herausgeber des Hohenfurther (1865) und des Goldenkroner (1872) Urkundenbuches und schrieb „Archive des Fürstlichen Hauses Schwarzenberg". Der Deutsche Böhmerwaldbund brachte an seinem Geburtshaus 1903 eine Gedenktafel an.

Panzer, Friedrich, ∗ 1870 Asch, † 1956 Heidelberg. Der Germanist lehrte in Freiburg/B., Frankfurt/M., Köln und Heidelberg. Seine Arbeitsgebiete waren Märchen- und Sagenforschung und die Erforschung der höfischen Epik, besonders des Nibelungenliedes. Panzer, Mitglied zahlreicher gelehrter Gesellschaften, wurde vielfach geehrt.

Papier- und Zelluloseindustrie. Papiermühlen in Böhmen ließ schon Karl IV. errichten. Die Papiererzeugung in Mähren ist ebenfalls sehr alt. Die älteste Papiermühle des Landes und wahrscheinlich Mitteleuropas steht in Groß Ullersdorf im Teßtal. Verbesserung und Steigerung der Produktion konnte erst durch maschinelle Verarbeitung erreicht werden. 1826 Aufstellung der ersten Maschine in der Kaisermühle bei Prag. 1930 arbeiteten in der ČSR 84 Papier- und 19 Zellulosefabriken, dazu 82 Holzschleifereien. Es waren 35000 Personen beschäftigt. Von der Produktion des Papiers (1935: 205000 t) wurde etwa ein Siebentel, der Pappe (1935: 23000 t) ein Viertel exportiert. Papierfabriken bestanden in Alt Kinsberg, Arnau (Eichmann und Elbmühl), Bausnitz, Böhmisch Kamnitz, Freiheit, Freiwaldau, Haindorf, Heinrichsthal, Hennersdorf, Kienberg (Moldaumühl Porak), Klein Mohrau, Komotau, Krummau (Spiro), Marschendorf, Nestersitz, Neudek, Oberlangendorf, Olleschau bei Mährisch Schönberg, Pirken, Sandhübel, Tafelbauden (Nettl), Tetschen, Tiefenbach, Troppau (Weisshuhn), Weißkirchlitz.

Parler, eine Baumeister- und Bildhauerfamilie, deren Mitglieder große Bedeutung für das Kunstgeschehen des 14. Jh. hatten. *Heinrich* baute seit 1351 den Hallenchor der Heiligkreuzkirche in Schwäbisch Gmünd, den ersten spätgotischen Sakralbau in Deutschland. Der bedeutendste Sproß der Familie war *Peter* (∗ 1330 Schwäbisch Gmünd, † 1399 Prag). Kaiser Karl IV. holte ihn 1353 zur Fortsetzung des Dombaues nach Prag, den Matthias von Arras 1344 begonnen hatte. Im Chor schuf Parler das erste monumentale Netzgewölbe und das früheste Fischblasenmaßwerk. Im Triforium mit 21 Bildnisbüsten stellte sich Parler selbst mit dar. Die Grabmäler der Przemysliden sind seine Werke, ebenso die Figur des hl. Wenzel und andere Plastiken. An Stelle der alten Judithbrücke errichtete er die berühmte Karlsbrücke mit dem Altstädter Brückenturm. Eine Übersicht über sein Schaffen gab die große Ausstellung „Die Parler und der Schöne Stil, 1350–1400. Europäische Kunst unter den Luxemburgern“ 1978 in Köln.

Parsch, Pius (Taufname Johann), * 1884 Olmütz, † 1954 Klosterneuburg. Der Augustiner-Chorherr in Klosterneuburg war der Schöpfer der Liturgischen Volksbewegung, mit der er Bibel und Liturgie breiten Volksmassen nahezubringen versuchte. Er verfaßte zahlreiche Schriften („Das Jahr des Heils“, „Meßerklärung“), gab die Zeitschriften „Bibel und Liturgie“ und „Leben mit der Kirche“ heraus und leitete den klostereigenen Verlag mit Druckerei in Klosterneuburg.

Parschnitz (*Poříčí*), Bezirk Trautenau. Marktgemeinde an der Aupa mit bedeutender Textilindustrie: Flachsgarnspinnereien, mechanische Leinenwebereien, Bleichen und Appreturen. Metallindustrie, Schnurerzeugung.
1930: 3498 Einw. (488 Tschechen).

Parteien

Bund der Landwirte. Gründung 1918 in Böhmisch Leipa; Konstituierung für Böhmen, Mähren und Schlesien 1920 in Prag. Am 22. 3. 1938 in die SdP eingegliedert.

Deutschdemokratische Freiheitspartei (Nachfolgerin der Deutschen Fortschrittspartei). Gründung 1919. 1928 Vereinigung mit der *Deutschen Nationalpartei* unter dem Namen *Deutsche Arbeits- und Wirtschaftsgemeinschaft.* Auflösung Ende 1938.

Deutsche christlichsoziale Volkspartei. Gründung 28. 9. 1919 für Böhmen, 2. 11. 1919 für Böhmen, Mähren und Schlesien. 1938 Eingliederung in die SdP.

Deutsche Gewerbepartei. Gründung November 1919 in Teplitz-Schönau. Konstituierung August 1920 in Reichenberg. 1938 in die SdP eingegliedert.

Deutsche Nationalpartei. Gründung Ende April 1919. Forderte die konsequente Selbstbestimmung und lehnte den tschechischen Staat ab. Am 21. 10. 1933 Selbstauflösung, kurz vor dem Verbot der Partei.

Deutsche Nationalsozialistische Arbeiterpartei, ging zurück auf die 1903/1904 gegründete Deutsche Arbeiterpartei. Selbstauflösung am 28. 9. 1933, vor dem durch die Tschechen ausgesprochenen Verbot.

Deutsche Sozialdemokratische Arbeiterpartei in der Tschechoslowakei (DSAP). Gründung 30. 8.–3. 9. 1919 in Teplitz-Schönau. Nach der Besetzung des Sudetenlandes 1938 wurde die

Peter Parler

Arbeit eingestellt. Die gefährdeten Mitglieder gingen in die Emigration, tauchten unter oder wurden verhaftet. Unter Wenzel Jaksch Weiterarbeit im Londoner Exil. Eine Zusammenarbeit mit E. Beneš war wegen dessen Plänen zur Austreibung der Sudetendeutschen nicht möglich.
Kommunistische Partei der Tschechoslowakei (Deutsche Abteilung). Gründung am 12./15. 3. 1921 in Reichenberg. Einstellung der Arbeit 1938.
Sudetendeutsche Partei(SdP). Gründung am 1. 10. 1933 als Sudetendeutsche Heimatfront in Eger. Nach der von den Tschechen geforderten Namensänderung in Sudetendeutsche Partei seit 19. April 1935 Sudetendeutsche Partei. Eingliederung in die NSDAP am 11. 12. 1938.

Partisch, Hubert, ∗ 1886 Jägerndorf, † 1969 Wien; kam 1910 nach Wien, lehrte an Mittel- und Fortbildungsschulen und wurde Direktor des Pädagogischen Instituts der Stadt Wien. Größte Verdienste erwarb er sich durch sein achtbändiges Werk „Österreicher aus sudetendeutschem Stamme“ (1961 ff.), in dem er zahlreiche Biographien der Öffentlichkeit vorstellte.

Patenschaften über sudetendeutsche Städte und Gemeinden.
Adlergebirge – Stadt Waldkraiburg
Altendorf (Bärn) – Stadt Lichtenfels

Kapelle „Maria Hilf“ in Parschnitz

Altrohlau (Karlsbad) – Stadt Viernheim
Arnau a. E. – Stadt Bensheim a. d. Bergstraße
Asch Stadt – Stadt Rehau und Stadt Selb
Asch Landkreis – Landkreise Hof und Wunsiedel
Augezd Kr. Sternberg – Gemeinde Burghaun
Außer- u. Innergefild (Prachatitz) – Mauth, Ndb.
Aussig a. d. Elbe – Stadt München
Bärn Landkreis – Landkreis Gießen
Bielitz-Biala – Stadt Lippstadt/Westf.
Bischofteinitz – Stadt Furth i. W.
Böhmerwald – Stadt Passau
Böhmisch Leipa – Landkreis Fürth
Bölten, Kr. Neutitschein – Höchst/Odw.
Braunau – Stadt Forchheim
Bruch-Ladung-Wiesa, Kr. Brüx – Gemeinde Oer-Erkenschwik, NRW
Brünn – Stadt Schwäbisch Gmünd
Brüx – Stadt Erlangen
Buchau (Luditz) – Stadt Pappenheim/Mfr.
Chodau (Elbogen) – Stadt Waldsassen
Dauba – Landkreis Fürth
Domstadtl (Bärn) – Biblis, Hessen-Nassau
Dürnberg (St. Joachimsthal) – Gem. Frammersbach, Kr. Lohr
Dux – Stadt Miltenberg a. Main
Eger – Stadt Amberg/Opf.
Elbogen – Stadt Illertissen
Engelswald-Rosenthal – Stadt Herbrechtingen
Falkenau a. d. Eger – Stadt Schwandorf
Fleißen, Kreis Eger – Heilsbronn, Kreis Ansbach
Franzensbad – Stadt Bayreuth
Freiwaldau-Gräfenberg – Stadt Kirchheim/Teck
Freudenthal – Stadt Memmingen
Friedeberger Ländchen (Freiwaldau) – Stadt Gersthofen
Friedland-Landkreis – Landkreis Fulda
Fürstenhut, Scheureck – Gemeinde Finsterau
Buchwald (Prachatitz) – Kreis Passau
Gablonz a. d. Neiße – Stadt Kaufbeuren
Giebau (Sternberg) – Stadt Lorsch/Bergstraße
Grätz-Markersdorf (Sternberg) – Michelstadt
Graslitz – Stadt Aschaffenburg

Groß Dittersdorf, Kr. Bärn – Lang Göns
Haslau (Asch) – Stadt Dettelbach
Hausdorf, Kr. Neutitschein – Stadt Osterburken
Hermitz (Neutitschein) – Höchst / Odw.
Hochdobern, Kr. Tetschen – Stadt Camberg / Ts.
Hohenelbe – Stadt Marktoberdorf / Allgäu
Iglau und Sprachinsel Iglau – Stadt Heidenheim
Jägerndorf – Stadt Ansbach / Mfr.
Jauernig (Freiwaldau) – Stadt Vaihingen
Jokes, Welchau, Wicklitz – Pfungstadt
Kaaden-Duppau, Klösterle – Weißenburg
Kaltenbach, Kreis Prachatitz – Röhrnbach
Kaplitz – Stadt Ellwangen
Karlsbad – Stadt Wiesbaden
Königsberg a. d. Eger – Stadt Moosburg / Obb.
Komotau – Stadt Erlangen
Kratzau (Reichenberg) – Stadt Eichstätt / Mfr.
Krummau – Stadt Esslingen
Kuhländchen – Stadt Ludwigsburg
Kunewald (Neutitschein) – Stadt Leimen
Kunzendorf (Neutitschein) – Höchst/Odw.
Leitmeritz-Stadt – Stadt Fulda
Leitmeritz-Landkreis – Landkreis Fulda
Lichtenstadt (Karlsbad) – Stadt Zirndorf
Liebenau (Reichenberg) – Stadt Königsbrunn
Litschel (Neutitschein) – Stadt Höchst/Odw.
Lotschnau (Zwittau) – Stadt Eislingen/Fils
Luditz-Stadt – Stadt Bad Soden-Allendorf
Luditz- Landkreis – Stadt Neckargemünd
Mährisch Neustadt – Stadt Limburg a. d. Lahn
Mährisch Schönberg Stadt – Stadt Bad Hersfeld
Mährisch Schönberg-Landkreis – Landkreis Bad Hersfeld
Maiersgrün-Grafengrün – Markt Neualbenreuth
Marienbad – Stadt Bad Homburg v. d. Höhe
Mies – Stadt Dinkelsbühl
Mödritz, Kreis Brünn – Erbach/Donau
Niederebersdorf (Tetschen-B.) – Tutzing
Niederland – Stadt Böblingen
Niemes – Stadt Ingolstadt
Neubistritz – Reingers i. Waldviertel/NÖ.
Neudek – Stadt Augsburg

Ein
deutsches Buch aus Böhmen.
Von
A. Paudler.
Original-Zeichnungen
von
O. Pfennigwerth,
Seminar-Oberlehrer in Dresden.
Erster Band.
Mit 45 Abbildungen.
Leipa, 1894.
Im Selbstverlage des Verfassers.
Commissionsverlag von Joh. Künstner in Leipa.
Druck von Joh. Künstner.

A. Paudlers Hauptwerk

Neudek (Neutitschein) – Stadt Höchst/Odw.
Neudorf, Kr. Gablonz – Mauerstetten
Neuern – Stadt Kitzingen
Neustadt a. d. Tafelfichte – Stadt Hünfeld
Obergeorgenthal, Kreis Brüx – Stadt Battenberg
Oberleutensdorf, Kreis Brüx – Stadt Battenberg
Olmütz – Stadt Nördlingen
Peterswald u. Nollendorf – Hainburg / Opf.
Plan-Weseritz – Stadt Tirschenreuth
Podersam-Stadt – Stadt Kronach
Podersam-Landkreis – Landkreis Kronach
Pohl (Neutitschein) – Stadt Höchst / Odw.
Porstendorf / Mähr. Trübau – Stadt Staufenberg
Prachatitz – Stadt Ingolstadt
Preßnitz – Stadt Lohr a. Main

Julius von Payer im Packeis

Reichenberg – Stadt Augsburg
Römerstadt – Stadt Zeil a. Main
Rosenberg a. d. Moldau – Freistadt, OÖ.
Rothmühl (Zwittau) – Weinstadt Östrich-Winkel (Stadtteil Hallgarten/Rheingau)
Rudelzau-Bernhau (Bärn) – Markt Grossostheim OT Pflaumheim
Rumburg – Sulzbach-Rosenberg, Mfr.
Saaz-Landkreis – Landkreis Roth
Sandau/Egerland – Stadt Arzberg/Ofr.
Saubsdorf, Kreis Freiwaldau – Stadt Buchloe
Schlackenwerth (Karlsbad) – Stadt Rastatt
Schlaggenwald (Elbogen) – Stadt Auerbach/Opf.
Schluckenau-Landkreis – Stadt Weißenhorn
Schönbach bei Eger – Stadt Heppenheim
Schönhengst (Hohenstadt, Landskron, Mähr. Trübau, Müglitz, Zwittau) – Stadt Göppingen
Seestadtl (Komotau) – Stadt Friedberg/Hessen
Söhle (Neutitschein) – Malsch (Heidelberg)
Sternberg – Stadt Günzburg/Donau
Südmähren (Neubistritz, Nikolsburg, Zlabings, Znaim) – Stadt Geislingen/Steige
Tellnitz, Kr. A ssig – Ellingen/Bayern
Tacha – Stadt Weiden/Opf.
Tepl-Stadt – Stadt Butzbach/Hessen
Tepl-Petschau, Landkreis – Wetteraukreis
Teplitz-Schönau – Stadt Frankfurt a. Main
Tetschen-Bodenbach, Stadt/Kreis – Nördlingen
Trautenau – Stadt Würzburg
Troppau – Stadt Bamberg
Wagstadt – Stadt Bad Neustadt/Saale
Waltsch, Kreis Luditz – Stadt Neckargemünd
Weidenau, Kreis Freiwaldau – Neuburg/Do.
Weipert – Stadt Gunzenhausen/Mfr.
Winterberg (Prachatitz) – Stadt Freyung/Ndby.
Wischau (Sprachinsel) – Stadt Aalen
Würbenthal (Freudenthal) – Stadt Sindelfingen/Böblingen
Zuckmantel, Stadt u. Bezirk – Stadt Bietigheim
Sonderpatenschaften:
Sudetendeutsche Landsmannschaft Österreich Klosterneuburg/NÖ.
Egerländer in Baden-Württemberg – Wendlingen

Paudler, Amand Anton, ∗ 1844 Kamnitz-Neudörfel, † 1905 Prag. Der Augustinerpater und Gymnasialprofessor in Böhmisch Leipa war einer der rührigsten Heimatforscher Nordböhmens. 28 Jahre hindurch gab er die „Mitteilungen des Nordböhmischen Exkursionsklubs" heraus, dessen Mitbegründer und Obmannstellvertreter er war. In zahlreichen Büchern legte er die Ergebnisse seiner wissenschaftlichen Forschungen nieder: „Ein deutsches Buch aus Böhmen«, „Forschungen und Wanderungen im nördlichen Böhmen", „Pastor Schlegels Chronik von Bensen", „Graf Kinsky, Herr auf Bürgstein und Schwoyka". Daneben arbeitete Paudler auf philosophischem und volkskundlichem Gebiet. Er schrieb auch Schöngeistiges und gab 1883 die Gedichtanthologie „Spitzbergalbum" heraus.

Paul, Ernst, ∗ 1897 Steinsdorf bei Bodenbach, † 1978 Esslingen. Der Schüler Josef Seligers war in der Arbeiterjugendbewegung tätig, gründete 1921 den Sozialistischen Jugendverband und war aktiv in der Sozialistischen Jugendinternationale, später in der Republikanischen Wehr, die von ihm geprägt wurde. 1930 Parteisekretär geworden, setzte er sich nach 1933 für deutsche Emigranten ein und mußte 1939 selbst nach Schweden emigrieren.
Nach 1948 lebte er in Stuttgart als Chefredakteur, ging 1949 für 20 Jahre in den Deutschen Bundestag und wirkte bis an sein Lebensende für die

Seligergemeinde, deren Bundesvorsitzender er war, und für andere Organisationen. Seine Erinnerungen, die gleichzeitig Dokumente der Zeitgeschichte sind, erschienen mit dem Titel „Böhmen ist mein Heimatland". Eine Geschichte der sudetendeutschen Sozialdemokratie ist sein und Emil Werners dreibändiges Werk „Was nicht in den Geschichtsbüchern steht". 1972 wurde Paul die Festschrift „Weg. Leistung. Schicksal" gewidmet.

Payer, Julius von, ∗ 1842 Schönau bei Teplitz, † 1915 Veldes / Krain. Mit Weyprecht ging Payer, Professor an der Militärakademie, 1871 auf eine Vorexpedition und 1872–1874 auf die eigentliche Nordpolexpedition. Das von ihm entdeckte Gebiet nannte er Franz-Joseph-Land. 1869 / 1870 fand er auf einer neuerlichen Arktisfahrt wieder neue Landschaften. Da Payer ein begabter Maler war, konnte er seine Erlebnisse voller Abenteuer und Gefahren in Bildern festhalten („Die Bai des Todes", „Nie zurück!"). Als Bergsteiger gelangen Payer einige Erstbesteigungen und die Erforschung der Adamello- und der Ortlergruppe. 1875 / 1876 erschien sein Erlebnisbuch „Die österreichisch-ungarische Nordpolexpedition in den Jahren 1872 bis 1874". Sein Ehrengrab liegt auf dem Wiener Zentralfriedhof.

Pekař, Josef, ∗ 1870 Klein-Rohozec bei Turnau, † 1937 Prag. Als Professor der böhmischen Geschichte an der Tschechischen Universität in Prag trat er der tschechischen romantisch-nationalen Geschichtsauffassung entgegen, wie sie seit Palacký in Blüte stand, besonders auch dessen Verherrlichung der Hussitenzeit. Pekař war bemüht, den Leistungen der Deutschen und der Sudetendeutschen, ihrer Stellung und ihrem Heimatrecht in den Sudetenländern Gerechtigkeit widerfahren zu lassen und war daher auch tschechischen Angriffen ausgesetzt. Aufschlußreich ist seine ins Deutsche übersetzte Schrift „Vom Sinn der tschechischen Geschichte".

Perutz, Leo, ∗ 1884 Prag, † 1957 Bad Ischl. Als Offizier wurde er im Ersten Weltkrieg schwer verwundet und lebte als freier Schriftsteller in Wien, ging 1938 nach Palästina und wohnte zuletzt in Bad Ischl. In seinen Romanen behandelt er biographische und historische Themen („Der Marquis von Bolibar", „Die dritte Kugel", „Die Geburt des Antichrist", „Der schwedische Reiter"). Sein Prag-Roman „Nachts unter der steinernen Brücke" wurde von Cesar Bresgen zu einer Oper verarbeitet. Perutz liebte das Unheimliche und die Phantastik.

Peter, Johann, ∗ 1858 Buchwald im Böhmerwald, † 1935 Winterberg. Der Lehrer Peter lebte in Haida in Nordböhmen und Böhmisch Leipa, im Böhmerwald und im Weinviertel in Niederösterreich; in diesen Landschaften spielen auch manche seiner Erzählungen und Dorfgeschichten, die große Volkstümlichkeit erlangten: „Der Richterbub", „Der Schelmenpeter", „Dorfgeschichten aus dem Böhmerwald" und „Es war im

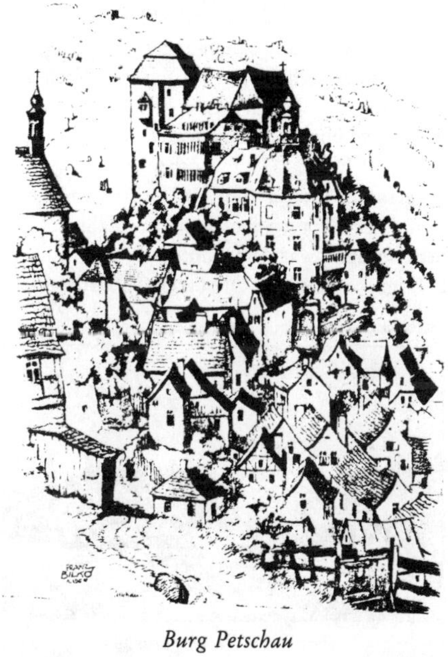

Burg Petschau

Böhmerwald". Von 1899–1907 gab er die Zeitschrift „Der Böhmerwald" heraus. Seine Leser nannten ihn den Rosegger des Böhmerwaldes.

Peterka, Otto, * 1876 Prag, † 1945 in tschechischer Haft in Klecan bei Prag verhungert. Peterka lehrte an der Deutschen Universität in Prag Rechtsgeschichte und veröffentlichte historische Arbeiten wie „Das Burggrafentum in Böhmen", „Das Gewerberecht Böhmens im 14. Jahrhundert", „Die bürgerlichen Braugerechtigkeiten in Böhmen" und „Rechtsgeschichte der Böhmischen Länder", die 1965 in einem Neudruck erschien. 1936 wurde Peterka mit einer Festschrift geehrt.

Petersburg (*Petrohrad*), Bezirk Podersam. In der Gemeinde im Goldbachtal mit bedeutendem Hopfenanbau steht das Schloß der Grafen Czernin-Chudenitz, das aus der 2. Hälfte des 16. Jh. stammt und um 1700 erweitert wurde; die Pläne lieferte Alliprandi. Im großen Park gab es Gewächs- und Palmhäuser, im Schloß eine Bibliothek und wertvolle Sammlungen (Kupferstiche, Münzen und archäologische Objekte). Nach dem Krieg wurden eine Heil- und Pflegeanstalt sowie Arbeiterwohnungen eingerichtet.
1930: 914 Einw. (220 Tschechen).

Petrasch, Joseph von, * 1714 Brod in Slawonien, † 1772 auf Neuschloß in Mähren. Der Berufsoffizier war Adjudant des Prinzen Eugen. 1747 gründete er die Olmützer Gelehrtengesell-

Petzer im Riesengebirge

Burgruine Pfraumberg

schaft „Die Unbekannten", in der sich Wissenschaftler und Literaten zusammenfanden. Petrasch, der für eine Erneuerung der Schaubühne eintrat, schrieb selbst viele Bühnenstücke.

Petschau, (*Bečov nad Teplou*), Bezirk Tepl. Die Stadt im Tepltal entstand aus einer Siedlung an der Burg. 1399 Stadterhebung durch Wenzel IV. Zeitweise wurde Bergbau betrieben. Die Burg wurde später umgebaut und (nach 1750) vergrößert. Sie bestand danach aus 2 Teilen, dem Oberen und dem tiefer gelegenen Neuen Schloß. Die Herrschaft besaßen u. a. die Herren von Riesenburg, die Pflug von Rabstein und seit 1813 die Beaufort-Spontin. Die erste Kirche entstand im 14. Jh. im Zusammenhang mit der Schloßkapelle, die jetzige Kirche wurde 1763–1767 errichtet. Sie besitzt Schnitzarbeiten des Teplers Thomas Pistl. Weithin bekannt war die Petschauer Musikschule, die seit 1887 bestand und viele Musiker ausgebildet hatte. Sommerfrische, Holzverarbeitung, Schnurfabrik, Kammerzeugung.
1930: 2384 Einw. (168 Tschechen).

Petyrek, Felix, * 1892 Brünn, † 1951 Wien. Der Professor an der Wiener Musikakademie stand als Komponist unter dem Einfluß Schrekers und Schönbergs und schrieb mehrere Opern („Der Garten des Paradieses", „Die arme Mutter und der Tod"), Chorwerke, Kammermusik, Klavierwerke und geistliche Kompositionen. 1950 erhielt er den österreichischen Staatspreis.

Haus in Philippsdorf

Petzer (*Pec*), Teil von Groß Aupa im Bezirk Trautenau. Der stark besuchte Wintersportort unter der Schneekoppe hat ein ideales Skigelände mit Sprungschanze und mehreren Rodelbahnen. Im Sommer kamen viele Städter zur Erholung in den waldreichen Talgrund der Großen Aupa. Früher wurde in der Umgebung von Petzer Kupferbergbau betrieben. Heute Fremdenverkehrszentrum mit vielstöckigem Hotel.

Pfitzner, Josef, ∗ 1901 Petersdorf bei Jägerndorf, im September 1945 in Prag hingerichtet. Pfitzner lehrte an der Prager Deutschen Universität osteuropäische Geschichte und schrieb Bücher wie „Das Sudetendeutschtum", „Das Erwachen der Sudetendeutschen im Spiegel ihres Schrifttums", „Kaiser Karl IV.". Während des Protektorats war er stellvertretender Bürgermeister von Prag. Die Tschechen hängten ihn öffentlich vor einer riesigen Menschenmenge, obwohl er sich stets um Vermittlung und Ausgleich zwischen den beiden Nationen bemüht hatte.

Pfizmaier, August, ∗ 1808 Karlsbad, † 1887 Wien. Pfizmaier war erst Koch, dann studierte er und lebte seit 1838 in Wien. Er galt als Sprachenwunder und erwarb sich Kenntnisse schwierigster Sprachen meist durch Selbststudium. Er verfaßte viele Abhandlungen zur Turkologie und übersetzte aus fernöstlichen Sprachen. 1848 wurde dieser vielseitigste Orientalist Österreichs Mitglied der Akademie der Wissenschaften in Wien.

Pfraumberg (*Přimda*) im Bezirk Tachau. Die Burg Pfraumberg auf dem gleichnamigen Berg (847 m) entstand am Anfang des 12. Jh. als Grenzschutz an der wichtigen Verkehrsverbindung Prag – Nürnberg. Die Burg diente auch als Gefängnis, u. a. war Sobieslaw II. längere Zeit hier eingekerkert. Im 16. Jh. verfiel sie. Neuerdings wird diese größte Ruine aus der romanischen Zeit restauriert. Zu Füßen der Burg entwickelte sich die Siedlung, die 1615 Stadtrechte erhielt. Die Kirche hat ein polygonales Presbyterium und Rippengewölbe. Zacharias Theobald aus Schlaggenwald beschreibt in seiner Geschichte des Hussitenkrieges (1609) Pfraumberg und seine Burg.
1930 (mit Mühlloh): 1234 Einw. (26 Tschechen).

Philippsdorf (*Filipov*), Bezirk Schluckenau. 1681 gegründet, war Philippsdorf ein unscheinbares Weberdorf an der sächsischen Grenze. Seit der Heilung eines Mädchens im Jahre 1866 wurde es zum größten sudetendeutschen Wallfahrtsort, wohin jährlich über 100000 Pilger kamen, darunter viele Wenden aus der Oberlausitz in ihren bunten Trachten. An Stelle einer Marienkapelle wurde 1870–1885 eine große zweitürmige Kirche erbaut. Seit 1885 bestand zur Betreuung der Wallfahrer ein Redemptoristenkolleg mit Noviziatshaus. Die Philippsdorfer feiern auch in der Vertreibung noch jährlich das Erscheinungsfest.
1930: 2108 Einw. (98 Tschechen).

Fürstbischof Friedrich Piffl

Pickert, Karl, * 1835 Teltsch bei Buchau, † 1888 Prag. 1866 Landtags-, dann 1870 und 1885 Reichsratsabgeordneter, gründete er die „Deutsche Volkszeitung“ und 1874 die „Leitmeritzer Zeitung“. Seine Bedeutung für die Entwicklung des deutschen Pressewesens in Böhmen war groß.

Piffl, Friedrich Gustav, * 1864 Landskron, † 1932 Wien. Der christlich-soziale Sozialreformer gründete 1891 die „Zeitung für Stadt und Land“, wurde Theologieprofessor im Stift Klosterneuburg, 1913 Fürsterzbischof von Wien und 1914 Kardinal. Er organisierte den österreichischen Katholizismus und gründete 1927 die Katholische Aktion in Österreich. Er ist in der Gruft unter dem Wiener Stephansdom begraben.

Pilgram, Anton, * um 1460 Brünn, † um 1515 Wien. Der Baumeister und Bildhauer arbeitete in Brünn, setzte hier den Bau der Jakobskirche fort, ebenso war er am Rathausbau beteiligt; danach ging er nach Wien. Im Stephansdom schuf er Grabmäler, Büsten und mit je einem Selbstbildnis den Orgelfuß (1513) und die Kanzel (1515). Kunstgeschichtlich wird Meister Pilgram zur Übergangsepoche von Spätgotik zur Renaissance gezählt.

Meister Pilgram im Stephansdom

Kirche in Pilnikau

Pilnikau (*Pilníkov*), Bezirk Trautenau. 1357 wird Pilnikau erwähnt. Von Hussiten zerstört. 1513 Stadtrechte. 1623 als Geschenk des Kaisers an Wallenstein, später (1675–1789) im Besitze der Fürsten Schwarzenberg. Die Pfarrkirche zur Hl. Dreifaltigkeit wurde 1604 errichtet. Industrie: Seidenbandweberei, Metallwarenfabrik. 1930: 924 Einw. (47 Tschechen).

Pilsen (*Plzeň*), westböhmische Bezirksstadt. Sie liegt im sog. Pilsener Becken am Zusammenfluß von Mies und Radbusa und am Schnittpunkt dreier Eisenbahnstrecken. An der Kreuzung von Verkehrswegen wurde frühzeitig reger Handel betrieben. Gründung erst nach 1288. 1341 wird das Recht der Altstadt Prag übernommen. Wie Ernst Schwarz nachweist, waren die Bürger der Gründungszeit, auch spätere Zuwanderer, bis 1350 Deutsche; am Ende des 14. Jh. ändern sich die nationalen Verhältnisse in der Umgebung und Pilsen wird zur deutschen Sprachinsel.

Karl IV. verlieh reiche Privilegien. Vorübergehend wenden sich die Pilsener der hussitischen Lehre zu. 1468 wird eine Druckerei eingerichtet. Während der Pestjahre 1483, 1582 und 1600 war die Stadt Sitz des königlichen Hofes. Weil sie im Schmalkaldischen Krieg 1547 Ferdinand I. treu blieb, erhielt sie nach Prag die erste Stelle im

Landtag. 1633/1634 hatte Wallenstein sein Hauptquartier in Pilsen, wo er seinen Offizieren die schriftliche Treueerklärung abverlangte (Pilsener Revers).
Mit der Eröffnung der Böhmischen Westbahn kommt ein großer wirtschaftlicher Aufschwung. Die tschechische Nation dringt stetig vor. 1897 werden die Deutschen aus der Stadtverwaltung ausgeschaltet, bald auch aus der Bezirksvertretung. 1924 entsteht durch Eingemeindungen Groß Pilsen. In der Stadtvertretung von 1935 sind von 60 Mitgliedern nur noch 2 Deutsche.
Pilsen hat viele alte Gebäude, die gotische Dekanatskirche St. Bartholomäus mit einer Madonna des 14. Jh., das Franziskanerkloster (1297) mit der Barbarakapelle, die Nikolaus-Friedhofskirche, neben der Emil von Škoda, der tschechische Dichter J. K. Tyl und der erste Erzeuger des Karlsbader Becherbitters, Josef Becher, begraben sind. Das Rathaus (1558) hat schöne Sgraffitomalereien. An Stelle der ehemaligen Festungswerke entstanden Promenaden und kommunale Gebäude. Pilsen hatte ein sehr gutes deutsches und tschechisches Schulwesen (höhere und Fachschulen), ein deutsches und ein tschechisches Theater und mehrere Museen.
Wirtschaftliche Schwerpunkte sind die Škoda-Werke, gegründet 1869 durch Emil von Škoda, die größten Rüstungsbetriebe der Monarchie, die (1937) 22000 Beschäftigte hatten, und die Brauereien, deren weltbekanntes Bier seinen Ruf dem bayerischen Braumeister Josef Groll verdankt. Andere Zweige der Wirtschaft sind große Unternehmen der Metall-, chemischen und Nahrungsmittelindustrie.
War auch das Deutschtum zurückgedrängt worden, so blieb es ein erheblicher kultureller Faktor mit alter Tradition. Als Beispiele seien das Deutsche Theater, das Deutsche Haus, die deutsche Presse, die Handelsakademie und andere Schulen

Belagerung von Pilsen (1618)

Pilsener Stadtwappen

genannt. Am Gymnasium, das die Tepler Prämonstratenser betreuten, unter ihnen der Goethe-Freund Zauper, studierten viele berühmt gewordene Männer, darunter auch der Komponist B. Smetana.

1930: 89374 Einwohner (80906 Tschechen, 6415 Deutsche, 1095 Ausländer, 958 andere).

Pirchan, Emil, ∗ 1884 Brünn, † 1957 Wien. Pirchan war Bühnenbildner, schuf an die 600 Inszenierungen, auch für das Wiener Burgtheater, war Architekt, Kunsterzieher und Schriftsteller. In seinen Büchern behandelt er Künstler (Fanny Elßler, Hans Makart, Gustav Klimt, Harald Kreutzberg, M. Daffinger, Maria Geistinger, Otto Wagner), das Bühnenleben und die Kostümkunde. Seit 1936 lehrte er an der Akademie der bildenden Künste in Wien.

Pirkenhammer (*Březová*), Bezirk Karlsbad. Der viel besuchte Ausflugs- und Sommerfrischeort im Tepltal war von Wald umgeben und das Ziel vieler Karlsbader Kurgäste. Hier befand sich die Schießstätte des Karlsbader Schützenkorps. Große wirtschaftliche Bedeutung hatte die 1803 begründete Porzellanfabrik. Seit 1963 werden in einer ständigen Ausstellung alte und neue Porzellanerzeugnisse gezeigt.

1930: 1726 Einw. (14 Tschechen).

Placht, Richard, ∗ 1880 Oberkratzau, † 1962 Wien. Der Bildhauer und Medailleur Placht schuf viele Medaillen und Plaketten mit Bildnissen prominenter Persönlichkeiten, österreichische und ausländische Münzen, ferner Auszeichnungen. Er arbeitete als Medailleur am staatlichen Hauptmünzamt in Wien. Placht erhielt mehrfach Preise und den Goldenen Lorbeer des Künstlerhauses.

Plan (*Planá*). Die westböhmische Bezirksstadt liegt an der Schlada und an der alten Straße von Prag über Pilsen nach Eger. 1251 wird das Patronatsrecht dem Kloster Waldsassen übertragen. 1379 wird Plan als Städtchen bezeichnet. Die schon damals bestehenden Befestigungen sind zum Teil erhalten. Als die Grafen Schlick die Herrschaft besaßen (1517–1665), blühte der Bergbau, sogar Münzen wurden geprägt; das Münzhaus wurde später zum Bräuhaus. Später hatten die Nostitz-Rieneck die Herrschaft in Besitz. Die Kirche zuerst spätgotisch, wurde barokkisiert. Neben der Stadt auf einer Anhöhe die Wallfahrtskirche St. Anna mit Fresken von Wenzel Schmidt. Die Seelsorge übten Redemptoristen aus. Als die Säkularisierung der St. Annakirche bevorstand, machten sie die Schloßbesitzer zu

Aus Pirchans „Lachender Maske": Leo Slezak

ihrer Kapelle. Mit dem Realgymnasium war ein Studentenheim verbunden.
Am Rathaus stand (in lateinischer Sprache) die Inschrift: „Dieses Haus haßt die Nichtswürdigen, liebt den Frieden, bestraft die Verbrecher, wahrt das Recht, ehrt die Rechtschaffenen." Sommerfrische. Industrie: Strickwaren- und Wäscheerzeugung.
1930: 4395 Einw. (249 Tschechen).

Platten s. Bergstadt Platten

Platz (*Místo*), Bezirk Komotau. Von der im 16. Jh. geplanten Bergstadt wurden nur die um den Marktplatz liegenden Häuser gebaut. Platz wird als Städtchen bezeichnet. Die Kirche zur Hl. Dreifaltigkeit ist barock, hat aber noch ein gotisches Presbyterium. Jakob Eberle schuf den Hauptaltar. Die Dreifaltigkeitsstatue am Ring stammt aus dem Jahre 1722. In der Nähe liegt der Hassenstein, „eine der schönsten Ruinen unserer Heimat" (J. Orth), die im Besitze der Herren von Plauen und von Lobkowitz war.
Hier lebte der große Humanist Bohuslaus Lobkowitz von Hassenstein (1460–1510), der sich rühmte, ein Deutscher zu sein. Er dichtete in lateinischer Sprache, sammelte klassische Literatur und legte auf seiner Burg eine große Bibliothek an, aus der Luther und Melanchthon Bücher liehen. Eine Gedenktafel vermeldet, daß auch Goethe auf dem Hassenstein weilte.
Platz hatte 1930 (mit Neudörfel) 462 Einw. (460 Deutsche, 2 Ausländer).

Platzer, Ignaz d. Ä., ∗ 1717 Pilsen, † 1787 Prag. Das bedeutendste Mitglied der Bildhauerfamilie arbeitete für das Stift Tepl, das Kloster Strahow, den Veitsdom, das Clementinum, die Niklaskirche, die Burg und für andere Objekte in Prag, wo er zwischen 1740 und 1780 der führende Bildhauer war. Kilian I. Dientzenhofer zog ihn zur Ausschmückung seiner Bauten heran. Sein Modell des hl. Johannes von Nepomuk für den Prager Veitsdom befindet sich im Städtischen Museum in Prag.

Stadtplatz in Plan

Pleischl, Adolf Martin, ∗ 1787 Hossenreuth in Südböhmen, † 1867 Dorf an der Enns. Der Chemiker war Professor in Prag und Wien. Seine Anleitung zur Erzeugung ungiftigen Emails ermöglichte den Versand des Karlsbader Thermalwassers. Er arbeitete auf balneologischem Gebiet, erstellte Analysen für das Karlsbader Mineralwasser und richtete für Teplitz Moorbäder ein. Karlsbad verlieh ihm das Ehrenbürgerrecht, in Hossenreuth erinnerte bis 1945 eine Gedenktafel an ihn; in Wien ist eine Straße nach dem Erfinder benannt.

Plener, Ernst, ∗ 1841 Eger, † 1923 Wien. Der Politiker gründete 1888 die Vereinigte Deutsche Linke und war deren Obmann. Im böhmischen Landtag strebte er den nationalen Ausgleich an, die Jungtschechen vereitelten aber jeden Erfolg. 1893–1895 war er Finanzminister, 1896–1918 Präsident des Rechnungshofes. Seine „Erinnerungen" erschienen in 3 Bänden 1911–1921, seine „Reden" 1911.

Plener, Ignaz von, ∗ 1810 Wien, † 1908 Wien. Der Vater von Ernst Plener, ein rechtsliberaler Politiker, kam für Eger in den böhmischen Landtag. 1859 wurde er in den Reichsrat berufen, 1860–1865 war er Finanzminister, 1867–1870 Handelsminister, 1873 kam er in das Herrenhaus.

Schutzhaus am Pleßberg

Er bekämpfte die absolutistische Politik Belcredis.

Pleßberg, (*Plešivec*), 1 027 m, bei Abertham im Erzgebirge. Auf dem Gipfel ein Unterkunftshaus mit dem 1895 erbauten Aussichtsturm, einem Werk des Vereins der Naturfreunde in Abertham (1889 gegründet). Der Brunnen auf dem Berggipfel ist 14 m tief.

Pleyer, Wilhelm, ∗ 1901 Eisenhammer bei Pilsen, † 1974 Starnberg. Nach seiner Promotion in Prag (1929) wurde er Schriftleiter und erfolgreicher Schriftsteller mit starker nationaler Überzeugung. Er veröffentlichte Gedichte, Erzählungen und Romane („Der Puchner“, „Die Brüder Tommahans“, „Tal der Kindheit“, „Spieler in Gottes Hand“, aber auch ein Lesebuch mit historischen Essays („Europas unbekannte Mitte“) und seinen Erlebnisbericht „Aber wir grüßen den Morgen“, in dem er seine Haft in tschechischen Gefängnissen schildert. Pleyer wurde ausgezeichnet mit dem Literaturpreis der Stadt Berlin, dem Schrifttumspreis der Stadt Stuttgart und dem Förderpreis der Sudetendeutschen Landsmannschaft.

Plöckenstein, auch Blöckenstein (*Plöckenštejn* heute Plechý). Höchste Erhebung (1 378 m) des gleichnamigen Bergrückens im Böhmerwald, der sich von Kuschwarda nach Süden hinzieht. Der Berg liegt an der Grenze zwischen Böhmen, Bayern und Österreich. Unterhalb des Gipfels breitet sich der durch Stifters „Hochwald“ bekanntgewordene Plöckensteinsee aus. An der Seewand erinnert ein Obelisk an den Böhmerwalddichter Stifter.

Podersam (*Podbořany*), Bezirksstadt in Nordwestböhmen. Sie liegt im fruchtbaren Saazer Bekken und ist seit 1576 Stadt. Besitzer der Herrschaft waren die Grafen Schlick, die Weitmühl, Gutenstein, Vitzthum, der Herzog Sachsen-Lauenburg, Ludwig W. von Baden, Schreiter-Schwarzenfeld und Salm-Reifferscheid. Die Kirche Peter und Paul bestand schon im 14. Jh., 1592 entstand die jetzige Kirche. Die reichen Kaolinlager in der Umgebung bilden die Grundlage für die Porzellan- und Tonwarenerzeugung. Die Stadt erlitt schwere Schäden durch Schweden 1647 und

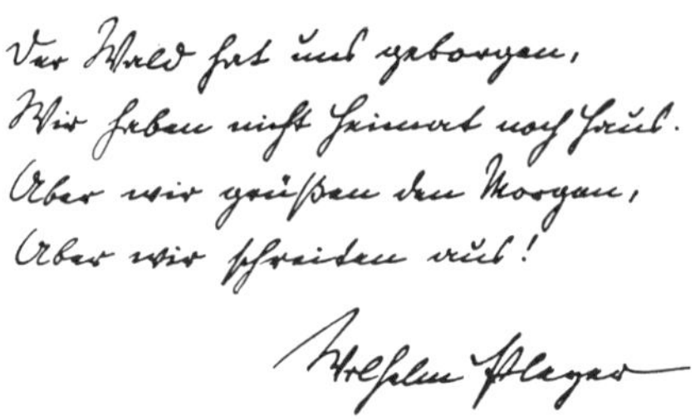

Wilhelm Pleyer

durch Preußen 1762. Patenstadt von Podersam ist Kronach/Oberfranken.
1930: 3730 Einw. (690 Tschechen).

Pohrlitz (*Pohořelice*), Bezirk Nikolsburg. Pohrlitz im südmährischen Hügelland, 1222 erwähnt, wird schon im 13. Jh. Stadt genannt. Es ging wieder seiner Rechte verlustig und wurde als Dorf bezeichnet. 1885 Stadterhebung durch Kaiser Franz Joseph. Die alte Pfarrkirche St. Jakob d. Ä. (ursprünglich 13. Jh.) stammt in der jetzigen Gestalt aus dem Jahre 1668. Die Stadt hatte eine eigene israelitische Gemeinde und eine Synagoge. Zum Schloß gehörte ein großes Gut. Während der Dreikaiserschlacht bei Austerlitz (2. Dezember 1805) befand sich in Pohrlitz das französische Hauptquartier. Bedeutende Landwirtschaft, Zuckerfabrik, Handelsplatz für landwirtschaftliche Erzeugnisse.
1930: 4290 Einw. (2816 Tschechen, 1210 Deutsche, 73 Ausländer, 191 andere, darunter 188 Juden).

Kirche in Podersam

Polanus von Polansdorf, Amandus, ∗ 1561 Troppau, † 1610 Basel. Als Erzieher lebte er bei den mährischen Zierotins, als Prediger bei den Mährischen Brüdern in Eibenschütz, 1596 Professor für Altes Testament in Basel, wo er der calvinischen Lehre zum Sieg verhalf. Polanus, zweimal Rektor, übersetzte das Neue Testament und schrieb exegetische Schriften.

Stifter-Obelisk auf dem Plöckenstein

Politz a. d. Elbe (*Boletice nad Labem*), Bezirk Tetschen. Das Dorf wurde 1430 erwähnt. Neben Schafwoll- und Kammgarnspinnerei wurde Landwirtschaft, Obstanbau und Obsthandel betrieben. Emaillierwerk.
1930: 3042 Einw. (183 Tschechen).

Pollau (*Pavlov*, auch *Palava*), Bezirk Nikolsburg. Während des Aufenthaltes der Wiedertäufer in Südmähren (etwa 1526–1623) hatten diese ihre Haushaben (Gemeinschaftshöfe, die hier Bruderhöfe genannt wurden) auch im Dorf. Die Barbarakirche (1658) ist eine Saalkirche (1740 erneuert, 1829 vergrößert und umgebaut). Der

Ausblick ins Polzental

Bildhauer Ignaz Lengelacher hatte die Ausstattung besorgt. Weinbau.
1930: 1089 Einw. (11 Tschechen).

Pollauer Berge (*Pavlovské pohoří*). Unmittelbar aus der Ebene aufsteigende Kalkfelsen in Südmähren, deren Hauptzug sich von Unter Wisternitz nach Nikolsburg hinzieht. Höchste Erhebung ist der Maidenberg (550 m) mit den Ruinen der Maidenburg. Am Turoldsberg Höhlen und Erdfälle. Im Bereich der bewaldeten und wildreichen Berge, an deren Abhängen Weinbau betrieben wird, sind viele Fundstätten aus der vor- und frühgeschichtlichen Zeit.

Polzen (*Ploučnice*). Rechter, 74 km langer Nebenfluß der Elbe in Nordböhmen; entspringt an der Südwestseite des Jeschken bei Oschitz, fließt über Niemes, Böhmisch Leipa, Bensen und mündet bei Tetschen.

Pontanus, Jakob (eigentlich Spanmüller), ∗ 1542 Brüx, † 1626 Augsburg. Der gelehrte Jesuit, an den Gymnasien in Dillingen und Augsburg tätig, wirkte im Sinne Ciceros und Vergils für die lateinische Sprache und den lateinischen Stil. Seine Schulbücher waren in ganz Europa über 100 Jahre lang in Verwendung; das berühmteste ist „Progymnastica latinitatis sive dialogi", das immer wieder nachgedruckt und auch von Protestanten benützt wurde. Seine lateinischen und griechischen Gedichte haben klassische Form, seine Schuldramen wurden immer wieder aufgeführt. Von Pontanus dürfte sein Schüler Jakob Bidermann viele Anregungen für sein dramatisches Schaffen empfangen haben.

Popper-Lynkeus, Josef, ∗ 1838 Kolin, † 1921 Wien. Der Techniker Popper erfand den Oberflächenkondensator, eine Methode zur Reinigung von Dampfkesseln, einen Luftkühlapparat und machte brauchbare Vorschläge für das Flugwesen. Als erster wies er die Möglichkeit der Fernleitung elektrischer Kraft nach (1862). Als Sozialreformer begründete er die Theorie von der allgemeinen Nährpflicht des Staates als Lösung der sozialen Frage. Er war auch als Philosoph, als Schriftsteller und in der Friedensbewegung tätig. Sein populärstes Buch waren die „Phantasien eines Realisten".

Porsche, Ferdinand, ∗ 1875 Maffersdorf, † 1951 Stuttgart. Der Autokonstrukteur, der 1230, davon 260 deutsche, Patente besaß, war bei der Daimler-Motoren-AG in Untertürkheim tätig, ferner bei den Steyr-Werken; seit 1934 ent-

Ferdinand Porsche

wickelte er den Wagen, der später als Volkswagen bekannt wurde. 1939 wurde Porsche „Betriebsführer" bei den Volkswagenwerken. Er hatte auch Rennwagen und Panzerfahrzeuge konstruiert. 1950 leitete er den Porsche-Betrieb in Gmünd / Kärnten, wohin er schon im Krieg gekommen war. Hier entstand der Porsche-Wagen (1948/1949). Schließlich war er noch bei der schon 1931 gegründeten Porsche AG tätig, die sich zu einem großen Kraftfahrzeug-Industrieunternehmen entwickelt hatte. Hier in Stuttgart-Zuffenhausen wurden auch Sportwagen erzeugt.

Porta Bohemica. Ein 2 km langer Durchbruch der Elbe (4 km nördlich von Lobositz zwischen Groß Tschernosek und Lichtowitz). Das cañonartig verengte Flußtal hat sich hier in die das Grundgestein überlagernden Kreideschichten gegraben. Die Gegend ist reich an großen Weingärten.

Porzellan s. Keramische Industrie

Pöschl, Thomas, * 1769 Höritz, † 1837 Wien. Der katholische Priester geleitete 1806 Philipp Palm zur Richtstätte und verfiel in Schwermut und geistige Verwirrung. Er wurde zum Sektengründer („Pöschelianer") und endete im Wiener Priesterkrankenhaus als Internierter.

Post. Das von Franz von Taxis geschaffene Postnetz umspannte alle Habsburgischen Länder. Rudolf II. erklärte 1595 die Post zu einem kaiserlichen Regal. 1526 wurde die Postverbindung

Böhmische Pforte

Die gute alte Zeit der Postkutsche

zwischen Wien und Prag, um 1577 zwischen Prag und Dresden aufgenommen, 1615 erfolgte die Einrichtung des Postverkehrs von Köln bzw. Frankfurt nach Prag. Von 1615 an bestand eine österreichische Territorialpost, sie war von 1627 bis 1720 verpachtet (von Paar), danach übernahm sie der Staat. Maria Theresia gewährte den Postmeistern viele Privilegien. 1753 ergeht die Anordnung für den Postwagenverkehr zweimal wöchentlich zwischen Dresden und Prag. Die Postwagen werden zu einer ständigen Einrichtung. Der Ruraldienst (Landbriefträgerdienst) wird 1873 in allen Kronländern eingeführt. Briefmarken gab es bereits seit 1850. Für einen einfachen Inlandsbrief betrug das Porto 10 Heller, für eine Karte 2 Kreuzer. Die Postsparkasse, seit 1883 mit der Post verbunden, verzinste die Einlagen mit 3 v. H. Die Telegraphenämter waren seit 1852 der Postdirektion unterstellt. Die erste Überlandverbindung auf dem Kontinent bestand seit 1847 zwischen Wien – Brünn – Prag.

Postelberg (*Postoloprty*), Bezirk Saaz. Der Name rührt vom einstigen Benediktinerkloster Porta apostolorum (1121–1420) her, das viele deutsche Siedler ins Land holte. Das Kloster vernichteten die Hussiten. Postelberg wurde zu Anfang des 16. Jh. Markt, 1511 Stadt, seit 1692 waren die Fürsten Schwarzenberg Besitzer der Herrschaft. Diese bauten das neue Schloß (1768–1790). Durch die Bodenreform nach dem Umsturz wurde ein gro-

Stadt Prachatitz

ßer Teil der Herrschaft enteignet und Tschechen zugeteilt. Die Stadtkirche wurde Mitte des 18. Jh. nach Plänen Altomontes wieder aufgebaut. Während das alte Rathaus (1726) Bezirksgericht wurde, baute man 1903 ein neues. Braunkohlenbergwerke, Zuckerfabrik, Landwirtschaft.
1930: 3311 Einw. (1489 Tschechen).

Prachatitz (*Prachatice*), Stadtgemeinde in Südböhmen. Durch den Goldenen Steig, der hier endete, war Prachatitz schon im Mittelalter wirtschaftlich bedeutend. Salz war gleichbedeutend mit Reichtum. 1323 zur Stadt erhoben, wurde es 1420 von den Hussiten erobert und blieb nun über 200 Jahre in tschechischer Hand. Eine lange Blütezeit bedeutete die Herrschaft der Rosenberger. 1608 erkauften sich die Bürger den Titel einer freien königlichen Stadt. Da sie Anhänger des Winterkönigs waren, bestrafte sie Buquoy.
1936 kam die Stadtverwaltung in tschechische Hand. Von den vielen Kunstdenkmälern seien genannt die gotische Dekanatskirche St. Jakob (Erbauer Peter und Hans von Prachatitz), die alte Literatenschule, das Renaissance-Rathaus mit Sgraffitomalerei, einst Schloß der Rosenberger, die stolzen Patrizierhäuser und das Salzhaus auf dem Marktplatz, die Stadtmauern und das Piseker Tor mit Fresko, Wilhelm von Rosenberg darstellend.
Zu Prachatitz, das am Fuße des 1091 m hohen Libinberges liegt, gehört das St. Margaretenbad mit Kurhaus, Badeanstalt und Villenkolonie; es war Eigentum des Bundes der Deutschen in Böhmen. Große Prachatitzer waren Peter und Hans von Prachatitz, Dombaumeister von St. Stephan in Wien, der Schriftsteller Joseph Meßner und Johann Nepomuk Neumann, Bischof von Philadelphia.
1930: 4745 Einwohner (2368 Deutsche, 2283 Tschechen, 80 Ausländer).

Prachatitz, Peter und Hans von. Die zwei

Baumeister aus Prachatitz, Peter und Hans, vollendeten den Südturm des Wiener Stephansdomes (1433 wurde ihm der „Knopf" aufgesetzt). Wahrscheinlich errichtete ein Mitglied der Familie auch die Jakobskirche in Prachatitz.

Praetorius, Johannes, ∗ 1537 St. Joachimsthal, † 1616 Altdorf bei Nürnberg. Der Mathematiker und Astronom war 1576–1616 Professor an der Altdorfer Universität und erfand einen Meßtisch (Mensula Praetoriana) zur Vermessungskunde, der heute noch benützt wird, und andere Meßinstrumente. Neben einer 4 km langen Wasserleitung entwarf er auch die Trasse für eine Straße.

Prag (*Praha*). Prag war Hauptstadt Böhmens, ab 1918 der Tschechoslowakei; heute ist es die Metropole der ČSSR, des Landesteiles Böhmen und des Verwaltungsbereiches Mittelböhmisches Gebiet.

Das natürliche Zentrum des Landes entwickelte sich aus einem Burgflecken zu beiden Seiten der Moldau. Nachdem die Slawen ins Land gekommen waren, residierten die Przemysliden nach der Unterwerfung der übrigen Tschechen-Stämme in Prag. Seit Herzog Wenzel orientieren sich die tschechischen Herrscher immer mehr nach dem Westen. Deutsche Kulturbringer sind Geistliche, Mönche, Kaufleute und Handwerker, aber auch deutsche Fürstentöchter, die den Herrschern des Landes vermählt werden. Die Prager Altstadt erhielt Nürnberger, die Kleinseite Magdeburger Recht. Karl IV. machte Prag zur Hauptstadt seines Reiches, es wird auch 1344 Sitz eines Erzbischofs, ebenso der ersten deutschen Universität seines Reiches (1348). Sein Baumeister Peter Parler prägt das Gesicht der Hauptstadt. Die Hussitenkriege verursachen Rückschritt und Niedergang.

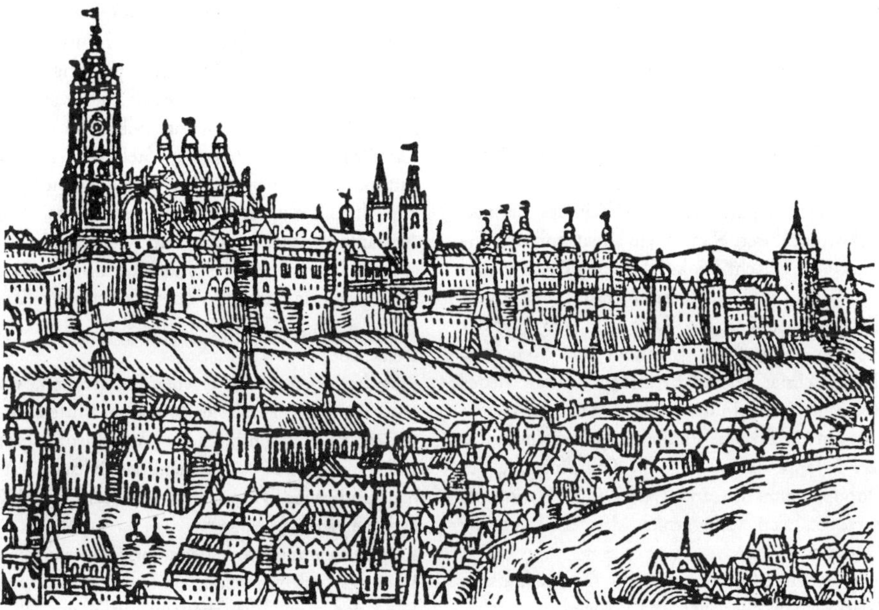

Hradschin mit Veitsdom von Johann Willenberger (1601)

Niklaskirche in Prag

Seit 1527 herrschen die Habsburger über die böhmischen Länder. Der neue Geist der Renaissance zieht ein. Unter Rudolf II. wird Prag erneut Hauptstadt des Reiches. Wieder folgt der Niedergang. Viele Ereignisse des Dreißigjährigen Krieges stehen in engem Zusammenhang mit Prag. Doch bald beginnt die hohe Zeit des Barock, verkörpert durch Namen wie Dientzenhofer, Fischer von Erlach, Brokoff, Braun, Platzer, Reiner, Brandl und Maulbertsch. Höhepunkte sind die Feste der Krönung Karls VI. (1723) und der Heiligsprechung des Johannes von Nepomuk (1729). Unter Maria Theresia umdüstert wieder Krieg die Stadt. In den folgenden Friedenszeiten entsteht 1782 das berühmte deutsche Ständetheater; 5 Jahre darauf folgt die Uraufführung des Don Giovanni Mozarts. Dem Zugriff Napoleons entzogen sich viele große Männer durch die Flucht nach Prag.
Eine wichtige Rolle spielte Prag für das deutsche Geistesleben, aber auch für die sogenannte tschechische Wiedergeburt, in die Deutsche tätig eingriffen. Das deutsche Element verlor an Bedeutung; 1861 erlangten die Tschechen die Mehrheit in der Stadtvertretung und bald darauf im Böhmischen Landtag. Technische Hochschule und Universität wurden 1869 und 1882 für beide Nationen geteilt. Die Lage für die Deutschen wurde schwieriger; nach dem Umsturz 1918 waren die Tschechen die unumschränkten Herren im Lande. Das Selbstbestimmungsrecht der übrigen Nationalitäten, d.h. der Deutschen, Polen, Ungarn und Slowaken, mißachteten sie. Nach der letzten Volkszählung von 1930 hatte Prag 845000 Einwohner, darunter befanden sich nur noch 41500 Deutsche. Mehr Deutsche lebten nur in Aussig. Wenn diese nach 1945 auch aus dem Lande getrieben, wenn viele ermordet wurden, so bleibt der Stadt doch das deutsche Gepräge für immer aufgedrückt.
Die Bauten Prags überragt der Hradschin. Neben der Burg ragt der St. Veitsdom, von Peter Parler vollendet, empor. Die Georgskirche ist romanisch, während die Loretokirche prächtiges Barock ziert. Unter der Burg schuf Dientzenhofer auf der Kleinseite die prächtige Niklaskirche. Die Karlsbrücke, von Parler an Stelle der älteren Judithbrücke erbaut (1357), ist die Verbindung zur Altstadt mit der gotischen Teynkirche, dem Altstädter Rathaus (1338), der Nikolaus-Kirche (K. I. Dientzenhofer), Pulverturm. Daneben noch zahllose berühmte Kunstdenkmäler: Kirchen, Palais, Theater, Universität, Brücken, Denkmäler.
Prag hatte früher ein eigenes Judenviertel, wo 1512 die erste hebräische Druckerei Mitteleuropas entstand. Berühmt sind der Alte Friedhof (seit 1439) mit etwa 20000 Steinen, das jüdische Rathaus und einige Synagogen, deren älteste um 1260 errichtet wurde.
Prag hatte immer große Bedeutung als Schul- und Bildungsstätte für beide Nationen, als Sitz von Behörden und Wirtschaftsinstitutionen. Über 3000 Betriebe bildeten um 1930 die Prager Groß-

industrie. Krankenhäuser und Sozialeinrichtungen, Rundfunksender, Museen, Bibliotheken, 4 tschechische und 2 deutsche Theater und viele Zeitungen hatten ihren Sitz in Prag. Von der deutschen Presse seien genannt: Bohemia, Prager Tagblatt, Sozialdemokrat, Deutsche Presse, Deutsche Landpost und Prager Presse; diese ein Organ der Regierung in deutscher Sprache.

Die Literatur über Prag, auch in deutscher Sprache, ist leicht erhältlich und vielseitig, zumal solche kunstgeschichtlichen Inhalts. Auf das Literaturverzeichnis im Anhang sei verwiesen.

Für die Deutschen Prags und die ehemaligen Studenten der deutschen Hochschulen erscheinen in München die „Prager Nachrichten“.

Prager Volksbildungsverein Urania. Gründung 1917. Aufgabe: Förderung des Verständnisses für Kunst und Wissenschaft in den breitesten Schichten der Bevölkerung durch Vorträge, Künstlerabende, Führungen, Theaterbesuche, Körperkultur, Wandern, Jugendveranstaltungen, Volkshochschularbeit. Organ: Monatszeitschrift für moderne Bildungspflege Urania. 1927: 2000 Haupt- und 1800 Nebenmitglieder in Prag. Es gab in Reichenberg und Marienbad selbständige Zweigvereine und Sektionen in allen größeren deutschen Städten der Republik. In Brünn bestand seit 1896 ein Deutschmährischer Volksbildungsverein Urania.

Prebischtor (*Pravčická brána*). Eine 15 m lange und 3 m dicke Naturbrücke aus Quadersandstein im Elbesandsteingebirge (438 m). Die Toröffnung hat eine Höhe von über 20 m. Das Prebischtor liegt am rechten Elbeufer nordöstlich von Herrnskretschen an der Landesgrenze.

Preidel, Helmut, ∗ 1900 Bodenbach, † 1980 Gilching bei München. Der Leiter des Landesamtes für Vorgeschichte hatte sich der prähistorischen Erforschung der Sudetenländer verschrieben und zahlreiche Veröffentlichungen geschrieben („Die Anfänge der slawischen Besiedlung Böhmens und Mährens“, „Die vor- und frühgeschichtlichen Siedlungsräume Böhmens und Mährens“, „Die Urgeschichte des Bezirkes Komotau“, „Germanen in Böhmens Frühzeit“, „Germanen in Böhmen im Spiegel der Bodenfunde“), ferner die Zeitschrift „Sudeta“ redigiert, das Sammelwerk „Die Deutschen in Böhmen und Mähren“ und das „Stifter-Jahrbuch“ seit 1949 herausgegeben.

Preissler, Daniel, ∗ 1627 Prag, † 1665 Nürnberg. Der Maler aus Prag übte in Nürnberg eine ausgedehnte künstlerische Tätigkeit aus; von ihm stammen die an der großen Orgel der Sebalduskirche befindlichen Bildnisse großer Tonkünstler und zahlreiche Kirchenbilder. Viele Arbeiten befinden sich im Germanischen Nationalmuseum in Nürnberg und in der ehem. kaiserlichen Gemäldegalerie in Wien. Sein Sohn *Daniel* (∗ 1666 Nürnberg, † 1737 Nürnberg) übertraf in manchen seiner Arbeiten den Vater; vorherrschend sind

Veitsdom in Prag

Altarwerke, historische Bilder und Porträts.

Preßnitz (*Přísečnice*), Bezirksstadt im mittleren Erzgebirge. An einem Weg über das Gebirge nach Laun entstanden, wurde Silber gegraben. Schon 1342 war hier eine Münzstätte, obwohl die eigentliche Blütezeit erst im 16. Jh. einsetzte. Nach der Zerstörung durch die Hussiten wurde die Bergmannssiedlung 1459 wieder errichtet, angeblich an einem anderen Ort. 1546 Erhebung zur königlichen Bergstadt. In der Kirchengruft lagen die Überreste des Gelehrten und Dichters Bohuslaus Lobkowitz von Hassenstein. Das Schloß war Besitz der Grafen Buquoy.
Im Stadtmuseum (1913 gegründet) neben Materialien zur Ortsgeschichte eine Sammlung indischer Gegenstände. Die Städtische Musikschule bildete viele Musiker aus. Früher waren die Preßnitzer Musikanten in aller Welt anzutreffen, besonders die Harfenisten.
Vor kurzem wurden die Überreste der einstigen betriebsamen deutschen Stadt in das Gebiet einer Talsperre einbezogen und mit Wasser überschwemmt, nachdem man vorher noch die Stadt als Filmkulisse verwendet hatte, u. a. auch für den nach dem Kubin-Roman gedrehten Film „Die Traumstadt“. Für Preßnitzer ein wahrhaft makabrer Film!
Einwohner: 1910: 3668, davon 5 Tschechen. 1930: 2606 (2450 Deutsche, 100 Tschechen, 54 Ausländer). 1950: 731, 1970: 395. Die Zahl der

Preßnitz im Erzgebirge

Häuser betrug 1857: 417, 1910: 432, 1930: 475, 1950: 508, 1970: 107. Das früher durch seine Fuhrleute (Getreidefahrer) und Obsthändler bekannte Reischdorf bei Preßnitz hatte 1930: 2045 Einw. (24 Tschechen).

Preußler, Josef (ursprünglich Syrowatka), ∗ 1891 Reichenberg, † 1967 Schloßberg bei Rosenheim. Der Fachlehrer und Heimatschriftsteller war durch seine Ahnen verwandt mit dem Glasmachergeschlecht der Preißler. Seit 1923 betreute er den Heimathort, die ortsgeschichtliche Sammlung von Reichenberg, und leitete die Zeitschrift „Deutsche Jugend“ (1925–1938). Nach der Entlassung aus tschechischer Haft (1950) gründete er in Haidholzen bei Rosenheim das Reichenberger Archiv. Preußler veröffentlichte viele heimatkundliche Arbeiten.

Priesen (*Březno*), Bezirk Komotau. Priesen, 1281 schon genannt, erhielt 1440 Komotauer Recht. Es gehörte zur Herrschaft der Lobkowitz auf Hassenstein, später den Martinitz, die es der Herrschaft Hagensdorf zuteilten. Die Kirche St. Peter und Paul, auf ein altes Gotteshaus zurückgehend, wurde 1739–1742 nach Plänen des Kilian I. Dientzenhofer errichtet. Im Pfarrhaus war am 29. August 1813 das Hauptquartier der Verbündeten, bevor es zur Schlacht bei Kulm kam. In der Friedhofskapelle stand ein hölzernes Vesperbild (um 1430). Landwirtschaft, Braunkohlenbergbau. 1930: 1524 Einw. (210 Tschechen). 1970: 818 Einwohner.

Prießnitz, Vinzenz, ∗ 1799 Gräfenberg bei Freiwaldau, † 1851 Gräfenberg. Der Bauer Prießnitz ist einer der Begründer der Naturheilkunde. Seine Erfolge beruhten auf eigenen praktischen Erfahrungen mit der Anwendung kalten Wassers in den verschiedensten Krankheitszuständen. Er entwickelte die Therapie mit Waschungen, Umschlägen (nach ihm Prießnitz-Wickel genannt), Wassertrinkkuren und Diät. Auch körperliche Bewegung, Licht und Luft bezog er in die Behandlung ein. 1826 richtete er in Gräfenberg eine

Kaltwasseranstalt ein, um die er schwer zu kämpfen hatte; zunächst war er sogar wegen Kurpfuscherei angeklagt. Später kamen jedoch Personen von höchstem Adel zu ihm zur Kur, und Prießnitz wurden viele Ehrungen zuteil. Man errichtete ihm Denkmäler in Gräfenberg, in Wien, in Kirchheim/Teck.

Prießnitz, mit Hans Kudlich durch gemeinsame Ahnen verbunden, wurde auch literarisch behandelt durch Hugo Scholz („Heilendes Wasser") und Robert Hohlbaum („Der Kurfürst"). Die Deutsche Heilpraktikerschaft verleiht die Prießnitz-Medaille an Personen, die sich um die Naturheilkunde besondere Verdienste erwerben.

Vinzenz Prießnitz

Prochaska, Bruno, * 1879 Iglau, † 1968 München. Der Finanzrat in Wien war Mitarbeiter beim „Simplicissimus", an der „Jugend" und der „Muskete". Unter dem Pseudonym Bruno Wolfgang schrieb er zahlreiche humoristische Skizzen und fröhliche Romane („Der heilige Bürokratius", „Heiterer Guckkasten", „Der dämonische Alpenpensionist") und Erinnerungsbücher an seine Kriegserlebnisse und Gefangenschaft nach dem Ersten Weltkrieg. Prochaska übersetzte auch aus dem Polnischen und Russischen.

Procházka, Rudolf von, * 1864 Prag, † 1936 Prag. Der Statthalterei- bzw. Ministerialrat der Landesregierung für Böhmen war Landesmusikreferent, Musikhistoriker, Gründer und erster Präsident des Kuratoriums der Prager Deutschen Akademie für Musik und darstellende Kunst, Komponist von Opern, Melodramen u. a. und Schriftsteller („Das romantische Musik-Prag", „Der Kammermusikverein Prag", „Mozart in Prag", „Robert Franz"). Er gab auch einen „Abriß der Musikgeschichte" heraus.

Prökl, Vinzenz, * 1803 Hartenberg, † 1887 Eger. Der Stadtarchivar und Museumsleiter in Eger schrieb „Eger und das Egerland", Darstellungen der Geschichte von Elbogen, Karlsbad, Königsberg sowie andere heimatkundliche und volkskundliche Werke. Wertvoll sind die Wappen von Adeligen und Patriziern, die der „Chronist des Egerlandes" für das Egerer Museum malte.

Prokop, * um 1004, † 1053. Der Heilige war Abt des von ihm gebauten Klosters Sazau, wo auch bis ins 12. Jh. slawische Liturgie gepflegt wurde. Prokop, 1204 heiliggesprochen, wurde zum Landespatron Böhmens ernannt. Peter Parler schuf seine Büste für das äußere Triforium im Prager Veitsdom.

Prokop, Dominik, * 1890 Ottendorf bei Braunau, † 1970 Rohr/Niederbayern. 1911 wurde er Benediktiner in Braunau, 1915 Priester und 1927 Abt von Břevnov und Braunau. Nach der Trennung der Klöster 1938 blieb er in Braunau, von wo er 1946 mit seinem Konvent vertrieben wurde. Im Kloster Rohr schuf er eine neue klösterliche Gemeinschaft. 42 Jahre lang war er als Abt tätig. 1969 übergab er sein Amt an P. Virgil Kinzel.

Proksch, Josef, * 1794 Reichenberg, † 1864 Prag. Seit dem 13. Lebensjahr erblindet, wurde er trotzdem ein bedeutender Klavierpädagoge und

Komponist, der Klavierschulen, Kirchenmusiken und Konzerte schrieb. Seine Klavierschule in Reichenberg verlegte er 1830 nach Prag, wo er viele große Musiker ausbildete, auch den tschechischen Nationalkünstler B. Smetana.

Przemysliden. Die Anfänge des böhmischen Herrschergeschlechtes gehen zurück auf sagenhafte Berichte, nach denen sich Libussa mit dem Bauern Przemysl vermählt und so die Dynastie gegründet haben soll. Herzog Borziwoj war der erste, der historisch nachweisbar ist (874 getauft). Der größte des Geschlechtes war Ottokar II. (1253–1278), der sein Reich bedeutend ausweitete. 1306 starben die Przemysliden mit Wenzel III. im Mannesstamm aus.

Puluj, Johann, ∗ 1846 Hrymalow/Galizien, † 1917 Prag. Professor an der Technischen Hochschule in Prag und Erfinder der Pulujschen Röhre. Hofrat Puluj hatte schon vor Röntgen mit X-Strahlen gearbeitet, diesem sein Material zur Verfügung gestellt, was Röntgen in seinen Veröffentlichungen jedoch nicht erwähnte. Puluj übersetzte auch erstmals die Bibel ins Ruthenische. In Wien wurde er mit einer Gedenktafel geehrt, ebenso in Prag-Smíchow. 1971 erschien in London eine Arbeit, in der auf die Erfindung Pulujs hingewiesen wurde.

Pürstein (*Perštejn*), Bezirk Kaaden. Die Geschichte des Dorfes am Südabfall des Erzgebirges hängt eng mit dem Birsenstein zusammen. Diese Burg (seit 1240) im Besitze derer von Schönburg, wurde 1451 von den Saazern geschleift. Den Birsenstein (im Volksmund auch Fürstenstein) und die Ruine der Schönburg suchten Sommerfrischler gern auf. Die Kirche St. Wendelin stammt aus d. J. 1795. Industrie: Posamenten- und Spitzenfabrikation, Kunstseidenzwirnerei, Sägen- und Werkzeugfabriken, Papierwaren- und Schachtelfabrik.
1930: (mit Aubach, Endersgrün, Kleinthal, Reihen und Tschirnitz): 2443 Einw. (31 Tschechen).

Puschwitz (*Buškovice*), Bezirk Podersam. Die Stadtgemeinde geht auf eine Siedlung unter dem Schutz der Veste der Herren von Buschkowitz zurück. Erste Erwähnung 1372. 1501 Vereinigung mit Schönhof. Anfang des 17. Jh. wurde Puschwitz selbständig. Die Kirche Mariä Geburt geht auf einen vorhussitischen Bau zurück. Viehmärkte. Kaolinlager.
1930: 1459 Einw. (175 Tschechen).

Libuša-Sage, Wandgemälde im „Znaimer Heidentempel“

Quaderberg (282 m). Tafelberg 1 km nordöstlich von Tetschen. Gehört zum Quadersandsteingebirge, dessen südlichsten rechtselbischen Vorsprung der Schloßberg bildet.

Qualisch (*Chvaleč*), Bezirk Trautenau. Das Industriedorf an der Grenze wurde von Ottokar II. gegründet. Als der Kohlebergbau erloschen war, folgte Textilindustrie. 1870 wurde das Unternehmen Julius Bendix Söhne (900 mechanische Webstühle, 800 Arbeiter) gegründet.
1930: 1145 Einw. (43 Tschechen).

Quatember, Matthäus, ∗ 1894 Sacherles bei Gratzen, † 1953 Rom. Der Zisterzienser des Stiftes Hohenfurth war Professor an der päpstlichen Universität in Rom, Konsultor der Ritenkongregation, Generalprokurator seines Ordens und ab 1950 Generalabt. Er errichtete das Kloster Poblet bei Barcelona wieder. Auf Wunsch der spanischen Regierung wurde dort Quatembers Leichnam beigesetzt.

Questenberg, Kaspar von, ∗ 1571 Köln, † 1640 Prag. 1612 wurde er Abt des Prämonstratenserklosters Strahow in Prag. Zur Heranbildung des Ordensnachwuchses gründete er 1628 das Prager Collegium Norbertinum.

Quickborn. Der Sudetendeutsche Quickborn, 1920 gegründet, hatte seinen Sitz in Braunau. Der Bund auf katholischer Grundlage forderte Enthaltung von Rausch- und Rauchgiften und strebte die Erneuerung des Menschen an. Der Quickborn arbeitete in den ersten Jahren mit Staffelstein zusammen; ab 1921 machte er sich selbständig.

Quitainer, Andreas Philipp, ∗ 1679 Friedland, † 1729 Prag. Der Barockbildhauer schuf bedeutende Werke: Portal auf dem Heiligen Berg bei Przibram, Plastiken für Schloß Ludwigsburg/Württ., für die Prager Kirchen Johannes von Nepomuk, St. Thomas, Loreto, Strahow, die Mariensäule auf dem Hradschin und die Dreifaltigkeitssäule auf dem Kleinseitner Ring. Auch sein Sohn *Johann Anton* (∗1709 Prag, † 1765 Prag) schuf in Prag zahlreiche Bildhauerarbeiten.

Joseph Graf Radetzky

Quoika, Rudolf, ∗ 1897 Saaz, † 1972 Freising. Der Pädagoge war ein vielseitiger musikalischer Schriftsteller, der das Werk „Die Musik der Deutschen in Böhmen und Mähren" verfaßte. Als Komponist schrieb er Kirchenmusik, Chöre, Orgelmusik, Kammermusik und Kantaten. 1967 wurde er mit dem österreichischen Professorentitel geehrt.

Raab, Julius, ∗ 1891 St. Pölten, † 1964 Wien. Der Ingenieur und Baumeister, dessen Eltern aus dem Altvaterland stammten, vertrat die Christlich-Sozialen im Wiener Nationalrat, wurde 1938 Handels- und Verkehrsminister, 1945 gehörte er zu den Gründern der Österreichischen Volkspartei, war 1951–1960 deren Obmann und wurde 1953 Bundeskanzler (bis 1961). Seinen diplomatischen Bemühungen war es zu danken, daß Österreich seine volle Unabhängigkeit erlangen konnte.

Radbusa (*Radbuza*). 115 km langer Zufluß der

Aus einer Widmung von Josef Rank

Mies in Westböhmen, der bei Ronsperg entspringt, über Bischofteinitz und Staab fließt und bei Pilsen mündet.

Radebeule, auch Radobil. 398 m. Hart neben der Elbe aufragender kegelförmiger und kahler Basaltberg des Böhmischen Mittelgebirges. Im Volksmund hieß der Berg auch Rodebeule; in einer Schenkungsurkunde Karls IV. von 1359 als Rodebeyle bezeichnet.

Radetzky, Joseph Wenzel Graf (eigentlich Radetzky von Radetz), ∗ 1766 Trebnitz/Böhmen, † 1858 Mailand. Er hatte sich bereits in den Koalitionskriegen hervorgetan, ebenso durch seinen Feldzugsplan von 1813. 1831 zum Kommandeur der österreichischen Truppen in Lombardo-Venetien ernannt, war ihm die Sicherung der österreichischen Herrschaft in Oberitalien zu verdanken. 1836 zum Feldmarschall ernannt, war er in den Jahren 1850–1857 Generalgouverneur von Lombardo-Venetien. An den erfolgreichen Heerführer erinnerten viele Denkmäler; das Standbild in Prag wurde nach 1919 beseitigt. Der „Radetzky-Marsch" hält sein Andenken wach.

Radonitz (*Radonice*), Bezirk Kaaden. Das Dorf am Nordabhang des Radonitzer Berges (447 m) erhielt 1514 ein Wappen. Durch Ritter von Vitzthum wurden Stadtmauern mit drei Toren errichtet. Auf dem Marktplatz stehen die Kirche (Maria Geburt), schon 1352 erwähnt, das Rathaus, 1725 als Schloß erbaut, und eine barocke Mariensäule. Braunkohlebergwerk, Zucker- (später Konserven-)fabrik.
1930: 921 Einw. (48 Tschechen).

Radowenzer versteinerter Wald. Eine Sehenswürdigkeit beim Dorfe Radowenz im Bezirk Trautenau ist eine Gruppe versteinerter Baumstämme, entstanden durch Auflösung des aus Kieselsäure bestehenden Quarzsandes durch Sikkerwasser. Josef Blau nennt dieses Bild aus der Geschichte unserer Erde in der Welt einzig dastehend.

Raimund (eigentlich Raimann), **Ferdinand,** ∗ 1790 Wien, † 1836 in Pottenstein/NÖ. Raimund, durch seinen Vater aus Böhmen stammend, war Schauspieler und Theaterleiter in Wien, gleichzeitig Theaterdichter. Mit seinen Volksstücken, Possen, Stegreifspielen, Parodien und Gesangstücken hatte er die größten Erfolge seiner Zeit in Wien. Am bekanntesten sind „Der Alpenkönig und der Menschenfeind" und „Der Verschwender". Raimund gilt als Vorläufer von J. Nestroy.

Ramek, Rudolf, ∗ 1881 Teschen, † 1941 Salzburg. In den Jahren 1919–1921 war der christlichsoziale Politiker in Österreich Staatssekretär für Justiz und für Inneres. Als Bundeskanzler (1924–1926) war er zugleich Innen-, 1926 auch Außenminister. Seit 1923 Obmann der Christlich-Sozialen Partei im Lande Salzburg, wurde er 1930 auch Zweiter Präsident des Nationalrates.

Rank, Josef, ∗ 1816 Friedrichsthal/Böhmerwald, † 1896 Wien. Nach seiner Teilnahme am Frankfurter Parlament 1848 lebte Rank in Deutschland, war in Weimar Zeitungsherausgeber, in Wien Hoftheatersekretär und gemeinsam mit Anzengruber Schriftleiter der Zeitschrift „Heimat". Seine Erzählungen verbinden Unterhaltendes, Belehrendes und volkskundliches Gut („Aus dem Böhmerwalde", „Weißdornblüten", „Aus Dorf und Stadt"). Außer Romanen schrieb er auch noch „Erinnerungen aus meinem Leben".

Raspenau (*Raspenava*), Bezirk Friedland. Das Isergebirgsdorf an der Wittig und am Fuße des Kalkberges (418 m) wird im 14. Jh. genannt. Das Eisenbergwerk und das Hammerwerk waren die Grundlagen für Waffen und Kriegsgerät, die Wallenstein hier herstellen ließ. Die Kirche Mariä

Himmelfahrt wird 1346 als zur Diözese Meißen gehörend genannt. Die Pfarre war 1534–1624 lutherisch. Der jetzige Kirchenbau stammt aus dem Jahre 1906. Industrie: Mechanische Weberei, Baumwollreißerei, Streichgarnspinnerei, Kunststein- und Edelputzwerke, Marmor- und Kalkbrüche. 1930 (mit Ferdinandsthal): 2117 Einw. (111 Tschechen).

Rautenstrauch, Franz Stephan, ∗ 1734 Blottendorf bei Böhmisch Leipa, † 1785 Erlau/Ungarn. Der Abt von Břewnow-Braunau (seit 1773) und Professor für Philosophie, Theologie und Kirchenrecht war Direktor der Theol. Fakultäten Prag und Wien. Er gilt als der Mitbegründer des neuzeitlichen Bibliothekswesens in Österreich und als Organisator der Theresianisch-Josephinischen Studienreform. Er verfaßte zahlreiche wissenschaftliche Werke.

Recht s.: Bergrecht. Rolandsäulen. Stadtrecht. Heimatrecht.

Redlich, Joseph, ∗ 1869 Göding, † 1936 Wien. Der ausgezeichnete Kenner der englischen Verfassung war Mitglied des österreichischen Abgeordnetenhauses und des Mährischen Landtags (Deutsche Fortschrittspartei) und 1918, 1926 wiederum, österreichischer Finanzminister. 1926 hatte er einen Ruf für den Lehrstuhl der vergleichenden Rechtsgeschichte an der Harvard-Universität erhalten. Er verfaßte „Das österreichische Staats- und Rechtsproblem“ und andere Bücher. Nach Gründung der Tschechoslowakei hatte sich Masaryk vergeblich um Redlich als Finanzminister bemüht.

Regnart, Jakob, ∗ um 1540 Douai/Flandern, † 1599 Prag. Der Sammler von Kunst- und Volksliedern kommt 1580 als Kapellmeister an den Prager Hof Kaiser Rudolfs II. Er komponierte Messen, Motetten, Kanzonen und geistliche Lieder. Er dichtete Lieder, die er auch herausgab. Mit Regnart beginnt eine neue Epoche des deutschen Kunstliedes.

Rehorngebirge (*Rýchory*), der südöstliche Teil des Riesengebirges mit dem Höfelbusch 1033 m. Auf dem über 1000 m hohen Gebirgszug Wiesen mit interessanter Flora.

Reich, Moritz, ∗ 1831 Rokitnitz, † 1859 Groß Stiebnitz. Seit 1853 meist in Wien lebend, trat er als Erzähler hervor, dessen besondere Stärke seine Dorfgeschichten waren. Sein Freund Alfred Meißner gab Werke aus Reichs Nachlaß heraus. In der „Bibliothek deutscher Schriftsteller aus Böhmen“ erschien ein Band mit Biographie und Ausgewählten Werken Reichs, der sein Leben durch Selbstmord beendet hatte.

Reicha, Anton, ∗ 1770 Prag, † 1836 Paris. Zu seiner Zeit war Reicha einer der berühmtesten böhmischen Musiker. Er lebte in Bonn, war hier mit Beethoven befreundet, Hamburg, Wien und Paris, wo er seit 1818 Professor am Konservatorium war. Liszt und Gounod waren seine Schüler. Ein Jahr vor seinem Tod wurde der Komponist und Musikpädagoge Mitglied der Académie française. Er hinterließ über 100 Kompositionen und musiktheoretische Schriften.

Reichenau (*Rychnov*), Bezirk Gablonz. Die Stadt, seit 1361 bezeugt, ist wahrscheinlich eine Gründung des Zisterzienserklosters Münchengrätz. Die Kirche St. Wenzel bestand schon 1407. Während der Reformationszeit war sie lutherisch. Die Kirche, ursprünglich ein Holzbau, wurde im 18. Jh. im Barockstil erneuert. Reichenau war bekannt durch die Schmuckindustrie (29 große Betriebe, in der Umgebung ebenfalls viele), durch die Bildermalerei (Ölbilder für den Export), durch Kunsthorn- und Holzperlenerzeugung. 1930: 3272 Einw. (319 Tschechen).

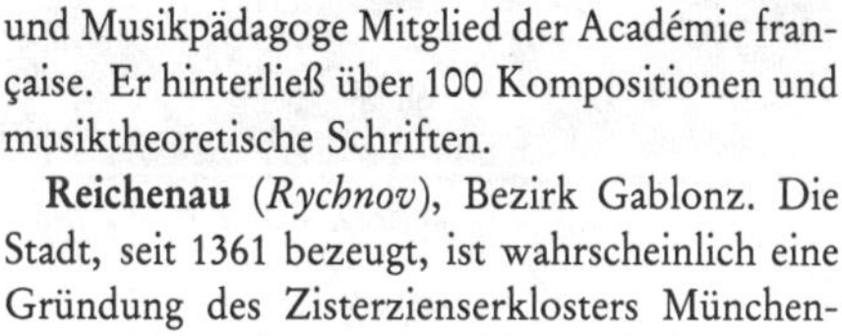

Reichenau

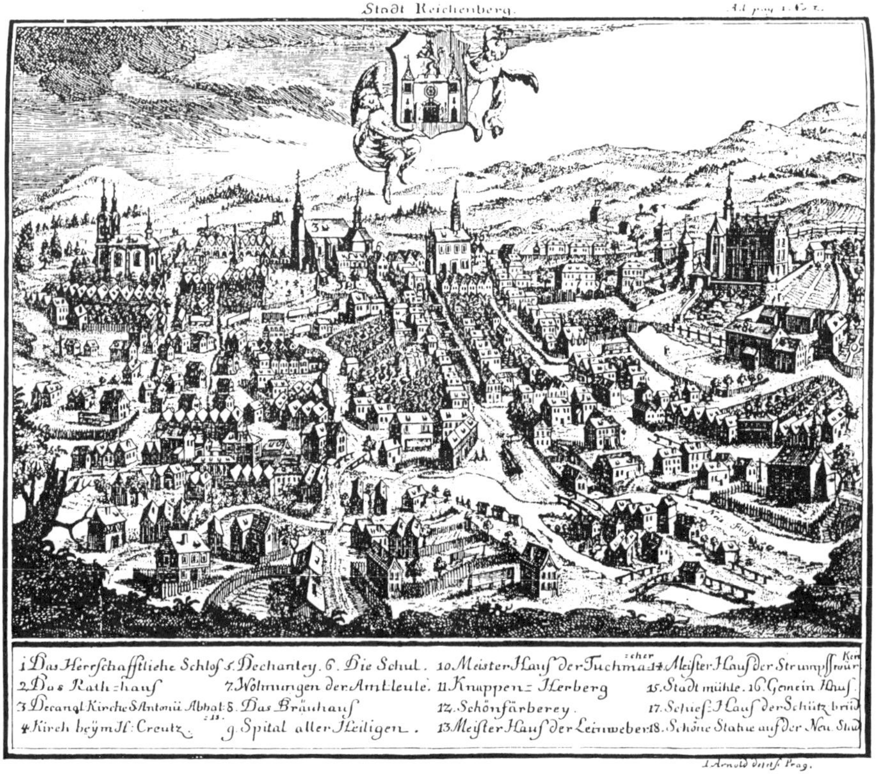

Reichenberg (1763)

Reichenberg (*Liberec*), (340–413 m), bedeutendste deutsche Stadt der ehemaligen Tschechoslowakei, liegt am Fuße des Jeschken (1010 m) und wird 1352 als Reychinberch erwähnt. Besitzer waren die Biberstein, die Redern, Wallenstein, Gallas und Clam-Gallas. 1577 Stadterhebung. Bereits im 18. Jh. beginnt der wirtschaftliche Aufschwung, der schließlich Reichenberg zur nordböhmischen Metropole macht. Den Aufstieg verdankt es vor allem der bis ins Mittelalter zurückreichenden Tuchmacherei. Die bedeutendste Stadt der Sudetendeutschen hatte ein eigenes Statut. Im November und Dezember 1918 Sitz der vorläufigen Landesversammlung und -regierung Deutschböhmens. Am 16. Dezember 1918 kamen die tschechischen Besetzer. 1938–1945 war Reichenberg Hauptstadt des Reichsgaues Sudetenland.

Aus dem 17. Jh. stammen die Erzdekanal- und die Kreuzkirche. Vor dem Rathaus (1893, Neorenaissance) steht der von Franz Metzner 1927 geschaffene Brunnen. Das Theater wurde 1883 erbaut. Das Schloß (Clam-Gallas) hat eine kunstvolle Schloßkapelle (1604–1606). Das Nordböhmische Gewerbemuseum, weit über die Grenzen angesehen, wurde 1873 gegründet und erhielt 1897 ein eigenes Gebäude, in dem die zahlreichen Sondersammlungen untergebracht werden konnten (Glas, Porzellan, Textilien, Steingut und Fayence, Möbel, Eisenarbeiten und andere kunstgewerbliche Gegenstände. Die Städtische Gemäldegalerie war eine Stiftung des Industriellen Liebieg.

Ein geistiges Zentrum bildete die Bücherei der Deutschen mit über 120000 Bänden; sie wurde seit 1923 aufgebaut und sollte die Nationalbibliothek der Sudetendeutschen werden. Reichenberg besaß ein naturwissenschaftliches und ortsgeschichtliches Museum, eine Handels- und Gewerbekammer (seit 1851, 1900 Errichtung eines eigenen Gebäudes), einen botanischen Garten und einen Zoo. Die von der Stadtgemeinde betriebene Staßenbahn verkehrte bis Röchlitz, Rosenthal und Oberhanichen. Der 1915 errichtete Bau des Krematoriums war der erste Böhmens und der Monarchie; erste Feuerbestattung 1918. Reichenberg hatte noch viele andere bemerkenswerte Bauten und Kunstdenkmäler; von den Denkmälern seien genannt: die 1719 aufgestellte prächtige Mariensäule, ein Denkmal und ein Gedenkstein für Kaiser Joseph II., Denkmäler für Friedrich von Schiller, Theodor Körner, Friedrich Ludwig Jahn, Franz von Liebieg, mehrere Kriegerdenkmäler.

Reichenberg war Sitz vieler Vereinigungen der Kunst, Wissenschaft, Bildung und Wirtschaft, so der Gesellschaft für deutsche Volksbildung, der Deutschen Wissenschaftlichen Gesellschaft, der Anstalt für sudetendeutsche Heimatforschung, des Metznerbundes, des Reichsverbandes der deutschen Mittelschullehrer, des Deutschen Lehrerbundes und der Deutschen Landeskommission für Kinderschutz und Jugendfürsorge. Viele Schulen sorgten für die Ausbildung der Jugend, wie Gymnasium, Realschulen, Handelsakademie, Lehrerbildungsanstalt, Handelsschule, Fachschule für Textilindustrie, Staatsgewerbeschule u. a.

Einen hohen Rang nahm die jedes Jahr im August stattfindende Reichenberger Messe ein. An wirtschaftlichen Unternehmen verschiedenster Art war die Stadt sehr reich. Sehr wichtig war die Textilindustrie; sie beschäftigte viele Menschen (so hatten die Schafwollwarenfabriken Johann Liebieg 5000, Franz Liebieg 2000 und C. Neumann 1000 Beschäftigte). Die Johann Liebieg & Co. AG bildete einen eigenen Stadtteil. Bedeutend waren die Metall-, Möbel- und Lederindustrie, das graphische Gewerbe (die Buch- und Steindruckerei, graph. Kunst- und Verlagsanstalt Gebrüder Stiepel mit 500 Arbeitern), die Holzbearbeitung und etwa 60 Unternehmen der Nahrungsmittelindustrie. Außerdem gab es Banken und Kreditinstitute.

In Reichenberg hatten auch Wirtschaftsverbände ihren Sitz: Verein der nordböhmischen Schaf-

Wappen der Stadt Reichenberg (1577)

woll- und Baumwoll-Streichgarnspinner, Allgemeiner deutscher Textilverband, Vereinigung der Vigognespinnereien, mehrere Fachgruppen des Allgemeinen deutschen Textilverbandes, Deutscher Wasserwirtschaftsverband in der Tschechoslowakischen Republik usw. In den wirtschaftlichen Bereich Reichenbergs waren auch die Industrieorte Altharzdorf, Alt- und Neupaulsdorf, Franzensdorf, Johannesthal, Maffersdorf, Oberrosenthal, Röchlitz, Rosenthal und Ruppersdorf einbezogen.

Reichenberg brachte viele große Persönlichkeiten hervor. Eine Auswahl: die Wissenschaftler Gustav und Hermann Aubin, Wilhelm Gärtner und Heinrich Herkner; die Schriftsteller Franz Karl Ginzkey und Josef Schiller; die Musiker und Komponisten Christoph Demantius, Joseph Proksch, Camillo Horn und Edmund Nick; der Tänzer Harald Kreutzberg.

Reichenberg hatte (1930) 3072 Häuser und 38568 Einwohner (30023 Deutsche, 6314 Tschechen, 1924 Ausländer, 307 andere; davon waren: 200 Juden, 51 Russen, 11 Polen, 26 Ungarn). Der Konfession nach waren es 30285 Katholiken, 3294 Evangelische, 2338 Konfessionslose, 1392 Israeliten, 889 Angehörige der Tschechoslowakischen Kirche und 370 andere, davon 194 Altkatholiken, 64 Griechisch-Katholische, 33 Orthodoxe.

Rathaus in Reichenberg

Reichenberger, Emanuel, * 1888 Vilseck bei Amberg/Opf., † 1966 Wien. In Leitmeritz ließ sich Reichenberger, der durch seinen Vater aus Haslau bei Asch stammte, zum Priester weihen. Als Seelsorger gründete er den „Volksbund der deutschen Katholiken“, den er in Reichenberg leitete. 1938 emigrierte er über England in die USA. Dort setzte er sich für das deutsche Volk ein, besonders wandte er sich gegen die Vertreibung. Um die Not in Deutschland zu lindern, rief er ein Hilfswerk ins Leben. Seine Reden, die er nach seiner Ankunft im Restdeutschland hielt, waren für viele ein erstes positives Zeichen und eine Bekräftigung für das auch Heimatvertriebenen zustehende Recht. Reichenberger, der das Ehrendoktorat der Universität Graz erhalten hatte, schrieb die Bücher „Ostdeutsche Passion“, „Fahrt durch besiegtes Land“, „Wider Willkür und Machtrausch“ und „Besuch bei armen Brüdern“.

Reichsbund der deutschen katholischen Jugend, Gründung 1920, Sitz Reichenberg. Er hatte sich das Ziel gesetzt, die Vereine der männlichen erwerbstätigen deutschen katholischen Jugend im Staatsgebiet zu einem Gesamtverband zusammenzufassen zur Wahrung und Förderung ihrer gemeinsamen religiösen, sozialen, nationalen, wirtschaftlichen und gesundheitlichen Interessen. Der Bund, der die jungen Menschen zu lebendigem, praktischem Christentum und zur Erneuerung der Volksgemeinschaft im Geiste Christi hinführen wollte, war in Diözesanverbände, Gau- und Bezirksverbände gegliedert. Bundespräses war Dr. Josef Kraft, Olmütz, Bundesobmann Richard Hackenberg, Freudenthal, Bundessekretär Heinrich Schubert, Niemes. Die Bildungsarbeit versah P. Edilbert Telgmann. Es waren tätig in der Arbeiterjugendbildung Hans Schütz, in der Handwerkerjugendbildung Richard Hackenberg, in der Genossenschaftsbildung Heinrich Schubert, im Theater- und Unterhaltungswesen Josef Wolf und der Dichter Dietzenschmidt. Der Bund hatte Erholungsheime in Zinnwald und Lindenau und gab neben verschiedenen Schriften zwei Zeitschriften heraus.

Reichstadt (*Zákupy*), Bezirk Böhmisch Leipa. 1378 als Richinstat genannt, wird es 1422 von den Hussiten eingenommen und von Kaiser Rudolf II. mit Stadtrechten begabt. 1805 kam Reichstadt an die toskanische Nebenlinie der Habsburger, 1818 hatte Napoleons Sohn den Titel eines Herzogs von Reichstadt erhalten, 1847 kam es an die habsburgische Hauptlinie. 1876 treffen sich im Schloß Kaiser Franz Joseph und der russische Zar. Das Schloß, in dessen Kapelle die heimliche Trauung Franz Ferdinands mit der Gräfin Chotek stattfand, gehörte bis 1918 dem Kaiserhaus. In Reichstadt bestand eine Deutsche Höhere Forstlehranstalt. Industrie: Papierverarbeitung, Obstverwertung.
1930: 1945 Einw. (359 Tschechen).

Schloß Reichstadt

Sühnteich in Reihwiesen

Reihwiesen (*Rejvíz*), Bezirk Freiwaldau. Das höchstgelegene Pfarrdorf Sudetenschlesiens (758 m) war eine rings von ausgedehnten Wäldern eingeschlossene Sommerfrische und ein Wintersportort. Im nahen 219 ha großen Moosebruch, in dem Sumpfkiefern, Moosbeeren, Sumpfporst, Sonnentau und Sumpfheidelbeere wachsen, liegt der sagenumwobene Seeteich, auch Sühnteich genannt.
1930: 351 Einw. (6 Tschechen).

Reimann, Augustin, * 1899 Deutsch Wernersdorf bei Braunau, † 1970 Würzburg. Der Redemptoristenpriester war Seelsorger in Karlsbad, von 1936–1946 auch Provinzial seines Ordens; dieses Amt versah er nach der Vertreibung auch in Wien. Als Rektor des Klosters Steterburg und später in Würzburg konnte er viel für die Vertriebenen tun. Der beliebte und humorvolle Volkspriester schrieb Bücher wie „Heilige und Scheinheilige", „Gespräche am Krankenbett", ferner Biographien über Clemens M. Hofbauer und Johann N. Neumann. Das Sudetendeutsche Priesterwerk gab 1971 seine Lebensbeschreibung heraus.

Reiner, Wenzel Lorenz, * 1686 Prag, † 1743 Prag. Er hatte sich an der italienischen und niederländischen Kunst gebildet und war einer der größten Barockmaler Böhmens, der auch gewalti-

Reitendorfer Pfarrkirche

ge Fresken schuf („Letztes Gericht“ in der Kreuzherrenkirche und „Gigantensturz“ im Czerninpalais in Prag). Außer in Prag wirkte er in Ossegg, Dux und anderen Orten Böhmens, in Österreich und Schlesien für Kirchen, Schlösser und Klöster.

Reischdorf s. Preßnitz

Reitenberger, Karl Kaspar, ⁎ 1779 Neumarkt bei Tepl, † 1860 Stift Wilten bei Innsbruck. Als Abt des Prämonstratenserstiftes Tepl gründete und förderte er den Kurort Marienbad. Verkennung und Verleumdung ließen ihn 1827 resignieren. Er ging nach Wilten und sah sein Kloster und sein Marienbad nicht mehr. Abt Helmer ließ seine sterblichen Überreste nach Marienbad und später nach Tepl bringen.

Reitendorf (*Rapotín*), Bezirk Mährisch Schönberg. Das Dorf an der Teß entstand im 13. Jh. Die Kirche war in der Reformationszeit lutherisch. Ein Graf Zierotin hatte die Glashütte in Annaberg gegründet; von dort kam sie am Anfang des 19. Jh. nach Reitendorf. 1857 ging das Unternehmen an Josef Schreiber, der das Werk vergrößerte. Es hatte (um 1930) etwa 350 Arbeiter. Niederlassungen gab es noch an anderen Orten Mährens und der Slowakei (insgesamt etwa 1250 Beschäftigte). Mit Ludwigsthal 1930: 2965 Einw. (258 Tschechen). Es gab eine altkatholische Gemeinde mit 306 Mitgliedern. Nach dem Anschluß des Sudetenlandes mit Weikersdorf und Petersdorf zusammengeschlossen zum längsten Reihendorf Nordmährens (1939: 6996 Einw.).

Reitter, Edmund, ⁎ 1845 Müglitz, † 1920 Paskau bei Mistek, war wohl der bedeutendste Entomologe seiner Zeit, der auch große Beachtung als Fachschriftsteller fand. In Paskau begründete er ein Entomologisches Institut, das sein Sohn *Emmerich* (1880–1945) nach Troppau verlegte (1921). Dessen Sohn *Ewald* (1913–1977) baute das Institut in München wieder auf.

Reitzner, Richard, ⁎ 1893 Einsiedel bei Marienbad, † 1962 Haar bei München. Der Lehrer und Sozialdemokrat Reitzner betätigte sich aktiv in der Arbeitersportinternationale. Von 1938–1946 lebte er in der Emigration in England. In Bayern konnte er als stellvertretender Staatssekretär für das Flüchtlingswesen vielen Vertriebenen helfen. 1948 wurde er stellvertretender Landesvorsitzender der SPD, 1949 Mitglied des Deutschen Bundestages, dem er bis zu seinem Tode angehörte.
Er war einer der Schöpfer der Arbeitsgemeinschaft zur Wahrung sudetendeutscher Interessen, des späteren Sudetendeutschen Rates; in der Bundestagsfraktion der SPD Vorsitzender des Arbeitskreises Heimatvertriebene und Flüchtlinge. 1950 gründete er die Seliger-Gemeinde, die Gesinnungsgemeinschaft der sudetendeutschen Sozialdemokraten. Über seine Partei hinaus stand Reitzner im Dienste der Sache und auch aus

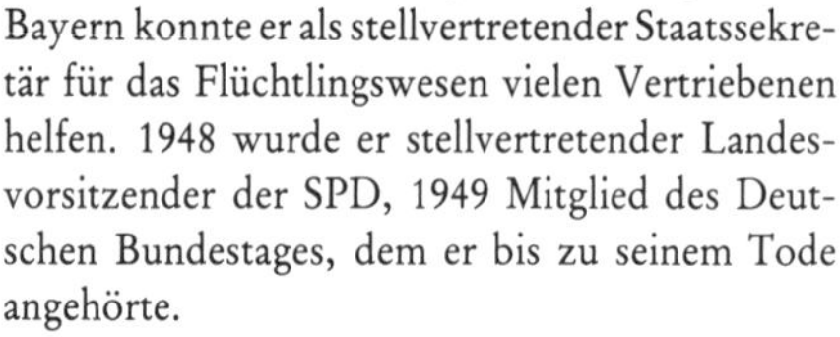

Ortswappen aus dem Teßtal

persönlichen Gründen stets in einem sehr guten Verhältnis zu Mitarbeitern und Kollegen anderer Parteien. In der Bundesgesetzgebung wird Reitzner als „Vater des Fremdrentengesetzes" weiterleben.

Remiger, Johannes, ∗ 1879 Weshorsch bei Mies, † 1959 Gauting bei München. Der Egerländer hatte in Rom studiert, wurde Religionsprofessor in Mies, 1928 Mitglied des Prager Domkapitels und 1930 Weihbischof der Erzdiözese Prag. Nach eineinhalbjähriger Internierung durch die Tschechen kam Weihbischof Dr. Remiger nach Bayern; in Buchendorf arbeitete er in der Seelsorge und stand stets für die Vertriebenen zur Verfügung. Der Bischof der Vertriebenen wurde 1955 vom Heiligen Vater zum päpstlichen Thronassistenten ernannt. 1964 gab Walter Doskocil ein Buch über diesen bescheidenen und gütigen Priester heraus.

Renner, Josef, ∗ 1892 Oberhohenelbe, † 1981 Kempten. In der christlichen Gewerkschaftsbewegung in Nordostböhmen galt Renner als guter Organisator. Er vertrat sie auch in der Reichsparteileitung der Deutschen Christlich-Sozialen Volkspartei. 1938 wurden die Gewerkschaften aufgelöst, 1942 wurde er verhaftet. In Kempten begann er im Dienste an seinen Landsleuten 1947 mit einem ersten Heimatbrief. Als Herausgeber der Zeitschrift „Riesengebirgsheimat" und als Verleger heimatlichen Schrifttums wird Renner, der auch Träger des päpstlichen Ordens „Pro ecclesia et pontifice" war, vielen in Erinnerung bleiben.

Renner, Karl, ∗ 1870 Unter Tannowitz bei Nikolsburg, † 1950 Wien. Der Politiker Renner war 1918/1919 Leiter der österreichischen Staatskanzlei, 1919/1920 Staatskanzler und als Staatssekretär für Äußeres Leiter der österreichischen Friedensdelegation. In der Folge war er Mitglied, zeitweise auch Präsident, des Nationalrates und kam 1934 vorübergehend in Haft. Nach Kriegsende setzte er sich mit Erfolg für die Schaffung der Republik Österreich ein, ebenso für die Neugründung der SPÖ. Von Dezember 1945 bis zu seinem Tode versah er das Amt des Bundespräsidenten. Renner veröffentlichte schöngeistige Werke, politische Schriften und Erinnerungen („An der Wende zweier Zeiten").

Reschener Wasserfall

Reschener Wasserfall (*Rešovské vodopády*), 5 km südwestlich von Römerstadt in einem von steilen Felsmassen begrenzten Tal die bedeutendsten Wasserfälle (20 m hoch) im mährischen Gesenke. Die romantische Gegend ist ein Anziehungspunkt für Wanderer.

Resinarius, Balthasar (eigentlich Harzer), ∗ 1486 Tetschen, † 1546 Böhmisch Leipa. Seine musikalische Ausbildung erhielt er als Sängerknabe und Schüler bei Heinrich Isaac. 1534 wurde er evangelischer Pfarrer in Böhmisch Leipa. Resinarius, nach H. Moser einer der besten Komponisten des Frühprotestantismus, schrieb Responsorien und Motetten.

Josef Ressel

Ressel, Josef, ∗ 1793 Chrudim, † 1857 Laibach. Sein Vater, gebürtig aus Heinersdorf bei Friedland, war Mauteinnehmer in Chrudim. Josef Ressel war Marinebeamter und fertigte bereits 1812 einen Entwurf für eine Schiffsschraube. Die Probefahrt 1829 im Hafen von Triest mißglückte, weil ein Dampfrohr platzte. Die Polizei verbot ihm daraufhin weitere Versuche; so fand seine Erfindung keine unmittelbare Verwendung. Die Idee wurde von den Engländern verwertet und mit größtem Erfolg eingesetzt. 1850 war die Schiffsschraube bereits eingeführt, Ressel hingegen vergessen. Sein Denkmal steht vor der Technischen Hochschule in Wien.

Richter, Franz Xaver, ∗ 1709 Holleschau/Mähren, † 1789 Straßburg. Seit 1747 Geiger in der Mannheimer Hofkapelle, neben und nach Stamitz Hauptvertreter der Mannheimer Schule. In dieser Zeit komponierte er Instrumentalmusik, während er als Kapellmeister am Straßburger Münster (seit 1769) sich mehr der kirchlichen Komposition widmete. Sein Oratorium „Duplex judicium" wurde 1968, nachdem es erst kurz vorher entdeckt worden war, in der Klosterkirche Ettal, wo Richter auch eine Zeit lang gewirkt hatte, aufgeführt.

Richter, Ludwig, ∗ 1803 Dresden, † 1884 Dresden. Der Maler und Zeichner ist ein früher Entdecker der böhmischen Landschaft. Er schuf zahlreiche Blätter im Böhmischen Mittelgebirge, im Erz- und Riesengebirge. Am bekanntesten ist sein Bild „Überfahrt am Schreckenstein", ebenso seine Zeichnungen von der sog. Bettelmannkirche in Graupen, die Wallfahrt in Mariaschein, der Milleschauer, die Teiche im Riesengebirge u. v. a. Richter, einer der populärsten Künstler, hat auch viele Märchen illustriert. In diesen Bildern kann man oft Motive aus unserer Heimat entdecken.

Ried, Benedikt, ∗ um 1454 Piesting/NÖ, † 1534 Prag. Der Architekt zwischen Gotik und Renaissance war führender Baumeister am Prager Hof König Wladislaws II.; für diesen baute er den Wladislaw-Saal auf der Prager Burg, eine technisch großartige Leistung, und das Wladislawsche Oratorium im Veitsdom. Der 1502 vollendete Palast auf dem Hradschin wurde 1541 eingeäschert. Ein Meisterwerk ist die Barbarakirche in Kuttenberg mit bemerkenswertem Netzgewölbe.

Rieger, Franz. Gründer einer Orgelbauanstalt in Jägerndorf (1845). 1924 wurde Josef Glatter-Götz Besitzer. Er beschäftigte 170 Arbeiter und Beamte und errichtete Filialen in Wiener Neustadt, Budapest, Mocker und Kattwitz. Aus dem Werk gingen Orgeln hervor für das Prager Konservatorium (98 Register), Kloster Ossegg (76 Register), evangelische Kirche in Preßburg (69

Ludwig Richter: Überfahrt am Schreckenstein

Register) und den Prager Rundfunk (64 Register). Das Unternehmen war schon in der Monarchie führend. Die Firma arbeitet nach der Enteignung in Schwarzbach/Vorarlberg.

Rieger, Fritz, ∗ 1910 Oberaltstadt bei Trautenau, † 1978 Bonn. Rieger begann als Kapellmeister am Deutschen Theater in Prag (1931–1938), kam als Opernchef an das Stadttheater Aussig (1938–1941), darauf nach Bremen und Mannheim. Seit 1949 war er künstlerischer Leiter der Philharmoniker in München, vorübergehend auch Dirigent des Symphonieorchesters in Melbourne. Er war auch regelmäßiger Gastdirigent der Staatsoper in München.

Riesengebirge (*Krkonoše*). Der höchste Teil der Sudeten, ungefähr 40 km lang und 24 km breit, verläuft in 2 parallelen Zügen, einem südlichen in Böhmen und einem nördlichen Kamm jenseits der Grenze. Die höchste Erhebung ist die Schneekoppe (1605 m), es folgen Brunnberg (Brandkoppe) (1560 m), Brunnberg (Hochwiesenberg) (1555 m) und Hohes Rad (1508 m). Nach Norden fällt das Gebirge steil zum Hirschberger Tal ab, nach Süden ist der Abfall sanft. Der Böhmische Kamm wird gebildet aus einer westlichen und einer östlichen Hälfte, nämlich dem Krkonosch und dem Ziegenrücken.
Geologisch besteht das Gebirge in der Hauptsache aus Granit und bildet dadurch mit dem Isergebirge eine geologische Einheit; daneben Gneis, Glimmerschiefer und Basalte, an einzelnen Stellen auch Sandstein. Flora und Fauna entsprechen teilweise anderen Hochgebirgsregionen. Auch die Moore weisen eigentümliche Tiere und Pflanzen auf. Tiefe Täler haben die hier entspringenden Flüsse eingeschnitten: die Elbe, die Kleine und die Große Aupa. Das Riesengebirge bildet die Wasserscheide zwischen Elbe und Oder. Während in südlicher Richtung Elbe, Weißwasser, Große und Kleine Aupa fließen, strömen der Große Zacken, Lomnitz und Bober nach Norden der Oder entgegen. Moränen bei Petzer und im Aupa-Tal

Caspar David Friedrich: Riesengebirgslandschaft

weisen darauf hin, daß sich im Diluvium von den vereisten Höhen Gletscher herabbewegten.
Die Besiedlung erfolgte von Schlesien aus. Schon frühzeitig entwickelten sich im südlichen Vorland Waldhufendörfer. In späterer Zeit entstanden in höheren Lagen Streusiedlungen und Baudendörfer. Ostfränkische Bauern haben im Riesengebirge ein gewaltiges Rodungswerk vollbracht.
Die Bewohner charakterisiert Alois Tippelt so: „Der Riesengebirgler als solcher ist ein mittelgroßer, kräftiger und genügsamer Menschenschlag mit trefflichen Charaktereigenschaften, fleißig, bescheiden und gutmütig. Sein Gemüt wurde stark durch die Natur beeinflußt. Die Unbilden des Wetters, die monatelang dauernde Abgeschlossenheit über den Winter, die wuchtigen Berge ließen ihn zu einem ernsten, mehr verschlossenen Menschen reifen, der trotzdem Freundschaft und Gesellschaft zu lieben versteht. Der stete Kampf mit der Natur, der harte Daseinskampf machten ihn selbstsicher und geben ihm ein sicheres Auftreten, sein Urteil ist nüchtern. Die Bergeinsamkeit führte ihn zu inniger Frömmigkeit und Gottvertrauen. In seiner Ausdrucksweise ist der Gebirgler oft schwerfällig. Mit zunehmender Entfernung vom Gebirge verblassen jedoch die typischen Merkmale des echten Riesengebirglers."

Rainer Maria Rilke

Die Bauden, eine Besonderheit im Riesengebirge, waren zunächst Unterkünfte für den Weidebetrieb, die sogenannten Sommerbauden. Mit der Einschränkung der Viehhaltung verloren sie den ursprünglichen Zweck mehr und mehr und wurden nun für den Fremdenverkehr genutzt. Sommerfrischler, Wanderer und Wintersportler wurden zu einem Wirtschaftsfaktor. Die Erträgnisse aus der Landwirtschaft waren gering, wenn auch die würzigen Gebirgskräuter Milch, Käse und Butter von bester Qualität bedingten. Eine Spezialität war der Koppenkäse, der mit der Kraxe zu Tal getragen wurde. Viele Männer fanden im Wald Beschäftigung, ebenso in der Heimindustrie; sie fertigten Haushaltsgegenstände, Schnitzereien, auch Rübezahlgestalten. Andere gingen in die Städte hinab und arbeiteten in den Textil- und Papierfabriken; für diese lieferte der Wald den Rohstoff.

Reich entwickelt haben sich im Riesengebirge die Sagen in ihrer ganzen Vielfalt; meistens haben sie den Berggeist Rübezahl und Gestalten aus dem Bergmannsleben zum Inhalt. Vielfältig waren die Äußerungen eines formenreichen Brauchtums, das leider nicht so gründlich erforscht war wie das anderer sudetendeutscher Landschaften.

Riesengebirgslied in 3 Strophen, 1912 von Othmar Fiebiger aus Altenbuch bei Trautenau gedichtet und von Vinzenz Hampel aus Mastig bei Arnau vertont. Das Lied wurde nach der Vertreibung Allgemeingut der Sudetendeutschen. Es war zuerst in der Mundart des Riesengebirges niedergeschrieben.

Rietsch, Heinrich, ∗ 1860 Falkenau, † 1927 Prag. Rietsch war Professor der Musikwissenschaft und Vorstand des neugegründeten Musikwissenschaftlichen Instituts der Deutschen Universität in Prag. Der Mitarbeiter am Sammelwerk „Denkmäler der Tonkunst in Österreich" veröffentlichte musiktheoretische und musikgeschichtliche Werke. Als Komponist schuf er Kammermusik, Chöre, Lieder, Klavierstücke und die Oper „Walter von der Vogelweide".

Rilke, Rainer Maria, ∗ 1875 Prag, † 1926 Val Mont bei Montreux. Der Vater stammte aus nordböhmischem Bauerngeschlecht, die Mutter aus einer Prager Bürgerfamilie. Zum Offizier bestimmt, kam er an Militärschulen in St. Pölten und Mährisch Weißkirchen, erwies sich als zu sensibel, ging an die Handelsakademie in Linz und studierte Kunst- und Literaturgeschichte in Prag. Frei von jedem Berufsdenken machte er Reisen, lebte in Worpswede, wo er C. Westhoff heiratete, in Paris, wo er bei Rodin Privatsekretär war, und schließlich in der Schweiz, zuletzt im Schloß Muzot. Der an Leukämie gestorbene Dichter liegt an der Bergkirche von Raron bestattet.

In seinen Anfangswerken, Gedichten, Dramen und Erzählungen ganz dem Stil der damaligen Zeit verhaftet, entfaltete er sich später zu einer individuellen Dichterpersönlichkeit. In der Anwendung eines neuen „plastisch-sachlichen und malerisch-intensiven Stils" entstehen „Das Stundenbuch“ und „Das Buch der Bilder“. Auf eine angebliche alte Familienüberlieferung geht er zurück in der zyklischen Prosadichtung „Die Weise von Liebe und Tod des Cornets Christoph Rilke“. Während seines unsteten Wanderlebens entstanden in Paris „Die Aufzeichnungen des Malte Laurids Brigge“, auf Schloß Duino bei Triest die ersten „Duineser Elegien“, in denen er seiner Existenzkrise, seiner Angst und Verzweiflung Ausdruck zu geben versucht, in denen er aber auch die „neue Mythologie“ entwickelt und übersinnliche Gestalten einführt. In dieser Linie entwickeln sich auch die „Sonette an Orpheus“, in denen sich positive Gedanken entwickeln und die von vielen als der Gipfel seines gesamten Schaffens angesehen werden.

Rilke wurde zum bedeutendsten Dichter deutscher Sprache in seiner Epoche. Er war geprägt „von der dämmernden Zwielichtigkeit seiner Prager Heimat, dem Erlebnis Rußlands und der melodischen Weichheit der slawischen Sprachen, vom französischen Symbolismus und der Formstrenge der bildenden Kunst besonders Rodins“ (G. von Wilpert). Als Übersetzer leistete Rilke ebenfalls Großes: Er übertrug L. Labé, Michelangelo, Mallarmé, Verlaine, A. Gide, E. Barrett-Browning, P. Valéry, Jens Peter Jacobsen u. a. in meisterhafter Form.

Die Auflagen seiner Dichtungen sind erheblich, die Literatur über ihn und seine Werke ist kaum zu überblicken. Die Interpreten und Literaturhistoriker finden immer neue Ansatzpunkte bei Rilke, um der Flut von Sekundärliteratur immer Neues hinzuzufügen.

Ringhoffer, Franz von, * 1817 Prag, † 1873 Prag-Smichow. Nach dem Tod seines Vaters Josef übernahm er die Ringhoffer-Werke, verlegte sie in die Neustadt Prags und erweiterte ihre Produktion, gründete eine Eisenbahnwaggonfabrik, eine Gießerei und Brauerei. 1854 richtete er eine Krankenkasse ein, 1870 einen Arbeiterpensionsfond. Ringhoffer war Bürgermeister der Stadt Smichow (1861–1865) und Abgeordneter des Böhmischen Landtags (1864–1873). 1872 erfolgte seine Erhebung in den erblichen Freiherrenstand. Das Unternehmen wurde zu einem der größten im Staat.

Ringhoffer, Josef, * 1785 Prag, † 1847 Prag. Der Industrielle übernahm von seinem Vater Franz R. († 1827) die 1771 gegründeten Kupferwerke in der Prager Altstadt. Er verlegte sich auf die Erzeugung von Spezialmaschinen für Zuckerfabriken. Außerdem hatte er einen Kupferhammer bei Kamenitz (bei Eule) errichtet. Sein Sohn Franz führte das Werk, das 1843 das Privileg zur Erzeugung aller Kupferwaren erhalten hatte, weiter.

Rint, Johann, * 1815 Kukus, † 1876 Linz. Der Bildschnitzer Rint war Autodidakt, wurde in Linz durch Adalbert Stifter gefördert und erlangte hohes Ansehen durch Werke wie Reliefs für die Münchener Bonifatiusbasilika, die Valentinskirche in Untermais, das Stift Kremsmünster (Leben Tassilos), für das Stift St. Florian (Kreuzweg), für Schloß Ambras (Einzug Radetzkys in Mailand), vor allem aber durch die Restaurierung des Flügelaltars zu Kefermarkt.

Ritschel, Georg, * 1616 Deutschkahn bei

Aussig, † 1683 Hexham/England. Aus Glaubensgründen emigrierte Ritschel in die Niederlande, nach Dänemark und schließlich nach England. Er wirkte an der Oxforder Universität und an einer Schule in Hexham. Seine Zusammenarbeit mit Comenius war nur von kurzer Dauer, da ihre philosophischen Anschauungen auseinandergingen. Ritschels philosophische Werke wurden von Leibniz stark beachtet.

Rittner, Rudolf, * 1869 Weißbach bei Jauernig, † 1943 Weißbach. Rittner war Schauspieler in Hannover, Olmütz, Karlsbad, am Berliner Residenztheater, Deutschen Theater und Lessingtheater. Er war der Bahnbrecher für die Dramen Gerhart Hauptmanns. Lovis Corinth malte Rittner in seiner Rolle als Florian Geyer. Der berühmte Schauspieler schrieb ein Schauspiel („Wiederfinden") und ein Spielmannsdrama („Narrenglanz").

Rochlitz an der Iser (*Rokytnice nad Jizerou*), Bezirk Starkenbach. Die Stadt im westlichen Riesengebirge entstand als Siedlung von Bergleuten. Im 16. Jh. bestand eine Glashütte. Der Glaserzeugung folgte intensiv betriebene Weberei. Seit 1873 gab es eine Fachschule für Weberei. Die Kirche St. Michael ist ein Barockbau, 1753–1759 neu errichtet. Die Gegend war ein idealer Aufenthaltsort für Sommerfrischler und Wintersportler. 1930: mit Franzenthal, Gränzdorf, Kaltenberg, Nieder und Ober Rochlitz, Sahlenbach und Sichdichfür: 5046 Einw. (722 Tschechen).

Röchlitz (*Rochlice u Liberce*), Bezirk Reichenberg. Die langgestreckte Stadtgemeinde im Tale der Neiße entstand aus mehreren Ortschaften. Im 13. Jh. entstanden, wird im 14. Jh. bereits eine Pfarrkirche (St. Nikolaus) genannt. Zerstörung durch die Hussiten. Der evangelische Glaube herrscht bis um 1624. Stadterhebung 1908. Industrie: Baumwollspinnerei, Maschinenweberei, Farbfabrik, Holzverarbeitung.
1930: 6087 Einw. (1955 Tschechen).

Röder, Julius, * 1891 Haslicht an der Oderquelle, † 1974 Möttingen bei Nördlingen. Der Archivar und Heimatforscher war Mitbegründer der „Olmützer Blätter" und deren erster Schriftleiter (1953–1961). Von ihm stammen zahlreiche Schriften und Aufsätze zur Geschichte der Stadt Olmütz. 1954 veröffentlichte Richard Zimprich seine Biographie.

Rohrer, Johann Michael Ludwig, * 1683 Tissau bei Tepl, † 1732 Ettlingen/Baden. Der Bruder von Johann Peter E. Rohrer errichtete als Hofbaumeister des Großherzogtums Baden Bauten wie das Lustschloß Favorite bei Rastatt, die Kirche in Daxlanden, das Amtshaus in Offenburg, die Einsiedel-Kapelle, die Schloßkirche und die Pagodenburg in Rastatt u. a. 1707 wurde er Baumeister des Schloßbaues in Rastatt, er baute die Marienburg bei Hanofen wieder auf und arbeitete am Schloß und der Schloßkirche in Ettlingen.

Rohrer, Johann Peter Ernst, * 1687 Tissau bei Tepl, † 1762 Rastatt. Der Baumeister, ein Bruder des Johann M. L. Rohrer, kam aus dem Schlackenwerther Herrschaftsgebiet nach Baden und errichtete hier großartige Bauwerke, u. a. das Piaristenkloster und die Stadtkirche (gemeinsam mit dem Bruder) in Rastatt, die Kirche in Bietigheim, die Fassade der Martinskirche in Ettlingen, fertigte die Entwürfe für den Neubau des Spitals in Ettlingen und schuf die Kirche in Busental.

Rohrer, Rudolf, * 1805 Krakau, † 1839 Brünn; Botaniker und Typograph. Er übernahm einen seit 1786 bestehenden Verlag in Brünn, der auf Johann Georg Traßler zurückging. Rohrer

Verlagssignet R. M. Rohrer, Brünn

Rokitnitz im Adlergebirge

besaß die erste Schnellpresse Mährens. Er gründete auch die Zeitschrift „Moravia", die von 1838–1848 bestand. Der Verlag war für das geistige Leben der Sudetendeutschen von großer Bedeutung.

Rokitansky, Karl von, ⁎ 1804 Königgrätz, † 1878 Wien. Der Arzt, seit 1844 Universitätsprofessor in Wien, war Gründer der Wiener medizinischen Schule und Mitbegründer der neuen pathologischen Anatomie. Er gehörte der Akademie der Wissenschaften an, war deren Präsident (1869–1878), außerdem Präsident der Gesellschaft der Ärzte und des Obersten Sanitätsrates, als welcher er das gesamte Sanitätswesen Österreichs leitete. 1867 wurde er zum Herrenhausmitglied auf Lebenszeit ernannt. Das Denkmal des Gelehrten steht in den Arkaden der Wiener Universität. 1954 erschien zu Ehren dieses Wegbereiters der modernen Medizin in Österreich eine Briefmarke mit seinem Bild.

Rokitnitz (*Rokytnice v Orlických horách*), Bezirk Senftenberg. Der Hauptort des Adlergebirges in 580 m Höhe erscheint erstmals 1263 in einer Urkunde. Im 15. Jh. Stadt. Bei den Kriegszügen der Hussiten nach Schlesien in Mitleidenschaft gezogen. Das Schloß mit Schloßkapelle (nach 1600) war im Besitz der Nostitz. Laubenhäuser aus Holz umgeben den Marktplatz. Die Pfarrkirche (bereits 1384 erwähnt) wurde 1679–1684 im Barockstil erbaut. Da die Landschaft für die Landwirtschaft ungeeignet war, wurde neben der Holzverarbeitung Leinenweberei betrieben; für die Ausbildung sorgte eine Webereischule. Die Stadt an den Abhängen des Adlergebirges und des Böhmischen Kammes ist ein Platz für Sommerfrischler und Wintersportler.
1930: 969 Einw. (318 Tschechen).

Rolandsäulen. Die Mehrzahl der Rolandsäulen, große Bildsäulen aus Holz oder Stein, befindet sich zwischen Weser und Oder; einige bemerkenswerte Beispiele erscheinen auch in unserer Heimat. Sie waren Sinnbilder des Markt(Stapel-)rechts und anderer Freiheiten städtischer Gemeinwesen. Diese Figuren barhäuptiger Rittergestalten, die in der rechten Hand ein gezücktes Schwert nach oben halten, wurden im Mittelalter

Rolandsäule in Prag

oder in der frühen Neuzeit aufgestellt. Die bemerkenswertesten Säulen standen (oder stehen) in Leitmeritz, in Brünn, Prag (neben der Karlsbrükke) und in Eger, wo der Roland am Marktplatz im Volksmund „der Wastl" genannt wurde. In Komotau erinnert noch die Rolandshöhe an dieses alte Symbol des Stapelrechts.

Roll (*Ralsko*), 694 m hoher kegelförmiger Berg nordöstlich von Niemes und im Süden des Lausitzer Gebirges. Auf dem Berg stehen die Ruinen einer Burg, die erstmals 1380 erwähnt wird. Der Deutsche Gebirgsverein für das Jeschken- und Isergebirge begann 1937 mit Konservierungsarbeiten an diesem geschichtlich bedeutsamen Baudenkmal.

Roller, Alfred, ∗ 1864 Brünn, † 1935 Wien. Roller, Bühnenbildner, Maler, Graphiker und Kunstgewerbler, lehrte an der Kunstgewerbeschule in Wien, war Präsident der Wiener Sezession, leitete zwei Jahre die Zeitschrift „Ver sacrum" und war Ausstattungschef der Wiener Hofoper, wo er die Grundlagen für die modernen Inszenierungen schuf und im Geiste von R. Wagners Gesamtkunstwerk gemeinsam mit G. Mahler die Ausstattungen der Opern durchführte. Roller war in den USA und in Deutschland als Gast tätig, ebenso arbeitete er für das Wiener Burgtheater und für die Salzburger Festspiele, bei denen er zum Mitglied des Kunstrates ernannt wurde.

Burgruine auf dem Roll bei Niemes

Rölz, Johann Baptist, ∗ 1815 Schieferhütten bei Frühbuß, † 1884 Frühbuß. Rölz, der in Prag das Medizinstudium abgebrochen hatte, geriet in seiner Erzgebirgsheimat in den Ruf eines Wunderheilers, der zahlreiche Krankheiten mit Erfolg kurierte und keine Entlohnung annahm. Da man sich die Heilungen nicht erklären konnte, geriet er in den Ruf, mit dem Teufel im Bunde zu stehen. Johann Endt hat den Wunderdoktor Rölz in seinem Buch „Sagen und Schwänke aus dem Erzgebirge" (1925) behandelt.

Römerstadt (*Rýmařov*), Bezirksstadt in Nordmähren. Das ehemalige Reymarstat (1350) erhält wegen reicher Gold- und Silbervorkommen 1528 die Bergordnung. Es bestand bereits eine gotische Kirche (St. Michael), die nach dem Brand 1609 umgebaut wurde. Das Renaissancerathaus und die Mariensäule zieren den Marktplatz. Das Lindenkirchel, ein barocker Zentralbau, enthält Bilder von J. Chr. Handke. Es gab ein Städtisches Museum, eine Webereifachschule, eine Oberrealschule, eine landwirtschaftliche Winterschule und ein Krankenhaus. Nach dem Versiegen des Bergbaues wurden Textilien, Möbel und andere Holzwaren erzeugt. Hier befanden sich die größten Seidenwerke des Staates. Drei Sprungschanzen und gutes Skigelände machten Römerstadt zu einem beliebten Wintersportgebiet. In der Nähe Schloß Janowitz mit Sammlungen und die Reschener Wasserfälle.
1930: 5837 Einw. (175 Tschechen).

Rommel, Otto, ∗ 1880 Mährisch Schönberg, † 1965 Salzerbad/NÖ. Der Literatur- und Theaterhistoriker war Direktor der Wiener Bundeserziehungsanstalt für Knaben. Er gab viele Ausgaben von Werken österreichischer Dichter heraus

Lindenkirchel in Römerstadt

(Nestroy, Raimund, Anzengruber u. a.). Die Stadt Wien zeichnete ihn 1952 mit dem Preis für Geisteswissenschaft und 1960 mit ihrem Ehrenring aus.

Ronsperg (*Ronšperk*), Bezirk Bischofteinitz. Die Stadt an den Ausläufern des Böhmerwaldes, als Burg und Dorf im 14. Jh. erwähnt, erhielt 1424 Stadtrechte und 1459 Befestigungsanlagen. Im Barockschloß, 1682–1695 aus der spätgotischen Burg entstanden, saßen zuletzt die Grafen Coudenhove. 1632 wurde die gotische Kirche umgebaut. Im Barockstil entstanden Schule und Pfarrei, ebenso das von Johannes Brokhoff geschaffene Johannes-von-Nepomuk-Denkmal (1682). Die Judengemeinde hatte Synagoge (1806) und Friedhof. Industrie: Wirkwarenfabrik, Glasschleiferei, 2 Kunststeinfabriken.
1930: 1989 Einw. (151 Tschechen).

Rosenauer, Josef, * 1735 Kalsching, † 1804 Krummau. Der im Dienste der Fürsten Schwarzenberg stehende Vermessungsingenieur ist der Erbauer des Schwarzenbergischen Schwemmkanals nahe dem Plöckenstein, durch den das Holz des Böhmerwaldes weitertransportiert und abgesetzt werden konnte. Von 1821–1822 wurde der Kanal nach den Plänen Rosenauers verlängert. 1928 wurde dem Ingenieur beim Ausgangspunkt des Kanals ein Denkmal errichtet, an seinem Geburtshaus eine Gedenktafel enthüllt. In der Geschichte des Wasserstraßenbaues nimmt er einen hervorragenden Platz ein.

Rosenberg, 620 m, der schönste Basaltkegel des Elbesandsteingebirges. Wegen seiner beherrschenden Lage (er überragt seine Umgebung um etwa 300 m) Böhmischer Olymp genannt. Aussichtsturm. Der Rosenberg gehörte zur Domäne Binsdorf, die 1931 das Prager Bodenamt dem Fürsten Clary-Aldringen enteignete.

Rosenberg (*Rožmberk nad Vltavou*), Bezirk Kaplitz. Das Städtchen an der oberen Moldau, bereits 1150 Pfarre, hatte durch die Stammburg des Witigonengeschlechtes der Herren von Rosenberg (1250–1611) Bedeutung. Wok von Rosenberg gründete das Zisterzienserstift Hohenfurth (1259). Ulrich von Rosenberg bekämpfte die Hussiten. Nach dem böhmischen Aufstand kam das Besitztum an die Buquoy, die das neue Schloß bauten. In der Kirche St. Nikolaus ist Karl Bonaventura Graf Buquoy, der Sieger in der Schlacht am Weißen Berg, begraben. Wollspinnerei. Sommerfrische.
1930: 973 Einw. (65 Tschechen).

Der Rosenberg

Rosenberger. Die Herren der Rose stammen vom Geschlecht der Witigonen ab. Beide Geschlechter hatten die fünfblättrige Rose in roter Farbe auf silbernem Grund als Wappen. Wiege und Sitz der Rosenberger war die Burg Rosenberg in Südböhmen (Erste Hälfte 13. Jh.), ebenso saßen sie in Krummau, Wittingau. Das von ihnen gestiftete Kloster Hohenfurth (Zisterzienser) war geistiger und kirchlicher Mittelpunkt der Herrschaft, ebenso das Augustinerchorherrenstift in Wittingau. Mit Peter Wok starb das Geschlecht der Rosenberger 1611 aus, das viel für die deutsche Besiedlung Südböhmens, aber auch für Kunst, Kirche und wirtschaftliche Entwicklung des Landes getan hatte.

Rosendorf (*Růžová*), Bezirk Tetschen. Altes Waldhufendorf im sogenannten Zappenland. 1352 erwähnt, ist der Ort 1384 auch schon Pfarre mit Peter-und-Paul-Kirche. Während der Reformation hält der neue Glaube Einzug. Die neugebaute Kirche (1710/1711) erhält Bilder von

Burg Rosenberg

Die fünfblättrige Rose der Rosenberger

Brandl. Die Herrnhuter Brüdergemeinde baute 1864 eine Kirche. Eine Besonderheit des Dorfes war die Windmühle mit 5 Flügeln. Die deutsche Sprachinsel Libinsdorf wurde durch 20 Familien aus Rosendorf mitbegründet; diese waren 1789 dorthin ausgewandert.
1930: 1335 Einw. (4 Tschechen).

Rosenthal I (*Růžodol*) s. Oberrosenthal.

Rosetti s. Rössler, Franz Anton.

Roßbach (*Hranice u Aše*), Bezirk Asch. Das Ascher Gebiet mit Asch, Roßbach und Neuberg war seit 1331 der böhmischen Krone zugehörig. Roßbach, an der sächsischen Grenze, hatte eine protestantische Kirche. 1930 gab es 3365 evangelische Christen und 538 Katholiken. Vielfältige Industrie, u. a. Weberei, Erzeugung von Teppichen, Seiden- und Baumwollwaren, Tuchen, Schuhen, Eisenwaren und Likören. Sommerfrische. 1930: 4283 Einw. (106 Tschechen).

Rößler, Emil Franz, ∗ 1815 Brüx, † 1863 Sigmaringen. 1848 war er vom Saazer Wahlbezirk in das Frankfurter Parlament gewählt worden. Da er sich für einen vereinigten deutschen Staat ohne Österreich aussprach, konnte er nicht in die Heimat zurückkehren, wurde Dozent für Rechtsgeschichte in Göttingen und starb als Bibliothekar des Fürsten von Hohenzollern in Sigmaringen. Der Begründer der Rechtsgeschichte in Österreich bearbeitete das Werk „Deutsche Rechtsdenkmäler aus Böhmen und Mähren", 1845/1852.

Rössler, Franz Anton, ∗ 1746 Niemes (oder Leitmeritz), † 1792 Ludwigslust/Mecklenburg. Als Komponist nannte er sich Rosetti. In Ludwigslust wirkte der vorzügliche Chorleiter. Zu Mozarts Totengedächtnis wurde Rosettis „Requiem" 1792 in Prag aufgeführt. Seine Kompositionen (34 Symphonien, Kammermusik, Opern, Oratorien) wurden zu seiner Zeit oft gespielt. Sein Konzert für Horn und Orchester in Es-Dur, ausgezeichnet durch die brillante Behandlung der Solo-Instrumente, wurde 1966 im Bayerischen Rundfunk aufgeführt.

Rössner, Franz E., ∗ 1899 Groß Waltersdorf, † 1975 Kassel. Der Bürgerschullehrer in Bautsch und Groß Waltersdorf gründete schon 1928 den Heimat- und familienkundlichen Verein im Odergebirge. Er gehörte zu den Mitarbeitern der Zentralstelle für sudetendeutsche Familienforschung in Aussig; diesen rief er 1945 wieder ins Leben; er wurde 1962 umbenannt in Sudetendeutsches Genealogisches Archiv. Er setzte seit 1970 die Herausgabe der bereits 1928–1939 in Aussig erschienenen Zeitschrift „Sudetendeutsche Familienforschung" fort, die ab 1974 als Jahrbuch der Vereinigung sudetendeutscher Familienforscher, deren Vorsitzender Rössner war, erscheint.

Roßwald Markt (*Rudoltice Městys*), Bezirk Jägerndorf. Im Schloß (Ende 16. Jh. erbaut im Renaissancestil, um 1700 barocker Umbau) lebte der Sonderling Graf Albert Josef von Hoditz, der durch Konzerte, Opern und Schauspiele ein reges kulturelles Leben entfaltete. Zu den berühmten Gästen zählte auch Voltaire. Im Schloßpark ließ Hoditz künstliche Ruinen, Pagoden, Höhlen und Wasserspiele bauen.
1930: 276 Einw. (3 Tschechen).

Rotenberg-Wirtshaus. Nach E. Pfohl war es das höchstgelegene (1011 m), ständig bewohnte Haus Mährens an der höchsten Kunststraße Mährens (von Engelsthal über den Hauptrücken des Gesenkes zwischen dem Roten Berg und Heiligenberg führend).

Rothacker, Gottfried (eigentlich Bruno Nowak), ∗ 1901 Troppau, † 1940 Berlin. Der Wanderlehrer des Deutschen Kulturverbandes, der an der Sprachgrenze bei Troppau und schließlich in Berlin lebte, schrieb Erzählungen und den in hohen Auflagen erschienenen Roman „Das Dorf an der Grenze" (1936) aus eigenem Erleben. Auch der Erzählband „Bleib stet!" wurde viel gelesen.

Rothau (*Rotava*), Bezirk Graslitz. Seit alter Zeit waren hier Eisenhämmer in Betrieb. Der Markt war Sitz der Eisenwerke AG Rothau-Neudek, die Bleche verschiedener Art erzeugten (1927: 7700 Waggons) und etwa 1800 Arbeiter beschäftigten. Nach dem Krieg wurden die Einrichtungen ins Landesinnere gebracht. Seit 1957 erfolgte der Wiederaufbau als Teilbetrieb der Škodawerke in Pilsen. Ferner gab es Basalt-Schotter-Industrie und Erzeugung von Stickereien, Klöppelspitzen, Perlmutterknöpfen, Handschuhen und vor allem Musikinstrumenten. In der

Auf dem Roten Berg

Nähe der „Kern“, ein Basaltfelsen.
1930: 3711 Einw. (30 Tschechen).

Rothenhaus (*Červený Hrádek*), Bezirk Komotau. In der Gemeinde am Fuße des Erzgebirges steht das schönste Schloß des Erzgebirges. An Stelle einer gotischen Burg wurde um 1675 ein Barockbau errichtet, wahrscheinlich durch J. B. Mathey und A. Porta. Hier wurde der Bildhauer Ferdinand Max. Brokoff 1688 geboren, als sein Vater Johann für das Schloß Bildhauerarbeiten schuf. 1810 stellte Graf Buquoy auf seinem Gut die erste Dampfmaschine Böhmens auf. Die letzten Besitzer waren die Hohenlohe-Langenburg. 1938 führte Lord Runciman im Schloß im Auftrag der britischen Regierung jene Verhandlungen und Gespräche mit sudetendeutschen Persönlichkeiten, die ihn zur Empfehlung an Chamberlain bewogen, die Sudetengebiete dem Deutschen Reich anzugliedern.

Rotter, Guido Franz, ∗ 1860 Grulich, † 1940 Oberhohenelbe. Der Leiter einer Flachsgarnspinnerei in Hohenelbe schuf bereits 1884 das Werk

Josef Hegenbarth: Rübezahl

der Deutschen Studenten- und Schülerherbergen mit dem Sitz in Hohenelbe. In Oberhohenelbe entstand die älteste Jugendherberge der Welt. In Nachschlagewerken findet man häufig den Ostpreußen R. Schirrmann als den Begründer der ersten Jugendherbergen verzeichnet; dieser schuf aber erst 1909 eine solche Einrichtung. 1960 wurde auf der Burg Hohenberg an der Eger eine Gedenktafel für Rotter enthüllt; dabei erhielt die Jugendherberge der Burg seinen Namen.

Rotter, Josef, ∗ 1892 Rokitnitz, † 1976 Regensburg. Als Lehrer in Eulau gab er die Zeitschrift „Das Eulautal im Wandel der Zeiten“ heraus und schuf die Eulauer Märchenspiele. Nach der Vertreibung veröffentlichte er das Buch „Hundert Sagen aus den Sudetenländern“, ebenso Erzählungen. Rotter war Vorstand der Hans-Watzlik-Gemeinde.

Rübezahl. Die wohl bekannteste Sagengestalt wird mit dem Sagenkreis der wilden Jagd in Zusammenhang gebracht und erscheint seit der Mitte des 16. Jh. in der Überlieferung als Geist des Riesengebirges, humorvoll und als gutmütiger Geist, der sich der Armen und Unterdrückten annimmt. Lehmann nennt ihn ein Abbild der urwüchsigen Riesengebirgsbauern in ihrem einsamen Leben, „mit ihrer grobknochigen Gestalt und ihrer altertümlichen Derbheit“. Johannes Praetorius gab 1662 die erste Sammlung von Rübezahlgeschichten heraus, die er aus dem Überlieferungsgut des Volkes aufgezeichnet hatte. Zwei weitere Bände folgten, den insgesamt 204 Geschichten noch ein Abschlußband. Das zeigt die Beliebtheit des Berggeistes, die er bis in unsere Tage behalten sollte.
Sein Name ist eigentlich Rübenzagel. Beitl schreibt zur Deutung des Namens, daß in Schlesien noch heute Zahl, Zoal, Zeul die Bezeichnung von Schwanz, Ende, auch der letzten Garbe oder des Ährenrestes bei Ernte und Ausdreschen ist. Es war selbstverständlich, daß Rübezahl in den „Volksmärchen der Deutschen“ des Musäus wie

in allen nachfolgenden Märchensammlungen vertreten war. Über Rübezahl sind weit über 300 Bücher erschienen. Eine wissenschaftliche Deutung seiner Gestalt gab 1923 Gustav Jungbauer.

Rübezahls Handschuh. Ein Felsgebilde in der Nähe der Schneegrubenbaude im westlichen Riesengebirge. Der Weg zur Veilchenspitze führt vorbei.

Rübezahls Lustgärtchen (*Růženčina zahrádka*). Eine Halde an der Westseite des Brunnberges im Riesengebirge, die schwer zugänglich ist und an der seltene Pflanzen vorkommen. Durchflossen wird es vom Quellbach der Aupa.

Rudig (*Vroutek*), Bezirk Podersam. 1436 wird Rudig, das zum Kloster Postelberg gehörte, als Städtchen genannt. Burg und Stadt wurden von Jakoubek, dem Führer der Taboriten, besetzt; die Saazer vertreiben ihn wieder (1441). 1535 kam Rudig an die Weitmühl; es folgten die Lobkowitz und die Czernin, die es mit Petersburg vereinigten. Ein Kunstwerk ist die romanische Jakobskirche (um 1240), die 1960 renoviert wurde. 1726 wurde die Barockkirche Johannes der Täufer errichtet. Die Mariensäule (1714) am Marktplatz ist von den 4 Pestpatronen Fabian, Sebastian, Rochus und Rosalia umgeben. Die Bürger hatten sich zu einem jährlichen Gelöbnistag am 20. Jänner verpflichtet. Landwirtschaft, Hopfenbau, Holz- und Getreidehandel.
1930: 2148 Einw. (270 Tschechen).

Rudl, Sigmund, ∗ 1861 Prag, † 1936 Prag. Kirchenmaler und Porträtist. Im Auftrag des Prager Erzbischofs Schönborn schuf er Wandgemälde in der Herz-Jesu-Kapelle des Veitsdoms und in anderen Kirchen. Andere Gemälde befinden sich in der Wallfahrtskirche in Mariaschein, in Graslitz, Königsberg und Breslau. Auch die Entwürfe für das Mosaikbild einer Bank in Karlsbad und die großen Bilder in der Empfangshalle des Wilsonbahnhofs (jetzt Hauptbahnhof) in Prag stammen von ihm.

Rudolf, Erzherzog, ∗ 1788 Florenz, † 1831

Jakobsstatue in der Rudiger Kirche

Baden bei Wien. Der jüngste Sohn des Kaisers Leopold II. wurde 1819 Fürsterzbischof von Olmütz. Bei Beethoven hatte er Musikunterricht genossen. Der Komponist widmete seinem Förderer 9 Kompositionen, auch die Missa solemnis, op. 123, die zur Inthronisationsfeier des Erzherzogs als Erzbischof bestimmt, aber nicht rechtzeitig fertig war. Rudolf, der Protektor der Gesellschaft der Musikfreunde in Wien, schrieb selbst Kompositionen.

Rudolf II., ∗ 1552 Wien, † 1612 Prag. Der Sohn Kaiser Maximilians II. wuchs am spanischen Hof auf, war sehr gebildet und kunstliebend. Er lebte als Sonderling auf der Prager Burg, glaubte an Alchimie und Astrologie und geriet zeitweise in Abhängigkeit seines Kammerdieners Lang. An seinen Hof holte Rudolf die Astronomen Tycho Brahe und Johannes Kepler, ferner Künstler aus ganz Europa. Ihre Werke und andere, die er

Rumburg

aufkaufen ließ, füllten seine Kunstkammer. Als Herrscher suchte er die Gegenreformation strikt durchzuführen. 1604 brach deshalb in Ungarn ein Aufstand aus. Dieser und Rudolfs Tatenlosigkeit führten zu einer Verschwörung seiner Brüder gegen ihn. 1609 mußte der Kaiser den Böhmischen Majestätsbrief unterzeichnen, der die Gewährung der Religionsfreiheit zum Inhalt hatte, nachdem er bereits 1608 auf Ungarn und Österreich zugunsten seines Bruders Matthias verzichtet hatte. Schließlich mußte Rudolf 1611 auch Böhmen abtreten. In geistiger Verwirrung lebte Rudolf bis zu seinem Tod auf dem Hradschin; dann fiel auch die Kaiserkrone an Matthias.

Rudolfstadt (*Rudolfov*), Bezirk Budweis. Im 16. Jh. kam es zur Wiederaufnahme des Bergbaues, vorwiegend durch Bergleute aus St. Joachimsthal, Schlaggenwald und Schwaz, die auch den lutherischen Glauben mitbrachten. Den Namen erhielt der Ort nach Rudolf II., der ihn 1575 zur Stadt erhob. 1619 wurde sie niedergebrannt, der evangelische Pfarrer getötet. Während die Stadt früher deutsch war, überwogen bald die Tschechen; eine deutsche Minderheit blieb bis zur Vertreibung.
1930: 1528 Einw. (1205 Tschechen, 318 Deutsche, 5 Ausländer).

Ruinen s. Burgen.

Rumburg (*Rumburk*), Bezirksstadt im nordböhmischen Niederland. Die Stadt im industriereichsten Gebiet Böhmens geht auf eine Gründung an der Straße nach Zittau im 13. Jh. zurück. Im 14. Jh. erzeugten flämische Siedler Tuche, bald blühte auch der Leinwandhandel. Wegen der Grenzlage hatte die Stadt oft durch kriegerische Waffengänge zu leiden, in der Hussitenzeit, im Dreißigjährigen Krieg, 1778 und 1813. Trotzdem konnte das die wirtschaftliche Entwicklung der Stadt nicht aufhalten.
Das Schloß, 1642 von den Schweden zerstört, wurde 1726 wieder aufgebaut und diente in neuerer Zeit Verwaltungsbehörden. Die Kirche des Kapuzinerklosters, 1683–1690 vom Grafen Potting erbaut, hat Kreuzgang, Heilige Stiege, eine Loretokapelle und ein Gnadenbild; zu dieser Schwarzen Madonna kamen viele Wallfahrer. Die Stadtkirche St. Bartholomäus, 1545 erbaut, brannte mehrmals ab; die jetzige Gestalt hat sie vom Umbau 1874.
Rumburg hatte ein deutsches Staatsrealgymnasium, eine Webereifachschule, Museum, Stadtarchiv, eine öffentliche Bibliothek und das größte Krankenhaus des Niederlandes. Die Stadt war Zentrum der nordböhmischen Krippenschnitzerkunst. Mitten in Waldungen lag das Sanatorium Frankenstein, das laut Satzung nicht auf Gewinn arbeitete. Industrie: Baumwoll- und Wollwebereien, Kunstteppichweberei, Vigogne- und Streichgarnspinnerei, Maschinenstickerei, Herstellung von Pianos, Glühlampen, Schürzen, Holzstiften, Holz- und Horndrechslerwaren und Automobilen.
1930: 10466 Einw. (799 Tschechen). Der Grenzübertritt in die heutige DDR ist gesperrt.

Rumpler, Franz, ∗ 1848 Tachau, † 1922 Klosterneuburg. Nach Studium und Kunstreisen, zusammen mit Makart, lehrte Rumpler an der Wiener Akademie und erhielt 1897 die Leitung der neugegründeten Schule für Historienmalerei. 1917 wurde ihm der Hofratstitel verliehen. Der

Egerländer Rumpler war von seiner Heimat geprägt, was sich immer wieder in seinen Bildern zeigt („Wallfahrtszyklus", „Tachauer Bäuerinnen", Landschaften). Für das Werk „Die Österreichisch-Ungarische Monarchie in Wort und Bild", das sogenannte Kronprinzenwerk, schuf er die Randverzierungen. Rumpler erhielt ein Ehrengrab auf dem Wiener Zentralfriedhof.

Rundfunk. Im Mai 1923 hatte der Prager Sender seine Tätigkeit in tschechischer Sprache aufgenommen. Am 25. Oktober 1925 erste deutsche Sendung. Ab 7. Februar 1926 wurde täglich 15 Minuten deutsch gesendet, später etwas länger. Verdienste um die deutschen Sendungen, in denen überwiegend Vorträge zur Volksbildung und gute musikalische Darbietungen ausgestrahlt wurden, hatte die Prager „Urania" mit ihren Mitarbeitern und ihrem Leiter Professor O. Frankl. Der große Bach-Interpret, Professor Dr. Hermann Ehm, wirkte als Sänger wiederholt in den deutschen Sendungen mit. Am Brünner Rundfunksender gab es seit dem 22. Februar 1927 täglich eine deutsche Sendung, anfangs 15 Minuten lang, später eine halbe Stunde.
Der „Deutsche Rundfunk in der Tschechoslowakei" hieß eine in Leitmeritz erscheinende Zeitschrift, die 1925 zuerst als „Böhmerlandfunk" gegründet worden war; sie war auch das Organ des Verbandes der tschechoslowakischen Funkindustrie und des Verbandes deutscher Funkhändler in der Tschechoslowakei.

Ruß, Willy, * 1888 Schönfeld im Kaiserwald, † 1974 Merkelshausen. Der Name des Bildhauers ist mit dem künstlerisch und volkskundlich wertvollen Kachelofen verbunden, den er nach Angaben des Volkskundlers Josef Hanika geschaffen hatte. Vor einigen Jahren wurde der Ofen zerlegt, um ihn in ein Prager Museum transportieren zu können. Dabei wurden ihm solche Schäden zugefügt, daß der Ofen im Elbogener Burgkeller eingelagert werden mußte. Den Ofen (3 × 3 × 1,50 m) hatte Ruß für das Volkskundemuseum in Eger geschaffen. Das darauf versinnbildlichte Egerländer Brauchtum ist in 16 Reliefs, 12 Trachtenpaaren und 54 alten Sprüchen dargestellt; dazu kommen noch 76 Stadtwappen. Auch das Relief am Bergarbeiterheim in Falkenau, viele Denkmäler und Büsten stammten von Ruß.

Rusy, Magda, * 1906 Karlsbad, † 1975 Kärnten. Die Pianistin war als Konzertpianistin von großen Dirigenten geschätzt und begehrt. Viele Tourneen führten sie immer wieder auch ins Ausland. Ihr eigentliches Metier war die Kammermusik. Ideal war ihr Zusammenspiel mit dem Koeckert-Quartett. Magda Rusy lehrte in München am Richard-Strauß-Konservatorium.

Rychnowsky, Ernst, * 1879 Janowitz, † 1934 Prag. Der promovierte Musikwissenschaftler wurde Parlamentsredakteur und Musikkritiker beim „Prager Tagblatt". Er schrieb Musikerbio-

Die Wahrzeichen der Stadt Saaz

graphien (Haydn, Schumann, Liszt, Smetana, Kittl, Blech) und viele Zeitschriftenbeiträge. Einige Jahre hindurch bestritt er die „Bibliographie über das geistige Leben der Deutschen in Böhmen" in der Zeitschrift „Deutsche Arbeit".

Rziha, Franz von, ∗ 1831 Hainspach, † 1897 Wien. Der bedeutendste Tunnelbauer seiner Zeit wandte 1861 erstmals in Niedersachsen seine Erfindung ausgemauerter Eisenbahneinbauten an. Er baute viele Strecken in Böhmen und projektierte auch den Arlbergtunnel und die Beskidenbahn. Seit 1878 lehrte er an der Technischen Hochschule in Wien und war 1887/1888 ihr Rektor. Neben einem „Lehrbuch der Tunnelbaukunst" schrieb er noch andere grundlegende Werke.

Saar, Ferdinand von, ∗ 1833 Wien, † 1906 Wien. Zuerst war Saar Offizier, danach freier Schriftsteller, in Mähren und Wien lebend. In seinen Erzählungen schildert er verschiedene Orte Böhmens und Mährens, in denen er gelebt hatte. Ein anschauliches Bild der Festung Olmütz, wo er im Inf.-Rgt. 54 gedient hatte, gibt er in seinem Poem „Pincelliade". Saar ist vom Pessimismus Schopenhauers beeinflußt und schildert mit Vorliebe die Gesellschaft der Gründerzeit als Landschaft menschlichen Scheiterns. Seine Werke erschienen 1909 in 12 Bänden.

Saaz (*Žatec*). Die Bezirksstadt im nordwestlichen Böhmen liegt am rechten Ufer der Eger im Zentrum des fruchtbaren Saazer Beckens. Sie entstand an einer Handelsstraße. Zunächst war hier der Sitz der Lutschanen. Unterhalb einer Burg wuchs eine Siedlung, die 1228 Markt ist, 1248 civitas und 1266 königliche Stadt genannt wird. Saaz war keine sogenannte Gründungsstadt, sondern eine gewordene Stadt, d.h. es entwickelte sich allmählich durch die deutschen Siedler, Bürger und Kaufleute. Um 1400 schrieb der Saazer Stadtschreiber und Notar Johannes von Tepl (auch von Saaz) seinen „Ackermann aus Böhmen", die erste neuhochdeutsche Dichtung. 1421 wehrte Saaz, das sich zu den Hussiten bekannte, ein deutsches Heer ab. Nach dem Dreißigjährigen Krieg wurde die Stadt ganz deutsch. Am Marktplatz stehen das Rathaus (1559, umgebaut 1770) mit barockem Zwiebelturm, die Dreifaltigkeitssäule und Häuser aus verschiedenen Epochen, teils auch mit Lauben. Die Stadtkirche aus dem 14. Jh. wurde barock und später neugotisch umgebaut. Die Kirche des Kapuzinerklosters stammt aus den Jahren 1675–1683. Sichtbar sind noch die Reste der gotischen Befestigungen, die Tore und Türme.

Neben dem Staatsrealgymnasium gab es die Handelsschule, die landwirtschaftliche Fachschule und die Musikschule. Im Stadtmuseum wurden auch die zahlreichen vor- und frühgeschichtlichen Funde aufbewahrt. Das Stadtarchiv besaß Urkunden ab 1331. Saaz war Druck- und Verlagsort mehrerer Zeitungen und Zeitschriften.

Der berühmte Saazer Hopfen wurde seit dem 14. Jh. angebaut. Er war Grundlage für den größten Hopfenhandel der Welt. Ebenso berühmt waren die Saazer Gurken. Jährlich wurde auf einem Volksfest eine Gurkenkönigin gewählt. Neben der sehr bedeutenden Landwirtschaft gab es Metallindustrie, Schuhwarenfabriken, Feilen-, Kartonagen- und Farbenfabriken und eine Zuckerfabrik. In der Umgebung die Schlösser von Litschkau, Stecknitz und Neusattl.

1930: 18100 Einw. (3156 Tschechen).

Sacher-Masoch, Alexander, ∗ 1901 Witkowitz, † 1972 Wien. Der Schriftsteller, Übersetzer und Doktor der Chemie war ein Nachkomme

Hopfenwagen

jenes berühmt-berüchtigten Leopold von Sacher-Masoch. Aus der Emigration zurückgekehrt, wurde er Generalsekretär des österreichischen PEN-Clubs und veröffentlichte Romane und Erzählungen. „Abenteuer eines Sommers" und „Parade" wurden auch verfilmt.

Sagen. Das mündlich überlieferte Erzählgut, oft mit einem wahren Hintergrund aus Landschaft und Geschichte, war im Sudetenland weit verbreitet. Daß der Bergbau auf die Sagenbildung ausstrahlte, ist daher nicht verwunderlich. Bereits die Brüder Grimm zeichneten „Die Bergleute von Kuttenberg" auf. Unzählige andere Sagen berichten von offen stehenden Bergen und den darin verborgenen Schätzen, manchmal auch in Verbindung mit dem Osterfest. Die dichten Wälder sind von allerlei Holden und Unholden bevölkert; so haust im Riesengebirge der Rübezahl, im Böhmerwald der Stilzel, im Erzgebirge die Marzebille, der Bilmesschnitter und der Stragagerl in Westböhmen.
Seltsame Felsformen haben die Phantasie des Volkes angeregt: der Hans-Heiling-Felsen, die Teufelsmauer an der Moldau, der Tollenstein. Volkssagen sind auch mit Personen verbunden, mit Karl IV. (Gründung Karlsbads), Karl dem Großen (Gründung Iglaus), Ramphold und Titus Gorenz, dem heilkräftigen Dr. Kittel (dem Faust des Isergebirges), den Zauberern Pater Hahn und Rölz aus dem Erzgebirge, den Räubern von Maria Kulm, Josef II., General Laudon.
Auch kriegerische Ereignisse hinterließen ihre Spuren. Weit verbreitet sind Sagen von Nixen und vom Wassermann, oft in Verbindung mit Mühlen und Seen. Auch der Wilde Jäger und andere Gestalten der germanischen Mythologie lebten im Volksgedächtnis weiter. Motive sind Burgen und ihre Gespenster, versunkene Schlösser, grausame und gütige Ritter, Wappensagen, Städtegründungen, Glocken. Die Weiße Frau, eine Bertha von Rosenberg, wurde sogar von Grillparzer literarisch verarbeitet.

Der sagenhafte Stilzel

Nach der Vertreibung der Deutschen entstanden wiederum neue Sagen, und zwar im Zusammenhang mit den Schrecken jener Zeit, mit der geraubten Heimat und mit gewissen Menschen, die sich durch Grausamkeiten gegenüber ihren Opfern hervortaten. Alfred Karasek legte eine umfangreiche Sammlung von Beispielen neuer Sagenbildungen an.

Saiko, George, ∗ 1892 Seestadtl bei Komotau, † 1962 Rekawinkel/NÖ. Der Kunsthistoriker Saiko lebte als Privatgelehrter. 1939 begann er seine Tätigkeit an der graphischen Sammlung Albertina in Wien, die er von 1945–1950 leitete. Als Schriftsteller zählte man Saiko zu den bedeutendsten Prosaisten in Österreich in unserem Jahrhundert. Herausragend sind die Romane „Auf dem Floß", „Der Mann im Schilf" und „Der Opferblock", ebenso der Erzählband „Giraffe unter Palmen". Saiko erhielt den Großen Staatspreis, den Körnerpreis und den Preis der Stadt Wien.

Salm-Reifferscheidt-Raitz, Christian Altgraf zu, ∗ 1906 Wien, † 1973 auf Schloß Dyck. Als Hauptkonservator der Alten Pinakothek in München erwarb er sich um diese große Verdienste,

Hugo Salus

ebenso als Direktor der Museen und Sammlungen der bayerischen Verwaltung der staatlichen Schlösser, Gärten und Seen. Er veröffentlichte zahlreiche kunstgeschichtliche Abhandlungen. Für das Werk „Gotik in Böhmen" schrieb er das Kapitel „Malerei und Plastik der Spätgotik". Er gehörte dem Vorstand der Ostdeutschen Galerie an, ferner dem Ostdeutschen Kulturrat und war seit 1958 Vorsitzender des Adalbert-Stifter-Vereins in München.

Salus, Hugo, ∗ 1866 Böhmisch Leipa, † 1929 Prag. Der Vertreter der älteren deutschen Literatur Prags war ein gesuchter Frauenarzt, der neben Novellen hauptsächlich Lyrik schrieb („Ehefrühling", „Reigen", „Ernte", „Die Blumenschale", „Glockenklang", „Die Harfe Gottes"), auch ein Versspiel („Susanne im Bade") und ein Versdrama („Römische Komödie"). Zu seiner Zeit war Salus ein hochgeschätzter Dichter.

Sandau (*Žandov*), Bezirk Böhmisch Leipa. Sandau wird Mitte des 13. Jh. angelegt und 1457 als Städtchen genannt. Das Wappen zeigt ein Stadttor mit festungsartigem Überbau, in dem sich 2 Fenster befinden und an den eine Leiter angelegt ist. Das Städtchen an der Mündung des Weidenbaches in die Polzen gehörte nacheinander den Wartenberg, Salhausen und der Großherzogin Maria Anna von Toskana, die es mit der Herrschaft Politz vereinigte. Die Kirche zeigt noch gotische Bauelemente und ist dem hl. Bartholomäus geweiht. Während der Reformation wirkte hier ein evangelischer Pastor. Industrie: Erzeugung von Mühlsteinen, Webereimaschinen, Papierlack, Zementwaren, Holz- und Horndrechslerwaren.
1930: 1247 Einw. (34 Tschechen).

Sandauer Dosen wurden um 1800 von dem Drechsler Johann Geiger in Unter Sandau bei Marienbad erfunden; ihre Herstellung beschrieb Josef Köhler: „Die aus feinem Pappendeckel geschnittenen und mit einem eigenen Kleister zusammengehaltenen Formen werden erstlich in Öl ganz durchtränkt, hierauf abgedreht, gefeilt und geschliffen, sodann mit einem Lack, dessen Bereitung bis auf den heutigen Tag das Geheimnis zweier Meister geblieben ist, überzogen und endlich in einem besonderen Ofen förmlich gebakken. Der abermalige Schliff und die Politur sind die letzten Arbeiten."

Sandauer Paß. Die durch eine Senkung sichtbare Abgrenzung des Kaiserwaldes vom Tillenberg (939 m), dem nordöstlichsten Gipfel des Böhmerwaldes.

Sänger, Eugen, ∗ 1905 Preßnitz, † 1964 Berlin (West). Der Raketenforscher und Raumflugtechniker war Professor an den Technischen Universitäten in Stuttgart und Berlin, erster Präsident der Internationalen Astronautischen Föderation und Vorsitzender der Deutschen Gesellschaft für Raketentechnik und Raumfahrt in Stuttgart. Sänger, der u. a. auch Tragflächenprofile für Überschallflugzeuge untersuchte, war international angesehen. Er schrieb mehrere Bücher über die Raumfahrt.

Sangerberg (*Prameny*), Bezirk Marienbad. Bedingt durch Silberfunde, erhielt Sangerberg 1380 Luditzer Recht. Bedeutend waren die Zinnfunde. Obwohl schon 1352 als Plebanie erwähnt,

wird es später kirchlich abhängig von Einsiedl und erst 1768 wieder Pfarre. Die Kirche ist St. Leonhard geweiht. 1873 wurden die Gemeinden Groß, Klein, und Neu Sangerberg zur Stadt Sangerberg vereinigt. Den Kurort am Ostabhang des Kaiserwaldes mit 3 Heilquellen und Moorbädern besuchten Nervenkranke und Blutarme. Der Wirtschaftsverband der tschechoslowakischen Porzellanindustriellen, Karlsbad, unterhielt ein Genesungsheim.
1930: 1527 Einw. (16 Tschechen).

Sängerbund der Sudetendeutschen, Sitz Aussig. Gesangsvereinigungen sind bei uns schon im 18. Jh. festzustellen. Für das Egerland seien Neumarkt bei Tepl (1809) genannt, Mies (1809), Marienbad (1830) und Roßbach (1832). Nach 1848 kam es zu einer stärkeren Entfaltung. Es entstanden der Deutsche Sängerbund für Böhmen 1864, Mähren 1868 und Schlesien 1864, 1919 der Sudetendeutsche Sängerbund, der mit der Gesellschaft für deutsche Volksbildung zusammenarbeitete und großartige Sängerbundesfeste veranstaltete (zum 3. Bundesfest 1937 kamen 50000 Teilnehmer nach Reichenberg). 1956 wurde der Sudetendeutsche Sängerbund in Kitzingen wiederbegründet.

St. Georgenthal (*Jiřetín*), Bezirk Warnsdorf. Seine Anfänge – 1548 wurde es Markt und 1587 Stadt – sind durch den Kupfer- und Zinkbergbau bestimmt, den die Besitzer der Herrschaft Tollenstein betreiben ließen. Hier nahm der böhmische Glashandel seinen Anfang. Der Initiator war der Schumburger Kaspar Kittel, der in der zweiten Hälfte des 17. Jh. eine Glashütte errichtet hatte. Ein anderer aus der Familie Kittel begründete das Dorf Kittlitz und die Glashütte auf der Antonienhöhe.
Die Kirche zur Hl. Dreifaltigkeit stammt aus dem Jahre 1590, erhielt jedoch später eine Barockeinrichtung. Auf dem Kreuzberg steht eine Wallfahrtskapelle (1783). Textil- und Hausindustrie, Schuherzeugung. In der Stadt herrschte reges musikalisches Leben.
1930: 2178 Einw. (88 Tschechen).

Sandau (um 1810)

St. Joachimsthal (*Jáchymov*). Die Bezirksstadt in einem engen Tal am Fuße des Keilbergs ist eine langgestreckte Siedlung, die aus dem Dorf Konradsgrün entstand. Die Gründung 1516 beruhte auf dem reichen Silbervorkommen. Das Jahr 1520 brachte die Stadterhebung und den Beginn der Guldengroschen durch den Grafen Schlick in der Münze; sie wurden Joachimsthaler oder kurz Taler genannt, woraus das Wort Dollar entstand. In dieser Zeit waren in 914 Gewerken 8000 Knappen und 800 Steiger beschäftigt.
Nach dem Dreißigjährigen Krieg ging der Bergbau zurück. 1898 entdeckte das Ehepaar Curie im Uranpech das Element Radium. Seit 1908 wird das für die Radiumgewinnung benötigte Uranpecherz gefördert. Im Bergwerk entspringen radioaktive Thermalquellen (etwa 28° C), die die Stadt zum Kurort werden ließen (Anwendung bei Nerven- und Rheumakrankheiten). Nach 1945 wurden viele Sudetendeutsche als Zwangsarbeiter im Uranbergbau eingesetzt. Seitdem ist auch die Joachimsthaler Krankheit bekannt, ein bronchogenes Karzinom, von dem die Bergleute, die ohne Schutzvorkehrungen arbeiten mußten, durch die Strahlung der radioaktiven Gesteinsschichten betroffen waren.
Vieles erinnert noch an die Blütezeit des Bergbaus, als die Zahl der Einwohner in wenigen Jahren von 5000 (1520) auf etwa 18000 (1540) anwuchs. Aus dem 16. Jh. stammen das alte Rathaus, die Stadtkirche, die nach einem Brand 1874 wieder aufgebaut wurde, die ehemalige Spitalkirche (1782 restauriert) mit wertvoller Renaissanceeinrichtung und die Münze.
Das Stadtmuseum enthielt u. a. Zinngeräte, eine Silbertalersammlung und Zimelien aus der Bibliothek der alten Lateinschule des 16. Jh.
Im Jahrhundert der Gründung lebten und wirkten mehrere große Persönlichkeiten in der Bergstadt, so der Arzt und Begründer der wissenschaftlichen Mineralogie und Geologie Georg Agricola, der Prediger und Dichter Johannes Mathesius, bekannt als erster Biograph Luthers, die Dichter Nicolaus Hermann, Johann Major und Elias Corvinus, daneben Männer der Familien Praetorius und Haßler.
Oberhalb der Stadt stehen noch die Ruinen des Schlosses Freudenstein, 1517 von Graf Schlick erbaut. Industrie: Große staatliche Tabakfabrik, Handschuherzeugung, Heimindustrie.
1930 (mit Dürnberg, Elbecken, Maria Sorg, Neustadt, Werlsberg und Werlsgrün): 7316 Einw. (445 Tschechen).

Münzscheide (um 1515)

St. Margaretenbad s. Prachatitz

Santini, Giovanni s. Aichel, Johann Santin

Sarkander (eigentlich Fleischmann), **Johannes,** ∗ 1576 Skotschau bei Teschen, † 1620 im Kerker in Olmütz. Der im Dienste der Gegenreformation tätige Pfarrer, seit 1616 in Holleschau,

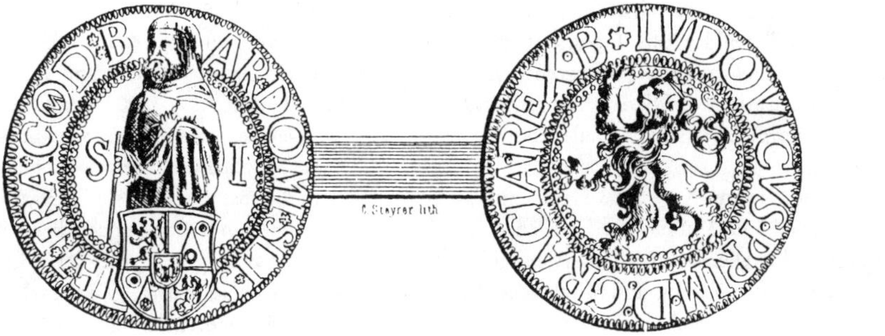

Der älteste Schlickenthaler

mußte nach dem Aufstand in Böhmen und Mähren nach Polen flüchten. Wegen angeblichen Landesverrates wurde er von den akatholischen Ständen angeklagt, nach Olmütz gebracht, wo er an den Folgen der Folterung starb. Seine Reliquien ruhen im Olmützer Dom. Er wurde 1860 seliggesprochen.

Saubsdorf (*Supíkovice*), Bezirk Freiwaldau. Das Dorf am Erlenbach wird bereits 1284 erwähnt. Eine frühe Burg wird in der Hussitenzeit zerstört. Neben Leinenindustrie wurde Steinbearbeitung betrieben (1890: 11 Marmorbrüche). Der Nachwuchs für die Steinbearbeitungsbetriebe (1945 gab es 20) wurde in der Staatlichen Fachschule für Steinbearbeitung geschult. Im Süden des Dorfes der Spitzstein mit einer Tropfsteinhöhle an seinem Abhang.
1930: 1734 Einw. (24 Tschechen).

Sauer, August, * 1855 Wiener Neustadt, † 1926 Prag. Sauer, dessen Ahnen in Böhmen gelebt hatten, war seit 1886 Professor in Prag. Seine Rektoratsrede von 1907 war die Grundlage für die stammes- und landschaftskundliche Methode der Literaturgeschichte, die sein Schüler Josef Nadler später ausbaute und bei seiner „Literaturgeschichte der deutschen Stämme und Landschaften" anwandte. Sauer gründete die Zeitschrift „Deutsche Arbeit", die „Bibliothek deutscher Schriftsteller aus Böhmen", die volkstümlichen Hochschulkurse an der Deutschen Universität Prag, die Zeitschrift „Euphorion", die „Prager deutschen Studien", gab die Werke G. A. Bürgers, Grillparzers und Raimunds heraus und war Mitarbeiter an Goedekes „Grundriß", an Kürschners „Nationalliteratur" und an der Goethe-Ausgabe. Er war mit der Dichterin Hedda Sauer, geb. Rzach, 1875–1953, verheiratet, die durch formschöne Gedichte und Novellen, besonders durch den Essay „Goethe und Ulrike" bekannt wurde.

Schacherl, Anton, * 1872 Plattetschlag bei Krummau, † 1940 Budweis. Der Schriftleiter der Zeitung „Der Dorfbote" in Budweis, ferner des „Handwerkers", der „Handwerker-Kalender" und der Monatsschrift „Waldheimat" veröffentlichte heimat- und volkskundliche Bücher: „Sagen und Volksgstanzel aus dem Böhmerwalde", „Volksliederbuch", „Geheimnisse der Böhmerwäldler", „Seltene Ausdrücke der Böhmerwaldmundart" und „Geschichte und Namenskunde sämtlicher Orte Südböhmens".

Schafberg (*Předhora*), südwestlich Weseritz im Bezirk Plan. 1936 ließ der Bund der Landwirte auf dem Gipfel ein Denkmal an die Bauernrebellion und deren Opfer im Jahre 1680 errichten.

Eine Sühnekapelle, von einer Gräfin Haißenstein erbaut, auf Befehl Josephs II. gesperrt und verfallen, wurde 1906 von Karl zu Löwenstein wieder als Rundbau errichtet. Dieser war im Alter Dominikaner geworden; in der Kapelle feierte er seine erste Messe.

Schaffer, Franz X., ∗ 1903 Heiligenkreuz bei Marienbad, † 1963 München. Der Pädagoge und Kunstschriftsteller war Vorstandsmitglied des Adalbert-Stifter-Vereins und Mitglied der Künstlergilde, für die er die Schriftenreihe „Unsere Künstler" schuf und auch die Bände über H. Losert und O. Kreibich selbst schrieb. Andere Veröffentlichungen behandelten Ferdinand Tietz, den Rokokobildhauer, den Maler Emanuel Hegenbarth und den Porzellanplastiker Waldemar Fritsch. Seine Künstleranekdoten „Die bunte Palette" erschienen in zwei Auflagen. Außerdem verfaßte er heimatkundliche Schriften und zahlreiche Zeitungs- und Zeitschriftenaufsätze, vorwiegend über sudetendeutsche Kunstgeschichte.

Schälzky, Robert, ∗ 1882 Braunseifen bei Römerstadt, † 1948 Lana/Südtirol. Der 61. Hochmeister des Deutschen Ordens hatte bereits als junger Priester an der katholischen Volksbewegung großen Anteil. Für die Deutsche Christlich-Soziale Volkspartei wurde er Abgeordneter; er widmete sich vorzugsweise sozialen Problemen. Als Dechant von Freudenthal war er beliebter Seelsorger, als Abt-Hochmeister erbaute er das Kurhotel in Bad Karlsbrunn. Nach 1938 wurde der Orden verboten und aufgelöst.

Schärf, Adolf, ∗ 1890 Nikolsburg, † 1965 Wien. Der Rechtsanwalt und sozialistische Politiker war Mitglied des österreichischen Bundesrates und dreimal in Haft (1934, 1938, 1944). In der Zweiten Republik Österreich, die er mitbegründen half, war er Vorsitzender der SPÖ, Abgeordneter zum Nationalrat, Vizekanzler und von 1957–1965 Bundespräsident. Er hatte wesentlichen Anteil am Abschluß des Staatsvertrages. 1958 erfolgte die erste Verleihung des Erasmus-Preises an Schärf. An ihn erinnert ein Denkmal im Warmbad Villach. Außer politischen Schriften schrieb er auch „Erinnerungen aus meinem Leben".

Scharf, Rudolf Luis, ∗ 1880 Brüx, † 1967 Salzburg. Bergsteiger und Mitglied des Alpenvereins, war Scharf der Erschließer der Bergwelt des Borschen bei Bilin und Gründer des Borschen-Schutzhauses. Dem Biliner Hausberg setzte er ein literarisches Denkmal in dem Buch „Im Bereiche des Borschen". Bis in sein hohes Alter aktiver Bergsteiger.

Schatzlar (*Žacléř*), Bezirk Trautenau. An einem Weg nach Schlesien wird 1334 eine Burg erwähnt, bei der eine Siedlung entstanden ist; diese wird 1591 als Bernstadt bezeichnet, 1654 als

Schatzlar

Markt Schatzlar. Stadt und Schloß kamen in den Besitz der Jesuiten, die das Schloß 1750 zur heutigen Gestalt umbauen ließen. Der Staat übernahm nach Aufhebung des Ordens 1773 die Güter. Die Stadt mit schönen Laubenhäusern liegt im Rehorngebirge nahe der Grenze. Flachsspinnerei, Glas- und Porzellanfabrik, Steinkohlenbergbau. 1930: 3556 Einw. (724 Tschechen).

Schaukal, Richard von, ∗ 1874 Brünn, † 1942 Wien. Schaukal war bis 1918 Ministerialrat in Wien. Als Dichter ist er vom französischen Symbolismus beeinflußt und entwickelt eine hohe Sprachkultur, ausgeprägt in seiner Lyrik und seinen Essays, die in vielen Bänden erschienen sind. Daneben zeigt er auch in seinen Novellen eine hohe Kunstform. Seine Werke werden als konservativ-religiös, aus deutsch-österreichischem Traditionsbewußtsein entstanden, charakterisiert. Seine bekanntesten Erzählbände sind „Kapellmeister Kreisler", „Eros-Thanatos", „Schlemihl" und „Das Märchen von Hans Bürgers Kindheit". Schaukal schrieb auch Dramen, übersetzte aus dem Französischen und Englischen und verfaßte Bücher über Stifter, Kraus, Dehmel, Hoffmann und Busch.

Scheles (*Žihle*), Bezirk Podersam. Erste Nennung als Markt 1268. 1559 Bestätigung der Privilegien, Wappenverleihung und Genehmigung von Märkten. Die Stadt gehörte zum Besitz der Kolowrat und kam 1623 an die Czernin. 1384 wird die Wenzelskirche als Pfarrkirche genannt; 1731 umgebaut. Die Friedhofskapelle wurde 1776 erweitert. Das ehemalige Schloß diente als Gasthof. Marmeladefabrik, Schuhwarenerzeugung. Sommerfrische.
1930: 1152 Einw. (323 Tschechen).

Schicht, Johann, ∗ 1855 Ringelshain bei Deutsch Gabel, † 1907 Aussig. Bereits als Neunzehnjähriger entwirft er in einem Brief aus Wien an seine Eltern den Plan zu jenem Unternehmen, das Weltruhm erlangen sollte. Auf ihn geht die Georg Schicht AG in Aussig zurück, die aus einer bescheidenen Seifensiederei in Ringelshain entstand. 1930 hatten die Fabriken in Schreckenstein

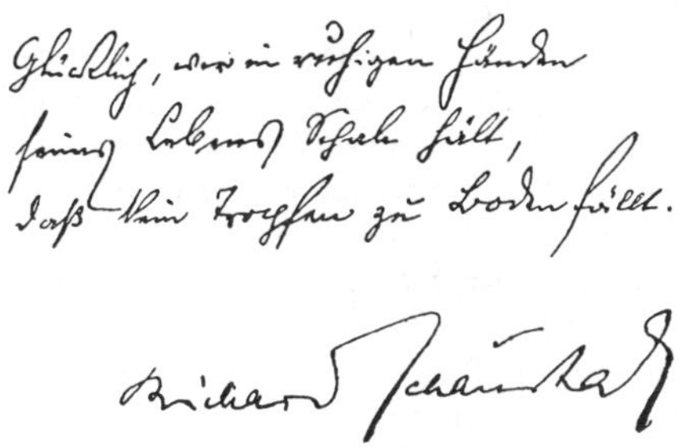

Richard von Schaukal

und Ringelshain mit Elektrizitätswerk in Schrekkenstein 2200 Beschäftigte. Es wurden Seifen, Waschpulver, Kerzen, Parfümerien, Glyzerin, Stearin, Fette, Fruchtsäfte, chemische Produkte, Maschinen und Werkzeuge produziert. Der Sohn des Gründers, Georg Schicht, gründete nach 1918 neue Werke und schloß seinen Konzern mit ausländischen Firmen zur Unilever-Margarine-Union zusammen. 1945 wurden die Betriebe in Böhmen verstaatlicht.

Schiffahrt. Sie hatte nur auf Elbe und Moldau Bedeutung. 1841 fuhr das erste Dampfschiff, die „Bohemia", auf der Elbe. Von 1872–1936 wurden Güter zwischen Hamburg und Laube mit Schiffen befördert, die an einer Kette liefen. Wichtige Häfen an der Elbe: Melnik, Aussig, Bodenbach-Rosawitz und Tetschen-Laube; an der Moldau: Prag und Stechowitz. Die Elbe erwies sich als wichtiger Handelsweg; ausgeführt wurden überwiegend Braunkohle, Zucker, Obst, Malz, Holz, Zement, Glas- und Textilwaren. Rege Personenschiffahrt (Weiße Flotte).

Schildberg (*Šilperk*, heute *Štíty*), Bezirk Hohenstadt. Das nordwestlich von Hohenstadt im 14. Jh. angelegte Bergstädtchen im Tale der Friese geht auf eine ältere Gründung im 13. Jh. zurück. Vor 1300 bestand schon eine Burg, die seit 1574 verfällt. In einem alten Bericht war von der in der ersten Hälfte des 18. Jh. bestehenden „Beutelschneiderzunft" zu lesen, deren Angehörige ihre freie Kunst auf den Jahrmärkten zu betreiben pflegten, allerdings erst nach vorheriger Warnung der Besucher. Ließ sich ein Beutelschneider überführen, so erhielt er seine Strafe wie jeder andere Dieb. 1742 verbot Maria Theresia dieser „Zunft" ihr Treiben. Neben der nur wenig einträglichen Landwirtschaft betreiben die Bewohner Holzverarbeitung.
1930: 1567 Einw. (489 Tschechen).

Schill, Ferdinand von, ⁎ 1776 Wilmsdorf bei Dresden, † 1809 Stralsund. Schills Eltern stammten aus dem Egerland. Der Offizier Schill zeichnete sich vielfach im Koalitionskrieg aus, verteidigte die Festung Kolberg und versuchte, mit seinem Husarenregiment einen allgemeinen Aufstand gegen Napoleon zu erreichen. Elf seiner Offiziere erschossen die Franzosen in Wesel standrechtlich, Schill fiel im Straßenkampf. Die Biographie von Johann Georg Schill, dem Vater des Freiheitskämpfers, der vom Häuslerssohn zum Reichsadeligen aufstieg, schrieb Anton Ernstberger.

Schiller, Josef (Schillerseff genannt), ⁎ 1846 Reichenberg, † 1897 Germania/Pennsylvanien. Der Journalist und Arbeiterdichter emigrierte 1896 in die USA. Der „Sudetendeutsche Freigeist" schrieb Gedichte und Prosastücke, die 1928 gesammelt in Reichenberg erschienen. Eine Auswahl aus seinem Werk gab ein Ostberliner Verlag 1982 heraus. Der populäre Schriftsteller war begeisterter Sozialdemokrat; heute wollen ihn die Tschechen zu einem Kommunisten stempeln.

Schindler, Anton, ⁎ 1795 Meedl bei Sternberg, † 1864 Bockenheim (heute Frankfurt/M.). Schindler, Dirigent in Wien, Münster und Aachen, betreute ab 1816 als Sekretär Beethoven; der Komponist vermachte ihm seinen Nachlaß, der schließlich an die Königliche Bibliothek in Berlin

Firmenzeichen Georg Schicht AG

kam. Schindlers Beethoven-Biographie, es war die erste, erschien in mehreren Auflagen.

Schindler, Franz Martin, * 1847 Motzdorf bei Fleyh im Erzgebirge, † 1922 Wien. Der Moraltheologe, der in Leitmeritz und Wien lehrte, wirkte für die christliche Sozialpolitik, war Mitbegründer der Christlich-Sozialen Partei in Österreich und der Zeitung „Reichspost" in Wien. Ebenso war er der Schöpfer der Leo-Gesellschaft und der Sozialen Kurse. Schindler und Ambros Opitz aus Warnsdorf arbeiteten eng zusammen, um eine christliche Presse mit Niveau zu schaffen. Arnold Hartig schuf Schindlers Denkmal, das in den Universitätsarkaden in Wien aufgestellt wurde.

Schindler, Oskar, * 1908 Zwittau, † 1974 Hildesheim. Während des Krieges beschäftigte er in seiner Fabrik Zablocie bei Krakau viele Juden, die er bei der Verlegung des Unternehmens nach Brünnlitz in Mähren mitnahm. Er hat in der Zeit von 1940–1945 in der Nähe von Auschwitz und im Sudetenland mehr als 1200 Juden vor dem Zugriff der SS gerettet. Er wurde mit dem päpstlichen Silvesterorden, dem Bundesverdienstkreuz und in Yad Vashem als „Gerechter der Völker" ausgezeichnet. Schindler wurde am Ölberg in

Schildberg

Alt Schlaggenwalder Tür

Jerusalem beigesetzt. Seine Biographie schrieb Thomas Keneally; die deutsche Ausgabe erschien 1983 mit dem Titel „Schindlers Liste".

Schlackenwerth *(Ostrov)*, Bezirk Karlsbad. Die als Zollstätte dienende Anlage erhielt im 14. Jh. Elbogener Stadtrecht. Durch Verpfändung der Elbogener Region an Kaspar Schlick (1434) wurde Schlackenwerth zum Zentrum dieser Herrschaft. 1689 kam es an die Markgrafen von Baden, die zeitweilig in Schlackenwerth lebten. Diese Bindung an Baden lebte durch die Patenschaft Rastatts über die vertriebenen Schlackenwerther wieder auf. Schließlich kam die Stadt an das Kaiserhaus und 1811 an den Großherzog von Toskana.

Die Stadt hat bemerkenswerte Baudenkmäler, das Schloß mit ausgedehntem Park, für den A. Leuthner 1674–1683 einen Pavillon schuf, die Pfarrkirche, spätgotisch und barock umgebaut, die romanische Friedhofskirche und die Klosterkirche Maria Treu (1674 von Dom. Orsi) der Piaristen, die 1666 hierher kamen. Die Florianskapelle, ein Dientzenhoferbau, wurde 1933 zum Kriegerehrenmal ausgestaltet. Industrie: Porzellanfabrik,

Leder-, Feilen-, Teer- und Papierfabrik.
1930: 2958 Einw. (191 Tschechen).

Schlaggenwald (*Horní Slavkov*), Bezirk Elbogen. Die Herren von Riesenburg ließen hier am Ostrand des Kaiserwaldes seit Mitte des 14. Jh. Zinn und Silber fördern. 1380 wird die Pfarrkirche erwähnt; 1490 Egerer Stadtrecht. Die größte Blüte herrschte im 16. Jh. Dem hiesigen Bergamt, dem Oberbergamt St. Joachimsthal zugeordnet, unterstanden alle Bergwerke der Umgebung. Die Georgskirche (1516/1517 gebaut, barock umgebaut, 1964 abgebrannt) hatte innen ein Kruzifix aus der Zeit um 1520. Das Rathaus (1583–1586 durch Matthias Merklein gebaut) enthält auch das Stadtmuseum mit Sammlungen von Zinn, Porzellan, Glas, Waffen. Alte Häuser erinnern an die bewegte Geschichte der Stadt. 1794 errichtete der Bauer Haberditzl die erste Porzellanfabrik Böhmens in Schlaggenwald. Zinn- und Wolframerzbergbau, Kaolinschlämmerei, Zinngießerei, Papierwarenerzeugung. 1930: 3288 Einw. (38 Tschechen).

Schleinitz, Maximilian Rudolf von, ∗ 1606 Warnsdorf, † 1675 Leitmeritz. 1630 zum Priester geweiht, war Schleinitz Dechant in Friedland, Pardubitz, Domherr in Olmütz, Generalvikar in Prag und Propst in Leitmeritz. Hier bereitete er die Bistumsgründung vor. 1655 wurde er zum ersten Bischof ernannt. Schleinitz baute die Kathedralkirche und die Kanonikerhäuser, erließ 1664 eine Kirchenordnung und förderte Kunst und Wissenschaft.

Schlesien, auch Sudeten-Schlesien (*Slezsko*), bis 1918 Österreichisch Schlesien. Der Name stammt von dem Volksstamm der Silingen, die vor der Völkerwanderung hier ansässig waren. Es war das dritte der historischen Länder der böhmischen Krone und einst mit Gesamtschlesien verbunden, das zu Österreich gehörte, bis die Friedensschlüsse von Breslau (1742), Dresden (1745) und Hubertusburg (1763) Österreich nur einen Teil davon ließen, nämlich die Herzogtümer Troppau, Jägerndorf, Teschen, und Bielitz. Das österreichische Kronland Herzogtum Schlesien war (1910) 5147 qkm groß und hatte 756950 Einwohner.

Nach dem Ersten Weltkrieg bei der Aufteilung der Monarchie gelangte das rein deutsche Gebiet durch den Vertrag von St. Germain an die neue Tschechoslowakei, dazu kam durch den Vertrag von Versailles vom Deutschen Reich noch das Hultschiner Ländchen. Der neue Staat erhielt ein

Schlackenwerth

Österreichisch Schlesien

Land mit hochentwickelter Industrie (Tuchererzeugung) und großen Steinkohlevorkommen um Teschen; diese Stadt, ferner Bielitz und Ostrau wurden aufgeteilt zwischen Polen und der Tschechoslowakei. Die Olsa bildete die Grenze. Der Westteil (Kohlenreviere von Ostrau und Karwin) kam an die Tschechoslowakei, der Ostteil mit Teilen von Teschen und Bielitz an Polen.

1927 wurde im Zuge der Reorganisation der politischen Verwaltung die rechtliche Selbständigkeit Schlesiens aufgelöst; am 1. Dezember 1928 Vereinigung mit Mähren zum Lande Mähren-Schlesien. Die schlesischen Landesgesetze hatten weiterhin Gültigkeit. Nach dem Münchner Abkommen 1938 Angliederung Schlesiens an das Deutsche Reich. Das Hultschiner Ländchen kam an Preußisch Schlesien, das Land Schlesien gehörte zu dem am 15. April 1939 geschaffenen Reichsgau Sudetenland.

Die Bevölkerung spricht schlesische Mundart. 1930 wurden 712067 Einwohner gezählt (255872 Deutsche, 374498 Tschechen, 77917 Polen und 3780 Sonstige). Von 1880 bis 1930 nahm der Anteil der deutschen Bevölkerung um ein Fünftel (um 18,85 v.H.) ab. Katholisch waren 596738, evangelisch 72625 und Angehörige der Tschechoslowakischen Kirche 35546. Da in den Bereichen des Gebirges (Altvater, Gesenke, Westbeskiden) der Wald vorherrscht, gibt es Acker- und Wiesenland und damit Landwirtschaft nur in niedrigen Lagen. Beschäftigungsmöglichkeiten boten die Eisen- und Glasindustrie, der Kohlenbergbau, die Textilindustrie und Steinindustrie (Marmor- und Schiefervorkommen).

Schlesiermarsch. Text und Musik von Gustav Willscher aus Meltsch (1882–1937), geschrieben 1913 in Ratkau. Seit 1914 Regimentsmarsch des schlesischen Hausregiments „Kaiser“ Nr. 1.

Schlesinger, Ludwig, ∗ 1838 Oberleutensdorf, † 1899 Prag. Der Mitbegründer des Vereins für Geschichte der Deutschen in Böhmen schrieb eine „Geschichte Böhmens“, gab „Deutsche Chroniken aus Böhmen“, das „Stadtbuch von Brüx“ und das „Urkundenbuch der Stadt Saaz“ heraus und verfaßte die Schrift „Die Nationalitätsverhältnisse Böhmens“. Seit 1870 war er Abgeordneter im Böhmischen Landtag. 1894 wurde er zum Führer der Deutschen Liberalen Partei in Böhmen gewählt.

Schlick, Kaspar, ∗ vor 1400 Eger, † 1449 Wien. Er kam 1415 in kaiserlichen Dienst, wurde 1433 Kanzler. Wie auf Sigmund hatte er auch auf Albrecht II. und Friedrich III. Einfluß. Die Urkunde mit der Ernennung in den Reichsgrafenstand wurde von ihm gefälscht, sie fand jedoch trotzdem Anerkennung. Gönner von Gelehrten. Enea Silvio brachte er an den Hof Friedrichs III.

Schlick, Stephan von, ∗ 1487 Schlackenwerth, † 1526 (gefallen) in der Schlacht bei Mohács.

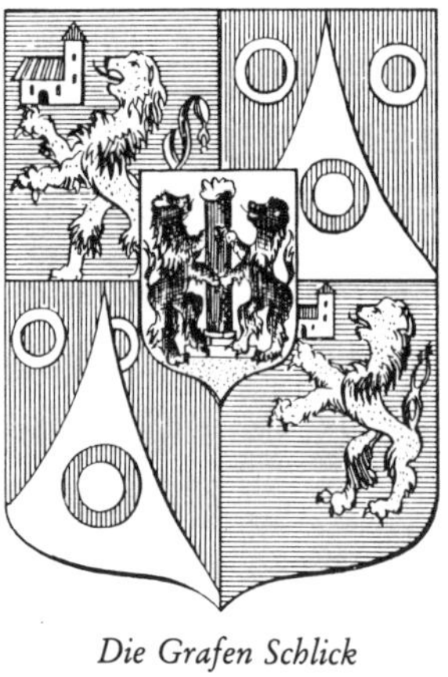

Die Grafen Schlick

Schloß Schluckenau

Schlick gründete im Erzgebirge an der Stelle reicher Silbervorkommen 1516 eine Stadt, die er nach dem Patron Joachimsthal benannte. Seit 1519 wurden hier Münzen geprägt, die man Joachimsthaler, auch Taler (daher Dollar) nannte. 1534 bis 1536 wurde ein Münzhof gebaut.

Schluckenau (*Šluknov*), Bezirksstadt im nördlichsten Böhmen. Vom benachbarten Sachsen aus angelegt und 1281 als Slaukenouwe bezeichnet, erscheint es 1414 als Stadt, die Befestigungen erhielt. Obwohl wegen der Grenzlage oft von kriegerischen Aktionen heimgesucht, wurde die Stadt zu einem wirtschaftlichen Mittelpunkt des Niederlandes, zumal durch die Tuch- und Leinenherstellung. Die Kirche zum hl. Wenzel wurde ab 1711 gebaut, geht aber auf das Jahr 1346 zurück. Johann G. Schmidt aus Plan malte das Hochaltarbild.
Das Schloß (jetzt Museum) im Barockstil mit Park und Sammlungen war von 1745–1876 im Besitz der Grafen Harrach. Auf dem Marktplatz steht eine Dreifaltigkeitssäule. Im Stadtmuseum wurde das Stadtbuch von 1492 verwahrt. Das

Schneegrubenbaude

kulturelle Leben der Stadt war bestimmt durch musikalische Aktivitäten. Nahe der Stadt liegt die Sommerfrische Karlstal mit Parkanlagen und Waldtheater. Landwirtschaftliche Fachschule und Haushaltungsschule. Industrie: Baumwollwebereien, Konfektion, Kunstblumenerzeugung, Stickereiwaren, Holzwaren, Schlosserwaren, Messerschmiede.
1930: 5578 Einw. (225 Tschechen).

Schmeykal, Franz, * 1826 Böhmisch Leipa, † 1894 Prag. Der Advokat war seit 1861 böhmischer Landtagsabgeordneter und Führer der Deutsch-Liberalen Partei. Unentwegt arbeitete er für den Plan einer nationalen Zweiteilung Böhmens. Sein Denkmal und sein Grab in Böhmisch Leipa wurden von den Tschechen nach 1945 vernichtet.

Schmidt, Rudolf, * 1925 Bad Königswart, † 1976 Köln. Der Musiker, Komponist und Orchesterleiter („R. Schmidt Kaiserwald Singer und Orchester") war ein beliebter Unterhaltungsmusiker, der Tourneen bis in die USA unternahm, oft im Fernsehen auftrat und beliebte Schallplatten produzieren ließ. Schmidt gab das Heimatbuch „Vom Kaiserwald zum Tillenberg" 1976 heraus.

Schmidt, Valentin, * 1863 Rosenthal bei Kaplitz, † 1927 Stift Hohenfurth. Gymnasiallehrer, Geschichtsforscher und Stiftsarchivar des Zisterzienserstiftes Hohenfurth. Wertvoll sind seine Schriften zur Siedlungsgeschichte des Böhmerwaldes, ebenso sein Krummauer Urkundenbuch. An seinem Geburtshaus war von 1928–1945 eine Gedenktafel angebracht.

Schmiedeberg (*Šmídeperk*, jetzt *Kovářská*), Bezirk Preßnitz. Die Entstehung gründet auf Eisenerzvorkommen und deren Ausbeutung seit dem 16. Jh. Von den Eisenhämmern (Schmieden) erhielt es seinen Namen. Ein Hochofen war noch bis 1875 in Betrieb. Die Totenheide mit Schwedengrab wurde 1641 das Grab für eine Abteilung Schweden, die im Moor versank. Der Bergort am Kamm des Erzgebirges erhielt 1883 Marktrecht und ein Wappen. Die Mariensäule vor der Schule stammt aus dem Jahre 1706. Die Pfarrkirche St. Michael wurde 1710 erbaut. 2 Fischkonservenfabriken, Spirituosenherstellung, Strohseil- und Knopffabriken, Baumwollzwirnerei, Zündholzfabrik, Spitzenklöppelei, Wintersportplatz.

Schneekoppe

1930: 4297 Einw. (55 Tschechen).

Schmiedeberger (Dittersbacher) **Paß** an der Ostgrenze des Riesengebirges, 727 m. Verbindung von Schmiedeberg und dem Tal der Kleinen Aupa mit Marschendorf, Freiheit, Johannisbad.

Schmitz, Richard, ∗ 1885 Müglitz, † 1954 Wien. Der christlich-soziale Politiker in Wien wurde 1930 Vizekanzler, war 1926–1929 Unterrichts- und 1933/1934 Sozialminister. Als Bürgermeister von Wien (1934–1938) arbeitete er vergebens gegen die deutsche Besetzung Österreichs. Nach seiner Rückkehr aus dem KZ (1938–1945) leitete er den Herold Verlag in Wien.

Schmucker, Hannes, ∗ 1899 Eger, † 1965 München. Nach der Ausbildung an der Münchener Akademie bei Stuck und nach Studienreisen lebte Schmucker in Königsberg/Pr., nach sowjetischer Kriegsgefangenschaft in Augsburg und ab 1948 in München. Der Maler, der Wesentliches zur modernen Kunstszene beisteuerte und sich von der naturalistischen zur abstrahierenden Darstellung gewandelt hatte, erregte durch zahlreiche Ausstellungen berechtigtes Aufsehen. Eine Übersicht über seine Werke, die aus der Farbe leben, zeigte 1974 die Ostdeutsche Galerie in Regensburg; diese erhielt einen Großteil des Nachlasses.

Josef Schneider

Über Schmucker erschienen zwei vorzügliche Monographien im Thiemig Verlag in München.

Schneegruben (*Sněžné jámy*) im Riesengebirge. Zwei durch einen Felsgrat voneinander getrennte Gruben (Kleine Grube 350 m, Große Grube 500 m breit). Das durch Gletscher geformte Gebiet birgt für Geologen und Botaniker interessante Funde.

Schneekoppe (*Sněžka*), 1603 m. Höchster Berg des Riesengebirges und auch Deutschlands nördlich der Donau. Granitkegel mit Schieferhaube, überdeckt von Gneis- und Glimmerschieferblöcken. Über den Gipfel verläuft die Landesgrenze. Die Kapelle St. Laurentius aus der 2. Hälfte des 17. Jh. steht auf der schlesischen Seite. 2 Bauden und Wetterstation. Die Sicht beträgt über 200 km.

Schneevogel, Paulus s. Niavis, Paulus.

Schneider, Josef, ∗ 1911 Jauernig, † 1969 München. Nach der Promotion redigierte Schneider die Zeitschrift „Volk an der Arbeit" (1937/1938) und arbeitete bis 1945 als Kulturreferent und in einem Verlag. Von den Tschechen interniert, kam er nach der Entlassung über Mitteldeutschland nach Bayern, wo er an einer Schule unterrichtete. Schneider schrieb Gedichte und Erzählungen. Nach seiner Vertreibung erschienen noch die Lyrikbände „Du lebst in mir" und „Abschied und Heimkehr". Als Herausgeber bekannt geworden („Große Sudetendeutsche", „Zwei Stiefel, vier Herzen", „Gruß der Heimat" und 5 Bände „Volkskalender für Sudetendeutsche" 1951–1955). Schneider schrieb den Text zur Schuloper „Weilheimer Stückl".

Schneider, Rudolf, ∗ 1888 Trautenau, † 1980 München. Bereits 1920 bzw. 1926 gründete er in Friedland und Reichenau in Sachsen einen Verlag, in dem Literatur der Jugendbewegung erschien. Nach der Entlassung aus tschechischer Haft begann er mit 76 Jahren in München wieder mit einem Verlag, in dem er sich vorwiegend dem Holzschneider Ernst von Dombrowski ver-

Schönbacher Wappen (1650)

schrieb und Bücher mit dessen Illustrationen herausbrachte.

Scholz, Roman Karl, * 1912 Mährisch Schönberg, hingerichtet 1944 Wien. Der Augustinerchorherr in Klosterneuburg wirkte hier an der Ordenshochschule als Theologie- und Philosophieprofessor, leitete von 1938–1940 die österreichische Freiheitsbewegung und wurde nach vier Jahren Haft enthauptet. Scholz hinterließ den Gedichtband „Feine ferne Dinge" (1935) und den in der Haft geschriebenen Roman „Goneril".

Schön, Eduard, s. Engelsberg, E. S.

Schönbach (*Luby*), Bezirk Eger. Die berühmte Geigenbauerstadt am Fuß des westlichen Erzgebirges wird 1158 erwähnt. Sie wird zum Besitz des Klosters Waldsassen geschlagen. 1319 Stadterhebung mit Egerer Stadtrecht. Als der Erzbergbau zurückging, suchte man andere Arbeitsmöglichkeiten. Alt ist die Musikinstrumentenherstellung; eine eigene Fachschule zog den Nachwuchs heran. Neben 64 Betrieben der Instrumentenerzeugung auch Hausindustrie. 1929 erreichte man bei 4500 Beschäftigten eine Jahresproduktion von 9 Millionen Reichsmark und einen Export von 66 Millionen Kronen. Nach der Vertreibung wurden die Schönbacher im Kreis Erlangen angesiedelt. Die Geigenbauersiedlung Bubenreuth wuchs von 994 im Jahre 1949 auf 5000 Einwohner im Jahre 1974. Das Gewerbesteueraufkommen stieg von 5745,– (1949) auf 600000,– DM (1973).
1930: 4770 Einw. (87 Tschechen).

Schönfeld (*Krásno*), Bezirk Elbogen. Einst ein Bergamt, dem viele Bergwerke in der Umgebung unterstanden. 1355 wurden Gerichtsbarkeit und eine Zinnwaage verliehen, 1380 das Luditzer Stadtrecht. Besitzer waren die Riesenburger, die Pflug von Rabenstein und die böhmische Kammer. Königliche Bergstadt wurde Schönfeld unter Ferdinand I. Dem Brand von 1848 fiel die ganze Stadt mit Kirche und Rathaus zum Opfer. 1859 erbaute man eine neue Kirche, die auch Marienwallfahrtsstätte war. Industrie: Porzellanfabrik, Porzellanmalerei, Braunkohle-, Zinn- und Wolframbergbau, Leinenerzeugung, Erzeugung von Tabakdosen.
1930: 2132 Einw. (16 Tschechen).

Schönhengstgau. Die große deutsche Sprachinsel mit ihrem größeren Teil in Mähren und einem kleineren in Böhmen hat ihren Namen von der Ortschaft Schönhengst (*Hřebeč*) bei Leitomischl und dem gleichnamigen Höhenzug Schönhengst (660 m). Er ist nur durch einen schmalen Streifen von den geschlossenen deutschen Siedlungsgebieten im Adlergebirge und im nordmährisch-schlesischen Raum getrennt. Die deutsche

Schönhengster Wappen

Schönhengster Vierkanthof

Besiedlung erfolgte durch den Olmützer Bischof Bruno von Schaumburg mit Unterstützung König Ottokars II. im 13. Jh.; es kamen Siedler aus Bayern, Franken, Schwaben und Mainfranken ins Land und schufen eine hervorragende Kulturlandschaft.

Aus dieser Stammesverschiedenheit ist die Vielgestaltigkeit in der Tracht, in Mundart und Hausbau erklärlich. Es bestand eine Vielfalt volkskundlicher Äußerungen. Von der Waldsiedlung Finkenstein nahm die große deutsche Singbewegung Walter Hensels ihren Ausgang. Die bedeutendsten Städte des Schönhengstgaues waren Brüsau, Landskron, Mährisch Trübau, Müglitz, Zwittau und Hohenstadt; dieses hatte zuletzt eine tschechische Mehrheit.

1930 gab es im Schönhengstgau (1180 qkm) 6 Städte und 142 Gemeinden mit über 126000 Deutschen (5300 Tschechen).

Schönhof (*Krásný Dvůr*), Bezirk Podersam. Barockschloß des Grafen Czernin-Chudenitz, an Stelle eines Renaissancebaues 1720–1724 von Kanka errichtet. Der 94 ha große Park, der erste Englische Garten Böhmens, vor 1788 angelegt, hat eine Reihe interessanter Bauten. Goethe, der 1810 hier war, nannte den Park „eine Kunst im Naturgewande". Karl Fürst zu Schwarzenberg, 1813 Sieger in der Schlacht bei Leipzig, ist auf einem Denkmal von Emanuel Max dargestellt. Das Schloß dient heute als Museum.

Schöninger, 1084 m, höchste Erhebung des Krummauer Gebirges im Böhmerwald, als dessen schönster Aussichtspunkt der Berg gerühmt wurde. 1825 ließ Fürst Schwarzenberg den Aussichtsturm aufführen. damals das höchstgelegene Bauwerk Böhmens. Heute steht auf dem Granitgipfel eine Sternwarte.

Schönlinde (*Krásná Lípa*), Bezirk Rumburg, Gegründet im 13. Jh., entwickelte es sich zu einem wichtigen Industrieort, der 1731 Markt und 1870 Stadt geworden war. Die Stadt an der Kirnitzsch hatte 2 Kirchen, die Stadtpfarrkirche zur hl. Magdalena (erst gotisch, dann barock) mit Bildern von Führich, Kindermann, Kadlik und Skulpturen von Petrich, und eine neugotische altkatholische Kirche. Eine Fachschule bildete den Nachwuchs für die bedeutende Textilindustrie aus. Auch Metallindustrie wurde betrieben. Schönlinde war Sommerfrische und Ausgangspunkt für Wanderungen in die Böhmisch-Sächsische Schweiz. Ein Ausflugsort war auch der bei Schönbüchel gelegene Schloßberg mit der Ruine der Burg Schönbuch aus dem 14. Jh.

1930: 6600 Einw. (182 Tschechen).

Schönpriesen (*Krásné Březno*), seit 1900 Stadtteil von Aussig. Das Schloß stammt aus der Zeit um 1600 und erhielt 1750 barocke Form; die

Josefsturm auf dem Schöninger

Schloßkirche (1597–1603) ist ein Werk des Hans Boge aus Pirna; sie hat einen Marmoraltar mit Alabasterreliefs von Tobias Lindner aus Freiberg (1605).
1908 legte Heinrich Lumpe am Hange des Marienberges einen Natur- und Vogelschutzpark aus eigenen Mitteln an. Dieser wurde weit über die Landesgrenzen hinaus als Pionier des Vogelschutzes bekannt. Industrie: Zuckerraffinerie, Spiritus-, Preßhefe- und Likörfabrik, chemische Fabrik.
1930: 4920 deutsche und 371 tschechische Einw.

Schönthal (*Krásné Údolí*) im Bezirk Tepl erhält 1488 Stadtrecht und Privilegien. 1498 erscheint es als Plebanie, 1774 wird es Lokalie und 1856 Pfarrei. Die Pfarrkirche St. Laurentius stammt aus dem 15. Jh. Das Rathaus zieren 2 Barocktürmchen. Aus Schönthal gingen viele gute Musiker hervor, die sich in fernen Ländern ihren Lebensunterhalt verdienten. Zwischen 1870 und 1941 brachte Schönthal nach Otto Zerlik mindestens 90 qualifizierte Musiker hervor.
1930: 488 Einw. (487 Deutsche und 1 Ausländer).

Schott, Anton, * 1866 Hinterhäuser bei Neuern, † 1945 Schloß Hub bei Mettnach/OÖ. Schott lebte als Lehrer und später als freier Schriftsteller in Oberösterreich, verfaßte über 50 Romane, zumeist aus dem Bauernleben oder aus der Geschichte des Böhmerwaldes. Dazu kommen über 30 Bände mit Erzählungen und Novellen. Am weitesten verbreitet waren seine historischen Romane „Der Bauernkrieg", „Bibel und Jesuit" und „Hussenzeit".

Schramek, Josef, * 1856 Chrudim, † 1940 Winterberg. Als Oberlehrer im Böhmerwald beschäftigte er sich mit Heimat- und Volkskunde und veröffentlichte die Bücher „Das Böhmerwaldbauernhaus", „Der Böhmerwaldbauer" und „Vierzig Wochen Heimatkunde", ferner das lustige Geschichtenbuch „Vom Arber zum Plökkenstein".

Schramm, Wilhelm, * 1850 Troppau, † 1925 Brünn, wo er Konservator und Bibliothekar der Mährischen Landesbibliothek war. Er verfaßte heimat- und kulturgeschichtliche Werke („Brünner Chronik", „Ein Buch für jeden Brünner" in 5 Bänden, „Bilder aus mährischer Vergangenheit", „Vaterländische Denkwürdigkeiten", „Mährisches Magazin für Biographie und Kulturgeschichte") und Biographien.

Schönlinde

Schreckenstein (*Střekov*). Bis zum Zweiten Weltkrieg selbständige Gemeinde, danach in Aussig eingemeindet. Die gleichnamige Burg auf einem 85 m hohen Klingsteinfelsen über der Elbe wurde im 14. Jh. zum Schutze des Wasserweges und der Stadt Aussig errichtet. Seit dem Siebenjährigen Krieg verlassen. 1837 schuf Ludwig Richter sein Bild „Überfahrt am Schreckenstein". Gedenktafeln erinnern an Richard Wagner, der in der Nähe zum Motiv des Pilgerchors im „Tannhäuser" inspiriert wurde, und an den Freiheitsdichter Theodor Körner, der 1811 hier weilte. Unterhalb der Burg wurde eine Stauanlage mit einem Kraftwerk errichtet, seinerzeit das größte im Staat.

Schreiber, Hans, * 1859 Wallern, † 1936 Krummau. Der international bekannte Moorforscher war Direktor der Landwirtschaftlichen Winterschule in Staab und Leiter der Moorversuchsanstalt in Sebastiansberg, wo er das Moor-

Burg Schreckenstein

museum gründete. Er gab die Anregung zur Gründung des Böhmerwaldmuseums in Oberplan, begründete die „Moorzeitschrift", schrieb Bücher und Aufsätze über das Moorwesen, gab den „Wäldlerkalender" heraus und schrieb auch Erzählendes.

Schreiber, Rudolf, ∗ 1907 Neudek, † 1954 Speyer. Der Historiker wurde noch in Prag außerordentlicher Professor (1944) für mittlere und neuere Geschichte, besonders der Sudetenländer. Zuletzt war er Archivdirektor in Speyer und Vorsitzender der Historischen Kommission der Sudetenländer. Neben einer Geschichte Prags schrieb er „Der Elbogener Kreis und seine Enklaven nach dem Dreißigjährigen Krieg" und „Das Spenderbuch für den Bau der protestantischen Salvatorkirche in Prag (1610–1615)", ferner Bibliographien und Aufsätze. Er war Mitglied der Pfälzer Gesellschaft zur Förderung der Wissenschaften und des Historischen Vereins der Pfalz.

Schrifttum. Das Schrifttum ist in den großen Bereich gesamtdeutschen Geistesgutes einzufügen, doch weist es Eigenheiten auf, die dem Landschaftscharakter und dem individuellen Gepräge des jeweiligen Menschenschlages oder Stammes gemäß sind. Es gibt Epochen in der geistigen Erscheinung des Sudetenlandes, da ist es im Vergleich zum großen Brudervolk still; in anderen Zeitabschnitten jedoch scheinen helle Sterne, ja Sterne erster Klasse, deren Namen in allen Kontinenten Anerkennung finden. In unserer kurzen Übersicht können nur einige Namen angeführt werden.

Aus der frühen Zeit (975) kennen wir das geistliche Lied „Christ genade"; erst im 13. Jh., nach der deutschen Siedlung, tauchen Minnesänger am Prager Hofe auf: Reinmar von Zweter, Meister Sigeher, Friedrich von Sonnenburg, der Tannhäuser u. a. Das höfische Ritterepos kommt durch Ulrich von dem Türlin ins Land. Heinrich von Freiberg ist der erste im Lande selbst geborene Dichter. Wie die Heidelberger Liederhandschrift überliefert, zählte auch König Wenzel II. (1278–1305) zu den Minnesängern.

Das Zeitalter Karls IV. wird zu einem Höhepunkt der Dichtung. Der Frühhumanismus findet eine einmalige Pflegestätte, in Prag erwächst die erste Universität des Reiches. In der kaiserlichen Kanzlei in Prag mit Johannes von Neumarkt an der Spitze entstehen Texte, die als vorbildlich gelten und auf die Entwicklung der deutschen Sprache von Einfluß sind, nach den Behauptungen einiger Wissenschaftler bis zum Deutsch Luthers hin. Es entsteht die Übersetzung der Bibel, die Tepler Bibel als älteste Handschrift. Heinrich von Mügeln dichtet „Der Maide Kranz".

Um 1400 schuf Johannes von Tepl den „Ackermann aus Böhmen", „das vollkommenste Stück Prosa der älteren deutschen Literatur" (Gervinus). Nach der dunklen Zeit der Hussitenkriege leuchtet um so heller die Sonne des Humanismus eines Lobkowitz auf Hassenstein, eines Augustinus von Olmütz, des Georg Handsch und der Herren von Boskowitz und des Stanislaus von Thurzo. In Südböhmen sind die Herren von Rosenberg große Förderer des Geistes.

Die Reformation kommt ins Land, mit ihr erwachen neue Töne in Lied und Dichtung. Nachdem

schon katholische Liedsammlungen zusammengestellt worden waren (Hohenfurther Liederbuch, Gesangbücher des Olmützers Leisentritt und des Krummauers Schweher, gen. Hecyrus), gibt Michael Weiße 1531 ein Gesangbuch mit eigenen und protestantischen Liedern heraus. Ein Zentrum des neuen Glaubens wird St. Joachimsthal, wo Agricola Werke zur Bergkunde, Nikolaus Hermann Lieder und Johannes Mathesius Predigten und eine Biographie Luthers schreiben. Erwähnt werden müssen auch die Dramatiker Schweher, Edelbeck, Stephani und Birken, ebenso der Meistergesang, der in Iglau, Eger, Elbogen, Trautenau und Olmütz gepflegt wurde.
Erst in der Barockzeit sind wieder Äußerungen literarischen Lebens von Bedeutung anzumerken, voran die des Wildsteiners Sigmund von Birken, der das geistige Leben Nürnbergs mitbestimmt. Die Jesuiten entwickeln mit den von ihnen geleiteten (meist auch geschriebenen) Dramen einen neuen Stil, der weite Nachahmung findet, beim Adel wie beim Volk. Im 18. Jh. gewinnt die deutsche Sprache neues Leben: Seibt ist es, der sie als Unterrichtssprache einführt. Lessings „Emilia Galotti" steht am Beginn des neuen Landestheaters in Prag (1783), in dem es in Hinkunft zu einem reichen literarischen Leben kommen sollte, in deutscher wie in tschechischer Sprache.
Über die Grenzen dringen die Wellen der Klassik und der Romantik herein in das Land, zum Vorteil beider Landessprachen. Für den Beginn des 19. Jh. stehen Namen wie Karl Egon Ebert, Moritz Hartmann, Alfred Meißner und Hieronymus Lorm. Dann erscheinen schon die Großen Charles Sealsfield (Karl Postl) und Adalbert Stifter. Dieser, unser größter Dichter, war vielen Vorbild, auch den Böhmerwäldlern Josef Rank und Josef Meßner.
Die zweite Hälfte des Jahrhunderts zeigt uns Marie von Ebner-Eschenbach, die große Erzählerin; ihr verwandt zeigt sich Ferdinand von Saar. Bertha von Suttner wird immer als Vorkämpferin der Friedensidee bewußt bleiben. Vom Weltanschaulichen geprägt waren auch der Katholik Richard von Kralik und der Expriester Anton Ohorn.
In der Folge treten Dichter und Schriftsteller in großer Zahl auf. Unter diesen leuchten einige weit über ihr Vaterland hinaus, manche wurden von der gesamten geistigen Welt aufgenommen; es sind Männer wie Rainer Maria Rilke, Franz Kafka, Franz Werfel, Johannes Urzidil und Karl Kraus. Als Dichter schufen auch viele andere Hervorragendes: Richard von Schaukal, Franz Karl Ginzkey, Franz Nabl, Erwin G. Kolbenheyer, Dietzenschmid (Anton Schmidt), Emil Merker und Ernst Weiß.
Hat man die sogenannte Heimatdichtung auch abzuqualifizieren versucht, so zeigt sie gerade in vielen ihrer Vertreter Wertvolles und beste Ausstrahlung in ihre Umwelt. Heimatdichter im besten Sinne des Wortes sind Viktor Heeger, Gustav Leutelt, Hans Watzlik, Johann Peter, Josef Hofmann, Emil Hadina, Hugo Scholz, Hans Deißinger und Robert Michel. Vom Mystischen geleitet erwiesen sich Heinrich Suso Waldeck und Franz Spunda.
Hunderte von Namen konnte man hier nicht erwähnen; auch die zahlreichen Prager (wie Franz Hauptmann) nicht, die das deutsche literarische Leben in der böhmischen Landeshauptstadt ver-

Johann Schroth

körperten. Der vornehmlich jüdische Anteil fand eine angemessene Würdigung in dem Buche „Der Prager Kreis“ von Max Brod.

Schroll, Josef von, ∗ 1821 Braunau, † 1891 Schloß Liebeschitz. Das Weberei- und Spinnerei-Unternehmen Schroll in Braunau und Halbstadt beschäftigte (1890) 2000 Arbeiter, die Fabriken hatten ein eigenes Krankenhaus, eine Schule, Kindergarten, Feuerwehr und Musikkapelle. Schroll, der sich um die Erhaltung des Deutschtums verdient machte, bemühte sich um den Ausbau der Eisenbahnstrecken.

Schroth, Johann, ∗ 1800 Böhmischdorf bei Freiwaldau, † 1856 Lindewiese. Der Bauer und Naturheilkundige Schroth ist Begründer der Naturheilstätte in Lindewiese, die noch zu seinen Lebzeiten Weltruf erlangte. Seine Kurmittel waren neben warmem Wasser die Trockenkur, eine Diät, die bewirkte, daß krankhafte Flüssigkeitsansammlungen aus dem Körper ausgeschieden werden. Die Diät besteht aus altbackenen Semmeln, Getreidebrei, Schleimsuppe, auch etwas Landwein. Diese Kur ist noch heute von der Medizin anerkannt, besonders als Abmagerungskur bei Fettsucht. Nach 1945 wurden Schroth-Kuren in Oberstaufen im Allgäu, in Ober Vellach in Kärnten und bei Bad Reichenhall eingerichtet. Eine Schroth-Büste des Bildhauers Engelbert Kaps wird im Heimatmuseum in Kirchheim unter Teck aufbewahrt.

Schuberts Ahnenhaus

Franz Schubert am Klavier

Schrötter von Kristelli, Anton, ∗ 1802 Olmütz, † 1875 Wien; Professor in Graz und Wien. Er entdeckte den ungiftigen roten Phosphor (für die Entwicklung der Zündholzindustrie ausschlaggebend) und fand bei einigen Mineralien seltene Elemente. Das Mineral Schrötterit ist nach ihm benannt, ebenso das Schrötterhorn in der Ortlergruppe. Der Gelehrte war an der Vorbereitung der Österr.-ungarischen Nordpolexpedition beteiligt; deshalb wurden in Franz-Joseph-Land ein Joch und ein Kap nach ihm bezeichnet. Schüler von ihm vollbrachten wiederum große Leistungen, so Loschmidt, Wiesner, Uchatius, Lieben, Tschermak. Vor der Wiener Technischen Hochschule steht seine Büste.

Schubert, Franz, ∗ 1797 Lichtental bei Wien, † 1828 Wien. Sein Vater stammte aus Neudorf bei Mährisch Altstadt, die Mutter aus Zuckmantel. Schubert, zuerst Schulgehilfe bei seinem Vater, danach als freier Komponist in Wien lebend, steht stilistisch am Übergang von der Wiener Klassik zur Romantik. Sein kompositorisches Schaffen war, gemessen an ihm zur Verfügung stehenden 17 Schaffensjahren, enorm. Er schrieb über 600 Lieder, 19 Opern und Singspiele, 30 geistliche Werke (überwiegend Messen), 22 Klaviersonaten, rund 30 Kammermusikwerke, 10 Symphonien, ferner Quartette, Quintette, Klaviertrios. Viele seiner Schöpfungen sind auch Laien bekannt, so die 8. Symphonie („Unvollendete"), das Klavier-(„Forellen-")Quintett, die Zyklen „Die schöne Müllerin", „Winterreise" und „Schwanengesang", allen voran jedoch Lieder. Die Singspiele und Opern sind heute zumeist vergessen. Schubert, der Schöpfer des neuen Liedes, hatte einen Freundeskreis, die „Schubertiade", zu der auch der Maler M. von Schwind, der Dichter Grillparzer und der Sänger J. M. Vogl gehörten. An Schubert erinnern zahlreiche Denkmäler, Gedenktafeln, Straßenbezeichnungen und Brunnen.

Schulwesen s. Bergbauschulen. Arbeitsgemeinschaft sudetendeutscher Erzieher. Bürgerschulen. Fachschulen. Handelsakademien. Hochschulen. Lehrerbildungsanstalten. Minderheitenschulen der Tschechen. Mittelschulen. Volksbildung. Volkshochschulen. Wissenschaft.

Schumburg an der Desse (*Šumburk nad Desnou*), Bezirk Gablonz. Mit der Stadt Schumburg, die in einer landschaftlich reizvollen Gegend liegt, ist die Gestalt des volkstümlichen Arztes Johann Kittel (1701–1783), den man den Faust des 18. Jh. nannte, verbunden. Um sein Wirken ranken sich viele Sagen. Schumburg, seit 1903 Pfarrei, hat eine Franciscus Seraphicus geweihte Pfarrkirche. Industrie: Baumwollweberei, Spinnerei, Glasschmuck-Hausindustrie. Auch im nahem Swarow bedeutende Textilindustrie.
1930: 3562 Einw. (2145 Tschechen, 1361 Deutsche, 51 Ausländer).

Schumpeter, Joseph Alois, ∗ 1883 Triesch bei Iglau, † 1950 Taconic/Conn. Schumpeter, den man 1919 zum österreichischen Finanzminister berufen hatte, war Professor in Graz, Bonn und an der Harvard Universität. Als Nationalökonom betonte er den Einfluß der Unternehmer, der Kreditschöpfung und der Technik auf die wirtschaftliche Entwicklung. Er hat mit seiner Lehre und seinen Büchern das ökonomische Denken bis heute maßgeblich bestimmt.

Schürer (seit 1592 von Waldheim), **Dominik,** ∗ 1581 Groß Kuntschitz/Mähren, † 1629/1632; Glashüttenmeister, der von Georg Schürer die Glashütte in Lenz bei Schildberg übernahm. Rudolf II. verlieh ihm das Adelsdiplom mit dem Wappenbrief, der auch auf die Hüttenmeister Paul Schürer in Falkenau bei Haida, Kaspar Schürer in Labau und Valentin Schürer in Krombach ausgestellt ist. Durch Dominik Schürer wurde die Lenzer Hütte zu einem großen Unternehmen. In der dortigen Kirche befindet sich sein Epitaph.

Schurz Markt (*Městys Žireč*), Bezirk Königinhof. Der Ort an der Sprachgrenze kam 1635 an die Jesuiten. Nach deren Aufhebung 1773 wurden die Güter zu einer Studienfondherrschaft. Man wollte damals die neuen Maßnahmen erproben, die nach der Aufhebung der Leibeigenschaft zu beachten waren, wie man hier auch die Auswirkungen der Auflassung des Robotpatentes beobachtet und untersucht hatte. Im nahen Bethlehem hatte

Wappen der Schürer von Waldheimb

Matthias Braun die großartigen Barockplastiken im Wald geschaffen.

Schuselka, Franz, * 1811 Budweis, † 1886 Gainfarn / NÖ. Der Publizist und Politiker lebte wegen der österreichischen Zensur in Deutschland, kam 1848 in das Frankfurter Parlament, danach in den Österreichischen Reichstag. 1849 stand er an der Spitze des Sicherheitsausschusses. Der gefeierte Volksmann war erster Präsident des Schriftstellerverbandes Concordia. Er gab zwei politische Zeitschriften heraus und verfaßte Romane, Erzählungen und Flugschriften.

Schustala, Ignaz, * 1822 Nesselsdorf im Kuhländchen, † 1891 Nesselsdorf. 1850 begann Schustala mit der Erzeugung von Wagen, die wegen ihrer Güte bald Verbreitung fanden. Der Hofwagenfabrikant errichtete mehrere Filialen und verlegte sich nach dem Aufschwung des Eisenbahnwesens auf die Herstellung von Waggons für Menschen und Frachten. Der Betrieb, der sich fortlaufend ausweiten konnte, war die Wiege für die in Nesselsdorf entstandenen Tatrawerke, die durch den Automobilbau Berühmtheit erlangten.

Schüttenhofen (*Sušice*), Bezirksstadt an der Wottawa in Südwestböhmen. Zunächst an Bayern verpfändet, kam die einstige Goldbergstadt 1265 an Böhmen. Das Deutschtum erlitt große Einbußen durch den Hussitenkrieg und im 19. Jh. Bis 1870 war die Gemeindevertretung deutsch. Schließlich waren von den 44 Gemeinden des Gerichtsbezirkes Schüttenhofen nur noch 4 deutsch. Alt sind die Wenzels- und Friedhofskirche (gotisch), ebenso die Dechantei, in der jetzt das Städtische Museum untergebracht ist, und Bürgerhäuser. Der Judenfriedhof geht auf das Jahr 1626 zurück. Nahe liegt die barocke Schutzengelkapelle, einst ein Wallfahrtsort. Industrie: Zündwarenfabrik „Solo“ (über 1200 Arbeiter), Schuherzeugung, Lederfabrik.
1930: 7163 Einw. (6954 Tschechen, 166 Deutsche, 35 Ausländer).

Schüttenhofen

Schütz, Hans, * 1901 Hemmehübel bei Rumburg, † 1982 München. Der Schreinerlehrling war Mitbegründer katholischer Jugendvereine, wurde 1920 Gewerkschaftssekretär und 1921 Geschäftsführer des Christlichen Textilarbeiter-Verbandes. 1925 wurde ihm die Leitung des Gesamtverbandes der Sudetendeutschen Christlichen Gewerkschaften übertragen. Durch die Gründung der Monatsschrift „Sudetendeutsche Arbeit“ fand er weite Anerkennung. Bereits 1935 kam er als Abgeordneter für die Deutsche christlich-soziale Volkspartei in das Prager Parlament. Der von ihm und Wenzel Jaksch geschaffene Jungaktivismus, der einen Ausgleich mit den Tschechen suchte, mußte wegen deren starrer Haltung ohne Erfolg bleiben. Die Zeit des „Dritten Reiches“ überlebte Schütz als Angestellter. Nach der Vertreibung schloß er sich in Bayern der CSU an und kam 1949 in den Bundestag. 1962 wurde er Staatssekretär und 1964 bayerischer Staatsminister für Arbeit und Soziale Fürsorge.
Als Vorsitzender der Union der Ausgewiesenen, als Vorsitzender der Ackermann-Gemeinde, deren Mitbegründer er war, als Mitglied vieler Institutionen im Dienste der Vertriebenen hat Schütz viel Gutes getan. Der bescheidene Mann hatte sich nie um Ämter und Würden bemüht, er hat

seine Tätigkeit stets als Aufgabe betrachtet. 1971 hat ihm die Ackermann-Gemeinde mit der Festschrift „Ein Leben – drei Epochen“ gedankt.

Schutzvereine. Das Bestreben der Tschechen, ihre eigenen Volksgrenzen immer weiter in die von den Sudetendeutschen bewohnten Gebiete hineinzuverschieben, rief bei diesen die deutschen Schutzvereine ins Leben. Im Zuge dieses Selbstschutzes entstanden 1880 der Deutsche Schulverein, 1884 der Deutsche Böhmerwaldbund, 1886 der Bund der Deutschen Nordmährens, 1892 der Bund der Deutschen Westböhmens, 1894 der Bund der Deutschen für Nordwestböhmen und der für Ostböhmen, die Nordmark für Schlesien (in der Tschechoslowakei aufgelöst und 1921 mit dem Namen Bund der Deutschen in Schlesien neu gebildet) und der Bund der Deutschen in Böhmen, der 1900 bereits 571 Ortsgruppen mit 60000 Mitgliedern zählte; es folgten 1899 der Bund der Deutschen in Südmähren und 1904 der Bund der Deutschen der Sprachinsel Iglau.

Schwantner, Emil, ∗ 1890 Königshan bei Trautenau, † 1956 Salzelmen bei Schönebeck a. d. Elbe. Der Bildhauer Schwantner gehörte 1912 zu den Helfern Franz Metzners bei der Anfertigung der monumentalen Figuren für das Völkerschlachtdenkmal bei Leipzig. Im Riesengebirge und in der Umgebung legten viele Denkmäler Zeugnis für sein Können ab, auch die Goethe-Büste in den Adersbacher Felsen. Hervorragend waren die Tierplastiken des Künstlers.

Schwarz, Egon, ∗ 1907 Tannwald im Isergebirge † 1980 Frankfurt/M. Der Jurist war Syndikus des Allgemeinen deutschen Genossenschaftsverbandes in Prag und Aussig, ab 1950 auch eines Bundeswirtschaftsverbandes in Frankfurt/M. Er war auch Mitglied des Wirtschaftsbeirates der Hessischen Landesregierung, Präsident der Bundesversammlung der Sudetendeutschen Landsmannschaft, Landschaftsbetreuer der Heimatlandschaft Polzen – Neiße – Niederland, Mitarbeiter in der Internationalen Europa-Union und vieler anderer Vereinigungen. Dem Heimatkreis Reichenberg stand er über zwei Jahrzehnte als Vorsitzender zur Verfügung. Schwarz erhielt viele hohe Auszeichnungen, so den Ehrenbrief der Sudetendeutschen Landsmannschaft.

Schwemmkanaltunnel bei Hirschbergen

Schwarz, Ernst, ∗ 1895 Haida, † 1983 Erlangen. Der Germanist an der Deutschen Universität Prag und nach der Vertreibung an der Universität Erlangen war einer der führenden deutschen Namens- und Mundartforscher, ebenso einer der wenigen, die sich dank ihrer Sprachkenntnisse mit Forschungen über deutsch-slawische Beziehungen in philologischer Hinsicht befassen konnten. Unter seiner Leitung entstand in Prag das Sudetendeutsche Wörterbuch, das 1945 beinahe vollendet war, dann verloren ging und wieder neu erarbeitet werden mußte. Schwarz schrieb viele Bücher, auch eine „Volkstumsgeschichte der Sudetenländer“ und „Sudetendeutscher Wortatlas“.

Schwarzenberg. Das 1172 beurkundete Uradelsgeschlecht, das 1670 in den Reichsfürstenstand erhoben wurde, hatte große Besitzungen in Südböhmen. Herrschaftssitz war Krummau. Mitglieder der Familie waren:

Felix, 1800–1852, österreichischer Ministerpräsi-

Karl Postl-Sealsfield

dent und Außenminister, politischer Lehrmeister Kaiser Franz Josephs.
Friedrich, 1800–1870. Offizier und Schriftsteller. Er wurde bekannt mit „Aus dem Wanderbuch eines verabschiedeten Lanzknechts".
Friedrich, 1809–1885. Fürsterzbischof von Salzburg (1836) und Prag (1850). Er trat beim Ersten Vaticanum als Gegner der Infallibilisten auf, nahm aber die Entscheidung des Konzils an.
Karl Philipp, 1771–1820. Siegte als Heerführer 1813 in der Völkerschlacht bei Leipzig über Napoleon; Radetzky war sein Generalstabschef.

Schwarzenberger Schwemmkanal. Diese Verbindung zwischen Moldau und dem Stromsystem der Donau beginnt am Nordabhang des Dreisesselberges, durchfließt bei Hirschbergen einen Tunnel von 418 m Länge, verläuft über Neuofen, Hüttenofen, Josefsthal und Glöckelberg bis zum Mühlfluß in Bayern. Der 52 km lange Kanal wurde 1787–1812 von Josef Rosenauer erbaut.

Schwind, Ferdinand, ∗ 1875 Schönwald bei Friedland, † 1960 Dorfen/Oberbayern. Der Erzdechant von Aussig tat viel auf caritativem und sozialem Gebiet, war wiederholt Schützenkönig. Schriftsteller (Erzählungen: „Das zweite Gesicht"; „Iserinen"), Mitarbeiter bei den „Beiträgen zur Heimatkunde des Aussig-Karbitzer-Bezirkes").

Sealsfield, Charles (eigentlich Karl Postl), ∗ 1793 Poppitz/Südmähren, † 1864 Solothurn/Schweiz. Ursprünglich Priester des Kreuzherrenordens in Prag, floh er in die Vereinigten Staaten (1823), wo er den Namen Sealsfield annahm, als Journalist arbeitete und seine großen Romane schrieb: deren Helden sind nicht Einzelpersonen, sondern ein ganzes Volk. Seit 1832 lebte er unerkannt in der Schweiz. Seine Schilderung der politischen Zustände in Österreich („Österreich wie es ist", 1828) war wegen der scharfen Kritik am Metternichschen System in Österreich und Deutschland verboten worden. Seine Amerika-Romane waren die ersten Schilderungen dieses Landes und seiner Gesellschaft in deutscher Sprache; er setzte sich für Demokratie ein und war ein Warner vor der sich abzeichnenden starken Industrialisierung. Hauptwerke: „Die Vereinigten Staaten von Nordamerika", „Lebensbilder aus beiden Hemisphären", 6 Bände, „Neue Land- und Seebilder", „Das Cajütenbuch", „Süden und Norden". Seine „Gesammelten Werke" kamen mehrmals heraus. In Stuttgart besteht eine Char-

Ehrengrab Simon Sechters

Heimat Chronik
Komotauer Zeitung

Jahrgang 38/Folge 9 Nachrichtenblatt des Heimatkreises Komotau – Gegr. von Sepp Seifert September 1983

les-Sealsfield-Gesellschaft. Das von Albert Kresse zusammengestellte Sealsfield-Archiv kam 1983 in die Zentralbibliothek in Solothurn.

Sebastiansberg (*Hora Svatého Šebestiána*), Bezirk Komotau. Auf dem Kamm des Erzgebirges wurde Silber, Kupfer, Zinn und Blei gegraben und 1515 durch Sebastian von Weitmühl eine Siedlung angelegt, die 1563 ein Wappen erhielt und 1597 Freie Bergstadt wurde. Nach dem Dreißigjährigen Krieg verebbte der Bergsegen. Man fand neue Erwerbsmöglichkeiten: Spitzenklöppeln, Spielwarenerzeugung, Korbflechterei. Im größten und besten Torflager Böhmens wurden Streu- und Brenntorf gewonnen. Bekannt waren die Moorversuchsanstalt (seit 1897 Kurse von internationalem Ruf) und das Moormuseum, ebenso die Korbflechtschule und die Produktivgenossenschaft der Korbflechter. Die große, dem Heiligen Sebastian geweihte Kirche war weithin im flachen Land sichtbar; von den Tschechen nach der Deutschenvertreibung gesprengt. 1930: 1322 Einw. (41 Tschechen).

Sechter, Simon, ∗ 1788 Friedberg, † 1867 Wien. Sechter war seit 1824 Hoforganist, seit 1851 Professor am Konservatorium in Wien. Der Musiktheoretiker hatte bedeutende Schüler, darunter Anton Bruckner, Karl Zeller, Vieuxtemps und Franz Schubert. Er schrieb kirchenmusikalische und kammermusikalische Werke sowie Orgelstücke und „Die Grundzüge der musikalischen Komposition".

Seebohm, Hans-Christoph, ∗ 1903 Emanuelsegen bei Kattowitz, † 1967 Bonn. Seine Vorfahren waren Bergbauunternehmer im Egerland. Seebohm wuchs in Königswerth bei Eger auf. Er war Mitglied des Niedersächsischen Landtags, Arbeitsminister, seit 1949 Mitglied des Bundestages und von 1949–1966 Bundesverkehrsminister. Der aufrechte Streiter für das deutsche Volkstum und gegen jeden Verzicht wurde 1959 zum Sprecher der Sudetendeutschen Landsmannschaft gewählt. Er widersetzte sich allen Bestrebungen, das Münchener Abkommen für nichtig zu erklären, trat aber auch dafür ein, daß die nach dem Zweiten Weltkrieg geschaffenen Grenzen keine Veränderung durch Gewalt erfahren dürfen. Seine politischen Forderungen betrafen das Recht der Völker auf ihre angestammte Heimat, die Wiedervereinigung Deutschlands und Europas. Seebohm war Träger hoher Auszeichnungen. Die Sudetendeutschen dankten ihm mit der postumen Verleihung des Europäischen Karlspreises (1968).

Seestadtl (*Ervěnice*), Bezirk Komotau. Seestadtl am rechten Ufer der Biela entstand vor 1300 am Kommerner See aus einer Fischersiedlung; der den Namen gebende See wurde 1837 trockengelegt. 1515 Stadterhebung. Hier in der Nähe zahlreicher Braunkohlenschächte entstand 1923–1926 das damals größte und modernste Elektrizitätswerk des Staates mit einem Kostenaufwand von rund 90 Millionen Kronen. Es versorgte Prag und Mittelböhmen mit elektrischem Strom.
1930: 5121 Einw. (2770 Deutsche, 2276 Tschechen, 61 Ausländer).

Seifert, Josef, ∗ 1918 Komotau, † 1981 Ingolstadt. Aus dem Krieg zurückgekehrt, nahm er sein Studium wieder auf. Er stand in der Sudetendeutschen Jugend, gründete die Zeitschrift „Das junge Komotau“ und wurde Herausgeber und Schriftleiter der Monatszeitschrift „Heimat-Chronik / Komotauer Zeitung“. Thema der Bücher Seiferts ist der Bezirk Komotau: „Heimat in Freud und Leid“, „Im Zauberwald des Erzgebirges“, „Heimat unter fremden Zeichen“, „Deiner Heimat Antlitz“ (mit R. Hemmerle) und „Komotauer im Strom der Zeit“.

Seliger-Archiv. Das 1951 von der Seliger-Gemeinde gegründete Archiv in Stuttgart sammelt Archivalien, Bücher, Bilder und Erinnerungsgegenstände zur Geschichte der sudetendeutschen Arbeiter-, Gewerkschafts- und Genossenschaftsbewegung, des Widerstands, der Verfolgung und des Exils, der Ansiedlung in Kanada sowie historisches Grundlagenmaterial zur Lösung der Nationalitätenfrage, zum Kampf um Selbstbestimmungsrecht und Autonomie.

Seliger-Gemeinde. Diese Gesinnungsgemeinschaft sudetendeutscher Sozialdemokraten ist der Tradition der Deutschen Sozialdemokratischen Arbeiterpartei in der Tschechoslowakei verpflichtet. Sie hat nach der Vertreibung in dieser geistig-politischen Verankerung ihre Arbeit aufgenommen. In ihren Grundsätzen heißt es dazu: Hauptaufgabe der Seliger-Gemeinde ist es, das Gedankengut des gesamtösterreichischen und des sudetenländischen Sozialismus in den Dienst einer föderalistischen Neugestaltung Gesamteuropas zu stellen. Sie betrachtet das Selbstbestimmungsrecht der Völker als das einzig zulässige demokratische Ordnungsprinzip bei der Schaffung übernationaler Schicksalsgemeinschaften. Die Seliger-Gemeinde geht bei ihrem Wirken von der Überzeugung aus, daß die Verwirklichung des Selbstbestimmungsrechts keine isolierte Aufgabe der Sudetendeutschen ist. Es ist das gute Recht der Ausgetriebenen und Unterdrückten, ihre freie Selbstbestimmung auf angestammten Heimatboden zu fordern. Gleichzeitig aber müssen in Europa die geistig-politischen und moralischen Voraussetzungen für die Anwendung des Selbstbestimmungsrechts geschaffen werden. Volksverbundenheit und sozialistische Gesinnungstreue werden in den Thesen der Seliger-Gemeinde, die auf den geistigen Fundamenten Karl Renners, Josef Seligers und anderer Kämpfer für Recht und Gerechtigkeit fußt, als Grundwerte des Sozialismus sudetendeutscher Prägung genannt. Organe der Seliger-Gemeinde sind die Zeitung „Die Brücke“ und das „Sudeten-Jahrbuch der Seliger-Gemeinde“.

Seliger, Josef, ∗ 1870 Schönborn bei Reichenberg, † 1920 Teplitz-Schönau. Er war Textilarbei-

Volksgenossen!

Am Dienstag, den 4. März l. J.,

als dem Tage des Zusammentrittes der deutschösterreichischen Nationalversammlung in Wien, wird in ganz Deutschböhmen und Sudetenland ein

allgemeiner Generalstreik

durchgeführt als Protest gegen die gewaltsame Verhinderung der Wahlen in diesen rein deutschen Gebieten durch die Tschechen, aber auch als Massenkundgebung gegen die mit der Notenabstempelung verbundene Zurückbehaltung der Hälfte alles Barvermögens durch den tschechoslowakischen Staat!

An diesem Tage ruhe jegliche Arbeit in Fabrik, Werkstätte, Geschäft, Kanzlei und Schulstube, damit der Welt die einmütige Empörung des ganzen deutschen Volkes im Sudetenland anschaulich vor Augen geführt werde! Deutsche Eltern, schickt an diesem Tage Eure Kinder nicht in die Schule! Deutsche Bürger, Arbeiter und Angestellte, Gewerbetreibende und Kaufleute, verleiht Eurer Erbitterung über die einschneidenden volkswirtschaftlichen, völkerrechtswidrigen Maßnahmen der tschechoslowakischen Regierung, die der Entscheidung der Friedenskonferenz vorgreifen, durch

allgemeine Arbeitsruhe u. Geschäftssperre am Dienstag, den 4. März 1919

deutlichen Ausdruck!

Sämtliche politischen Parteien des Sudetenlandes.

Örtlicher Aufruf sämtlicher sudetendeutschen politischen Parteien zum Generalstreik am 4. März 1919

Alois Senefelder

ter, kam in den Reichsrat (1907–1918) und wurde 1920 Abgeordneter der Nationalversammlung in Prag und Vorsitzender des Abgeordnetenklubs der sozialdemokratischen Partei. Nach dem Umsturz von 1918 trat er für das Selbstbestimmungsrecht der Sudetendeutschen ein und wurde bei der Konstituierung von Deutschböhmen mit Lodgman an die Spitze der Landesregierung berufen. Mit diesem war er auch Teilnehmer an den Friedensverhandlungen in St. Germain. Ein großes Verdienst des Politikers war es, die Spaltung seiner Partei verhindert zu haben, indem er sich entschieden gegen moskauhörige Sozialdemokraten wandte. Für seine Partei, aber auch für das gesamte politische Leben der Sudetendeutschen war es ein großer Verlust, daß Seliger mitten aus seiner Tätigkeit heraus an einer Blutvergiftung starb.

In einem Nachruf rühmte man seinen Kampf gegen die tschechischen Eindringlinge in die deutsche Landschaft, seine furchtlosen Auseinandersetzungen mit ihnen im Prager Parlament, ebenso seine Unbestechlichkeit und seinen unabdingbaren Mut gegenüber dem sowjethörigen Karl Kreibich. Der Kämpfer für das Selbstbestimmungsrecht der Sudetendeutschen ist heute noch allen geschichtlich Denkenden in bester Erinnerung. Sein Name lebt weiter in der Seliger-Gemeinde, der Gesinnungsgemeinschaft sudetendeutscher Sozialdemokraten.

Senefelder, Alois, ∗ 1771 Prag, † 1834 München. Senefelder war Schauspieler und schrieb Bühnenstücke. Um diese zu vervielfältigen, suchte er nach einem geeigneten Verfahren. Die von ihm entdeckte „chemische Druckerei" wirkte revolutionierend. Der Erfinder des Steindruckverfahrens erhielt dafür 1799 in Bayern ein Privileg auf 15 Jahre. Eine Druckerei richtete er in Wien ein. Bald gelangen ihm Mehrfarbendrucke, ebenso konnte er Ölgemälde auf Leinwand reproduzieren. Seine Entdeckungen legte er in einem „Lehrbuch der Steindruckerei" nieder.

Sensenschmid, Johannes, ∗ Eger, † um 1491 Bamberg. Einer der bedeutendsten Buchdrucker der Frühzeit. Er arbeitete von etwa 1470–1478 in Nürnberg, wo er der erste Buchdrucker war; hier entstanden seine Deutsche Bibel, Meßbücher und juristische Werke. Auch in Bamberg richtete er die erste Druckerei ein, ebenso in Regensburg und Freising. Sein Missale Frisingense kam 1980 in die Bayerische Staatsbibliothek. Unter den deutschen Inkunabeldruckern nimmt Sensen-

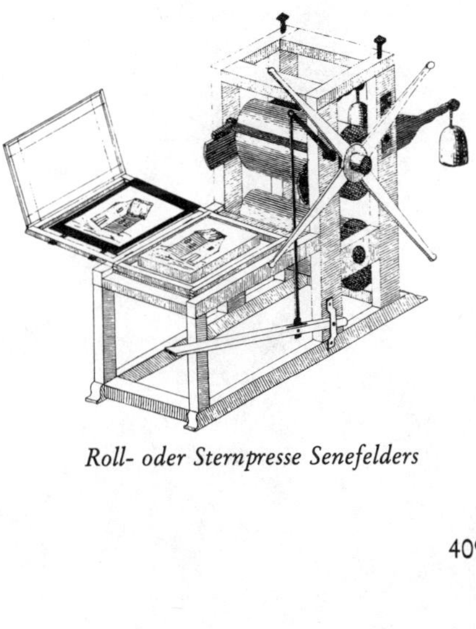

Roll- oder Sternpresse Senefelders

schmid eine hervorragende Stellung ein.

Sieghübel s. Wittighaus

Siegl, Karl, ∗ 1851 St. Joachimsthal, † 1943 Eger. Er betreute von 1895–1934 das Stadtarchiv von Eger, ordnete es neu, ließ die Kataloge im Druck erscheinen und veröffentlichte zahlreiche historische Schriften („Achtbücher des Egerer Schöffengerichts", „Geschichte der Egerer Münze", „Das Salbuch der Egerer Clarissinnen", „Die Egerer Zunftordnung"). Für die „Egerer Zeitung" und das „Egerer Jahrbuch" schrieb Siegl viele Beiträge.

Simbriger, Heinrich, ∗ 1903 Aussig, † 1976 Regensburg; Musikerzieher am Tetschener Gymnasium, Komponist, Musikschriftsteller und Verfasser philosophischer Werke. Als Leiter der Fachgruppe Musik in der Künstlergilde konnte er viel für seine Kollegen tun. In Regensburg baute er das Musikarchiv der Künstlergilde auf und veröffentlichte ein Gesamtverzeichnis der Werke der zeitgenössischen ostdeutschen Komponisten. Wiederholt sind Werke Simbrigers im Rundfunk zu hören. Die Sudetendeutsche Landsmannschaft verlieh ihm einen Förderpreis, die Künstlergilde den Johann-Stamitz-Preis.

Leo Slezak

Škoda, Emil von, ∗ 1839 Pilsen, † 1900 Amstetten. 1869 erwarb er die Maschinenfabrik des Grafen Waldstein in Pilsen und machte aus ihr die größten Rüstungswerke der Monarchie. Es wurden Geschütze, Munition, Kraftanlagen, Fahrzeuge und Maschinen aller Art erzeugt. Nach des Gründers Tod wurden die Škodawerke in eine AG umgewandelt und 1946 verstaatlicht. 1971 hatte das Werk 70000 Beschäftigte. Heute trägt es den Namen Lenins.

Škoda, Josef von, ∗ 1805 Pilsen, † 1881 Wien. Der Internist Skoda war Professor in Wien. Er führte die Perkussions- und Auskultationsmethode zur medizinischen Untersuchung ein und schuf die Voraussetzungen für die moderne Diagnostik. Er war neben Rokitansky das Haupt der sogenannten jüngeren Wiener Schule. Sein Neffe Emil war der Begründer der Škoda-(heute Lenin-) Werke in Pilsen.

Slezak, Leo, ∗ 1873 Mährisch Schönberg, † 1946 Rottach-Egern. Am Brünner Stadttheater hatte er 1896 debütiert, kam über die Berliner Hofoper und das Opernhaus Breslau an die Wiener Staatsoper, die ihn 1926 zum Ehrenmitglied ernannte. Als Gast der New Yorker Metropolitan Opera war er ein gefeierter Opernsänger. Später wandte er sich dem Film zu und hatte als Komiker viele Erfolge zu verzeichnen. Autobiographisch sind seine Bücher „Meine gesammelten Werke", „Der Wortbruch", „Der Rückfall" und „Mein Lebensmärchen". Seine Tochter Margarete und sein Sohn Walther wurden ebenfalls Sänger. Dieser schrieb eine Biographie seines Vaters („Wann geht der nächste Schwan?").

Sommer (eigentlich Volte), **Johann Gottfried,** ∗ 1782 Leuben bei Dresden, † 1848 Prag. Als Privatlehrer und Schriftsteller lebte er in Prag, redigierte die Zeitschriften „Hesperus" und „Ökonomische Neuigkeiten", gab das „Taschenbuch zur Verbreitung geographischer Kenntnisse" heraus (1827–1848) und verfaßte das sechzehnbändige Werk „Das Königreich Böhmen"

Josef von Sonnenfels

und andere topographische Werke.

Sonnenberg (*Suniperk,* heute *Výsluní*), Bezirk Komotau. Heute zeugen noch viele Halden vom Erzreichtum auf der Höhe des Erzgebirges. Deutsche Bergleute hatten zu Anfang des 16. Jh. Sonnenberg gegründet, das 1584 zur Königlichen Bergstadt erhoben worden war. Heimarbeit wurde nach dem Versiegen des Bergsegens betrieben (Spitzen und Klein-Textilwaren). Die Sonnenberger Musikanten zogen in alle Welt hinaus. Die Kirche, die dritte an dieser Stelle, wurde 1851–1857 neu erbaut. Wegen der für dieses Gebirgsstädtchen außergewöhnlichen Größe nannte man sie den Dom des Er: gebirges. Nahe Sonnenberg liegt die Ruine der Burg Hassenstein, auf der der Humanist Bohuslaus Lobkowitz gelebt hat. 1930: 1337 Einw. (29 Tschechen).

Sonnenfels, Josef von, * 1732 Nikolsburg, † 1817 Wien. Der Hauptvertreter des aufgeklärten Absolutismus und der josephinischen Aufklärung war Professor in Wien, Theaterzensor, Hofrat der Hofkanzlei und Präsident der Akademie der bildenden Künste. Er unterstützte die Reformen Josephs II., reformierte das Theater, verbot den Hanswurst und Stegreifspiele und bemühte sich um die Gründung des Burgtheaters. Im Jahre 1776 erreichte er die Abschaffung der Folter. Sonnenfels gab Zeitschriften heraus sowie Bücher über Theater, Justiz und Verwaltung.

Soor (*Žd'ár*), Bezirk Trautenau. Die Dörfer Ober und Nieder Soor gingen in die Geschichte ein. Am 30. September 1745 besiegte Friedrich II. die Armee der Österreicher und Sachsen. Auch das Gefecht am 28. Juni 1866 führte zur Niederlage der Österreicher durch die Preußen.

Soos. Mineralmoorlager 4 km nördlich Franzensbad zwischen den Dörfern Rohr, Katharinendorf und Fonsau mit aus Spalten austretenden Mineralwasser- und Gasquellen. Vorkommen seltener Pflanzen, z. B. von Meerstrands-Milchkraut. Durch die Oberfläche brechende freigesetzte Kohlensäure bildet sog. Sumpfgeiser.

Sozialdemokratische Organisationen im Rahmen der sudetendeutschen Volksbildung: Arbeiter-Abstinentenbund, Teplitz-Schönau; Arbeiter-Turn- und Sportverband, Aussig; Arbeiterverein Kinderfreunde, Brünn; Beratungsstelle für Gemeindeangelegenheiten, Prag; Bund proletarischer Freidenker, Bodenbach; Freier Radiobund, Prag; Organisation für Urlaubsreisen, Bodenbach; Touristenverein Die Naturfreunde,

Spieglitzer Schneeberg

Aussig; Verband der Arbeiterradfahrervereine, Karbitz; Verband der deutschen Arbeitergesangsvereine, Turn-Teplitz; Zentralstelle für das Bildungswesen der Deutschen sozialdemokratischen Arbeiterpartei, Prag, Sekretär Ernst Paul.

Sozialistischer Jugendverband. Diese Nachfolgeorganisation des Verbandes der jugendlichen Arbeiter Österreichs (gegründet 1904 in Wien) entstand 1920 in Teplitz-Schönau. Dabei stellte sich Ernst Paul, der Vorsitzende, energisch gegen Versuche, den Beitritt zur kommunistischen Jugendinternationale, wie er 1920 auf einem Verbandstag in Karlsbad gefordert worden war, durchzusetzen. Ab 1921 erschien auch die Zeitschrift „Sozialistische Jugend".

Spann (geb. Rheinsch), **Erika,** ∗ 1880 Trennfeld/Bayern, † 1967 Bergwerk/Burgenland. Die Dichterin war die Frau Othmar Spanns und lebte lange in Brünn. Sie schrieb formschöne Gedichte und Essays und erhielt den Ebner-Eschenbach-, Schiller- und Bauernfeld-Preis.

Spann, Othmar, ∗ 1878 Altmannsdorf bei Wien, † 1950 Neustift im Burgenland. Der Soziologe und Geschichtsphilosoph war Professor in Brünn (1909–1918) und Wien (1919–1938), begründete den Universalismus in der Volkswirtschafts- und Gesellschaftslehre sowie in der Philosophie. Seinem Geist entsprang der Kameradschaftsbund, über den E. Franzel schrieb: „Im Sinne der von Spann wieder aufgenommenen Staatsideen Platos und Fichtes versuchte der Kameradschaftsbund einen ‚Staatsstand' heranzubilden, der eines Tages die Führung der sudetendeutschen Politik übernehmen, die alten Parteien ablösen und das Volk zu einer großen Kraftanstrengung emporreißen sollte." Neben seinen wissenschaftlichen Büchern gab er auch die Zeitschrift „Ständisches Leben" heraus.

Spieglitzer Schneeberg (*Sněžník*). Mit 1 422 m Höhe einer der höchsten Berge des Sudetenlandes auf der Grenze von Böhmen, Mähren und Preußisch-Schlesien. Mit Aussichtsturm und meteorologischer Station. Am Spieglitzer, auch Grulicher oder Glatzer Schneeberg genannt, entspringt

die March. Diese Gegend meint das früher vielgesungene Volkslied.

„Und in dem Schneegebirge,
da fließt ein Brünnlein kalt.
Und wer das Brünnlein trinket,
wird jung und nimmer alt.“

Spieß, Christian Heinrich, ∗ 1755 Freiberg/Sachsen, † 1799 in Bezdjekau/Böhmen. Schauspieler und Bühnendichter zuerst, lebte er später als Wirtschaftsbeamter und Gesellschafter des Grafen Künigl auf dessen Schloß Bezdjekau bei Klattau. Spieß, Vater des Kolportageromans, schrieb zahlreiche Schauer-, Ritter- und Räuberromane.

Spina, Franz, ∗ 1868 Markt Türnau/Schönhengstgau, † 1938 Prag. Spina lehrte an der Prager Deutschen Universität tschechische Sprache und Literatur. Politisch war er seit 1926 Minister für öffentliche Arbeiten, nach den Wahlen von 1929 für das Gesundheitswesen, schließlich von 1935 bis 1938 Minister ohne Portefeuille. Seit 1925 als Nachfolger Křepeks Führer des Bundes der Landwirte und der deutschen Aktivisten. Als er für sein redliches Bemühen bei den Tschechen kein Verständnis finden konnte, resignierte er. Spina war Mitglied vieler gelehrter Gesellschaften und Vorsitzender der Deutschen Pestalozzi-Gesellschaft. Als Slawist gab er mehrere Bücher zum Alttschechischen heraus, 1926 auch die Schrift „Die Bedrohung der deutschen Hochschulen in der tschechoslowakischen Republik“. Mitbegründer und seit 1929 Redakteur der Zeitschrift „Slavische Rundschau“, ferner Mitherausgeber der „Germanoslavica“ und der „Veröffentlichungen der slavischen Arbeitsgemeinschaft an der Deutschen Universität in Prag“.

Franz Spina

Spindelmühle, auch Spindlermühle (*Špindlerův Mlýn*), Bezirk Hohenelbe. Aus der Riesengebirgssiedlung, im 17. Jh. durch alpenländische Waldarbeiter entstanden, entwickelte sich (gemeinsam mit der Schwestergemeinde Friedrichsthal) ein angesehener Erholungsort als Mittelpunkt des Fremdenverkehrs, zumal des Wintersports, im Riesengebirge. Viele große Hotels und Gästehäuser wurden für die Touristen gebaut. Die Spindlerbaude in 1208 m Höhe liegt an der Straße Spindelmühle – Hain, die als bequemster Übergang über den Riesengebirgskamm gilt.
1930: 1386 Einw. (69 Tschechen).

Sporck, Franz Anton Graf, ∗ 1662 Hermanmestetz, † 1738 Lissa/Böhmen. Der Sohn des Johann Sporck, vom Bauernsohn zum Reitergeneral emporgestiegen und geadelt, war Statthalter von Böhmen und ließ auf seinen Gütern, besonders in Kukus bei Gradlitz, durch bedeutende Künstler Kunstwerke schaffen; u.a. arbeiteten für ihn der Maler Peter Brandl, der Kupferstecher Michael Rentz und der Bildhauer Matthias Braun. In Kukus schuf er auch ein Theater. In Prag unterhielt er eine eigene italienische Oper. In Kukus stiftete er ein Hospital, in Lissa und Gradlitz Klöster. In Lissa unterhielt er eine Druckerei, in der er auch eine Schmähschrift wider die Jesuiten, mit denen er im Streite lag, drucken ließ. Sporcks Geisteshaltung war von den Jansenisten beeinflußt.

Franz Anton von Sporck

Sport s. Arbeiter-Turn- und Sportverband. Deutscher Turnverband. Flugsport. Fußball. Wintersport.

Sprachenkampf. Während im Zuge der deutschen Besiedlung der Sudetenländer diese zu einem großen Teil, auch im Landesinnern, deutsche Bevölkerung aufwiesen, ging diese durch die Hussitenkriege und deren nationale Folgen schlagartig zurück. Während vor den Hussitenkriegen eine deutsche Sprachbrücke zwischen Trautenau – Jaroměř – Königgrätz – Kuttenberg bestand, reichte die Sprachgrenze um 1500 bis vor Trautenau. W. Weizsäcker nennt das auf dem Prager Generallandtag von 1615 beschlossene Sprachengesetz die schärfste Gesetzmaßnahme; danach werden aufgenommene Ausländer dazu angehalten, ihre Kinder tschechisch lernen zu lassen, die künftige Aufnahme ins Land oder in die kgl. Stadt wird von der Kenntnis des Tschechischen abhängig gemacht, die Nachkommen der Aufgenommenen sind bis ins dritte Glied von Ämtern ausgeschlossen.

1784 wird die deutsche Sprache die alleinige Amtssprache in den österreichisch-böhmischen Ländern. 1848 fordern die Tschechen vom Kaiser die vollkommene Gleichstellung der „böhmischen" Sprache mit der deutschen in allen Zweigen der Staatsverwaltung und des öffentlichen Lebens; außerdem sollen alle öffentlichen Ämter und Gerichtsbehörden nur durch „Individuen" besetzt werden, die beider Sprachen kundig sind. Artikel 19 des Staatsgrundgesetzes vom 21. 9. 1867 (RGBl. 142) erklärt alle Stämme des Staates für gleichberechtigt und gewährt jedem Volksstamm ein unverletzliches Recht auf Wahrung und Pflege seiner Nationalität und Sprache. Ein Ausführungsgesetz vom 19. 4. 1880 bestimmte für Böhmen und Mähren: Eingaben, Erklärungen, Erledigungen erfolgen in der von der Partei gesprochenen Sprache. Bekanntmachungen sind doppelsprachig zu erlassen. Im Strafverfahren ist die Sprache des Angeklagten zu verwenden. Staatsbehörden haben mit den autonomen Organen in deren Geschäftssprache zu verkehren.

Eine Verschärfung der Sprachverordnung von 1880 war die Badenische für Böhmen am 5. 4. und für Mähren am 22. 4. 1897: Gerichte und Verwaltungsbehörden erhielten Anweisung, auch in deutschsprachigen Teilen Böhmens und Mährens zweisprachig zu amtieren. Jeder Beamte sollte binnen dreier Jahre die zweite Landessprache in Wort und Schrift beherrschen. Die deutsche Opposition lehnte sich gegen diese auf Drängen der Jungtschechen erlassene Verordnung auf, es kam wieder zu Nationalitätenkämpfen und zum Rücktritt Badenis. Statt Entschärfung der Situation trat eine Verschärfung des Konfliktes ein. Lediglich 1905 kam es zum Mährischen (nationalen) Ausgleich. Ministerpräsident Gautsch hob noch 1897 Badenis Verordnungen auf, ebenso sein Nachfolger Clary-Aldringen.

Die tschechoslowakische Nationalversammlung beschloß am 29. 2. 1920 die Verfassungsurkunde und das als einen Bestandteil erklärte Gesetz betreffend die Festsetzung der Grundsätze des Sprachenrechts. Danach hatten alle deutschen Gemeinden und Bezirke alle tschechischen Eingaben anzunehmen und tschechisch zu erledigen, deutsche Eingaben wurden nur dort angenommen, wo die Deutschen 20 v. H. der Bevölkerung ausmachten. Die Gerichte mußten, auch im deutschen Gebiet, ihren gegenseitigen Verkehr in tschechischer Sprache abwickeln. Im „Sudetendeutschen Katechismus" von Gierach lesen wir: „Wenn in einer deutschen Gemeinde ein Tscheche war, konnte er tschechische Eingaben machen; aber von den 30429 Deutschen in Prag (1921) wurden deutsche Eingaben nicht angenommen."

Die Sprachenverordnung vom 3. 2. 1926 verlangte von jedem Beamten die Beherrschung der tschechischen Sprache in Wort und Schrift, was für viele Sudetendeutsche den Verlust ihrer Arbeitsplätze bedeutete. Es folgt die Entlassung von 33000 Sudetendeutschen. Dadurch und durch andere Manipulationen ist in der Folge die Zahl der deutschen Beamten beim Staat um 70000 geringer, als sie dem Bevölkerungsschlüssel entspräche. Wiederholt haben sudetendeutsche Politiker und Männer des öffentlichen Lebens in der Presse und in Eingaben darauf hingewiesen, auch Otto Ringlhaan, Magistratsdirektor in Reichenberg, in seiner Studie „Die gesetzliche Stellung der deutschen Sprache in der Tschechoslowakei" (Sudetendeutsches Jahrbuch 1927), der es (nach Leo Epstein) überzeugend darstellte, „wie wenig Rechte das Sprachengesetz der deutschen Sprache eingeräumt hat und wie die Sprachenverordnung bestrebt ist, die wenigen Rechte weiter einzuengen, daß sie sich hierbei kühn über das Gesetz, vielfach auch über Minderheitenschutzverträge, hinwegsetze".

Die Amtssprache war tschechoslowakisch, d. h. das Tschechische und das Slowakische; bei jeder amtlichen Verlautbarung oder Aufschrift hatte sie auch in rein deutschen Gebieten den Vorrang. Die Sprache war in der Tschechoslowakei kein zwischenmenschliches Mittel der Verständigung, sondern ein politisches Instrument zur Unterdrückung einer Minderheit und zur Demütigung der ungeliebten Deutschen.

Spunda, Franz, ∗ 1890 Olmütz, † 1963 Wien. Der promovierte Schriftsteller bekannte sich zu einem magischen Idealismus und zu Gedankengut, das er aus orientalischen Weltanschauungen und aus der Mystik schöpfte. Auch aus seinen Reisen in den Orient und nach Griechenland erwuchsen ihm zahlreiche Anregungen. Er schrieb Gedichte, Essays, Erzählungen und Romane („Das ägyptische Totenbuch", „Baphomet", „Gottesfeuer", „Tyrann Gottes", „Hellas Fackel leuchtet", „Herakleitos" u. a.). „Der Herr vom Hradschin" ist ein Roman um Karl IV.

Srb-Schloßbauer, Wilhelm, ∗ 1890 Karlsbad, † 1972 Geretsried. Der Bildhauer schuf viele Plastiken, Denkmäler, Büsten, Plaketten, Reliefs an Gebäuden und wurde 1937 vom Kuratorium der Deutschen Universität in Prag mit dem Eichendorff-Preis ausgezeichnet. 1943 wurde er an die Technische Hochschule in Prag berufen und lehrte figurales Zeichnen und Modellieren. Nach der Vertreibung entstanden u. a. der Rübezahlbrunnen in Waldkraiburg, der Wasserträgerinnenbrunnen in Geretsried und der Froschkönigbrunnen in Pullach.

Staab (*Stod*), Bezirk Mies. Die westböhmische Landstadt an der Radbusa, die 1235 als Dorf zum

Franz Spunda

Kloster Chotieschau gehört hatte, 1315 zum Markt und 1850 zur Stadt erhoben worden war, liegt in der Nähe der deutsch-tschechischen Sprachgrenze. Eine Kirche stand hier schon im 16. Jh., die jetzige wurde 1830 errichtet. Die Pfarrei gründete 1690 das Stift Tepl. Staab hatte ein altes Rathaus (1665) und schöne alte Häuser. Auf dem Kreuzberg stand die Wallfahrtskapelle zur Kreuzerhöhung. Im Heimatmuseum waren Materialien zum Chotieschauer Klostergebiet gesammelt. 1930: 3298 Einw. (862 Tschechen).

Staal, Viktor, ∗ 1909 Frankstadt, † 1982 Stockdorf bei München. Staal begann als Schauspieler an den Stadttheatern in Troppau, Gablonz und Reichenberg, kam an das Volkstheater in Wien und wurde 1935 Star der UFA. In zahlreichen Filmen spielte er tragende Rollen, „wegen seines Mannesmutes und seiner herben Kraft“ umschwärmtes Idol. Staal war mit der Schauspielerin Hansi Knotek verheiratet.

Städte. Fast alle Städte der Sudetenländer sind im Zusammenhang mit der deutschen Besiedlung entstanden; vorher waren Städte unbekannt; es gab lediglich Gemeinden, die als Handelsplätze im Schutze von Burgen angelegt und mit gewissen Privilegien ausgestattet worden waren. Seit 1220 entstanden viele Städte, als königliche und als untertänige. Die königlichen erlangten bald größere Bedeutung, da sie als militärische Stützpunkte des Herrschers, ebenso als Zentren der Wirtschaft vom König mehr gefördert wurden, daher Ansehen und Wohlstand erlangten. Zu diesen gehören Leitmeritz, die Prager Städte, Saaz, Königgrätz. Die untertänigen Städte waren mit königlicher Erlaubnis vom Adel oder von der hohen Geistlichkeit gegründet, und zwar durch die Rosenberger in Südböhmen (Krummau, Neubistritz, Gratzen, Neuhaus, Wittingau, Beneschau), die Wartenberge (Tetschen, Böhmisch Kamnitz), die Lichtenburg, Riesenburg, die Michelsberg, ebenso die Prager Bischöfe (auch Bischofteinitz), die Olmützer Bischöfe (auch Kremsier, Müglitz), die Deutschherren (Komotau), die Benediktiner (Politz, Kladrau, Tuschkau), die Prämonstratenser (Tepl, Staab, Leitomischl), Zisterzienser und andere männliche und weibliche Ordensniederlassungen.

Staaber Stadtwappen

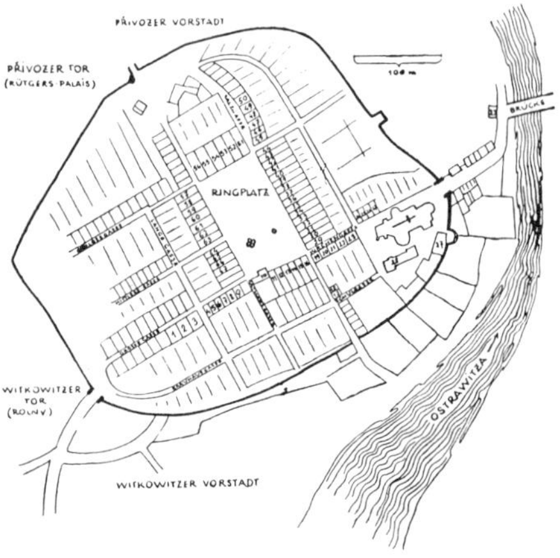

Stadtplan von Mährisch Ostrau

Äußerlich sind zwei Formen auffallend. Es gibt gewordene oder gewachsene Städte, erkennbar an der unregelmäßigen Bebauung, und gegründete oder planmäßig (zumeist in Gitterform) angelegte Städte mit dem typischen Grundriß der ostdeutschen Kolonistenstädte. Zentrum ist der Marktplatz, von dem im rechten Winkel die Straßen ausgehen; er ist quadratisch oder rechteckig angelegt, manchmal auch bloß als stark verbreiterte Straße. Kirche, Rathaus und Kaufhaus betrachtete man als die wesentlichsten Gebäude einer Stadt. Man legte Befestigungsmauern mit Türmen und Toren an; deren Reste zeugen noch heute von der Wehrhaftigkeit. Schönheitssinn und praktisches Denken der Bürger schufen schöngiebelige Häuser mit Laubengängen, Brunnen, deren Wasser auch der Brandbekämpfung diente, und Denkmäler.

„Nicht nur die Städte des geschlossenen deutschen Siedlungsgebietes sowie der deutschen Volkstumsinseln, sondern auch die Städte im slawischen Gebiet wie Beraun, Deutsch Brod, Chotěboř, Chrudim, Hohenmaut, Jermer (Jaromiersch), Jitschin, Kolin (benannt nach Köln am Rhein), Königgrätz, Königinhof, Melnik, Nimburg (d. i. Neuenburg), Pisek, Pilsen, Politschka, Přibram, Schlan, Schüttenhofen, Taus, Tschaslau in Böhmen, Göding, Frankstadt, Ungarisch Hradisch, Kremsier, Prerau, Proßnitz, Trebitsch in Mähren, Bielitz, Teschen in Schlesien, aber auch Kaschau, Käsmark, Kremnitz, Schemnitz in der Slowakei und viele, viele andere waren ursprünglich deutsch." (E. Gierach: Sudetendeutscher Atlas).

Urkundenbücher und Bürgerverzeichnisse aus der vorhussitischen Zeit sind Belege dafür, daß die Deutschen in den meisten Städten in der Mehrzahl waren. Ernst Schwarz hat die nationale Zusammensetzung der Bürger jener Zeit gründlich untersucht.

Auch die Entstehung der Bergstädte geht auf deutsche Siedler bzw. Bergleute zurück. Schon im 12. und 13. Jh. erreichte der Bergbau eine hohe Blüte; Silber und Gold werden abgebaut. Es entstehen Iglau, Kuttenberg, Graupen, Bergreichenstein und andere Städte im Erzgebirge, Böh-

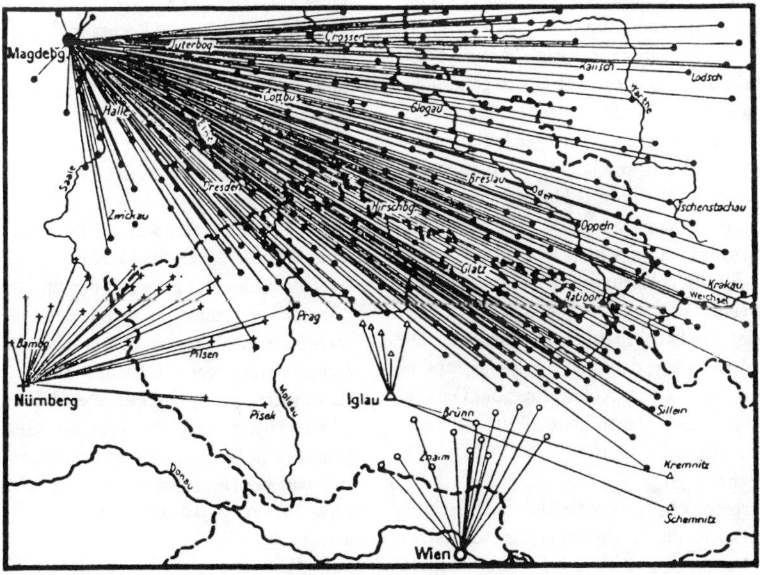

Stadtrecht im Sudetenraum

Stadt Liebau

merwald, Egerland, in Nordmähren und Schlesien. Eine zweite Welle brachte im 16. Jh. wieder neue Bergleute ins Land, die den Reichtum an Erzen erschlossen und wieder Bergstädte gründeten, voran St. Joachimsthal, Sonnenberg, Sebastiansberg, Kupferberg u. a.

Stadt Liebau (*Město Libavá*), Bezirk Bärn, nach 1260 durch das Kloster Hradisch gegründet, war mindestens 1504 schon Stadt und besaß Leobschützer Recht. Enge Bindungen bestanden zu Olmütz, denn dessen Bischöfe waren Besitzer der Stadt Liebau, und Kardinal Dietrichstein führte seine Untertanen, nachdem sie 1619 protestantisch geworden waren, wieder zum alten Glauben zurück. Die Bevölkerung beschäftigte sich mit Seidenweberei und Spielwarenerzeugung. Es bestand eine landwirtschaftliche Fachschule. Die Dachschieferbrüche der Umgebung sind Fundort für Petrefakten aus der Kulmformation. Der Gerichtsbezirk Stadt Liebau hatte 22 deutsche Gemeinden. Mit Drömsdorf 1930: 2113 Einw. (37 Tschechen).

Stadtrecht. Ebenso wie die Mundartforschung beweist auch die Verbreitung des deutschen Stadtrechts die deutsche Herkunft der Stadtbürger der Sudetenländer. Maßgebend für diese Städte waren das sächsische (Magdeburger) und das süddeutsche Stadtrecht. Freudenthal erhielt bereits 1213 und zehn Jahre darauf Mährisch Neustadt Magdeburger Recht, das nun für ganz Nordböhmen und Nordmähren bestimmend wurde. Um 1230 wird auch Leitmeritz damit begabt. Diese Stadt erhielt eine Sonderstellung als Oberhof, an den sich die Städte mit Magdeburger Recht in Zweifelsfällen zu wenden hatten. Erst 1610 wird das Prager Recht für Leitmeritz maßgebend. Die Bedeutung eines Oberhofes fällt in Mähren der Stadt Olmütz zu.

Für das schlesische Gebiet tritt vereinzelt flämisches Recht in Kraft (Jauernig, Weidenau, Freiwaldau, Oderberg), während fränkisches bzw. Leobschützer Recht sich südlich der Stadt Leobschütz bis etwa Wallachisch Meseritsch ausbreitete.

Das süddeutsche Recht, von Nürnberg ausgehend, hatte Oberhöfe in Eger und in Prag-Altstadt; Prag-Kleinseite dagegen gehört in den Bereich des Magdeburger Rechts. Brünn ist auf den anderen süddeutschen rechtlichen Ausstrahlungspunkt, nämlich Wien, ausgerichtet. Süddeutscher Einfluß findet sich auch in Iglau, das 1249 Stadt- und Bergrecht erhält. Es wird ebenfalls Oberhof und erlangte eine weite Ausstrahlung.

Nach W. Weizsäcker war der Prozeß der Wirksamkeit dieser alten Stadtrechte mit dem Jahre 1709 zu Ende, und zwar mit der Einführung der Böhmischen Stadtrechte auch in den grundherrlichen Städten Mährens. „Die böhmischen Stadtrechte waren, wenn auch in mancher Hinsicht abgeändert, bis zum Inkrafttreten des österreichischen Allgemeinen Bürgerlichen Gesetzbuchs von 1811 in Geltung.“ Weizsäcker verweist darauf, daß bei einzelnen Städten häufig ein Übergang von einem Stadtrecht zum andern festzustellen ist.

Fast alle Städte gehen auf deutsche Gründungen zurück, sogar in jenen Landesteilen, wo später keine Deutschen mehr wohnten; Kuttenberg hatte nur 10 v. H. Tschechen. Ernst Schwarz: „Solche Gründungen ziehen sich bis in die ersten Jahrzehnte des 14. Jh. hin. Nun nehmen aber bereits tschechische Bürger daran teil. Es ist zweifelsohne so, daß den Deutschen schon die Menschen dafür fehlten, so daß sie schließlich nur noch die führende Schicht darstellten. Besonders

Ferdinand Staeger: Sommerliche Landschaft

Mannheimer Schloß (1782)

trifft das bei kleinen Landstädten zu. Aber auch hier läßt sich zeigen, daß das deutsche Element nirgends gefehlt hat." Das sollte sich bald ändern. Die Hussitenkriege bedeuteten für die Deutschen im Landesinnern Böhmens das Ende; nur einzelne Sprachinseln konnten sich erhalten. In Mähren war diese Entwicklung nicht ganz so radikal.

Staeger, Ferdinand, * 1880 Trebitsch, † 1976 Kraiburg/Obb. Der Maler und Graphiker lebte als Freischaffender in Prag, München und zuletzt in Waldkraiburg. Geprägt vom Symbolismus und Jugendstil, schuf er seinen individuellen Stil des „mystischen Realismus". Bei ihm sind auch Anklänge des Surrealismus und der „Wiener Schule" feststellbar. Staeger, Mitarbeiter der „Jugend", war einer der großen zeitgenössischen Buchillustratoren. Er wurde zum Professor ernannt und mit vielen Auszeichnungen geehrt. Seine Heimatstadt Trebitsch benannte 1965 eine Straße nach ihm. Über den Künstler erschienen mehrere Bücher, zuletzt das Buch „Mystischer Realismus" von Herbert Wessely.

Staffelstein s. Bildungs- und Wanderbund Staffelstein.

Stamitz, Johann Wenzel, * 1717 Deutsch Brod, † 1757 Mannheim. 1741 kam der exzellente Geiger an den Hof in Mannheim. Von 1750–1757 bildete er als Musikdirektor und Begründer der Mannheimer Schule ein hervorragendes Orchester aus. Daneben komponierte er 74 Symphonien, Konzerte, Kammermusik, geistliche Chöre und Gesänge. Nach dem Vorläufer der Wiener Klassik ist der Ostdeutsche Musikpreis der Künstlergilde benannt. In Mannheim waren auch seine beiden Söhne als Violinisten und Komponisten tätig: *Carl* (1745–1801) und *Anton* (1750–1796).

Stammliches Gefüge der Sudetendeutschen. Wie es keine einheitliche sudetendeutsche Landschaft gibt, gibt es keinen einheitlichen sudetendeutschen Stamm. Die Sudetendeutschen sind, wie es Ernst Lehmann formuliert, eine „Not- und Zwangsgemeinschaft von Randzweigen der deutschen Stämme, die hier an die Staatsgrenze herangreifen und mit ihnen in den böhmischen Kessel und das Mährerland hinübergewachsen sind". Aus dem Deutschen Reich wuchsen im Laufe der Zeit über die Grenze herein nach Böhmen, Mähren und Schlesien: im Süden und Westen des Sudetenlandes der mittel- und nordbairische Stamm; es sind die Menschen Südmährens, des Böhmerwaldes und Egerlandes. Im Nordosten des Sudetenlandes bis zum Karpatenland reichend waren es die Schlesier, die das Jeschken-, Iser-, Riesengebirge, das Braunauer Land, das Adlergebirge und den Bereich des Altvaters besiedelten. Ostfränkisch-thüringische Siedler hatten sich zwischen diese beiden Stämme geschoben und schufen aus den Höhen und den Randgebieten des Erzgebirges ein Kulturland. Teile dieser Stämme waren auch die Bewohner der Sprachinseln und der städtischen Minderheiten.

Stampfer, Friedrich, ⁎ 1874 Brünn, † 1957 Kronberg/T. Der Journalist und sozialdemokratische Politiker war Chefredakteur des „Vorwärts“ (1916–1933) und Mitglied des Deutschen Reichstags (1920–1933). 1933 emigrierte er nach Prag, 1939 über Paris in die USA; nach der Rückkehr lehrte er an der Akademie der Arbeit in Frankfurt/M. (1948–1957). Stampfer schrieb viele politische Bücher und berichtete über sich selbst in „Erfahrungen und Erkenntnisse“ (1957).

Starck, Johann David von, ⁎ 1770 Graslitz, † 1841 Altsattl. Der Unternehmer errichtete mehrere Unternehmen in Westböhmen, für die er zur Energieerzeugung in Böhmen zum erstenmal Kohle verwendete. Er wurde so auch zum Begründer des böhmischen Braunkohlebaues und führte darin moderne Techniken ein. 1836 wurde er in den erblichen Adelsstand erhoben. Starck dachte sozial und schuf Einrichtungen für alte und kranke Menschen, die er kostenlos ärztlich betreuen ließ; er sorgte auch für die Unterrichtung der Jugend. Sein Sohn *Anton* (1808–1883), der 1869 als lebenslanges Herrenhausmitglied be-

Weberkolonie in Starkstadt

rufen wurde, erweiterte die Unternehmungen. Nach seinem Tod erfolgte die Umwandlung der Firma in die Montan- und Industrialwerke AG. *Friedrich Karl*, der jüngere Bruder Johann David Starcks, gründete in Graslitz die erste Baumwollgarnspinnerei; spätere Besitzer Pilz. An ihrer Stelle entstand die Musikinstrumentenfabrik Bohland & Fuchs.

Starkstadt (*Stárkov*), Bezirk Braunau. Das ostböhmische Weberstädtchen im Erlitztal geht auf die Zeit um 1300 zurück. 1673 war es im Besitze der Herren von Kaiserstein, die das Schloß bauten. Die Pfarrkirche aus dem 14. Jh. wurde nach einem Brand wieder errichtet (1655–1658). Fachschule für Weberei. Industrie: Mühlen, Brauerei, Webereien, Maschinenwerkstätte. Das Schloß wurde nach dem Kriege Altersheim. 1930: 768 Einw. (106 Tschechen).

Johann Steinbrener

Stauda, Johannes, ∗ 1887 Linz, † 1972 Lohr am Main. Stauda leitete den Böhmerland-Verlag in Eger (1919–1923). Als ihm die Behörden die Konzession entzogen, ging er 1924 nach Augsburg und 1927 nach Kassel-Wilhelmshöhe, wo die Vereinigung mit dem Bärenreiter-Verlag erfolgte. In seinem Verlag erschienen die Zeitschrift „Witiko", das „Böhmerland-Jahrbuch" und die „Böhmerlandflugschriften" (Gesamtauflage 500000 Exemplare), ferner Bücher über sudetendeutsche Geschichte und Kultur. Stauda, von Beruf Gymnasialprofessor, aber wegen „staatsfeindlicher Veröffentlichungstätigkeit in den Ruhestand versetzt" (1925), war Mitbegründer der sudetendeutschen Wandervogelbewegung, deren Geschichte er geschrieben hat.

Steinbrener, Johann, ∗ 1835 Winterberg, † 1909 Winterberg. Der gelernte Buchbinder eröffnete 1855 in seiner Geburtsstadt ein Geschäft, gründete 1870 eine Druckerei und 1876 den Kalenderverlag, dessen Erzeugnisse (Kalender und Gebetbücher in 23 Sprachen) in alle Welt gingen. Bis 1930 wurden 35 Millionen Volkskalender und 100 Millionen Gebetbücher erzeugt. Das Unternehmen führte nach dem Tod des Gründers – damals hatte es rund 1000 Beschäftigte – sein Sohn *Johann* (1863–1929) weiter, danach dessen Sohn *Rupert* (1895–1966). Unter ihm Enteignung und Verstaatlichung der Firma. Er hat den Verlag in Schärding am Inn wieder ins Leben gerufen.

Steiner, Franz B., ∗ 1909 Prag, † 1952 Oxford. Er lebte seit 1936 in Großbritannien und wurde 1939 Dozent am Institut für soziale Anthropologie in Oxford. Seine Dichtungen erschienen erst nach seinem Tod; es sind die Lyrikbände „Unruhe ohne Uhr" und „Eroberungen". Neben der Erforschung der Sklaverei beschäftigte er sich intensiv mit der Dichtung des Orients und der Naturvölker.

Steiner, Hedwig, ∗ 1898 Teschen, † 1969 Rosenheim. Die Studienrätin veröffentlichte Lyrik- und Erzählbände („Schauen und Singen", „Gang durchs Jahr", „Das Blumenjahr", „Ostdeutsche Balladen"), außerdem Märchenspiele und Märchenbilderbücher. Krönung ihres Schriftstellerlebens war die Monographie über den Bildhauer Anton Hanak (1969).

Steiner-Prag, Hugo, ∗ 1880 Prag, † 1945 New York. Der Maler und Graphiker lehrte an der Akademie für Graphik und Buchgewerbe in Leipzig, gründete in Prag die graphische Schule Officina Pragensis und beim Kunstgewerbemuseum eine Internationale Sammlung der Buchkunst der Neuzeit. 1938 wird er nach Schweden und 1941 nach New York berufen. Steiner, nach dem eine von ihm 1913 entwickelte Zierschrift benannt ist, der Bühnenentwürfe für große Theater schuf, lebt durch seine zahlreichen Buchillustrationen weiter; visionäre Motive und Alt-Prager Erinnerungen tauchen auf in seinen Graphiken, Bildern und in Illustrationen wie z. B. zu Meyrinks „Golem" und zu E. T. A. Hoffmann. Eine große Ausstellung seiner Werke führte die Künstlergilde 1977 in der Ostdeutschen Galerie in Regensburg durch.

Steinitz, Wilhelm, * 1836 Prag, † 1900 New York. In der Geschichte des Schachspiels wird Steinitz als erster offizieller Schachweltmeister (1866–1894) geführt. Auch als Schachforscher war er bahnbrechend, ebenso als Begründer der modernen Schule des Schachspiels.

Steinschönau (*Kamenický Šenov*), Bezirk Tetschen. 1530 gründete Paul Schürer im nahen Falkenau die erste Glashütte; daraus entwickelte sich die berühmte Glasveredelungsindustrie. Der Glashändler Georg Franz Kreybich zog durch ganz Europa und machte darüber Aufzeichnungen. Die ersten Kristall-Luster, für die Rußland größter Abnehmer war, wurden 1724 hergestellt. Luster aus Steinschönau hingen in der Mailänder Scala, in der königlichen Oper in Rom und im Waldorf-Astoria-Hotel in New York. Große Bedeutung für diese Glasindustrie hatte die seit 1856 bestehende Glasfachschule mit einer ständigen Ausstellung. Vor 1938 gab es in Steinschönau, 1900 zur Stadt erhoben, 26 Glasraffinerien, 5 Lusterfabriken, Rohglasfabriken, Metall- und Chromledererzeugung. Enge Bindungen bestanden zum 6 km entfernten Haida, durch die Veredelung von Hohlglas ebenfalls weltberühmt. Der Herrnhausfelsen, orgelpfeifenähnliche Basaltsäulen bis 14 m hoch und unter Naturschutz stehend, befindet sich in der Nähe.
1930: 5340 Einw. (820 Tschechen).

Sternberg

Steinschönauer Glasschleifer

Stenographie. In der Nachfolge Gabelsbergers zeichneten sich viele Persönlichkeiten des Sudetenlandes aus. In über 100 Vereinen waren die Stenographen zusammengeschlossen. Bereits 1862 entstand der Deutsche Prager Stenographenverein Gabelsberger, dem gleich 1863 Teplitz folgte, darauf Sternberg, Graslitz, Falkenau, Iglau und andere. Die meisten Mitglieder in Europa überhaupt hatte der Verein stenographiekun-

Kaspar Maria Graf Sternberg

diger deutscher Lehrer und Lehrerinnen Böhmens in St. Joachimsthal (1907: 1106 Mitglieder). In St. Joachimsthal kam seit 1896 die Zeitschrift „Stift Heil“ heraus. Daneben erschienen noch viele andere Blätter. Um die Verbreitung der Stenographie hatten sich Ignaz J. Heger aus Politschka und Leopold Conn aus Eidlitz verdient gemacht.

Stephani, Clemens, * um 1530 Buchau, † 1592 Eger. Der Buchhändler und Bürger von Schlaggenwald und Eger gehört zu den großen Dramatikern des 16. Jh. Seine Stücke erinnern an Hans Sachs, sind aber meist geistlicher Art: „Die Historie von einer Königin aus Lamparden“ und die „Geistliche Aktion“, eine Behandlung des Jedermann-Stoffes. Nach Terenz schuf er den „Eunuchus“, ein Lustspiel ist „Satyra oder Bawrenspiel“. Ernst Frank schrieb seine Biographie („Es hebt uns die Welle ins letzte Geheimnis“).

Sternberg (*Šternberk*). Die Bezirksstadt in Mähren hat ihren Ursprung in einer Burg (1269: castrum Sternberch), 1296 wird sie schon Stadt genannt. 2 Jahre lang besetzten die Hussiten die mächtige Stadt, die später ein Sitz der Brüderunion und der evangelischen Lehre wurde. Sie kam 1695 an die Fürsten Liechtenstein. Aus der Burg war ein Schloß geworden, das viele Kunstsammlungen enthielt. Die mächtige barocke Pfarrkirche schmückte Sebastini mit Fresken. Das Augustinerkloster wurde 1784 säkularisiert. Die Oberrealschule ging auf eine Anstalt aus dem Jahre 1860 zurück. Seit 1872 bestand eine Fachschule für Weberei.
Mit Trauer gedenken alle Sudetendeutschen der Märzgefallenen von Sternberg: Am 4. März 1919 schossen tschechische Soldaten in eine Menge friedlich de onstrierender Sudetendeutscher; dabei wurden 17 getötet und 28 schwer verwundet. Bekannt waren die Rennen auf der Ecce-homo-Strecke bei Sternberg. In 15 km Entfernung steht die Eulenburg aus dem Mittelalter; sie brannte 1945 aus und wurde wieder hergestellt. Industrie: Textilien-, Leinen-, Baumwollwarenerzeugung, große Tabakfabrik, Spiritusbrennerei, Kunststeinfabrik. Bekannte Nervenheilanstalt.
1930: 12608 Einw. (1249 Tschechen).

Sternberg, Kaspar Maria Graf, * 1761 Prag, † 1838 Brezina bei Raudnitz. Zuerst Domherr in Regensburg, entfaltete er eine fruchtbare Organisationstätigkeit zur Entwicklung der Naturwissenschaften in Böhmen, gründete Gesellschaften und das Nationalmuseum in Prag; in diesem befinden sich auch seine paläontologischen Sammlungen. Der Mitbegründer der Paläobotanik stand mit Humboldt und Goethe in Verbindung; mit diesem führte er einen umfangreichen Briefwechsel.

Sterneck, Robert von s. Daublebsky von Sterneck.

Stich, Johann Wenzel, * 1746 Schuschitz bei Tschaslau, † 1803 Prag. Der Hornvirtuose, der sich auf seinen Gastspielreisen auch Giovanni Ponto nannte, hielt sich in Paris auf, ebenso in Mainz, Würzburg, Wien und anderen Kulturzentren Europas. Er schrieb 14 Konzerte für Waldhorn, Sextette, Quartette, Trios und andere Stücke, hauptsächlich für Blasinstrumente. Beethoven komponierte 1800 eine Sonate (opus 17) für ihn und führte sie mit Stich öffentlich auf.

Stifter, Adalbert, * 1805 Oberplan, † 1868 Linz. Stifter besuchte in Kremsmünster das Benediktinergymnasium, studierte in Wien Jura, Mathematik, Naturwissenschaften und Geschichte, legte aber keine Examina ab. Als Hauslehrer kam er auch in Adelshäuser, was sich in der Erzählung „Der Condor" widerspiegelt. Lange Zeit schwankte Stifter zwischen zwei Berufungen, der zum Maler und der zum Dichter. Daß er ein hochtalentierter Landschaftsmaler war, beweisen seine Bilder. Doch er entschloß sich dann doch, sein Leben der literarischen Arbeit zu widmen. Geliebt hatte er Fanny Greipl aus seiner Heimat, doch hat er 1837 die Modistin Amalie Mohaupt geheiratet. Seit 1848 lebte er in Linz, 1850 wurde er zum Schulrat und Inspektor der oberösterreichischen Volksschulen ernannt, was ihm auf die Dauer wegen der damit verbundenen Verwaltungsarbeit zur Belastung wurde. Und doch wäre der Dichter auch ein idealer Erzieher gewesen, was man aus seinen „Pädagogischen Schriften" und aus dem gemeinsam mit Josef Aprent 1854 herausgegebenen „Lesebuch zur Förderung humaner Bildung" schließen kann. 1865 ging Stifter als Hofrat in den Ruhestand, starb aber schon

Adalbert Stifter

Ruine Wittinghausen

einige Jahre darauf an einem unheilbaren Leberleiden, nachdem er einen Selbstmordversuch wegen unerträglicher Schmerzen unternommen hatte.

Stifter, der Verkünder des sanften Gesetzes der Welt, sieht noch im Kleinsten das Große und Erhabene. Aus dieser Einstellung zu allen Dingen versteht man seine Dichtungen, in denen das Harmonische und Edle, Humanismus und ethisches Denken die maßgebenden Faktoren sind, wenn sich auch zuweilen tragische Bedrohung der menschlichen Existenz in der Handlung ausmachen läßt. Seit 1840 erschienen seine Werke in einzelnen Ausgaben, zunächst die Erzählungen, die er in den „Studien" zusammenfaßte, dann „Bunte Steine", die Romane „Der Nachsommer" und „Witiko". J. Aprent gab aus dem Nachlaß „Erzählungen" und „Vermischte Schriften" heraus. Es sind in der Folgezeit sehr viele Ausgaben erschienen, von denen die von Max Stefl hervorzuheben ist (A. Kraft Verlag), ebenso die in der „Bibliothek deutscher Schriftsteller in Böhmen" (die Reichenberger Stifter-Ausgabe, die leider unvollendet bleiben mußte), doch bis zur historisch-kritischen Gesamtausgabe mußte man noch lange warten. Diese wurde 1980 begonnen.

Die Nachwirkungen Stifters sind groß, bei Dichtern und bei den Literarhistorikern. Die Literatur über ihn ist unübersehbar geworden. Um den

Dichter und um die auf ihn bezogene Forschung hat sich das Adalbert-Stifter-Institut des Landes Oberösterreich in Linz die größten Verdienste erworben. Es gibt ein Stifter-Museum in Wien, eine Forschungsstätte an der Bayerischen Staatsbibliothek in München, den A.-Stifter-Verein als Kulturwerk der Sudetendeutschen in München, die Stiftersinggruppe in Darmstadt. Denkmäler stehen in Linz, Wien, Friedberg und am Plöckenstein.

Stifter, der größte Dichter des Sudetenlandes, verdient nicht nur unsere Bewunderung! Er verdient unsere Liebe!

Stilp, Johann Karl, * 1668 Waldsassen, † Eger. Der Bildhauer, der 1697 das Bürgerrecht der Stadt Eger erlangte, fertigte in Waldsassen den Tabernakel des Hochaltars in der Klosterkirche und die z. T. skurrilen Figuren in der Klosterbibliothek. Er arbeitete für Eger (hl. Josef im neuen Rathaus), Tepl und Elbogen.

Stingl, Alfred, * 1895 Perlsberg bei Königswart/Egerland, † 1980 Wien. Stingl lebte als Pensionist in Wien. In rastlosem Einsatz sammelte er aus den Beständen der Österreichischen Nationalbibliothek Materialien in großem Ausmaß, das für die sudetendeutsche Forschung von Belang ist. Uneigennützig stellte er vielen Stellen vor allem Tausende von Biographien zur Verfü-

Ruine der Burg Stramberg

gung. So war es möglich, daß viele Unterlagen, die als verloren galten, doch noch verfügbar waren und der Forschung zur Verfügung stehen.

Stögbauer, Isidor, ∗ 1883 Kuschwarda im Böhmerwald, † 1966 Linz. Sein musikalisches Leben begann er als Sängerknabe im Stift Seitenstetten. Als Lehrer legte er die musikalischen Staatsprüfungen ab. 1939 wurde er Professor an der Lehrerbildungsanstalt in Linz und Lehrer für Kontrapunkt, Komposition, Orgel und Klavier am Brucknerkonservatorium. Ab 1943 leitete er die städtische Musikschule in Krummau. Nach der Vertreibung wurde er Stiftsorganist in Seitenstetten. Stögbauer, Träger des päpstlichen Ehrenkreuzes Pro ecclesia et pontifice, hinterließ ein großes kompositorisches Werk von 160 Opusnummern, Orgelwerke, weltliche und kirchliche Musik, sehr viele Klavierstücke, Kammermusik u. a.

Stolpichstraße und Stolpichschlucht. Die Gebirgsstraße stellt die Verbindung zwischen Wittighaus auf der Isergebirgshochebene (mit Unterkunftshaus) und Haindorf her. Die Stolpich und der benachbarte Schwarzbach bilden mächtige Wasserfälle. Carl M. von Weber, der 1814 im nahen Bad Liebwerda weilte, soll in der Stolpichschlucht das Motiv zur Wolfschluchtszene des „Freischütz" gefunden haben.

Stonner, Anton, ∗ 1895 Starkstadt/Böhmen, † 1973 Bonn. Der Jesuitenpriester war akademischer Seelsorger in Wien, später in München. In Fragen der Weltanschauung, der Beziehungen zwischen Religion und Kunst war er ein begehrter Vortragender. Die Theologische Fakultät in Prag berief ihn auf den Lehrstuhl für Christliche Philosophie. Nach seiner Vertreibung lehrte er in München und Bonn. Kl. Honek nennt Stonner in einem Buch neben F. Kronseder den führenden Jesuiten in Wien in der Zeit 1920–1927. Er hinterließ viele Bücher über christliche Weltanschauung und kulturelle Fragen.

Stonner, Friedrich, ∗ 1906 Dittersbach bei

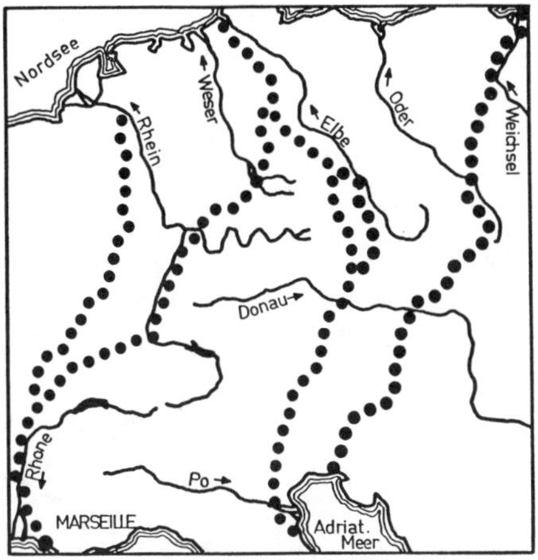

Die alten Bernsteinstraßen

Braunau, † 1975 Gunzenhausen. Der Bruder des Theologen Anton Stonner war Maler, Graphiker und Plastiker; Kunsterzieher am Braunauer Stiftsgymnasium, in Trautenau, nach 1945 in Bayern. Er schuf viele Kunstwerke für öffentliche Gebäude, Fresken im Bibliothekssaal in Schweiklberg, für die Schule in Waldkraiburg, zahlreiche Holzschnitte, Aluminiumreliefs, Harzmosaiken, Kartonschnitte. Er liebte religiöse Themen. Man nannte ihn auch einen Madonnenmaler.

Strakonitz (*Strakonice*), Bezirksstadt in Südböhmen an der Mündung der Wolinka in die Wottawa. Vor 1308 zur Stadt geworden, war diese zunächst Besitz der Bawore. Die Burg mit rundem Wachtturm gehörte dem Johanniterorden, lange Zeit war sie der Sitz des Großpriors des Malteserritterordens. Seit 1930 ist die Burg Museum. In Strakonitz wird wegen seiner Dudelsackpfeifertradition jährlich ein Dudelsackpfeifertreffen veranstaltet.
1930: 9883 Einw. (124 Deutsche).

Stramberg (*Štramberk*), Bezirk Neutitschein.

Unterhalb der Burg Stralenberg entstand 1359 als Grenzbefestigung das deutsche Städtchen Stramberg mit Magdeburger (Olmützer) Recht. Die Deutschen wurden bald eine Minderheit; nach dem Dreißigjährigen Krieg betrug ihr Anteil nur 14 v. H. Seit 1588 gehörte Stramberg zum Besitz der Stadt Neutitschein. Die Burg und der historische Stadtkern, der teilweise aus dem 16 Jh. stammt, stehen unter Denkmalschutz. Stramberg hatte Kalksteinbrüche und -brennereien, Baumwollwebereien und Samtfabrikation. Die Kohlensäurequellen machten es zu einem Badeort und zur Sommerfrische.

1930: 3591 Einw. (46 Deutsche).

Straßen. Sie waren zuerst nur Wege, die zwar immer für kriegerische Auseinandersetzungen genutzt wurden, doch in der Hauptsache dem Handel und der Völkerverbindung dienten. Bereits Bronzewaren und Bernstein wurden eingeführt. Entlang der March führte die Bernsteinstraße,

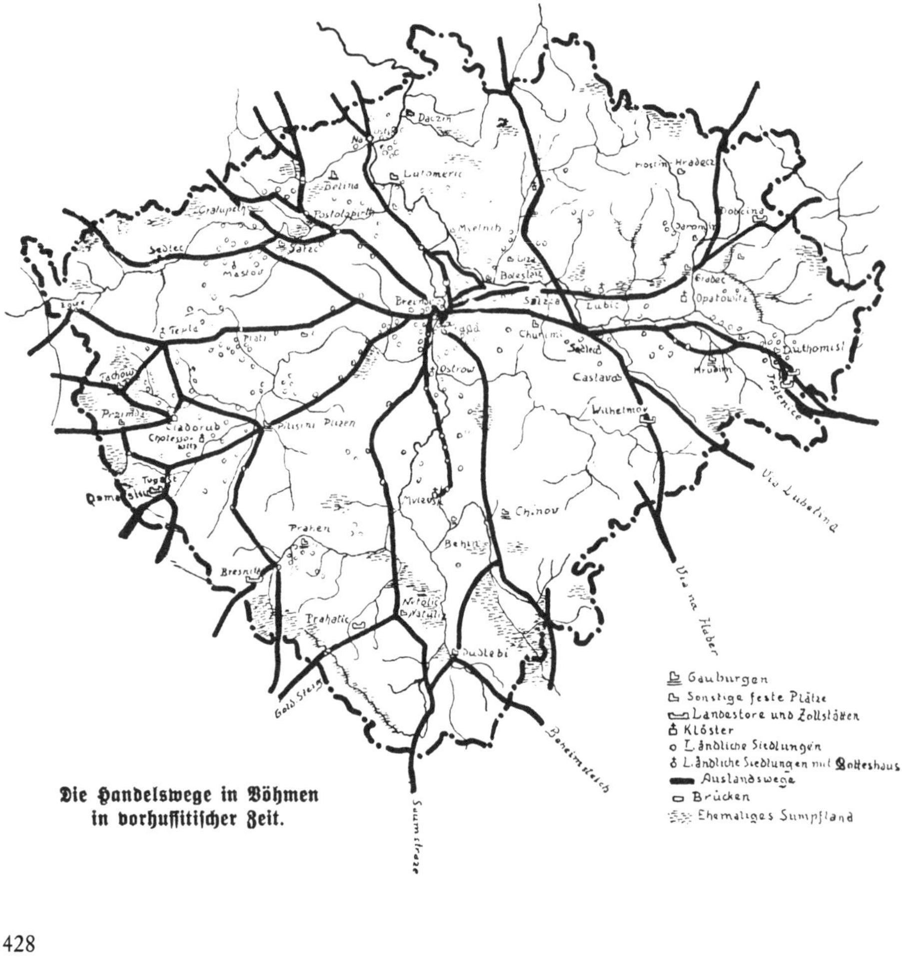

Die Handelswege in Böhmen in vorhussitischer Zeit.

den Linzer Steig herauf führte eine Salzstraße von Hallstatt aus. Zahlreich sind die Berichte über den Austausch von Gütern zwischen Bayern, Österreich, Italien und Böhmen und Mähren. Der Goldene Steig gehört zu den bekanntesten Handelswegen jener Zeit, da man das Salz als das weiße Gold bezeichnete.
Waren die Straßen, besser Wege, zunächst in einem schlechten Zustand, so versuchte man sie passierbarer zu machen, seitdem im 16./17. Jh. die Postbeförderung eine Rolle zu spielen begann. Sie wurden ausgebessert, ebenso die Brücken, auf die man in der Barockzeit Statuen des Brückenheiligen, des Johannes von Nepomuk, stellte. Die Straßen wurden stets dem steigenden Verkehr und den verbesserten Fahrzeugen angepaßt.
Die Nachfolgestaaten Österreich-Ungarns übernahmen ein engmaschiges und gutes Verkehrsnetz. Nach dem Stand von 1936 gab es in Böhmen 37132 km Straßen (4431 km Staatsstraßen, 23 km Landstraßen, 32678 km Bezirksstraßen), in Mähren-Schlesien 15988 km Straßen (1513 km Staatsstraßen, 14475 km Bezirksstraßen), zus. 47153 km.

Strauß, Emil, * 1889 Prag, † 1942 Auschwitz. Nach der Promotion war er Redakteur sozialdemokratischer Blätter, so des „Sozialdemokrat". Gemeinsam mit Josef Hofbauer verfaßte er eine Biographie Josef Seligers, seines Schwiegervaters. Außerdem schrieb er „Tschechoslowakische Geschichte", „Die Entstehung der deutsch-böhmischen Arbeiterbewegung", „Bauernelend und Bauernaufstände in den Sudetenländern". Er war Mitglied des Wirtschaftsbeirates der ČSR und seit 1928 Mitglied der Landesvertretung Böhmens.

Streeruwitz, Ernst, * 1874 Mies, † 1952 Wien. Der christlich-soziale Politiker, Wirtschafts- und Finanzfachmann war 1929 Bundeskanzler Österreichs. Um die Wirtschaft Österreichs erwarb er sich Verdienste, u. a. durch Gründung der Landeshypothekenanstalt für das Burgenland und des Österreichischen Kuratoriums für Wirtschaftlichkeit. Autobiographisch sind seine Bücher „Springflut über Österreich" und „Wie es war".

Karl Hans Strobl

Strobl, Karl Hans, * 1877 Iglau, † 1946 Perchtoldsdorf bei Wien. Nach der Promotion war Strobl im Staatsdienst, danach unternahm er weite Reisen, nahm am Ersten Weltkrieg als Kriegsberichterstatter teil und lebte schließlich als freier Schriftsteller in Perchtoldsdorf. Von heimatbezogenen Themen ausgehend, die den nationalen Kampf und das Prager Studentenleben einschlossen, ging er in seinem literarischen Schaffen zu phantastischen Romanen und Werken in der Nachfolge von E. T. A. Hoffmann und E. A. Poe über. Wir nennen die Romane: „Die Vaclavbude", „Der Schipkapaß", „Eleagabal Kuperus", „Die Fackel des Hus", „Goya und das Löwengesicht", „Böhmisches Glas", ferner seine „Erinnerungen".

Strzygowski, Josef, * 1862 Biala, † 1941 Wien. Der Kunsthistoriker lehrte in Graz und Wien und gründete hier das erste Kunsthistorische Institut an der Universität und die Gesellschaft für vergleichende Kunstforschung. Er weitete die Kunstbetrachtung über Griechenland und Italien hinaus aus auf Vorderasien, die ebenfalls als

Wappen der Sudetendeutschen Landsmannschaft

Grundlage für jedes Kunstverständnis zu gelten hat. Er war der Schöpfer der vergleichenden Kunstforschung, vor allem unter Berücksichtigung der allgemein-indogermanischen Kunst. Seine Werke wurden Grundlage für die weitere Kunstforschung.

Sturm, Heribert, * 1904 Chodau, † 1981 Amberg. Sturm war Archivar bzw. Archivleiter in St. Joachimsthal, Eger, Neuburg/Donau und Amberg. Er veröffentlichte zahlreiche Werke zur Geschichte Europas, Egers, der Egerlandes und des Erzgebirges („Eger. Geschichte einer Reichsstadt", „Das Archiv der Stadt Eger", „Skizzen zur Geschichte des Obererzgebirges", „Egerer Reliefintarsien"). Dem Collegium Carolinum gehörte er als Vorstandsmitglied an. 1969 erhielt er den Georg-Dehio-Preis.

Sudeten. 380 km langer und bis zu 60 km breiter Gebirgszug, der östlich des Elbesandsteingebirges beginnt und bis zur Mährischen Pforte reicht. Die Westsudeten bestehen aus Lausitzer-, Iser-, Riesengebirge, Glatzer Bergland und erreichen in der Schneekoppe mit 1603 m ihre höchste Erhebung. Die mährisch-schlesischen Ostsudeten sind gegliedert in das Altvatergebirge (auch Hohes Gesenke) und das Niedere Gesenke. Den höchsten Punkt erreichen sie im Altvater mit 1 492 m. Bis zum Ende des 13. Jh. waren die Sudeten bereits von deutschen Bauern besiedelt, ihnen folgten deutsche Bergleute; sie gründeten Bergbaustädte nach deutschem Recht.

Sudetenbühne. Sudetendeutsche Wanderbühne, die 1934 mit Hilfe des Bundes der Deutschen entstand, von Walter Heidrich geleitet; in den zwei Jahren ihres Bestehens führte sie 600 Spiele (409 Abendvorstellungen) auf. Gespielt wurden Klassiker und neuere deutsche Dramatiker. Die Junge Bühne setzte 1937 das Programm der Sudetenbühne fort.

Sudetendeutsche. Der von Franz Jesser 1902 verwendete Sammelname für die Deutschen in den Sudetenländern breitete sich zunächst über die Schutzvereine aus, auch durch die Mitarbeiter Jessers. Durch den Friedensschluß von St. Germain ergab sich die Notwendigkeit, für die Deutschen in der Tschechoslowakei einen gemeinsamen Namen zu finden. Dazu bot sich die damals schon gebräuchliche Bezeichnung „Sudetendeutsche" für die Deutschen in Böhmen, Mähren und Schlesien an; die Deutschen in der Slowakei bezeichneten sich als Karpatendeutsche. Der amtliche Gebrauch des Namens Sudetendeutsche erfolgte bereits bei den Friedensverhandlungen in St. Germain, und zwar durch die deutsch-österreichische Delegation unter Karl Renner.

Sudetendeutsche Heimatfront. 1933 von Konrad Henlein gegründete Partei der Sudetendeutschen. Ihre Grundsätze lauteten: positive Aufbaupolitik durch Schaffung einer unter einheitlicher politischer Führung stehenden Volksgemeinschaft, in der die berechtigten Interessen der einzelnen Volksschichten durch Anwendung des ständischen Gliederungsprinzips gesichert werden. Sie war zur Mitarbeit im Staat bereit. 1935 zwangen die Tschechen die Partei zur Namensänderung.

Sie nannte sich nun Sudetendeutsche Partei (SdP). Bei den Wahlen dieses Jahres erlangte sie von den 66 von Deutschen gewonnenen Mandaten 44. Man hat versucht, der Partei Henleins hochverräterische Beziehungen zum Ausland nachzuweisen; der tschechische Historiker Čelovský betonte, daß es dafür bis 1938 keine Beweise gebe.

Henlein hatte im Herbst 1934 verdeutlicht: „Wir stehen nicht an zu bekennen, daß uns ein grundsätzlicher Unterschied vom Nationalsozialismus trennt, wir werden niemals auf die Freiheit des Individuums verzichten." 1938 erfolgte die Eingliederung der Partei in die NSDAP.

Sudetendeutsche Jugendgemeinschaft s. Jugendbewegung.

Sudetendeutsche Landsmannschaft. Aus den bereits bestehenden Landesverbänden von Bayern, (als erster Zusammenschluß gegründet am 29. August 1947 in Regensburg), Hessen, Nordrhein-Westfalen, Niedersachsen-Bremen und Schleswig-Holstein-Hamburg ging am 24. und 25. Januar 1950 in Detmold der Hauptverband der Sudetendeutschen Landsmannschaft mit Dr. Lodgman von Auen als Sprecher für ganz Westdeutschland hervor. In der Detmolder Erklärung heißt es: „Die Sudetendeutsche Landsmannschaft betrachtet sich als die außerhalb der Heimat gegebene Gestaltung der sudetendeutschen Volksgruppe und diese als Glied des deutschen Volkes. Sie ist sich, erst recht in der Notzeit, der Schicksalsverbundenheit mit Deutschland bewußt. Sie ist bereit, mit allen übrigen aus der Heimat vertriebenen Deutschen zur Vertretung gemeinsamer Interessen zusammenzuarbeiten."
Nachfolger Dr. Lodgmans als Sprecher: Hans-Christoph Seebohm (1957–1967), Walter Becher (1967–1982) und Franz Neubauer. Die SL führt die Sudetendeutschen Tage durch, vergibt den Europäischen Karlspreis, die Kultur- und Förderpreise, tritt für das Selbstbestimmungsrecht der Völker und damit für die Bejahung des Rechtes auf die Heimat und das Volkstum ein. Das Organ der überparteilichen und überkonfessionellen Organisation der heimatvertriebenen Sudetendeutschen ist die „Sudetendeutsche Zeitung", die seit 1951 erscheint.
Die Sudetendeutsche Landsmannschaft in Österreich besteht seit 1953. Ihr Publikationsorgan ist die „Sudetenpost" (seit 1955). Andere Gruppen der Landsmannschaft sind die Treuegemeinschaft in England, der Sudeten-Club in Brasilien, die Treuegemeinschaft sudetendeutscher Sozialdemokraten in Skandinavien und Verbände in Nordamerika, Argentinien u. a.

Sudetendeutsche Partei s. Sudetendeutsche Heimatfront.

Sudetendeutsche Tage. Durch die traditionellen Pfingsttreffen, die zu den größten Veranstaltungen in der Bundesrepublik Deutschland zählen, bekunden die Sudetendeutschen ihre Heimatverbundenheit, den Anspruch aller Menschen auf das Recht auf ihre Heimat und das Selbstbestimmungsrecht, aber auch ihren Willen zu einem geeinten Europa und zur Verständigung mit allen Völkern Osteuropas.

Sudetendeutsche Zeitung. Als erstes Presseorgan erschien „Sudetenland – Heimatland" in Detmold (Nr. 1: 1. 10. 1948); dieses ging in die Wochenzeitung „Der Sudetendeutsche" (seit 1949, Lübeck, später Hamburg) über, diese wiederum 1958 in die „Sudetendeutsche Zeitung", die seit dem 7. April 1951 als Wochenzeitung in Bayreuth und danach in München herausgegeben wird. Sie ist das offizielle Organ der Sudetendeutschen Landsmannschaft. Für die finanzielle Si-

Sudetendeutsche Zeitung
OFFIZIELLES ORGAN DER SUDETENDEUTSCHEN LANDSMANNSCHAFT
34. Jahrgang/Folge 3
München, 20. Januar 1984
Im Postbezug monatlich DM 8,–
Einzelpreis 2,– Österreich vierteljährl. ö. S. 150,–

cherung tritt seit 15. 2. 1961 die Rudolf-Lodgman-Stiftung ein. Kopfblätter der Zeitung sind „Volksbote“, „Heimatbote“ (für die Kreise Tachau und Bischofteinitz), „Heimatruf“ (für die Kreise Teplitz-Schönau, Dux, Bilin und für die Heimatlandschaft Mittelgebirge) und „Reichenberger Zeitung“ (für den Jeschken-Iser-Gau). Außerdem erscheinen die Bildbeilage „Unser Sudetenland“, „Wegweiser für Heimatvertriebene“ und „Neudeker Heimatbrief“ in der für alle Organe verantwortlichen Sudetendeutschen Verlagsgesellschaft.

Sudetendeutscher Kulturalmanach. Die von Josef Heinrich herausgegebenen Bände (Band I. 1957 bis Band VIII. 1974) stellen Persönlichkeiten aus dem Bereich der Sudetendeutschen vor, aus der Vergangenheit und aus der Gegenwart. Die Lebensbilder werden häufig durch Bibliographien ergänzt. Auch Leseproben und Gedichte sudetendeutscher Autoren sind enthalten.

Sudetendeutscher Kulturpreis Die Sudetendeutsche Landsmannschaft vergibt als Repräsentanz der sudetendeutschen Volksgruppe einen Kulturpreis. Damit will sie den Dank der Volksgruppe für künstlerisches Wirken im Sinne einer jahrhundertealten Tradition abstatten. Bisher

Josef Mühlberger

wurden ausgezeichnet:
1955 *Alfred Kubin*, Graphiker
1956 *Walter Hensel,* Tondichter, Volksliedforscher
1957 *Gertrude Pitzinger,* Konzertsängerin und Gesangspädagogin
1958 *Erwin Guido Kolbenheyer,* Dichter und Philosoph
1959 *Egon Kornauth,* Tondichter
1960 *Harald Kreutzberg,* Tänzer, Choreograph
1961 *Herbert Cysarz,* Dichter, Literatur- und Geisteswissenschaftler
1962 die *Bamberger Symphoniker*
1963 *Bruno Brehm,* Dichter
1964 das *Koeckert-Quartett*
1965 *Adolf Kindermann,* Sprecher der sudetendeutschen Priester
1966 *Emil Merker,* Dichter und Schriftsteller
1967 *Eugen Lemberg,* Sozialwissenschaftler
1968 *Josef Mühlberger,* Dichter
1969 *Gustav Fochler-Hauke,* Geologe, Geograph
1970 *Karl Bosl,* Historiker
1971 *Ferdinand Staeger,* Maler
1972 *Gertrud Fussenegger,* Dichterin
1973 *Heribert Losert,* Maler
1974 *Karl Anton Prinz Rohan,* Kulturpolitiker
1975 *Gustav Stratil-Sauer.* Geograph
1976 *Viktor Aschenbrenner,* Kulturpolitiker
1977 *Karl W. Deutsch.* Prof. für pol. Wissenschaften
1978 *Bruno Schier,* Volkskundler
1979 *Otfried Preußler,* Schriftsteller
1980 *Oskar Kreibich.* Maler, Graphiker, Bildhauer
1981 *Otto Kimminich,* Rechtswissenschaftler
1982 *Karl Michael Komma,* Komponist
1983 *Ilse Tielsch,* Schriftstellerin

Sudetendeutscher Rat. Vorläufer war die durch die Initiative von Walter Becher, Richard Reitzner und Hans Schütz im Juli 1947 errichtete Arbeitsgemeinschaft zur Wahrung sudetendeutscher Interessen. 1955 erfolgte die Umbildung zum Sudetendeutschen Rat, der 30 Mitglieder umfaßt (10 von den im Bundestag vertretenen Parteien, 10 von der Sudetendeutschen Landsmannschaft und 10, die von diesen beiden Kurien gewählt werden. Neben der Aufgabe der Aufklärung über das Sudetendeutschtum hat er sich laufend um Übereinstimmung mit den politischen Kräften zu bemühen, die in der Bundesrepublik Verantwortung tragen. Publikationen: „Sudetendeutsches Weißbuch“, „Sudetendeutscher Atlas“, „Sudetendeutschtum in Zahlen“ von A. Bohmann u. a.

Sudetendeutsches Archiv s. Archive.

Sudetendeutsches Sozialwerk. 1952 gegründeter Verband innerhalb der Sudetendeutschen Landsmannschaft, der mit seinen beiden Einrichtungen, der Staatspolitischen Bildungsstätte Heiligenhof in Bad Kissingen und der Sudetendeutschen Landeswarte Burg Hohenberg an der Eger, Erholungsmaßnahmen für Kinder, Mütter und Senioren, daneben auch Tagungen durchführt.

Sudetendeutsches Wörterbuch s. Mundarten.

Sudetenland. Die seit 1958 in München erscheinende Vierteljahreszeitschrift für Kunst, Literatur, Wissenschaft und Volkstum, deren ehrenamtlicher Schriftleiter seit Beginn Dr. Viktor Aschenbrenner ist, ist eine hervorragende Vermittlerin sudetendeutscher Kultur in Vergangenheit und Gegenwart im In- und Ausland. Viele Beiträge dieser Chronik des Geisteslebens der Sudetendeutschen werden auch als Zusammenfassungen in englischer Sprache gebracht.

Sudetenländer. Bezeichnung der Länder Böhmen, Mähren und Österreichisch (Sudeten-) Schlesien nach dem bedeutendsten Gebirgsmassiv dieser Region. Auch der Name Sudetenland war gebräuchlich. Dieser fand nach der Besetzung durch das Deutsche Reich 1938 Verwendung für die neu geschaffene Verwaltungseinheit Gau Sudetenland mit der Gauhauptstadt Reichenberg. Die amtliche Zählung von 1930 ergab folgende

Bertha von Suttner

Daten für die Sudetenländer: Es wurden 50 politische Bezirke, 120 Gerichtsbezirke und 3 338 Gemeinden mit durchschnittlich mehr als 80 v. H. deutscher Bevölkerung gezählt. Hinzu kamen noch 59 deutsche Sprachinselgemeinden, ferner 313 666 Sudetendeutsche, die im tschechischen Sprachgebiet lebten.
Die Zahl der Sudetendeutschen war mit 3,5 Millionen fast so groß wie die Bevölkerung Norwegens. Das geschlossene sudetendeutsche Territorium hatte eine Fläche von 25 775 qkm. Zum Vergleich: Belgien 30 507 qkm. Von den 17 189 gezählten Katastralgemeinden der gesamten Tschechoslowakei im Jahre 1930 waren 11 764 tschechisch oder slowakisch, 4 001 deutsch, 740 magyarisch, 620 ruthenisch, 56 polnisch, 3 rumänisch, 3 kroatisch und 2 hatten eine jüdische Bevölkerungsmehrheit. Im Zeitraum zwischen 1921 und 1930 wurden 54 deutsche Katastralgemeinden von den Tschechen majorisiert.

Suttner, Bertha von, geb. Gräfin Kinsky, * 1843 Prag, † 1914 Wien. Vor ihrer Heirat war sie Sekretärin bei Alfred Nobel in Paris. Die Pazifistin gründete die Österreichische Gesellschaft der Friedensfreunde (1891), wurde Vizevorsitzende

Tachau, die Ämterecke

des Internationalen Friedensbüros in Bern. Die 1905 mit dem Friedensnobelpreis ausgezeichnete Schriftstellerin schrieb die Romane „Die Waffen nieder!“ und „Marthas Kinder“, die gegen den Krieg gerichtet waren. 1909 erschienen ihre „Memoiren“. Den Beginn des Ersten Weltkrieges mußte sie nicht mehr erleben; sie starb kurz davor.

Swoboda, Gerhard, * 1923 Neubistritz, † 1974 Wien. Der Maler und Graphiker lebte in Wien und gehörte der neuen Wiener Schule des Phantastischen Realismus an. Er nahm an vielen Ausstellungen teil und wurde ausgezeichnet mit dem Preis der Stadt Wien und dem Förderpreis des Sudetendeutschen Kulturpreises. 1970 erschien ein Bildband mit seinen Werken unter dem Titel „Metamorphosen“.

Tachau (*Tachov*), Bezirksstadt an der Mies in Westböhmen. Die landesfürstliche Burg war Grenzschutz und Zollstätte an der Straße Prag – Nürnberg. Um 1275 wurde Tachau als Stadt planmäßig angelegt und mit dem Stadtrecht der Altstadt Prag begabt. 1329 übergab König Johann die Pfarrkirche dem Kreuzherrenorden. Die Flucht des Kreuzheeres vor den Hussiten, die Stadt und Burg einnahmen, zurück über die Grenze ist als Schlacht bei Tachau für die Tschechen noch heute ein Anlaß zu Feierlichkeiten; ein Denkmal erinnert daran. Für die deutschen Bewohner war der Ölberg das Wahrzeichen der Hussitenzeit.
Das Schloß steht auf Fundamenten des mittelalterlichen Baues. Es war seit 1781 im Besitze der Windischgrätz. Diese verkauften es 1937 an den Staat. Die Dekanatskirche stammt aus dem 14. Jh. Das Franziskanerkloster geht zurück auf das Jahr 1466; es wurde zweimal niedergebrannt, jedoch wieder errichtet. Ein Dominikanerkloster, 1351 gegründet, fiel dem Hussitensturm zum Opfer, später (1616) einem Brand. Das Paulanerkloster wurde unter Joseph II. säkularisiert. Die älteste Kirche ist die dem hl. Wenzel geweihte. Die Mariensäule auf dem Marktplatz wurde 1756 errichtet. Sehenswert sind das alte Rathaus und Bürgerhäuser aus verschiedenen Stilepochen.
Der politische Bezirk Tachau umfaßte die Gerichtsbezirke Tachau und Pfraumberg, ab 1938 noch den Gerichtsbezirk Plan; damit wurde er zum Landkreis (Bezirk) mit der größten Grundfläche im Sudetengau. Industrie: Posamentenfabrik, Erzeugung von Perlmutter- und Kunsthornknöpfen, Holzformendrechslerei. Die seit 1897 bestehende Tabakfabrik hatte über 500 Arbeiter. 1930: 6825 Einw. (448 Tschechen).

Tafelfichte (*Smrk*). Die südöstlich Neustadt an der Landesgrenze gelegene Erhebung des bewaldeten Hohen Iserkammes ist mit 1122 m der

Tafelfichte

Die derzeitigen Wohnorte der Tachauer Kreisbevölkerung nach der Vertreibung aus der Heimat

Max Tandler

höchste Berg des Isergebirges auf bömischer Seite. Die Schutzhütte brannte nach 1946 ab und der Aussichtsturm verfiel.

Talsperren. Im Handbuch „Sudetenland" (1954) sind folgende Talsperren verzeichnet:
Königreichswald bei Königinhof (Elbe)
Schwarzfuß (Schwarze Desse)
Krausebauden (Elbe)
Gablonz (Neiße)
Setsch (Chrudimka)
Friedrichswald (Schwarze Neiße)
Komotau bei Platten
Harzdorf bei Reichenberg (Harzdorfer Bach)
Hammer bei Brüx (Hammergrundbach)
Voigtsbach bei Reichenberg (Weiße Desse)
Reichenberg (Voigtsbach)
Frain (Thaya)
Nach 1950 wurden (nach Sperling) weitere Talsperren errichtet, u. a.:
Orlik (Moldau)
Lippen (Moldau)
Slap (Moldau)
Negranitz (Eger)
Roskosch (Aupa)
Fleyh
Preßnitz
Donawitz
Wühr (Svratka)

Tandler, Julius ∗ 1869 Iglau, † 1936 Moskau. Tandler, Anatom und Kommunalpolitiker, lehrte seit 1910 an der Universität Wien und war 1919/1920 Unterstaatssekretär für Volksgesundheit, ferner 1922–1934 Wiener Stadtrat; in dieser Eigenschaft schuf er viele soziale und sozialhygienische Einrichtungen. 1934 wurde er inhaftiert. Zwei Jahre später erhielt er eine Berufung nach Moskau. In den Universitätsarkaden in Wien steht auch sein Denkmal. Seit 1965 besteht in Wien ein Tandler-Heim.

Tandler, Max, ∗ 1895 Zinnwald, † 1982 Forchheim. Der volkstümliche Mundartdichter war als Lehrer im Egerland tätig. Sein Werk ist verhältnismäßig klein, doch gibt es die dem erzgebirgischen Volkstum verhaftete Denkweise Tandlers in bester Weise wieder. Es erschienen Lyrikbändchen wie „Mei Gebarche du!", „Bargwind", „Erzgebirgsweisen", „Besinnliches aus dem Erzgebirge" und auch eine Schallplatte „Freit eich, ihr Leit!", die er selbst besprochen hat.

Tannwald (*Tanvald*), Bezirk Gablonz. Im 16. Jh. durch deutsche Siedler auf der Herrschaft Semil angelegt, entwickelte sich in dem Isergebirgsort seit dem 18. Jh. Glasindustrie. Deren wachsende Bedeutung machte den Ort zu einem blühenden Gemeinwesen, das 1905 das Stadtrecht erhielt. Trotzdem blieb ein gewisser ländlicher Charakter gewahrt.
Die Pfarrkirche Peter und Paul (1787–1789) hat Fresken des Wiener Meisters Dominik Brosick. Die schöne und gesunde Lage in den Talmulden des Isergebirges und die Nähe des Riesengebirges machten Tannwald zu einer beliebten Sommerfrische. Eine Lungenheilstätte brachte vielen Kranken Genesung. Der Tannwalder Spitzberg (809 m) mit Bergwirtschaft und Aussichtsturm wurde vom Deutschen Gebirgsverein für das Jeschken- und Isergebirge betreut. Im Ortsteil Brand kam der Bildhauer und Medailleur Arnold Hartig zur

Tepl, Mater Dolorosa

Welt. Industrie: Baumwollspinnerei und Maschinenfabrik, Glasschmuck-Hausindustrie.
1930 (mit Ortsteil Brand): 4423 Einw. (2649 Deutsche, 1728 Tschechen, 40 Ausländer).

Taschek, Josef, ⁎ 1857 Budweis, † 1939 Budweis. Taschek, der letzte deutsche Bürgermeister von Budweis (1903–1918), gründete 1884 den Deutschen Böhmerwaldbund und 1893 die Höritzer Passionsspiele. In den Jahren 1892–1902 war er Landtagsabgeordneter, 1929 wurde er Senator; er legte sein Mandat aber bald wieder nieder. Der Politiker veröffentlichte einige politische und historische Schriften.

Taus (*Domažlice*), Bezirksstadt im Vorgebirge des Böhmerwaldes. Seit alter Zeit saßen die Choden an einem alten Landessteg nach Bayern. In der Burg residierten der Burggraf und der Richter dieser Grenzwächter. Vor 1262 Gründung einer Stadt, nach E. Schwarz mit Hilfe von Deutschen aus dem benachbarten Bayern. Nach ihm war im 14. Jh. das Deutsche die Sprache der führenden Schicht. Im späten 16. Jh. zogen nochmals Deutsche zu, bald erlagen sie aber der tschechischen Mehrheit; in Taus reicht das Gebiet der tschechischen Nation bis an die Landesgrenze, was sonst in den Sudetenländern nur noch bei *Náchod* der Fall war. In der Schlacht bei Taus schlugen die Hussiten das deutsche Kreuzheer.
Alte Gebäude sind die Stadtkirche, von Dientzenhofer barockisiert, das Augustinerkloster, die Allerheiligenkirche, das Rathaus und die Häuser mit Lauben. Neben der Stadtkirche steht der 56 m hohe Turm. Ein Museum birgt vieles zur Geschichte und Volkskunde des Chodenlandes.
1930: 9068 Einw. (8685 Tschechen, 292 Deutsche, 43 Ausländer, 44 Russen).

Teiche und Seen. Als Naturschönheiten gelten die Seen des Böhmerwaldes, die in Sagengut und Dichtung Eingang fanden. Der größte ist mit 18,4 ha der Schwarze See (43 m tief, Seewand 335 m hoch). Die anderen Seen sind der Teufelssee (9,7 ha, 36 m tief, Seewand 313 m), der Plöckensteinsee (6,4 ha, 18 m tief, Seewand 288 m), der Stubenbacher See (3,6 ha, 15 m tief, Seewand 235 m) und der Lackasee (2,5 ha, 4 m tief, Seewand 250 m).

Tepl, Stiftskirche

Teplitz-Schönau

In der Gegend von Budweis und Wittingau liegen zahlreiche Teiche und Seen – der größte ist der Rosenberger Teich mit 630 ha Fläche –, die eine blühende Fischwirtschaft ermöglichen.
Neben innerböhmischen Teichen finden sich die vornehmlich als Erholungsstätten bekannten nordböhmischen Teiche: Hirschberger Teich (255 ha), Hirnsner Teich (180 ha), Heideteich (130 ha), Hammerteich (55 ha) und Alaunsee bei Komotau (16 ha).
In Südmähren liegen der Steindammer Teich bei Nikolsburg (280 ha), der Bischofswarther Teich (110 ha) und der Mühlteich bei Eisgrub (105 ha). Nach W. Sperling hat der gesamte Staat rund 22000 Fischteiche mit einer Fläche von rund 50000 ha und einer Wassermenge von 464 Millionen cbm.

Tepl (*Teplá*), Bezirksstadt in Westböhmen. Im 12. Jh. entstand eine Siedlung bei einer Burg; diese erhielt 1385 Stadtrechte. Die am Teplfluß gelegene Stadt im Tepler Hochland besitzt eine große barocke Dekanalkirche, barocke Bürgerhäuser und eine Dreifaltigkeitssäule. Das nahe Stift Tepl, 1193 durch Hroznata gegründet und von Strahow aus besiedelt, spielte im Landesausbau Westböhmens eine große Rolle. Die Prämonstratenser hatten bis zu ihrer Vertreibung eine hohe kulturelle und wirtschaftliche Bedeutung. Bereits 1197 bauten sie eine Kirche im romanischen Stil; sie wurde barockisiert und erhielt Fresken des Malers Elias Dollhopf. Das Klostergebäude ist ein Werk Christoph Dientzenhofers. Die wertvolle Bibliothek mit 80000 Bänden, vielen Inkunabeln und Handschriften enthält u. a. auch ein Poenitentiale aus dem Anfang des 9. Jh. und den Codex Teplensis, eine frühe Bibelübersetzung aus der Zeit um 1400.
Am Anfang des 19. Jh. gründete Abt Reitenberger den Kurort Marienbad, der dank der Initiativen des Stiftes Tepl bald Weltgeltung erlangte.

Viele große Persönlichkeiten besuchten Tepl, unter ihnen auch Goethe. Nach der Vertreibung bildete Abt Möhler einen neuen Konvent in Schönau bei St. Goar, sein Nachfolger, Abt W. Böhm, gründete eine klösterliche Gemeinschaft in Villingen im Schwarzwald.

1930 Stadt Tepl: 2474 Einw. (82 Tschechen); Stift Tepl: 435 Einw. (6 Tschechen).

Teplitz-Schönau (*Teplice-Šanov,* heute *Teplice*), Bezirksstadt und Badeort am Fuße des Erzgebirges in Nordböhmen. Die warmen Quellen von Teplitz waren schon vor der Jahrtausendwende bekannt. Am geschichtlichen Beginn steht die Gründung eines Benediktinerinnenklosters (1156) durch Königin Judith; in den Hussitenkriegen zerstört. Die Herrschaft besaß seit dem 13. Jh. das Geschlecht der Grafen Kinsky, von denen Wilhelm Kinsky 1634 mit Wallenstein ermordet wurde. Damals kam Teplitz an die Aldringen, seit 1666 Clary-Aldringen. Während in früheren Jahrhunderten teilweise unsichere nationale Verhältnisse zu berücksichtigen sind, wurden ab 1664 die Stadtbücher deutsch geführt.

1755 kommt es zum Erdbeben von Lissabon und damit auch für kurze Zeit zum Versiegen der heißen Quellen. Im Schloß wurde 1813 zwischen den drei verbündeten Monarchen die Heilige Allianz geschlossen. Die Grubenkatastrophe von Ossegg (1879) bewirkte ein neuerliches Versiegen der Quellen. 1895 wird Teplitz mit dem Badeort Schönau vereinigt und führt nun einen Doppelnamen.

Das Schloß mit Schloßkirche, ein Renaissancebau, wurde im Barock- und Biedermeierstil umgebaut; es dient heute als Museum. Die Dekanatskirche (Bild von Brandl), eine evangelische Kirche (1864), die Dreifaltigkeitssäule von Matthias Braun, das Theater (nach Prag das größte im Sudetenraum), ein Mozart-Denkmal, Schulen, Bäder und andere Kuranstalten bestimmen das

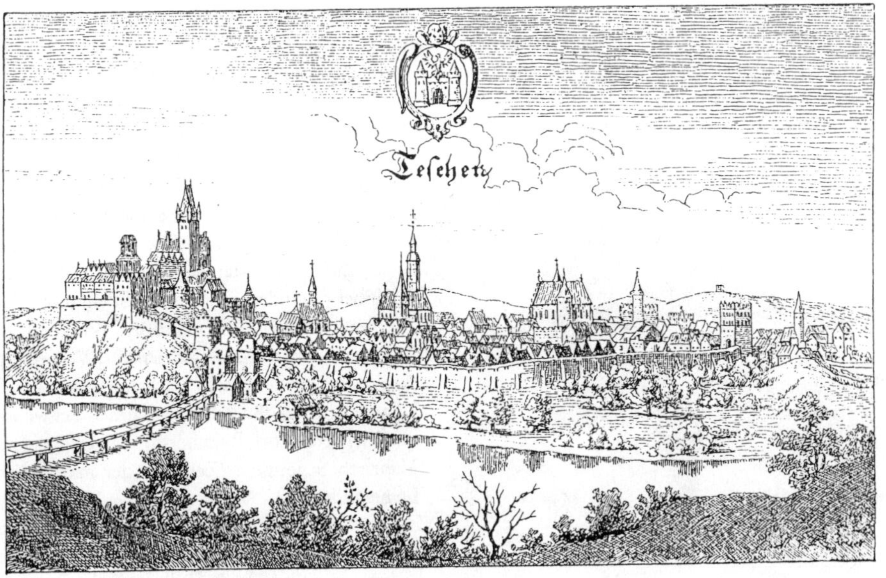

Teschen (17. Jh.)

äußere Bild der Stadt. Die radioaktiven Thermalquellen (bis 46° C) werden angewandt bei Rheuma, Neuralgien, Arteriosklerose, Blasen- und Nierenleiden. Prächtige Badeanlagen wurden für die Kurgäste errichtet. Unter ihnen befanden sich Beethoven, Goethe, Humboldt, Liszt, Chopin, Könige und viele andere hohe Persönlichkeiten. Teplitz-Schönau war Sitz vieler sudetendeutscher Institutionen: des Bundes der Deutschen in Böhmen, des Sekretariats der Deutschen Sozialdemokratischen Arbeiterpartei, des Sonderausschusses für das gesamte deutsche Volksbildungswesen, des Deutschen Turnverbandes, der Gesellschaft für deutsche Volksbildung und der Deutschen Arbeitsgemeinschaft für Volksgesundheit.
Obwohl ein international bekannter Badeort, hatte die Stadt mannigfache Industrien, vorwiegend Textil-, Metall-, Porzellan-, Glas-, Nahrungsmittel- und chemische Industrie.
1930: 30799 Einw. (23127 Deutsche, 5332 Tschechen, 1736 Ausländer).

Teschen (*Český Těšín*), Bezirksstadt in Ostschlesien. Die Stadt im Olsaland wurde nach dem Ersten Weltkrieg zwischen Polen und der Tschechoslowakei aufgeteilt. Die Besiedlung war durch die Oppelner Fürsten erfolgt. Bei einer Burg entstand 1292 die Stadt nach Löwenberger Recht. Als Lehen der böhmischen Krone gehörte sie den Piasten. 1722 kam Teschen an Leopold von Lothringen, danach an Franz I., Gemahl Maria Theresias, 1766 an deren Tochter Maria Christine und deren Gatten Albrecht von Sachsen, den Gründer der Albertina in Wien.
Im Bayerischen Erbfolgekrieg wurde am 13. 5. 1779 der Friede von Teschen geschlossen. Bei der Teilung im Jahre 1920 bildete der Fluß Olsa die neue Grenze zwischen der ČSR und Polen. Nach dem Münchner Abkommen besetzten die Polen die Stadt, im September 1939 kam sie an die preußische Provinz Oberschlesien. Das Olsaland wurde in industrieller und kultureller Hinsicht von Deutschen geprägt, auch wenn diese zuletzt nur eine Minderheit bildeten.
1930: 10554 Einw. (4420 Tschechen, 3269 Deutsche, 1466 Polen, 808 Ausländer, 591 andere).

Teßtalerin

Teschner, Richard, ∗ 1879 Karlsbad, † 1948 Wien. Der vielseitige Künstler schuf Gemälde, Radierungen, Plastiken, Buchschmuck, kunstgewerbliche Arbeiten und Plakate. Am bekanntesten wurde er durch seine Puppenspiele, zu denen er selbst die Texte festlegte. Die wertvollen Figurenbühnen „Figurenspiegel" und „Goldener Schrein" werden in der Theatersammlung der Nationalbibliothek in Wien aufbewahrt.

Teß (*Desná*) und Teßtal. Die Teß ist ein 42 km langer Zufluß der March, der südlich Mährisch Schönberg mündet. Sie durchfließt ein reizendes Tal im Altvater und berührt Winkelsdorf, Engelstal, Reutenhau, Kozianau, Wiesenberg (Schloß mit großem Park, Flachsspinnerei), Groß Ullersdorf (Schloß, Bad mit warmen Schwefelquellen) Petersdorf, Reitendorf, Weikersdorf und Mährisch Schönberg (Zentrum der mährischen Leinenindustrie).

Tetschen *(Děčín)*, Bezirksstadt am rechten Elbeufer an der Mündung des Polzen. Funde weisen auf eine frühe Besiedlung in der Bronzezeit, später auf germanische Stämme hin. Hier auf

einem Felsen entstanden eine Zollstätte und eine Gauburg, an dessen Nordseite sich im 11. Jh. eine Siedlung entwickelte, die unter den Wartenbergern (1305–1511) Markt und Stadt wurde. Besitzer sind u. a. die Salhausen, die Bünau, unter denen die Reformation eindringt und die nach der Unterdrückung des Aufstandes (1620) das Land verlassen müssen, seit 1628 die Thun. 1778 wird Tetschen aus der Reihe der festen Plätze gestrichen, dafür wird Theresienstadt als Festung angelegt. 1835 werden Mauern und Stadttore niedergerissen. 1838 legt das erste Dampfschiff der Sächsisch-Böhmischen Dampfschiffahrtsgesellschaft in Tetschen an. Das Jahr 1848 brachte die Aufhebung des Erbuntertänigkeitsverhältnisses zur Obrigkeit. 1850 wurde im benachbarten Liebwerd eine landwirtschaftliche Hochschule gegründet, die 1922 der Prager Deutschen Technischen Hochschule als Abteilung angegliedert wurde.
Eine Przemyslidenburg wird erstmals 1128 erwähnt, sie wurde zum heutigen Schloß umgebaut (16., 17. und 18. Jh.). Die Sala terrena ist wahrscheinlich ein Werk Santinis, die Fresken stammen von Bragaglia. Im Schloßgarten mit der berühmten Rosenzucht stehen barocke Plastiken (Gloriette mit Fechtergruppe). Unterhalb des Schlosses steht die frühbarocke Kreuzkirche (1691), ein Werk Santinis, in der Stadt die Wenzelskirche (1778). An das Ende des 16. Jh. erinnern einige alte Häuser mit schönen Portalen, ebenso die Brücke über den Polzen, für die M. J. Brokoff 1714 den plastischen Schmuck anfertigte.
Wichtig für die wirtschaftliche Entwicklung waren die Eröffnung der Bahnlinie Dresden – Bodenbach – Prag (1851), der Böhmischen Nordbahn (1869) und der Österreichischen Nordwestbahn Wien – Tetschen – Berlin (1876), ebenso die Erbauung der Kettenbrücke (1853–1855) und des Umschlagplatzes Laube (siehe dort). Die verkehrstechnische Lage begünstigte in Tetschen und im gegenüberliegenden Bodenbach die Entwicklung vieler Industriezweige. 1942 wurden Tetschen, Bodenbach und Altstadt zur Stadt Tetschen-Bodenbach mit 34846 Einwohnern vereinigt.

Gloriette im Tetschner Schloßgarten

Metall-, Nahrungsmittel- und chemische Industrie, Hut- und Steinnußknopffabriken. Bedeutende Wirtschaftsfaktoren waren die Schiffahrt, der Handel, Speditionen und die Unterhaltung von Lagerhäusern.
Tetschen allein hatte (1930) 12855 Einw. (9944 Deutsche, 2135 Tschechen, 734 Ausländer).

Teufel. Mit Teufel verbundene topographische Bezeichnungen gibt es allein bei Pfohl (s. Literaturverzeichnis) 8. Es sind:
Teufelsberg, 1007 m, einer der westlichsten Berge des Riesengebirges, südlich von Harrachsdorf.
Teufelsbrücke, natürlicher Felsenbogen im Dürren Tal unweit Blansko in Mähren, den Resten einer gewaltigen Felsenburg gleichend.
Teufelsgärtchen ist der südliche Teil des Westabfalls des Brunnberges im Riesengebirge. Eine

Teufelstein in Seidenschwanz

steile, schwer zugängliche Halde, Fundort zahlreicher botanischer Seltenheiten.

Teufelsloch, Höhle am Kotouč (539 m, aus reinstem Jurakalk) bei Stramberg in Mähren; prähistorische Funde.

Teufelsmauer, interessanter Basaltgang von Světlá (Bezirk Turnau in Nordböhmen) 25 km nach Süden streichend, durchschnittlich 2 m breit und bis 10 m hoch; die Teufelsmauer bildet auch die Sprachgrenze.

Teufelsmauer, unschiffbarer Teil der Moldau oberhalb Hohenfurth, etwa 1000 m lang; das Wasser wälzt sich mit einem Gefälle von 13 m über große Granitblöcke.

Teufelsplan, Höhenrücken im westlichen Riesengebirge südlich des Grenzkammes, der von der Kesselkoppe bzw. vom Kahlen Berg nach Westen zieht.

Teufelssee, östlich der Seewand im Böhmerwald, 1030 m hoch, 9,7 ha groß, bis 24 m tief. Um den See, der eine dreieckige Form hat, ranken sich viele Sagen.

In den Bereich des Wintersports gehört die *Teufelsbergschanze,* die 1920 am Nordabhang des Teufelsberges in Harrachsdorf erbaute Skisprungschanze, eine der größten Schanzen des Riesengebirges. Die Anregung für den Bau ging von dem deutschen und österreichischen Skimeister und Baudenwirt Kurt Endler und vom Hotelier Lambert Erlebach aus.

Textilindustrie. Bereits im Laufe der deutschen Besiedlung kamen flämische Weber, die die Grundlagen für die Zünfte in Brünn, Fulnek, Iglau und Neutitschein legten. Im 17. Jh. gibt es schon eine bedeutende Industrie in und um Reichenberg und Braunau. Wallenstein förderte sie für seine Kriegszwecke; Adelige, Maria Theresia und Franz I. sorgten für die Entwicklung der Textilindustrie; diese brachten Tuchmacher aus den Niederlanden nach Mähren. 1765 wurde in der Brünner Vorstadt, Große Neugasse, von der Regierung in Wien eine Feintuchfabrik errichtet, 1786 entstand hier die älteste wirkliche Tuchfabrik Österreich-Ungarns durch Johann H. Coffermann, 1850 die bedeutendste Streichgarnspinnerei in Europa, nämlich Soxhlet in Brünn. 1823 hatte bereits Johann Liebieg aus Braunau bei Reichenberg eine Weberei eingerichtet. Diese Firma schuf Sozialeinrichtungen und baute für die Arbeiter Wohnhäuser. Nach amerikanischem Vorbild erbaute das Unternehmen das erste Gaswerk.

Die bedeutendste Industrie im Staate (580000 Berufsangehörige, 900 Berufszugehörige) war zu 80 v. H. in deutscher Hand. Vor der Wirtschaftskrise belief sich die Produktion jährlich auf 12 Milliarden Kronen. Zwei Drittel der Erzeugung waren für den Export bestimmt. 1933 konnten nur noch Waren für 1,6 Milliarden Kronen exportiert werden, was 100000 Arbeitslose bedeutete. Wichtigste Standorte:

Baumwollindustrie: Asch, Bensen, Falkenau, Görkau, Kratzau, Morchenstern, Warnsdorf.

Baumwollweberei: Ostböhmen (Braunau,

Hohenelbe).
Wollindustrie: Reichenberg, Brünn, Graslitz, Jägerndorf, Neutitschein, Asch.
Kammgarnspinnerei: Kratzau, Mildenau, Neschwitz, Neudek, Neustadt a. d. T., Reichenberg, Zwodau.
Leinen- und Juteindustrie: Nord- und Nordostböhmen, Mähren-Schlesien, besonders Mährisch Schönberg, Freiwaldau, Freudenthal.
Flachsspinnerei: Hohenelbe, Trautenau.
Hanfspinnerei: Böhmerwald (Krummau), Mähren-Schlesien (Jägerndorf).
Seidenindustrie: Bergstadt, Mährisch Schönberg, Mährisch Trübau, Odrau, Troppau, Asch, Arnau, Graslitz, Ebersdorf, Grulich, Wildenschwert.
Kunstseide: Lobositz, Theresiental.
Stickerei, Spitzen: Asch, Graslitz, Ober Neugrün, Preßnitz, Schwaderbach, Silberbach, Weipert.
Teppich-Industrie: Maffersdorf, Mies, Reichenberg, Roßbach, Rumburg.
Hut-Industrie: Graupen, Komotau, Neutitschein, Schönau bei Neutitschein.

Thaya (*Dyje*), 309 km langer rechter Zufluß der March. Entsteht aus zwei auf der Böhmisch-Mährischen Höhe entspringenden Quellbächen, die sich bei Raabs in Niederösterreich vereinen. Sie strömt in die fruchtbare südmährische Ebene, berührt Znaim und mündet bei Hohenau in die March. Thaya und March wurden im Vertrag von

Tuchmacher im Gespräch

Rabensteinkopf im Thayatal

St. Germain (1919) und durch die Donauschifffahrtsakte (1921) völkerrechtlich als gemeinsamer österreichisch-tschechoslowakischer Grenzfluß zum internationalen Fluß erklärt. Sie unterstanden der Gerichtsbarkeit der internationalen Donaukommission. 1948 gründeten die Südmährer in Wien eine Landsmannschaft „Thaya".

Theater s. a.: Sudetenbühne. Die ältesten dramatischen Äußerungen gehen auf religiöses Denken und auf Brauchtümliches zurück. So entwickeln sich Spiele zum Frühjahrsbeginn und zu Themen der Heiligen Schrift. Bereits im 14. Jh. spielt man in Nordböhmen die „Auferstehung Christi". Im 15. Jh. folgen das Egerer „Weihnachtsspiel" und das Egerer „Fronleichnamsspiel", dessen Aufführung drei Tage beanspruchte. Bald erscheinen auch dramatische Dichter; einer der bedeutendsten ist der Buchauer Clemens Stephani („Eine geistliche Aktion", 1568).
Nach dem Dreißigjährigen Krieg erscheinen Schauspieltruppen, die umherwandern; zuerst sind es Engländer, danach Deutsche. Das Schul- und Jesuitendrama erlebt seine große Blüte, und zwar in den Städten mit Jesuitenschulen.
Die Zeit der Aufklärung ist für das Theaterwesen sehr anregend. Graf Sporck baute sich in Prag ein Privattheater, 1738 errichtete der Prager Magi-

Ständetheater in Prag (1783)

strat das Kotzentheater, in dem italienische Opern und deutsche Lustspiele gespielt wurden. Graf Nostitz weihte „dem Vaterland und den Musen" ein neues Theater, das 1783 mit Lessings „Emilia Galotti" eröffnet wurde. 1799 erwarben es die Stände, und es wurde Landestheater. Hier hatte 1787 die denkwürdige Uraufführung des „Don Giovanni" von und mit Mozart stattgefunden. Auch andere Städte eiferten Prag nach und errichteten eigene Theater. Das Brünner Theater, 1882 erstes elektrisch beleuchtetes Theater Europas, war wie viele andere Bühnen Sprungbrett für viele später berühmt gewordene Mimen und Dirigenten.

Einige Namen solcher Künstler, die in sudetendeutschen Städten wirkten: Alexander Moissi, Angelo Neumann, Hans Hotter, Julius Patzak, Paula Wessely, Attila und Paul Hörbiger, Tilla Durieux, Mila Kopp, Rudolf Forster, Leon Epp, Richard Romanowsky, Willy Rösner, Friedrich Hölzlin, Else Lehmann, Carl Maria von Weber, Gustav Mahler.

Groß ist die Zahl jener, die im Sudetenland beheimatet waren und strahlende Sterne der Bühne wurden, so Therese Krones, Maria Müller, Maria Eis, Maria Jeritza, Lieselotte Schreiner, Anna Schramm, Ida Ehre, Mizzi Günther, Rudolf Rittner, Josef Tichatschek, Anton Reimer, Leo Slezak, Ernst Waldbrunn, Ernst Deutsch, Bruno Hübner und Fred Liewehr.

Neben den großen Theatern gab es noch viele Bühnen, auf denen Laienspieler auftraten. An bestimmten Plätzen führte man Festspiele auf. Viel Publikum zogen die Wallensteinfestspiele in Eger an, die Jedermannfestspiele in Haindorf und die Höritzer Passionsspiele. Man spielte in Waldtheatern und auf provisorischen Bühnen. Die musikalische Begabung der Sudetendeutschen konnte man bei vielen Singspielaufführungen, an denen nur Laien mitwirkten, bewundern.

Theobald, Zacharias, ∗ 1584 Schlaggenwald, † 1627 bei Nürnberg. Nach dem Böhmischen Aufstand war er Kaplan im Heere Mansfelds, danach Pfarrer in Kraftthal bei Nürnberg. Bevor er dem Ruf als Mathematikprofessor in Altdorf folgen konnte, starb er. Von seinen historischen Schriften verdient der „Hussitenkrieg" Erwähnung, dem Unparteilichkeit nachgesagt wurde.

Theoderich von Prag. Maler am Hofe Karls IV. Er wurde von 1359–1368 erwähnt und war im Buch der Prager Malerzeche eingetragen. Theoderich schmückte die Kreuzkapelle auf Burg Karlstein aus mit 129 Tafelbildern und einigen Wandmalereien in den Fensterwölbungen.

Theresienstadt (*Terezín*), Bezirk Leitmeritz. Kaiser Joseph II. ließ 1780 dort, wo die Eger in die Elbe einmündet, eine Festungsanlage und eine Stadt bauen, die er nach seiner Mutter benannte. Bis 1888 bestand die Festung, später war Theresienstadt auch Garnison und Staatsgefängnis. Auch Gavrilo Princip, der Attentäter von Sarajewo, war hier eingekerkert. Im Zweiten Weltkrieg erlangte Theresienstadt traurige Berühmtheit als Getto und Konzentrationslager.

Theater der Sudetendeutschen	Baujahr	Plätze	Spielzeit	Spielgattung
Aussig, Stadttheater	1909	1000	15. 9.–31. 5.	Drama, Oper, Operette
Bad Groß Ullersdorf, Sommerbühne				
Bodenbach	1905	550		Drama, Oper, Operette
Braunau, Stadttheater	1867	400		Drama
Brünn, Vereinigte Deutsche Theater				
Schauspielhaus Krautmarkt	1882	1250		Drama, Oper, Operette
Schauspielhaus		650		
Deutsches Haus		720	1. 9.–31. 5.	
Brüx, Stadttheater	1910	750	29. 9.–15. 4.	Drama, Operette
Budweis, Deutsches Theater	1811	500		
Eger, Stadttheater	1874	1000	1. 9.–31. 3.	Drama, Operette
Franzensbad, Stadttheater	1927	600		Drama, Operette
Gablonz, Stadttheater	1907	900	1. 9.–31. 5.	Drama, Oper, Operette
Iglau, Stadttheater	1850	1000	15. 11.–28. 2.	Drama, Operette
Jägerndorf, Stadttheater	1927/28	1010		
Karlsbad, Stadttheater	1895	1000	2. 5.–23. 9.	Drama, Oper, Operette
Komotau (Parksäle)	1905	700	13. 10.–13. 4.	Drama
Krummau, Stadttheater	1588	600	28. 9.–30. 4.	Drama
Leitmeritz, Stadttheater	1823	540		Drama, Operette
Mährisch Ostrau, Deutsches Theater	1907	753	29. 9.–30. 4.	Drama
Mährisch Schönberg				
Städtetheater Ostsudetenland (Wanderbühne)				
Schubertbühne			1. 10.–30. 4.	
Marienbad, Sommerbühne	1868	500	1. 10.–30. 4.	Drama, Operette
Olmütz (1919 bis 1939 enteignet)	1830	906		
Pilsen-Iglau, Ver. Deutsche Theater	1869	800	15. 9.–31. 7.	Drama, Operette
Prag				
Neues Deutsches Theater	1887	1900	ganzjährig	Oper, Operette
Kleine Bühne	1923	420	ganzjährig	Drama
Reichenberg, Stadttheater	1883	1050	18. 8.–18. 5.	Drama, Oper, Operette
Saaz, Stadttheater	1849	600		Drama, Operette
Teplitz-Schönau				
Neues Stadttheater	1924			
Opernhaus		1117		Oper, Operette
Kammerspiele		463		Drama
Troppau, Stadttheater	1882	875	1. 10–30. 4.	Drama, Oper, Operette
Znaim, Stadttheater	1900	600		Operette

Kaum waren die unglücklichen Opfer am 8. Mai 1945 befreit, errichteten die Tschechen ein grausames Lager, in dem Tausende von Sudetendeutschen ermordet wurden. In der sogenannten Klei-

nen Festung wurden eine Gedenkstätte und ein Ehrenfriedhof für die erstgenannten Opfer errichtet, während der toten Sudetendeutschen dort niemand gedenkt.
1930: 7181 Einw. (5693 Tschechen, 673 Deutsche, 56 Ausländer, 759 andere; in der letzten Zahl sind enthalten: 613 Ungarn, 73 Russen, 31 Juden, 29 Polen, 10 Serbokroaten).

Theusing (*Toužim*), Bezirk Tepl. Die Stadt liegt unter dem Tschebonberg (821 m), der höchsten Erhebung des Tepler Hochlandes. Die Gründung geht zurück auf die Zeit um 1200, als die Prämonstratenser des Klosters Mühlhausen eine Siedlung und eine Propstei errichteten. Die Pröpste des Klosters Theusing waren hier gleichzeitig auch die Gutsherren. Das 16. Jh. brachte das Ende der Propstei.
Theusing kam an die Lobkowitz auf Hassenstein, an den Herzog von Sachsen-Lauenburg, an den Markgrafen von Baden und schließlich an den Herzog Beaufort-Spontin, der die Güter Theusing und Petschau vereinigte. Das Schloß stammt aus dem 15. Jh., die Kirche Maria Geburt aus dem 18. Jh. Es gibt noch alte Häuser im Fachwerkbau. Neben Land- und Forstwirtschaft werden Schuh- und Holzindustrie betrieben.
1930: 1933 Einw. (31 Tschechen).

Carl Thiemann: Franziskanerhof in Eger

Thiele, Franz, ∗ 1868 Friedland, † 1945 Prag. Der Maler, erfolgreicher Porträtkünstler der Wiener Gesellschaft, wurde 1903 vom Kaiser als erster deutscher Professor an der bis dahin nur tschechischen Akademie der bildenden Künste in Prag ernannt. Er lehrte 37 Jahre an der Akademie und bildete eine große Anzahl von Künstlern aus. Man berief ihn zum Mitglied des Kuratoriums der Modernen Galerie des Königreiches Böhmen, zum Mitglied des Sachverständigenkollegiums für das Urheberrecht im Bereich der bildenden Künste und der Gesellschaft zur Förderung deutscher Wissenschaft, Kunst und Literatur. In seiner Kunst war er dem Realismus verhaftet. Zahlreiche Auszeichnungen wurden ihm verliehen. Er starb in einem tschechischen Internierungslager im Mai 1945.

Thiemann, Carl, ∗ 1881 Karlsbad, † 1966 Dachau. Bei Franz Thiele an der Prager Akademie ausgebildet, bezog er mit Walther Klemm bei Prag ein Atelier. Sie ließen sich in Dachau nieder, wo schon Hölzel lebte. In der Dachauer Künstlerkolonie lebte Thiemann 56 Jahre lang. Er war einer der Pioniere des modernen deutschen Original-Farbholzschnittes, der zwar dem japanischen Vorbild verpflichtet ist, jedoch eigenständig und verfeinert von ihm weiterentwickelt wurde. In vielen Bildern und Graphiken sind auch deutliche Annäherungen an den Jugendstil feststellbar. Thiemanns überlegenes Können sicherte ihm einen vorderen Platz in der deutschen Kunst der Gegenwart. Die Stadt Dachau, die Thiemann zu seinem Erben eingesetzt hat, ehrte ihn wiederholt. 1973 hat die Ostdeutsche Galerie in Regensburg einen Querschnitt durch das Gesamtwerk vorgestellt, darunter auch die Lithographien, die Prag und Thiemanns böhmischer Heimat gewidmet sind.

Thuma, Carl M., ∗ 1870 Brünn, † 1925 Eisgrub. Der Maler und Radierer Thuma kam nach seiner Ausbildung in München nach Eisgrub, wo er seit 1900 Zeichenlehrer an der Höheren Obst- und Gartenbauschule war. Die reizvolle südmährische Landschaft begeisterte ihn immer wieder, und er stellte sie in immer neuen Variationen dar. Thuma war auch Porträtist, Stilleben- und Blumenmaler.

Thummerer, Johannes, ∗ 1888 Marienbad, † 1921 Leipzig. Nach der Promotion in Prag war Thummerer Bibliothekar auf Schloß Duino bei Triest, wo er Rilke begegnete, darauf in Dresden und an der Deutschen Bücherei in Leipzig. Er schrieb den Blindenroman „Hannerle", für den er den Preis der Kanka-Stiftung erhielt, den Großstadtroman „Krämer und Seelen", den Kriegsroman „Das Barbiermädel", Novellen und Lyrik.

Thun und Hohenstein, österreichisches Adelsgeschlecht, das seit dem 17. Jh. in Böhmen ansässig war. Seit 1629 Reichsgrafen, seit 1911 im Fürstenstand.

Franz Anton, ∗ 1847 Tetschen, † 1916 Tetschen. Der um Ausgleich der Nationen in Böhmen bemühte Fürst war Statthalter von Böhmen (1889–1896 und 1911–1915), Ministerpräsident und Leiter des Innenministeriums (1898/1899).

Franz Anton, ∗ 1890 Prag, † 1973 Unterknöringen bei Günzburg. Vorsitzender des Deutschen Großgrundbesitzerverbandes in der ČSR. Nach der Vertreibung Vorsitzender des A.-Stifter-Vereins (1949–1952) und Vorstandsmitglied der Akkermann-Gemeinde.

Johann Ernst, ∗ 1643 Prag, † 1709 Salzburg. Als Erzbischof von Salzburg (1687–1709) ließ er durch J. B. Fischer von Erlach zahlreiche repräsentative Bauten errichten.

Leo, ∗ 1811 Tetschen, † 1888 Wien. Als österreichischer Unterrichtsminister (1849–1860) schuf er das moderne österreichische Schulwesen. 1855 schloß er auch das Konkordat ab.

Fürst Franz Anton Thun-Hohenstein

Paul, ∗ 1884 Prag, † 1963 Wien. Bis 1918 stand er im diplomatischen Dienst. Als freier Schriftsteller schrieb er Gedichte, Essays, Aphorismen und übersetzte aus dem Französischen und Italienischen.

Tichatschek, Joseph Aloys, ∗ 1807 Oberwekelsdorf bei Braunau, † 1886 Blasewitz bei Dresden. Der mit kräftiger und ausnehmend schöner Stimme ausgestattete Tenor debütierte 1837 in Graz und war von 1838–1861 das berühmteste Mitglied der Dresdener Hofoper. In allen größeren Theatern Europas gab er Gastspiele. Als Freund Richard Wagners gehörte er zu dessen Wegbereitern.

Tietz, Ferdinand, ∗ 1708 Holschitz bei Görkau, † 1777 Memmelsdorf/Ofr. Der Schüler Matthias Brauns in Prag war einer der größten deutschen Rokoko-Bildhauer und arbeitete für die Familie Schönborn in Würzburg und Bam-

Tillenberg, „Mittelpunkt Europas"

berg. Voller Anmut sind seine Gartenskulpturen in Veitshöchheim und Seehof. Auch für Brühl und Trier schuf er Skulpturen.

Tillenberg (*Dyleň*), 939 m hoher Berg westlich von Marienbad. Unter dem Gipfel der höchsten Erhebung des Tillengebirges wurde 1926 in 812 m Höhe von der Sektion Eger des Deutschen Alpenvereins ein Schutzhaus gebaut, das die Tschechen vor einigen Jahren abbauten und nach Pilsen transportierten. An den Tillenberg, als Mittelpunkt Europas bezeichnet, knüpfen sich viele Sagen, die auch literarisch bearbeitet sind (Hans Sommert: Tillenwunder. Eger 1934 – mit 9 Holzschnitten von Adam Kraft; Hans Watzliks Ballade „Im Tillenberg").

Titta, Josef W., ∗ 1863 Prosmik bei Leitmeritz, † 1923 Brüx. Titta war Arzt im Sprachgrenzstädtchen Trebnitz bei Lobositz. Hier gründete er 1903 den Deutschen Volksrat für Böhmen, der alle kulturellen und politischen Kräfte der Deutschen zusammenfassen sollte. Die Urne mit seiner Asche wurde in der evangelischen Kirche in Trebnitz aufbewahrt.

Tollenstein (*Tolštejn*). Den Phonolithfelsen krönt eine der schönsten Ruinen des Landes. Die gotische Burg aus dem Anfang des 14. Jh. wurde 1642 von Schweden zerstört. Im Gasthaus inmitten des Burghofes hatte der Wirt Johann Münzberg 1865 ein Museum mit vor- und frühgeschichtlichen Funden begründet. 1892 besichtigte Rilke den Tollenstein und schrieb ins Gästebuch:

„Wie liegt ihr da – ihr alten hohen Mauern,
Auf schroffem Stein vor alter Zeit erhöht –
Wie liegt ihr da, noch von den bösen Schauern
Entschwundener Vergangenheit umweht..."

Das Dorf Tollenstein, Bezirk Warnsdorf, war früher von Bergleuten bewohnt. Bemerkenswert in dem weit zerstreuten Weberdorf ist das ehemalige Salomonsche Haus, Altes Gericht genannt, früher ein Vorwerk der Burg.

Trachten. Ebenso wie die Mundarten und Stammeseigenschaften der Sudetendeutschen sind auch die Trachten nicht einheitlich: Es sind Einflüsse feststellbar, die aus Gegenden jenseits der Grenzen herrühren. Während noch 1836 bei der Hochzeitsfeier Kaiser Ferdinands in Prag die Vertreter aller Kreise in ihren bunten Trachten erschienen waren, erwiesen sich die folgenden Zeiten für hergebrachte Volksbekleidung als ungünstig. Schuld trugen die fortschreitende Industrialisierung, der Rückgang der Heimarbeit und das Überhandnehmen der als Massenware hergestellten Konfektion.

Ruine Tollenstein

Trotzdem war die Tracht in einzelnen Landschaften selbstverständliche Kleidung, in jüngerer Zeit mindestens noch an Sonn- und Festtagen und bei besonderen Anlässen (Hochzeiten, Begräbnissen), zumal in der Iglauer und Wischauer Sprachinsel, teilweise im Egerland und Böhmerwald, in Süd- und Nordmähren, hier im Kuhländchen und Schönhengstgau.
„Im Egerland ist die alte Stammestracht noch erhalten in und um Schlaggenwald, Bischofteinitz, Haid und Mies, wohingegen sie in und um Eger mehr zur Festtagstracht wurde. Frauen tragen weite, hellfarbene Röcke mit bunten Bändern und blumigen Kopftüchern, Männer schwarze Hosen und Hosenhalter, verziert mit drei Metallscheiben. Festtrachten pflegte man im Niederland, in den schlesischen Gebieten und im Schönhengstgau. Im Egerland und in den Schönhengster Landen blieb noch der Brautmantel erhalten, im Egerland dazu noch die Brautkrone" (Sudetenland. 1939). Von den Besonderheiten überkommener Trachtenteile können hier nur genannt werden der Huasn-Oa(n)toutara (der Hosen-Antuer), ein Trachten-Hosenzierknopf der Egerländer, das „Feiernapple", das reich bestickte und mit Gold verzierte Häubchen der Mädchen, und die Goldhauben in Mähren.

Deutsche Volkstracht, Umgebung Iglau

Trautenauer Wappen

Emil Lehmann schrieb: „Die alte Tracht unterlag nicht der Mode im heutigen Sinn, sie war eine Tracht auf Lebensdauer und überdauerte manchmal das Einzelleben. An der Auszierung wurde mit aller Liebe und Sorgfalt gearbeitet. An ihr entfaltete sich die kunstvolle Nadelarbeit der Frauen". Die Herstellung der Trachten war ein wesentlicher Teil der vielfältigen Volkskunst, der „nichtberufsmäßigen Erzeugung und Arbeit" nach ästhetischen Gesichtspunkten.

Trautenau (*Trutnov*), Bezirksstadt im Riesengebirge. Ottokar II. ließ hier am alten Landessteig nahe der Grenze Deutsche siedeln. Bereits unter Johann von Luxemburg (1310–1346) war Trautenau Stadt, die schließlich zum Hauptort des Riesengebirges wurde. Ihre Geschichte wurde durch Kriege bestimmt. Im Dreißigjährigen Krieg dreimal von Schweden zerstört, litt sie große Not während der Schlesischen Kriege und 1778/1779. Am 27. Juni 1866 kam es zu einem Gefecht zwischen Preußen und Österreichern, bei dem

Trautenau

diese siegten. Daran erinnern der Gablenz- und der Knebelsberg im Süden Trautenaus (Denkmäler und Gräber).

Auf dem Marktplatz findet der Besucher die auf das 13. Jh. zurückgehende und 1769 neu gebaute Erzdekanalkirche, das alte Rathaus, Laubenhäuser, die 11 m hohe Dreifaltigkeitssäule (1704) und den Rübezahlbrunnen. Eine Büste erinnert an den Trautenauer Dichter Uffo Horn, die V. O. Tilgner 1889 geschaffen hatte.

An Schulen bestanden ein Staatsrealgymnasium, eine Lehrerbildungsanstalt (1925/1926 aufgelöst), eine Ackerbauschule und eine Handelsschule, die nach 1938 Handelsakademie wurde. Trautenau war ein Zentrum der Leinenindustrie; außerdem gab es Eisenindustrie, Musikinstrumentenerzeugung, Holzindustrie, Zement- und Ziegelfabriken. Auf dem Schlachtfeld von 1866 hatte man eine große Park- und Waldanlage geschaffen (16 km Wege).

Mit Hohenbruck und Nieder Altstadt (1930): 15923 Einw. (11619 Deutsche, 3879 Tschechen, 338 Ausländer, 87 andere).

Trebitsch (*Třebíč*), Bezirksstadt in Südwestmähren. Die Entstehung geht auf das 1101 begründete Benediktinerkloster zurück. Die Abteikirche St. Prokop (1260) baute im 18. Jh. F. M. Kaňka im Barockstil um. Die Krypta und ein romanisches Portal erinnern an den ursprünglichen Bau. Das Kloster wurde zu einem Schloß (Renaissance) umgebaut und im 17. Jh. erneuert; heute dient es als Museum. Altertümlich sind auch die Pfarrkirche (13. Jh., später barockisiert), Renaissancehäuser mit Sgraffiti, 2 Synagogen und der seit dem 16. Jh. bestehende jüdische Friedhof. Das Kapuzinerkloster wurde zu Ende des 17. Jh. errichtet. In Trebitsch bestand eine starke Gemeinde der Brüderunion.

Der Maler und Graphiker Ferdinand Staeger erblickte in der Stadt das Licht der Welt. Die Bevölkerung war überwiegend tschechisch. Ernst Schwarz nimmt an, „daß führende Familien Deutsche waren und durch Zuwanderung aus der tschechischen Umgebung und den Aufstieg des Handwerks schließlich eine tschechische Mehrheit erreicht wurde".

1930: 14358 Einw. (13922 Tschechen, 140 Deutsche, 115 Ausländer).

Trebnitz (*Třebenice*), Bezirk Leitmeritz. Die inmitten vulkanischer Kegel liegende Stadt war im 13. Jh. Besitz des Prager Georgsklosters. Stadterhebung 1423. Die Deutschen lebten zumeist als Minderheit, um die Mitte des vorigen Jahrhunderts überwog ihre Zahl. Ganz in der Nähe verlief die Sprachgrenze. Von hier aus verbreitete sich die Bewegung des Deutschen Volksrates in Böhmen, eine Gründung des Arztes Dr. Titta (1903). Diesem gelang es, 1902 die evangelische Kirche mit Hilfe des Gustav-Adolf-Werkes zu errichten. Die katholische Kirche geht auf das 14. Jh. zurück. In ihr befinden sich ein kunstvolles Taufbecken und Alabasterschnitzereien. Die evangelische Kirche wurde zu einem Museum umgestal-

Trebnitz

tet; es werden böhmische Granate aus der Umgebung gezeigt.
Der sächsische Hofbildhauer Franz J. Pettrich (1770–1844) erblickte in Trebnitz das Licht der Welt. Im nahen Trschiblitz lebte und starb Ulrike von Levetzow, einst die jugendliche Freundin des alten Goethe. Ihr Schloß wurde zu einer Schule, ihr Sterbezimmer kann in Trebnitz in der ehemaligen Sakristei besichtigt werden.
1930: 2035 Einw. (1719 Tschechen, 301 Deutsche, 14 Ausländer).

Tretscher, Matthias, ∗ 1624 Lichtenstadt bei Schlackenwerth, † 1686. Im Dreißigjährigen Krieg verließ er seine Heimat. Er baute Orgeln in Bayreuth, Würzburg und Straßburg; sein Meisterwerk steht in der Zisterzienserabtei Kaisheim bei Donauwörth. Tretscher war einer der bedeutendsten Orgelbauer seines Jahrhunderts.

Triebendorf (*Třebařov*), Marktgemeinde im Bezirk Mährisch Trübau, im 13. Jh. erstmals erwähnt im Zusammenhang mit dem nahen Augustinerkloster Mariakron, das in der Hussitenzeit zerstört wurde und Mitte des 16. Jh. zu bestehen aufhörte. Triebendorf, ein deutsches Waldhufendorf mit einem Erbrichter, wurde 1885 ein Markt. Große Baumwollweberei, Mühle, Sägewerk, Steinbruch.
1930: 1823 Einw. (47 Tschechen).

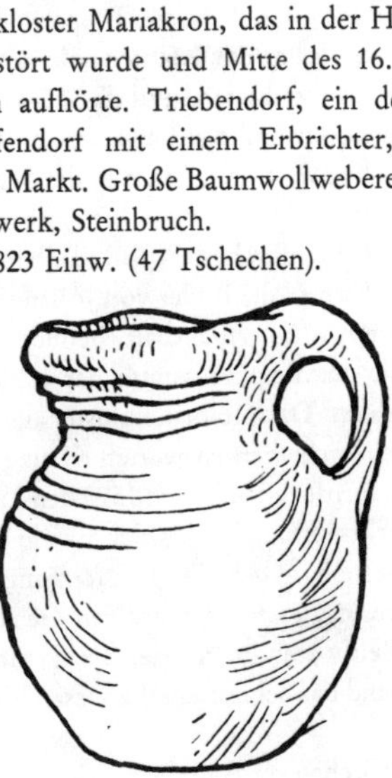

Fund aus Triebendorf (13. Jh.)

Schmetterhaus in Troppau

Trier, Walter, ∗ 1890 Prag, † 1951 Collingwood/Ontario. Der Zeichner Trier arbeitete für den „Simplicissimus", die „Jugend" und „Die lustigen Blätter", außerdem für die Zeitschriften des Ullstein-Verlages, besonders für die „Berliner Illustrierte Zeitung". Seine zahlreichen Illustrationen für Bücher, auch die von Erich Kästner, sind beschaulich-lustig. Von Trier stammen auch Karikaturen und Aquarelle. Nach seiner Emigration nach England 1933 arbeitete er für „Liliput" und „Picture Post".

Troppau (*Opava*), Bezirksstadt, früher Landeshauptstadt Österreichisch bzw. Sudeten-Schlesiens mit eigenem Statut. Bereits 1195 erstmals erwähnt, kommt das Gebiet in den Besitz des Deutschen Ordens und wird schon vor 1224 Stadt mit Magdeburger Recht. 1318 wird Troppau ein von Mähren unabhängiges Herzogtum. Fortan ist es Mittelpunkt des Landes. Bei der Teilung Gesamtschlesiens 1742 wird Troppau Hauptstadt Österreichisch-Schlesiens und spielt als Mittelpunkt des Kronlandes Schlesien eine bedeutende Rolle, auch noch nach der 1918 erfolgten Einverleibung in die Tschechoslowakei,

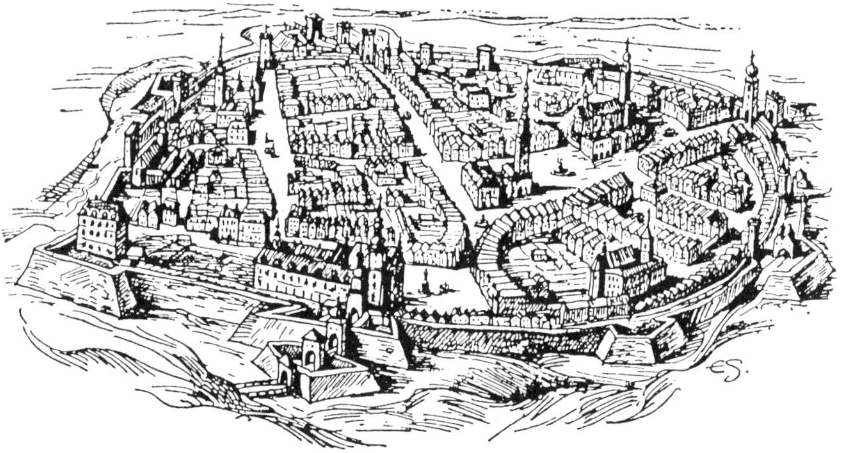

Troppau nach einem Stadtplan (um 1750)

bis schließlich 1928 Schlesien und Mähren verwaltungsmäßig zusammengelegt werden.
Bereits vier Jahre vorher war das eigene Statut der Stadt beseitigt worden; sie wurde daraufhin Bezirkshauptmannschaft. Gegen Ende des Zweiten Weltkriegs richteten Bombenangriffe schwere Schäden an.
Troppau war Schauplatz vieler historischer Ereignisse, auch der sogenannte Fürstenkongreß von Troppau vom 20. Oktober bis 20. Dezember 1820, der von Metternich herbeigeführt worden war und an dem die Monarchen und Thronfolger Österreichs, Preußens und Rußlands mit zahlreichen Diplomaten teilnahmen. England und Frankreich hatten Gesandte geschickt. Im Troppauer Protokoll vom 19. November wurde der Beschluß unterzeichnet, im Sinne der Heiligen Allianz in von Umsturzversuchen bedrohten Ländern mit Waffengewalt zu intervenieren.
In Troppau findet der Besucher viele denkwürdige Gebäude. Ein Wahrzeichen ist das Schmetterhaus, einst Kaufhaus und Warenniederlage, mit dem 72 m hohen Stadtturm aus dem Jahre 1618.
Die Deutschordenskirche, ein gotischer Backsteinbau, befand sich im Besitze des Deutschen Ordens, dessen Hochmeister Pröpste der Kirche waren. Das Kolleg der Jesuiten, die seit 1620 in Troppau gewirkt hatten, und das 1773 aufgehoben wurde, war Sitz der Landesregierung; nach dem Zweiten Weltkrieg nahm es das Schlesische Archiv auf.
In der Minoritenkirche (13. Jh.), die barockisiert wurde und wertvolle Bilder von Johann Handke und anderen Meistern enthält, befindet sich die Gruft mit der Begräbnisstätte der schlesischen Przemysliden. Das Minoritenkloster aus dem 13. Jh., mit einem bemerkenswerten Kreuzgang ausgestattet, wurde teilweise seit 1575 den Landtags- und Gerichtsverhandlungen der Stände zur Verfügung gestellt. Auch der Fürstenkongreß von 1820 tagte in diesem ehrwürdigen Gebäude. In neuerer Zeit waren im Kloster die Gymnasialbibliothek und das Schlesische Landesarchiv untergebracht.
Von den Kirchen verdient die Hl.-Kreuz-Kapelle in Katharein (heute Vorstadt) Erwähnung. Dieser

achteckige Bau aus dem 14. Jh. wurde unter Joseph II. profaniert, 1907 renoviert und wieder für kirchliche Zwecke verwendet. Damals wurden wertvolle Fresken aus dem 15. Jh. entdeckt. Von Barockhäusern und -palais sei hier nur das ansehnliche Palais Blücher (früher im Besitz der Larisch-Mönnich) in der Herrengasse genannt. Es kam später in den Besitz des tschechoslowakischen Staates.

Weit über die Landesgrenzen hinaus erfreute sich das Schlesische Landesmuseum eines vorzüglichen Rufes. Diese 1882 gegründete Institution, die Kunst Schlesiens sammelte, verwaltete die Landesverwaltungskommission für Mähren und Schlesien. Den Neorenaissancebau hatten die Wiener Architekten Scheiringer und Kachler 1892–1893 errichtet. Der Kunsthistoriker Edmund Wilhelm Braun wirkte über 40 Jahre lang an diesem Museum. Troppau besaß auch ein Gymnasial- und ein Städtisches Museum; an dieser ortsgeschichtlichen Sammlung im Schmetterhaus wurden für Troppau und Umgebung typische Gegenstände und Altertümer seit der Vorgeschichte aufbewahrt.

Die Geschichte des Stadttheaters geht auf das Jahr 1750 zurück. Seine Rangstellung entsprach der Landeshauptstadt. Schon während des Troppauer Kongresses (1820) konnte das Theater den anwesenden Herrschern und Diplomaten das Vergnügen bieten, das diese als Ausgleich für ihre Geschäfte erwarteten. Als Sprungbrett für manche spätere Bühnengröße war Troppau bekannt; genannt seien die Schauspieler Rudolf Forster, Fritz Imhoff und Viktor Staal, die Sänger Hans Hotter und Erich Kunz, der Dirigent Leopold Ludwig.

Die Troppauer Mundart charakterisierte der Chronist Kreuzinger so: „In der Stadt wird ein reines Deutsch, in den Vorstädten aber deutsch und slawisch, etwas ins Polnische übergehend, gesprochen.“ Paul Buhl merkt in seinem Troppau-Lexikon dazu an: „Hinzuzufügen ist, daß das ‚reine Deutsch' einen unverkennbar Wiener Anklang hatte, aber plötzlich in ‚Schworze-Gosse'-(Vorstadt-)Dialekt umschlagen konnte, wenn jemand in Zorn geriet: ‚Klachel bleeda', ‚Funze bleede'“.

Die Industrie Troppaus war sehr bedeutend. Ausgeprägt waren die Zweige der Textilindustrie (Wäsche, Jute- und Wirkwaren), Metallindustrie (u. a. eine große Nähmaschinenfabrik), Nahrungsmittelindustrie (Kanditen, Oblaten, Waffeln, Biskuits), Liköre, Bierbrauerei, Zuckerfabrik, Holzindustrie (Rahmenfabrik, Möbelerzeugung), Erzeugung chemischer und pharmazeutischer Artikel, Buchdruckereien.

1930: 36030 Einwohner (21987 Deutsche, 11627 Tschechen, 1484 Ausländer, 932 andere – darin sind 502 Juden, 255 Polen, 92 Russen und 28 Ungarn enthalten.

In der Nähe Troppaus befinden sich die Schlösser Grätz und Krawarn; dieses 1721 an Stelle eines älteren Baues errichtet, soll nach Plänen von Johann Lukas Hildebrandt oder Johann Bernhard Fischer von Erlach gebaut worden sein. 1936 fiel es einer Feuersbrunst zum Opfer, wurde aber wieder hergestellt.

Tropsch, Hans, ∗ 1889 Plan, † 1935 Essen. Der Chemiker Tropsch entwickelte gemeinsam mit F. Fischer die sog. Fischer-Tropsch-Synthese zur Erzeugung von Benzin aus Kohle. Tropsch war Professor an der Technischen Hochschule in

Troppauer Stadttheater, Sitzplan

Prag, wo er das Kohleverflüssigungsinstitut leitete, und in Chicago.

Trschiblitz s. Trebnitz

Tschachwitz (*Čachovice*), Bezirk Kaaden. Das Dorf an der mittleren Eger hat Obst- und Hopfenanlagen. Eisenhaltige Thermen (19,3° C) und mildes Klima machten das Dorf zu einem Kurort; als solcher ist Tschachwitz bereits 1720 auf Christian Müllers Karte Böhmen verzeichnet. Heute besteht es nicht mehr. Beim Bau der Negranitzer Talsperre wurde der Ort in falscher Abschätzung der Ausdehnung des künftigen Sees eingeebnet. 1968 stand noch die baufällige Kirche, aus der man die wertvollen Fresken entfernt und in das ehemalige Kloster Ossegg gebracht hatte, in 200 m Entfernung vom Wasser. Schließlich wurde die Fläche des Dorfes vom Abraum eines Bergwerkes zugedeckt.

Sorge um die deutsche Heimat

1930 mit Kudenitz und Weschitz: 599 Einw. (13 Tschechen).

Tschechisch s. Böhmisch und Tschechisch.

Tschechisierung. Mit dem nationalen Erwachen der Tschechen begann ihr Versuch, ihre Volksgrenzen auszuweiten. Dies geschah auf privater Basis und durch die tschechischen Schutzvereine (Matice školská, Národní jednota severočeská, Národní jednota Pošumavská u. a.), deren Arbeit nach 1918 zum großen Teil durch den tschechischen Staat übernommen wurde. Eigenartig berührt, was der Statistiker Albin Oberschall für die Zeit zwischen 1880 und 1920 anmerkte: „Die Deutschen nehmen vor und nach 1910 um so mehr ab, mit je mehr Tschechen sie leben. Bei den Tschechen dagegen ist es umgekehrt: Sie nehmen im Verhältnis um so mehr zu, mit je mehr Deutschen sie leben.“

Edvard Beneš stützte sich bei seinen Versuchen zur Schaffung eines tschechischen Großimperiums hauptsächlich auf eine Denkschrift von Hanuš Kuffner (1917), die 1919 gedruckt erschien (1922 auch in deutscher Sprache): „Unser Staat und der Weltfrieden“. Die Karte dieser Schrift verlegte die Grenzen des zu schaffenden tschechischen Staates weit in den Raum Deutschlands hinein, so daß nur ein kleines „deutsches Reservat“ übrig blieb. Beneš, der 1919 in St. Germain „Deutschböhmen“ als eine „Wiener Erfindung“ bezeichnete und lediglich ein Mischgebiet nannte, konnte sein berüchtigtes „Memoire III“ vorlegen, in dem er u. a. „nachwies“, daß es in Mähren kein geschlossenes deutsches Sprachgebiet gegeben habe; ebenso unterschlug er die Deutschen in der Slowakei.

Als der Staat der „Tschechoslowaken“ entstanden war, trieb er die Tschechisierung deutscher Substanz immer weiter: durch Versetzung von Beamten, Militär, Gendarmen, Zöllnern, durch Seßhaftmachung von Tschechen auf durch die Bodenreform enteignetem Boden, Errichtung tschechischer Schulen im deutschen Gebiet und Ver-

staatlichung von Unternehmen.
Was Masaryk vor dem Friedensschluß geschrieben hatte, galt nachher für die Deutschen nicht mehr: „Kein Volk soll unter eine Souveränität gezwungen werden, unter welcher es nicht zu leben wünscht.“ Beneš hatte versprochen, eine höhere Schweiz zu bilden; das Ergebnis seiner Staatsbildung sah ganz anders aus: Mißachtung der Minderheiten und Beschneidung ihrer Rechte.

Tschermak-Seysenegg, Gustav, * 1836 Littau, † 1927 Wien. Er war von 1873–1906 Professor der Universität Wien, untersuchte die Silikatminerale und Meteoriten, begründete die „Mineralogischen Mitteilungen“ und erhielt als Begründer der modernen Mineralogie ein Denkmal in den Universitätsarkaden in Wien. Seine Söhne sind:
Armin, 1870–1952, Professor der Physiologie und medizinischen Physik an der Deutschen Universität in Prag, und
Erich, 1871–1962, Professor der Botanik an der Wiener Universität. Er arbeitete besonders über Genetik und entdeckte unabhängig von Gregor Mendel dessen damals bereits in Vergessenheit geratene Vererbungsgesetze wieder.

Tschernhausen (*Černousy*), Bezirk Friedland. Im Dorf, einem ehemaligen Lehngut, erbaute Christian Philipp Graf Clam-Gallas, der Schöpfer von Bad Liebwerda, 1735 ein Schlößchen, zu dem 1792 noch eine Johannes von Nepomuk geweihte Kapelle kam. Bereits seit dem letzten Viertel des 19. Jh. bestand in Tschernhausen ein Ferienheim des Deutschen Gebirgsvereins für das Jeschken- und Isergebirge, in das jedes Jahr viele Kinder zur Erholung kamen. Die Räume hatte die Grafenfamilie im Gutshof unentgeltlich zur Verfügung gestellt. 1930: 268 Einw. (12 Tschechen).

Tschernoschin (*Černošín*), Bezirk Mies. Die Stadt geht auf das 13. Jh. zurück. Ernst Schwarz berichtet von Tschernoschin – 1544 als Städtchen bezeichnet und 1736 Stadt –, daß bereits vor den

Tschernoschin

Hussitenkriegen Deutsche hier wohnten. Um 1600 war der Ort tschechisch. Seit 1614 amtierte der deutsche Pfarrer Drexler aus Plan; dieser war Gründer der deutschen Schule. Schwarz vermerkt noch, daß in den Jahren 1611 und 1618 die Fleischer- und die Schusterzeche deutsche Siegel hatten. Die erste Kirche, ein Holzbau, war St. Michael geweiht; nach einem Brand (1611) entstand wieder eine hölzerne Kirche; jetzt war St. Georg der Kirchenpatron. 1732 entstand ein Steinbau.
Tschernoschin, die Stadt der Schuhmacher, hatte eine große Schuh- und Lederfabrik. Die Ruine Wolfstein krönte den nahem Wolfsberg (701 m), den 1823 auch Goethe besucht hatte.
1930 (mit Elhoten): 1602 Einw. (43 Tschechen).

Tschinkel, August, * 1905 Prag, † 1983 Köln. Im Gesellschafts- und Wirtschaftsmuseum in Wien begann er als Zeichner, seit 1931 arbeitete er in der Staatlichen Verlagsanstalt in Prag, wo er sich um die Darstellung statistischer Daten ver-

Turn

dient machte, und zwar durch eine neue Methode, die in Wien ihren Anfang genommen hatte. Nach dem Krieg lebte er in Salzburg und Köln, wo er als wissenschaftlicher Zeichner an der Medizinischen Fakultät der Universität arbeitete. In seinen Bildern ist er Surrealist. Er illustrierte zahlreiche Bücher und gab selbst das Buch „Das schwimmende Klavier" heraus. Tschinkel betrieb auch Paracelsus-Forschungen.

Tupadl (*Tupadly*), Dorf im Bezirk Dauba. In diesem freundlichen Ort in der Daubaer Schweiz wollte Anton Wenzel Veith (1793–1853), angeregt von der romantischen Bewegung seiner Zeit, an Stelle einer Ruine und eines Hofes auf dem sogenannten „Bergel" eine böhmische Ruhmeshalle errichten. Vorbild war die Walhalla bei Regensburg. Veith ließ 1840 mit dem Bau beginnen. Darin sollten 24 Standbilder von Persönlichkeiten aus der böhmischen Geschichte und Sagenwelt aufgestellt werden. Der Auftrag dazu ging an Ludwig Schwanthaler in München. Es entstanden aber nur acht Büsten, die, als mit Veiths Tod das gesamte Vorhaben eingestellt werden mußte, in das Böhmische Landesmuseum kamen. Von der Ruhmeshalle kündet nur noch einer der vier geplanten Ecktürme des Baues, der als Aussichtsturm diente. 1930 (mit Neu Tupadl): 381 Einw. (43 Tschechen).

Türmitz (*Trmice*), Bezirk Aussig. Die Stadt im Tale der Biela, 1264 erwähnt und vor 1664 Markt, war bis in die Mitte des 19. Jh. von der Landwirtschaft geprägt; danach Aufstieg zu einer Industriestadt. Im Alten Schloß wohnte Friedrich II. vor der Schlacht bei Lobositz. Das Neue Schloß, 1856 bis 1863 vom Wiener Architekten Heinrich von Ferstel errichtet, enthält das Museum der Stadt Aussig mit großen Sammlungen, u.a. mit der geologisch-mineralogischen Abteilung (zusammengetragen von Georg Bruder und J. E. Hibsch) und dem Levetzow-Zimmer mit Erinnerungsstücken von Ulrike von Levetzow und Goethe. Die Ahnen Rainer Maria Rilkes stammten aus Türmitz.

An Industrieunternehmen sind zu nennen Chemische Werke, die Zuckerfabrik, Baumwollspinnerei und das große Elektrizitätswerk, das einen großen Teil Nordböhmens mit Strom versorgte. 1930: 7593 Einw. (5052 Deutsche, 2318 Tschechen, 214 Ausländer).

Turn (*Trnovany*), Bezirk Teplitz-Schönau. Erste Nennung 1057. Im 13. Jh. kam der Ort an das Kloster Plass. Bedeutung erlangte er erst in der zweiten Hälfte des 19. Jh.. Schon 1842 werden vier Kalkwerke und ein „Kohlenbruch" bei Daubrawitz erwähnt. Für den Kohletransport wird 1862 eine Eisenbahnverbindung zur Teplitz – Aussiger Linie gebaut. 1876 wird die Porzellanfabrik des Friedrich Stellmacher angelegt; seitdem entwickelte sich die bedeutende keramische Industrie; in der Umgebung entstehen zehn weitere Unternehmen.

Stadt wurde Turn am 24. Mai 1910. Der große Park stand früher den Badegästen von Schönau zur Verfügung. Die evangelische Christuskirche mit dem 70 m hohen Turm entstand erst zu Beginn unseres Jh. Der Goethe-Stein mit einem Bronzerelief des Dichters ist eine Schöpfung des Bildhauers Johannes Watzal. Turn, das 1938 in die Stadt Teplitz-Schönau eingemeindet wurde, konnte ein starkes Wachstum der Bevölkerung verzeichnen. 1794 lebten hier nur 319 Menschen. 1910 bereits 15086.

1930: 16551 Einw. (11349 Deutsche, 4191 Tschechen, 800 Ausländer, 211 andere).

Tuschkau Stadt (*Město Touškov*), Bezirk Mies. 1239 zu Kloster Kladrau gehörend, wird in Tuschkau 1245 eine Propstei errichtet. Bald ist es Markt. 1352 ist die deutsche Bezeichnung Thuschau vorherrschend. Im Hussitenkrieg werden Markt und Propstei zerstört. Zur Bedeutungslosigkeit herabgesunken, wird Tuschkau 1543 wiederum zum Markt erhoben; zwei Jahre später erhält es von Kaiser Ferdinand I. ein Stadtwappen.
Die Pfarrkirche Johannes des Täufers ist alt; der jetzige Bau entstand 1777/1778 unter dem Kladrauer Abt Amandus Streer. Bemerkenswert ist die Orgel im gotisierenden Barockstil; hier wird der Zusammenhang mit dem Kladrauer Baumeister Santini deutlich. Ein barockes Schmuckstück ist das kunstvolle Taufbecken mit einer Darstellung der Taufe Christi.
Industrie: Landmaschinenfabrik, Mühlsteinfabrik, Mühle, 3 Ziegeleien.
1930: 1914 Einw. (421 Tschechen).

Tusset (*Stožec*), Bezirk Krummau. Die Dorfgemeinde bei Oberplan liegt im Tal der Kalten Moldau. Die Wallfahrtskapelle neben dem Tussetfelsen mit dem wundertätigen Marienbild, um das sich viele Sagen ranken, zog viele Pilger an. Neben der Kapelle entspringt ein Quell, dem heilende Kraft zugeschrieben wurde. In Tusset wurden Resonanzböden und Buchenparkette erzeugt. Bekannt war auch die Forellenzucht.
1930 (mit Grasfurth, Neuthal und Pechofen): 683 Einw. (30 Tschechen).

Tyssa (*Tisá*), Bezirk Tetschen. Das weit verstreute Grenzdorf bildet die Grenze zwischen Erzgebirge und Elbesandsteingebirge. 1340 erstmals erwähnt. Bekannt war die Tyssaer Fabrikation von Knöpfen aller Art; auch Blitzableiterspitzen, Beschläge, Schlittenglocken und Türgriffe wurden hergestellt.
1930 (mit Raiza): 2146 Einw. (25 Tschechen).

Felsengruppe „Doktor“ und „Bürgermeister“ in den Tyssaer Wänden

Siegel von Unter Tannowitz (1580)

Tyssaer Wände (*Tisské Stěny*). 610 m hoher westlichster Vorsprung des Schneebergmassivs im Elbesandsteingebirge, der nach Süden steil abfällt. Die zahlreichen pittoresken Felsgebilde mit hohen Wänden bildeten sich im Quadersandstein der Kreidezeit und sind Reste eines aus Sandstein bestehenden Plateaus; die seltsamen Felsgebilde entstanden durch den Einfluß von Wasser, Wind und Eis. Sie haben Namen wie Nonne, Apotheker, Kamel, Elefantenbeine, Hund, Beichtstuhl, Ritterhöhle.

Ullmann, Hermann, ∗ 1884 Teplitz, † 1958 Stockholm. Der Publizist und Historiker war Redakteur des „Kunstwart" und Herausgeber der Zeitschrift „Deutsche Arbeit", danach Redakteur anderer Zeitschriften. Ullmann arbeitete auch für den Verein für das Deutschtum im Ausland. Er schrieb „Durchbruch zur Nation", „Die Völker im Südosten", „Der Weg des 19. Jh." und „Pioniere Europas. Die volksdeutsche Bewegung und ihre Lehren". Auszüge aus seinem Werk enthält das Buch „Hermann Ullmann. Publizist in der Zeitwende".

Ulrich von Eschenbach (oder Etzenbach), erster nachweislich in Böhmen geborener deutscher Dichter, der am Hofe Ottokars II. und Wenzels II. lebte und das umfangreiche Epos „Alexander" (1287) und die Verserzählung „Wilhelm von Wenden" (um 1290) dichtete. In dieser werden König Wenzel und seine Gattin verherrlicht.

Umlauft, Franz Josef, ∗ 1883 Spansdorf bei Aussig, † 1960 Bayreuth. Der Mittelschulprofessor und Archivar der Stadt Aussig befaßte sich mit Heimatkunde und Familienforschung, gab die „Beiträge zur Heimatkunde des Aussig-Karbitzer Bezirkes" heraus, das „Jahrbuch für Aussig", die „Heimatzeitung für den Aussig-Karbitzer Bezirk" und seit 1928 die „Sudetendeutsche Familienforschung". Umlauft war Gründer der Zentralstelle für sudetendeutsche Familienforschung. Er schuf auch das umfangreiche Buch „Aussig. Schicksal einer deutschen Stadt in Böhmen".

Ungar, Hermann, ∗ 1893 Boskowitz/Mähren, † 1929 Prag. Der Jurist war Attaché an der tschechoslowakischen Gesandtschaft in Berlin. Als erstes Werk veröffentlichte er die Erzählung „Knaben und Mörder". Es folgten „Die Ermordung des Hauptmanns Hanika" und „Der Weinreisende". Das Schauspiel „Der rote General" behandelte die russische Revolution und wurde in Berlin mit Fritz Kortner ein Erfolg. Die Komödie „Die Gartenlaube" kam erst nach Ungars Tod in Berlin auf die Bühne. Der Roman „Die Klasse" wurde verfilmt.

Unter Sandau (*Dolní Žandov*), Bezirk Marienbad. Bischof Heinrich von Prag schenkte das Land zwischen Unter Sandau und der bayerischen Grenze dem Stift Tepl; die Schenkung bestätigte 1197 Papst Cölestin III. Die Siedlung an der alten Handelsstraße Pilsen – Eger, seit Ende des 12. Jh. von Deutschen bewohnt, hatte schon im 14. Jh. eine Pfarre. Die barocke Kirche ist St. Michael geweiht. Bei der Stadt zwischen den Nordausläufern des Oberpfälzer Waldes und dem Kaiserwald befand sich in früheren Zeiten ein sogenanntes Landestor. Wann Unter Sandau zur Stadt erhoben wurde, ist unbekannt. Obwohl mehrfach von Bränden heimgesucht, erhielten sich doch etliche schmucke Häuser. Durch die

Sandauer Dosen wurde der Name der Stadt weit bekannt. 1930: 1594 Einw. (69 Tschechen).

Unter Tannowitz (*Dolní Dunajovice*), Markt im Bezirk Nikolsburg. Hier stellten Archäologen eine vorgeschichtliche Siedlungsstätte fest. Die Ägidius-Pfarrkirche, deren gotisches Langhaus und Chor im 17. Jh. erweitert wurde, bestand schon 1270. Bedeutung hatten der Weinbau und der Gemüseanbau. Hier wurde der österreichische Politiker Karl Renner (1870–1950), 1945 erster Bundespräsident der Zweiten Republik Österreich, geboren.
1930: 2778 Einw. (65 Tschechen).

Unterwisternitz (*Dolní Věstonice*), Bezirk Nikolsburg. Das Dorf am Fuße der Pollauer Berge erlangte durch archäologische Funde Berühmtheit (Wisternitzer Venus, Mammutjägerstation). Im 11. Jh. bestand eine Burganlage. Die Michaelskirche ist spätgotisch. Die Barockeinrichtung stammt von dem Bildhauer Ignaz Lengelacher. 1619 kam es zwischen kaiserlichen Truppen unter Dampierre und den Truppen des Obersten Friedrich von Teuffenbach zu einem Gefecht, bei dem diese siegten. 1930: 688 Einw. (36 Tschechen).

Unzeitig, Hubert, (Ordensname: P. Engelmar), ∗ 1911 Greifendorf bei Zwittau, † 1945 KZ Dachau. Als Spätberufener trat er bei den Mariannhiller Missionaren ein und wurde 1939 Priester. Als Pfarrvikar von Glöckelberg bei Krummau wurde er 1941 verhaftet und in das KZ Dachau gebracht. Dort pflegte er die an Typhus erkrankten Mitgefangenen und wurde selbst ein Opfer dieser Krankheit. Seine Mitgefangenen nannten ihn einen Helden der Nächstenliebe.

Urania s. Prager Volksbildungsverein Urania.

Uran-Pechblende s. Erze

Urban, Michael (auch Michel), ∗ 1847 Sandau bei Eger, † 1936 Plan. Der Stadtarzt in Plan, den man auch den Bauerndoktor nannte, war ein vielseitiger Heimatschriftsteller und Mundartdichter. Er sammelte volkskundliche Überlieferungen Westböhmens, schrieb über viele Städte in Büchern und Aufsätzen, war Mitarbeiter des Erzgebirgsvereins und leitete die „Erzgebirgs-Zeitung“, für die er rund 260 Beiträge beisteuerte. Bekannt sind „Allahand Gschichtla as 'n Eghaland“, „A Popplräusn-Strauß as 'n Westbäiham“, ebenso seine Volksstücke.

Urbau (*Vrbovec*), Bezirk Znaim. Die Bewohner des Dorfes genossen seit dem Mittelalter Privilegien; deren Beschneidung führte dazu, daß 1763 eine Delegation aus Urbau am Kaiserhof in Wien an die Wiedereinsetzung der alten Rechte erinnerte. Die fünf Abgesandten wurden festgesetzt und auf den Brünner Spielberg gebracht. Dieses Geschehnis verarbeiteten Ludwig Goldhann und Karl Bacher zu Dramen.
Bereits 1222 als Pfarre genannt, hatte Urbau auf dem Kirchentor das Klosterbrucker Wappen, was auf die Bindung an dieses Kloster hinweist. Die Kirche aus der ersten Hälfte des 17. Jh. wurde 1747 umgebaut. Sie besaß ein Bild von Joseph Winterhalter. 1938 kam Urbau vorübergehend an den sogenannten Gau Niederdonau.
1930: 1138 Einw. (15 Tschechen).

Urzidil, Johannes, ∗ 1896 Prag, † 1970 Rom. Der Germanist und Kunsthistoriker war bei der Deutschen Gesandtschaft in Prag beschäftigt und gehörte dem großen Literatenkreis Prags an. 1939 mußte er in die Emigration und kam über England nach New York. Hatte er schon vorher Bücher wie „Goethe in Böhmen“ und die Gedichte

Ortssiegel Unter Wisternitz

„Sturz der Verdammten" veröffentlicht, so entstand sein Hauptwerk erst fern seiner Heimat. Weite Verbreitung fanden „Die verlorene Geliebte", „Bist du es, Ronald?", „Bekenntnisse eines Pedanten", „Prager Triptychon", „Die erbeuteten Frauen" und „Das Elefantenblatt". Mit seiner an Stifter geschulten Sprache schrieb Urzidil auch meisterhafte Essays („Das Glück der Gegenwart. Goethes Amerikabild", „Da geht Kafka", „Amerika und die Antike" und „Literatur als schöpferische Verantwortung"). Er schrieb auch eine „Geschichte der Tschechen".

Uttmann, Barbara, ∗ 1514 Elterlein/Erzgebirge, † 1575 Annaberg. Sie hatte von einer Brabanterin, die wegen ihres Glaubens ihre Heimat verlassen hatte, das Herstellen von Klöppelspitzen erlernt; dieses führte sie nun im Erzgebirge ein. Es sollte für Jahrhunderte eine Erwerbsquelle in dem industriearmen Gebiet bilden. In Annaberg wurde der Wohltäterin des Erzgebirges 1886 auf dem Marktplatz ein Denkmal gesetzt.

Veidl, Theodor, ∗ 1885 Wissotschan bei Saaz, † 1946 Theresienstadt. Der Komponist war erst Kapellmeister, dann Professor an der Prager Musikakademie und Lektor an der Deutschen Universität. Er komponierte auch zwei Opern,

Johannes Urzidil

„Kleinstädter" und „Kranwitt", Symphonien, Lieder und Orgelmusik. Bei Kriegsende wurde er von den Tschechen verhaftet. Im Konzentrationslager ging sein Leben zu Ende.

Veith, Anton Wenzel (1793–1853) s. Tupadl.

Verband der deutschen Selbstverwaltungskörper in der Tschechoslowakischen Republik. Als Interessengemeinschaft der deutschen Gemeinden, die sich die Verteidigung der Selbstverwaltung, die Kontrolle der Gesetzgebung und Verwaltung zum Ziel gesetzt hatte, am 9. Oktober 1919 gegründet. Kanzleien in Teplitz-Schönau und Prag. Der Abgeordnete Dr. Rudolf Lodgman von Auen war als Sekretär richtungweisend. Die Arbeit erstreckte sich u. a. auf die Beratung der deutschen Gemeinden in Verwaltungsangelegenheiten, Begutachtung von Gesetzentwürfen, Ausarbeitung von Rekursen; ferner bestanden ein Finanzreferat, ein Schulausschuß, Bauberatungs- und Volksbildungsstellen. Seit 1926 erschienen die „Verbandsnachrichten".

Verbände. s. Adalbert-Stifter-Verein. Arbeiter-Turn- und Sportverein. Arbeitsgemeinschaft sudetendeutscher Erzieher. Bund der Deutschen. Bund der deutschen Landjugend. Collegium Carolinum. Deutscher Alpenverein. Deutscher Arbeiter-Sängerbund. Deutscher Böhmerwaldbund. Deutscher Kulturverband. Deutscher naturwissenschaftlich-medizinischer Verein „Lotos". Deutscher Turnverband. Deutscher Verband für Heimatforschung und Heimatbildung. Egerländer Gmoin. Gebirgs- und Wandervereinigungen. Gesellschaft für deutsche Volksbildung. Gewerkschaften. Institutum Bohemicum. Junge Aktion. Klemensgemeinde. Literarische Adalbert-Stifter-Gesellschaft. Prager Volksbildungsverein Urania. Sängerbund der Sudetendeutschen. Schutzvereine. Sudetendeutsche Landsmannschaft. Sudetendeutscher Rat. Sudetendeutsches Sozialwerk. Verband der sudetendeutschen Selbstverwaltungskörper.

Verkehr s. Goldener Steig. Schwarzenberger

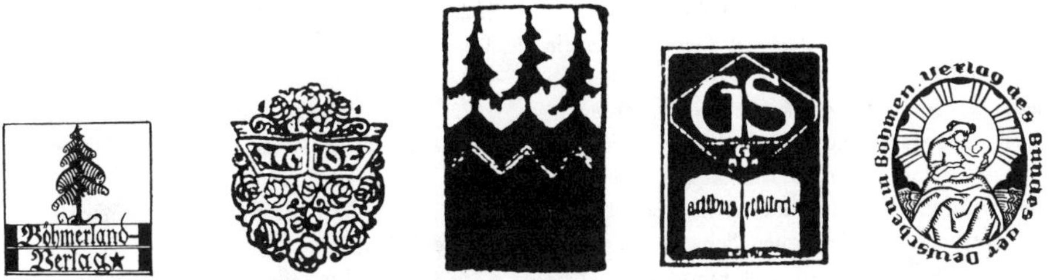

Verlagssignets: Böhmerland-Verlag, Strache, Drei-Tannen-Verlag, Gebr. Stiepel, Bund der Deutschen

Schwemmkanal. Straßen. Eisenbahn.

Verlage. Gemessen an der Zahl der Sudetendeutschen war die der Verlage groß. Allerdings ist zu berücksichtigen, daß die Produktion bestimmter Verlage auch über die Grenzen hinaus Verbreitung fand, vor allem wissenschaftliche Werke. Die bekanntesten Verlage: Adam Kraft Verlag in Karlsbad-Drahowitz (sudetendeutsche Literatur), Franz Kraus in Reichenberg, Eduard Strache in Warnsdorf, Moldavia in Budweis und W. Krommer in Freudenthal (regionales Schrifttum, Mundartdichtung), Runge in Reichenberg (Arbeiterbewegung), Opitz in Warnsdorf (Religion und Kultur), Steinbrener in Winterberg (Kalender und Gebetbücher in vielen Sprachen), Karl Prochaska in Teschen (Klassiker), die Wissenschaftsverlage M. Rohrer in Brünn, J. G. Calve und Karl Andrée in Prag und die Schulbuchverlage A. Haase in Prag, Stiepel und Sollors in Reichenberg.

Vierzighuben (*Čtyřicet Lánů*), Bezirk Mährisch Trübau. Vierzighuben gehörte seit der Besiedlung zum Grund von Zwittau, das hier 40 Hufen besaß. Der Ort wurde bis 1848 als Vorstadt von Zwittau geführt; danach wurde das Reihendorf zum Markt erhoben. 1896 weihten die Redemptoristen, die hier eine ihrer ersten Niederlassungen in Mähren hatten, ihre Kirche St. Josef ein. Industrie: Baumwoll- und Leinenweberei. Mühle, Ziegelei.

1930: 2882 Einw. (106 Tschechen).

Vischer, Melchior, * 1895 Teplitz, † 1975 Berlin. Der Redakteur der „Prager Presse" und Regisseur in Baden-Baden und Berlin hatte durch die Erzählung „Sekunde durchs Hirn" Anteil am Dadaismus. Er schrieb Bühnenwerke und Romane, einen auch über Hus, in dem er ein gutes Bild des spätmittelalterlichen Prag zeichnet. 1923 erhielt er den Kleist-Preis.

Vogel. Mit Vogel zusammengesetzte Namen von Erhebungen zählt Pfohl insgesamt sechs auf. Es sind: Vogelherd (*Čihadlo*, 1200 m, die höchste Erhebung des Koschelkammes, südlich der Kesselkoppe im Riesengebirge), Vogelherd (660 m, im westlichsten Teil des Lausitzergebirges, an der Grenze der Bezirke Warnsdorf und Deutsch Gabel und gegen Sachsen zu gelegen), Vogelherd (*Kohoutí Kopec*, 582 m, östlich Nachod, an der Landesgrenze gelegen), Vogelkoppen (*Ptačí Kupa*, auch Vogelkoppe genannt, 1017 m hohe Erhebung des Isergebirges, nordwestlicher Nachbar des Taubenhauses, südlich Haindorf, Bezirk Friedland, gelegen), Vogelstein (*Ptačí Kamen*, 1221 m hoher Berg im westlichen Riesengebirgszug, nördlich von Spindelmühle, am Kamme des Riesengebirges gelegen), Vogelstein (*Ptačínec*, 940 m, im Riesengebirge, südlich des westlichen Grenzkammes und östlich von Harrachsdorf gelegen).

Volksbildung. Die amtliche Regelung erfolgte

durch das Gesetz über die staatsbürgerliche Erziehung (7. 2. 1919) und das Gesetz über die Gemeindebüchereien (22. 7. 1919), nach dem in jeder Gemeinde eine Volksbücherei, außerdem in jeder Gemeinde und in jedem Bezirk ein Bildungsausschuß mit amtlichem Charakter geschaffen wurden. Volksbildungsausschüsse besaßen der Verband der deutschen Selbstverwaltungskörper, die Deutsche sozialdemokratische Arbeiterpartei und die Schutzvereine. Als Organ erschien monatlich die „Heimatbildung" (1919–1938), gegründet von Emil Lehmann und Josef Blau. Seit 1925 arbeitete die Gesellschaft für deutsche Volksbildung in der Tschechoslowakischen Republik. Bereits im 19. Jh. waren mehrere Volksbildungsvereine entstanden, so in Troppau (1888), Brünn (1897), Olmütz (1904).

Volkshochschulen (Reihenfolge nach dem Gründungsjahr):

1917 Prager Volksbildungsverein Urania
1919 Egerländer Volkshochschule, Dölitz
1920 Volkshochschule Brünn
1921 Landvolkshochschule St. Margareten-Prachatitz
1922 Kuhländler Volkshochschule
1922 Schönhengster Volkshochschule zu Annabad
1922 Sealsfield-Volkshochschule Znaim
1923 Deutscher Volkshochschulverein für Ostböhmen, Braunau

Volkshochschulheim Reichenberg

1923 Nordböhmische Volkshochschule, Tetschen
1923 Volkshochschule für den Jeschken-Isergau
1923 Teßtal-Volkshochschule (Altvatergebirge)
1924 Deutsche Bauernschule zu Bad Ullersdorf
1924 Egerländer Bauernhochschule
1924 Nordböhmische Kudlich-Bauernhochschule Geltschbad
1924 Riesengebirgs-Bauernhochschule in Forstbad
1924 Schlesische Hans-Kudlich-Volkshochschule in Bennisch
1926 Deutsche westböhmische Bauernschule, Saaz
1937 Deutsche Volkshochschule, Olmütz

Volkskunde s. Birnsunnta. Brauchtum im Lebens- und Jahresablauf. Hochzeitsbrauch. Krippen. Nahrung. Rübezahl. Sagen. Trachten. Volkslied. Volkstänze.

Volkskunde. Systematische Materialsammlung und Auswertung auf wissenschaftlicher Grundlage betrieb als erster seit 1894 Adolf Hauffen. Seitdem hatte sich die Forschung durch Wissenschaftler und Laien sehr intensiviert. Bereits vor Hauffen waren in einzelnen Regionen Männer tätig, die das überkommene Volkskundegut zu sammeln und aufzuzeichnen trachteten, wie Meinert, der 1817 den „Fylgie", eine Sammlung von Kuhländler Volksliedern, herausgab, zu denen später Josef Götz bei der Neuausgabe auch Weisen beisteuerte.

Eine Ausweitung der Volkskunde bewirkte 1907 die Rektoratsrede „Literaturgeschichte und Volkskunde" von August Sauer, die nach vielen Richtungen hin Anregungen bot. In der Folge, zumal nach der Einrichtung eines volkskundlichen Lehrstuhls an der Deutschen Universität in Prag, setzte eine verstärkte Tätigkeit ein, die sich auf alle Gebiete erstreckte, nämlich Volks- und Stammesart, Familienkunde, Volkssprache und Volksdichtung, Volksglaube und Volksbrauch, ferner Sachvolkskunde (Haus, Siedlung, Wirt-

schaftsleben, Nahrung, Trachten, Volkskunst). Viele gingen an die Arbeit und haben Großes geleistet, u. a. A. Altrichter, J. Blau, J. Göth, J. Hofmann, G. Jungbauer, A. John, A. König, Emil Lehmann, R. Kubitschek, E. Neder und H. Watzlik.

Nach der Vertreibung der Sudetendeutschen entstand eine spezielle Richtung, eine Volkskunde der Heimatvertriebenen. Um diese haben sich Alfred Karasek, Josef Hanika und Georg R. Schroubek verdient gemacht.

Volkslied. Wie es keinen einheitlichen sudetendeutschen Stamm gibt, so auch kein einheitliches Volkslied; dieses richtet sich nach den Eigenarten der angrenzenden Stämme jenseits der Grenzen. Zu den Vorläufern des Volksliedes könnte man bereits das Hohenfurther Liederbuch aus dem 15. Jh. rechnen, ferner Michael Weißes deutsche Kirchenliedersammlung (Landskron 1531), die Bergreihen des Erzgebirges, die Flugblattpoesie des Siebenjährigen Krieges, die Vierzeiler aus dem Böhmerwald und aus Südmähren und die Hirtenlieder aus den Weihnachtsspielen.

Karl Kraus, Dorfschulmeister, sammelte die Volkslieder aus Lobs bei Falkenau. Die Handschrift aus dem Jahre 1816 befand sich beim Verein für Geschichte der Deutschen in Böhmen in Prag und wurde für die Volksliederausgabe von

Kirchweihtanz

Hruschka und Toischer verwendet. 1817 folgte Meinerts „Fylgie", eine Sammlung der Lieder des Kuhländchens. Auch die Tschechen wurden dadurch angeregt; gegen die Mitte des 19. Jh. gab Erben tschechische Volkslieder heraus. Stangl stellte fest, daß der Einfluß des deutschen Liedgutes auf das tschechische Volkslied stärker war als umgekehrt.

Hauffen und Jungbauer gründeten nach dem Ersten Weltkrieg ein Volksliedarchiv bei der Deutschen Gesellschaft der Wissenschaften und Künste. Es hatte 1938 ungefähr 22000 Volkslieder, 3500 Kinderlieder und Kinderreime, 100 Volksspiele, zahlreiche Sagen und Märchen der Sudetendeutschen gesammelt. Seit 1938 erschienen, von G. Jungbauer und H. Horntrich herausgegeben, die „Volkslieder der Sudetendeutschen".

Die Gründung der Finkensteiner Singbewegung bei der ersten Singwoche von Walter und Olga Hensel in der Waldsiedlung Finkenstein bei Mährisch Trübau löste eine Erneuerungsbewegung für den gesamtdeutschen Raum aus. Hensels Liederbücher („Wach auf!", „Das aufrecht Fähnlein", „Die Finkensteiner Blätter" u. a.) wurden Allgemeingut der Singbewegung. Nach der Vertreibung bildete sich wieder eine Walter-Hensel-Gesellschaft.

1919 wurde in Prag für Tschechen und Slowaken eine Staatsanstalt für das Volkslied begründet; 1922 bildete sich ein Deutscher Arbeitsausschuß, dessen Vorsitz Adolf Hauffen innehatte. G. Jungbauer gab eine Bibliographie der deutschen Volkslieder in Böhmen heraus. Für den böhmisch-mährischen Raum sind die Volkslieder mit deutsch-tschechischen Mischdichtungen von Interesse.

Volkstänze. Die heimischen Volkstänze gehören zum überlieferten Brauchtum, das, regional gegliedert, durch Jahrhunderte weitergegeben wurde und teilweise auch noch in der Vertreibung lebendig blieb. Volkstanzlandschaften waren der Schönhengstgau (Kanafastanz, Siebenschritt, Stets, Schirmdorfer, Tüchletanz), Kuhländchen (44 Hühner und ein Hahn, Kochlöffeltanz), Schlesien und Nordmähren (Kreuzpolka, Feder dich, Hulaner), Egerland (Roia, Schwerttanz), Böhmerwald (Sternpolka, Schmied, schmiede eine Kette! Schwerttanz, Spinnradl, Siebenschritt), Nordböhmen (s' Roprradl), Niederland (Schustertanz, Tüchletanz). 1933 konnte Walter Zawadil in einer Bibliographie 225 verschiedene Tänze im Sudetenland feststellen.

Wachtl (*Skřípov*), Bezirk Littau. Das Dorf Wachtl, 1250 als Dorf angelegt, 1424 von Hussi-

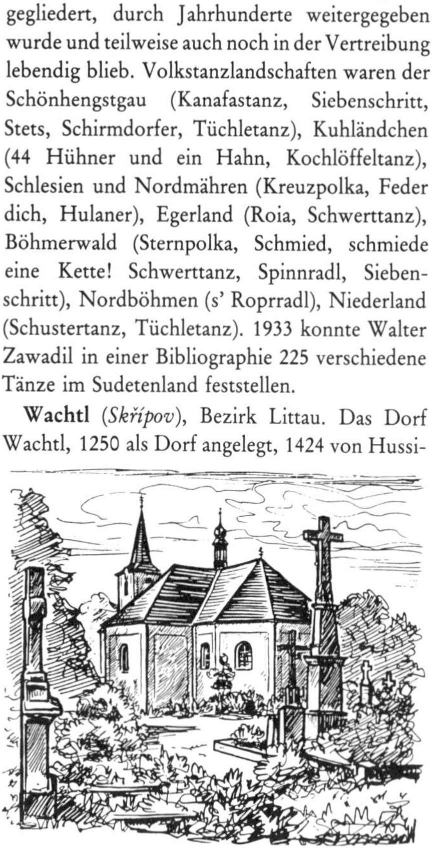

Kirche in Wachtl

Wagstadt (16. Jh.)

ten zerstört und 1560 durch Prämonstratenser aus dem Kloster Hradisch wiederbesiedelt, bildete mit Deutsch Brodek, Feschna, Ölhütten und Runarz eine deutsche Sprachinsel. Seit 1850 kamen Tschechen ins Dorf, die Deutschen konnten jedoch ihre Zahl ungefähr halten. Industrie: Hausweberei, Toledo-Stickerei, Strohhüteerzeugung. 1930: 1566 Einw. (1508 Deutsche, 42 Tschechen, 12 Ausländer).

Wagner, Eduard, ∗ 1861 Katharinaberg, † 1946 Rybitvi bei Pardubitz. Der Lehrer Wagner war ein bedeutender Heimatschriftsteller, der neben Schriften über Aussig auch ein „Lesebuch für österreichische Volksschulen" herausgab. Seine Aussiger Stadtgeschichte (1923) wurde vor einigen Jahren nachgedruckt.

Wagner-Jauregg, Julius Ritter, ∗ 1857 Wels, † 1940 Wien. Der Psychiater, der in Graz und Wien lehrte, entstammte einer Jägerndorfer Tuchmacherfamilie. Er forschte über den Kretinismus und über die Progressive Paralyse, die er mit Malariaimpfungen behandelte. Mit der Infektionstherapie gelang ihm die Heilung von Psychosen. 1927 wurde er mit dem Nobelpreis für Physiologie und Medizin ausgezeichnet.

Wagstadt (*Bílovec*), Bezirksstadt im Kuhländchen. Wagstadt, das 1329 als Wockinstat erwähnt wird, erhielt Leobschützer Recht. Josef Ullrich, der Heimatforscher des Kuhländchens, schreibt, daß Wagstadt an der Stelle der wohl teilweise eingegangenen Siedlung Bilowec um 1316 von Wok von Krawarn erbaut und nach ihm benannt wurde, daher richtig Wokstadt heißen müßte. Um 1670 entstanden einige Zünfte. Im 17. Jh. gehörten zur Herrschaft Wagstadt die Dörfer Groß Olbersdorf, Radnitz, Laubias, Bittau, Blaschdorf und Brawin.

Besitzer Wagstadts waren u. a. die Krawarn, Füllstein, Praschma und Sedlnitzky. Die Praschma waren Förderer des evangelischen Glaubens. Das

Schloß aus dem Jahre 1595 wurde im 18. Jh. barockisiert. Die Kirche St. Nikolaus geht auf einen gotischen Bau des 14. Jh. zurück. Ein Kind Wagstadts, der Wiener Maler Felix Leicher, schuf das Hochaltarbild. Auch der Liederkomponist Karl R. Kristinus (1843–1904) stammt aus Wagstadt. Im nahen Altstadt wurde 1887 der Maler Rudolf Sokol geboren. 1925 entstand das Städtische Museum mit einer vorgeschichtlichen Sammlung.
1930: 4960 Einw. (3608 Deutsche, 1198 Tschechen, 122 Ausländer, 32 andere).

Wakow, eine 581 m hohe Erhebung in der Nähe von Luditz südlich der alten Reichsstraße von Prag nach Karlsbad. Das Kirchlein zu Allerheiligen auf dem Wakow (1403 erwähnt) gehörte zur Pfarrei Luditz. Das rings um das Kirchlein liegende Dorf ist verschwunden; ob aufgegeben oder zerstört, ist nicht nachweisbar. Über den Wakow gab es früher auch Sagen.

Waldbrunn, Ernst, ∗ 1907 Krummau, † 1976 Wien. Der Schauspieler hatte seine Laufbahn in Teplitz-Schönau begonnen. Seit 1935 wirkte er am Theater in der Josefstadt in Wien, auch mit Inszenierungen. Bekannt wurde er als Komiker sowie durch seine Film-, Fernseh- und Rundfunktätigkeit. Mit Winiewicz schrieb er die Dramen „Die Flucht“ und „Aber, aber, Herr Professor!“

Ermordung Wallensteins

Waldeck, Heinrich Suso (eigentlich Augustin Popp), ∗ 1873 Wscherau, † 1943 St. Veit im Mühlkreis. Der Priester war auch Journalist und Kunstkritiker, lebte meist in Wien und gehört zu den Lyrikern, deren Name über den Tag hinaus bestehen bleibt. Großartige Beispiele seiner von Ehrfurcht getragenen Dichtungen sind seine „Antlitzgedichte“ und „Die milde Stunde“. In seinen Erzählungen zeigt er sich als sprachgewaltiger Künstler, den Josef Weinheber als sein Vorbild betrachtete. Waldeck erhielt den Literaturpreis der Stadt Wien und den Österreichischen Staatspreis. 1953 wurde an der Kirche Maria am Gestade in Wien eine Gedenktafel für den Dichter enthüllt.

Walditz (*Valdice*), Dorf im Bezirk Jitschin. Das ehemalige Kartäuserkloster, nach einem Entwurf von Andrea Spezza 1627–1655 erbaut, wurde 1783 aufgehoben und diente danach als Haftanstalt. Gründung der Kartause durch Wallenstein. Er ließ seine erste Gemahlin Lucretia hier bestatten; es wurde auch Wallensteins Begräbnisstätte. Seine Gebeine wurden 1639 von Mies hierher gebracht und 1785 nach Münchengrätz überführt. Nach der Vertreibung der Deutschen erlangte Walditz traurige Berühmtheit als Konzentrationslager für katholische Prieser und für Laien, die wegen ihrer Religionsausübung verurteilt worden waren.

Waldstein (*Valdštejn*), Burgruine bei Turnau in Nordböhmen, im 13. Jh. auf einem Sandsteinfelsen von dem Geschlecht der Marquarte errrichtet; sie nannten sich nach der Burg Waldstein. Diese war im 14. und 15. Jh. Eigentum der Wartenberger, wurde von den Hussiten erobert und blieb verödet, bis sie zu Anfang des 19. Jh.

Wallern

teilweise wieder hergestellt wurde. Der Wiederaufbau wurde abgebrochen. Die Johanneskapelle baute 1722 Fr. Graf Waldstein; sie wurde 1836 renoviert.

Wallenstein (eigentlich Waldstein), **Albrecht von,** Herzog von Friedland und Mecklenburg, Fürst von Sagan, genannt der Friedländer, * 1583 Hermanitz, † 1634 Eger (ermordet). Seit 1604 leistete er Militärdienst und wurde 1623 in den Reichsfürstenstand erhoben. Dem durch den Niedersächsischen Bund in Bedrängnis geratenen Kaiser machte er 1625 den Vorschlag, ein Heer auf eigene Kosten aufzustellen. Als oberster Befehlshaber aller kaiserlichen Truppen erfocht er viele Siege, drängte die Dänen aus Deutschland hinaus, wurde infolge von Intrigen 1630 abgesetzt, dann wieder mit Vollmachten ausgestattet. In der für ihn siegreichen Schlacht bei Lützen fiel sein Hauptgegner, Gustav Adolf. Mit Mißtrauen betrachtete man Wallensteins Verhandlungen mit Schweden und Franzosen. Um sich der Treue seiner Offiziere zu versichern, versuchte er, durch den Pilsener Revers die Kommandeure an sich zu binden. 1634 als Hochverräter bezichtigt, wurde er seiner Stellung enthoben und in Eger ermordet. Wallenstein hatte viele Güter in Böhmen erworben, zumeist aus dem Besitze des aufständischen Adels. Ein eigenes Reich war das Fürstentum Friedland (seit 1624). Der Verrat Wallensteins, von vielen Historikern immer wieder untersucht, ist bis heute nicht nachgewiesen. Von den literarischen Bearbeitungen seiner Gestalt ist die Dramentrilogie Schillers die bedeutendste.

Wallern (*Volary*), Bezirk Prachatitz. Die Stadt war bekannt als Höhenluftkurort (750 m ü. M.), Sommerfrische und Wintersportplatz, zugleich als Mittelpunkt des Fremdenverkehrs im südlichen Böhmerwald. An einer Stelle lebhaften Handels zwischen Bayern und Böhmen (Goldener

Steig) entstand eine Siedlung, 1437 als Markt erwähnt; 1871 zur Stadt erhoben. Das Stadtwappen zeigt vier Tannen in einem silbernen Schild. Eine Besonderheit Wallerns sind die altertümlichen, mit Schindeln gedeckten Holzhäuser in Alpenbauweise, deren breite, stumpfwinklige Dächer mit Steinen beschwert sind; zur Straßenseite hin tragen die Häuser malerische Galerien. Ernst Schwarz schließt von der Bauart der niedrigen, ebenerdigen Holzhäuser auf die Herkunft der Wallinger, so nennen sich die Wallerer, aus dem Alpenvorland.
Neben der Pfarrkirche St. Katharina und einer Friedhofskapelle (1709) steht auf einer Höhe noch die Kirche der hl. Magdalena (1754).
Wallern ist ein Zentrum des Holzhandels und der Holzbearbeitung. Eine ständige Möbelausstellung gab Einblick in das handwerkliche Können. Die Staatliche Fachschule für Holzbearbeitung bildete den Nachwuchs aus. Bekannt war Wallern durch Viehzucht und große Molkereibetriebe. Rudolf Kubitschek und Valentin Schmidt veröffentlichten 1921 ein vorbildliches Buch über Wallern und die Wallerer.
1930: 3905 Einw. (195 Tschechen).

Wallfahrtsorte. Schon im Mittelalter waren viele solche Pilgerstätten bekannt, die während der Gegenreformation, in der Türken- und Schwedennot häufig aufgesucht wurden. In der

St. Anna bei Eger

Waltsch

Aufklärungszeit ist ein starkes Nachlassen dieser Volksfrömmigkeit zu verzeichnen. Joseph II. verbot gemeinsame Wallfahrten. In der Romantik und in der folgenden Zeit erlebten die Wallfahrten eine neue Blüte.
Im Sudetenland gab es überwiegend Marienwallfahrtsorte. Das vierbändige Werk „Sudetenland – Marianisches Land“ bringt 142 Beschreibungen solcher Andachtsstätten. Die bekanntesten waren: Brünnl, Gojau, Grulich, Haindorf, Heiliger Berg bei Olmütz, Heiliger Berg bei Przibram, Hostein, Kiritein, Köhlerberg bei Freudenthal, Maria Hilf bei Zuckmantel, Maria Kulm, Mariaschein, Maria Sorg, Maria Stock, Montserrat bei Sitzgras, Philippsdorf, Quinau, Saar, Weißwasser, Welehrad.
Auch in der Vertreibung unternehmen die Sudetendeutschen wieder Wallfahrten, allerdings zu neuen Pilgerzielen. Diese findet man in dem Buch „Wallfahrt und Heimatverlust. Ein Beitrag zur religiösen Volkskunde der Gegenwart“ von Georg R. Schroubek, in dem auch eine aufschlußreiche Analyse des Phänomens der Heimatvertriebenenwallfahrt enthalten ist.

Wallisch, Friedrich, ∗ 1890 Mährisch Weißkirchen, † 1969 Wien. Der promovierte Mediziner war Journalist, albanischer Generalkonsul und unternahm viele Reisen bis nach Übersee. Neben historischen Arbeiten über Südosteuropa schrieb er Romane, die sich durch gepflegte Sprache auszeichnen: „Die Flammenfrau“, „Dschungel“, „Der Schmuck von Wiedstett“, „Der König". Es erschienen auch Reiseberichte, Novellen, Anekdotensammlungen und Biographien (Conte Corti, Sealsfield, Wüllersdorf, Tegetthoff). Er war Ritter des Souveränen Malteserordens, Professor h. c., Träger des Ginzkey-Rings und des Ehrenkreuzes für Wissenschaft und Kunst.

Wallner, Anton, ∗ 1867 in der Draxlmühle bei Oberplan, † 1953 Graz. Wallner lebte als Mittelschulprofessor in Laibach, Prag und Graz. Er benützte für seine literarischen Arbeiten das Pseudonym Dionys Teichmüller, war Mitarbeiter wissenschaftlicher Zeitschriften und dichtete das sehr volkstümlich gewordene Böhmerwaldlied „Af d' Wulda".

Waltsch (*Valeč*), Bezirk Luditz. Die Stadt liegt am Fuße des Duppauer Gebirges. Bereits 1358 wird der Ort unter den Plebanien angeführt. Er wird 1511 Markt und von König Wladislaw II. mit einem Wappen begnadigt; dieses zeigt ein silbernes Stadttor mit Schießscharten und mit einem aufgezogenen Fallgitter. Heribert Sturm erwähnt, daß Waltsch in der Privilegienbestätigung des Kaisers Franz um 1820 eine Stadt genannt wird.
Die Herrschaft Waltsch besaßen verschiedene Adelsfamilien: die Wrschowitz, Lobkowitz, Stampach und die Thurn-Valsassina. Das Schloß, um 1600 errichtet, erhielt um 1720 barocke Gestalt. Die Schloßkirche (1718–1728) stammt vermutlich von Santini. Edle Formen weist die Dreifaltigkeitssäule (1730) auf. Zum Schloß gehört ein schöner Park mit Skulpturen aus der Werkstatt des Matthias Braun und mit einem Theatron, das klassische Figuren schmücken.
Die Pfarrkirche Johannes der Täufer stammt aus der Gotik, wurde aber umgebaut. Die Sommerfrische Waltsch war beliebt wegen ihrer freundlichen Umgebung. Es wurde Obstbau betrieben und jedes Jahr ein Blütenfest gefeiert. In der Umgebung fand man die seltenen Hyalite.
1930: 807 Einw. (31 Tschechen).

Wandervogel. 1911 entstand in Prag die erste Wandervogelgemeinde in Österreich. Leitmeritz und Reichenberg folgten. Der Gau Deutschböhmen hatte nach dem Ersten Weltkrieg 44 Jungen- und 22 Mädchengruppen, der Gau Mähren-Schlesien 13 Jungen- und 7 Mädchengruppen. Beide Gaue schlossen sich nach dem Ersten Weltkrieg zum Bund sudetendeutscher Wandervögel zusammen. Das Bundesblatt erschien von 1920 bis 1934. Als sich schließlich das alte Bundesgefüge allmählich auflöste, ordnete sich der Wandervogel nach 1934 mit anderen sudetendeutschen Jugendbünden in die sudetendeutsche Volksbewegung ein, die vom politischen Geschehen im Sudetenland bestimmt war.

Wanka, Rolf, ∗ 1901 Wien, † 1982 München. Die Familie des Filmschauspielers stammt aus der Gegend von Marienbad. Er hatte in Prag Medizin studiert, nahm Schauspielunterricht und kam 1934 zum Film, spielte große Rollen an den Theatern in Wien und war für den Rundfunk tätig. Der „Herr mit dem Frack und den grauen

Wandervögel

Warnsdorf

Schläfen" stand für mehr als 70 Filme vor der Kamera.

Warnsdorf (*Varnsdorf*), Bezirksstadt in Nordböhmen. Als Waldhufendorf im 13. Jh. angelegt, ist 1352 von einer Wernoldi villa die Rede. Mehrere Siedlungen bildeten das Dorf unterhalb des Lausitzer Gebirges. Im Zuge der durch Luthers Lehre ausgelösten Glaubenszwistigkeiten verlassen in der zweiten Hälfte des 17. Jh. viele Bewohner des Dorfes ihre Heimat und gründen gleich jenseits der Landesgrenze Neusalza, Neugersdorf und Walddorf. Bereits um 1700 gibt es in Warnsdorf eine Musikschule.

Die wirtschaftliche Entwicklung beginnt 1786 mit der Erzeugung der ersten Baumwollwaren nach englischem Muster; seitdem ist das „nordböhmische Manchester" ein Zentrum der böhmischen Textilindustrie. Durch Vereinigung von Alt und Neu Warnsdorf und einiger umliegender Ortschaften entstand eine große Gemeinde, die 1868 Stadt wurde und sich als deutsche Industriestadt mächtig entwickelte. Hier entstand die größte Strumpffabrik Europas (Kunert). Es gab noch eine Vielzahl großer und kleiner Industrieunternehmungen: Schuh- und Lederwarenfabriken, Glasschleifereien, Zementwaren, chemische und Metallindustrie, eine Klavierfabrik. Bekannt waren die Verlage Opitz und Strache.

Die Stadt im ausgedehnten Becken der Mandau ist in die Musikgeschichte eingegangen: 1830 erlebte Beethovens Missa Solemnis in der hiesigen Pfarrkirche ihre Erstaufführung. Seit 1886 bestand ein Richard-Wagner-Verein, seit 1921 ein Sinfonieorchester. Warnsdorf hatte Theater, Museum, Archiv, verschiedene Fachschulen und eine Stadtbücherei. Es war Sitz eines altkatholischen Bischofs. Die neugotische altkatholische Kirche wurde 1874/1875 errichtet.

Die „Stadt der hundert Kamine“ hatte in wirtschaftlicher und kultureller Hinsicht eine über eine Provinzstadt weit hinausgehende Bedeutung. Hier wurden der Maler Reinhold Klaus und der Bildhauer Vinzenz Pilz, Schöpfer der Quadriga auf dem Wiener Parlament, geboren.
1930: 22621 Einw. (19963 Deutsche, 1617 Tschechen, 988 Ausländer, 53 andere).

Wartenberg am Roll (*Stráž pod Ralskem*), Bezirk Böhmisch Leipa. Der bei der Burg auf dem Schloßberg 1256 angelegte Ort zwischen Rollberg und dem Jeschkengebirge war lange im Besitz der mächtigen Wartenberge. Er wurde im 16. Jh. mit Stadtrecht und Wappen (das Rosenbergische Stammwappen mit der roten Rose im silbernen Schild) begabt. Bereits damals wurde die Leinenweberei betrieben; seit 1596 war eine Weberzunft bekannt. Zeitweise gehörte Wartenberg zur Herrschaft Wallensteins, danach kam es an die Hartig.
In der Geschichte Wartenbergs spielten die Bauernaufstände von 1680 und 1775 eine Rolle. 1854 vernichtete eine Feuersbrunst 103 Wohnhäuser und 34 Scheuern. Eng waren die Geschicke der zum Schutze der Straße Zittau – Jungbunzlau angelegten Burg und des späteren Schlosses mit der Stadt verbunden.
Die barocke Pfarrkirche (1772) steht an der Stelle eines 1384 erwähnten Gotteshauses. Sie besaß drei Gemälde des Malers Joseph von Führich aus Kratzau. Wartenberg ist der Geburtsort des Prager Erzbischofs Daniel Joseph Mayer von Mayern (1656–1733).
1930: 1061 Einw. (138 Tschechen).

Watzal, Johannes, ∗ 1887 Eger, † 1945. Der Bildhauer Watzal lehrte an der Staatsfachschule für Keramik und verwandte Kunstgewerbe in Teplitz-Schönau; zuletzt leitete er die Schule. Viele Denkmäler und Büsten wurden von seiner Hand geformt, so das Goethe-Denkmal in Asch, das Kriegerdenkmal in Teplitz-Schönau und Büsten von Stifter und Beethoven, das Grabmal Josef Seligers in Teplitz-Schönau u. a. Watzal wurde nach Kriegsende von den Tschechen verhaftet und ermordet.

Watzke, Rudolf, ∗ 1892 Niemes, † 1972 Wuppertal. Der Bassist war an der Berliner Staatsoper, in Bayreuth und anderen großen Bühnen engagiert. Er gehörte als Opern-, Konzert- und Oratoriensänger zu den hervorragendsten Künstlern seiner Zeit.

Watzlik, Hans, ∗ 1879 Unterhaid/Böhmerwald, † 1948 Gut Tremmelhausen bei Regensburg. Watzlik war Lehrer in Andreasberg, Kalsching und Neuern, wo er ab 1921 als freier Schriftsteller lebte. Hier entstanden bis 1945 die zahlreichen Bücher, die ihm einen festen Platz in der sudetendeutschen und der gesamtdeutschen Literaturgeschichte sicherten. 1931 erhielt er den Tschechoslowakischen Staatspreis, später den Eichendorff-Preis, die Goethe-Medaille für Kunst und Wissenschaft, den Stifter-Preis und andere Ehrungen. Der Dichter war ordentliches Mitglied der Deutschen Gesellschaft der Wissenschaften und Künste in Prag.
Watzlik war ein großer und fruchtbarer Erzähler; seine Werke wurzeln in der Landschaft und der

Hans Watzlik

Geschichte des Böhmerwaldes, sind in phantasievoller Form und barockem Geist geschrieben, aber auch in volkstümlich heiterer oder hintergründiger Art. Die Menschen in seinen Werken sind die, mit denen er täglich zusammenlebte. So wird ihm die Verbundenheit zur Heimat Ausdruck hoher Kunst.

Seine am weitesten verbreiteten Romane: „Phönix", „O Böhmen", „Aus wilder Wurzel", „Fuxloh", „Das Glück von Dürrnstauden", „Der Pfarrer von Dornloh", „Die Leturner Hütte", „Der Rückzug der Dreihundert", „Die Krönungsoper" und „Der Meister von Regensburg". Dazu kommen noch zahlreiche Erzählungen, Novellen, Bühnenstücke, Jugendbücher und das Opernlibretto „Kranwit". In Regensburg und Wien wurden 1949 bzw. 1961 Hans-Watzlik-Gemeinden gegründet.

Watznauer, Rudolf Alois, * 1904 Olmütz, † 1973 Regensburg. Nach Studien in Prag und Dresden und Aufenthalt in Brasilien war er als Hospitant am Bauhaus in Dessau Schüler von Kandinsky und Nagy. Als Kunsterzieher in Brünn, Mies und Eger war Watznauer Mitglied der Prüfungskommission für das Lehramt an Bürgerschulen. Der Maler Watznauer gehörte zu den Gründern der Prager Sezession, nahm an deren Ausstellungen und denen der „Jungen Kunst" und des „Metznerbundes" teil und konnte wiederholt, auch nach seiner Vertreibung, große Erfolge verbuchen. Die Moderne Galerie in Prag erwarb Bilder, ebenso das Kultusministerium in Prag.

Friedrich Dyonis Weber

Weber, Anton Alois, * 1877 Wolfsberg bei Rumburg, † 1948 Leitmeritz. Zwischen 1931 und 1946 war er als Nachfolger von Josef Groß als 16. Bischof von Leitmeritz Oberhirte dieser Diözese, die als einzige während der ersten Republik einen Deutschen als Bischof hatte. Der Bischof erlitt nach 1938 und nach 1945 persönliche Demütigungen durch die jeweiligen Machthaber. Er mußte abdanken, durfte das Land nicht verlassen und starb an einem Schlaganfall.

Weber, Friedrich Dionys, * 1766 Welchau, † 1842 Prag. Der Komponist war der erste Direktor des 1808 geschaffenen Prager Konservatoriums, des ältesten in Mitteleuropa. Er war mit Carl Maria von Weber, der von 1813–1816 in Prag wirkte, befreundet. Weber schrieb Lehrbücher der Musiktheorie und Kompositionen; besonderer Beliebtheit erfreuten sich seine Tänze für Klavier.

Weber, Ottokar, * 1860 Prag, † 1927 Neugarten bei Böhmisch Leipa. Professor für Geschichte und Direktor des historischen Seminars an der Prager Universität, viele Jahre Schriftleiter der „Mitteilungen des Vereins für Geschichte der Deutschen in Böhmen". Der um die Erforschung der Geschichte Böhmens hochverdiente Gelehrte schrieb zahlreiche Bücher.

Wegstädtl (*Štětí*), Bezirk Dauba. Der an der Sprachgrenze liegende Ort, der sich am rechten Elbeufer in fruchtbarer Landschaft ausdehnt, geht auf einen Markt (1313) zurück, der 1549 Stadt wurde. Nach einem Urbar von Strahow in Prag (1410) gehörte Wegstädtl damals zu den Besitzungen dieses Klosters. Seit 1467 erhielt Wegstädtl mehrfach Privilegien von den böhmischen Königen. Die Lage an der Elbe brachte es

mit sich, daß wiederholt feindliche Truppen hier über den Fluß setzten und die Stadt in Mitleidenschaft zogen.
Die Überschwemmungen von 1784 und 1845 verursachten große Schäden. Um künftig Katastrophen zu verhindern, wurde eine Staustufe angelegt. Die Kirche, die schon in vorhussitischer Zeit bestand, wurde 1784 im Barockstil errichtet; sie enthält Malereien von J. Kramolin. Renaissance-Gebäude sind das Rathaus und die Brauerei. Früher gab es in der Umgebung viele Weinberge. Vornehmlich werden Hopfen, Zuckerrüben und Obst angebaut.
1930: 1950 Einw. (1057 Deutsche, 869 Tschechen, 17 Ausländer, 7 andere).

Wehrenfennig, Erich, ∗ 1872 Klein Bressel bei Jägerndorf, † 1968 Rummelsburg bei Nürnberg. Wehrenfennig, evangelischer Pfarrer in Trautenau und Gablonz, war seit 1919 Kirchenpräsident der Evangelischen Kirche in Böhmen, Mähren und Schlesien. 1945 wurde er von den Tschechen eingekerkert und in die Sowjetzone abgeschoben. Seit 1952 in Bayern, gründete er die Gemeinschaft evangelischer Sudetendeutscher. Er schilderte sein Leben in der Schrift „Mein Leben und Wirken".

Wehrenpfennig, Gottfried, ∗ 1873 Gosau/OÖ, † 1950 Schodsenbach bei Scheinfeld/Mfr. Der um die deutsche Schutzarbeit verdiente evangelische Pfarrer (seit 1904 in Turn) kam 1919 in die Bundesleitung des Bundes der Deutschen in Böhmen und wurde 1932 Bundesobmann. Dem auf sozialen Gebiet sehr aktiven Pfarrer und Minister Spina gelang 1934 in Leitmeritz die Schaffung des Einheitsschutzverbandes Bund der Deutschen, der sehr viel zur wirtschaftlichen Selbsthilfe der Sudetendeutschen tun konnte. 1950 wurde ihm der Ehrenbrief der Sudetendeutschen Landsmannschaft verliehen.

Weidenau (*Vidnava*), Stadt im Bezirk Freiwaldau am Fuße des Altvatergebirges, zeigt den Grundriß einer Kolonisationsgründung. Die Geschichte der Vogtei Weidenau geht auf das Jahr 1268 zurück. Die Bischöfe von Breslau erwiesen sich stets als große Förderer; sie bauten den durch die Hussiten zerstörten Ort (1428) wieder auf und unterstützten Handel und Gewerbe.

Wegstädtl an der Elbe

Schon zur Zeit der Gotik wurden die Befestigungen angelegt; Reste davon sind noch erhalten. 1551 wurde das Rathaus errichtet; nach dem Abbruch von 1867 neu erbaut. Feuersbrünste (1574 und später) verursachten verheerende Schäden. Einem Brand gleich kam die neue evangelische Lehre ins Land und fand in Weidenau vorübergehend zahlreiche Anhänger. Das Schloß mit gotischen und Renaissance-Bauelementen war früher der Sitz der Vogtei. Der große Ringplatz ist umsäumt von schönen alten Giebelhäusern. Auffallend sind die Renaissance- und Barockhäuser. Die Kirche aus der frühgotischen Zeit (2. Hälfte des 13. Jh.) wurde nach 1714 und in der zweiten Hälfte des 19. Jh. umgebaut; sie ist der hl. Katharina geweiht. Es haben sich etliche Renaissance-Epitaphien erhalten. Das Kloster der Barmherzigen Schwestern vom hl. Karl Borromäus besteht seit 1868. Weidenau hatte ein 1899 vom Breslauer Erzbischof ins Leben gerufenes Priesterseminar, ein fürstbischöfliches Knabenkonvikt (1902), ein Realgymnasium, 1871 errichtet und später von den Tschechen aufgelöst, ferner ein Museum (seit 1895).
Auf dem Hauptplatz stand früher der sogenannte Butterstein, ein 6 m langer und 1 m breiter Granitblock.

Als Ausflugsziele galten die Wallfahrtskirchen zum Brünnel im Walde und auf dem Gotteshausberg bei Friedeberg, ferner die Tropfsteinhöhlen bei Saubsdorf, die sagenhaften Kesselsteine, der Kienberg und die Ruine Kaltenstein.
In Weidenau und Umgebung wurden Baumwollstoffe erzeugt. Es gab auch Kaolin- und Steinwerke. Einer der großen Söhne Weidenaus war Professor Adolf Lorenz, der Begründer der modernen Orthopädie.
1930 (mit den 1924 eingemeindeten Orten Vogtei Weidenau, Stachlowitz und Neu Kleinkrosse): 2186 Einw. (98 Tschechen).

Weidl, Josef, ∗ 1915 Eger, † 1972 Inning/Ammersee. Der Bildhauer, Maler und Graphiker Weidl erzielte mit seinen Plastiken in Deutschland und in den Vereinigten Staaten von Amerika große Erfolge. Unter seinen öffentlichen Aufträgen befand sich die 4 m hohe „Mater Colonia" über dem Portal des neuen Rathauses in Köln. 1955 erhielt er den Förderpreis der Sudetendeutschen Landsmannschaft.

Weinbau. In Mähren soll schon im 9. Jh. Wein angebaut worden sein. Im südmährischen Weinbaugebiet, das 6484 ha umfaßt und sich in der Hauptsache auf die Bezirke Auspitz, Joslowitz, Nikolsburg und Znaim erstreckt, erzielt man sehr gute Erträge. Kaiser Karl IV. führte im 14. Jh. Burgunderreben in Böhmen ein und ließ das Gebiet um Prag bebauen; der Prager Stadtteil Weinberge erinnert noch daran. In neuerer Zeit wird nur noch um Leitmeritz, Melnik und Tschernosek Wein angebaut. Den böhmischen Burgunder bezeichnet man als schweren und feurigen Wein.

Weinkeller in Südmähren

Weinert-Wilton, Louis, (eigentlich Alois Weinert), ∗ 1875 Weseritz, † 1945 Prag. Als Redakteur in Prag, ebenso als Bühnenautor und als Direktor des Neuen Deutschen Theaters (seit 1921) wäre er heute vergessen. Durch seine Kriminalromane jedoch ist er zu einem Klassiker des deutschen Kriminalromans geworden, so daß seine Werke und deren Verfilmung oft mit denen von E. Wallace verwechselt werden. Allgemein bekannt sind „Der Teppich des Grauens", „Die weiße Spinne", „Die chinesische Nelke", „Der Skorpion".

Weipert (*Vejprty*), Bezirk Preßnitz. Die Stadt hart an der sächsischen Grenze breitet sich weit auseinandergezogen am rechten Ufer des Pöhlbaches aus. In alter Zeit schon führte ein Weg über das Erzgebirge; hier entstand ein Eisenhammer, für den das hier gewonnene Eisenerz die Grundlage bildete. Als noch Silber und Kupfer gefunden und gefördert wurden, kam es zu einem heute unvorstellbaren Aufschwung. 1607 Erhebung Weiperts zur königlichen freien Bergstadt. Der Dreißigjährige Krieg brachte das Ende einer glanzvollen Zeit. Viele Bürger, die nach dem neuen Glauben leben wollten, mußten in das Exil nach Sachsen gehen.
Ohne Bergbau schien der Niedergang besiegelt, zumal auch die Landwirtschaft in dieser klimatisch ungünstigen Lage auf dem Gebirgskamm (bis über 800 m ü. M.) keine nennenswerten Erträge zu liefern imstande war. Die erfindungsreichen Erzgebirgler ließen sich nicht entmutigen. Mit viel Erfindungsgabe und Fleiß wurde aus Weipert die größte Industriestadt des gesamten Gebirges. Es wurden betrieben: Spitzenklöppeln, Erzeugung von Posamenten, Stickereiwaren, Strick- und Wirkwaren. Es gab Handschuh-,

Schuh- und Maschinenfabriken. Aus der Büchsenmacherei (seit dem Anfang des 18. Jh.) entwickelten sich vier Betriebe, die Jagdgewehre herstellten.
Die Pfarrei der Stadt, 1506 erstmals schriftlich erwähnt, wurde bereits um 1653 errichtet. Die Kirche stammt aus dem Jahre 1785; sie führt den Titel „Zu Allen Heiligen". Älter ist die Friedhofskirche St. Martin (1594 erbaut). Aus dem Ortsteil Neugeschrei stammte Kardinal Theodor Innitzer, Erzbischof von Wien.
1930: 11751 Einwohner (11103 Deutsche, 407 Ausländer, 238 Tschechen). Durch die Vertreibung der Deutschen sank die Zahl sehr. 1950 wurden 4476 Menschen und 1139 Häuser gezählt (1930 wurden nur 1088 Häuser angegeben). 1970 schließlich betrug die Zahl der Bewohner 3546, die Zahl der Häuser 607. Da die Stadt Preßnitz und einige andere naheliegende Orte im Zuge der Anlage einer Trinkwassertalsperre überflutet wurden, zogen deren Bürger zum Teil nach Weipert, das 1977 eine Einwohnerzahl um 4000 erreichte. Verstärkt wurde dadurch auch die Ortsgruppe des Deutschen Kulturverbandes, dessen Mitgliederzahl auf beinahe 300 anstieg.

Weiser, Erwin, * 1879 Wien, † 1968 Dießen am Ammersee. Weiser war Schriftleiter der „Freudenthaler Zeitung", Herausgeber eines Volkskalenders und eines Reise- und Wanderbuches von Nordmähren-Schlesien. Der Förderer schriftstellerischer und künstlerischer Talente war selbst eifriger Heimatforscher sowie Kustos des Freudenthaler Stadtmuseums und Gedenkbuchführer der Stadt Freudenthal.

Weiß. Mit „Weiß" zusammengesetzte geographische Namen finden wir bei Pfohl mehrere:
Weiße Desse. Nebenfluß der Kamnitz, der zum Flußgebiet der Elbe gehört. Entspringt am Sieghübel im Isergebirge, fließt südöstlich und biegt bei Aufnahme der Schwarzen Desse bei Tiefenbach nach Süden ab. Nach etwa 12 km Lauf bei Unter Tannwald (Bezirk Gablonz) Mündung in

Gesangbuch der böhmischen Brüder

die Kamnitz. Im Flußgebiet befindet sich eine Talsperre.
Weiße Neiße, auch Friedrichswalder Neiße genannt, ist der bedeutendste der drei Quellflüsse der Neiße. Sie entspringt auf der Moosbeerheide im Isergebirge nördlich Friedrichswald (Bezirk Reichenberg), fließt nach Süden, mündet westlich Gablonz in die Gablonzer Neiße und heißt nun Neiße.
Weiße Oppa, auch Kleine Oppa, südlicher Quellfluß der Oppa. Entspringt zwischen Altvater und Hoher Heide, fließt östlich und nordöstlich. Nahe der Quelle ein Wasserfall. Das etwa 15 km lange Gewässer, stets in steilem Tal fließend, berührt Karlsbrunn und mündet westlich von Würbenthal in die Mittlere Oppa.
Weißer Bach, in Erdlöchern und Höhlen zeitweise verschwindendes Gewässer bei Holstein im Gebiet der Slouper Höhlen in Mähren.
Weißer Berg (Bílá Hora), 380 m, westlich Prag.

Bekannt durch die Schlacht im Jahre 1620.

Weißer Riegel, 1076 m (Künisches Gebirge), nördlich des Osserberges.

Weiße Wiese im Riesengebirge. Eine sumpfige Hochfläche, Ursprung der Aupa. Sie streicht vom Koppenplan, dessen südwestliche Abdachung sie bildet, in 1470–1350 m Höhe sanft abfallend, in westlicher Richtung zum Silberkamm.

Weißwassergrund, Schlucht des von der Schneekoppe kommenden Quellflusses der Elbe, zwischen dem Hauptkamm des Riesengebirges und dem Ziegenrücken. Dieses echte Hochgebirgstal dehnt sich von Westen nach Osten aus.

Weiss, Ernst, ∗ 1884 Brünn, † 1940 Paris. Der Freund Kafkas war Schiffsarzt und im Ersten Weltkrieg Regimentsarzt. 1936 emigrierte er aus Berlin nach Paris, wo er sich beim Nahen deutscher Truppen das Leben nahm. Der expressionistische Erzähler und Dramatiker schrieb Romane wie „Die Galeere“, „Tiere in Ketten“ und „Mensch gegen Menschen“, Arztromane („Georg Letham“) und Schilderungen von Menschen in Ausnahmesituationen.

Weiss, Michael, ∗ 1569 Mediasch/Siebenbürgen, † 1612 in der Schlacht bei Marienburg. Der Sohn des aus Eger ausgewanderten Hans Weiss war Ratsherr, Notar und Stadtrichter in Kronstadt, Mitglied einer Gesandtschaft zum kaiserlichen Hof und Verfasser eines „Liber annalium“, einer Chronik seiner Zeit. Er fiel bei der Verteidigung Kronstadts. Die Siebenbürger Sachsen verehren ihn als Nationalhelden.

Weißbach (*Bílý Potok*), Bezirk Friedland. Das Dorf unterhalb der Tafelfichte und an den Ausläufern des Isergebirges hat seinen Namen nach dem gleichnamigen Nebenfluß der Wittig. Angelegt wurde es 1594 durch Melchior von Redern, der Deutsche zur Urbarmachung des Gebietes

Kroninsignien Böhmens unter Karl IV.

König Wenzel II. (Heidelberger Handschrift)

Franz Werfel

geholt hatte. 1774 wurde eine Kapelle errichtet, ihr folgte 1889 eine Kirche. Die schöne Gegend, die Nähe von Bad Liebwerda und viele Ausflugsziele machten Weißbach zu einer beliebten Sommerfrische; es war auch Wintersportplatz. Auffallend die schönen Umgebindehäuser. Neben der Textilindustrie auch Holzverarbeitung. Weißbach nannte man die „Christkindlwerkstatt des Isergebirges"; das Kinderspielzeug wurde in Heimarbeit hergestellt.
1930 (mit Klein Iser, auch Wilhelmshöhe): 1702 Einw. (97 Tschechen).

Weiße, Michael, * um 1488, † 1534 Landskron. Weiße war zuerst Mönch in Breslau. Er entfloh um 1517 aus seinem Kloster und fand Aufnahme bei den Böhmischen Brüdern in Leitomischl. In Landskron wurde er Prediger und Leiter der Brüdergemeinde, dichtete viele Lieder im frommen Geist der Brüder und gab 1531 sein „Neu Gesangbüchlein" in Landskron heraus; daraus wurden viele Lieder in die evangelischen Gesangbücher übernommen.

Weizsäcker, Wilhelm, * 1886 Prag, † 1961 Heidelberg. Der Jurist war an der Deutschen Universität in Prag Ordinarius für deutsche und böhmische Rechtsgeschichte und für Bergrecht. Nach 1945 war er in Bayern in der Landesflüchtlingsverwaltung tätig, bevor er in Heidelberg Honorarprofessor wurde. Nach seiner Emeritierung arbeitete er am „Deutschen Rechtswörterbuch". Weizsäcker veröffentlichte viele wertvolle Arbeiten zur böhmischen Rechts- und Bergrechtsgeschichte.

Wenzel I., der Heilige, * um 903, ermordet 935 in Altbunzlau. Wenzel wurde 921/922 Herzog. Nach der Unterwerfung durch König Heinrich I. leistete er diesem Tribut. Der Herzog bemühte sich um die Ausbreitung des Christentums, in dessen Geist er schon von seiner Großmutter Ludmilla erzogen worden war, ebenso um die Verbindung mit dem Deutschen Reich. Es ist nicht ganz geklärt, ob ihn sein Bruder Boleslaw aus religiösen, politischen oder nationalen Gründen ermordete. Wenzel wurde als Märtyrer verehrt und zum böhmischen Nationalheiligen erhoben, obwohl seine Heiligsprechung erst 1729 erfolgte. Die nach dem böhmischen Landespatron benannte Wenzelskrone, das Symbol des böhmischen Königtums, ließ Karl IV. anläßlich seiner Krönung zum böhmischen König im Jahre 1347 anfertigen.

Wenzel II., * 1271, † 1305; seit 1283 König von Böhmen, seit 1300 König von Polen, zog an seinen Prager Hof viele deutsche Künstler, so Heinrich von Freiberg, Ulrich von Eschenbach, Heinrich Frauenlob und Heinrich den Klausner. Wenzel selbst ist als Minnesänger bekannt. Deutsche Minnelieder des Königs sind in der Manessischen Handschrift erhalten. Wie der König, so schufen sich auch die Adeligen des Landes deutsche Kulturzentren auf ihren Burgen.

Wenzelides, Otto, * 1877 Troppau, † 1958 Heidelberg. Zuerst war der Jurist in der Bodenkreditanstalt in Troppau tätig. Nach deren Auflösung durch die Tschechen widmete er sich dem ländlichen Genossenschaftswesen und der Schutzarbeit, der Nordmark, nach deren Verbot dem Bund der Deutschen in Schlesien (als Obmann), ebenso der Erhaltung des deutschen Besitzstandes der Heimatscholle. Als Heimatforscher schrieb er Bücher wie „Das Altvater-Beskidenland und seine geistige Leistung für das deutsche Volk“, „Heimatgeschichte“, „Schlesische Heimatgeschichte“ (4 Bände). Er gab auch den „Bundeskalender“ und den „Nordmarkzeitweiser“ heraus.

Werfel, Franz, * 1890 Prag, † 1945 Beverly Hills/Calif. Werfel begann mit expressionistischen Gedichten („Der Weltfreund“, 1912), war Mitbegründer der Sammlung „Der jüngste Tag“, emigrierte 1938 mit seiner Frau Alma Mahler, der Witwe des Komponisten, nach Frankreich und Spanien, danach in die USA. Nach der Emigration schrieb er in religiöser Grundhaltung. Auf ein Gelübde aus der Zeit seiner Flucht, geht der Roman „Das Lied von Bernadette“ zurück. Weitere Werke: „Nicht der Mörder, der Ermordete ist schuldig“, „Der Abituriententag“, „Der veruntreute Himmel“. Ins Reich der Phantastik führt uns „Der Stern der Ungeborenen“, der Musik „Verdi“, der Geschichte „Juarez und Maximilian“ und „Das Reich Gottes in Böhmen“, des Komödiantischen „Jakubowsky und der Oberst“. Der Jude Werfel war ein absoluter Anhänger des Christentums, ohne jedoch zu konvertieren. In die Literaturgeschichte ist er als großer Erzähler eingegangen.

Wernstadt (*Verneřice*), Bezirk Tetschen. 1352 wird eine Wernheri villa erwähnt, 1497 ein Stadtbuch. Bis 1545 war der Name der Ansiedlung Wernsdorf, in der Folge lautete er Wernstadt. Die Zünfte konnten sich gut entwickeln; ihre älteste Urkunde stammt aus dem Jahre 1547. 1775 errichtete Johann Joseph Leitenberger die erste Kattunfabrik Österreichs in Wernstadt; diese bestand bis 1922. Die Textilienerzeugung entwickelte sich zu einem bedeutenden Wirtschaftszweig.
Die Pfarrkirche St. Anna geht in das 14. Jh. zurück; mehrfach umgebaut. Auf dem Gottesberg (554 m) im Westen der Stadt steht die Dreifaltigkeits-Wallfahrtskapelle, ein barocker Zentralbau (1732/1733).
1930: 1587 Einw. (63 Tschechen).

Wertheimer, Max, * 1880 Prag, † 1943 New York. Wertheimer, der in Berlin, Frankfurt und New York lehrte, ist Mitbegründer der Gestaltpsychologie, die in ihren Ursprüngen auf den Prager Professor Christian von Ehrenfels zurückgeht. Durch die Arbeiten Wertheimers wurde die Gestaltpsychologie, die die seelischen Strukturen als ursprünglich gegebene und unreduzierbare Gestaltsqualitäten bestimmt, zur selbständigen Forschungsrichtung.

Weseritz (*Bezdružice*), Bezirk Plan, Mittelpunkt des Weseritzer Ländchens im Süden des Tepler Hochlandes. Besiedlung des Gebietes durch die Johanniter, die hier eine Niederlassung hatten, und durch das Stift Tepl. 1459 verlieh Georg von Podiebrad das Stadtprivileg mit peinlicher Gerichtsbarkeit und einem Wochenmarkt. Weseritz hatte u. a. den Kolowrat, Schwanberg, Haißenstein und Vrtba gehört; es kam 1712 an die Fürsten Löwenstein-Wertheim. Auf den Resten einer alten Burg aus dem 16. Jh. wurde ein spätbarockes Schloß (1770) erbaut. Der Maler Brandl malte für die Kirche Mariä Himmelfahrt ein Bild des hl. Johannes von Nepomuk. Seit 1857 war Weseritz eine eigene Pfarrei; vorher Filiale von Tschelief.
Aus Weseritz stammte das Geschlecht der Schill; die bekannteste Persönlichkeit dieses Geschlech-

Gottesberg bei Wernstadt

tes war der Freiheitskämpfer Ferdinand von Schill (1776–1809). Die Weseritzer begingen 1959 in ihrer Patenstadt Tirschenreuth das Fest der 500. Wiederkehr der Stadterhebung.
1930: 1066 Einw. (79 Tschechen).

Widmann, Johannes, * um 1460 Eger, † nach 1500. Der Mathematiker hielt nach 1485 in Leipzig Vorlesungen über Mathematik, und zwar überhaupt die ersten über Algebra. Er gab 1489 das erste gedruckte deutsche Rechenbuch heraus („Behende und hubsch Rechnung auf alle Kauffmannschafft"). Darin verwendet er zum erstenmal die Zeichen für Addition (+) und Subtraktion (−) im Druck.

Widmann, Joseph Viktor, * 1842 Nennowitz bei Brünn, † 1911 Bern. Der Schriftsteller Widmann war auch Leiter einer Berner Mädchenschule und Redakteur der Zeitung „Der Bund". Er schrieb Erzählungen, Gedichte, Epen und Reiseschilderungen. Naturliebe und pantheistisches Denken vereinigt er in seinen berühmtesten Dichtungen, der „Maikäferkomödie" und „Der Heilige und die Tiere"; dafür erhielt er den Bauernfeld-Preis. Die Universität Bern verlieh ihm den Ehrendoktor. Widmann veröffentlichte 1898 „Erinnerungen an Johannes Brahms", mit dem er befreundet war.

Schloß in Weseritz

Schloß Wiesenberg

Wiesbadener Abkommen. Am 4. August 1950 schloß in Wiesbaden die Arbeitsgemeinschaft zur Wahrung sudetendeutscher Interessen mit dem Tschechischen Nationalausschuß ein Abkommen, in dem sich die Vertragspartner zu einer deutsch-tschechischen Aussöhnung auf der Grundlage des Rechts und der freien Partnerschaft, zur demokratischen Ordnung und zum Selbstbestimmungsrecht bekannten. Für den Tschechischen Nationalausschuß unterzeichnete General Prchala, London, für die Sudetendeutschen Dr. Rudolf Logdman von Auen und die Mitglieder des Deutschen Bundestages Richard Reitzner und Hans Schütz.

Wiesenberg (*Vízmberk*, später *Loučná nad Desnou*), Dorfgemeinde im Bezirk Mährisch Schönberg. Der Ort am Südfuß des Hohen Gesenkes war Fremdenverkehrsort, Sommerfrische und Wintersportplatz. Im 15. Jh. standen hier schon Eisenhütten, die das in den Bergwerken geförderte Eisenerz verarbeiteten. Im Dreißigjährigen Krieg zerstörte der Feind die Anlagen. Nachdem alles wieder aufgebaut war, konnte 15 Jahre nach Friedensschluß die kaiserliche Rüstkammer in Wien wieder beliefert werden.

Wappen von Wiesengrund

Die Herrschaft Wiesenberg war u.a. im Besitz der Zierotin, des Stiftes Welehrad, des Religionsfonds und der Mitrowsky. Wirtschaft: Große Flachsspinnerei, Eisenwerke, Bleich- und Appreturanstalt. Das Schloß stammt aus dem Beginn des 17. Jh. 1774 umgebaut. Seit 1843 saßen hier die Klein, 1853 mit dem Prädikat von Wisenberg nobiliert. Sie waren bekannte Unternehmer, die sich im Bauwesen, im Straßen- und Eisenbahnbau hervortaten.
1930 (mit Philippsthal, Kozianau und Reutenhau): 2154 Einw. (75 Tschechen).

Wiesengrund, bis 1938 Dobrzan (*Dobřany*), Bezirk Mies. Die Stadt an der Radbusa war im 13. Jh. Besitz der Herren von Dobrzan. 1260 als Stadt erwähnt, kommt sie zehn Jahre später an das Kloster Chotieschau. Dessen Propst Bandhauer läßt 1650 mit Sachsen und Bayern die Stadt neu besiedeln, da der vorangegangene Krieg hohe Bevölkerungsverluste verursacht hatte. Die deutsche Sprache wurde nun vorherrschend, alle Eintragungen in die Stadtbücher erfolgten in deutscher Sprache.
Großen Aufschwung erlebte Dobrzan durch den Anschluß an das Eisenbahnnetz, durch die Steinkohlenbergwerke und durch die Errichtung der Heil- und Pflegeanstalt. Seit Ende des vergangenen Jahrhunderts verschoben sich die nationalen Verhältnisse zu Gunsten der Tschechen sehr. In der Nacht vom 16. zum 17. April 1943 erlitt die Stadt durch einen Luftangriff, der eigentlich den Škodawerken in Pilsen gegolten hatte, große Schäden. Es waren 311 Tote zu beklagen.
1930: 6429 Einw. (3676 Tschechen, 2699 Deutsche, 32 Ausländer, 22 andere).

Wiesenthal (*Lučany nad Nisou*). Stadtgemeinde an der Neiße im Isergebirge. Urkundliche Erwähnung in der zweiten Hälfte des 16. Jh. In Wiesenthal, das 1892 Markt und 1913 Stadt wurde, hat sich, bedingt durch die nahe Stadt Gablonz, eine bedeutende Glasschmuckwaren-Industrie ausgebreitet: über 150 Betriebe. Außerdem gab es Glashütten, Glasperlenfärbereien, Kartonagen- und Zementwarenerzeugung.
In der Nähe erheben sich zahlreiche Berge, teilweise mit Bauden. Der Bramberg (791 m) trägt einen Aussichtsturm. Seit 1889 war Wiesenthal Pfarre, vorher Filiale von Morchenstern. Die Kirche mit schönen Schnitzarbeiten wurde 1886/1887 gebaut. In der Nähe der Stadt befindet sich die Wasserscheide zwischen Ostsee und Nordsee.
1930: 3677 Einw. (351 Tschechen). 1973 hatte Wiesenthal noch rund 200 Deutsche, die als Facharbeiter zurückgehalten worden waren. Es besteht auch eine deutsche Kulturverbandsgruppe.

Wigstadtl (*Vítkov*), Bezirk Troppau. Die alte deutsche Weberstadt im Gesenke liegt zwischen Mohra und Oder. Sie wird 1301 erwähnt, erhält Leobschützer Recht; 1523 wird der Stadt das

Wiesenthal an der Neiße

Recht auf einen Wochenmarkt gewährt. Die gebirgige Landschaft war stets ein Anziehungspunkt für Sommerfrischler und Wanderer, die sich inmitten der weiten Wälder erholten.
Sehr bedeutend war die Erzeugung von Seiden- und Bandwaren, außerdem wurden Holzwaren, Pappe, pharmazeutische Präparate und Liköre hergestellt. In der Umgebung gibt es Schieferbrüche. Im Oberdorf Wigstadtl befand sich die Herrschaft mit dem Schloß der Grafen Razumowsky. Die Burg Wigstein wurde 1648 beim Heranrükken der Schweden gesprengt und ist seitdem Ruine.
Ein Sohn Wigstadtls war Ferdinand Hanusch, Schriftsteller und Vater der Sozialpolitik Österreichs. Sein Denkmal steht an der Wiener Ringstraße. 1930 mit Mittelhof, Scheibenhof und Schneckenhof): 4818 Einw. (321 Tschechen).

Wildenauer, Johannes Sylvius, ∗ Eger, † 1535 Böhmisch Kamnitz. Wildenauer, der sich Egranus nannte, studierte in Leipzig, wurde Dozent und gab lateinische Schriften heraus. In Basel lernte er Erasmus von Rotterdam kennen. Luther nannte ihn seinen Freund. 1520 stand Wildenauers Name auf der vom päpstlichen Nuntius wider Luther ausgefertigten Bannbulle. Wildenauer, den Thomas Münzer scharf angriff, war danach Prediger in St. Joachimsthal, wo er, als er sich wieder zum Katholizismus bekannte, Mißhelligkeiten ausgesetzt war und deswegen die Stadt verließ. Er machte sich als sehr guter Prediger einen Namen.

Wigstadtl

Wildstein

Wildner, Adolf, ∗ 1882 Morchenstern, † 1966 Ostrau/Werderthau. Wildner war Lehrer in Obermaxdorf, Tiefenbach und Gablonz, war Mitarbeiter an der Gablonzer Heimatkunde, gab Jugendschriften und die „Sudetendeutsche Jugendschriftenwarte" heraus. In der Mundart des Isergebirges schrieb er Erzählungen und Gedichte („Meine Hejmt"); es folgten der Isergebirgsroman „Aus Waldhütten", das Bauerndrama „Der Buchenhof", aufgeführt im Reichenberger Stadttheater. Im Nachlaß befand sich der Isergebirgsroman „Die Wiesnerleute".

Wildstein (*Vildštejn*, später *Skalná*), Stadt im Bezirk Eger. Die alte Burg, von den Nothaft erbaut, zeigt noch romanisches Baugefüge (vor 1200) sowie Reste einer alten Kapelle. Von den Nothaft kam Wildstein an andere Besitzer; Ende des 13. Jh. saßen die Rabe von Mechelsgrün hier. Die Burg war immer bewohnt; im 19. Jh. zog das Amtsgericht ein. Die Pfarre Wildstein ist schon 1320 genannt. Die Seelsorge übten bis zur Gegenreformation Angehörige des Deutschen Ordens in Eger aus, von 1645–1782 waren Dominikaner tätig, nachher Weltgeistliche. Seit 1816 Markt, seit 1865 Stadt.

Die Pfarrkirche (Johannes der Täufer) 1705–1709 errichtet und nach einem Brand 1810 erneuert. Die Friedhofskirche St. Sebastian, im 17. Jh. erwähnt, wurde als Dank für die Abwendung der Pest gestiftet. Aus Wildstein stammte der Barockdichter Sigmund von Birken, der in Nürnberg zu hohen Ehren kam.

Von Bedeutung waren die Ton- und Schamottewerke, die ihre Rohstoffe aus den Lagern mit weißem, blauem und schwarzem Ton bezogen. Ferner Textilindustrie, Musikinstrumentenerzeugung (Geigen).

1930: 2509 Einw. (99 Tschechen).

Wilfert, Karl d. Ä., * 1847 Schönfeld/Egerland, † 1916 Eger. Wilfert, der an der Gewerblichen Fortbildungsschule in Eger Modellieren unterrichtete, schuf viele Denkmäler, so für Schiller in Eger, Dr. Adler in Franzensbad, Dr. Reuß in Bilin und Stifter bei Oberplan.

Wilfert, Karl d. J., * 1879 Eger, † 1932 Eger. Bei Myslbek in Prag ausgebildet, wurde Wilfert ein begehrter Bildhauer, der auch öffentliche Aufträge erhielt. Von ihm stammen das Kaiserin-Elisabeth-Denkmal für Franzensbad, das heute im bayerischen Feldafing steht, das Stifter-Denkmal in Oberplan, der Goethe-Brunnen in Franzensbad, Kolossalgruppen für das Kaiserbad in Karlsbad, eine Gruppe für den Bibliotheksbau in Stift Tepl u. a.

Willmann, Otto, * 1839 Lissa, † 1920 Leitmeritz. Seit 1872 lehrte Willmann Philosophie und Pädagogik an der Universität in Prag. Den Ruhestand verbrachte er in Leitmeritz. In seinem umfangreichen philosophischen Werk zeigt er sich dem aristotelisch-thomistischen Denken verhaftet. Sein pädagogisches Werk übte nachhaltigen Einfluß auf die katholische Lehrerschaft aus. In Freiburg/Br. entstand ein Willmann-Institut, in Wien wurde ihm eine Gedenktafel gewidmet. Der Willmann-Bund in unserer Heimat faßte die katholischen Lehrer zusammen. Gründer: Erwin Zajiceck.

Willomitz (*Vilémov*), Bezirk Kaaden. 1342 ist das Gründungsjahr des oppidum Wilemow, das im Besitze der Brüder Eggenberg war. 1586 Stadterhebung. Von Wilhelm Adalbert von Duppau, der sich 1618 am Böhmischen Aufstand beteiligte, kam auch Willomitz an die böhmische Kammer, darauf durch Kauf an die Grafen Mitrowitz und Goltz; unter diesen kam die Stadt zur Herrschaft Maschau.

An Stelle der Burg entstand das Schloß, in dem seit 1848 die Czernin von Chudenitz saßen; später waren darin Beamtenwohnungen untergebracht. 1384 amtierte in Willomitz bereits ein Pfarrer. In der Kirche steht das Grabmal Wilhelms von Duppau (1568). Sie wurde 1612 neu errichtet. Willomitz hatte zwei Braunkohlenbergwerke und eine Asbestwarenfabrik.

1930: 983 Einw. (94 Tschechen).

Willscher, Gustav, * 1882 Meltsch bei Troppau, † 1937 Wien. Wanderlehrer im Deutschen

Burg Winterberg

Schulverein und Deutschen Kulturverband, Lehrer an der Deutschen Schule in Philippopel/Bulgarien (= Plowdiw). In der Slowakei und Karpatorußland organisierte er die Kulturverbandsarbeit. Er schrieb einen Schulführer für deutsche Schulen in der ČSR, Gedichte und Prosa in schlesischer Mundart, komponierte eine Operette und den Schlesiermarsch, zu dem er auch den Text geschrieben hatte.

Winder, Ludwig, * 1889 Schaffa bei Frain, † 1946 London. Winder war Redakteur bei der „Bohemia" in Prag. Sein erstes Buch enthielt die Gedichte „Das Tal der Tänze", es folgten der Journalistenroman „Die rasende Rotationsmaschine", der Franz-Ferdinand-Roman „Der Thronfolger", „Die Pflicht", das Drama „Dr. Guillotin", das 1924 am Landestheater Karlsruhe uraufgeführt und in diesem Jahr auch vom Burgtheater gespielt wurde.

Windisch Kamnitz (*Srbská Kamenice*), Bezirk Tetschen. Der Ort, 1352 urkundlich erwähnt, soll schon im 12. Jh. gegründet worden sein. Ernst Schwarz bezeichnet es als möglich, „daß in das bewaldete und zerklüftete Elbesandsteingebirge in Wettbewerb mit den vom Polzenfluß kommenden Tschechen Sorben gelangt sind, bis beide vom deutschen Landesausbau aufgesogen worden sind".

Das Dorf war ein alter Kirchensprengel; die Kirche wurde 1772–1775 neu gebaut. Es war, im Wiesental des Kamnitzbaches liegend, als Sommerfrische sehr beliebt. Hier gab es Holzwollefabriken, früher Leinenweberei und ausgedehnte Garnbleichen.

1901/1902 wurde bei Windisch Kamnitz beim Eingang in die Ferdinandsklamm über den Kamnitzbach die erste Stahlbetonbrücke Böhmens gebaut. 1930: 932 Einw. (16 Tschechen).

Wischauer Sprachinselgehöft

Winter, Karl, * 1908 Nitzau bei Bergreichenstein, † 1977 Neumarkt-St. Veit. Winter, Lehrer an deutschen Sprachinselschulen in der Slowakei (1929–1942) und an einer Bürgerschule in Preßburg, nach der Vertreibung in Neumarkt-St. Veit, war ein hervorragender Dichter in der Mundart des Böhmerwaldes. Es erschienen sechs Bände mit Mundartgedichten. 1971 ehrte ihn die Stadt Passau mit dem Kulturpreis.

Winterberg (*Vimperk*), Bezirk Prachatitz. Im Jahre 1264 wird eine königliche Burg Winterberg genannt. Die Ansiedlung entstand am Goldenen Steig im 13. Jh.; König Wladislaw erteilte 1479 die Stadtrechte. 1484 entstand hier die erste Buchdruckerei Böhmens; Johannes Alagraw druckte den ersten Kalender des Landes und andere Werke. Besitzer der Stadt waren nach den Rosenberg die Kolowrat, Eggenberg und Schwarzenberg. Die ehemalige Burg, von den Grafen von Bogen errichtet, wurde durch Wilhelm von Rosenberg zum Schloß umgestaltet; es brannte 1857 aus und wurde umgebaut.

Die Kirche Mariä Heimsuchung, 1365 errichtet, hat einen freistehenden Glockenturm. Die frühgotische Friedhofskirche St. Bartholomäus stammt aus dem 13. Jh. und enthält Wandmalereien. Weltberühmt wurde Winterberg durch die Druckerei und den Verlag Steinbrener; diese Firma stellte außer Kalendern Gebetbücher aller Religionen in vielen Sprachen her. Südlich der Stadt liegt das Urwaldgebiet (48 ha) am Kubani (1362 m). 1930: 4939 Einw. (3638 Deutsche, 1185 Tschechen, 84 Ausländer, 32 andere).

Wintersport. Es gab zahlreiche Wintersportvereine im Sudetenland. 1919 Gründung des Hauptverbandes deutscher Wintersportvereine (HDW). Wintersport wurde in allen Gebirgen des Landes gepflegt. Seit 1886 wurden norwegische Skier bei uns benützt, 1894 gab es einen Ski-

Abfahrtslauf bei Rochlitz und 1897 das erste Skirennen in Starkenbach im Riesengebirge. Hohenelbe war der Sitz des Österreichischen Skiverbandes. Bei internationalen Wettbewerben zeichneten sich Rudolf Burkert und Gustl Berauer aus. Mit der Entwicklung des modernen Skiwesens ist Matthias Zdarsky (1856–1940) aus Trebitsch in Mähren verbunden, der die „Lilienfelder Technik" entwickelte, den Stemmbogen schuf und 1905 den ersten Slalom durchführte. Zahlreiche Skisprungschanzen dienten für Sprungmeisterschaften.

1914 wurde auf der Kunstrodelbahn am Jeschken die erste Europameisterschaft ausgetragen. Der erste Europameister war Rudolf Kauschka. Bobabfahrten gab es im Isergebirge und u.a. bei Tiefenbach, Marienbad, Graslitz und Teplitz-Schönau.

Seit 1867 gab es in Troppau einen Eislaufverein, einen der ältesten überhaupt. 1906 kam es in Prag zur Gründung der Deutschen Eishockey-Gesellschaft, 1920 des Deutschen Eishockey-Verbandes in der Tschechoslowakei.

Wirtschaft s. Chemische Industrie, Eisenverarbeitende Industrie. Erze. Fortwirtschaft. Fremdenverkehr. Gablonzer Glas- und Schmuckwarenerzeugung. Geld- und Kreditwesen. Glasindustrie. Graphit. Holzindustrie. Industrie. Kaolin. Keramische Industrie. Klöppelspitzen. Kohle. Kunstblumen. Landwirtschaft. Lederindustrie. Musikinstrumentenindustrie. Orgelbau. Papier- und Zelluloseindustrie. Porzellan. Sandauer Dosen. Textilindustrie. Weinbau. Zuckerindustrie.

Wischau (*Vyškov*), Bezirksstadt und Mittelpunkt einer ehemaligen deutschen Sprachinsel in Mittelmähren. Erst in landesherrlichem, seit dem 13. Jh. in bischöflichem (Olmützer) Besitz, wird Wischau im 14. Jh. Stadt. Das Schloß steht an Stelle einer gotischen Burg des 14. Jh.; seit 1954 Museum für Wischauer Keramik. Die Pfarrkirche Mariä Himmelfahrt, erst spätgotisch, erhielt barocke Gestalt. Das Rathaus stammt aus dem Jahre 1569.

Maisingen der Kinder (Wischau)

Die Sprachinsel bei Wischau war die kleinste im böhmisch-mährischen Raum. Das Deutschtum wurde allmählich zurückgedrängt, nach 1945 vollkommen beseitigt; es erhielten sich jedoch noch deutsche Flurnamen.

Es gab ein reich gegliedertes volkskundliches Leben (Hausbau, Trachten, Bräuche). Zahlenverhältnis der Deutschen zu den Tschechen war in den Sprachinseldörfern: Gundrum 395 : 262; Hobitschau 514 : 233; Kutscherau 728 : 105; Lissowitz 445 : 32; Rosternitz 420 : 25; Swonowitz 261 : 17.

Die Stadt Wischau hatte 1930: 5400 Einwohner (5296 Tschechen, 83 Deutsche, 12 Ausländer).

Wissenschaft. Das wissenschaftliche Leben war eng mit der *Universität Prag* verbunden. 1348 von Karl IV. errichtet, zog sie viele Deutsche als Lehrende und Studierende an, verlor jedoch wieder an Bedeutung, als 1409, veranlaßt durch das deutschfeindliche Kuttenberger Dekret Wenzels IV., die deutschen Studenten mit ihren Professoren aus Prag auszogen und die Universität Leipzig

„Chörli" der deutschen Universität

gründeten. In Prag folgten Niedergang und schließlich Verödung auf Jahrhunderte. Erst in der Zeit der Aufklärung beginnt wieder eine Aufwärtsentwicklung durch Männer wie August G. Meißner und Karl Heinrich Seibt, der 1764 die Lehrkanzel für „Schöne Wissenschaften und Moral" übernahm. 1784 wurde statt des Lateinischen Deutsch als Unterrichtssprache eingeführt.

In der Folgezeit wetteiferten die einzelnen Fakultäten in der Weiterentwicklung der Wissenschaften; zahlreiche Professoren erlangten weit über die Landesgrenzen und auch über ihre Zeit hinaus Bedeutung. 1770 entstand die Privatgesellschaft der Wissenschaften (durch Ignaz Born), 1818 das *Vaterländische Museum* (durch Kaspar Graf Sternberg), eine Institution, die, wie viele andere, ganz in den Besitz der Tschechen übergehen sollte. Standen zunächst viele Deutsche in den Bereichen der vaterländischen Geschichte und in der sog. Wiedererweckung tschechischen Geistes auf der Seite der Tschechen, so kam es mehr und mehr zu Auseinandersetzungen zwischen den beiden Nationen. Die Prager *Technische Hochschule* und die Universität wurden je in eine deutsche und tschechische geteilt (1869 bzw. 1882).

Die *Technische Hochschule* in Prag, zurückgehend auf eine Ingenieurschule aus dem Jahre 1717, war 1806 auf Betreiben des Komotauers Franz Joseph von Gerstner als erste deutsche Technische Hochschule gegründet worden. 1849 entstand auch in Brünn eine deutsche Technische Hochschule. Beide erhielten 1901 das Promotionsrecht. Aus der Ackerbauschule Liebwerd bei Tetschen (1850) entstand eine Landeslehranstalt (1866) und schließlich 1920 die Landwirtschaftliche Abteilung Liebwerd der Deutschen Technischen Hochschule Prag. Von den verschiedenen Forschungsinstituten seien hier nur genannt die Sternwarte und das Meteorologische Observatorium der Deutschen Universität auf dem Donnersberg, ferner die Forschungsanstalt für Fischzucht und Hydrobiologie in Hirschberg.

Gemessen an der Zahl der Deutschen war die Reihe der wissenschaftlichen Institutionen groß. Aus einer Privatgesellschaft der Wissenschaften (1770 durch Ignaz Born begründet) ging 1891 die Gesellschaft zur Förderung deutscher Wissenschaft, Kunst und Literatur in Böhmen hervor, die 1924 ihren Namen in Deutsche Gesellschaft

DEUTSCHE ARBEIT
MONATSCHRIFT FÜR DAS
GEISTIGE LEBEN DER
DEUTSCHEN IN BÖHMEN:
HERAUSGEGEBEN IM AUF-
TRAGE DER GESELLSCHAFT
ZUR FÖRDERUNG DEUTSCHER
WISSENSCHAFT, KUNST
UND LITERATUR IN BÖHMEN·

Wissenschaftliche Zeitschrift

Nationalmuseum Prag

der Wissenschaften und Künste für die Tschechoslowakische Republik änderte und nun ihre Arbeit auf den Gesamtstaat ausdehnte. Die Förderung sudetendeutscher Wissenschaft und Kunst erfolgte in 5 Abteilungen und in 10 Kommissionen.

In Reichenberg wirkte die *Deutsche wissenschaftliche Gesellschaft*, 1904 als Verein zur Erörterung wissenschaftlicher Fragen ins Leben gerufen und 1924 in eine Forschungsgesellschaft umgewandelt. Die Gesellschaft, die ohne staatliche Zuschüsse auskommen mußte, hatte die Unterabteilungen Anstalt für sudetendeutsche Heimatforschung (Reichenberg und Komotau) sowie eine Anstalt für Erziehungswissenschaft.

In Brünn bestanden eine Deutsche Gesellschaft für Wissenschaft und Kunst (1919) und der Deutsche Verein für die Geschichte Mährens und Schlesiens, der 1851 mit der Arbeit innerhalb der Gesellschaft für Ackerbau und Landeskunde begonnen hatte und sich von dieser 1895 trennte. Die „Zeitschrift des Deutschen Vereins für die Geschichte Mährens und Schlesiens" erschien seit 1893. Hohes Ansehen genoß der *Verein für Geschichte der Deutschen in Böhmen* (1862), der die „Mitteilungen des Vereins für die Geschichte der Deutschen in Böhmen" herausgab, die in ihren letzten Jahrgängen „Zeitschrift für sudetendeutsche Geschichte" hießen.

In Prag gab es noch die *Deutsche Akademie für*

Wintermorgen am Wittigberg

Musik und darstellende Kunst (1920) mit 10 Abteilungen, die volkstümlichen Hochschulkurse der Deutschen Universität in Prag (1902) und die *Gesellschaft deutscher Bücherfreunde in Böhmen* (1918), während Eger der Sitz der *Literarischen Adalbert-Stifter-Gesellschaft* (1924) war.

Obwohl erst 1929 an der Deutschen Universität in Prag eine Lehrkanzel für Urgeschichte errichtet werden konnte, bestand doch schon seit 1924 die *Deutsche Gesellschaft für Vor- und Frühgeschichte* in der Tschechoslowakei, die die Zeitschrift „Sudeta" herausgab. Der Deutsche naturwissenschaftlich-medizinische Verein *Lotos,* 1848 gegründet, gab die Zeitschrift „Lotos" und „Abhandlungen" heraus, betreute die ornithologische Station in Liboch an der Elbe und legte einen Naturdenkmalkataster von Deutschböhmen an.

Veröffentlichungen gaben auch heraus die *Deutsche Gesellschaft für Erdkunde in Prag* (1928), der *Verein deutscher Ärzte in Prag* und der *Deutsche Verband für Heimatforschung und Heimatbildung* in der Tschechoslowakischen Republik (1921), in dem die verschiedenen heimatkundlichen Vereinigungen zusammengeschlossen waren.

Wesentliche Mittel wissenschaftlicher Arbeit waren die zur Verfügung stehenden Bibliotheken an den Hochschulen, in Klöstern und Gymnasien, bei Studentenvereinigungen, Museen u. a. Die Studienbibliothek in Olmütz (der ehemaligen Universität) ging nach 1918 an die Tschechen.

Witigonen. Das alte böhmische Geschlecht, dessen Herkunft nicht eindeutig feststellbar ist, war sehr mächtig. Es spaltete sich in die Familien der Herren von Krummau, Neuhaus, Rosenberg und Wittingau. Über das eigentliche Herrschaftsgebiet in Südböhmen hinaus waren sie auch in das oberösterreichische Mühlviertel vorgedrungen. In der Geschichte der deutschen Besiedlung Böhmens spielten sie eine große Rolle. Ihre kirchliche und kulturelle Hauptgründung war das Zisterzienserstift Hohenfurth. Mit Peter Wok von Rosenberg starb das Geschlecht 1611 aus. Das Rosenwappen der Witigonen erhielt sich in einigen Ortswappen (Krummau, Rosenberg, Hohenfurth, Friedberg, Höritz, Oberplan).

Witikobund, Sitz München, Gründung 1950. Er erstrebt die Zusammenführung deutscher Menschen zu kameradschaftlicher Begegnung, gemeinschaftlicher und persönlicher Arbeit für Volk und Heimat, trachtet nach einer gerechten Lösung der Vertriebenenfrage und der Wiederherstellung der Einheit Deutschlands. Presseorgan ist der seit 1958 monatlich erscheinende „Witikobrief". Die Schriftenreihe „Beiträge des Witikobundes zu Fragen der Zeit" kommt seit 1951 heraus. Autoren waren u. a. W. Heinrich, V. Aschenbrenner, Prinz Rohan, E. Franzel und Heinz Lange (Vorsitzender 1959–1984).

Witkowitz (*Vítkovice*); Ortschaft, zur Bezirksstadt Mährisch Ostrau gehörend. Im 14. Jh. erwähnt, war das Dorf zunächst ohne Bedeutung. 1835 hatte es 199 Einwohner und 36 Häuser. Bald setzte ein großer Aufschwung ein, hauptsächlich durch die Witkowitzer Eisenwerke, die aus der vom Fürsterzbischof von Olmütz, Erzherzog Rudolf, gegründeten Rudolfshütte (1826) entstanden waren. 1841 ging das Werk an eine Gesellschaft mit Freiherrn von Rothschild an der Spitze über.

Witkowitz hatte 1900 etwa 18000 und 1910 etwa

23000 Einwohner. Mit seinen Werken und Bergwerken gab es den Ausschlag für das Entstehen des Industriezentrums Mährisch Ostrau, des wichtigsten im gesamten Staat.
1930: 25820 Einw. (16385 Tschechen, 7249 Deutsche, 1776 Ausländer, 410 andere).

Witte, Eugen de, ∗ 1882 Karlsbad, † 1952 London. Der Photograph wurde zu einem der führenden sudetendeutschen Sozialdemokraten, war Vizebürgermeister von Karlsbad, Chefredakteur der Zeitung „Volkswille", Abgeordneter im Prager Parlament (1925–1938) und einer der stellvertretenden Parteivorsitzenden. In der Emigration in England kämpfte er gemeinsam mit Wenzel Jaksch gegen die Austreibungspläne des E. Beneš.

Wittek, Bruno Hanns, ∗ 1895 Freudenthal, † 1935 Troppau. Der Erzähler und Lyriker war Redakteur in Troppau. Er veröffentlichte Gedichte („Seele im Licht"), Erzählungen und Romane, von denen „Der Sturm überm Acker" das Leben Hans Kudlichs behandelte. Wittek erhielt den Adalbert-Stifter- und den Eichendorff-Preis.

Wittig (*Smědá*), Nebenfluß der Neiße, der aus den Hochmooren des Isergebirges aus der Schwarzen, Weißen und Braunen Wittig entsteht und nach 50 km Lauf bei Radmeritz in der Oberlausitz in die Neiße mündet. Das reißende Gebirgswasser führt oft zu Überschwemmungen.

Wittigberg (*Smědovský vrch*). 1058 m hohe Erhebung im Isergebirge, nordwestlich des Wittighauses und südöstlich von Haindorf gelegen.

Wittighaus (*Horská chata na Smědávě*), Einschicht von Weißbach auf dem Kamme des Isergebirges in 841 m Höhe. Nahe der Berggaststätte hatte Graf Clam-Gallas ein Jagdschlößchen errichtet, das in Staatsbesitz überging und 1969 abbrannte. In der Nähe der Siechhübel oder Sieghübel (*Na vyhlídce*, später *Jizera*), mit 1120 m höchster Berg des südlichen Isergebirgskammes zwischen Haindorf und Josefsthal; Touristenzentrum.

Wittingau (*Třeboň*), Bezirksstadt in Südböhmen. Die Stadt, eine Gründung der Witigonen, ist von zahlreichen für die Fischzucht verwendeten Teichen umgeben. Deren größter, der Rosenberger Teich, wurde 1584–1590 angelegt und bedeckt eine Fläche von 721 ha.
In der Kunstgeschichte ist der Meister von Wittingau (zweite Hälfte des 14. Jh.) ein Begriff; er ist in die Nähe des Meisters von Hohenfurth einzuordnen. Die Stadt hat schöne alte Gebäude mit Renaissance- und Barockgiebeln, ein altes Schloß des Fürsten Schwarzenberg und eine in die gotische Zeit zurückgehende Kirche.
Im leerstehenden Klostergebäude experimentierten Alchimisten für die Rosenberger. Die Bücher des Klosters kamen 1647 nach Prag, wurden das Jahr darauf dort von den Schweden geraubt, nach Stockholm gebracht; Königin Christine schenkte sie dem Papst.
Die Stadt ist von Befestigungsmauern umgeben, drei Tore gewähren Einlaß. Im Schloß befindet sich heute ein staatliches Archiv.
1930: 4838 Einw. (4682 Tschechen, 97 Deutsche, 32 andere, 27 Ausländer).

Wittinghausen (*Vítkův Kámen* oder *Vítkův Hrádek*), Ruine südwestlich von Friedberg in Südböhmen. Bereits vor 1310 gegründet, in der

Südböhm. Tafelmalerei, Wittingau

Mitte des 17. Jh. nochmals befestigt. Stifter nahm Wittinghausen als Vorlage für Gemälde, für seinen Roman „Witiko" und für die Erzählung „Hochwald".

Wladarz (*Vladař*), 692 m hoher Vulkankegel bei Luditz. Dieser Ausläufer des Tepler Hochlandes hat mächtige Wälle, die in zwei Ringen den Berg umgeben; es sollen Befestigungsanlagen aus der Keltenzeit sein. Auf dem Wladarz fand 1421 eine Schlacht zwischen Hussiten unter Žižka und einem Egerer Kreuzheer statt. 1639 hatten die Schweden auf dem Berg ein Lager, von dem aus sie die Umgebung brandschatzten.

Wohlhaupter, Emanuel Johann K., ∗ 1683 Brünn, † 1756 Fulda. Der Sohn eines aus Znaim stammenden Historienmalers ist seit 1723 als Hofmaler in Fulda nachweisbar. Von ihm stammen Gemälde in der Orangerie, im Kaisersaal und anderen Räumen des Schlosses, ebenso im Gymnasium und in der Heiliggeistkirche. Karl Norbert Mrasek behandelte das Leben des Malers in seinem Roman „Kein Meister fällt vom Himmel".

Wolfgang, Bruno s. Prochaska, Bruno

Wolkan, Rudolf, ∗ 1860 Prelautsch/Böhmen, † 1927 Wien; Bibliothekar und Professor in Wien. Er schrieb die erste Geschichte der Literatur und viele andere Beiträge zur Literaturgeschichte Böhmens und Mährens; ebenso behandelte er Themen der böhmischen Kirchengeschichte. Als Herausgeber rettete er viele alte Literaturquellen.

Wolmut, Bonifaz, ∗ Überlingen, † vor 1579 Prag. Der Steinmetz und Baumeister kam 1554 nach Prag, um an den Neu- und Zubauten der Prager Burg mitzuwirken. Als Nachfolger Benedikt Rieds leitete er die Prager Bauhütte. Von Italienern stark beeinflußt, entstanden der Landtagssaal, Schloß Stern und das Belvedere, Teile des Veitsdoms u. a. Wolmut ist einer der Hauptvertreter der böhmischen Renaissance.

Workotsch (*Vrkoč*), auch Humboldtsfelsen genannt. Ein mächtiger Basaltfelsen gegenüber der Burg Schreckenstein an der Elbe, der aus regelmäßigen, strahlenförmig gelagerten Basaltsäulen besteht. An der Seite zur Elbe hin sind die sechskantigen Säulen strahlen- oder fächerförmig gestaltet, an der südlichen Längsseite in gedrehter Form angeordnet. Alexander von Humboldt besuchte diesen Berg mit seiner geologischen Merkwürdigkeit gerne.

Wostry, Wilhelm, ∗ 1877 Saaz, † 1951 Helfta. Wostry lehrte an der Deutschen Universität in Prag böhmische Landesgeschichte. Er war Leiter des Vereins für Geschichte der Deutschen in Böhmen, Mitarbeiter der „Sudetendeutschen Lebensbilder" und gab die „Zeitschrift für sudetendeutsche Geschichte" heraus. Seine Arbeiten trugen viel zur Erhellung der böhmischen Geschichte bei. Er war ein Befürworter der Kolonisationstheorie, die sich gegen die These vom Weiterleben germanischer Siedlungsreste bis ins Mittelalter, wie sie von B. Bretholz vertreten wurde, wandte. Wostrys Buch „Saaz zur Zeit des Ackermanndichters" kam erst nach seinem Tode in München heraus.

Wottawa (*Otava*), linker Nebenfluß der Moldau, der am Rachelberg im Böhmerwald entspringt, über Schüttenhofen, Strakonitz und Pisek fließt und nach 120 km bei Klingenberg in die Moldau mündet.

Woyrsch, Felix, ∗ 1860 Troppau, † 1944 Altona. Der von Brahms geschätzte Musiker wirkte in Altona; Dirigent der Städtischen Symphonie- und Volkskonzerte, städtischer Musikdirektor und Organist. Als Komponist trat er hervor mit Oratorien, Chören, Liedern, 5 Symphonien und 3 Opern.

Wscherau (*Všeruby*), Bezirk Mies. Der Ort, im 13. Jh. erwähnt und 1379 schon als Städtchen bezeichnet, war im Besitze der Herren von Wscherau, später der Guttenstein und Kokorschow. Unter diesen wurde Wscherau 1539 Stadt. Nordwestlich der Stadt stand die im 17. Jh. untergegangene Burg Frumstein. Auch die Burg Wscherau ging unter. Die Pfarrkirche ist sehr alt;

sie ist dem Hl. Geist geweiht. Zisterzienser aus dem Kloster Plass betreuten seit dem 16. Jh. bis zur Aufhebung ihres Klosters die Pfarrei. Aus der Stadt stammen der Bildhauer Franz Metzner, der Schöpfer der Monumentalfiguren am Völkerschlachtdenkmal bei Leipzig, und der Dichter Heinrich Suso Waldeck (bürgerlicher Name: Augustin Popp).
1930: 1058 Einw. (207 Tschechen).

Würbenthal (*Vrbno pod Pradědem*), Bezirk Freudenthal. 1348 wird eine civitas unterhalb der Burg Fürstenwalde genannt. Ernst Schwarz nimmt an, daß das Städtchen wüst war und „unter neuem Namen neu gegründet worden ist". Die Wüstung soll auf den Feldzug des ungarischen Königs Matthias Corvinus von 1474 zurückgehen. 1611 Stadterhebung durch Heinrich von Würben. 1621 kommt Würbenthal an Erzherzog Karl, Bischof von Breslau und Hochmeister des Deutschen Ordens. 300 Jahre lang sind nun die Geschicke der Stadt mit diesem Orden, der sich um die Anhebung der wirtschaftlichen Verhältnisse sehr bemühte, eng verbunden. Der Orden unterhielt auch ein Krankenhaus.
Alte Stollen zeugen vom einstigen Blei-, Kupfer- und Goldbergbau. Die Stadt am Fuße des Hohenberges (1023 m) und am Zusammenfluß der Karlsbrunner, Gabler und Einsiedler Oppa liegt in sehr schöner landschaftlicher Lage, war Sommerfrische und Ausgangspunkt für Wanderer, die das Altvatergebirge besuchten.
Industrie: Zwirn-, Jutewaren- und Metallwarenfabriken, Spinnereien, Bleichereien, Glas- und Kartonfabriken, Flechtwarenerzeugung.
1930: 3757 Einw. (50 Tschechen).

Wurst (Gelito), **Peter,** * um 1320 in Nieder Johnsdorf bei Landskron, † 1387 Landskron; ein Vertreter des religiösen Frühhumanismus, Bischof von Leitomischl und von Olmütz. Er gründete das Augustinerkloster in Landskron und wurde hier auch begraben.

Wurzelsdorf (*Kořenov*), Ortsteil von Polaun im Bezirk Gablonz. Seit dem Ende des 19. Jh. Bad, wo die schwefelhaltigen Quellen und Moorbäder als Heilfaktoren genutzt werden. In der Umgebung sind die Stephanshöhe (958 m) mit der Rodelbahn und einer Aussichtswarte, die Wasserfälle im Tal der Schwarzen Desse, die Dessetalsperre und verschiedene Bauden beliebte Ausflugsziele.

Peter Wurst

Zaborsky von Wahlstätten, Oskar, * 1898 Hohenelbe, † 1959 Leckern bei Kötzting im Bayerischen Wald. Der Maler, Graphiker, Kunsthistoriker und Volkskundler hat sich um die Trachtenforschung im Bayerischen und Böhmerwald und in Niederbayern verdient gemacht und darüber Bücher veröffentlicht. Außerdem erfaßte er Votivtafeln und anderes volkskundlich wertvolles Material. Zaborsky war auch Autor und Organisator der Götz-Festspiele in Hinterleckern. 1959 verlieh ihm die Energieversorgung Ostbayern ihren Kulturpreis.

Zajicek, Erwin, * 1890 Fröllersdorf bei Nikolsburg, † 1976 Poysdorf/NÖ. Seit 1925 gehörte er für die Deutsche Christlich-Soziale Volkspartei dem Prager Parlament an. Von 1936–1938 war er Minister ohne Geschäftsbereich. Nach der Vertreibung setzte er sich für die Eingliederung der Vertriebenen im Rahmen der Österreichi-

Windmühle bei Rosendorf

schen Volkspartei ein. Dem Dachverband der Südmährer in Österreich stand er als Obmann zur Verfügung. Zajicek war von Beruf Lehrer. Er hatte in der Heimat den Otto-Willmann-Bund gegründet und geleitet. Er war auch Diözesanobmann des Volksbundes deutscher Katholiken.

Zappenland. Ein Gebiet auf der Binsdorfer Hochfläche im Bezirk Tetschen. Das durch Landwirtschaft, Holzwirtschaft und Fremdenverkehr bestimmte Zappenland, zum Elbesandsteingebirge gehörend, bestand aus den Gemeinden Arnsdorf, Binsdorf, Elbleiten, Hohenleipa, Jonsdorf, Kamnitzleiten, Rosendorf, Stimmersdorf und Herrnskretschen. Der Name soll von Fichten- und Tannenzapfen, hier Zappen genannt, herrühren.

Zasche, Josef, ∗ 1871 Gablonz, † 1957 Schakkensleben bei Magdeburg. Der Architekt, der bei Hasenauer in Wien studiert hatte, baute in Prag das Bürogebäude der Zuckerindustrie, das Palais Zdekauer, das Blaue Haus, in Aussig Volksbibliothek, Eskomptebank, in Teplitz Siedlungsanlagen am Galgenbusch, in Gablonz eine Kirche und zwei Villen. Er schrieb das Buch „Das moderne Theater“.

Zauchtel (*Suchdol*), Bezirk Neutitschein. Bereits in einer Urkunde aus dem Jahre 1257 wird ein Lutherus de Zuchodol erwähnt, 1337 erscheint Cuchental. Ebenso wie Stachendorf, Gerlsdorf und Klantendorf war Zauchtel ein Waldhufendorf. Von 1724 bis 1727 wanderten viele Zauchteler aus Glaubensgründen nach Herrnhut aus. Seit dem Erlaß des Toleranzpatents (1781) durch Joseph II. bildete sich eine starke evangelische Gemeinde. Die jetzige evangelische Kirche, die dritte an dieser Stelle, stammt aus dem Jahre 1858. Der Markt Zauchtel lag an der Bahnlinie Prag – Oderberg und war Schnellzugstation für Neutitschein.
1930: 2496 Einw. (444 Tschechen). 1235 Bewohner gehörten der römisch-katholischen Konfession an, 1184 der evangelischen und 5 der israelitischen.

Zauper, Joseph Stanislaus, ∗ 1784 Dux, † 1850 Pilsen. Der Prämonstratenser des Stiftes Tepl lehrte am Ordensgymnasium in Pilsen. 1821 lernte dieser hervorragende Schulmann Goethe in Marienbad kennen. Sie wurden Freunde und führten einen interessanten Briefwechsel. Zaupers Buch „Studien über Goethe“ und andere Werke, auch die Übersetzungen der „Ilias“ und „Odyssee“, fanden höchste Zustimmung des Dichterfürsten.

Zborowski, Helmut von, ∗ 1905 Theresienstadt, † 1969 Brunoy / Seine. Seit 1934 arbeitete er bei BMW in München, darauf bei der Luftfahrtforschungsanstalt in Braunschweig. 1939 kehrte er nach München zurück. Er konstruierte Triebwerke, Hochleistungsmotoren und Raketen. Seit 1946 entwickelte er in Frankreich Flugkörper und das Ringflügelflugzeug. Zborowski besaß mehr als 300 Patente.

Zdarsky, Matthias, ∗ 1856 Trebitsch, † 1940 St. Pölten. Der Skimethodiker und -konstrukteur, auf den mehrere Skimodelle und über 200 Skibindungen zurückgehen, ermöglichte durch seine Erfindungen den alpinen Skilauf. Seine Versuche und Forschungsergebnisse beschrieb er in dem Buch „Die alpine Lilienfelder Skifahrttechnik“ (1897). Die Zdarsky-Gesellschaft hat dem bedeutendsten Pionier des alpinen Skilaufs in Lilienfeld ein Denkmal errichtet.

Zedlitz, Joseph Christian von, * 1790 Schloß Johannesberg bei Jauernig, † 1862 Wien. Am Gymnasium in Breslau Mitschüler Eichendorffs, war Zedlitz später Offizier, Gutsbesitzer und Geschäftsträger einiger kleiner Staaten in Wien. Als Dichter ist er ein Spätromantiker. Seine Lyrik („Todtenkränze") ist patriotisch ausgerichtet, seine Tragödien verraten spanische Vorbilder. Ein volkstümliches Epos ist das „Waldfräulein". Otto Rommel gab 1909 seine Werke gesammelt heraus.

Zedtwitz, Franz Xaver Graf, * 1906 Wien, gefallen 1942 Sewastopol. Der Tierphotograph, Assistent am Zoologischen Garten in Berlin und Kriegsberichterstatter hatte sich als Tier- und Jagdschriftsteller einen Namen gemacht („Tiergeschichten", „Mein grünes Jahr", „Schwingen über Feld und Flur"), aber auch durch sein Buch „Feldmünster", in dem er die Erziehung in einem Internat einseitig darstellt.

Zedtwitz-Liebenstein, Klemens Graf von, * 1814 Liebenstein bei Eger, † 1896 Liebenstein; Herr auf Vorder- und Hinterliebenstein, k. u. k. Kämmerer und Volksdichter in Egerländer Mundart, verfaßte er zumeist humoristische Gedichte in Mundart, aber auch Satiren, Parodien und gereimte Sprichwörter in der Schriftsprache.

Zeidler (*Brtníky*), Bezirk Schluckenau. Die Gemeinde am Zeidelbach liegt im nördlichsten Böhmen. Der Name hängt mit der Imkerei zusammen (Zeidel = Biene). Die Kirche, 1712–1716 erbaut, hatte ein Altarbild von Kindermann und eine alte Glocke aus dem 15. Jh., ebenso eine wertvolle Inneneinrichtung. Nach der Vertreibung der Deutschen verfiel das Gotteshaus und wurde 1975 gesprengt. Teile der Einrichtung kamen in die Slowakei. In der Nähe das ehemalige Jagdschloß Sternberg (1771 von Graf Salm-Reifferscheidt errichtet) und der Plissenberg mit Kraterloch. In Ober Zeidler stehen eine Dreifaltigkeitssäule (1744) und eine Schmerzhafte Muttergottes (1717). 1930 (mit Hemmehübel): 1513 Einw. (41 Tschechen).
In Hemmehübel wurde der christlich-soziale Politiker Hans Schütz (1901–1982), Staatsminister in Bayern, geboren.

Zeisberger, David, * 1720 Zauchtel, † 1808 Ghosen in Ohio. Zeisberger wuchs in Herrnhut auf; er wurde einer der bekanntesten Missionare der Herrnhuter. Seit 1743 lebte er in der Herrnhuter Siedlung Bethlehem / Pennsylvania. Von dort zog er zur Missionierung zu den Indianern. Auf weiten Reisen gründete er 108 Niederlassungen, unterrichtete die Indianer und versuchte, diese seßhaft zu machen. Er kam bis Kanada und erhielt den Beinamen „Apostel der Indianer".

Zeitungen. Die ersten Zeitungen erschienen in Form von Flugblättern. Wohl die erste „Newe zeitung" erschien in Brüx mit dem Titel „Des Ferdinanden eyntzug zu Praga 1527". Solche Flugblattzeitungen, oft in einem Umfang von 4–8 Blättern, behandelten aktuelle Ereignisse. Die erste Zeitung Mährens erschien 1751 als „Wöchentlicher Intelligenzzettel aus dem Fragamte der k. k. Priv. Lehenbank in Brünn"; daraus

Joseph Christian von Zedlitz

entstand 1788 die „Brünner politisch-statistische Zeitung“ und später die „Brünner Zeitung“, das amtliche Landesorgan.

1937 erschienen 198 deutsche Zeitungen (in Böhmen 142, in Mähren und Schlesien 56). Es waren 66 Tagesblätter (53 in Böhmen, 13 in Mähren und Schlesien) und 132 andere Zeitungen.

Übersicht über die Parteiorgane 1937:

Christlich-Soziale Volkspartei: „Deutsche Presse“, „Aussiger Deutsche Presse“, „Das Volk“, „Landbote“, „Deutsches Wochenblatt“, „Grenzpost“, „Deutscher Volksfreund“, „Das Niederland“, „Bischofteinitzer Volksbote“, „Volksbote Trautenau“, „Deutsche Rundschau“, „Nordböhmische Volkspost“, „Volkszeitung“, „Egerland“.

Sozialdemokraten: „Sozialdemokrat“, „Volkswille“ (Karlsbad), „Freiheit“, „Volksfreund“, „Volksrecht“, „Nordböhmischer Volksbote“, „Volkszeitung“, „Volkswille“, (Brünn), „Volksstimme“, „Zukunft“, „Freigeist“, „Trautenauer Echo“, „Volkspresse“ „Adlergebirgsbote“.

Sudetendeutsche Partei: „Sudetendeutsche Pressebriefe“, „Die Zeit“, „Rundschau“, „Sudetendeutsche Bauernzeitung“, „Der Kamerad“, „Der Trommler“, „Der Volksruf“, „Die Front“, „Deutsche Stimmen“, „Heimatruf“, „Ostböhmens Deutscher Bote“, „Volk und Führung“, „Sudetendeutsche Selbstverwaltung“, „Sudetendeutsches Frauenblatt“, „Bauer und Volk“ (früher „Agrarpolitische Monatshefte“), „Der Igel“.

Kommunistische Partei: „Rote Fahne“.

Zessner-Spitzenberg, Hans Karl von, ∗ 1885 Dobritschan bei Saaz, † 1938 Konzentrationslager Dachau. Zuerst im Verwaltungsdienst, lehrte Zessner-Spitzenberg später als Professor für Verfassungs- und Verwaltungsrecht in Wien. Er schrieb verwaltungsrechtliche Bücher und Biographien über Mitglieder des österreichischen Kaiserhauses. Der Katholik und Monarchist stand an der Spitze der Österreichischen Aktion. Am 18. März 1938 verhaftete man Zessner-Spitzenberg während der Messe und brachte ihn als ersten Österreicher in das Konzentrationslager Dachau, wo er an den erlittenen Mißhandlungen starb.

Zettl, Zephyrin, ∗ 1876 Stadln im oberen Böhmerwald, † 1935 Wien. Zettl war in Wien Beamter der Staatsdruckerei. Durch seine in Mundart geschriebenen Gedichtsammlungen („Waldlerisch“, „Woldgsangla“ und „Von uns dahoam“) und durch seine Erzählungen erlangte er große Volkstümlichkeit. Ehrenmitglied des Bundes Deutscher Mundartdichter Österreichs und des Böhmerwaldgaues, wurde er vielfach geehrt und erhielt ein Ehrengrab auf dem Wiener Zentralfriedhof. An seinem Wohn- und Sterbehaus erinnert eine Gedenktafel an den Dichter.

Zettlitz (*Sedlec*), Bezirk Karlsbad. Wie nur wenige Städte war Zettlitz schon im 12. Jh. eine landesfürstliche Stadt; bald wurde sie von Elbogen überflügelt. Der kirchliche Dienst wurde im 13. Jh. dem Kreuzherrenorden übergeben. Die St. Anna-Wallfahrtskirche war das Ziel vieler Pilger. Das Gnadenbild ist eine gotische Statue. Bei Zettlitz wurde der beste Kaolin in der Welt gewonnen. Außerdem Braunkohlenförderung.

Zephyrin Zettl

1930 (mit Schankau und Roßnitz): 1718 Einw. (31 Tschechen).

Zettlitzer, Hermann, * 1901 Dux, † 1957 Bischofswiesen bei Berchtesgaden. Der Bildhauer, der schon als Studierender mehrere Preise erringen konnte, arbeitete zuerst in Dux, danach übernahm er in Berlin Franz Metzners Atelier. Dort gingen viele Werke verloren. Er schuf Monumentalplastiken, Brunnen, Denkmäler und Büsten. Für Aussig arbeitete er einen Brunnen, für Bilin schuf er ein Kriegerehrenmal und für die Pfarrkirche von Dux eine Pietà. Nach der Vertreibung gestaltete er Plastiken für Neugablonz, Traunstein, Berchtesgaden.

Zinke, Othmar Daniel, * 1664 Striegau, † 1738 Braunau. Von dem Abt der Abtei Brewnow-Braunau sagt der Chronist: „In seinem Frömmigkeitseifer hat er 15 Kirchen und 4 Klöster neu errichtet, alles prächtige Bauten, und setzte noch manch andere Denkmäler des unsterblichen Ruhmes." Der Barockprälat war Generalvisitator, ein Förderer von Studium und Wissenschaft und ein Kämpfer für die Exemtion seiner Abtei, auch ein großer Ökonom, Bauherr und Mäzen, der die besten Künstler nach Böhmen holte, darunter die Brüder Asam.

Zinkenstein (*Bukovská Hora*), ein zerklüfteter Basaltfelsen (684 m) bei Reichen (Bezirk Tetschen) am rechten Elbeufer. In den sogenannten Eislöchern ist auch im Sommer Eis zu finden. Auch seltene Pflanzen wachsen auf dem Zinkenstein, einem Naturschutzgebiet. An den Besuch Alexander von Humboldts (1837) erinnert eine Gedenktafel. Auf dem Gipfel steht die Tetschner Baude des Gebirgsvereins.

Zinnwald (*Cinvald*), Bezirk Teplitz-Schönau. Das Gebirgsstädtchen an der sächsischen Grenze liegt in 873 m Höhe (Am Toten Kind). 1378 erstmals erwähnt, wird seit dem 15. Jh. Bergbau betrieben. Gefördert wurden Wolfram- und Zinnerz, Glimmer und Quarz. Das nach Zinnwald benannte „Zinnwaldit" ist ein Lithion-

Böhmisch Zinnwald

eisenglimmer. Im Dreißigjährigen Krieg, als Schweden und Kaiserliche häufig über den Zinnwalder Paß zogen, nannte man die Zinnwalder „Strauchhähne", weil sie sich in die Wälder zurückgezogen und manchen Feind „weggebüchset" hatten.
Sehenswert ist die Kapelle in Vorder Zinnwald, die einen alten Flügelaltar enthält. Das Mückentürmchen und das Hochmoor (Naturschutzgebiet) sind Wanderziele. Bereits das Graupener Bergbuch (1530) enthielt manches über Zinnwald, das noch 1584 Dorf, 1664 Städtel und schließlich 1885 Stadt genannt wird.
1930: 1310 Einw. (26 Tschechen).

Zirm, Eduard, * 1863 Wien, † 1943 Olmütz. Zirms Eltern stammten aus der Gegend von Hohenelbe. Er war Primarius an der Augenabteilung der Olmützer Landeskrankenanstalt. 1905 gelang ihm die erste Hornhautübertragung, mit der er einem Erblindeten das Augenlicht wiederschenkte. Zirm hat sich damit einen hervorragenden Platz in der Medizingeschichte gesichert. Er verfaßte über 60 wissenschaftliche Abhandlungen und auch zwei philosophische Bücher.

Zitte, Rudolf, * 1865 Liebenau bei Reichenberg, † 1958 Metzingen/Württ. Zitte war 45 Jahre lang Lehrer an der Staatlichen Fachschule in Gablonz. Er schuf viele Medaillen und Plaketten,

Zlabings

ferner Denkmäler für nordböhmische Städte. Neben heimatkundlichen Arbeiten schrieb er eine Geschichte der Gablonzer Schmuckindustrie, eine Geschichte der Gravierkunst und eine Abhandlung über Kajetan Schier, den Zirkelschmied von Dalleschitz. Seine Geschichte der Gablonzer Porzellanmalerei hatte er bereits beendet, als sie 1945 beschlagnahmt wurde. Der berühmte Medailleur Arnold Hartig widmete seinem Lehrer Zitte eine Biographie.

Zlabings (*Slavonice*), Bezirk Datschitz. Die alte Grenzfeste im Südwesten Mährens und an der österreichischen Grenze wird 1353 als Stadt erwähnt. 1369 gab es schon eine Schule. Um 1400 galt Zlabings als der wohlhabendste Ort Südmährens. „Das Stadtbild mit seinen meist noch in geschlossenen Reihen erhaltenen Laubenhäusern, Ziergiebeln und Zinnen vom Übergang der Gotik zur Renaissance ist von hohem malerischem Reiz" (Ginhart). Die Pfarrkirche Mariä Himmelfahrt ist eine Wehrkirche. Die Spitalkirche entstand auf einem älteren Bau im 15. Jh. Reiche Innenausstattung hat die Fronleichnamskirche, 1478 erbaut; sie war eine Wallfahrtsstätte. Das Stadtmuseum birgt viele vorgeschichtliche Funde. Wie Südböhmen und das Böhmerwald-Unterland gehört auch das Zlabingser Ländchen zum oberösterreichischen Mundartgebiet. In der Nähe Stadtwald, Wachtberg, Kopfsteinberg, Kohlberg, Ruine Landstein und die Montserrat-Wallfahrtskirche.
Industrie: Samtfabrik, Wirk- und Strickwarenerzeugung, Seidenweberei, Modetüchererzeugung. 1930: 2167 Einw. (313 Tschechen).

Znaim (*Znojmo*), Stadt mit eigenem Statut, Bezirksstadt. Auf einem Berg angelegt und auf drei Seiten von Wasser umflossen, entstand eine Siedlung mit günstigen Voraussetzungen: fruchtbarer Boden, Durchgangsverkehr an der Grenze zu Österreich, Mittelpunkt einer Region und Sitz eines mährischen Teilfürsten. Im 12. Jh. wohnen bereits Deutsche in Znaim, das 1226 das älteste Stadtrecht Mährens erhält. Johann von Luxemburg erteilt Privilegien, den Weinbau betreffend, die durch Karl IV. 1375 für die Ausfuhr von Wein in das Ausland erweitert werden.
Vom 15. bis 17. Jh. werden große Keller unter der Stadt angelegt. In einem Kodex aus dem 16. Jh. sind alle wichtigen Urkunden Znaims gesammelt; diese, lateinisch und deutsch geschrieben, sind wertvolle Dokumente für die Geschichte der Stadt. Viele Ereignisse und Persönlichkeiten sind mit Znaim verbunden, wo Friedrich II., Napoleon und Mozart einkehrten und Gregor Mendel als Lehrer wirkte. 1919 entsteht durch Eingemeindungen Groß Znaim und damit eine tsche-

Wappen von Znaim

Znaim, Holzschnitt von Willenberger (1593)

chische Mehrheit. Nach der Bildung des Reichsgaues Sudetenland kommt der Landkreis Znaim 1939 mit 66 Gemeinden zum Reichsgau Niederdonau. Die Znaimer Gurken waren weithin gerühmt.

Die Stadtkirche St. Nikolaus ist eine gotische Hallenkirche mit barocker Innenausstattung. Die Dominikanerkirche Hl. Kreuz besitzt ein Hochaltarbild von Maulbertsch. Zur Kirche Mariä Himmelfahrt gehörten die Klöster der Minoriten und Klarissinnen, beide Gründungen des 13. Jh. In dieser Zeit entstand schon die Michaelerkirche, die frühbarock umgebaut und von 1624–1773 von den Jesuiten betreut wurde.

Ein interessanter Bau ist die Wenzelskapelle, eine Doppelanlage, deren Unterteil als Wehrbau errichtet war. Der Oberteil hat ein kunstvolles Netzrippengewölbe. Andere Kirchen, eine Pestsäule (1682), der Rathausturm von Niklas von Edelspitz (1445–1448) und besonders das Schloß, auf die Burg der Markgrafen von Mähren zurückgehend, sind Sehenswürdigkeiten. Die Burgkapelle, eine romanische Rotunde, stammt aus dem 12. Jh.; die Wandmalereien (1134) stellen Angehörige der Przemyslidendynastie dar.

Bei Znaim liegen Klosterbruck, ehemals Prämonstratenserstift mit vielen Kunstdenkmälern, die Burgen Frain und Vöttau, ferner Poppitz, bekannt als Geburtsort des Schriftstellers Charles Sealsfield, der hier 1793 als Karl A. Postl geboren wurde.

1930: 25855 Einwohner (16139 Tschechen, 8347 Deutsche, 753 Ausländer, 616 andere, davon 442 Juden, 131 Russen, 18 Ungarn und 11 Polen).

Zöptau (*Sobotín*), Bezirk Mährisch Schönberg. Die langgestreckte Gemeinde, angeschlossen an Petersdorf, besteht mindestens seit dem 14. Jh. Das Zöptauer Erbgericht erscheint erstmals 1475. Mehrere Jahrhunderte alt sind die Eisenhüttenwerke von Zöptau und Stefanau. Diese, der Erz-

bergbau und die Landwirtschaft boten der Bevölkerung Beschäftigung. Bergbau und Eisenhüttenbetrieb nach dem Ersten Weltkrieg eingestellt. Dafür Velamos-Werke Heinz & Co, zweitgrößte Fahrradfabrik der Republik, aufgebaut mit zuletzt 600 Beschäftigten. Das Schloß (Baron Klein) hat einen großen Park. Die Laurentius-Kirche ist alt; sie war in der Reformationszeit lutherisch. Zöptau, Endstation der Bahnstrecke Hohenstadt – Zöptau, war Sommerfrische und Ausgangspunkt für Touren ins Altvatergebirge. Es hatte auch ein Erholungsheim für deutsche Gewerbetreibende.
1930 (mit Stettenhof): 1457 Einw. (88 Tschechen).

Zuckerindustrie. Die erste Fabrik errichtete ein deutscher Unternehmer 1810 in Zaky bei Tschaslau. Bei Errichtung der Tschechoslowakei fielen ihr 95 v. H. der Zuckererzeugung der Monarchie zu. Im Sudetenland lag ein Rübenanbaugebiet von 88100 ha. Die größte Zuckerfabrik befand sich in Nestomitz an der Elbe. Die Zukkerproduktion hatte als Standorte: Aussig, Schönpriesen, Brüx, Grusbach, Lundenburg, Mährisch Neustadt, Nestomitz, Saaz und Troppau.

Zöptauer Viermännergruß

Wappen von Zuckmantel

Größere Firmen, die Zuckerwaren erzeugten, bestanden in Aussig (Adlerwerke Kraus, Keksfabrik Krause), Bodenbach (Hartwig & Vogel, Jordan & Timaeus, Otto Rüger), Karlsbad (Bayer-Oblaten, Uhl-Breunig Zwiebackfabrik), Ketten (Körber), Lobositz (Deli-Schokolade) und Troppau (Fiedor; Maestrani Opavie Kessler & Weber).

Zuckermann, Hugo, * 1881 Eger, † 1914 Eger. Der Lyriker war Rechtsanwalt in Meran. Von dort aus wurde er eingezogen und in Galizien verwundet. In seine Heimat transportiert, starb er im Lazarett. Das von Zuckermann gedichtete „Reiterlied" wurde vielfach vertont. Es wurde zu einem Soldatenlied. Nach seinem Tod erschien ein Band seiner nachgelassenen Gedichte.

Zuckmantel (*Cukmantl*, heute *Zlaté Hory*), Bezirk Freiwaldau. Ursprünglich hieß der Ort an der Bischofskoppe im Altvatergebirge nach der Burg Edelstein Edelstadt. Nach E. Schwarz tritt 1263 der Name Cucmantel auf, „ein in West- und Ostdeutschland verbreiteter Kolonisationsname". 1306 werden die Stadtrechte verliehen. In der Folge werden, da der Goldbergbau erheblich ist, Bergbauprivilegien erteilt. 1524 wird die Joachimsthaler Bergordnung eingeführt. Unter Karl IV. war die Stadt zum Troppauer, später zum Neisser Fürstentum gekommen. Bei der Teilung

Schlesiens bleibt Zuckmantel bei Österreichisch-Schlesien. Als der Bergbau eingestellt werden mußte, verarmte die Stadt; sie geht ihrer Freiheiten und Privilegien verlustig.
Die gotische Kirche (15. Jh.) wurde barockisiert. Auf einem nahem Berg stand die Wallfahrtskirche Maria Hilf. Eine Kaltwasserheilanstalt mit Prießnitzkuren zog viele Kranke an. Aus Zuckmantel stammte Elisabeth Fitz (oder Vitz), * 1756, die Mutter des Liederfürsten Franz Schubert. Josef Pfitzner aus dem nahem Petersdorf schrieb eine „Geschichte der Bergstadt Zuckmantel bis 1742" (1924). 1930: 4473 Einw. (126 Tschechen).

Zuleger, Theodor, * 1858 Grün bei Petschau, † 1929 Komotau. Bereits in der Monarchie Reichsratsabgeordneter, kam er als Abgeordneter für den Bund der Landwirte in das Prager Parlament und war Senator bis zu seinem Tod. Der Bauernführer, der sich mit Vorliebe um die Hopfenbauern kümmerte, war 20 Jahre hindurch Präsident der Deutschen Sektion des Landeskulturrates für Böhmen in I rag.

Zuth, Josef, * 1879 Fischern, † 1932 Wien. Der Dozent am Pädagogischen Institut in Wien erwarb sich Verdienste um die Geschichte und die Pflege des Gitarrenspiels. Er schrieb Bücher wie „Das künstlerische Gitarrenspiel", „Volkstümliche Gitarrenschule" und gab die „Zeitschrift für Gitarre" heraus. Der Fachmann auf dem Gebiet der Zupfinstrumente war auch Musikkritiker und Musikforscher.

Zweig, Stefan, * 1881 Wien, † 1942 Petropolis/Brasilien. Die Familie seines Vaters, eines Industriellen, kam aus Mähren. Der überzeugte Pazifist Zweig emigrierte nach England und später nach Brasilien, wo er aus Schwermut über die Zerstörung des geistigen Europa mit seiner Frau in den Tod ging. Sein literarisches Schaffen umfaßt Novellen, kulturhistorische Biographien, feinsinnige Essays, große historische Romane und kulturgeschichtliche Erinnerungen an die Donaumonarchie, Dramen und Lyrik. 1942 erschienen seine Erinnerungen „Die Welt von gestern".

Zwickau (*Cvikov*), Bezirk Deutsch Gabel. Das Dorf gehörte im 13. Jh. zur Herrschaft Mühlstein, später zur Reichstädter. 1352 wird es als Czwykauia erwähnt. Ende des 14. Jh. Markt, in der Mitte des 16. Jh. Städtchen, und zwar mit dem Wappen der Familie Berka von Dauba als Inhaber der Herrschaft. Bis 1766 wurden Passionsspiele abgehalten, das „Charfreitagsspiel" begann auf dem Marktplatz und endete auf dem Kalvarienberg nördlich von Zwickau; die erste Darstellung ist für 1729 bezeugt.
Die Kirche zur hl. Elisabeth, schon in vorhussitischer Zeit Pfarrkirche, wurde von Benedikt Servi 1553–1558 errichtet und später zweimal erneuert. Hier standen zwei Statuen, die 1570 aus dem Kloster Oybin gekommen waren. Die Stadt im Mittelpunkt des Lausitzer Gebirges und auf drei Seiten von Wald umgeben, liegt am Fuße des Kleisberges (700 m); sie war eine ideale Sommerfrische.
Industrie: Hand- und mechanische Webereien, Rotgarnfärberei, Bleicherei, Holzverarbeitung, Mühlen. Eine Fachschule für Weberei sorgte für Nachwuchs im Textilgewerbe.

Zwickau

Altes Stadtbild von Zwittau

1930: 4946 Einw. (331 Tschechen). In der Gegenwart hat die Stadt, in der hauptsächlich Textilien erzeugt werden, wieder annähernd 4000 Einwohner.

Zwittau (*Svitavy*), Bezirk Mährisch Trübau. Das alte Zwittau entstand dort, wo später die Ägidikirche errichtet wurde. 1256 nennt eine Urkunde, die einen Vergleich zwischen dem Prämonstratenserkloster Leitomischl und dem Olmützer Bischof Bruno von Schaumburg enthält, die alte Siedlung und dieses Gotteshaus, das später umgebaut und als Friedhofskirche zu den Wahrzeichen der Stadt gehört. Sie besitzt eine wertvolle Inneneinrichtung. Bruno von Schaumburg war der eigentliche Gründer der Stadt, die, an einer wichtigen Straße von Prag nach Brünn gelegen, als Ausgangspunkt für die weitere Besiedlung Mährens und als wirtschaftlicher Mittelpunkt in der Folgezeit an Bedeutung noch zunahm, zumal bald Tuchmacherei und Weberei beachtliche Fortschritte erzielten.

Man versah die Stadt mit Festungsmauern, was sie aber nicht vor den anrennenden Hussiten bewahren konnte. Auch spätere Kriege machten nicht vor der Stadt halt, ebensowenig die Pest, an die eine Pestsäule auf dem Marktplatz erinnert. Wiederholt wurden große Teile der aus Holzhäusern bestehenden Stadt ein Opfer von Feuersbrünsten.

Oswald Ottendorfer, 1859–1900 Besitzer der New Yorker Staatszeitung, ließ 1892 in seiner Vaterstadt eine Volksbibliothek mit Lesesaal nach amerikanischem Muster und ein Waisenhaus errichten. Vor das Bibliotheksgebäude ließ er einen seiner Mutter gewidmeten Brunnen setzen, den die Plastik „Mutterliebe“ von Adolf von Donndorf schmückt. Auch *Franz Jesser* stammte aus Zwittau, jener Politiker, der für die Deutschen in Böhmen, Mähren und Schlesien den Sammelnamen Sudetendeutsche verbreitete. Viele Jahre wirkte der christliche Gewerkschafter und spätere Politiker Hans Schütz in Zwittau. 1924 war die Gewerkschaftszentrale nach Zwittau verlegt und Hans Schütz, der Vorsitzende des Textilarbeiterverbandes, zum Vorsitzenden des Gesamtverbandes gewählt worden.

Neben der Ägidikirche und der Pfarrkirche Mariä Heimsuchung, einem gotischen Bau, nach einem Brand 1781–1796 umgebaut, stand in Zwittau-Vierzighuben noch die Klosterkirche St. Josef, 1896 vom Olmützer Erzbischof Theodor Kohn geweiht. Sie gehörte zur Niederlassung der Redemptoristen, jenes Ordens, den der heilige Clemens Maria Hofbauer aus dem mährischen Tasswitz (1751–1820), „eine der markantesten Gestalten des österreichischen Katholizismus zwischen Aufklärung und Romantik", in Mähren eingeführt hatte. Erwähnt seien noch die Renaissancehäuser mit ihren Lauben auf dem Marktplatz, Zeugnisse bürgerlicher Wohlhabenheit. Zwittau hatte bedeutende Textilindustrie, eine große Tabakfabrik, Möbel- und Lederfabriken. Eine Fachschule für Weberei bildete Jugendliche aus. 1930: 10446 Einw. (1176 Tschechen).

Zwittawa (*Svitava*), auch Zwitta, linker und größter Nebenfluß der Schwarzawa in Mähren, der nördlich Zwittau, an den Abhängen des Stadtbusch-Waldes, entspringt. Die Kraft des Wassers wurde in früheren Zeiten für Mühlen, Papierfabriken, Spinnereien und Eisenwerke genutzt. Die Zwittawa hat eine Flußlänge von 84 km. Von links nimmt sie die Punkwa auf, die die Slouper Höhlen und die Mazocha durchfließt.

Zwodau (*Svatava*), Marktgemeinde im Bezirk Falkenau, am gleichnamigen Bach gelegen, der hier in die Eger mündet, wurde 1553 als Dorf bezeichnet. 1860 hatte es 365 deutsche Einwohner und 45 Häuser. Es gab eine große Kammgarnspinnerei (über 600 Arbeiter), Braunkohlenbergbau, Beton- und Zementwarenerzeugung und ein Elektrizitätswerk. Am barocken Postgebäude ist eine Gedenktafel angebracht; auf ihr ist vermerkt, daß der Dichter Goethe hier übernachtete. Unter seinen Zeichnungen befinden sich auch zwei aus Zwodau. 1930: 4411 Einw. (525 Tschechen).

Bildnachweis: Johann Aschenbrenner: 69 li; R. Assmann: 57 re, 73 re, 198 re, 418; F. Barwig: 56 re; Bedal: 41 re, 55 re, 76 re, 90, 96 re, 124 li, 124 re, 176, 188, 216 re, 321 li, 333, 468 li; Rud. Bernt: 153 li, 487; Franz Bilko: 146, 341; E. Birke: 32 re, 70, 421 re; Friedrich Blumentritt: 97 re, 398 re; Robert Böhm: 317; Dom. Broziek: 361, 481 re; Hugo Charlemont: 57 li, 87, 96 li, 373 re, 443 re, 476; Dewehrt: 234; C. G. Doerell: 44 li, 45; Döring: 130; Anton Dorn: 473; Karl Dorschner: 185, 240 re; Editha Drawert: 153 re; Franz Dressel: 492; Walter Ehm: 101 re, 277, 289 li, 349 re; Eduard Enzmann: 107 li, 299, 442; Friedrich Feigl: 384; Fischer: 404; Hans Fischer: 290 li; Wilhelm Fischer: 259; H. Flögel: 84 re; Jos. Focke: 194 re; Hans Foschum: 205 li; Jul. Frassine: 423 re; Hasso Freischlad: 36, 37, 64 li, 114 li, 152 li, 164 li, 174 li, 216 li, 280 li, 365 re, 366 li, 402 re, 411 re, 440, 480 re; C. D. Friedrich: 369; Frohnert: 86; Hans Fronius: 224 li; J. v. Führich: 156; W. A. Gerle: 33; E. Gesierich: 152 re; Max Geyer: 164 re, 255 li, 309 re; Albert Gröschel: 206, 437 re, 455; Karl Grünwald: 457; Franz Gruß: 288; Gustav Haas: 356; Rolf Haschke: 42, 80 re, 351 li; Wilhelm Hecht: 137 re, 184, 245 li, 273 li; Josef Hegenbarth: 187 re, 378; Hans Heimrath: 334 li; Herold: 78, 117 re, 290 re, 298, 352, 376 li, 467, 483; Jakob v. Heyden: 233 re; Johannes Hinz: 268, 329 re; Hildegard Höfer: 140, 144, 183, 463; Jos. Hofmann: 95 li; H. Hönich: 253, 349 li; Gustav Hühnel: 94 li, 248, 325 re; Franziska Jaksch: 265; Adolf Janisch: 398 li; Tony Javora: 128 re, 129 li, 129 re; Ph. Jelinek: 297 re; Hans Jünger: 40 re, 127, 329 li; Josef Maria Kaiser: 490; Rudolf Karasek: 213; Khevenhiller: 115 li; Jos. Kiefner: 239; Klauser: 420; Walter Klemm: 238; Klimesch: 485; G. Kluger: 325 li; Wilhelm Koch: 79; Oskar Kokoschka: 275 li; Johann Koula: 167, 318 li; Adam Kraft: 347; E. Kreipl: 328 li; Harald Kreutzberg: 251 re; Josef Kriehuber: 493; F. G. Krombholz: 287 re, 438, 456; Fritz Kruspersky: 320 re, 355, 395 re, 451 re; Alfred Kubin: 254, 383; Kühnel: 121 li; A. Kumpft: 225 re; Franz Kunz: 92; Kunzl: 474; Willy Lang: 269; J. Lidl: 93 li, 93 re, 145, 166 re, 193 re, 201 re, 218 re, 233 li, 271, 280 re, 284 re, 285, 308, 335, 343 re, 391 li, 413, 451 li, 464 re, 475, 491; Otto Liewehr: 255 re; Löschenkohl: 115 re; Hans Lüftner: 338; Lysers: 60 li; Josef Manes: 449 li; R. Mather: 126 re, 330 li; Ludwig Meidner: 478; H. Michel: 48; Emil Müller: 214 li, 425 re, 488; R. Müller: 200, 342 li; Rudolf Müller: 344 re, 389 li, 450 li; R. Nowak: 63; Wilfried Nürnberger: 55 li, 89 re, 244, 364; Oelke: 89 li; E. Orlik: 333, 370; Pfeifer-Fried: 51, 174 re, 180 re, 294 li, 319 re, 380, 399, 462, 470; O. Pfennigwerth: 43, 61, 81 li, 82 li, 82 re, 99 li, 104 re, 161, 163, 179 re, 195, 322 li, 327, 343 li, 375 re, 394 re, 441, 448 re, 450 re, 479; Josef Pleier: 276; Heinz Georg Podehl: 32 li, 157 li, 229 re; E. Pörner: 258; Proschwitzer: 270; E. O. Pudek: 175; Fritz Raida: 85 re; Z. U. Řehaček: 83 li; Gustav Reichenauer: 125; E. Richter: 379; Franz Richter: 246, 247; Ludwig Richter: 368 re; W. Richter: 106 re; K. Ringel: 260; Hubert Rösler: 84 li; M. Rößler: 123, 149, 381, 482 re; Robert Roßmeißl: 231; Robert Ruß: 111 li; Josef Schaff: 300, 322 re; Irene Schams: 107 re, 135 li, 170, 189, 190 li, 261, 275 re, 296 li; Hans-Jörg Scharfstadt: 50; Schmeer: 68 li; Karl Schmidt: 365 li; Paul Schmidt: 83 re; Ernst Scholz: 38, 44 re, 80 li, 88 re, 99 re, 104 li, 121 re, 128 li, 134 re, 148, 159 re, 166 li, 178, 180 li, 186 re, 187 li, 198 li, 203 re, 211, 224 re, 228, 229 li, 232 re, 242, 272, 274 li, 293 re, 307, 318 re, 319 li, 340, 348 re, 354, 368 li, 389 re, 396, 400, 410, 414, 415, 423 li, 425 li, 429, 432, 436, 444, 452, 460, 471; H. Schön: 350 re; Schönecker: 136; Schorisch: 181; F. Schuster: 303, 304, 489; Felix Schuster: 219 li; Franz Schuster: 320 li, 342 re; Kurt Seifert: 71 re; K. R. v. Siegl: 138 re, 141 re, 218 li, 279 li, 279 re, 337, 344 li, 403, 477; Ferdinand Staeger: 419; Heinz Steidl: 77; Steyrer: 154; Stephan Strobelberger: 52; Karl Thiemann: 446; Franz Tschinkel: 73 li; Urbassek: 377; Oswald Voh: 119; Georg Warta: 205 re; Gustav Weigand: 237; W. Weizsäcker: 62; Jan Willenberg: 353; Joh. Willenberger: 497; Helmut Winkler: 98 re, 168 re, 284 li; R. Wisch: 173 re, 203 li; G. Wolf: 359; F. Würml: 98 li; Nino Za: 346 re; Rudl Zuber: 150; Verlagsarchiv: alle nicht genannten Vorlagen.

WICHTIGE QUELLEN

Aschenbrenner, V.: Sudetendeutsche Kulturleistungen. München 1978

Sudetenland. Ein Überblick über seine Geschichte. Bad Reichenhall 1959

Bachmann, H. (Hrsg.): Deutsche Arbeit in Böhmen. Berlin 1900. Reprint München 1969

Beer, K.: Geschichte Böhmens. Reichenberg 1921

Bendel, J.: Die Deutschen in Böhmen, Mähren und Schlesien. Wien 1885

Berger, K.: Die Besiedlung des deutschen Nordmährens und Schlesiens im 13. und 14. Jh. Brünn 1933

Bittner, K.: Deutsche und Tschechen, Bd. 1. Brünn 1936

Blau, J.: Landes- und Volkskunde der Tschechoslowakischen Republik, 2. Aufl. Reichenberg 1927

Bohmann, A.: Die Ausweisung der Sudetendeutschen. Marburg 1955

Bevölkerungsbewegungen in Böhmen 1847–1947. München 1958

Die Entvölkerung der Sudetenländer. Troisdorf 1951

Das Sudetendeutschtum in Zahlen. München 1959

Bosl, K. (Hrsg.): Handbuch der Geschichte der böhmischen Länder, Bd. 1–4. Stuttgart 1966ff.

Bretholz, B.: Geschichte Böhmens und Mährens, Bd. 1–4. Reichenberg 1921–1924

Lese- und Quellenbuch zur böhm.-mährischen Geschichte. Brünn 1927

Donat, H. (Hrsg.): Die deutschen Katholiken in der Tschechoslowakischen Republik. Warnsdorf 1934

– Die deutschen Vertreibungsverluste. Stuttgart 1958

– Dokumente zur Austreibung der Sudetendeutschen. München 1951

Fochler-Hauke, G.: Deutscher Volksboden und deutsches Volkstum in der Tschechoslowakei. Heidelberg 1937

Franzel, E.: Sudetendeutsche Geschichte. Mannheim 1983

Frind, A.: Kirchengeschichte Böhmens, Bd. 1–4. Prag 1864–1878

Glaser, K.: Die Tschecho-Slowakei. Frankfurt 1964

Hanika, J.: Sudetendeutsche Volkskunde. Kitzingen o.J.

– Handwörterbuch des Grenz- und Auslandsdeutschtums, 3 Bde. Breslau 1933–1938

Hassinger, H.: Die Tschechoslowakei. Wien 1925

Hemmerle, R.: Heimat im Buch. Heimatbücher, Heimatbriefe, Kalender und Jahrbücher, 1945–1970. München 1970

Hoensch, J. K.: Geschichte der Tschechoslowakischen Republik. Stuttgart 1966

Hübl, K. (Hrsg.) Bauerntum und Landbau der Sudetendeutschen. München 1963

Jaksch, F.: Lexikon sudetendeutscher Schriftsteller und ihrer Werke f.d.J. 1900–1929. Reichenberg 1929

Jaksch, W.: Benesch war gewarnt! Die abschließende Auseinandersetzung zwischen

der tschechosl. Exilregierung und den Sudetendeutschen in London. München 1949
Europas Weg nach Potsdam. Stuttgart 1958

Jilek, H.: Bücherkunde Ostdeutschlands. Köln 1962

Jungbauer, G.: Deutsche Volkskunde mit bes. Berücksichtigung der Sudetendeutschen. Reichenberg 1936

Keil, T. (Hrsg.): Die deutsche Schule in den Sudetenländern. München 1967

Knobloch, E. J.: Kleines Handlexikon. Deutsche Literatur in Böhmen, Mähren, Schlesien. München 1976

Kuhn, H.: Tschechoslowakei. Nürnberg 1965

Lehmann, E.: Handbuch der sudetendeutschen Volksbildung. Reichenberg 1931
Sudetendeutsche Volkskunde. Leipzig 1926
Wir Sudetendeutsche. Dortmund 1952

Lehmann, E., Tugemann, R.: Sudetenfibel. München o. J.

Lehmann, E.: Um Glaube und Heimat. Evangelische Bausteine zum sudetendeutschen Geschichtsbild. Melsungen 1957

Lemberg, E.: Geschichte des Nationalismus in Europa. Stuttgart 1950
Die Ausweisung als Schicksal und Aufgabe. Gräfelfing 1949

Machatschek, F.: Landeskunde der Sudeten- und Westkarpatenländer. Stuttgart 1927

Münch, H.: Böhmische Tragödie. Braunschweig 1949

Nadler, J.: Das Schrifttum der Sudetendeutschen, Bd. 1. Regensburg 1924

Neuwirth, J.: Geschichte der deutschen Kunst und des deutschen Kunstgewerbes in den Sudetenländern. Augsburg 1926

Peterka, O.: Rechtsgeschichte der böhmischen Länder. Prag 1933

Pfohl, E.: Orientierungslexikon der Tschechosl. Republik. 3. Aufl. Reichenberg, 1931

Pleyer, W. (Hrsg.): Wir Sudetendeutschen. Salzburg 1949

Polzer, R.: Die sudetendeutsche Wirtschaft in Zahlen. Kitzingen o. J.

Preidel, H. (Hrsg.): Die Deutschen in Böhmen und Mähren. München 1950

Proschwitzer, E.: Heimatkundliches Handbuch der Tschechoslowakei, Teil 1 und 2. Prag 1921

Quoika, R.: Die Musik der Deutschen in Böhmen und Mähren. Berlin 1956

Raschhofer, H.: Die Sudetenfrage. München 1953

Rauchberg, H.: Der nationale Besitzstand in Böhmen. Leipzig 1905

Raupach, H.: Der tschechische Frühnationalismus. Essen 1939

Rokyta, H.: Die böhmischen Länder. Salzburg 1970

Schaller, J.: Topographie des Königreiches Böhmen, Bd. 1–16. Prag 1785–1791

Schlesinger, L.: Geschichte Böhmens. Prag 1870

Schreiber, R.: Prag, die vielgestaltige Stadt. Kitzingen 1952

Schwarz, E.: Die Ortsnamen der Sudetenländer als Geschichtsquelle. München 1961
Sudetendeutsches Schicksal im Laufe der Jahrhunderte. Augsburg 1951
Sudetendeutsche Sprachräume. München 1961

	Volkstumsgeschichte der Sudetenländer, Bd. 1–2. München 1965
Schwoy, F. J.:	Topographie von Mähren, Bd. 1–3. Wien 1793/1794
Sedlmeyer, K.:	Landeskunde der Tschecho-Slowakei. Frankfurt 1973
Seibt, F. (Hrsg.):	Bohemia Sacra. Düsseldorf 1974
Seibt, F.:	Deutschland und die Tschechen. München 1974
Sommer, J. G.:	Das Königreich Böhmen, Bd. 1–16. Prag 1833–1849
Sturm, Heribert:	Biographisches Lexikon zur Geschichte der böhmischen Länder. München 1974ff.
–	Sudetendeutscher Atlas. München 1954
–	Das Sudetendeutschtum. Sein Wesen und Werden im Wandel der Jahrhunderte. Brünn 1939
–	Sudetenland. Ein Hand- und Nachschlagebuch. Würzburg 1954
–	Die Vertriebenen in Westdeutschland, Bd. 1–3. Kiel 1959
–	Die Vertreibung der deutschen Bevölkerung aus der Tschechoslowakei. Bonn 1957 und München 1984.
–	Von deutscher Kultur in der Tschechoslowakei. Kassel 1928
Weizsäcker, W.:	Geschichte des Bergbaus in den Sudetenländern. Prag 1928
	Geschichte der Deutschen in Böhmen und Mähren. Kitzingen o. J.
	Quellenbuch zur Geschichte der Sudetenländer. München 1960
Wegener, W.:	Böhmen, Mähren und das Reich im Hochmittelalter. Köln 1959
	Die Přemysliden. Stammtafel. Göttingen 1952
Wenzelides, O.:	Das Altvater-Beskidenland und seine geistige Leistung. Troppau 1941
	Heimatgeschichte. Troppau 1922
Werdecker, J.:	Die Sudetenländer. Abriß einer Landeskunde. Würzburg o. J.
Winkler, W.:	Statistisches Handbuch der europäischen Nationalitäten. Wien 1931
	Die Tschechoslowakei im Spiegel der Statistik. Karlsbad 1937
Winter, E.:	Tausend Jahre Geisteskampf im Sudetenraum. Salzburg 1938
Witt, K.:	Wirtschaftskräfte und Wirtschaftspolitik der Tschechoslowakei. Leipzig 1938
Wolkan, R.:	Geschichte der deutschen Literatur in Böhmen und in den Sudetenländern. Augsburg 1925
Wolny, G.:	Die Markgrafschaft Mähren, Bd. 1–6. Brünn 1835–1842

Periodika:

Archiv für Kirchengeschichte von Böhmen-Mähren-Schlesien. Königstein Bd. 1ff. 1967ff.
Bohemia. Jahrbuch des Collegium Carolinum. München 1ff. 1960ff.
Deutsche Arbeit. Prag Jg. 1ff. 1901ff.
Mährisch-Schlesische Heimat. Steinheim Jg. 1ff. 1955ff.
Mitteilungen des Vereins für Geschichte der Deutschen in Böhmen. Prag Jg. 1ff. 1862ff.
Stifter-Jahrbuch. Gräfelfing, Jg. 1ff. 1949ff.
Sudetenland, Vierteljahresschrift. München Jg. 1ff. 1958ff.
Zeitschrift des Deutschen Vereins für Geschichte Mährens und Schlesiens. Brünn Jg. 1ff. 1897ff.

VERWEISUNGEN

für Begriffe, die nicht als eigener Artikel erscheinen, die aber in einem anderen erwähnt oder mitbehandelt werden, ebenso für solche Begriffe, die zu anderen in Bezug stehen oder die, mit anderen zusammen gesehen, Übersichten ergeben.

Ackermann-Gemeinde s. Institutum Bohemicum. Junge Aktion.

Alpenverein s. Deutscher Alpenverein.

Arbeiterfürsorge s. Fürsorge.

Arbeiter-Sängerbund s. Deutscher Arbeiter-Sängerbund.

Architekten s. Künstler und Kunstdenkmäler.

Archive s. Kulturelle Sammlungen.

Auszeichnungen s. Preise (Verweisungen).

Automobilbau s. Nesselsdorf. Porsche, Ferdinand. Schustala, Ignaz.

Bäder und Kuranstalten s. Auschowitz. Bad Liebwerda. Bilin. Eichwald. Franzensbad. Gießhübl Sauerbrunn. Gräfenberg. Groß Ullersdorf. Johannisbad. Karlsbad. Karlsbrunn. Königswart. Konstantinsbad. Maffersdorf. Marienbad. Nieder Lindewiese. Sangerberg. St. Joachimsthal. Teplitz-Schönau. Tschachwitz. Wurzelsdorf. Zuckmantel.

Barock s. Künstler und Kunstdenkmäler.

Barockmaler s. Künstler und Kunstdenkmäler.

Baumeister s. Künstler und Kunstdenkmäler.

Bergbau s. Bergrecht. Erze. Graphit. Kohle. Uran-Pechblende.

Besiedlung s. Deutsche Besiedlung.

Beskiden-Verein s. Gebirgs- und Wandervereinigungen.

Bibliotheken s. Kulturelle Sammlungen.

Bildhauer s. Künstler und Kunstdenkmäler.

Bodenreuth, Friedrich s. Jaksch, Friedrich.

Böhmerwald s. Deutscher Böhmerwaldbund.

Böhmerwaldbund s. Deutscher Böhmerwaldbund.

Böhmisches Glas s. Glasindustrie.

Brünn, Deutsche Technische Hochschule s. Hochschulen.

Büchereien s. Bibliotheken. Bücherei der Deutschen. Braunau.

Buchhandlungen s. Verlage.

Bund der Egerländer Gmoin s. Bartl, Ernst.

Bund der Landwirte s. Parteien.

Burgen s. Schlösser und Burgen (unter Verweisungen).

Caritas s. Fürsorge.

Comenius s. Fulnek.

Cuno, Heinrich (Buchhändler in Marienbad und Verfasser des Stückes „Die Räuber von Maria Kulm") s. Maria Kulm.

Curie, Marie und **Pierre** s. Erze.

Deutschdemokratische Freiheitspartei s. Parteien.

Deutsche Akademie für Musik und darstellende Kunst in Prag s. Wissenschaft.

Deutsche Christlichsoziale Volkspartei s. Parteien.

Deutsche Gewerbepartei s. Parteien.

Deutsche Nationalpartei s. Parteien.

Deutsche Nationalsozialistische Arbeiterpartei s. Parteien.

Deutsche Sozialdemokratische Arbeiterpartei in der Tschechoslowakei s. Parteien.

Deutsche Wissenschaftliche Gesellschaft s. Wissenschaft.

DRESDEN
CHEMNITZ
ZWICKAU
Mulde
Elbe
Hainspach
Schluckenau
Rumburg
Warnsdorf
Friedland
Kratzau
Reichenberg
Tannwald
Gablonz
Böhm. Kamnitz
Tetschen
Zwickau
Deutsch Gabel
Haida
Bensen
Böhm. Leipa
Niemes
Böhm. Aicha
Teplitz-Schönau
Karbitz
Aussig
Ober leutensdorf
Katharinaberg
Dux
Bilin
Sebastiansberg
Görkau
Brüx
Auscha
Leitmeritz
Dauba
Weißwasser
Turnau
Weipert
Preßnitz
Komotau
Lobositz
Wegstädtl
Münchengrätz
Sobotka
Platten
St. Joachimsthal
Graslitz
Neudek
Kaaden
Postelberg
Eger
Libochowitz
Raudnitz
Jung-Bunzlau
Laun
Saaz
Melnik
Liban
Asch
Karlsbad
Duppau
Welwarn
Kralup
Schlan
Neu-Benatek
Wildstein
Falkenau
Elbogen
Podersam
Nimburg
Buchau
Neu-Straschitz
Kladno
PR. NORD
PR. WEST
PR. OST
Brandeis
Podebrad
Eger
Luditz
Jechnitz
Rakonitz
Unhošt
Petschau
PRAG
Böhm. Brod
Bad Königswart
Marienbad
Tepl
Purglitz
Kolin
Manetin
Kralowitz
Beraun
Řičan
Kaurim
Weseritz
Königsaal
Schwarzkosteletz
Kuttenberg
Plan
Zbirow
Eule
Kohljanowitz
Tachau
Mies
Hořowitz
Tuschkau
PILSEN
Dobřiš
Beneschau
Neweklau
Weiden
Pfraumberg
Rokycan
Moldau
Přibram
Wlašim
Staab
Dobrzan
Selčan
Wotitz
Unter-Kralowitz
Radbusa
Hostau
Bischofteinitz
Přestitz
Blowitz
Březnitz
Sedlotz
Jungwoschitz
Ronsperg
Angel
Uslawa
Nepomuk
Mirowitz
Patzau
Taus
Mühlhausen
Klattau
Blatna
Tabor
Pilgram
Neugedein
Planitz
Horaždowitz
Wottawa
Pisek
Kamenitz a.d.L.
Neuern
Strakonitz
Bechin
Soběslau
Počatek
Regen
Schüttenhofen
Moldautheim
Hartmanitz
Wodňan
Weseli a.d.L.
Wolin
Bergreichenstein
Nehaus
Lomnitz a.d.L.
Netolitz
Frauenberg
Winterberg
Lischau
Neu-Bistritz
Prachatitz
Budweis
Wittingau
Lužnitz
Wallern
Kalsching
Schweinitz
Moldau
Oberplan
Krumau
Gratzen
Kaplitz
Hohenfurth
Passau
Orte bis 2.000 Einwohner
Orte 2.000– 5.000 Einwohner
Orte 5.000– 10.000 Einwohner
Orte 10.000– 20.000 Einwohner
Orte 20.000– 50.000 Einwohner
Orte 50.000–100.000 Einwohner
Orte über 100.000 Einwohner
Staatsgrenze
Landesgrenze
Grenze des politischen Bezirks
Grenze des Gerichtsbezirks
Grenze des Sudetenlandes
Stand der Verwaltungsgliederung 1935